盈科专家智库丛书

空天一体化视域下航空航天法治前沿研究

RESEARCH ON THE FRONTIERS OF
AEROSPACE RULE OF LAW FROM
THE PERSPECTIVE OF AEROSPACE INTEGRATION

张超汉　编著

法律出版社 LAW PRESS·CHINA

北京

图书在版编目（CIP）数据

空天一体化视域下航空航天法治前沿研究 / 张超汉编著. -- 北京：法律出版社，2025. -- ISBN 978-7-5244-0416-3

Ⅰ.D999.1

中国国家版本馆CIP数据核字第2025W83899号

空天一体化视域下航空航天法治前沿研究
KONGTIAN YITIHUA SHIYUXIA HANGKONG HANGTIAN FAZHI QIANYAN YANJIU

张超汉　编著

策划编辑　朱海波　杨雨晴
责任编辑　朱海波　杨雨晴
装帧设计　汪奇峰　臧晓飞

出版发行 法律出版社	开本 710毫米×1000毫米 1/16
编辑统筹 法律应用出版分社	印张 34　字数 600千
责任校对 蒋 橙	版本 2025年7月第1版
责任印制 刘晓伟	印次 2025年7月第1次印刷
经　　销 新华书店	印刷 三河市兴达印务有限公司

地址:北京市丰台区莲花池西里7号(100073)
网址:www.lawpress.com.cn　　　　　　　销售电话:010-83938349
投稿邮箱:info@lawpress.com.cn　　　　　客服电话:010-83938350
举报盗版邮箱:jbwq@lawpress.com.cn　　　咨询电话:010-63939796
版权所有·侵权必究

书号:ISBN 978-7-5244-0416-3　　　　　　定价:188.00元
凡购买本社图书,如有印装错误,我社负责退换。电话:010-83938349

本书系陕西高校青年创新团队项目"国际航空安全治理法律问题研究"（24JP190）、西北政法大学省部级科研机构项目"航空旅客个人信息保护法律规制研究"（SJJG202303）、西北政法大学省级青年创新团队科研项目"人类命运共同体思想下外空国际法体系完善研究"（SJTD202406）的阶段性研究成果。

作者简介

张超汉 法学博士、博士后，西北政法大学国家级涉外法治研究基地副主任、中国低空经济法治研究院执行院长，"长安学者"特聘教授、博士生导师、博士后合作导师。中国国际私法学会常务理事，中国国际法学会理事，加拿大蒙特利尔大学访问学者。陕西省高层次人才引进计划特聘专家，陕西高校青年创新团队带头人，陕西省第六届十大优秀中青年法学家。兼任陕西省十四届人大常委会立法咨询专家、陕西省十四届人大常委会教科文卫咨询专家，陕西省社科联特聘研究员。西安、天津、杭州、重庆等仲裁委员会仲裁员。在《现代法学》《法律科学》《国际法研究》《德国航空航天法杂志》等刊物发表80余篇学术论文，出版专著3部、译著3部。50余篇研究报告被中共中央办公厅、国务院发展研究中心、全国政协办公厅等中央和国家机关采用，多篇咨政报告获党和国家领导人批示肯定。主持国家社科基金项目，教育部、司法部青年项目，中国法学会重大项目等20余项国家和省部级课题。获教育部第八届高等学校人文社科研究优秀成果青年奖，第八届钱端升法学研究优秀成果奖，陕西高校人文社科研究优秀成果一等奖等11项国家和省部级科研奖励。

前　言

在过去的20年里,我国航空航天业实现了举世瞩目的跨越式发展。从引进、改良外国飞机到自主研发设计,从国际航线寥寥无几到遍布世界各地,从神五短暂巡游外空到天宫空间站长期驻留,从双星定位导航到北斗全球组网,从迈入近地到走向深空。可以说,我国已具备了航空航天大国的综合实力,正逐渐向航空航天强国蜕变。值得注意的是,空天技术在发展过程中对法治的需求始终有增无减。如何更好地以法治引领、规范、促进、保障空天产业的发展,助力我国航空航天强国建设,是每一个航空航天法学人需要深思与回答的时代之问。

对航空航天法学的研究最早起源于西方。以荷兰莱顿大学、加拿大麦吉尔大学、德国科隆大学为代表的高校早在20世纪中叶就开展了航空与空间法的教学与研究工作,并取得了丰硕成果。我国对于航空航天法的研究还相对薄弱。一方面,这与我国的航空航天技术发展息息相关;另一方面,与我国的法学研究范式存在关联。学术界长期以来坚持"部门法学"的研究范式,在这种话语体系下,航空航天法学与传统的民法、刑法、诉讼法等传统学科显得格格不入,自然无法引起学者的重视。时过境迁,我们已置身于空天发展的黄金时代,航空航天法学的研究与人才培养应及时跟进,这是航空航天强国建设的应有之义与必然要求。我们编写本书的初衷恰在于此,希望向更多读者呈现我国航空航天产业发展过程中亟须解决的涉外法治前沿问题,继而吸引更多的朋友走进这年轻而又充满活力的学科。

在本书的编纂过程中,我们力求有以下几个方面的特色:一是本书各章议题的前沿性与新颖性。例如,民航旅客个人信息保护,这正是大数据时代亟待解决的问题。二是各章研究方法的科学性。例如,关于航空器适航责任与航空事故诉讼中不方便法院原则的探讨,采取了理论与实证相结合的方法,既有理论上的阐释,又包含大量的判例法佐证。这对于我国 C919 大飞机进入国际市场与空客、波音同台竞争有很强的启发性与指导意义。三是编纂体例的创新性。鉴于航空、航天活动之间的技术差异逐渐缩小,活动范围逐渐交叉,本书在编写过程中全面贯彻了"空天一体化"理念,设专章探讨临近空间(空气空间与外层空间过渡地带)涉及的法律问题。

  本书第一章在系统梳理美国民用航空器适航责任法规体系的基础上,讨论了适航责任主体、证明责任、免责事由,以及美国实践对中国完善适航管理责任的启示。第二章采用实证方法归纳了不方便法院原则在美国航空运输事故诉讼和航空产品责任诉讼中的新动向,总结出中国适用不方便法院原则的启示。第三章讨论了构建冲突地区民航飞行风险预警防控机制的意义、实施主体与措施,指出实施该机制存在的法律困惑,并提出针对性建议。第四章讨论了民航旅客个人信息安全的法律内涵与规制必要性,梳理了民航旅客个人信息保护的实践与面临的法律问题,通过比较域外实践得出中国完善民航旅客个人信息保护的方案。第五章探讨了禁飞区的缘起与法律内涵、依据与合法性,比较了既有禁飞区的模式与限制条件,分析了其中存在的法律问题,并就中国如何管控禁飞区提出立场建议。第六章探讨了针对民航领域的网络恐怖主义犯罪,梳理了既有国际法律机制对该犯罪的可适性,指出了既有机制暴露的不足之处并给出完善建议,最后就中国如何因应此类犯罪提出对策。第七章讨论了空中交通管制的目的、法律依据与管制机构类型,剖析了空中交通管制责任主体、归责原则、构成要件、抗辩事由,通过考察国际空中交通管制实践得出空管责任趋同化趋势,并对我国空管法治体系完善提出建议。第八章总结了空间交通管理的发展态势、国际法治根基,探讨了空间交通管理的范围、原则与路径,提出空间交通管理的国际视野与中国方案。第九章讨论了空间碎片移除的客体与紧迫性、性质与主体,通过类型化方法归纳空间碎片移除条件,最后提出空间碎片的国际法规制。第十章以全球空间安全治理为视角考察临近空间飞行监管,探讨了临近空间的法律地位,临近空间飞行的监管主体、监管客体、监管事项,在此基础上就中国如何监管临近空间飞行提出方案。第十一章围绕"空天物体"国际飞行存在的法律问题展开,讨论了空天物体概念及存在的分歧、法律适用,提出"空天物体"国际飞行规则的构建因素。

在本书的编写过程中,编者得到了诸多前辈和同仁的指导与帮助,在此表示诚挚谢意。对于书中的不足之处,敬祈各位专家学者雅正。

目 录

上编　航空法治前沿

第一章　美国民用航空器适航责任实证研究 // 003

第一节　民用航空器适航责任的法律内涵 // 005
　　一、民用航空器适航性的定义 // 005
　　二、民用航空器适航责任的缘起 // 006
　　三、民用航空器适航责任的特征 // 007
　　四、小结 // 008

第二节　美国民用航空器适航法规及责任主体 // 009
　　一、美国民用航空器适航法规体系 // 009
　　二、美国民用航空器适航责任的私法主体 // 012
　　三、美国民用航空器适航责任的公法主体 // 019
　　四、小结 // 021

第三节　美国民用航空器适航责任的证明责任 // 022
　　一、适航审定的证明责任 // 022
　　二、政府侵权损害之诉的证明责任 // 023
　　三、小结 // 025

第四节　美国民用航空器适航责任的免责事由 // 025
　　一、非可诉职责 // 026

二、自由裁量权例外 // 029

　　三、虚假陈述例外 // 034

　　四、小结 // 037

第五节　美国民用航空器适航责任对中国的启示 // 038

　　一、中国民用航空器适航责任的现状 // 038

　　二、中国适航管理体制和法治体系的现状 // 038

　　三、美国实践对中国的启示 // 040

　　四、小结 // 042

第六节　结语 // 043

第二章　美国航空事故诉讼不方便法院原则研究 // 044

第一节　美国航空事故诉讼不方便法院原则的确定与发展 // 045

　　一、航空事故诉讼主要类型明晰 // 046

　　二、不方便法院原则概述 // 046

　　三、不方便法院原则在美国航空事故诉讼中的确立和发展 // 049

　　四、小结 // 054

第二节　美国航空运输事故诉讼不方便法院原则实证分析及新发展 // 054

　　一、美国航空运输事故诉讼中不方便法院原则的实践历程 // 055

　　二、美国航空运输事故诉讼不方便法院原则的新发展 // 064

　　三、小结 // 069

第三节　美国航空产品责任事故诉讼不方便法院原则实证分析及新动向 // 069

　　一、美国航空产品责任诉讼中不方便法院原则的实践

发展 // 070

二、美国航空产品责任诉讼不方便法院原则适用规律和新动向 // 079

三、小结 // 082

第四节　美国航空事故诉讼不方便法院原则的实践对中国的启示 // 082

一、不方便法院原则在中国的实践现状及原因 // 083

二、美国法院不方便法院原则实践对中国的启示及应对 // 085

三、小结 // 090

第五节　结语 // 090

第三章　冲突地区民航飞行风险预警防控机制研究 // 092

第一节　冲突地区民航飞行风险预警防控机制实施的意义 // 093

一、有助于保障国际航空运输安全 // 094

二、有助于缓解航空公司的防控压力 // 095

三、有助于化解预警信息的分享困境 // 095

第二节　冲突地区民航飞行风险预警防控机制的实施主体及其措施 // 096

一、国际组织：预警信息分享和交换平台的主要建构主体 // 097

二、主权国家：预警信息和应对方案的主要提供主体 // 101

三、航空公司：民航飞行风险应对方案的实际执行主体 // 103

四、其他利益相关方：预警防控活动的关键协调主体 // 104

第三节 冲突地区民航飞行风险预警防控机制实施的法律困惑 // 105

第四节 国际民航飞行风险预警防控机制的完善建议 // 110

一、提升民航飞行风险预警防控机制的约束效力 // 110

二、扩大民航飞行风险预警防控措施的执行渠道 // 112

三、明确预警信息的公布范围和适用标准 // 113

第五节 结语 // 115

第四章 民航旅客个人信息安全法律规制研究 // 117

第一节 民航旅客个人信息安全的法律内涵与规制的必要性 // 119

一、民航旅客个人信息安全的法律范畴 // 119

二、民航旅客个人信息的典型特征 // 123

三、民航旅客个人信息安全法律规制的必要性 // 127

第二节 民航旅客个人信息保护面临的实践与法律问题 // 131

一、民航旅客个人信息保护面临的实践问题 // 131

二、民航旅客个人信息保护面临的法律问题 // 136

第三节 民航旅客个人信息的侵权责任 // 140

一、民航旅客个人信息侵权责任的认定及救济途径 // 140

二、民航旅客个人信息侵权的举证责任 // 144

三、民航旅客个人信息侵权责任的损害赔偿 // 146

第四节 民航旅客个人信息安全法律规制的域外实践与经验 // 149

一、欧盟的实践与经验 // 149

二、美国实践与经验 // 152

三、日本实践与经验 // 155

四、新加坡实践与经验 // 158

第五节　中国民航旅客个人信息安全法律规制的完善 // 161

一、立法层面:对现有相关立法的评析及完善建议 // 161

二、实践层面:致力于打造多维立体的可行路径 // 169

第六节　结语 // 177

第五章 禁飞区设立的法律问题研究 // 179

第一节　禁飞区的缘起与法律内涵解析 // 180

一、禁飞区问题的缘起 // 181

二、禁飞区的法律内涵 // 184

三、禁飞区与相关概念的界分 // 189

四、小结 // 194

第二节　禁飞区设立的依据及合法性基础 // 194

一、禁飞区设立的依据 // 195

二、禁飞区的合法性基础 // 197

三、禁飞区设立的价值与意义 // 201

四、小结 // 204

第三节　禁飞区设立的模式及限制条件 // 205

一、禁飞区设立的模式 // 205

二、禁飞区设立的限制条件 // 207

三、禁飞区的划定类别 // 210

四、小结 // 212

第四节 禁飞区设立实践存在的法律问题 // 212

一、禁飞区的设立依据问题——以伊拉克禁飞区为例 // 213

二、禁飞区的设立程序问题——以波黑禁飞区为例 // 216

三、禁飞区的实际执行问题——以利比亚禁飞区为例 // 217

四、小结 // 219

第五节 禁飞区的管控建议 // 220

一、剖析禁飞区的设立依据，统一禁飞区的设立标准 // 221

二、完善禁飞区的设立程序，规范安理会的授权决议 // 222

三、明确禁飞区的执行限度，限定禁飞区的执行条件 // 224

四、建立禁飞区的监督机制，创设禁飞区的救济途径 // 224

第六节 结语 // 226

第六章 民航网络恐怖主义犯罪的国际法规制研究 // 228

第一节 民航网络恐怖主义犯罪规制的逻辑起点 // 229

一、网络恐怖主义犯罪的内涵与特征 // 229

二、网络恐怖主义犯罪对民航领域的渗透 // 236

三、民航网络恐怖主义犯罪国际法规制的必要性 // 241

第二节 民航网络恐怖主义犯罪的既有法律机制 // 244

一、联合国框架下的法律机制 // 244

二、ICAO 的法律机制 // 251

三、区域性组织的法律机制 // 254

第三节　民航网络恐怖主义犯罪国际法律规制的不足 // 259

一、实体规则层面 // 259

二、程序规则层面 // 261

三、国际合作层面 // 264

第四节　民航网络恐怖主义犯罪国际法律规制的完善 // 267

一、健全民航网络反恐实体规范 // 267

二、完善民航网络反恐程序规则 // 271

三、构建民航网络反恐国际合作机制 // 272

第五节　民航网络恐怖主义犯罪规制的中国因应 // 277

一、国内规制层面 // 277

二、国际合作层面 // 287

第六节　结语 // 291

第七章　空中交通管制责任研究 // 293

第一节　空中交通管制的目的、机构类型及法律依据 // 294

一、空中交通管制的目的：维护空中交通秩序 // 294

二、空中交通管制机构的类型 // 295

三、空中交通管制的法律依据及责任类型 // 299

第二节　空中交通管制责任的责任主体及归责原则 // 304

一、空中交通管制责任的责任主体 // 304

二、空中交通管制责任的归责原则 // 308

三、小结 // 311

第三节　空中交通管制责任的构成要件及抗辩事由 // 312

一、空中交通管制责任的构成要件 // 313

二、空中交通管制责任的抗辩事由 // 316

第四节　空中交通管制责任的国际考察 // 319

　　一、美国空中交通管制责任的理论基础及实践 // 319

　　二、加拿大空中交通管制责任的理论基础及实践 // 324

　　三、澳大利亚空中交通管制责任的理论基础及实践 // 331

　　四、小结 // 334

第五节　空中交通管制责任的趋同化趋势 // 336

　　一、空中交通管制机构的统一化："欧洲单一天空"计划 // 336

　　二、空中交通管制责任的统一化：阿根廷《空中交通管制责任公约（草案）》// 338

第六节　我国空中交通管理法治体系的现状和完善 // 341

　　一、我国空中交通管理体制的演进与现状 // 341

　　二、我国空中交通管理法治体系的现状 // 342

　　三、我国空中交通管理法治体系的完善建议 // 343

第七节　结语 // 347

中编　外空法治前沿

第八章　空间交通管理的法治化研究 // 351

第一节　空间交通管理的发展态势 // 352

　　一、形成共识：空间交通管理的定义流变 // 353

　　二、渐生分歧：空间交通管理的国际博弈 // 357

　　三、亟待规范：空间交通管理的法治化需求 // 363

　　四、小结 // 367

第二节　空间交通管理的国际法治根基 // 368
　　一、空间交通管理的国际硬法基础 // 369
　　二、空间交通管理的国际软法依据 // 374
　　三、小结 // 377
第三节　空间交通管理的范围、原则与路径 // 378
　　一、空间交通管理的范围界定 // 378
　　二、空间交通管理的基本原则 // 384
　　三、空间交通管理的路径分析 // 386
第四节　空间交通管理的中国方案与国际视野 // 391
　　一、空间交通管理自律之道：完善国内立法 // 391
　　二、空间交通管理他律之道：引领国际规则 // 395
　　三、空间交通管理和谐之道：坚持全球治理 // 397
第五节　结语 // 401

第九章　空间碎片移除的法律问题研究 // 403

第一节　空间碎片移除的客体与紧迫性 // 404
　　一、空间碎片的技术定义和特征 // 405
　　二、空间碎片的法律定义和识别 // 409
　　三、空间碎片的来源和分类 // 414
　　四、空间碎片移除的紧迫性与可行性 // 415
第二节　空间碎片移除的性质与主体 // 421
　　一、空间碎片移除的性质 // 421
　　二、空间碎片移除的主体 // 425
第三节　类型化视域下空间碎片移除的条件 // 431
　　一、本国管辖空间碎片的移除条件 // 431
　　二、他国管辖空间碎片的移除条件 // 432
　　三、不明来源空间碎片的移除条件 // 441
第四节　空间碎片移除的国际法规制 // 442

一、完善国际公约,制定有关空间碎片移除的国际文件
// 442

二、加强国际合作,建立专门的管理及监督机制 // 447

三、空间碎片规制对中国的启示 // 450

第五节　结语 // 452

下编　空天法治前沿

第十章　临近空间飞行监管研究 // 457

第一节　临近空间法律地位的确立:飞行监管的前提 // 458

第二节　临近空间飞行的监管主体:国际组织和国家 // 460

一、监管主体二元化的现实性 // 460

二、核心监管主体:以国际组织为主导 // 462

三、辅助监管主体:以地面国为依托 // 464

第三节　临近空间飞行的监管客体:临近空间物体和临近空间活动 // 465

一、功能论视角下的临近空间物体 // 466

二、空间论视角下的临近空间活动 // 468

三、从中美"流浪气球"事件看临近空间的监管客体 // 471

第四节　临近空间飞行的监管事项:登记、准入、公示与运行 // 473

一、以独立制度规范登记事项 // 473

二、以具体条例明确准入规则 // 475

三、以事先通知履行公示义务 // 476

四、以风险管控协调运行秩序 // 477

第五节　临近空间飞行监管的中国方案:完善国内立法和推动构建国际统一规则 // 478

一、促进以商业火箭规范为基础的国内监管框架的完善 // 479

二、推动以国际组织为核心的国际统一规则的生成 // 481

第六节　结语 // 483

第十一章　"空天物体"国际飞行法律问题研究 // 485

第一节　问题的提出 // 486

第二节　空天物体概念源于空气空间与外层空间的划界争议 // 490

一、"空间主义" // 494

二、"功能主义" // 497

第三节　"空天物体"的定义存在分歧 // 500

第四节　"空天物体"国际飞行的法律适用 // 507

一、现行国际航空法律规范可适用于"空天物体"的国际飞行 // 507

二、现行外层空间法律规则可适用于"空天物体"的国际飞行 // 516

三、"空天物体"国际飞行是否享有"过境自由"的权利？// 518

第五节　"空天物体"国际飞行规则的构建因素 // 521

第六节　结语 // 522

后　记 // 524

上 编

航空法治前沿

第一章
美国民用航空器适航责任实证研究

本章导读：适航性是民用航空器的固有属性，是航空器能够满足安全运行的必要条件。目前美国已建立起完整的二级适航法规，适航审定工作由美国适航审定机构按照《联邦航空条例》(FAR)规定的适航标准进行，其中审定标准集中规定于FAR-21中。根据适航监管活动的分工及角色不同，民用航空器适航责任的主体可分为覆行监管职责的公法主体和接受监管工作的私法主体。美国民用航空器适航责任纠纷，大致可分为两类：一是在适航审定管理工作中接受监管的私法性主体对适航审定行为存在异议；二是认为政府行为存在过失而应当承担侵权责任。两类纠纷的证明责任亦有不同，前者由政府承担，后者由损害赔偿方承担。

政府承担侵权损害责任的依据在于：《联邦侵权赔偿法》(FTCA)规定对政府雇员过失行为造成的损害，政府应承担侵权责任。但在承认政府为其雇员履职行为造成的损害承担侵权责任的同时，《联邦侵权赔偿法》规定了三类例外情形：一是无可诉职责；二是自由裁量权例外；三是虚假陈述例外。为了避免使政府处于飞机事故保险人这一不利地位，且保持政府与制造者之间责任分配的平衡，特别是在自由裁量权例外情况下，应限缩政府承担过失审定责任的范围。在该种诉讼中，原告承担较重的证明责任，包括政府负有履职义务且存在失职行为，产生实际损害结果以及两者之间存在近因关系。

中国的适航性法规体系及适航管理体制正处在不断完善之中，中国航空业正处于从大到强的跨越阶段，但在航空立法的规范化及相关配套制度的设置方面仍有进步空间。总的来说，适航标准统一化、审定工作的国际合作是趋势,促进航空业发展,保障航空安全,寻求合作共赢是航空法治建设的出发点和落脚点。

为保障航空安全,维护社会利益,促进行业发展,民用航空领域要求航空产品具备适航性。不具备适航性的航空器在运营中造成的损害,相应主体应承担适航责任。美国作为航空运输大国和制造大国,航空业经过80多年的发展,在实践中积累了较为丰富的适航管理经验。

自20世纪20年代开始,美国就着手对民用飞机进行适航管理。目前,美国已建立起较为完整的适航体系。从航空器适航当局来看,美国联邦航空管理局(Federal Aviation Administration,FAA)累积了丰富的适航管理经验;从航空器审定的法律法规来看,美国建立了二级适航法规体系,以满足本国航空制造业的发展,从初始适航的审定到持续适航的监管,美国适航法规均有所涉及;从美国民用航空管理来看,安全审定及监管涉及整个航空运输和航空技术两个层面,并对各类型旋翼机、商用飞机、航空发动机等都制定了详细的适航审定标准。具体来说,FAA为保证民用航空安全,制定了联邦航空条例(Federal Aviation Regulations,FAR)。

民用航空器除要满足初始适航的要求外,更要满足持续适航的要求。为此,FAA通过颁布适航指令(Airworthiness Directives,AD)[1]的方式要求航空器产品满足持续适航的要求。关于民用航空器出口的适航责任问题,航空业的国际性决定了航空产品必然面临着各国不同的适航要求。此时航空器的设计、生产、运营不仅要满足本国的适航认证要求,同时还要考虑到本国与出口国之间签署的适航协议或技术性协议,以及进口国国内相关的技术性法律法规。这就要求所出口的航空器一方面要向本国航空管理部门申请签发出口适航证(Airworthiness certificate for export);另一方面要在进口前出示出口适航证。该证件是航空产品生产者或所有权人,及获得出口适航批准的航空产品制造者必须得到的批准证书,形式有两类:一是出口适航证;二是出口适

---

[1] 参见《美国联邦航空规章》第39部"适航指令"部分,该部规章为FAA的适航指令系统提供了法律框架。

航批准标签和放行证书。

在这一整套民用航空器适航管理活动中,在法律规定层面,美国民用航空法规定了承担民用航空器适航责任的形式以及相关主体;在司法实践层面,美国通过判例形式补充了法律规定的不足,并发展了相关理论。除此之外,对美国民用航空器适航体系的对比研究对我国民用航空器适航体系的完善具有一定的参考意义。

第一节 民用航空器适航责任的法律内涵

一、民用航空器适航性的定义

适航(Airworthiness),即适航性的简称,是航空器属性之一的专用词。在一般的词典中,定义仅仅宽泛表述了航空器宜于空中飞行的性质。《美国民用航空系统及设备的安全性评估方法与指南》(SAE ARP 4761)给出的定义添加了航空器运行环境应为安全的内涵,且提及航空器适航性应涵括航空器整体及其部件。[1] 1980年,美国科学院提出了更为详尽的定义,除细化了宜于空中飞行安全的性质外,还表露了"经申明并被核准"的行政许可的意味,同时将内涵从航空器整体进一步延伸至航空器的部件及其子系统层面。[2]

国际上对航空器适航性的定义不尽相同,[3]但大多定义为"适航性指民用航空器(包括其部件及子系统)整体性能和操纵特性在预期的运行环境和使

---

[1] SAE ARP 4761 将航空器适航性定义为:飞机、飞机系统及部件安全运行并实现其预定功能的状态。

[2] 美国科学院于1980年在《改进航空安全性》的报告中将航空器适航性定义为:在预期的使用环境中和经申明并核准的使用限制之内运行时,航空器(包括其部件和子系统、性能和操纵特点)的安全性和物理完整性。

[3] 1983年,日本《航空宇宙辞典》将航空器适航性定义为:"从确保安全的立场出发,民用航空器的性能强度及构造特性、装备程度、方法的总称。"1992年,德国适航当局(Luftfahrt-Bundesamt, LBA)将适航性定义为:"航空器的设计、制造符合可接受的安全标准和达到适当的要求(在预期的使用环境中和在经申明并核准的使用限制下),并具有与可接受大纲一致的维修性。"《国际民用航空公约》附件8和美国《联邦法典》(CFR14-3.5)将航空器适航性定义为:航空器、发动机、螺旋桨或部件符合其被批准的设计并处于满足安全运行条件的状态。

用条件限制下具有安全性和物理完整性的一种品质。这种品质要求航空器在整个生命周期范围内应始终保持符合其型号设计的安全运行状态"①。相对应的,在不具备适航性的情况下则会产生民用航空器适航责任问题。

总的来说,适航性的定义大致包含了以下几个要素:(1) 应当具备安全状态;(2) 适航性的对象不仅包含民用航空器整体,还包括其零部件及子系统;(3) 适航周期从设计生产开始,自该航空器产品退出市场结束。

二、民用航空器适航责任的缘起

在最初军用航空器安全监管领域中,航空器适航性监管经历了事故调查、事故预防、系统安全、综合预防等4个阶段,最终演化为适航性。可以说,航空器适航性源于安全性。而在民用航空器适航领域中,适航性从一开始就与政府航空安全监管存在紧密联系。民航业在发展之初,由于较高的风险系数而成为"冒险者的事业",为了改善这一现状,促进行业安全与健康发展,维护社会公共利益,政府部门开始制定航空器应当符合的相应标准,最终逐渐完善为民用航空器的适航标准。

围绕民用航空器适航标准,政府部门建立起相关审定及持续监管的配套制度,例如,适航审定及相关适航证件的颁发等活动,这也成为适航管理的雏形。随着适航管理活动的逐渐成熟,民用航空器适航管理活动也逐渐国际化。很多国家的适航审定部门除对本国的民用航空器进行审定,颁发本国相关型号合格证、生产许可证、维修许可证及人员执照外,对外国进口的民用航空器也进行型号合格审定或认可审定。此外,还对本国登记的航空器向外国送修项进行审查批准,以维护国家主权和保障民用航空安全。

伴随适航管理活动的进行,适航性法规的建立也在同步推进。在这一法律体系中,不仅涉及了适航标准,也涉及了适航管理活动的程序及实体问题。一方面是行政相对人申请相关适航证的程序及符合性审查标准,另一方面是适航审定部门在履行职责过程中的责任承担。

由此可见,适航责任实质上是一种行政责任,接受监管的行政相对人应

---

① 赵越让编著:《适航理念与原则》,上海交通大学出版社2013年版,第1~2页。

按照法律标准及程序申请相关适航证,配合持续适航性的监管工作;而履行监管义务的适航当局,则承担完善适航法规及审定标准的义务,以及对审定工作承担相关责任。

三、民用航空器适航责任的特征

民用航空器的适航性源于安全性,因此国际上以《国际民用航空公约》及其附件8为代表的适航标准成为世界各国强制遵循的最低适航标准。这一标准涉及航空产品的整个生命周期的适航问题,也要求世界各国成立相关适航审定机构承担相关审定工作,以促进国际航空市场的安全问题。就民用航空器适航责任来说,具有以下4个特征:

第一,该责任源于国际法与国内法的双重义务。在国际层面,《国际民用航空公约》要求各航空器登记国设定颁发相关适航证书的权利及义务,附件8也详细规定了公约要求的最低适航标准,范围囊括了初始适航及持续适航的全方面。在国内法层面,各个国家设置国内适航审定机构以制定国内适航性法规,并履行适航管理的相关职责。

第二,该责任涉及航空产品的整个生命周期,具有体系性。航空器适航问题涉及初始适航及持续适航,因此关于适航审定的要求从型号设计开始,再到航空器生产,到最后的营运直至航空器"退休",都有相对应的责任义务。总的来说,航空器初始和持续适航共同构成了适航责任体系。

第三,航空产品适航标准的技术性。民用航空器适航标准不仅涉及立法规范的法定标准,更涉及航空产品的技术性标准。尤其是在实际案例中,航空器的适航性判断总归绕不开技术性判断。但与此同时,依据技术性标准作出的合格审定结论并不直接等同于航空产品的安全性,因为实践中还存在处于适航状态的航空器由于特定原因出现产品瑕疵进而发生航空事故的案例。例如,在"加罗维奇诉比奇飞机公司"(Galowich v. Beech Aircraft Corp.)案[1]中,法院认为具备型号合格证书并非航空产品具备安全性的决定性条件。

---

[1] 该案法院认为政府适航部门对产品的合格审定结论与产品存在的不合理风险之间仅具有关联性而非决定性,因此型号合格证书并非该航空产品具备安全性的决定性证据,除型号合格证书外还应当考虑其他证据中的有关事实及情况,并进行全面的审查。

第四,适航责任具有弱可诉性。相较于适航责任而言,受害者更多以产品缺陷为诉由提起产品责任诉讼。在航空业发展初期,受害人通常以1929年《关于统一国际航空运输某些规则的公约》(以下简称《华沙公约》)和1999年《统一国际航空运输某些规则的公约》(以下简称《蒙特利尔公约》)为依据要求航空运输承运人承担限额赔偿责任,但这两大公约未能妥善解决超出公约责任限额范围的航空器制造者的产品责任问题。随后,在20世纪30年代随着美国产品责任案件数量的剧增,航空产品制造人也成为承担赔偿责任的主体,这一责任主体不仅涉及航空产品的最终制造者,还涉及了上游产品的承包商,甚至次承包商。在与上述产品责任不同的适航责任中,由于没有明确的法律依据,因此除针对适航当局的适航审定或适航管理的不当行为,以及以航空产品为标的物的租赁、买卖关系中标的物不符合法规外,在实践中鲜有以适航责任为诉由提起适航责任诉讼。

四、小结

民用航空器的适航性源于航空器的安全性,民用航空器适航责任源于船舶适航责任,在实践中以安全为出发点,并不断丰富适航性内涵。总的来说,民用航空器的适航责任是基于航空器应当具有适航性而衍生出的不适航时的各项责任,具有抽象性和物理性,且涵盖了航空器整个生命周期。关于民用航空器适航责任,在国际及国内两个层面都具有相关的义务来源。由于适航责任较强的专业性,除具有立法规范外,还具有较强的技术性规范。为了规制航空器整个生命周期的安全,适航责任也成为一项具有体系性的责任机制,但由于适航责任没有明确的法律依据,实际案例中又形成了较为完备的产品责任赔偿机制,因此适航责任并没有足够的可诉性。

第二节　美国民用航空器适航法规及责任主体

一、美国民用航空器适航法规体系

1926年美国《商业航空法》授予商务部长制定商务航空安全性法规的权限。[①] 1938年联邦政府通过的《民用航空法》替代了《商业航空法》，同时成立了航空安全委员会，授权该委员会颁布和执行关于商业航空器及其零部件制造的安全标准。[②] 该标准涉及航空器设计、生产、飞行的各阶段，以及航空产品及其零部件各方面的广泛认证标准。[③] 然而，1940年的行政重组计划废除了该委员会，并且该计划将航空安全委员会和1938年《民用航空法》规定的组织职能转移给民用航空委员会和民用航空管理局。[④] 1948年，民用航空委员会发布的相关法规规定，将制定12,500磅以下飞机安全法规的权力移交给民用航空管理局。[⑤] 1958年《联邦航空法》对安全法规的制定和执法进行了全面重组和扩展，[⑥] 该法案指定FAA为安全监管机构，并将执法权交给其行政长官。[⑦] 1958年《联邦航空法》还规定，任何违反证书相关规定进行的生产、分销或操作航空器的行为都是非法行为，[⑧] 在行政程序中可处以罚款、吊销航空器及其零部件的相关证书。至于是否影响生产、销售或运营该航空器，则取决于被吊销的证书的性质。[⑨]

目前，美国已建立起较为完整的二级适航法规体系。从静态上看，FAA制定的一系列关于航空器、发动机和螺旋桨的设计、材料、结构、工艺及性能

---

① See Act of May 20, 1926, Ch.344 551–13, 44 Stat.568 (1926).
② See Act of June 23, 1938, Ch.601 55 701–702, 52 Stat.973 (1938).
③ See Act of June 23, 1938, Ch.601,55 §701–702, 52 Stat.973 (1938).
④ See Act of April 2, 1940(Plan Ⅲ), §7, 54 Stat.1231 (1940).
⑤ See for the legislative history of 49 U.S.C. §1401 (1970).
⑥ See 49 U.S.C.55 1301–1542 (1970).
⑦ See 49 U.S.C. §1349 (a) (1970).
⑧ See 49 U.S.C. §14717 (1970); 14 C.F.R. §513.15 (1970).
⑨ See 749 U.S.C. §1429 (1970); 14C.F.R §13.19 (1970).

的最低安全标准,展现了较为成熟且完善的原则性适航规范;从动态上来看,FAA 设置了如咨询通告等补充性文件,以保持产业的动态发展与立法规范的相对稳定之间的平衡。总的来说,美国关于民用航空器适航性的法规大致可分为法规性文件和非法规性文件两类。

(一) 法规性文件

美国民用航空器适航性责任的法规性文件大致包含以下几种:

一是由 FAA 制定、局长发布的 FAR。该条例是 FAA 制定的主要法规,位于《联邦法规汇编》(Code of Federal Regulations,CFR)的第 14 卷(航空航天卷)。基于后续不断扩充的需要,FAR 依据 1~199 的不完全序列方式排列。从纵向程序上看,FAR-21 的一般规定中明确表示,航空产品应当通过设计核准、生产核准、适航证书的审查与颁发,以及适航批准;[①]从横向范围上看,具体内容包含了航空器、零配件、机载设备等物,以及制造者、营运者、维修者和适航当局等利益方。

二是《特殊联邦航空条例》(SFAR)。该条例性质属于临时性法规,法律效力与 FAR 相同。两者之间不同的是,SFAR 具有时间及范围上的局限性,制定过程相较于 FAR 来说简化很多。SFAR 的主要作用在于:其一,试验新法规要求的可行性。例如,FAA 颁布的 SFAR 规定了活塞式和涡桨式多发小飞机的适航标准,以试验大于 9 客座的飞机的适航审定,并在实验成功后,FAA 修订了 FAR 第 23 部中正常乘飞机的适航标准并增加了通勤类飞机的审定标准。其二,用于快速提出与安全有关的要求。例如,在 FAR 修订驾驶舱门和燃油箱阻燃性的要求之前,SFAR 先行制定了相关安全标准,为制定正式标准提供缓冲期。

三是专用条件(Special Condition)。通常来说,在适航当局对民用航空产品进行型号合格审定时,若发现相关适航性法规没有适当或足够的安全标准,则可制定、颁发相关事项的适航要求。适用的安全标准与适航规章等效,但有 3 项要求:首先,相关产品应当具有新颖或独特的设计特点;其次,产品的预期用途并非常规;最后,依据已经在使用中的类似航空产品或具有类似设

---

① See 14 C.F.R. § 21.1 Applicability and definitions (a).

计特点的产品的表现来看,该类产品存在处于不安全状态的可能。

四是联邦航空条例修正案(Amendment)。修正案是对《联邦航空条例》中具体条款的适时补充及修正,通过修正案可以不断完善补充《联邦航空条例》。修正案根据需要并按照规定的程序发布,但发布的频次具有不确定性。这种不定时发布的补充完善性法规文件既保持了《联邦航空条例》的灵活性,又平衡了法规静态与实践动态之间的矛盾。

五是适航指令。根据《联邦航空条例》的相关规定及程序要求,局长有权以发布适航指令的形式解决适航审定中的安全问题。适航指令要求型号合格证持有人及生产合格证持有人对航空产品的设计、结构进行更改,以纠正产品缺陷或不安全状况。不执行适航指令的航空器将被视为不适航,不得继续运行且可能受到民事处罚或者吊销、暂扣相关证书。例如,当 FAA 依据 FAR 第 39 部的规定颁发适航指令并要求型号合格证持有人进行设计更改时,型号合格证持有人在更改所涉及信息时应将适航指令所要求的设计更改报局长批准,同时向航空产品所有人或营运人提供设计更改的准确信息。

六是技术标准(TSO)。这是 FAA 颁布的适航文件体系中法规性文件的一种,并不具有强制执行的效力,只是供通用或重复使用的民用航空器、发动机、螺旋桨上安装或适用的通用材料、零部件、机载设备的指南。除此之外,技术标准也是安装在民用航空器上的机载设备应参照的最低性能标准,包括仪表、通讯导航设备、机械部件等。总的来说,技术标准是航空产品技术水平的一条合格线,是 FAA 所要求的必须达到的安全标准。

(二)非法规性文件

除上述法规性文件外,FAA 也制定了其他标准及文件以为工业界和审定人员提供指导,从而形成了一套涉及安全性、经济性的非规范性文件,通常包括以下几类:

一是咨询通告(AC),这是 FAA 向公众推荐的、可接受的、对 FAR 的条款进行符合性验证的方法,该方法由工业部门等的相关专家共同研究制定而具有权威性。同时,由于该方法本质上是一项建议性、指导性的文件,因此不具有强制性。由于 FAA 对各条款进行符合性验证的方法不止一种,因此该方法也不具有唯一性。该方法内容大致包含民用航空器产品审定、维修、管理及符合性验证方法。

二是指令(Order),属于指令性文件,是以方便雇员妥善履行本职工作为目的的内部指导文件,由 FAA 发布适用。内容主要涉及 FAA 的组织机构及职责、分工管理、工作程序等。指令通过明确工作人员的职责权限及要求实现落实政策,保证团体动作的一致性及有效性。

三是规章制定建议通知(NPRM),是以征求公共意见为目的而设置的公开程序。该程序通过公开刊登在联邦注册报(Federal Register)的形式,使公众了解规章的制定、修订及作废情况,有利于保障公众知悉权。

四是审定过程改进指导文件(CPI),用于指导、改进审定过程的文件,以促进审定机构与申请人之间的良性互动。既适用于型号设计批准,也适用于生产批准。此类文件不仅适用于 FAA 的雇员,也同样适用于航空业的合格证申请人。

五是政策备忘录(Policy Memorandum),是 FAA 内部管理层下发给下属部门的解释或政策指导性文件。

六是通知(Notices),是 FAA 针对内部具体问题发布的临时性指导文件,一般来说有效期一般为 12 个月,但若 FAA 将其改为指令,则可长期有效。

二、美国民用航空器适航责任的私法主体

在美国民用航空器适航管理活动中,作为被管理者的私法性主体主要承担着按照适航法规要求的适航标准进行设计、生产、运营航空产品的义务,以保障航空安全。根据上述 FAR 的相关审定规则,美国适航审定机构对航空器及其零部件的适航监管主要分为设计批准、生产批准、适航性批准 3 个阶段。由此对应私法性主体中的设计者、生产者、营运者。此外,司法实践中还涉及航空产品的实际使用人、占有人(如承租人或买受人)的相关适航责任问题。

由于适航审定本质上属于行政许可行为,因此私法性主体在适航责任承担方面主要是对未能达到行政许可标准承担不利后果,即未达到适航标准的要求时应承担行政责任。具体表现为不能取得相应的航空器许可证,已经取得的则应当撤销、吊销相关许可证,甚至面临停飞等行政处罚或行政强制措施。例如,在"埃航空难"中,埃塞俄比亚航空公司波音 737MAX8 号客机在起

飞后不久发生坠机导致机上全部人员遇难,事后中国适航当局首先对该型号的客机采取了禁飞措施,随后美国政府也被迫发出禁飞令。

除此之外,在适航审定工作中,FAR要求申请人对申请材料承担诚信义务:一方面在申请相关证书时不得存在虚假陈述、欺诈误导性描述;另一方面对于已经获得的任何证书或批准书不得进行任何更改。同时还规定,对于违反诚信原则的行为,审定机构可以拒不签发证书,已经签发的可依法暂停或撤销证书。①

(一)设计者的适航责任

适航监管程序中的最初阶段便是签发型号合格证书,②这同时是设计者的首要责任。在型号合格审定中存在广泛的委任制度,整体来说是由委任工程代表见证FAA进行符合性实验并进行符合性审查。

FAR规定航空产品设计者应当通过的设计批准包含以下两种形式:一是包含了改装和补充型号合格证(Supplemental Type Certificate, STC)③在内的型号合格证(Type Certificate, TC)④。二是经过PMA(零部件制造人批准书)⑤或TSO⑥规定认可的设计批准。⑦

关于设计者是否包含自然人的问题,从CFR可以看出,一方面美国承认了自然人申请特殊适航证的主体地位,另一方面限制了适用范围只能在实验室而不能商业化。⑧ 因此,此类设计者主体只须依据特殊程序履行适航责任

---

① See 14 C.F.R. § 21.2 Falsification of applications, reports or records.
② See 14 C.F.R. § 21.11–21.53 (1970).
③ 民用航空器产品设计者在完成设计之后,若是对航空器进行产品设计的修改,则需申请补充型号合格证,或者重新申请新的型号合格证。
④ 型号合格证是指通过对某一型号航空产品及其部件的设计进行安全性评估和审查,以确定是否符合有关的适航标准,并对航空产品颁发的一种合格性证件。
⑤ See 21 C.F.R. § 814.39: PMA supplements.
⑥ TSO是FAA颁布的适航文件体系中法规性文件的一种。它是指对安装在民用航空器上的机载设备包括仪表、通讯导航设备、机械部件等,规定的最低性能标准。获得TSO后表明被允许按照该标准设计和制造,但若要安装,则另需获得安装批准。
⑦ See 14 C.F.R. § 21.1 Applicability and definitions. (b) (4).
⑧ See 14 CFR § 21.191. 具有以下目的的,应当颁发实验性许可证:……(g)操作业余制造的飞机。所经营的飞机的主要部分是仅以教育或娱乐为目的进行建设项目制造和组装的。另外,《联邦法典》规定"自制航空器"(an amateur-built aircraft)是指绝大部分情况下由私人仅出于学习或娱乐的目的建造或装配的飞机。

而不须申请型号合格证。

关于申请人在申请型号合格证时应当承担的相关义务,FAR-21.35 规定了 4 项内容:一是提交的申请内容符合本章的相关结构要求;二是完成必要的地面实验和检查;三是符合型号设计的要求;四是向 FAA 递交包含测试结果在内的飞行测试报告。① 在申请证书的证明责任中包含了特定航空器或航空器零部件的设计、材料、性能等符合航空安全的内容。②

此外,在关于设计者的持续适航责任中,包括补充型号合格证申请人在内的型号合格证申请人在设计阶段就应当坚持持续适航的设计原则,以奠定后续检验工作、运营过程中维修工作的基础。具体体现为在设计航空产品的同时制定具有准确性、有效性的持续适航文件;在该产品后续运营过程中存在不安全状态时,设计者应当及时收集信息并筛查瑕疵。此外,FAR-21 还规定了型号合格证书持有人在特定情况下要向局长进行事件报告,③且如果事故调查或者使用困难报告表明产品或部件由于制造或设计存在缺陷,生产合格证持有人就必须向 FAA 报告调查结果和采取的纠正措施。④

最后,关于初始型号合格证书持有人的权利,权利人可以根据所持有的有效合格证进一步申请获得生产该航空产品的许可证,也可以授权许可其他制造商进行生产。⑤ 在普通法理论中,这种关于特定机型经认证后的权力被称为"祖父权力",该权利极大地简化了符合条件的航空产品生产者以及适航审定机构部门之间重复审查的复杂性。

(二)制造者的适航责任

根据型号合格证书进行航空产品生产活动会涉及第二阶段的适航监管——FAA 依据已取得的型号合格证书签发生产合格证。⑥ 任何为销售特定型号的航空器或其零部件而生产的主体都必须申请并获得生产合格证,以证明反复生产的产品都符合型号合格证书中所载明的标准及规格。这便要求

---

① See 14 C.F.R. § 21.35 Flight tests.
② See 14 C.F.R. §§ 21.41 (1970).
③ See 14 C.F.R. § 21.3 Reporting of failures, malfunctions, and defects (a) (c) (d).
④ See 14 C.F.R. § 21.3 Reporting of failures, malfunctions, and defects (b) (f).
⑤ See 14 C.F.R. § 21.47 (1970).
⑥ See 14 C.F.R. § 21.1 Applicability and definitions (b) (7).

航空产品的制造者及时取得有效的生产许可证。FAR 明确规定:民用航空产品制造者应当依据已批准的设计及质量系统向 FAA 进行生产产品及零部件的申请,[1]此外,《联邦法典》还作出生产限制记录(Production Limitation Record)以监管航空器生产者的生产体系。[2]

生产许可证审定分为两部分:一个是生产许可证和经批准的生产检验系统;另一个是技术标准规定项目批准书(CTSOA)和 PMA。[3] 满足上述两部分后方可获得相应的生产许可证。[4] 该证件不仅规定了制造者必须保证所销售的任何航空器产品已经获得生产许可证,还规定了所用材料应达到的安全标准,[5]并建立了质量控制测试和检验程序以监测上述要求是否被完整遵守。[6]在航空器最终认证之前,生产者必须对组装的航空器成品及所载设备进行系统的检查和测试,测试的对象不仅包含自己生产的设备产品,也包含了从其他渠道购入的设备。[7]

关于美国民用航空器生产者的适航责任与产品责任存在诸多重合之处,[8]两者产生容易混淆。区分两者的关键在于:对于生产者而言,适航责任是行政责任,而产品责任是民事责任。前者的责任来源于符合行政许可及适航法律法规的要求,而后者的责任来源于产品本身的质量状况。单就制造者的适航责任来说,即使航空产品经过了相关适航合格审定,也不意味着制造者可以借此完全脱离适航责任的承担。在"普拉什克诉比奇飞机公司"

---

[1] See 14 C.F.R. § 21 (b). 该法典规定了生产批准问题,即 FAA 对于申请人根据批准的设计和质量系统来进行产品或零部件生产,可以采取颁布 PC 证、PMA 或 TSO 认证形式。

[2] See 14 C.F.R. 21.142 (2014). 该法典规定:FAA 在签发生产许可证时会出具一份生产限制记录,注明型号合格证,对生产进行限制。并且生产者的生产质量管理体系一旦变更,要立即报备 FAA 进行审查。

[3] 参见徐浩军主编:《航空器适航性概论》,西北工业大学出版社 2012 年版,第 48 页。

[4] 生产许可证是指适航当局在审查了申请人的质量控制资料、组织机构和生产设施后,认为申请人拥有并能够保持适格的质量控制系统,确保所生产的航空器均能符合型号合格证的设计要求,向申请人颁发证明申请人生产能力的证件。

[5] See 14 C.F.R. § 21.143 (a) (2) (1970); 14 C.F.R. § 21.143 (a) (4) (1970).

[6] See 14 C.F.R. § 21.143 (1970).

[7] See 14 C.F.R. § 21.139 (1970); 14 C.F.R. § 21.143 (1970).

[8] 参见陈诗琪:《国际民用航空器适航责任研究》,华东政法大学 2014 年硕士学位论文,第 32~33 页。

（Prashker v. Beech Aircraft Corp）案[1]中，法院认为：民用航空管理局通过的适航审定合格结论仅仅表示涉案航空器符合政府规定的许可标准这一最低安全标准，并不能成为"通过审定而排除适航责任"的抗辩理由。

（三）营运者的适航责任

在飞机最终组装和分销时，实施预防性安全监管的最后阶段是颁发适航证，未取得适航证书或违反证书规定情况下的商业航空运营均为违法。这一规定使得民用航空器的营运者（operator）既可能是运输合同责任或侵权责任的主体，[2]也可能是民用航空器适航责任的主体。这二者的区别在于：前者实质上属于民事责任，针对乘客而言；而后者实质上是行政责任，基于营运人未能履行许可证要求的相关适航法规义务。根据《联邦法规汇编》的相关规定，后者责任主体不仅包括航空器所有者及代理人，还包括航空器租赁合同中的实际使用者及代理人。[3]

《联邦法规汇编》所规定的商业营运人（Commercial Operator）是指除航空承运人、外国航空承运人及 FAR-375 规定的权限外，为了取得报酬或租金适用航空器从事运送人员和货物的航空贸易的人。[4] 其中，是否带有盈利性质的判断依据主要是空中运输业务的性质。

从责任期间来说，在初始适航责任方面，责任主体首先要在国家民航管理部门对航空器进行登记注册，申请并获得适航证（Airworthiness Certificate）[5]，并在适航证过期或者失效之前及时更新。此外，在持续适航责任方面，由于在航空器运行期间，营运者一直是航空器的实际控制者，因此应

---

[1] See Prashker v. Beech Aircraft Corp., 258 F.2d 612 (2d Cir).
[2] 参见张超汉、刘亚军：《论航空产品责任主体》，载《北方法学》2015年第4期，第130~131页。
[3] See 14 C.F.R. §161.5. 定义：本部分所称的飞机营运者是指所有经营该飞机的主体，即使用或授权使用飞机，或租赁飞机时，任何承租人根据租赁经营该飞机。如本部分所述，飞机操作员还指飞机所有者的任何代表，或租赁飞机时，承租人的任何代表，他们有权与机场运营商就飞机使用机场达成协议。
[4] See 14 C.F.R. § 161.5 (2011).
[5] See 14 C.F.R. § 21 (c). 适航证：分标准适航证与特殊适航证两种。另见 FAR-21-(d). 适航批准：FAA审定航空器、航空发动机、螺旋桨或零部件，证明其符合批准的设计并处于安全运行的状态，除非另有说明。

当对该过程中航空器的适航性承担责任。这衍生出营运者部分或全部对航空器及其部件的维修责任,①以保证整个营运期间航空器的安全飞行状态。

基于此,民用航空器的维修者(maintainers)也是民用航空产品正常运作的重要保障主体,主要责任在于保持航空器在运行期间处于适航状态。该主体在航空产品维修工作中,也接受民用航空器适航管理部门的审查与监督。例如,FAR 要求维修单位需经申请、认证以证明具有相关资质,②这是该类主体承担适航责任的客观体现。

就责任内容来说,一方面,航空公司需要具备所在国管理当局签发的航空运输企业经营证(Air Operator's Certification)③,同时,非美国籍的外国营运人也应当获得美国相关部门颁发的许可证。④ 另一方面,自然人或非航空公司则需根据不同国家的国内法律法规满足相关先决条件。

(四)承租人及买受人的适航责任

民用航空器的承运人及买受人作为航空器的实际控制人或所有权人,也承担适航责任的一部分。

首先,从承租人与出租人、出卖人与买受人之间的关系来看,在航空器租赁合同及航空器买卖合同中,承租人或买受人在与合同相对人交付标的物时一般会出具交付验收证书。然而,实践中,有可能出现航空器交付使用后承租人或买受人发现航空器存在瑕疵,以航空器不适航为由向出租人或出卖人

---

① See 14 C.F.R. § 43.维修、预防性维修、翻修和改装。该条规定适用于以下对象:(a)持有美国适航证的航空器。

② See 14 C.F.R. § 145.该部规章规定了申请和认证合格的维修单位,必须遵守的法规,该法规与维修性能、预防性维修,或对于 FAR-43 所适用的航空器、机身、航空器发动机、螺旋桨、电器设备或零部件的改装有关。该部规章也适用于任何持有或要求持有根据该规章所颁发的维修单位合格证的申请人。

③ See 14 C.F.R. § 135.运行要求:通勤和按需运行以及管理在这些飞机上人员的法规。规章规定了承运人的通勤或按需运行,这些承运人根据 FAR-119 和相关文件,持有或要求持有航空承运人合格证或运行合格证。另参见 FAR-119 认证:航空公司和商业运营商。规章适用于商业航空或当公共航空运输不涉及美国注册的 20 座及以上或者最大有效载荷量达 6000 磅(2722 千克)或以上的民用航空器的运行时,每一个作为航空公司或(和)商业运营商,运行或想要运行民用航空器的承运人。该规章特别规定了运营商必须满足的认证要求,以获得和持有根据 FAR-121、FAR-125 或 FAR-135 授权运行的合格证。

④ See 14 C.F.R. § 129.运行:外国公共航空运输承运人。该规章规定了美国国内外国航空器运输承运人的运行法规,这些承运人需持有美国交通部民用航空委员颁发的许可证。

提起诉讼的案例。在此类案例中，美国司法实践一般认为航空器适航是交付合同标的物的先决条件，但承租人或买受人在出具交付验收证书后便不能再以航空器不适航为诉因提起损害赔偿之诉。例如，在2010年"LLC的控股公司JDI诉喷气式飞机管理公司"（JDI Holdings LLC v. Jet Management, Inc.）案①和2012年"普里查德企业诉阿德金斯公司"（Pritchard Enterprises v. Adkins, Inc.）案②中，法院认为承租人或买受人有责任在接收时承担确认航空器适航的责任，且一旦出具验收证书，就意味着认同了标的物的品质，应当对接收行为负责。

其次，从承租人单方面的适航责任来看，承租人作为航空器的实际使用者，虽然没有法律条文的明确规定，但在美国司法实践中一般认为承租人承担着航空器持续适航方面的相关责任。例如，1988年美国Aloha航空公司的波音737-200飞机在从夏威夷岛飞往檀香山途中发生爆炸，经过美国国家运输安全委员会的全面调查，最终认定事故原因是裂缝氧化导致金属疲劳，最终美国国家运输安全委员会依据以下3项证据认定Aloha航空公司没有履行航空器持续适航责任：一是缺乏航空器维修计划；二是未能贯彻落实适航指令；三是缺乏维修技术。又如，1998年"坎贝尔诉基斯通航空测量公司"（Campbell v. Keystone Aerial Surveys）案③中，上诉法院也重申了该观点。

---

① See JDI Holdings LLC v. Jet Management, Inc. 732 F. Supp. 2d 1205（2010）. 在该案中，原告向联邦地区法院提起诉讼，认为卖方与飞机维修方存在利益关系，导致维修方为卖方隐瞒标的物缺陷，并称卖方交付的标的物存在重大缺陷，构成对合同的违约。地区法院法官M. Casey Rodgers, J. 经审理认为：(1) 有证据证明卖方在飞机适航条件下交付，并履行了飞机购买协议中规定的适航性明确保修；(2) 没有证据证明卖方与维修方代理人的关系妨碍对买方的信托义务；(3) 维修方代理人与卖家的关系没有违反忠诚度。最后，法院没有支持原告的诉讼请求。

② See Pritchard Enterprises, Inc. v. Adkins, 858 F. 2d. Supp. 576（2006）. 在该案中，原告以132,500美元的价格从被告手中购买了一架飞机。后Prichard认为涉案飞机存在问题并造成损失，希望撤销交易，或返还资金，赔偿损失。双方的主要争议集中在买卖合同所载保修条款中"适航条件"的含义上。该案最终由北卡罗来纳州法院管辖，法院最终认定：(1) 合同中的"适航条件"概念在保修条款中定义为飞机处于可以随时安全飞行的状态；(2) 涉案飞机在出售时处于"适航状态"；(3) 买方延迟一年通知卖方宣称的缺陷和要求撤销是不合理的。

③ See Campbell v. Keystone Aerial Surveys, 138 F. 3d 996, 1001（1998）.

三、美国民用航空器适航责任的公法主体

在航空领域,民用飞机属于纳入适航管理的特殊产品。从设计、制造、投入使用至维修的每个环节,都需获得国家机构的合格性审查。目前几乎所有国家都采用了此种行政许可的方式对本国注册的民用航空器进行适航认证管理,由指定的适航管理部门负责。因此,经审定合格投入市场的飞机如发生缺陷事故,除私法性适航主体承担责任外,审定机构也会承担相应的适航审定过失责任。

(一)公法性主体的组织体系

美国亦采用航空器适航审定方式进行适航管理。适航当局 FAA 的主要职责包括:一是规范民用航空业的行业行为,促进公共安全;二是鼓励发展民用航空业的相关技术;三是发展并运营军、民共用的空中交通管制及导航系统;四是研究并发展国家空域系统及民用航空学;五是对航空器噪声及其他民用航空业带来的环境问题进行控制;六是规范美国空间运输业的相关行业行为。[1]

FAA 建立了与美国金字塔式的航空制造产业相对应的适航法规体系及适航管理部门组织体系。在整体上设立了按航空产品分类的专业审定中心,以解决众多适航标准的制定、执行和解释的标准化问题。在具体问题上,美国在全国范围内设置了众多的专职适航审定办公室和机构,以便开展对数量众多的航空制造企业的适航管理。

此外,FAA 为应对庞大的适航审定工作设置了委任代表制度,包括个人和机构两种。其中对个人的委任形式包括:(1)工程委任代表(Designation Engineering Representative,DER);(2)生产检验委任代表(Designation Manufacturing Inspection Representative,DMIR);(3)适航委

---

[1] 参见蔡景等编著:《民用航空器适航管理》,北京航空航天大学出版社2018年版,第19页。

任代表（Designation Airworthiness Representative，DAR）。① 另外，对机构的委任统一为机构委任授权（Organizational Designation Authorizations，ODA）。②

FAA 所设立的适航委任代表制度同时衍生出了一种特殊的行政责任类型。被委托方在适航认定的实践中担任着十分重要的角色，FAA 一方面由于自身的限制依赖于被委托方，另一方面又严格限制被委托方授权范围和行使行政权力的方式。

（二）公法性主体的适航责任

美国《联邦法典》明确规定了 FAA 对民用航空器及其部件的审定职责，③在 FAA 未妥善履行该职责时行政相对人可提起行政诉讼。④ 1946 年，美国国会最终颁布了《联邦侵权赔偿法》（Federal Tort Claim Act，FTCA），⑤该法规定政府应当为政府雇员过失的作为及不作为造成的损害结果承担侵权责任，并

---

① 1958 年 FAA 取代了民用航空管理局，后于 20 世纪 80 年代创立了 DAR，扩大了个人委任代表的适航审定权的范围。与此同时在机构委任适航代表（Organizational Designation Airworthiness Representative，ODAR）中，允许机构行使类似于个人 DAR 的职责，这意味着 ODAR 也是一种机构委任形式。

② 20 世纪 50 年代起，民用航空管理局开始采用委任机构而非个人的方式来承担适航审定任务，即 DOA（Designed Option Authorization）。2005 年 11 月 14 日，FAR-21 第 86 号修正案（Amendment 21-86）正式生效，该修正案规定自 2009 年 11 月 14 日起终止原有的 DOA 和 DAS 批准。同时 FAR-183（14 CFR part 183）在 D 部分中以机构委任授权形式取代原所有机构委任形式，包括 DOA、DAS、SFAR-36 和 ODAR。

③ 参见《联邦法规》第 14 章第 21 条：民用航空器的机身、引擎、螺旋桨或者其他部件的适航签发管理工作由 FAA 负责。

④ 参见《联邦法规》第 14 章第 15 条：如果 FAA 据此作出的管理行为造成了人员伤亡或财产损失，则可依据《联邦侵权索赔法》对政府提起行政诉讼，并列明相关程序和要求。

⑤ See FTCA § 1346(b), 2671, 2680(a)-2680(n). 见众议院司法委员会听证会 H. R. 5373 和 6463，77th Cong., 2d Sess.（放弃主权豁免的历史）。在 1946 年之前，国会授权对美国政府提起诉讼。1855 年，国会成立了索赔法院，并同意可以以合同或联邦法律引起的索赔为诉因向美国政府提起诉讼。1910 年，国会同意在专利侵权索赔法院对美国政府提起诉讼。第一次世界大战期间，国会允许对美国政府就管理铁路活动造成的财产损失、人身伤害和死亡提起诉讼。1925 年，政府同意对涉及政府船只的海上侵权行为提起诉讼。

赋予地区法院管辖权。① 该法关于政府侵权责任的规定主要包括以下3个方面：(1) 关于政府雇员的责任问题，该法规定政府应当为雇员的侵权行为承担责任，即"雇主责任"；(2) 关于政府机构的范围问题，该法做出了广义解释，认为不仅包含狭义上的行政部门，还包括军事部门、独立机构等其他部门；(3) 关于责任的承担问题，该法规定联邦政府会像私法性主体一样，在相同的条件下、以相同的方式、在相同的范围内承担侵权责任。这一规定明确表示国会放弃了联邦政府之前所享有的司法豁免权，并成为以政府为被告提起政府侵权之诉的法律依据。例如，在"安德伍德诉美国"（Underwood v. United States）案中，法院最终判决让美国政府对精神病医生做出的关于批准患者出院决定中的过失行为负责。

与之对应，因FAA在适航证书的颁发与持续适航监管方面负有责任，且由于政府在航空安全方面的管理（公权力）行为在性质上可以被认定为"为公共利益而主动提供服务"，因此FAR对FTCA所规定的行政赔偿作出了相关规定，在FAA履行适航审定职责时，就意味着政府要对未能妥善履行相关职责导致的损害承担责任。此外，依据政府"雇主责任"的规定，无论是政府中的哪个机构或雇员造成他人损害，联邦政府都可以成为责任主体。这也是美国政府及FAA成为适航责任中公法性主体的主要法律依据。

四、小结

美国适航管理实践中已经形成了较为完整的适航法规体系，大致可分为

---

① See 28 U.S.C. §§ 1346 (b), 2671, 2680 (a) - (n) (1982). 根据本篇第171章的规定，对1945年1月1日及之后政府雇员在职责范围内的不法履行职责行为及过失不作为造成的人身财产损失或死亡结果，向美国政府提出损害请求赔偿的，地区法院以及维尔京群岛地区法院具有民事诉讼的专属管辖权。在这种情况下，美国政府与私法性主体一样适用行为地法对损害承担相同的赔偿义务。第2671条规定：在本章和本篇第1346 (b)和2401 (b)节中使用的"联邦机构"一词包括美国的行政部门、军事部门、独立机构以及主要作为工具或机构行事的公司，但不包括与美国政府合作的任何承包商。"政府雇员"包括任何联邦机构的官员或雇员、美国军队或海军部队的成员、国民警卫队成员在根据《宪法》第316条、第502条、第503条、第504条或第505条进行训练或执勤时的成员，以及以官方身份代表联邦机构，无论临时还是永久为美国服务的人，且无论是否有偿。"在其职务或工作范围内行事"，是指在职责范围内，就美国军队或海军部队成员或第32篇第101 (3)条所定义的国民警卫队成员而言。

法规性文件和非法规性文件。根据在美国民用航空器适航审定活动中的地位,可将适航责任主体分为履行监管职责的公法性主体和接受适航监管的私法性主体。在私法性主体中,根据适航审定与监管的阶段,分为设计者、生产者、运营者,以及航空器实际占有使用人等相关主体。在公法性主体中,美国《联邦侵权赔偿法》确立了政府承担侵权责任的基本出发点,对于适航审定活动中造成的人身或财产损失,政府可能承担相应的侵权责任。

第三节 美国民用航空器适航责任的证明责任

美国民用航空器适航审定管理中的证明责任问题,可分为两个部分:一是行政相对人对适航审定机关作出的关于适航审定行为存在异议时,在行政裁决中的证明责任;二是航空事故受害人对审定机关审定行为导致的损害后果提出的侵权损害之诉。

一、适航审定的证明责任

(一)适航审定的适用程序

美国行政机关作出的行政行为可分为法规制定与行政裁决两类,按照《联邦行政程序法》的规定,关于适航证、许可证审定与颁发的行政行为的性质属于后一种类型。关于行政裁决的程序适用问题,就采取的程序的正规化程度而言,可以分为正式程序裁决(Formal Adjudication)和非正式程序裁决(Informal Adjudication)。正式程序裁决在全部行政裁决中所占的比例很小,但涉及当事人重要的权利和利益时,可要求采用正式程序裁决,[①]其中包含拒发或吊销许可证这一行政行为。总的来说,适航管理中审定颁发适航证的行政行为,性质上属于许可证的审定,且属于正式的程序裁决范畴。

(二)适航审定结论的证明责任

FAA 对作出的适航审定结论承担证明责任。例如,在 2005 年"管理员诉

[①] 参见王名扬:《美国行政法》,中国法制出版社 1995 年版,第 442~443 页。

范德霍斯特"(Administrator v. Van der Horst)案①中,FAA 没有对未充分检查适航状况导致责任事故后仍进行正常运营的航空器派员检查,而是直接作出暂停被上诉人飞行执照 180 天的指令。然而,被上诉人辩称在自己进行后续飞行行为前已经过相关适航状态判断,并要求 FAA 提供指定专家鉴定,而 FAA 未能提供有效证据,且因未及时派员检查而没有证据证明后续航空器飞行时的适航状态,最终法院认定 FAA 败诉。另外,在 2007 年"管理员诉蒂伯特"(Administrator v. Thibert)案②中,FAA 在没有核实涉案航空器型号合格证及其他证件,也未对预备飞行单进行检查的情况下,仅依据 Versatile 公司作出的不适航检查结论直接认定航空器不适航的状态,并作出暂停飞行教练执照 120 天的处罚决定,最后由于 FAA 未能证明其履行了支持义务而败诉。

二、政府侵权损害之诉的证明责任

在起诉美国政府承担适航审定的侵权责任时,原告应承担证明政府负有履行职责的义务,存在失职行为,导致损害结果以及近因等要素的证明责任。

(一)证明责任的分配及证明内容

关于政府负有履行职责的义务以及在履行义务过程中存在失职行为的证明责任。因为美国政府并非航空产品的生产商,所以不受严格责任诉讼原则的限制。因此若要以美国政府为被告追究美国政府适航审定过程中的行政责任,则原告将承担一定的证明责任。例如,在"沃尔顿诉克莱斯勒汽车公司"(Walton v. Chrysler Motor Corp)案③中,法院声明:原告以政府存在过失行为为诉因向有管辖权的法院提出侵权损害赔偿时应承担以下证明责任:(1)被告对原告负有义务。(2)被告违反该义务。(3)原告受到损害。(4)失职行为与损害结果之间存在因果关系。若原告无法证明被告存在这种义务,便要承担证明责任中的不利后果。

此外,关于近因(Proximate Cause)的证明责任,在科罗拉多州银梅二次空

---

① See Administrator v. Van der Horst, NTSB Order EA -5179, 2005.
② See Administrator v. Thibert, NTSB. Order EA -5306, 2007.
③ See Walton v. Chrysler Motor Corp., 229 SO. 2d 568 (1969).

难案①中，法院作出了相应解释：该案指称的近因是一名政府雇员未能履行保护航空旅客安全的业务职责。FAA 承担了检查飞机的任务，以便在飞机投入使用之前发现并修复潜在危险。如果检查中的过失行为导致没有发现本应发现的缺陷，使之一直存留于飞机上，最终导致飞机坠毁和乘客伤亡，那么检查员遗漏此类缺陷方面的过失是乘客受伤的近因。这是基于乘客对航空审定及检查的信赖利益而产生的义务。该案中，法院认为该案政府行为不受虚假陈述例外的保护，此外也不受自由裁量权例外的保护。但是，法院认为由于原告未能证明政府未履行义务与飞机失事的近因，因此不能追究政府的任何责任。法院在前期审理时已认定检查员在检查和证明飞机适航性时属于美国政府雇员的身份，且进一步认定检查员在检查过程中存在过失行为，但最终仍认定该行为不属于飞机失事的近因，因此关于近因的证明标准在司法实践中仍存在一定的困难。②

(二) 证明责任存在的问题及解决

从上文可以看出，原告对美国政府起诉时的证明责任十分严格，美国有关部门也发现了这一问题。

1980 年国会小组委员会研究作出了一份由政府运作委员会全体委员批准和通过的报告，报告提出了审查认证过程中的两项重大问题并提出建议：一是涉及 FAA 在保持最高安全度和促进商业航空方面的双重作用。报告的结论是，有迹象表明，FAA 工作人员及发布的政策似乎都倾向于保护航空业的经济发展，而非维持尽可能高的安全水平。二是提倡建立一个更高效且节约成本的制度，以应用于认证过程的所有阶段。

关于前者，委员会提出建议，认为国会及相关委员会应制定政策考虑废

---

① See In re Air Crash Disater Near Silver Plume, Colorado, 445 F. Supp. 384 (1970). 在一项涉及多区的诉讼中（17 起空难引起的案件合并为审前程序和确定当事方之间关于法律责任问题的诉讼），地区法院法官 Theis. J. 认为：(1) FAA 人员被指控的行为，例如，据称调查和执行条例中的过失行为，属于《联邦侵权索赔法》自由裁量权例外的豁免范围；(2) 有证据证明安全带、发动机、起落架、发动机安装、天气状况恶劣等是造成坠机的原因，而没有证据证明 FAA 通用航空区办公室主任的过失行为是飞机失事的近因；(3) 技术上不适航的情况不是近因，授权检查员在检查和证明该飞机适航时的过失也并非近因。

② See Shultz & Richard Charles, *Government Defense of a Negligent Certification Cause of Action* (Master's thesis of McGill University, 1983), pp. 79–80.

除 FAA 促进航空业经济发展的法定授权规定,并授权相关机构建立一个政策指令以追求航空安全。关于后者,委员会的报告包括关于如何实施这一制度的大约 24 项建议。此外,报告还指出:FAA 发布的规定将设计标准之后的批准程序都授权给了 DER,而法规要求 FAA 应对概念方法(如分析假设和测试计划)作出保留,但实际上都是由 DER 代表 FAA 批准,这是不合理的。

1980 年 6 月,该委员会发表了一份最终报告,其中包括关于改进认证程序的大约 17 项建议,例如,中央工程组织,设计数据的里程碑式审查,新的设计标准以及制造商对与批准的维护计划存在重大偏差的审查,最终,FAA 表示将采取措施以回应该建议。[1]

三、小结

在适航审定工作中,当私法性主体对适航审定机构作出的适航审定结论存在异议时,由 FAA 对作出的适航审定结论承担证明责任;而在对美国政府适航审定行为提起侵权损害之诉时,则由原告承担适航审定行为引起的《联邦侵权赔偿法》中的关于侵权责任。首先,应证明涉案被诉行为应属于应履行的职责义务,该行为属于法定应履行的职责范围是美国政府承担侵权责任的先决条件;其次,法院可能依据自由裁量权例外和虚假陈述例外排除责任承担;最后,原告还应证明被诉行为是导致损害结果的近因。

第四节　美国民用航空器适航责任的免责事由

国会放弃司法豁免权的做法直接导致了针对美国政府侵权索赔案的激增。为了应对这种不良反应,国会采取了相对应的立法政策:在放弃政府司法主权豁免并给予地区法院管辖权的同时,并不构成对主权豁免权的完全放弃。FTCA 中以法条列举的方式规定了若干法定免责的例外情形,从而保留

---

[1] See H. R. Rep, No, 96-924, 96th Cong. 2d Sess (1980).

了政府部分豁免权。① 例如,第 2680 条(a)项规定的任何基于政府雇员在执行法令或法规时(无论此类法令或法规是否有效)的作为或不作为以及联邦机构及政府雇员行使、履行或未能行使、履行自由裁量权的行为(无论是否滥用自由裁量权)而提出的索赔;又如,(h)项规定的行政相对人的欺骗手段致使联邦执法人员基于虚假信息作出过失行为导致的索赔;以及其他各项:美国邮件丢失,政府税务或海关官员的过失,海事索赔,第 50 篇第 1 ~ 31 节的政府管理行为,美国隔离引起的任何索赔等。其中第 2680(a)条的规定通常被称为自由裁量权例外,第 2680(h)条的规定通常被称为虚假陈述例外。由此可以看出,虽然 FTCA 为被侵权人提供了起诉美国政府的法律依据,但仍应以满足一定的先决条件为前提。

一般可将美国政府适航责任的阻却事由大致分为以下 3 个方面:一是无可诉职责(No Actionable Duty);二是自由裁量权例外(Discretionary Function Exception);三是虚假陈述例外(Misrepresentation Exception)。②

一、非可诉职责

除特别规定外,美国政府负有对飞机进行适航审定及认证的职责,该职

---

① See 28 U.S.A. § 2680. 第 2680 条规定:本章的规定和本篇第 1346(b)节不适用于:(a)任何基于政府雇员在执行法令或法规时的作为或不作为而提出的索赔,无论此类法令或法规是否有效;以及基于联邦机构及其政府雇员行使、履行或未能行使、履行自由裁量权的职能及职责,无论是否滥用自由裁量权。(b)信件或邮递事项的损失、丢失以及传输中过失行为而引起的任何索赔。(c)因评估或征收任何税款、关税,以及海关、消费税官员和任何其他执法人员扣留任何货物、商品而提出的任何索赔。(d)任何由第 46 章第 741 ~ 752 条、第 781 ~ 790 条提供补救的索赔,涉及针对美国的海事索赔及诉讼。(e)因政府雇员执行附录第 50 章第 11 节规定的行为或遗漏而提出的任何索赔。(f)美国实施或建立隔离制度而引起的任何损害索赔。(h)攻击、殴打、非法监禁、非法逮捕、恶意起诉、滥用程序、诽谤、虚假陈述、欺骗或干涉合同权利而引起的任何索赔;但关于美国政府调查或执法人员的作为或不作为的过失,本章和本标题第 1346(b)条的规定应适用于因攻击、殴打、非法监禁、非法逮捕而提出的任何索赔,或在该法颁布之日之后提出的任何索赔。就本细小项而言,"调查或执法人员" 是指任何受法律授权执行搜查,扣押证据或因违反联邦法律而被捕的美国官员。(i)对财政部财政运作或货币系统监管造成的损害的任何索赔。(j)战争期间因军队或海军部队或海岸警卫队的战斗活动而提出的任何索赔。(k)在国外提出的任何索赔。(l)田纳西谷管理局活动引起的任何索赔。(m)巴拿马运河公司活动引起的任何索赔。(n)联邦土地银行、联邦中间信贷银行或合作社银行的活动引起的任何索赔。

② See Shultz & Richard Charles, *Government Defense of a Negligent Certification Cause of Action* (Master's thesis of McGill University, 1983), p. 36.

责的目的在于保障飞机乘客及相关大众的人身及财产安全。基于此,美国政府负有履行相关职责的义务。但是,美国政府及其雇员在履行适航审定职能时做出的行为虽然被称为"义务",但不一定意味着其中所有履行相关职责的行为所造成人身及财产损失,政府都对此承担责任。该论点被称为"非可诉职责",这也是美国政府在面临过失认证指控时提出的基本辩护理由之一。①

(一)非可诉职责的职责范围

该范围不仅要求相关行为属于FTCA中应当承担责任的过失行为,还要结合具体案情中主体的职责范围。即使被起诉的行为客观上符合政府侵权责任要件,但若该行为并非具体案件中主体的职责范围,则该案主体不承担侵权责任。此外,FAA应对社会公众履行职责,而非特定的群体或个人。

例如,在"克莱门特诉美国政府"(Clemente v. United States)案②中,原告以FAA未能及时告知乘客飞机的超重情况,且没有对机组人员违反安全条例的行为进行妥善监管为由,起诉其承担侵权责任。上诉法院法官Coffin认为该案中FAA虽存在上述过失,但由于涉案主体为FAA南部分局,职责范围是监视大型涡轮动力飞机,因此认定该案所涉过失行为超出了职责范围,属于非可诉职责的范畴。

此外,政府还辩称FTCA及其实施条例所规定的义务都应由公众履行,而非特定的个人或群体,并称:"《联邦航空法》的目的之一是促进航空安全,但这一规定不应被理解为向特定类别的乘客提供特殊保护措施的法律义务。"原告则反对这一观点并提出政府对履行交通管制职责中的过失应当承担责任,因为该职责是对社会公众负责;同理,联邦航空管理局所履行的职责也应属于针对社会公众的职责。而法院解释了交通管制职责与联邦航空管理局

---

① See Shultz & Richard Charles, *Government Defense of a Negligent Certification Cause of Action* (Master's thesis of McGill University, 1983), p.38.

② See Clemente v. United States. 567 F.2d 1140 (1977). 该案中波多黎各沿海包租私人飞机坠毁身亡人员的亲属及乘客代表根据《联邦侵权索赔法》对美国政府提起诉讼,指控FAA雇员在履行职责中存在过失,未提醒乘客涉案飞机存在超重情况,且应被监管的相关机组人员也存在违反安全条例的行为,由此认为FAA未能尽到法定职责。波多黎各地区法官Juan R. Torruella在422 F. Supp. 564判决中认为政府存在过失行为,并判决政府应当对此承担侵权责任。随后426 F. Supp.1驳回了政府的复议申请,美国政府提出上诉,上诉法院推翻了原判决,判决政府不承担侵权责任。

职责之间的区别：关于前者，政府一旦控制了空中塔楼，就在航空运输中起到支配地位，飞机对政府职责履行的依赖性极强，而这种情形与联邦航空局履行职责的作用没有可比性。法院同样支持了这一观点，并最终判决该过失行为不能认定为 FTCA 规定的"应当履行的法定职责"，认为 FAA 不负法律责任。①

这一观点在"雷福德诉美国"（Rayford v. United States）案②中也有所体现，该案法院指出美国政府应当对"具有直接操作性质"（如空中交通管制、消防、浮标照料和灯塔操作）的行为承担责任，这种区分通常被称为积极/消极区别（active/passive distinction），法院认为检查并批准瓦斯属于履行消极义务，不能成为追究政府侵权责任的法律依据。③

又如，在"李诉美国政府"（Lee v. United States）案中，④原告声称美国政府在对飞机气缸进行检查时存在过失行为，为不具有适航性的飞机签发了适航证书，因此提起诉讼。法院认为：若侵权行为地法中找不到 FTCA 中规定的侵权责任的法律依据，则不能认定政府对未履行该职责承担不利的法律后果，即被诉的职责行为不仅在 FTCA 中应具有可诉性，在侵权行为地法中也应具有可诉性。此外，在审理关于联邦航空管理局未能对特定乘客尽到对飞机许可及检查方面的职责的案件时，法院最终根据《联邦法典》第 49 章第 555 条的规定，判决政府应履行的职责是针对社会公众的，而非仅针对原告，由此判定政府不承担 FTCA 中的侵权责任，也不为该案中的意外死亡承担责任。

（二）非可诉职责的法律适用

虽然 FTAC 明文规定"根据过失的作为或不作为行为地的法律"，美国政府应当为自身行为对原告承担相关法律责任，但这并不意味着排斥地方州法律的适用。当案件的侵权行为、损害结果等要素涉及不同地区时，并不以

---

① See Kirk v. United States，270 F. 2d 110（1954）；Kropp v. Douglas Aircraft Co. 329 F. Supp. 447（1971）．
② See Rayford v. United States，410 F. Supp，1051（1976）．
③ See Mahler v. United States，306 F. 2d 713（1926）；Daniel v. United States，426 F. 2d 281（1970）；Delfadillo v. Elledge，337（1972）．
④ See Lee v. United States.，Unreported，Civil No. 3352（1975）．

FTCA 中的侵权责任作为唯一的法律标准。例如,在"理查兹诉美国政府"(Richards v. United States)案①中,过失行为发生在俄克拉荷马州,死亡结果发生在密苏里州,联邦最高法院首席大法官 Warren 最终依据死亡结果发生地法律《密苏里州意外死亡法》判决原告获得最高额赔偿。该案也解释了过失行为致损案中,行为地与损害结果发生地分属不同地点的法律适用问题。例如,在"比布勒诉洋格"(Bibler v. Young)案②中,上诉巡回法庭法官 Edwards 就适用了事故发生地的州法律。

二、自由裁量权例外

当政府使用或滥用自由裁量权而引发侵权责任时,自由裁量权例外的规定是阻却事由之一。③ 该原则主要是由第 77 届国会起草并进行最终审议,第 77 届国会取消了一些具体的豁免情形,并于 1942 年起草了若干草案,其中排除了关于执行条例或法规,以及行使自由裁量权导致侵权索赔的相关规定,这种更为宽泛的解释与通过的 FTCA 第 2680 条(a)项内容大体相同。

(一)法院对自由裁量权范围的审查

法院在对政府的行为是否属于行使自由裁量权这一问题进行审查时,排除了以下两个方面的内容:一是只对政府雇员依照法律法规履行职责的行为进行审查,而不审查该行为所依据的法律、法规的合法性;二是只审查该行为本身,而不对该行为是否存在滥用自由裁量权的情形进行审查。原因在于,前者的损害结果归责于法律、法规本身,而非政府的执行行为,因此排除政府的侵权责任。后者的行政相对人只能申请司法审查,而无权依据《联邦侵权赔偿法》请求损害赔偿。④ 除此之外,法院在适用自由裁量权例外时应仅对案

---

① See Richards v. United States, 369 U. S. 1 (1962). 密苏里州一家受联邦监管的航空公司运营的飞机坠毁,造成乘客死亡。受害者向美国政府提起侵权损害赔偿之诉,政府辩称:根据《联邦侵权索赔法》和《俄克拉荷马州意外死亡法》,应由航空公司承担赔偿责任。美国俄克拉荷马州北区地方法院作出判决,驳回诉讼请求,原告提出上诉。上诉法院在 285 F. 2d 521 号判决中确认了原判决。联邦最高法院首席大法官 Warren 最终也维持了原判决。
② See Bibler v. Young, 492 F. 2 1351 (1974).
③ See 28 U. S. A. § 2680.2680.
④ 参见王名扬:《美国行政法》,中国法制出版社 1995 年版,第 770 页。

件事实进行审查,而不审查政治或社会问题。①

(二)Dalehite 案对自由裁量权范围的初步发展

关于政府行使自由裁量权的范围问题。美国在司法实践中将政府履职行为大致分为决策性行为和操作性行为两类。前者需要经过政府的判断作出抉择,而后者仅仅是执行职责的行为;因此前者存在自由裁量的空间而后者则不具备。② 这种看似简单的分辨方式在美国司法实践中通常被称为"计划/运营区别"(Planning/Operation Distinction)。③ 这一区别规则,正是法院区别该原则开创性案例"达莱希特诉美国"(Dalehite v. United States)案④与"印第安拖曳诉美国"(Indian Towing v. United State)案⑤的关键。

Dalehite 案中,美国联邦最高法院判决美国政府不对爆炸造成的损害承

---

① See H. R. REP. No. 2428, 76th Cong; Dalehite v. United States, 346 U. S. 15, 43 (1953).

② 参见于丹:《航空产品适航审定的政府责任:美国经验与中国应对》,载《中南大学学报(社会科学版)》2020 年第 3 期。

③ See Downs v. United States, 552 F.2d 990, 996 –97 (1975) (法院通常使用计划/运营区别); United States v. Washington, 351 F.2d 913, 916 (1965) (将计划/运营区别适用于电源线设计过失导致飞机坠毁的损害赔偿案件); Whits v. United States, 317 F.2d 13, 17 (1963) (将计划/运营区别应用于精神病院中释放病人的过失决定); Mahler v. United States, 306 F.2d 713, 717 (将计划/运营区别应用于公路设计中的过失行为索赔); United States v. Gregory, 300 F.2d 11, 13 (1962) (将计划/运营区别应用于政府关于水工程的决策行为); Dahlstrom v. United States, 228 F.2d 819, 823 (1956) (将计划/运营区别应用于政府飞行员的过失行为); Eastern Airlines, Inc. v. Union Trust Co. , 221 F.2d 62, 69 (将计划/运营区别应用于空中交通管制员的过失行为), Blessing v. United States, 447 F. Supp. 1160, 1162 (ED Pa. 1978) (将计划/运营区别应用于职业安全和健康的管理过失行为).

④ See Dalehite v. United States. 346 U. S. 15, 42 (1953). (政府对生产出口肥料的行政许可属于政策性行为。)该案中美国政府参与特定品牌化肥的制造、包装和标签颁发,在得克萨斯州得克萨斯市港口装上船只后,涉案化肥产生爆炸,造成附近人员伤亡,原告以政府在参与该"化肥生产计划"过程中存在过失而起诉。联邦最高法院认为,政府制订化肥生产计划及实施该计划的行为属于自由裁量权的范围。同时法院明确表示,是否对船上化肥装载进行监管的决定属于政策制定层面,而非海岸警卫队个人成员的决定。如果海岸警卫队当局决定监督化肥的储存,那么美国政府将承担责任。See Eastern Airlines, Inc. v. Union Trust Co, 221 F.2d 62, 69 (D. C. Cir.) (per curiam) (如果 Dalehite 案中的过失发生在实施层面,法院将追究美国政府的责任)。由此可以看出, Dalehite 案确定的一般原则是,美国政府对职员在操作层面的过失负责。

⑤ See Indian Towing v. United State. 350 U. S. 61, 75 (1955). 该案中,一艘船舶由于海岸警卫队对灯塔的管理存在过失而搁浅,政府提出自由裁量权例外的抗辩理由,但被法院驳回。法院指出,公众对海岸警卫队守护灯塔的职责具有信赖利益,这种信赖利益衍生出维护这些设施的政府责任。Indian Towing 案是基于"善良撒玛利亚人"规则中的类似信赖利益而导致针对联邦机构的诉讼。最终法院总结:尽管一些职务行为来源于自由裁量的决定,但也可能不适用自由裁量权例外。

担责任，判决理由是导致爆炸的化肥生产计划属于自由裁量的范围，并且过失行为发生在政策层面。法院在解释该案时认为国会所规定的自由裁量权例外涵盖政策制定层面的自由裁量行为，即自由裁量权不仅仅包括政策层面的政府行为，还应当包括行政部门发布命令与具体执行方案的决策。在与此相对应的 Indian Towing 案中，法院则认为美国政府对海岸警卫队操作灯塔时的过失行为负责，判决理由与 Dalehite 案中政策层面的过失行为不同，认为该案过失行为是操作层面的，不涉及决策中的自由裁量权。此外，法院根据公众对灯塔管理者的信赖利益援引"善良撒玛利亚人"（the Good Samaritan）规则，[1]最终认定了政府应对该案中的过失管理灯塔行为负责。

经过这两案后，法院通常认为政府应当对超出政策制定阶段，进入政策实施阶段的认证过失行为承担责任，而对政策制定层面的过失行为则不承担法律责任。法院的解释是，根据 FTCA 规定，美国政府应当对执行项目中的过失行为承担责任，但无须对创建项目中的过失行为承担责任。与此同时法院强调，政府雇员在规划阶段也享有政策层面的自由裁量权，而在执行或操作层面不存在这种自由裁量权。例如，在 1886 年"约翰斯顿诉哥伦比亚特区政府"（Johnston v. District of Columbia）案中，法院认定市政当局通过排水总体规划和确定下水道建设地点的决定属于自由裁量的范围，因为该决定涉及公共卫生方面，并认为下水道的物理建设和修理中的过失行为是可诉的。[2] 又如，在"阿尼诉美国"（Arney v. United States）案中，法院最终认定自由裁量权例外不保护美国政府在飞机认证方面的过失。[3]

---

[1] See the Restatement of Torts, Second. Section 323. "善良撒玛利亚人"规则是指：无偿或考虑向他人提供服务的，应当承认为保护他人人身或财物而提供服务的，因合理谨慎履行承诺而造成身体伤害的，由另一方承担责任，如果（a）他未能行使这种照顾，增加了这种伤害的风险，或（b）伤害是由于其他人对承诺的依赖而遭受的。另见 the Restatement of Torts, Second. Section 324A，内容如下：因过失履行承诺而对第三人造成损害的责任。向他人提供服务的义务人，应当同时承诺保护第三人基本利益，因未能采取合理措施履行承诺而对第三人造成身体伤害的，应承担赔偿责任：（a）义务人未能采取合理措施导致第三人风险增加的，（b）义务人已承诺履行对方对第三人责任的，（c）或第三人负有承诺义务造成第三人损害结果的。

[2] See Johnston v. District of Columbia, 118 U.S. 19 (1886).

[3] See Arney v. United States, 479 F.2d 653, 670 (1973).

(三) Varig 案对自由裁量权范围的限缩

在随后的"美国诉瓦里格航空公司"(United States v. Varig Airlines)案[①]、"美国诉苏格兰保险公司"(United States v. Scottish Insurance Co.)案[②]中,美国联邦最高法院进一步限缩了 FTCA 中关于飞机资格认证及审查过失行为的政府责任。

在前案中,地区法院依据加利福尼亚州法律作出即决审判,认为对于 FAA 未对波音 707 飞机的厕所处理装置进行检查的过失行为,及最终导致的 135 人死亡和其他损害结果,美国政府不承担责任。理由是"FAA 有权决定采用什么样的方式来对航空产品进行检查(如是否现场检查)"以及"对航空产品的哪些部分进行检查",这些都属于政府行使自由裁量权的事项。并且法院认为自由裁量权例外不仅适用于联邦政府机构,也适用于政府机构的工作人员。因此,即使 FAA 雇员或者适航委任代表的审定行为存在过失,联邦政府也应免予侵权责任。因此,地区法院认为政府侵权行为中的检查和认证义务在加利福尼亚州法律中并无依据,且即使原告提起诉讼,也应适用 FTCA 中自由裁量权例外和虚假陈述例外得到豁免。[③] 此案上诉至联邦第九巡回法

[①] See United States v. Varig Airlines. 104 S. Ct. 2755, 2768 (1984). 1973 年 7 月 11 日,Varig 航空公司的一架商用飞机在从里约热内卢飞往巴黎的途中机舱内发生火灾最终导致 124 人死于窒息或火灾产生的有毒气体且造成大火导致飞机多处受损。Seabord 航空公司于 1958 年从波音公司购买了该飞机,并于 1969 年出售给 Varig 航空公司,之后便由 Varig 航空公司一直用于商业用途直至 1973 年。FAA 的前身民用航空管理局于 1958 年为该飞机颁发了型号证书,并证明该飞机的设计和性能数据符合最低安全标准。Varig 航空公司和在坠机事故中丧生的乘客家属根据《联邦侵权赔偿法》对美国政府提起诉讼,要求美国政府对损失和意外死亡承担责任。原告称,民用航空管理局在对波音 707 进行检查及签发型号合格证书时存在过失,因为该架飞机并不符合民用航空管理局防火标准。地方法院通过适用加利福尼亚州法律做出了即决审判,加利福尼亚州法律援引自由裁量权例外及虚假陈述例外排除了政府侵权行为中的检查和认证义务。

[②] See United States v. Scottish Insurance Co. 104 S. Ct. 2755, 2759 (1984). 在 United Scottish 案中,一架提供空中出租车服务的 DeHavilland Dove 飞机在内华达州拉斯维加斯附近的半空中着火坠毁。飞行员、副驾驶员和两名乘客丧生。坠机原因是飞机前部行李舱在空中起火。Air Wisconsin 航空公司于 1951 年购买了 DeHavilland Dove。1965 年,Aerodyne 工程公司在该航空器上安装了一个汽油机舱加热器。FAA 检查了安装情况,并授予 Air Wisconsin 补充型号合格证书。1966 年,空中出租车运营商 Dowdle 向 Air Wisconsin 购买了该航空器,事故之后,Dowdle 的保险公司 United Scottish 提起意外伤亡及财产损害诉讼。

[③] See Varig Airlines v. United States, 692 F. 2d 1205 (1982). (认为根据《联邦侵权赔偿法》,原告必须根据索赔州法律提出索赔。)

院后,上诉法院推翻了地区法院的判决,①并认为:根据加利福尼亚州"Good Samaritan"规则,对负有检查和适航认证义务的个人应适用与美国政府行为同样的标准,即雇员行为应评价为政府行为,且参照政府责任承担相应的责任。此外,法院还驳回了政府一方适用虚假陈述例外及自由裁量权例外的抗辩理由,并认为FAA检查员关于安全的过失行为不在自由裁量权范围内,②并最终判决美国政府根据FTCA对该案中的过失审定行为承担责任。

在后案中,地区法院认为,坠机事故的原因是车厢加热器上的汽油管路安装缺陷,并认为该安装不符合FAA的相关规定,并将FAA的过失行为解释为导致事故的直接原因,最终法院认为FAA应当对不符合安全标准的安装认定行为中存在的过失承担责任。第九巡回法院推翻了该案,并将该案发回地方法院,并要求重新审查Good Samaritan Law(善良撒玛利亚人规则)中是否规定了政府适当检查的义务,以及签发证书中的过失行为是否违反了FAA的适当检查义务。③地方法院经过重新审理最终认为根据Good Samaritan Law以及案件事实政府应当承担赔偿责任。第九巡回法庭确认了地方法院的这一判决,认为政府对航空器履行认证职责的实质是一旦进行检查,就要认真检查航空器,否则应为检查中的过失行为承担责任。④

上述两案的关键区别在于:Varig案对是否对航空器缺陷之处进行检查没有明确规定,而是依照抽查制度进行审定;而United Scottish案中存在有关职务过失行为的强制检查规定,因为涉案加热器的安装必须获得补充型号合格证。

该案最终由联邦最高法院审理,并推翻了第九巡回法院的判决。联邦最

---

① See Varig Airlines v. United States, 692 F.2d 1205, 1209 (1982).(认为美国政府应对波音707审定中的过失行为负责。)

② See Varig Airlines v. United States 692 F.2d at 1208 –09 (1982).法院总结道:FAA检查员所承担的职责更像是Indian Towing案中灯塔管理员的职责,而非Dalehite案中所涉及的职责。

③ See United Scottish Ins. Co. v. United States, 614 F.2d 188, 198 –99 (1979); United States v. Varig Airlines, 104 S. Ct. 2755 (1984).

④ See Varig Airlines v. United States 692 F.2d at 1212 (1982).第九巡回法院认为,FAA工作人员通过检查飞机来执行FAA的要求,但不能以任何方式改变或放弃已规定的安全检查要求,且法院认定工作人员未履行审查这一自由裁量权。

高法院的观点集中表现为以下 3 点：一是认为国会的立法目的是保护监管机构的过失行为免受私人起诉，因此将自由裁量权例外延伸至 FAA 在检查审定航空器适航时的所有过失行为，甚至包含操作层面过失。[①] 二是自由裁量权例外的适用与否应当根据行为的性质，而非行为人的地位认定。三是自由裁量权例外包括政府在规范私人行为时所有的自由裁量行为，监督管理私人主体遵守联邦法规的所有机构，都可以得到保护。最终，对于 Varig 案，联邦最高法院重审审查了该案中的抽查制度，并最终认定该制度应受到自由裁量权例外的保护。对于 Dalehite 案，保险公司一方申请上诉，理由是案件中的过失行为属于强制性检查的范畴，并不属于自由裁量的范畴，法院仍驳回了保险公司上诉申请。

由此可以看出，联邦最高法院大大限缩了政府适航审定中的责任，并认为若政府对适航审定中的过失行为承担适航责任，则一方面会导致 FAA 和飞机制造者之间责任分配的失衡，[②]另一方面会将政府推向飞机"保险人"的地位。对于后一理由有人持有不同意见，认为公众对 FAA 的适航审定行为具有信赖利益，因此反对政府过失审定行为的豁免。[③]

三、虚假陈述例外

（一）虚假陈述的定义

美国第二次《合同法重述》将虚假陈述规定为"一项不符合事实的表述"[④]，这一规定过于宽泛而缺乏实操性。但美国在司法实践中，对这一原则的含义进行了完善。

---

① See Varig Airlines v. United States 104 S. Ct. 2755, 2762, 64 (1984). 首席大法官 Burger 总结认为，在 Dalehite 案之后，没有必要定义自由裁量权例外的精确范围。相反，法院应审查《联邦侵权赔偿法》的立法历史，以判断国会是否将特定案件中的联邦行为纳入自由裁量权的范围。

② See Varig Airlines v. United States 104 S. Ct. at 2763 -69 (1984). 法院认为，飞机适航主要依靠制造商严格遵守联邦法规，而 FAA 只负有合规监管义务。

③ See Hatfield, *The Non-Liability of the Government for Certification of Aircraft*, Journal of Air Law and Commerce, Vol. 47:2, pp. 602 -607(1982).

④ 美国第二次《合同法重述》第 159 条。

在"美国诉诺伊施塔特"(United States v. Neustadt)案[①]中,虽然联邦住房管理局出具的评估报告与事实不符,符合上述概念的客观表象,但上诉法院没有认定该评估为"虚假陈述"。理由是:虽然虚假陈述包括故意的,也包括过失的,涉案的评估报告所载的房屋价值由于评估中的过失行为而与实际价值不符,但该"虚假"结果是评估行为本身的过失导致的,而非经过评估后的"表述"行为,因此这种过失导致"与事实不符"的结果不能认定为"虚假陈述"。

这一观点引用了"琼斯诉美国"(Jones v. United States)案[②]的观点。从这两个案例可以看出,对于虚假陈述的概念,美国司法实践认为既包括故意的虚假陈述,也包括过失的虚假陈述。但无论是故意还是过失,行为仅限于表述阶段,并不包含在此之前的审查认定阶段,即检查认定阶段的过失行为导致评价内容与事实不符,不适用虚假陈述例外。

同时,法院重申了"政府不是保险人"的观点。在"马里瓦尔诉飞机公司"(Marival, Inc. v. Planes Inc.)案[③]中,法官指出:原告没有直接依据产品侵权提出侵权损害赔偿,而是依据政府对飞机的适航审定行为存在过失起诉美国政府要求美国政府承担过失审定责任,这种做法是十分狡猾的,并重申了"政府不是飞机保险人"的观点。最后,法院指出,只有直接与政府进行事实沟通的行为才属于虚假陈述中的"陈述行为",审定过程中的过失行为不适用FTCA第2680条(h)条款。

---

① See United States v. Neustadt. 366 U.S. 696 (1961). 该案中购房者依据联邦住房管理局(FHA)提供的评估支付了超出房屋公允市场价格的价款,购房者根据《联邦侵权索赔法》对美国政府提起诉讼,要求美国政府承担由此造成的损害。地区法院支持了原告的诉讼请求,判决美国政府承担侵权责任。美国政府一方提出上诉,第四巡回上诉法院法官 Whittaker 依据虚假陈述原则驳回一审判决,并认定美国政府不承担责任。

② See Jones v. United States, 207 F. 2d 563. 该案中原告起诉美国政府,认为美国地质调查局向原告发表的一份声明,错误地评估了某些土地的石油生产能力,使原告低于市场价格出售了该石油股权,并造成损失。美国联邦地区法院作出驳回申诉的判决,原告提出上诉。上诉法院巡回法官 Frafra 同样未支持原告诉讼请求。

③ See Marival, Inc. v. Planes Inc. 306 F. Supp. 855 (1969). 美国政府被指控为第三方被告,原告认为 FAA 的检查员认定一架不适航的飞机为适航状态,原告依据这一认证购买该架飞机后转卖给第三方,第三方发现了飞机的问题。

(二)虚假陈述例外的适用范围

一般来说,损害结果的形式是判定相关行为是否产生抗辩效力的依据。在美国适航审定司法实践中,法院一般认为审定中虚假陈述导致人身伤亡的,不应当适用虚假陈述例外,而纯粹的经济损失,则相反。[①]

例如,在1964年"温宁格诉美国"(Wenninger v. United States)案[②]有关人身损害的案件中,军事基地和民用航空器使用同样的导航无线电波,然而基地和民用航空管理局都没有将危险及时告知附近活动的民用航空器,导致民用航空器中的驾驶员意外丧生。法院最终认定该种不告知行为就其性质而言,不属于FTCA规定的虚假陈述的范围,因此不产生虚假陈述例外的抗辩效力。

又如,在"玛丽瓦尔公司诉飞机公司"(Marival Inc v. Planes, Inc)案[③]有关财产损害的案件中,被告对FAA提起第三人侵权损害之诉,法院认为案件中FAA在适航审定中存在过错,导致提供给卖方内容不实的飞机适航证明,最终导致飞机买卖合同中的经济损失。但法院援引了虚假陈述例外,使FAA最终免除侵权责任。

[①] See Lawrence Yale Iser, "Government Liability for Negligent Airworthiness Certification", the Hastings Law Journal, Vol.31, No.1, 1979, p.253.

[②] See Wenninger v. United States. 234 F. Supp, 499 (1964). 一架正在驶离多佛空军基地的军用航空器产生的尾涡扰动使得一架小型民用飞机坠毁,飞行员死亡。死者家属及遗产管理人向法院提起诉讼,认为多佛空军基地指挥官在允许C-124飞机从事此类飞行活动中存在过失,指挥官和民用航空管理局未能通过发布NOTAM(通知飞行员)警告民用飞行者从事此类活动亦存在过失,并认为这些过失行为是事故发生的近因。对此,被告提出的证据足以证明该损害结果是由旋涡湍流造成的,且原告提出的证据不足以证明损害结果由政府所有的飞机造成。但无论如何,政府的过失行为与损害结果之间的因果关系尚未得到证实。此外,被告辩称,即使自身过失行为是事故发生的近因,原告也无法追偿。因为死者也存在过失。最后,政府认为原告所称的政府过失行为应适用FTCA第2680条(a)和(h)项的例外规定。

[③] See Marival Inc. v. Planes, Inc., 306 F. Supp. 855 (1969),该案涉及航空器买卖合同,买方依据FAA提供的适航证明购买了一架飞机,交付后买方发现飞机存在问题不具有适航性。据此买方向卖方提出异议,要求撤销买卖合同并返还价款。涉案飞机被卖方收回后向美国政府提起了第三方诉讼,理由是卖方根据FAA检查员提供的适航证明,对飞机状况作了证明。地区法院最终认定对于该行为政府不承担侵权责任。

四、小结

为了应对过多的针对美国政府提起的侵权之诉,FTCA 以法条列举方式规定了若干免责例外。关于美国政府对航空器适航过失审定的责任认定,大致有无可诉职责、自由裁量权例外、虚假陈述例外 3 个免责事由。

首先,在无可诉职责中,关于"职责"的范围界定问题。从"克莱门特诉美国"(Clemente v. United States)案、"李诉美国"(Lee v. United States)案等案中可以看出,该职责的范围不仅要满足 FTCA 中规定的主体范畴,还要求有行为地法律并有证据证明被告当局都有履行被诉行为的职责,否则应阻却责任承担。

其次,在 FTCA 第 2680(a)条所体现的自由裁量权例外中,"达莱特诉美国"(Dalehite v. United States)案与"印第安拖车诉美国"(Indian Towing v. United State)案确立了计划/运营区别,将美国政府行为分为决策性行为和可操作性行为,认为:只有执行命令的操作层面实施的行为导致损害后果的,美国政府才承担责任;而对于具有自由裁量权的决策行为,政府可以免责。在此后的"美国诉瓦里格航空公司"(United States v. Varig Airlines)案以及"美国诉苏格兰保险公司"(United States v. Scottish Insurance Co.)案中,美国联邦最高法院大大限缩了 FTCA 中的关于飞机资格认证及审查过失行为的政府责任。

最后,关于 FTCA 第 2680(h)条所体现的虚假陈述例外。关于虚假陈述的定义,美国法律仅规定为"与事实不符的表述",而美国司法实践则对该定义进行了限缩解释。在"美国诉诺伊施塔特"(United States v. Neustadt)案和"琼斯诉美国"(Jones v. United States)案中,法院认为美国当局的审定行为存在过失,导致最终证明文件所载事实与实际事实不符的,不能认定为虚假陈述。只有在"陈述"过程中进行故意或过失的虚假意思表示导致错误陈述,才能认定属于该原则的范围。

第五节　美国民用航空器适航责任对中国的启示

一、中国民用航空器适航责任的现状

由于民用航空器适航责任与产品侵权责任之间存在竞合关系,以及适航责任本身的弱可诉性,中国鲜少发生直接以适航责任为诉因的纠纷。一旦发生不适航导致的损害纠纷,受害方一般会根据中国《产品质量法》第46条提起诉讼,从而绕开适航责任,但在认定产品缺陷的标准中,适航标准则会参与其中。

此外,关于针对适航审定机构的适航责任的承担问题,美国对"政府保险人地位"的观点予以反驳,在司法实践中形成了若干免责事由。这种关于适航审定机构等公法性主体的免责事由亦是中美立法差异的体现,中国尚未明确规定民用航空器审定机构等公法性主体的免责事由。

二、中国适航管理体制和法治体系的现状

中国在进行建立适航规范工作的初期,曾确立过以美国FAR为主要参考内容的工作原则。同时,中国民用航空器适航管理及适航审定工作建设初期,很大程度上借鉴了FAA的相关做法及规定,例如,航空器"三证"的审定、适航委任代表及委任单位制度等规定。

(一)中国民用航空器适航管理体制的现状

中国民用航空器适航管理活动大致经历了3个阶段:酝酿期(1980~1987年)、创建期(1988~1991年)和实施发展期(1992年至今)。[①] 我国依据《民用航空法》《行政许可法》以及1987年首次颁布的《民用航空器适航管理条例》的相关规定确定由中国民用航空局(CAAC)为中国适航管理当局并履行

[①] 参见徐浩军主编:《航空器适航性概论》,西北工业大学出版社2012年版,第5页。

我国的适航管理职责。①

中国民用航空局在审定、颁发适航证方面的相关活动实质上可归属为行政许可行为,属于具体行政行为的一种。相较于抽象行政行为的弱可诉性而言,具体行政行为具有强可诉性,即行政性相对人认为行政机关的行政许可行为存在违法性时,行政相对人可向人民法院提出行政诉讼。② 同时,当行政相对人违反行政许可的相关规定时,也会承担行政责任甚至刑事责任。

经过多年发展,中国民用航空器适航管理机构日趋完善并逐步形成了二级政府管理体系,大致分为中央和地方两个方面:在立法决策层面有中国民用航空局适航司和航空器适航中心;在执法监督层面有各地区管理局航空器适航处及航空器审定中心。除此之外,我国也建立了委任适航代表制以配合相关适航审定工作。

(二)中国民用航空器适航法治体系的现状

关于中国航空立法活动的历史进程大致可分为4个阶段:第一阶段是1918年至1949年的萌芽阶段,该时期的航空立法总体来说没有体系性,虽已初步具备国际视角,但仍以国内视角为主,作为一个开端为后续立法工作提供了宝贵经验。第二阶段是1950年至1979年的初级阶段,这一时期主要借鉴了苏联航空法的规定,同时陆续加入国际航空公约逐步与国际接轨。第三阶段是1980年至1995年的发展阶段,这一时期的航空立法工作取得了很大进展,航空立法数量迅速增加,主要以国际航空法为基础,结合中国国情并借鉴他国立法,细化了国内立法的内容。③ 第四阶段是1996年至今的完善阶段。

中国民用航空法治建设的进程始于1978年改革开放后。1979年4月4日,国家开始起草包括民用航空法在内的一批涉外法律,中国民用航空局成立了领导小组,后又设立了法制机构开启了民用航空法治建设的进程。1996

---

① 《民用航空器适航管理条例》第4条规定:"民用航空器的适航管理由中国民用航空局(以下简称民航局)负责。"

② 《行政诉讼法》第2条规定:"公民、法人或者其他组织认为行政机关和行政机关工作人员的行政行为侵犯其合法权益,有权依照本法向人民法院提起诉讼。"

③ 参见贺富永:《航空法学基本理论研究》,科学出版社2014年版,第39~42页。

年3月1日,《民用航空法》生效实施,自此逐步建立起了以《民用航空法》为核心的中国民用航空法律体系。该体系大致分为两类:一类是具有法律约束力及强制执行力的法规类文件;另一类是法规实施细节和指导性文件。

前一类中包含了法律、行政法规和规章3个层次。第一层次是由全国人民代表大会常务委员会通过,由国家主席颁布的《民用航空法》(CAAR),这是航空活动中必须遵守的根本准则,属于最高位阶。第二层次主要是由国务院发布,或由国务院授权由中国民用航空局发布的航空行政法规,性质上属于行政法规,内容涉及民用航空器适航管理的宗旨、性质、权限、范围及处罚等内容。第三层次是中国民用航空局局长通过,签署民用航空局令发布的民用航空规章,该类规章具有较高的专业性及可操作性,数量多、范围广,是各类航空管理活动的重要依据及手段。后一类则是由中国民用航空局适航司发布的法规性文件,包括适航管理程序(AP)[①]、咨询通告(AC)[②]以及适航管理文件(ADM)[③]、工作手册[④]、信息通告[⑤]、表格[⑥]等其他文件。一般来说,前者具有强制法律效力,后者是实现前者的操作细则。

三、美国实践对中国的启示

中国经过数十年的改革开放已经实现了航空运输的高速发展并成为世界第二大航空运输系统,客观上已经具备了从大到强的实质性跨越的内在条

[①] 适航管理程序(AP)由中国民用航空局航空器适航审定司司长批准发布,是各级适航部门的工作人员从事适航管理工作时应遵守的规则,也是民用航空器设计、制造和使用维修单位或个人应遵守的规则。适航管理程序是适航管理的必要补充,是具有约束力的规范性文件。

[②] 咨询通告(Advisory Circulars,AC)是适航当局按指定的航空规章条款主题范围发布,以提供对法规理解的指导和信息,或表明适航当局可接受的满足相关航空规章条款要求的方法(符合性证明方法)。当按航空规章进行符合性证明时,可以适用的咨询通告仅为指导,不具有强制性。

[③] 适航管理文件(MD)是航空器适航审定司下发的暂行规定或对民用航空管理工作重要事项作出的通知或决定。

[④] 工作手册(WM)是航空器适航审定司下发的规范从事民用航空管理工作人员具体行为的文件。

[⑤] 信息通告(IB)是航空器适航审定司下发的反映民用航空活动中出现的新情况以及有关民用航空的法律、行政法规、规章的制定和执行情况或对民用航空管理工作中存在的问题和国内外有关民航技术存在的问题进行通报的文件。

[⑥] 表格(CH)是由航空器适航审定司以表格形式印刷下发的各种申请书、证件或要求填报的表格等。

件。但与此同时,中国在适航性法规体系及国际适航合作进程中仍存在上升空间。

(一)完善中国适航性法规体系

首先,在立法层面,法律规定中关于《民用航空法》的制定过程、立法程序、立法职权等内容,只在《宪法》中关于立法活动的概括性规定中涉及;在立法实践中通常由具有相关管理职能的政府部门负责起草,因此形成了由中国民用航空局起草民航法的现状。之后《立法法》、《规章制定程序条例》以及《中国民用航空总局规章制定程序规定》的颁布在一定程度上规范了航空立法程序,但仍存在立法活动规范性不足的现象。针对这一现象,完善立法程序,明确立法权限,是出台适航性法规的重要前提。

其次,在现有法律体系层面,只有《民用航空法》的法律位阶最高,属于全国人大常委会立法,其余都是法规、规章或条例,整体来说立法位阶较低。因此有学者提出将《飞行基本规则》上升为法律,与现有的《民用航空法》形成"一体两翼"的法律格局,[①]以提高适航性法律体系的整体位阶。同时,关于法律竞合的问题,在各类规定之间存在法律冲突时,高位阶法律优于低位阶法律的使用原则排斥了专业性更强且更详细的低位阶法规规章文件等的适用,从而选择了高位阶但概括性、原则性的规定。

最后,关于现有规范内容中的相关规定,有学者提出现有规范存在法律术语的不统一,导致立法内容缺乏连续性和一致性等,并建议加强航空法法律条文及用语的规范化,对我国航空立法启动科学的立法规划,从体系上构建具有前瞻性的思路指引和体系安排。[②]另外,现有规范内容缺乏事后评估机制,不能及时反馈法律运行效果,因而建议设置相关评估机制以平衡法规静态与实践动态之间的矛盾。

(二)推进国际间适航合作进程

国际上任何一个国家都不可避免地要在航空器产品的贸易中进行合作,

[①] 参见贺富永:《我国航空立法现状及完善建议》,载王瀚主编:《中国航空法评论》第2卷,法律出版社2017年版,第26页。

[②] 参见贺富永:《我国航空立法现状及完善建议》,载王瀚主编:《中国航空法评论》第2卷,法律出版社2017年版,第8页。

这是航空业国际性的天然特质。为了保障本国航空业发展及社会公众的安全利益，势必要对非本国的航空产品进行同本国一样的适航审定程序。基于国际航空业之间的贸易往来，国际间的适航合作也随之而来。国际适航合作过程中，无形要求适航性规范文件不仅要适应本土规范，同时应与国际接轨。适航审定不仅要对国内航空器进行监督与规范，同时要面对国际航空业纠纷。适航性标准的日渐国际统一化的趋势，要求我们积极推进国际合作。这些合作不仅在于适航标准的统一化，也包含了适航审定的国际合作；不仅是国际范围内的多边合作，也包含双边适航协议的签署与合作。

在双边适航合作中，中国已经与一百多个国家签署了双边航空运输协定，其中不乏与英国、法国、新西兰、西班牙、葡萄牙等国的大幅扩大航权安排。在此基础上，中国应通过不断协商谈判，本着求同存异、合作共赢的态度达成双方均可接受的最终方案。在区域适航合作中，中国"一带一路"倡议获得包括亚太地区在内的世界范围的普遍认可，为我国航空业的区域化合作提供了契机，也为后续亚太民航的发展奠定了基础。基于大好形势，我国应进一步开展国际区域间适航合作，凝聚多方力量，推动建立高层互动平台，以维系持久关系不断迈进。

四、小结

中国适航法治体系及适航管理体制是从借鉴外国经验，尤其是美国经验而来的。改革开放之后，中国民用航空器适航法治体系及适航管理体制已经取得了较大发展，已形成较为完善的适航性法规体系及适航管理体制，中国已成为世界第二航空大国，现正处于从大到强的跨越阶段。但现行的适航管理体制及法治体系仍存在一些不足，不能很好地适应航空业发展的需要。为了弥补这些不足，不仅要考虑与国际适航法律文件相接轨的问题，更要结合中国的实际情况，考虑法律本身的前瞻性和可操作性问题。另外，中国在适航法治体系方面，还存在法律位阶整体较低，法律术语及规范用语不统一，以及航空器运行信息的提供及共享方面的规定存在空白等问题，仍有待进一步完善。最后，为促进中国制造的航空产品顺利地走向国际市场，还应通过积极签署双边适航协定以及推动建立区域合作平台来推进国际适航合作。

第六节 结　　语

　　民用航空器适航责任是以民用航空器具备安全性能为目的规范各类主体对不适航的航空器造成的人身或财产损害所承担的一种责任。对美国民用航空器适航责任的研究，一方面，可以阐述民用航空适航责任的基础理论及实践经验；另一方面，通过比较研究可为中国民用航空器适航管理的提升和适航法治体系的完善提供另一种视角，为中国航空业发展提供有益的借鉴。美国民用航空器适航责任的司法实践十分丰富，尤其在关于公法性主体适航责任的免责事由方面，已形成了较为统一清晰的3类免责事由。

　　从中国的实际发展来看，中国航空业发展正处于重要转型期，一方面已通过不断完善中国适航法治体系，发展成世界第二大航空产业大国；另一方面对于转型期的新问题以及与未来发展可预见的各类问题相对应的适航管理体制及法治体系仍有不足，需要进一步挖掘和完善。例如，现有航空法治体系的整体位阶较低，司法实践的配套制度还不够完善等。

　　从国际社会的实践情况来看，民用航空器的国际性决定了航空器适航责任的国际性，适航责任的承担也具有了显明的国际性特征。同时，各类国际条约明确规定，航空器应当符合适航性要求，为提升航空安全水平，各国适航审定当局也应当对本国的航空器承担审定责任及法规制定义务。

　　总的来看，本章不仅是对美国航空产品责任立法和司法实践丰富经验的一次系统梳理，也为中国民用航空器适航管理及法治体系的比较研究提供了丰富的素材资料。

第二章
美国航空事故诉讼不方便法院原则研究

本章导读：关于航空事故所引发的争议，首先要确定案件管辖法院，而不方便法院原则是管辖权中的一个难题。依据诉因不同分为航空运输事故诉讼和航空产品责任诉讼，前者由国际公约调整，后者暂未形成有效国际公约。此类诉讼天然具备国际性，本章以美国司法实践为例，梳理美国法院适用该原则的历史脉络和适用经验。现该原则已然是美国法院调控案件管辖的重要工具。

尽管有公约统一调整，但实践中对该原则能否适用于公约存有争议。通过纽约长岛空难案与保坂诉美国联合航空公司案对比分析，美国法院对此存在分歧。直至西加勒比航空公司案，才明确在公约中适用该原则。这反映出：一是该原则可适用于《蒙特利尔公约》，改变以往矛盾态度；二是适用更加规范，尤其是原告对被告不方便法院动议辩驳应注意时效性等问题。

航空事故原告为规避公约限制，获得高额赔偿金，在美国提起航空产品责任诉讼，导致案件向美国汇聚。此类诉讼主要受国内法调整，而不方便法院原则是美国程序法规则之一。美国法院适用该原则时将无实质联系的案件排除在外。由于对该原则的认识存在偏差，与联邦法院不同，产品制造商所在州法院不会轻易适用该原则。结合近些年判例，美国法院适用该原则更强调与美国整体的联系，而不是与某个州的联系，有抑制该原则的新动向。

聚焦中国适用该原则的现状、原因和必要性，借鉴美国法院适用该原则的实践经验及新动向，建议在立法中规定例外适用该原则，完善司法解释，最高人民法院可发布指导性案例辅助适用，适时中止与中国无实质联系的案件。在实践中,对特殊产业产品所引发的争议则可分情形应对,为包括中国大飞机在内的中国产品提供法律支持。

国际航空事故天然具有国际性特征,其中案件的管辖是在航空事故争端发生后首要解决的问题,而不方便法院原则是其中一个悬而未决的难题。国际社会1929年在华沙达成《华沙公约》,1999年在蒙特利尔达成《蒙特利尔公约》,以上两个公约都是现行有效的。关于不方便法院原则能否在公约中适用,理论和实务争论不休。此外,在国际航空事故索赔诉讼中还出现了原告为规避公约约束,转而提起航空产品责任诉讼,以便能够获得更高额的赔偿金的情况,此类诉讼的管辖权主要受各国国内程序法调整,其中以美国法院的做法最为典型。

基于上述背景,本章以"美国航空事故诉讼不方便法院原则研究"为题,以美国司法实践为研究对象,从国际公约和实践案例的视角出发,将该原则置于航空事故诉讼的背景下研究,聚焦美国法院适用该原则的理论、实践规律和新动向。此外,回归中国适用该原则的现状和原因,吸收借鉴美国法院的经验,提出合理的立法建议,同时对美国滥用该原则的情形提出明确的应对措施,以期对中国涉外司法制度的完善和司法实践有所裨益。

第一节 美国航空事故诉讼不方便法院原则的确定与发展

在国际民商事诉讼管辖权竞争日趋激烈的今天,不方便法院原则适时放弃管辖权的内涵凸显出国际礼让的精神和最密切联系原则的本质。航空事故诉讼是一类特殊的国际民商事诉讼,美国法院每年要处理大量航空事故诉讼,依据诉由不同可以分为航空运输事故诉讼和航空产品责任诉讼。由于诸多原因世界各地的航空事故诉讼有向美国法院集中的现象,客观上增加了美国法院本就沉重的诉讼压力。由于航空事故诉讼具有不方便法院原则适用的土壤,美国法院在诉讼中对该原则的适用形成了"合适的可替代法院模式",具有典型性。因此了解该原则在此类诉讼中的定位和作用,深入探察美国法院在航空事故中适用该原则的历史、原因与发展变化,有助于全面了解在国际航空事故诉讼中适用该原则的经验,具有重大的司法借鉴意义。

一、航空事故诉讼主要类型明晰

航空事故发生后,必然会涉及航空事故的索赔问题。受害者及亲属可依据《华沙公约》或《蒙特利尔公约》要求承运人承担航空运输责任。所谓的运输责任是指航空运输过程中,发生在民用航空器上或者发生在旅客上、下民用航空器过程中的事故,造成旅客随身携带的物品的损坏以及旅客的伤亡,所产生的损害赔偿责任。[1] 国际航空运输事故是一类特殊的国际民商事案件,特殊性在于国际公约对此类案件管辖权做了具体规定,[2]但公约是否包含不方便法院原则,以及如何适用该原则在理论和实践中一直存有争议。而在航空产品责任诉讼中,受害者及其亲属还可以法院所在地法要求航空器制造商等主体承担侵权损害赔偿责任。所谓航空产品责任是指航空产品进入市场后,包括制造商、售卖商、供应商、进口商以及特定情况下的政府适航检测部门等公、私法责任主体,在航空产品存在缺陷而引发飞行事故时,对旅客、托运人或者收货人、地(水)面第三人甚至航空公司机组人员的人身或者财产产生的损害所应承担的跨国损害赔偿责任。[3]

二、不方便法院原则概述

(一)不方便法院原则的起源与发展

一般认为,不方便法院原则起源于19世纪的苏格兰。[4] 该原则最初被称为"非管辖法院"理论,即"通常适用于缺乏管辖权的情况,但在管辖权很明确,因当事人是非居民从而使在苏格兰的诉讼不方便的情况下也适用"[5]。如

---

[1] 参见《华沙公约》第17条、《蒙特利尔公约》第17条第1款。
[2] 参见《华沙公约》第28条、《蒙特利尔公约》第33条。
[3] 参见张超汉、刘亚军:《论航空产品责任主体》,载《北方法学》2015年第4期。
[4] See Braucher, "The Inconvenient Federal Forum", Harvard Law Review, Vol.60, 1947, pp.908-909.
[5] M. W. Janis, "The Doctrine of Forum Non Convenience and the Bhopal Case", Netherlands International Law Review, Vol.34, 1987, pp.192-194.

今,在维护各国国际利益的同时,引起了管辖权的积极冲突,间接为当事人"择地行诉"创造了条件。国际民商事诉讼中的通行做法一般是由原告选择一国法院进行诉讼,特别是选择在本国法院进行诉讼时更值得尊重,但原告往往会挑选对自身最有利的法院提起诉讼。原告律师甚至故意为之,以获得对己方有利的诉讼环境,结果是加重了法院诉累,案件却未必能得到妥善处理。为应对上述情形,适时放弃管辖权的不方便法院原则引起了各国的注意,并为大多数普通法系国家所接受而获得进一步发展,成为影响法院行使管辖权的独特原则。[1] 例如,英国、美国、澳大利亚等英美法系国家都确立了不方便法院原则或者与之类似的规则。[2] 然而,大陆法系国家或地区相较于普通法系国家对该原则并没有特别热情,只有少数国家或地区在司法实践中适用该原则。[3]

(二)不方便法院原则的含义辨析

不方便法院原则又称为非方便法院原则或不便管辖原则,拉丁语含义是指不方便的法院。有学者认为,该原则是指法院在处理民商事案件时,尽管法院对案件具有管辖权,法院所在地也是正确的审判地点,但如果法院发现自身是审理案件的不适当法院,法院可拒绝行使对该案的管辖权。[4] 也有学者认为,不方便法院原则是指在涉外民事诉讼中,当原告向某国法院提起诉讼时,若被告认为他在该国应诉得不到公正对待,则以该国法院为不方便法院为由,要求中止诉讼。应诉法院综合考虑受理该案会给司法带来种种不便,运用自由裁量权,决定拒绝当事人的申请或者放弃行使管辖权。[5] 从这两

---

[1] See Ronald A. Brand & Scorr R. Jablonski, *Forum Non Conveniens: History, Global Practice, and Future Under the Hague Convention on Choice of Court Agreements*, Oxford University Press, 2007, pp.7–10.

[2] See J. P. Verheul, "The Forum Non Convenience in England and Dutch Law and Under Some International Convention", *International & Comparative Law Quarterly*, Vol. 35, 1986, pp.413–423.

[3] 日本法院在1986年的穆科达诉波音公司(Mukoda V. Boeing Co.)案中适用了与不方便法院原则类似的"特殊情况"驳回原告的起诉。

[4] See Fawcett J J, *Declining Jurisdiction in Private International Law*, Oxford University Press, 1995, p.10.

[5] 参见《不方便法院制度的几点思考》,载《法学研究》2002年第1期。

类代表性的定义中不难发现,该原则一般包含案件不便在原审法院审理,至少存在一个可替代法院,法院拥有自由裁量权等具体要素。区别在于前者从法院角度出发,主张在特定情形下法院可以主动根据该原则行使自由裁量权,决定是否继续审理;而后者是从当事人的立场出发,强调不方便法院原则是当事人在诉讼中提出中止诉讼的抗辩理由。

(三)不方便法院原则的法理基础

不方便法院原则不仅是英美法系国家特有的原则,在大陆法系国家也有类似的实践表现,究其原因是该原则体现了国际协调精神,不但有助于争端的解决,而且有独特的法理基础。在国际民商事案件管辖权竞争日趋激烈的今天,该原则在国际民事诉讼中也越发受到重视。通常认为,不方便法院原则的法理基础包括最密切联系说和国际礼让说。

1. 最密切联系说

里斯(Reese)等的最密切联系说,是指在处理某一涉外民事法律关系或者涉外民事案件时,应全面衡量法律关系的连接点,通过质和量的比较分析,找出与该法律关系或者有关当事人最直接、最本质和最真实联系的法律加以适用的学说。① 该学说源于德国国际私法学家萨维尼(Savigny)的"法律关系本座说","本座"与现代国际私法中"最密切联系地"的含义十分接近。最密切联系说的本质是法院在审理国际民商事案件时,不按单一的、机械的连接点来决定适用案件的准据法,而是综合考虑案件的具体情况,根据与法律关系联系最为密切的因素来解决法律适用问题。该学说成为后来最密切联系原则的基础,影响也扩展到国际民商事诉讼管辖权领域。最密切联系说强调案件和法院地的联系程度,合理公正的管辖权应考虑案件和法院地的实质联系,这种实质联系使管辖权在理性的基础上建立。② 可见,该原则是最密切联系说的具体适用,因此最密切联系说是不方便法院原则适用的法理基础之一。

---

① See Reese, *Conflicts of law Case and Materials*, The Foundation Press, 1978, pp. 462 – 464.
② 参见王立武:《不方便法院原则在我国的适用研究》,载《山东理工大学学报(社会科学版)》2004年第4期。

2. 国际礼让说

不方便法院原则的另一法理基础是国际礼让说。优利克·胡伯（Ulicus Huber）全面奠定了该学说的基础，提出著名的"胡伯三原则"，核心第三原则为："每一个国家的法律已经在其本国的领域内实施，根据礼让（Comitas Gentium），行使主权权力者也应该让它在自己境内保持其效力，只要这样做不会损害自己的主权权力及臣民的利益。"[①]作为国际法主体的国家拥有主权，其中就包括立法主权和司法主权，每个主权国家都会依据本国法律传统制定和适用法律，并且相互独立，故各国在行使管辖权时难免会产生冲突。当今世界联系日趋紧密，各国为了保护本国利益，倾向扩张本国法院的司法管辖权，或是在国内立法中明确规定国际民商事案件在外国法院审理并不影响当事人基于同一案件事实和理由在本国法院再次提起诉讼，或是在司法实践中设立最低限度标准。[②] 这些做法极易引发管辖权的积极冲突，造成司法资源的浪费，也为当事人"挑选法院"（Forum Shopping）创造机会，从而进一步加剧管辖权冲突，形成一个恶性闭环。面对上述困境，基于国际礼让的不方便法院原则也许是破题之道。在国际民商事领域，除涉及特殊国家利益的情况，一国法院鉴于"国际礼让"精神，依据不方便法院原则放弃或者限制本国的司法管辖权，看似"理亏"，实则可以避免管辖权的积极冲突，缓和国际关系，促进国与国之间更多的经贸往来。

三、不方便法院原则在美国航空事故诉讼中的确立和发展

实践表明，大多数英美法系国家接纳了不方便法院原则，并依据本国司法传统丰富了该原则内涵。发展最具有代表性的当属美国"合适的可替代法院模式"。航空事故诉讼天然就具有不方便法院原则适用的土壤，美国法院将该原则引进航空事故诉讼后，进一步扩展了该原则的适用范围，成为美国法院调控案件流向的重要工具。

---

① 许庆坤：《胡伯的国际礼让说探微》，载梁慧星主编：《民商法论丛》第35卷，法律出版社2006年版，第486~487页。

② 1945年美国法院在国际鞋业公司案（International shoe Co. v. Washington）中确立了长臂管辖权，建立了最低限度标准。

(一) 不方便法院原则在美国的历史沿革

1. 美国确立不方便法院原则的历史原因

早在19世纪初,美国法院在联邦海事诉讼中就曾有依据便利性、礼让等类似的理论撤销法院管辖范围内案件的做法。[①] 20世纪初,由于美国社会经济快速发展,加之美国宽泛的管辖权基础,案件数量激增。1929年美国学者布莱尔就曾建议法院通过适用不方便法院原则排除一些案件来减轻法院负担。[②] 1932年,在"加拿大啤酒公司诉帕特森公司"(Canada Malting Co. v. Paterson S. S. Ltd.)案中,美国联邦最高法院虽未明确适用不方便法院原则支持地区法院撤销诉讼,但在论证中指出:"有关具有管辖权的法院必须行使管辖权的意见并非完全正确,否则,海事法院就不会以诉讼发生在外国人之间为由而拒绝行使管辖权。如果诉讼发生在外国人或非本地居民之间,诉讼可以在更适合的外国法院进行审理,衡平法院也可偶尔为实现公平正义而拒绝行使管辖权。"[③]因此,美国法院一直以来都有以"不方便"为由拒绝行使管辖权的司法传统,在个别类型案件和一些州法院的司法实践中不乏类似的判例,甚至美国联邦最高法院大法官也在实践中不断确认该行为合理性。

2. 美国确立不方便法院原则的现实原因

除拒绝行使管辖权的司法传统外,美国司法实践需要是美国确立不方便法院原则的现实因素。有学者认为:"美国的不方便法院原则与美国国际民事管辖权制度是相伴而行、共同发展的。"[④]更准确地说是与美国民事管辖权理论基础变化有关,该理论基础从以前相对保守的"领土原则"转变为现在愈加灵活的"最低限度"标准,该转变表明美国法院在管辖权争夺中将会更加积极主动。1877年,美国联邦最高法院在"彭诺耶诉内夫"(Pennoyer v. Neff)案

[①] 参见刘兴莉:《国际海事货物索赔管辖权的选择——从适格法院到适当法院》,北京大学出版社2011年版,第129页。

[②] See Paxton Blair, "The Doctrine of Forum Non Conveniens in Anglo-American Law", Colum Law Review, Vol. 29, 1929, pp. 1 – 34.

[③] Canada Malting Co. , Ltd. , v. Paterson Steamships, Ltd. , 285 U. S. 413 422, 423, 52 S. Ct. 413, 415, 76 L. Ed. 837.

[④] 徐伟功:《美国国际民事管辖权中的两大阀门——不方便法院原则与禁诉命令》,载《甘肃政法学院学报》2006年第2期。

中确立"领土原则"为管辖权的基础,[1]该原则对管辖权行使存在诸多限制,美国法院在特定情形下可行使对人管辖权。但随着美国综合国力的不断提升,国际交往日益频繁,传统的管辖权基础已难以适应美国的实际发展需要。美国联邦最高法院在1945年的"国际鞋业公司诉华盛顿州"(International shoe Co. v. Washington)一案中确立了更为灵活的"最低限度"标准作为新的管辖权基础,[2]各州还据此设立了长臂管辖权规则[3](Long-arm Jurisdiction),美国法院管辖权呈现愈加灵活、宽泛的特点。

3. 美国确立不方便法院原则的典型判例

1947年的"海湾石油公司诉吉尔伯特"(Gulf Oil Corp. v. Gilbert)案中,美国联邦最高法院首次确认了不方便法院原则,至此该原则在美国民商事诉讼管辖权制度中有了明确的判例指引。在该案中,州法院认为被告在纽约州存在商业活动,符合"最低限度"标准,确认拥有管辖权。被告声称弗吉尼亚州才是适当的审判地点,因为原告的居住地、被告的商业活动地、事故发生地以及大多数证据都在弗吉尼亚州,要求地区法院拒绝管辖,驳回原告起诉。地区法院采纳了被告动议,拒绝审理该案。[4] 然而,美国第二巡回上诉法院对不方便法院原则的适用持保守态度,推翻了地区法院的决定。[5] 美国联邦最高法院审查后出现反转,认为在合适的审判地点和法院具有管辖权的前提下,法院可以适用不方便法院原则驳回诉讼。诚然,纽约州地区法院对海湾石油公司案具有管辖权,但这不意味着该法院就必须要行使该管辖权;尽管选择法院获得救济是原告的权利,但原告的选择有时会给法院和被告造成不必要的困扰,甚至给原告本身带来不便。[6] 显然,海湾石油公司案若是在纽约州地区法院审理会给被告和法院带来诸多不便。

美国联邦最高法院在该案中明晰了地区法院可以适用不方便法院原则驳回诉讼以及该如何适用不构成滥用自由裁量权等问题,并总结了不方便法

---

[1] See Pennoyer v. Neff, 95U. S. 714 (1877).
[2] See 226. U. S. 313 (1945).
[3] See Bryan A. Garner, *Black's Law Dictionary*, West Publishing Co. , 2004, p.869.
[4] See Gilbert v. Gulf Oil Corp. , D. C. , 62 F. Supp. 291.
[5] See Gilbert v. Gulf Oil Corp. , 2 Cir. , 153 F. 2d 883.
[6] See Gilbert v. Gulf Oil Corp. , 330 U. S. 1947. 504.

院原则"两步走"的适用思路。第一步,该原则适用的先决条件是存在另一个合适的可替代法院,若不存在另一个合适的可替代法院,则无法适用该原则;第二步,法院需要平衡当事人私人利益因素和法院公共利益因素来权衡是否适用该原则驳回诉讼。① 法官具有很大的自由裁量权,并且上诉法院只能在下级法院滥用自由裁量权的情形下推翻下级法院的决定,②同时强调应该对原告的法院选择给予较多的尊重。③ 海湾石油公司案虽然是一起纯粹的美国国内案件,但在该案中确立的不方便法院原则的适用标准并未明确限定只能适用于美国国内案件,因而也可适用于国际民商事案件。④ 可见,不方便法院原则将对美国法院国际民商事案件管辖权的行使产生深远影响。

(二) 不方便法院原则在美国航空事故诉讼中的发展

由于航空事故天然具有国际性特征,涉及多个国家和地区,同时美国具有完备的法律制度等有利因素,案件当事人倾向于选择美国法院进行索赔,因而美国也就成为了航空事故诉讼的天堂,⑤美国法院的诉讼负担由此变得更加繁重。不方便法院原则是美国法院减轻负担的重要工具,在1981年"帕珀诉雷诺"(Piper Aircraft Co. v. Reyno)案中,美国联邦最高法院进一步拓展了不方便法院原则的适用思路,⑥对该原则在国际民商事案件中的适用具有重要的参考意义。

1976年,一架小型飞机在苏格兰高地坠毁,遇难者都是苏格兰籍。这架包机是由注册地在美国宾夕法尼亚州的帕珀(piper)公司制造,飞机螺旋桨制造商是注册地在美国俄亥俄州的哈兹尔(Hartzell)公司,⑦与美国联系紧密。

---

① 私人利益因素:证据在不同法院获取的难度大小;强制不愿出庭作证证人程序能否适用;事故发生地点对案件审理是否重要;外国法院的判决的承认与执行等。公共利益因素:法院的拥挤程度;适用外国法律是否困难;审理该案件是否符合法院地的公共利益等。
② See Gilbert v. Gulf Oil Corp. ,330 U. S. 1947. 507.
③ See Gilbert v. Gulf Oil Corp. ,330 U. S. 1947. 508.
④ See David W. Robertson, "Forum Non Conveniens in American and England: A Rather Fantastic Fiction", Law Quarterly review, Vol. 103, 1987, pp. 398 –419.
⑤ See Russell Weintraub, "Choice of Law for Products Liability: Demagnetizing the United States Forum", Arkansas Law Review, Vol. 52, 1999, pp. 157 –162.
⑥ See Piper Aircraft v. Reyno, 454 U. S. 235, at 268 (1981).
⑦ See Piper Aircraft v. Reyno, 454 U. S. 235, at 257 (1981).

雷诺(Gaynell Reyno)作为遇难者的遗产管理人选择在美国加利福尼亚州高等法院提起非正常死亡诉讼。雷诺承认之所以选择在美国法院提起该诉讼是因为美国关于损害赔偿的法律制度相较于苏格兰更有利。随后两被告同时向法院提出不方便法院原则动议,要求驳回诉讼。地方法院以海湾石油公司案为参考,批准了被告动议。首先,州法院认为苏格兰是一个合适的可替代法院地;其次,私人利益因素和公共利益因素也都偏向于驳回诉讼。[1] 然而美国第三巡回上诉法院主张任何驳回导致对原告不利的法律适用都应该禁止,地区法院在适用该原则时存在滥用自由裁量权的情形,故推翻地区法院的决定,将案件发回重审。[2] 美国联邦最高法院在该案中却支持地方法院的决定,主要理由是不能仅仅因为法律适用的不利变化而禁止适用不方便法院原则,如果在分析中过度重视适用法律的变化,将会导致不方便法院原则变得毫无意义。

帕珀案在性质上属于航空产品责任案件,该案对不方便法院原则的适用在海湾石油公司案确立的标准上进一步发展。一方面,帕珀案细化了关于合适的可替代法院的分析思路,法院在评估不方便法院动议是否合适时,第一步就要确定外国存在一个"可利用"(available)并且"充分"(adequate)的替代法院。本书认为这是对合适的可替代的法院从程序和实体两方面的细化。可利用性是指在替代法院审理不存在程序性障碍。该条件很难阻止美国法院适用不方便法院原则,因为被告一般会选择放弃诸如诉讼时效等程序性权益促使异议通过。充分性条件是指在当事人在替代法院不会被剥夺全部补救措施或者受到不公平待遇的情况下,外国法院就是适当的。美国法院认为替代法院可能适用对原告不利的规则通常不是判断不方便法院原则能否适用的主要因素,[3]只有在替代法院提供的救济明显不充分或者不令人满意,以

---

[1] See Reyno v. Piper Aircraft Co, 479 F. Supp. 727, 738 (M. D. Pa 1979).
[2] See Piper Aircraft v. Reyno, 454 U. S. 235, at 244 (1981).
[3] See Piper Aircraft v. Reyno, 454 U. S. at 246 & n. 12. at 238. If, however, the remedy provided by the alternate forum is clearly unsatisfactory, the district court may give this factor substantial weight and deny dismissal. (如果替代法院所提供的救济明显不能令当事人满意,则地区法院可以对该因素予以充分考量,并裁定不予驳回起诉。)

致根本没有救济的情况下,法院才需要考虑适用法律的不利变化。[1] 另一方面,树立了对外国原告的法院选择予以较少尊重的理念。如果原告是法院地国的居民,通常有一个有利于原告法院选择的推定,但当原告是外国人时,这种推定的效力将会减弱,这主要是基于法律选择的考虑,而非基于诉讼方便的考量。[2] 法院对本国原告的选择给予较多尊重,而对外国原告予以区别对待,在航空事故诉讼中树立了减少外国原告选择在美国法院进行诉讼的指导思想,[3]明显有别于海湾石油公司案中对原告法院选择较少干扰的态度,表明美国法院对当事人国籍越发重视。

四、小结

美国作为世界航空业强国,在航空事故司法实践中存在诸多适用不方便法院原则驳回诉讼的司法判例,经验丰富。在航空事故诉讼中适用不方便法院原则具有典型性,研究该原则如何适用于航空事故诉讼,将对该原则的本质产生更加深刻的理解。案件在更为合适的法院审理,一方面有利于案件的公正审理;另一方面也有助有缓解美国管辖权过于宽泛所带来的诸多弊端。将该原则适用领域扩展至航空事故诉讼这一特殊的国际民商事诉讼领域,使该原则成为美国法院调控案件管辖权的重要工具,影响广泛深远。

第二节　美国航空运输事故诉讼不方便法院原则实证分析及新发展

航空运输事故诉讼是一类特殊的国际民商事案件,特殊性在于1929年《华沙公约》和1999年《蒙特利尔公约》对此类诉讼的管辖权做了统一规定,然而《华沙公约》第28条第2款和《蒙特利尔公约》第33条第4款[4]是否包含

---

[1]　See Phoenix Canada Oil Co. Ltd. v. Texaco, Inc. , 78 F. R. D. 445 (Del. 1978).
[2]　See Piper Aircraft. , 454 U. S. (1981). at 251 –252.
[3]　See Piper Aircraft. , 454 U. S. (1981). at 248 –256.
[4]　参见《华沙公约》第28条第2款、《蒙特利尔公约》第33条第4款。

影响管辖权行使的不方便法院原则,以及如何适用该原则一直存有争议。美国法院对该原则能否适用于上述公约的态度经历了从矛盾到最终支持的转变。鉴于美国法院的现实需要,并且两大公约并未对该原则能否适用于公约关于管辖权的规定做出明确回应,因此美国法院倾向于在航空运输事故诉讼中通过适用不方便法院原则,将一些与美国法院没有太多联系的案件驳回,使案件能够在更合适的法院审理。

一、美国航空运输事故诉讼中不方便法院原则的实践历程

(一)美国航空运输事故诉讼中不方便法院原则正反实践——以1929年《华沙公约》的适用为例

1. 美国法院对不方便法院原则的肯定态度:纽约长岛空难案

1996年,美国环球航空公司航班 TWA800 从美国纽约飞往法国巴黎和意大利罗马。飞机起飞不久后在空中发生爆炸并在距离纽约长岛海岸8海里处坠毁,机上成员全部遇难,其中至少有45名遇难者是法国公民。遇难者亲属及其代理人以承运人环球航空公司和飞机制造商美国波音公司为被告提起非正常致死损害赔偿诉讼,案件由纽约南部地区法院合并审理。随后,被告根据《华沙公约》第28条第1款,认为法国原告的诉讼应在法国法院审理,于是向法院提起不方便法院异议,要求驳回代表法国遇难者提起的诉讼。[1] 而原告认为由于无法证明案件最初可以依据《华沙公约》第28条向法国法院提起诉讼,因而法国法院不是一个合适的可替代法院。[2] 然而,美国地区法院却认为法国法院是一个合适的可替代法院,可以适用不方便法院原则驳回原告的起诉。[3] 虽然公约第28条第1款规定了原告可以在4类法院地提起诉讼的选择权,但没有限制受诉法院根据公约第28条第2款的法院地的程序法规则将案件移送至更为合适的可替代法院审理。尽管该案被告异议是以不方便法院原则为由驳回诉讼,但在确定合适的可替代法院存在且被告愿意接受替

---

[1] See In re Air Crash off Long Island New York, on July 17, 1996, 65 F. Supp. 2d 207 (S. D. N. Y. 1999).

[2] 参见《华沙公约》第28条第1款。

[3] See In re Air Crash off Long Island, 65 F. Supp. 2d. at 215.

代法院管辖的前提下,将案件转移至替代法院审理的效果就相当于驳回诉讼。因此,在替代法院具有管辖权的前提下,将案件转移至合适的替代法院审理就如同适用不方便法院原则附条件驳回诉讼。另外,在合适可替代法院存在的前提下,地区法院权衡了该案的公共利益因素和私人利益因素,认为私人利益因素对案件审理的便利性影响不大;在公共利益方面,美国已花费了大量人力、物力对该事故进行调查,引起美国各界的广泛关注。该案同时涉及美国的航空公司和美国飞机制造商,并且遇难者大部分是美国人,公共利益因素强烈支持在美国法院进行诉讼。综上所述,联邦地区法院最后驳回了被告不方便法院动议,案件在美国法院继续审理。

在纽约长岛空难案中,虽然联邦地区法院最终没有适用不方便法院原则驳回原告提起的诉讼,但美国法院在《华沙公约》中适用不方便法院原则的分析具有重要的参考意义。早在 1982 年新奥尔良空难事故(In re Air Crash Disaster Near New Orleans)中,联邦第五巡回法院也有类似观点,[1]认为不方便法院原则可以适用于《华沙公约》。[2] 在纽约长岛空难案中,联邦地区法院对公约采取了相对狭隘的解释方法,未能触及公约本质。该案原告认为从公约起草历史来看,公约第 28 条第 1 款禁止法院拒绝管辖依据公约提起的诉讼。[3] 在公约缔结期间,英国代表就曾向缔约委员会递交过有关"不方便法院"的提案,不久后便撤回提案,这表明公约缔约方意图将第 28 条第 1 款规定的 4 类管辖地作为原告的最终选择。但地区法院对此并不认同,英国代表撤回提案的行为完全可以作其他理解,比如,不愿意将一个陌生的程序法规则强加给公约其他缔约国。地区法院采取了与第五巡回法院类似的观点,即原告的法院选择并不是不可改变。本书认为,联邦地区法院的观点可能是受到了美国联邦最高法院在"陈淑娴诉大韩航空公司"(Chan v. Korean Air Lines)案[4]中对条约的限制性解释方法的影响。然而,根据《维也纳条约法公约》第

---

[1] See In re Air Crash Disaster on July 9, 1982, at 1162 (5th Cir. 1987).
[2] See In re Air Crash Disaster Near New Orleans, Louisiana on July 9, 1982, at 1153-54, was the first appellate court decision to address this issue; the Fifth Circuit held that forum non conveniens is available in Warsaw Convention cases.
[3] See In re Air Crash Off Long Island, 65 F. Supp. 2d 207, 213 (S.D.N.Y. 1999).
[4] See Chan v. Korean Air Lines, Ltd., 490 U.S. 122, 134 (1989).

31 条第 1 款的规定:"条约应依其用语按其上下文并参照条约之目的及宗旨所具有的通常意义,善意解释之。"①在纽约长岛空难案中,地区法院仅根据条约文本和缔结历史做出倾向性解释,说服力不足。尽管解释不够充分,但这在当时代表了美国部分法院的观点,即《华沙公约》第 28 条第 2 款包含不方便法院原则,法院可以适用该原则驳回原告根据公约第 1 款提起的诉讼。然而,美国法院在 1997 年"保坂诉美国联合航空公司"(Hosaka v. United Airlines, Inc.)案中,对不方便法院原则能否适用于《华沙公约》的态度出现了反转。

2. 美国法院对不方便法院原则的否定态度:保坂诉美国联合航空公司案

1997 年,美国联合航空公司 826 航班计划从日本东京飞往美国夏威夷檀香山,在太平洋上空遭遇严重气流,导致一名乘客死亡、多人受伤,826 航班随即改道返回东京。被告美国联合航空公司向法院提出不方便法院动议,加利福尼亚州法院审查后认为该案的原告都是日本国籍,都在日本生活工作,并且是在日本接受治疗,案件主要证人、证据都位于日本,在日本法院审理更加方便。另外,根据《华沙公约》第 28 条第 2 款②,在程序上并不妨碍美国法院适用不方便法院原则,因此州法院决定以不方便法院为由驳回案件。在上诉中,美国上诉法院却认为《华沙公约》第 28 条第 1 款③规定了 4 类航空运输事故诉讼的管辖地,并赋予原告任意选择的权利。既然如此,原告的选择权是不可侵犯,不可改变的,故上诉法院便撤销州法院的决定,发回重审。④

保坂诉美国联合航空公司案(以下简称保坂案)是美国法院在《华沙公约》体系下讨论不方便法院原则能否适用于公约的典型案例,案情并不复杂,关键是对《华沙公约》第 28 条是否包含该原则的解释论证,该案州法院和上诉法院的观点截然相反。在上诉程序中,联邦第九巡回法院从《华沙公约》的条约文本、条约目的和条约缔结历史 3 个方面进行系统分析,认为缔约方没有

---

① Articles 31 and 32 of the Vienna Convention on the Law of Treaties codifies the general rule. Vienna Convention on the Law of Treaties arts. 31 -32, May 23, 1969, 1155 U. N. T. S. 331.
② 参见《华沙公约》第 28 条第 2 款。
③ 参见《华沙公约》第 28 条第 1 款。
④ See Hosaka v. United Airlines, Inc., 305 F.3d 989 (9th Cir. 2002).

通过不方便法院原则改变原告法院选择的意向,①即法院不能以不方便法院为由驳回原告根据《华沙公约》第 28 条第 1 款提起的诉讼。

　　根据《华沙公约》第 28 条的规定,从字面上并不能直接判断能否在公约中适用不方便法院原则。英国法院曾在"米洛诉英国航空公司"(Milor v. British Airways,以下简称米洛案)案②中对条约文本进行解释,排除了不方便法院原则的适用,因为该原则与条约第 28 条第 1 款赋予原告选择权的规定相冲突,因此第 28 条第 2 款规定的程序法规则要受到第 28 条第 1 款的限制。换言之,公约第 28 条第 2 款的程序性规则是除去法院地管辖权规则以外的其他规则。然而,在同为普通法系国家的美国,有些法院却持相反的态度。③ 从公约条文本身来看,《华沙公约》有多种官方文本语言,都具有同等法律效力,其中法文版公约最为准确。④ 法文版公约第 28 条第 1 款使用了"portée",第 29 条的诉讼期限中规定了"intentée",⑤两者在法语中都有"提起诉讼"的含义,但用了不同词汇。根据条约解释一般原则:如果条约缔约方使用不同的词汇来表达类似的含义,那么就意味着缔约方对这两个词汇有不同的理解,否则没有必要用不同的词汇来表达。在米洛案中,法院认为法文版公约第 29 条使用的"intentée"一词有"发起"的意思,而公约 28 条中"portée"有"开始和追求"的含义,说明诉讼不仅要在原告选择的法院提起,而且还要在原告选择的法院进行审理,由此排除了不方便法院原则的适用。在保坂案中,原告主张参考米洛案进行裁判。第九巡回法院拒绝按米洛案进行裁判,有两方面原因:第一,虽然"portée"在法语中有"开始和追求"的含义,但不是强制性要求;第二,参考《蒙特利尔公约》类似的规定,作为《华沙公约》的继承者,法文版《蒙特利尔公约》第 33 条第 1 款⑥和《华沙公约》第 28 条第 1 款都使用了

---

　　① See Hosaka v. United Airlines, Inc., 305 F.3d 989 (9th Cir.2002).
　　② See Milor SRL v. British Airways Plc., Q.B.702 (Eng. C.A.1996).
　　③ See In re Air Crash Off Long Island New York, on July 17, 1996, 65 F. Supp.2d 207, 214 (S.D.N.Y.1999).
　　④ 参见王瀚:《华沙国际航空运输责任体制法律问题研究》,陕西人民出版社 1998 年版,第 307 页。英国 1961 年《航空运输法》就明确规定,当《华沙—海牙公约》英文文本和法文文本存在分歧时,法文文本应当优先适用。
　　⑤ See Covention de montréal, Consulté le 8 mars 2023.
　　⑥ See Covention de montréal, Consulté le 8 mars 2023.

"portée"一词,但《蒙特利尔公约》第 33 条第 2 款规定的"第五管辖权"却使用了"intentée",而不是"portée",①这就说明公约用词上的差异对条款文本含义的影响并不具有决定性。尽管保坂案和米洛案中法院最终都拒绝在公约中适用不方便法院原则,理由却不尽相同。《华沙公约》文本规定得十分模糊,文本解释过于牵强,歧义较大,并不能直接得出不方便法院原则能否适用于公约的唯一结论。

如果条约文本含义不清,就需要结合条约目的进行解释。②《华沙公约》有两大目的:一是统一国际航空运输引起索赔的某些规则;二是平衡航空承运人与航空旅客的权益。③ 联邦第九巡回法院认为《华沙公约》第 28 条第 1 款说明缔约方对国际航空运输事故诉讼的管辖权问题有统一的意图,④如果某些国家适用不方便法院原则肆意改变原告根据公约第 28 条提起的诉讼,而其他国家没有与不方便法院原则类似的立法或者根本不适用该原则,可能会导致公约适用的混乱,无助于实现公约统一性目标。至于公约第二个目标,第九巡回法院认为《华沙公约》第 28 条第 1 款允许原告在公约规定的 4 类法院地提起诉讼是航空承运人和旅客之间的一种妥协,⑤是对两者利益的平衡。法院若以不方便法院为由肆意改变原告的法院选择,旅客的权益将很难得到保障,进而会破坏航空承运人和旅客之间的平衡,也不利于航空业的长远发展。

《华沙公约》的缔结历史对公约的解释具有重要参考意义。⑥ 英国代表曾向缔约委员会提交了一份修正案:只要法院地国的程序规则允许法官拒绝管辖,该国法院就能拒绝管辖根据《华沙公约》提起的诉讼。英国代表在随后的会议中没有坚持该提案,缔约委员会也未做出明确答复。但该提案的存在本

---

① See Covention de montréal, Consulté le 8 mars 2023.
② See Tseng, 525 U. S. at 169 – 72, 119 S. Ct. 662.
③ See Andreas F. Lowenfeld & Allan I. Mendelsohn, "The United States and the Warsaw Convention", Harvard Law Review, Vol. 80, 1967, pp. 497 – 502. Soon after the Warsaw Convention took effect, the U.S Department of State recommended ratification.
④ See Andreas F. Lowenfeld & Allan I. Mendelsohn, "The United States and the Warsaw Convention", Harvard Law Review, Vol.80, 1967, pp. 497 – 499.
⑤ See Tseng, 525 U. S. at 170, 119 S. Ct. 662.
⑥ See Chan, 490 U. S. at 137, 109 S. Ct. 1676 (Brennan, J., concurring).

身已说明了缔约代表们已意识到普通法系国家存在适用不方便法院原则改变管辖权的做法。然而《华沙公约》是以大陆法系法学家为主导签订的条约，原始缔约国又主要是大陆法系国家，不方便法院原则对大多数缔约国来说是陌生的概念，[①]最终为了能够让更多的缔约国加入该公约，公约文本中并没有关于不方便法院的规定，也没有明确否定该原则。根据美国以往的判例，美国法院对公约的解释不会采取与大多数缔约国相冲突的解释规则。[②] 故从历史的角度来看，第九巡回法院认为缔约方若同意在公约中适用不方便法院原则，则应将该原则明确规定出来，而条约正式文本中并无相关规定，由此推断该原则并不适用于《华沙公约》。

总之，由于《华沙公约》条款本身具有模糊性，因此美国司法实践中对不方便法院原则能否适用于航空运输事故诉讼存在矛盾情形。在纽约长岛空难案[③]中，联邦地区法院认为不方便法院原则是美国程序法规则，[④]原告根据《华沙公约》第28条第1款选择在美国法院起诉，也就意味着原告愿意接受美国程序法规则的调整，所以美国法院完全可以适用该原则驳回案件。而在保坂案中，联邦第九巡回法院的态度却截然相反。可见，在《华沙公约》体系下，由于法官拥有较大的自由裁量权，因而不方便法院原则的适用完全取决于法官对公约的主观理解，因而对适用该原则存有争议。正是在《华沙公约》体系下美国法院对不方便法院原则的正反实践，促使该原则在航空运输事故诉讼中得以不断发展。

（二）不方便法院原则在《蒙特利尔公约》中的实践——以美国西加勒比航空公司案为例

1999年《蒙特利尔公约》生效后，不方便法院原则在航空运输事故诉讼中

---

① See Ronald A. Brand, "Comparative Forum Non Conveniens and the Hague Convention on Jurisdiction and Judgments", Texas International Law Journal, Vol.37, 2002, pp.467–468.

② See Zicherman v. Korean Air Lines Co., 516 U.S. 217, 223, 116 S.Ct. 629, 133 L.Ed.2d 596(1996).

③ See In re Air Crash Off Long Island New York, on July 17, 1996, 65 F.Supp.2d 207, 214 (S.D.N.Y. 1999).

④ See Am. Dredging Co. v. Miller, 510 U.S. 443, 453, 114 S.Ct. 981, 127 L.Ed.2d 285 (1994).

的适用有了新发展。在"西加勒比航空公司"(In re W. Caribbean Airways)案①中,美国法院面临两个新问题:第一,《蒙特利尔公约》第33条第4款是否包含不方便法院原则? 第二,如果前者是肯定答案,又该如何在公约中适用该原则? 对此,美国法院一改以往在"华沙体制"②下对该原则存有争议的适用态度,明确该原则可以适用于《蒙特利尔公约》,并在判例中不断规范该原则的适用,主要在原告对被告提出的不方便法院原则动议辩驳的时效性问题中得以体现。

2005年,一架从巴拿马城返回马提尼克岛(法国)的包机在委内瑞拉境内坠毁,机上人员全部遇难,绝大部分旅客是马提尼克岛居民。遇难旅客在马提尼克岛购买机票,航班最终目的地为马提尼克岛。该客机由注册地位于哥伦比亚的西加勒比航空公司(West Caribbean Airways)运营,该公司尽管没有在美国开展运输业务,但与美国佛洛里达州的纽瓦克公司(Newvac)签订了包机合同,由纽瓦克公司向西加勒比航空公司提供客机和机组人员。基于上述事实,遇难者亲属及其代理人在美国佛洛里达州南部地区法院根据《蒙特利尔公约》第33条、第39条和第46条③,以西加勒比航空公司和纽瓦克公司等为共同被告提起损害赔偿诉讼。

被告纽瓦克公司在诉讼中提出不方便法院动议,辩称该诉讼应在马提尼克法院进行,因为在马提尼克有一个更为合适的可替代法院,并且被告愿意接受该法院的管辖。法院审查后,认为《蒙特利尔公约》具有与《华沙公约》不同的缔结历史,后者是在各国对不方便法院原则还不熟悉的背景下制定的,而前者缔结期间,该原则在理论和实践中都有长足发展,于是决定适用不方便法院原则驳回案件。原告随后向联邦第十一巡回法院上诉,美国司法部向上诉法院提交了司法建议,认为在《蒙特利尔公约》项下可以适用不方便法院

---

① See In re W. Caribbean Airways, No.06-22748-CIV, 2012 WL 1884684, at 1, 12 (S. D. Fla. May 16, 2012).

② "华沙体制"是指以《华沙公约》为核心的华沙责任体制法律文件,包括:1929年《华沙公约》;1955年海牙《修订统一国际航空运输某些规则的议定书》;1961年瓜达拉哈拉《统一非缔约承运人承担国际航空运输的某些规则以补充华沙公约的公约》;1971年《经海牙议定书修订华沙公约的危地马拉议定书》以及1975年修订华沙公约的4个《蒙特利尔议定书》。

③ 参见《蒙特利尔公约》第33条第1款、第2款、第4款;第39条;第46条。

原则驳回案件,①上诉法院便确认了地区法院的决定。②原告对该结果并不满意,要求美国联邦最高法院对此进行审查,最高法院认为地区法院和上诉法院的决定是正确的,于是做出同样的决定。③原告回到马提尼克法院提起诉讼,但诉求并不是向被告索赔,而是要求法国法院宣布对该案没有管辖权。马提尼克法院和法国上诉法院都拒绝了原告的请求。然而,法国最高法院认为根据《蒙特利尔公约》第33条选择在哪个法院进行诉讼是原告的专属权利,原告选择在法国以外的法院进行诉讼也就意味着法国法院失去了对该案的管辖权,④并拒绝在公约中适用不方便法院原则。原告拿着法国最高法院的决定回到美国地区法院要求撤销不方便法院命令,在美国法院恢复审理。联邦地区法院则是再次驳回,原告再次向第十一巡回法院上诉,上诉法院依旧保持原有的态度。整个案件的审理反反复复,这场"踢皮球"式的诉讼已不仅仅是原被告之间的争端,更上升到国家之间就《蒙特利尔公约》中是否包含不方便法院原则的激烈角逐。

该案中,地区法院认为纽瓦克公司是《蒙特利尔公约》规定的"缔约承运人"。⑤原告主要依据保坂案中第九巡回法院的观点,认为纽瓦克公司作为"缔约承运人"应受到《蒙特利尔公约》第33条的强制管辖,继而排除不方便法院原则的适用。在保坂案中,第九巡回法院认为根据《华沙公约》第28条提起的国际航空运输事故诉讼不能适用不方便法院原则驳回案件,但值得注意的是,第九巡回法院同时声明对当时已经签订但未生效的《蒙特利尔公约》的文本和起草历史是否包含不方便法院原则不提供任何意见,⑥因此保坂案的决定对该案没有直接约束作用。但不可否认的是,《华沙公约》和《蒙特利

---

① See Brief of the United States as Amicus Curiae in Support of Defendants-Appel-lees at 7, 9-22, Pierre-Louis v. Newvac Corp., 584 F.3d 1052 (11th Cir. 2009) (No.07-15828).

② See Peirre-Louis v. Newvac, 584 F.3d 1052 (11th Cir. 2009).

③ See Bapte v. West Caribbean Airways, U.S. 130 S. Ct. 3387, 177 L. Ed. 2d 303 (2010).

④ 西加勒比航空公司(In re W. Caribbean Airways)案法国最高法院的决定,http://courdecassation.fr/jurisprudence-2/premierechambrecivile_568/1201721658.html,访问时间:2023年3月8日。

⑤ See In re West Caribbean Airways, S.A. 619 F. Supp. 2d 12999 (S.D. Fla. 2007).本书仅讨论不方便法院原则的适用问题,对案件当事人的法律地位不作过多讨论。

⑥ See 305 F.3d 989 (9th Cir. 2002).

尔公约》之间有继承关系,后者是在前者基础上进一步发展的产物。该案是第一起美国法院审理的依据《蒙特利尔公约》提起的国际航空运输事故诉讼,具有典型性。在该案中,根据《蒙特利尔公约》第33条第1款和第39条的规定,美国是一个可供原告选择起诉的法院地,因为"缔约承运人"纽瓦克公司的住所和主要营业地都在美国的佛洛里达州。另外根据公约第33条第1款和第2款的规定,法国的马提尼克岛也是一个可供选择的法院地,因为马提尼克岛是该航班的目的地和大部分乘客在事故发生时的"主要且永久的住所地"。

问题的关键在于《蒙特利尔公约》第33条第4款是否包含不方便法院原则,美国地区法院认为公约的缔结历史可以对该问题做出解释。在公约起草的时候,美国代表曾建议在公约第33条的草案中加入一条规定,明确承认受理案件的法院可以根据法院地程序法规则适用不方便法院原则。该建议遭到大多数大陆法系国家代表的反对,认为不方便法院原则是普通法国家特有的程序法规则,如果将该原则纳入公约,也就意味着向大陆法系国家强加了一个不熟悉的程序法概念,所以最终公约文本中并没有包含该原则。但美国在条约谈判和批准的时候都明确表示将允许美国法院根据自由裁量权来适用不方便法院原则。[1] 同时,在航空事故中适用不方便法院原则的条件在帕珀案[2]中得到细化。首先,马提尼克岛是一个合适的可替代法院地,该案最主要的问题是遇难者的损害赔偿问题。法国作为大陆法系国家,有关损害赔偿的法律的制度和适用完备成熟,遇难旅客大部分是马提尼克岛的居民,可以在替代法院就空难损害获得应有的赔偿,同时被告愿意放弃部分诉讼权益接受马提尼克法院的管辖,所以马提尼克法院是合适的可替代法院。其次,在私人利益方面,绝大部分遇难者是马提尼克岛居民,该案相关证据也在马提尼克岛,没有美国籍的公民,与美国没有太多的联系,私人利益支持在马提尼克法院进行诉讼;在公共利益方面,相较于美国,法国社会对空难遇难者的损害赔偿更加关切,公共利益也支持驳回诉讼。据此,地区法院恩伽罗法官(Ungaro)便依据该原则驳回了诉讼。美国联邦上诉法院和最高法院都确认

---

[1] See In re West Caribbean Airways, SA, et al v. Newvac Corp, 619 F. Supp. 2d 1299 (S. D. Fla. 2007).
[2] See 454 U. S. 235 (1981).

了地区法院的决定。

然而,事情远未结束。原告事后在马提尼克法院提起诉讼,要求法院拒绝自己重新在法国法院提出索赔。原告的立场是,他们不仅有权根据《蒙特利尔公约》选择提起诉讼的法院,而且法院不能改变原告的选择。法国最高法院确认了原告的诉求,美国法院成为该案唯一可以管辖该案的法院。原告在美国依据《联邦民事诉讼规则》第60(b)(6)条要求获得救济,声称由于美国法院之前以不方便法院为由驳回诉讼,加上法国最高法院的决定,原告没有可以获得救济的法院地,要求撤销原决定。恩伽罗法官认为上述结果都是原告自身原因造成的,拒绝撤销,坚持驳回原告的起诉。原告再次提起上诉,声称由于法国最高法院的决定,法国法院对该案不具有管辖权,不是"合适的可替代法院",不符合美国适用该原则的分析思路,美国法院也就不能适用不方便法院原则驳回诉讼。[①] 但上诉法院认为,在地区法院初审期间,原告并没有提出替代法院的可用性问题,也就意味着在初审期间,原告已默认法国法院是合适的可替代法院,而现在法国成为不合适的法院地,是原告事后自己要求的结果,事后再提出反驳是完全不合时宜的。[②]

由此可见,相较于纽约长岛空难案和保坂案中对不方便法院原则矛盾的适用态度,在《蒙特利尔公约》生效之后,美国法院对该原则在航空运输事故诉讼中的适用有了新认识,即法院对在《蒙特利尔公约》中适用不方便法院原则持开放的态度,法官可以适用该原则驳回根据公约提起的诉讼;另外,对该原则的适用更加规范,要求原告对被告不方便法院动议的辩驳要及时有效地提出,而不能在法院驳回案件后蓄意破坏该原则的适用条件进而迫使案件回到原审法院审理。

二、美国航空运输事故诉讼不方便法院原则的新发展

在西加勒比航空公司案中,美国法院适用不方便法院原则有如下两方面

---

① See Galbert v. West Caribbean Airways, United States Court of Appeals, Eleventh Circuit. May 6, 2013 715 F. 3d 129 085 Fed. R. Serv. 3d 707 24 Fla. L. Weekly Fed. C 250.

② See Galbert v. West Caribbean Airways, United States Court of Appeals, Eleventh Circuit. May 6, 2013 715 F. 3d 129 085 Fed. R. Serv. 3d 707 24 Fla. L. Weekly Fed. C 250.

新发展：第一，美国法院有意适用不方便法院原则驳回根据《蒙特利尔公约》提起的诉讼；第二，在不方便法院原则具体适用过程中，美国法院认为原告挑战、质疑外国法院是否是一个合适的可替代法院，必须在被告提出不方便法院原则动议后及时有效地提出，强调辩驳的时效性。

（一）不方便法院原则可适用于《蒙特利尔公约》

在西加勒比航空公司案中，美国法院适用不方便法院原则驳回原告根据《蒙特利尔公约》第33条第1款提起的诉讼，相较于以往，美国法院在《蒙特利尔公约》中对适用该原则态度更加坚定。有学者认为，《蒙特利尔公约》是《华沙公约》的继承者，在华沙公约体系下的典型判例规则依旧可以适用于《蒙特利尔公约》，不方便法院原则仅适用于《蒙特利尔公约》中新设立的第五管辖权，而不适用于前四类传统的管辖权。[1] 而有美国学者认为，西加勒比航空公司案可以成为美国法院在《蒙特利尔公约》中适用不方便法院原则的典型判例。[2] 学术界对此争议如此激烈，实践中也引起有关国家对立的做法，而美国法院依旧希望将不方便法院原则的适用范围扩大到《蒙特利尔公约》规定的全部类型管辖权，目的也是显而易见的。

1. 应对挑选法院

挑选法院亦称为选购法院（Forum Shopping），是指在国际航空运输事故索赔中，遇难者的亲属或者代理人在公约规定的数个有管辖权的法院中，倾向于选择一个被认为最有可能提供有利判决的法院进行诉讼的行为。[3] 越来越多的航空事故诉讼，特别是那些非美国承运人运营的航班在美国境外发生的航空事故表明，原告会穷尽可能地选择在美国法院进行诉讼。[4] 国际航空运输事故由于本身的复杂性、跨国性，必然涉及多个国家和不同法域，因此诉

---

[1] 参见周亚光：《不方便法院说在〈蒙特利尔公约〉下的适用——一个条约法的视角》，载《北京理工大学学报（社会科学版）》2013年第6期。

[2] See Allan I M, Carlos J R, "The United States vs. France: article 33 of the Montreal convention and the doctrine of forum non conveniens", Journal of Air Law & Commerce, Vol. 77, 2012, pp. 467–488.

[3] See Friedrich K. Juenger, "Forum Shopping, Domestic and International", Tulane Law Review, Vol. 63, 1989, p. 554.

[4] See Paul Stephen Dempsey, "All along the watchtower: Forum Non Conveniens in International Aviation", Annals of Air and Space Law, Vol. 36, 2011, p. 323.

讼地点的确定在航空事故索赔中就显得十分重要。有学者曾指出:"关于诉讼发生地的争夺,通常是跨国案件中最艰难的斗争和最重要的问题。"①原告之所以选择在美国法院起诉,在于以下3方面原因:首先,一直以来公约关于责任限额的规定无法满足美国对航空承运人较高的赔偿标准要求,赔偿金额相对更高,使原告所能获得的赔偿金额相较于其他国家法院有很大差异。其次,美国拥有完备的法律体系,可以更好地维护遇难者的利益。在原告不能根据《华沙公约》或《蒙特利尔公约》选择在美国法院提起航空运输事故诉讼的情形下,由于飞机的核心设备主要来自美国航空制造企业,原告也会选择在美国法院提起航空产品责任诉讼②以获得更多赔偿。因此,美国法院在国际航空事故中具有极大吸引力。最后,美国法院适用不方便法院原则会选择附条件地驳回,③这也促使外国原告偏向选择美国法院。选购法院现象使美国法院需要动用大量的司法资源审理跨国航空事故案件,由此产生了沉重的诉讼负担。当然,有些法院也知悉原告选购法院的目的不仅是公平正义,而更多的是一种诉讼策略,迫使诉讼在对被告不利的法院进行,甚至有些情况下原告自身也不方便。④ 更何况有些案件与美国没有实质性联系,美国法院也就没有动力处理此类案件,往往倾向于以不方便法院为由拒绝审理。

2. 提高司法效率

为了维护国家司法利益,美国在跨国诉讼中确立了宽泛的管辖权标准,比如有效管辖标准、长臂管辖等制度。除可以维护美国企业、公民的权益外,同样使得美国法院处理的国际民商事案件数量激增,其中就包括国际航空运输事故索赔案件,导致美国法院负担过重,严重影响美国法院的司法效率,办法之一是将与美国没有多大联系的案件排除在美国法院之外。不方便法院

---

① David W. Robertson & Paula K. Speck, "Access to State Courts in Transnational Personal Injury Cases: Forum Non Conveniens and Antisuit Injunctions", Texas Law Review, Vol.68, 1990, pp.937-938.

② 参见张超汉:《航空产品责任案件管辖权的确定:美国实践及其启示》,载《现代法学》2017年第5期。

③ 如让被告同意接受替代法院管辖,承诺放弃诉讼时效等有利让步。

④ See Dahl v. United Technologies Corp., 632 F.2nd 1027, at 1029 (3rd Cir.1980), citing Gulf Oil Corp. v. Gilbert, 330 U.S.501, at 507 (1947).

原则顺势而起,起到安全阀的作用,①由美国法院法官掌控管辖案件的主动权。美国学者指出:"美国法院适用不方便法院原则解决积压案件的问题已成为一种趋势。"②对根据《蒙特利尔公约》第33条提起的航空运输事故诉讼,美国法院认为制定《蒙特利尔公约》的背景与《华沙公约》不同,在前者制定期间,不方便法院原则在美国程序法中已经根深蒂固,③其他国家如新加坡、印度尼西亚等同样有适用不方便法院原则的实践,④公约正式文本中也未明确排除不方便法院原则的适用,故可以在诉讼中适用该原则。同时,该原则作为美国程序法规则,依据《蒙特利尔公约》第33条第4款,美国法院完全可以适用不方便法院原则驳回与美国没有多大联系的案件,以减轻繁重的司法负担,提高司法效率。

3. 维护国家利益

在西加勒比航空公司案中,原告根据《蒙特利尔公约》在美国法院提起诉讼,美国法院决定适用不方便法院原则驳回诉讼,而法国最高法院认为不方便法院原则不能适用于《蒙特利尔公约》,进而确认了该案法国法院没有管辖权。有学者称法国最高法院的做法违背了国际礼让,甚至有侵犯美国国家主权之嫌疑,引发了两国之间的"法律战"。⑤ 不方便法院原则对大陆法系国家来说是一个不熟悉的概念,美国法院面对大陆法系国家的阻力,仍积极主张在《蒙特利尔公约》中适用该原则。除上述两大原因之外,最重要的原因是为了掌握司法主动权,保护本国航空企业的利益。出于诉讼经济的考虑,美国法院一般会将国际航空运输事故诉讼和航空产品责任诉讼交由一个法院合并审理。美国法院在航空运输事故中本就高额的赔偿标准,外加美国严格产

---

① 徐伟功:《美国国际民事管辖权中的两大阀门——不方便法院原则与禁诉命令》,载《甘肃政法学院学报》2006年第2期。
② Martin Davis,"Time to Change the Federal Forum Non Conveniens Analysis", Tulane Law Review, Vol.77, 2002, p.309.
③ See In re West Caribbean Airways, S. A. September 27, 2007 619F. Supp. 2d 1299.
④ See Ang v. Singapore Airlines; Brinkerhoff Maritime Drilling Corp. v. P. T. Airfast Servs.
⑤ See Melinda R. Lewis,"The Lawfare of Forum Non Conveniens: Suits by Foreigners in U. S. Courts for Air Accidents Occurring Abroad", Journal of Air Law and Commerce Law Journals, Vol.78, 2013, p.319.

品责任、惩罚性赔偿①和精神损害赔偿等制度将给美国航空企业带来不小的负担。迈克尔·维纳(Michael Verna)律师就曾认为:"大多数不方便法院动议都不是基于对诉讼当事人的便利性、歧视性和公平性提出的,相反该原则已经演变成一个工具,旨在避免案件在美国法院审理。"②特别是外国原告对美国航空企业提起的诉讼,美国法院即便对案件享有管辖权,也不太愿意审理该案,③因而往往适用不方便法院原则驳回与美国没有太多联系的案件,以减少外国原告利用美国有利的法律制度损害美国国家利益的情况发生。

(二)原告对被告不方便法院动议辩驳的时效性问题

在西加勒比航空公司案中,另一个新趋势是对不方便法院原则的适用更加注重原告辩驳的时效性问题。该案中,原告在向第十一巡回法院上诉期间提出美国联邦地区法院不应依据不方便法院原则驳回诉讼,随后法国最高法院宣称对该案没有管辖权,使原告丧失救济的可能。根据帕珀案中所确立的适用标准,第一步是由法院确定是否存在一个合适的可替代法院,只有存在合适的可替代法院,才进行第二步分析。而现在第一步条件未满足,美国法院也就无法适用该原则驳回案件。上诉法院对此并不认同。事实上,原告无法获得救济的原因是原告要求法国法院宣布自己是不具有管辖权的法院,事后原告再针对不方便法院动议提出辩驳是不合时宜的,因此上诉法院确认了地区法院的决定。虽然法国作为欧盟的核心国家,其他成员国也可能效仿法国在西加勒比航空公司案中的做法,但法国最高法院在该案中的做法并不会阻止美国法院在《蒙特利尔公约》中适用不方便法院原则。在"德尔加多诉达美航空公司"(Delgado v. Delta Airlines, Inc.)案中,美国公民乘坐法国航空公司的航班在巴黎下飞机时不慎摔伤导致死亡。由于美国达美航空公司与

---

① 严格责任:即便生产厂商对产品的缺陷不存在过失,但若产品存在潜在的缺陷造成损害,也是损害赔偿的基础。惩罚性赔偿制度:该制度目的是对制造缺陷产品的制造商进行惩罚,增加其违法成本,促使其提高产品质量。惩罚性赔偿制度的存在不是为了补偿原告,而是为了改变或者阻止被告或者类似的人继续从事侵害原告的行为。

② Michael P. Verna, "Convenience Has Nothing to Do with FNC Motions", Air & Space Law, Vol.22, 2008, p.9.

③ See Joel Samuels, "When Is an Alternative Forum Available? Rethinking the Forum Non Conveniens Analysis", Indiana Law Journal, Vol.85, 2010, p.1059.

法国航空公司之间存在代码共享协议,乘客又是通过达美航空公司购买机票,因此原告选择在美国法院起诉,诉讼中被告达美航空提起不方便法院动议。由于法国法院在西加勒比航空公司案中的决定,美国初审法院对法国法院是否是一个合适的可替代法院产生了怀疑。[①] 但也仅仅是怀疑,美国法院对替代法院"可利用性"的证明标准很低,只需要确认替代法院对该案具有管辖权,且该法院对索赔人的救济措施不是明显不恰当的即可。只要条件符合,美国法院依旧会认定替代法院是合适的。

三、小结

美国联邦最高法院优化了不方便法院原则的适用思路后,各级法院在航空运输事故领域对该原则的适用却有不同理解。在《蒙特利尔公约》生效之前,美国法院对不方便法院原则能否适用于航空运输事故诉讼尚存在不一致的态度,导致该原则的适用结果大相径庭;在《蒙特利尔公约》生效后,美国法院一改之前矛盾的态度,明确支持不方便法院原则在航空运输事故诉讼中适用,并进一步规范对该原则的适用,主要体现在对被告不方便法院动议的辩驳应注意时效性问题。美国法院拒绝管辖的行为引起其他缔约国做出针锋相对的诉讼行为,导致航空事故当事人无法获得及时救济。长此以往,不利于两大公约目的的实现。维持各国对该原则的现状,积极应对,对平衡受害者与航空运输企业之间的利益,维护公约的稳定运行具有促进作用。

第三节 美国航空产品责任事故诉讼不方便法院原则实证分析及新动向

尚不存在对航空产品责任诉讼进行调整的统一国际公约,此类诉讼更多依靠各国国内程序和实体法规则寻求救济。美国法院在产品责任领域适用严格责任和惩罚性赔偿制度,程序上依据"最低限度"标准、长臂管辖权规则

---

① See Delgado v. Delta Airlines, Inc, 43 F. Supp. 3d 1261 (S. D. Fla. 2013).

等宽泛的管辖权标准对发生在国内外的航空事故进行管辖。外国受害者及其代理人可依据美国国内民事诉讼法的规定,向飞机制造商、零部件供应商等私法主体或者对飞机负有检测、适航监管责任等的公法主体提起航空产品责任诉讼。为获得诉讼利益,航空事故受害人及其代理人会特意规避《华沙公约》和《蒙特利尔公约》中关于管辖权、赔偿限额等的强制性规定,转而在美国法院提起航空产品责任诉讼。[1] 自20世纪60年代以来,在美国有关航空运输事故损害赔偿诉讼中出现了将飞机制造商作为被告的新发展趋势。[2] 在航空事故诉讼中,由于管辖法院地和诉因不同,适用不同的实体法,受害者或其家属获得的赔偿额也不尽相同。美国向来重视产品责任,当事人因此可能获得高额赔偿金,产品责任诉讼也成为造成美国法院负担沉重的又一诉讼类型。为缓解管辖权过于宽泛的弊端,保护航空器制造商和美国国家利益,在航空产品责任诉讼中适用不方便法院原则便是有力的调控举措。可将一些与美国没有实质联系的案件驳回,使案件在更为合适的法院地审理。由于该原则属于美国国内程序法规则,故在航空产品责任诉讼中适用不存在争议。值得注意的是,美国联邦法院和州法院适用该原则的侧重点和分析标准存在差异,实践中存在各异的倾向性做法,导致类似的案件却经常出现相反的结果。近年来,美国一些州法院在航空产品责任诉讼中的实践呈现抑制不方便法院原则适用的新动向,该类型案件大有回归美国法院管辖的趋势。

一、美国航空产品责任诉讼中不方便法院原则的实践发展

航空事故发生后,受害者及其家属提起航空产品责任诉讼已较为常见。美国在产品责任领域具有完善的制度优势,原告有机会获得可观的损害赔偿金,同时世界上最大的民用客机制造商波音公司和大量飞机零部件制造公司位于美国,因此航空事故或多或少与美国有些许联系。此外,美国法院宽泛的管辖权制度除可以维护本国航空企业的利益外,也给美国法院带来繁重的

---

[1] See Jean-michel Fobe, *Aviation Products Liability and Insurance in the Eu*, Kluwer Law International, 2009, pp. 80–113.

[2] 参见张超汉:《航空产品责任案件管辖权的确定:美国实践及其启示》,载《现代法学》2017年第5期。

诉讼压力,包括但不限于诉讼拥挤导致行政困难和复杂法律选择等问题。①而航空产品责任本身就具有国际性特征,世界各国航空事故受害者在巨大利益驱使下,蜂拥至美国法院提起航空产品责任诉讼。美国法院往往会以不方便法院原则为由驳回外国原告的诉讼,拒绝行使管辖权。② 该原则也成为外国索赔者在美国法院提起航空产品责任诉讼时不得不考虑的重要因素。

(一)美国航空产品责任诉讼适用不方便法院原则的原因

美国法院频繁在航空产品责任诉讼中适用不方便法院原则是多重因素共同作用的结果。第一,航空产品责任天然具有显著国际性特征是适用该原则的前提。所谓航空产品(Aviation Product),是指使"航空器"能妥善且安全地操作、航行,以顺利提供预期的运送服务所需具备的各项构成组件,包括机体、发动机、推进器以及各式各样与航空器飞行功能相关的仪器、设备。③ 航空产品责任(Aviation Product Liability)是指与航空器的设计、制造、销售、维修、监管等有关的主体对航空产品缺陷导致的航空事故所应承担的损害赔偿责任。航空产品责任有别于一般产品责任所具有的本土化特征。航空工业是人类历史上涉及面最广的系统之一,任何一架客机都需要全球各国分工协作才能完成,航空器各部分组件来自全球不同国家或者地区,④因此一旦航空产品出现问题或者瑕疵,相关主体可能会涉及多个国家和地区,具有显著的国际性特征。航空产品责任的国际性还体现在航空运输领域,包括飞机经常往返于不同的国家,搭乘航空器的乘客可能拥有不同国籍,航空事故损害行为发生地和损害结果发生地可能位于不同国家等,诸多跨境因素包含于航空产品责任,使航空产品责任天然具有国际性特征。⑤ 国际民商事案件管辖权

---

① See In re Air Crash at Belle Harbor, New York on Nov. 12, 2001, No. MDL 1448, 2006 WL 1288298, at 4 (S. D. N. Y. May 9, 2006).
② 参见张超汉:《航空产品责任案件管辖权的确定:美国实践及其启示》,载《现代法学》2017年第5期。
③ 参见张超汉、刘亚军:《论航空产品责任主体》,载《北方法学》2015年第4期。
④ 航空工业涉及70多个学科和工业领域的大部分产业,每一架大型飞机有数百万个部件,需要庞大的配套产业群支撑,被形容为现代工业之花毫不为过。中国国产大飞机C919的国产化率为60%以上,一架民用客机的很多设备需要全球各国的企业通力合作才能完成。
⑤ 参见张超汉:《论美国航空产品责任诉讼中的不方便法院原则》,载黄进、肖永平、刘仁山主编:《中国国际私法与比较法年刊》第18卷,法律出版社2015年版,第242~243页。

的确定是一国法院审理案件的前提,是一切法律适用的逻辑起点,控制着案件的走向,最终影响案件的解决。[1] 也正是航空产品责任的国际性特征使航空产品责任诉讼管辖权的确定充满变数,给了不方便法院原则适用的空间,进而对管辖权的分配产生深刻影响。

第二,美国法院频繁适用不方便法院原则的内因是美国宽泛的程序法规则和完备的实体法规则对外国索赔者的吸引力极大。美国法院之所以在航空事故诉讼中被称为"磁铁法院"(Magnet Forum),对外国索赔者极具吸引力,[2]主要体现在程序和实体两方面。在程序方面,有利制度包括风险代理制度[3]、陪审团审判制度(Jury System)和证据披露制度(Liberal Discovery);加上美国法院以"最低限度联系"为管辖权基础,外国航空事故当事人的起诉很容易满足美国法院的受理标准。在实体方面,美国传统上非常重视产品责任,美国法院在产品责任赔偿制度中实行严格责任,[4]受害者有机会获得高额惩罚性赔偿,而其他相关国家缺乏与此类似的制度。鉴于航空产品责任天然具有国际性,尽管某些航空事故与美国联系微弱,外国索赔者仍会极尽可能地选择美国法院提起诉讼。但美国联邦最高法院已经意识到,这些诉讼所产生的威慑力微不足道,如果在美国法院审理将不可避免地会消耗大量司法资源。[5] 事实上,与产品制造国相比,产生损害的国家对航空产品责任诉讼利益更大。[6] 虽然美国对确保国内航空器制造商生产安全有一定的利益,但替代法院所在国对本国公民所受损失和航空器运行情况拥有更大的利益。[7] 大量的航空产品责任诉讼选择在美国法院提起,加剧了美国法院的负担,极大地浪费了美国司法资源。同时,美国高额的产品损害赔偿也让美国航空器制造

---

[1] 参见丁伟:《我国涉外民商事诉讼管辖权制度的完善》,载《政法论坛》2006年第6期。
[2] See Russell J. Weintraub, "Choice of Law for Products Liability: Demagnetizing the United States Forum", Arkansas Law Review, Vol.52, 1999, pp.157-162.
[3] 风险代理是指当事人不必事先支付律师服务费用,待代理事务成功后,当事人从所得财务或者利益中提取协议所规定的比例支付酬金,如果败诉则无须支付。
[4] 参见张超汉:《航空产品责任论要》,载《甘肃社会科学》2016年第4期。
[5] See Piper Aircraft, 454 U.S. at 261.
[6] See Kryvicky v. Scandinavian Airlines Sys., 807 F.2d 514, 517 (6th Cir. 1986).
[7] See Da Rocha, 451 F. Supp. 2d at 1325.

商濒临破产、重组,保险业在航空领域面临黯然退场的不利局面。① 基于上述原因,为减少与美国没有实质联系的航空产品责任案件向美国汇集,不方便法院原则是行之有效的选择。

第三,外国原告频繁挑选法院的行为是美国法院适用不方便法院原则的直接原因。在航空事故诉讼中,航空事故发生地是最为密切的联系地,很多直接证据、证人都位于航空事故发生地,便于案件审理。另外,普遍认为事故发生地的法院会更加同情原告的遭遇。② 但事故发生地未必是原告最满意的诉讼地点。③ 航空产品责任本身具有国际性,丰富的连接点给索赔者增加了很多其他法院选择。美国法院在实体和程序上的优势对外国索赔者具有极大吸引力,因此成为外国索赔者首要选择对象。发生在美国之外的航空事故不约而同地选择美国法院,给美国法院带来沉重负担,而不方便法院原则就成为美国法院调控案件流向的重要工具。尽管美国法院会适用该原则驳回来自其他国家的航空产品责任诉讼,但外国索赔者依旧会选择在美国法院提起诉讼,因为美国法院为弥补原告,往往是附条件驳回诉讼。④ 这反而促使外国原告寻求在美国法院进行诉讼,即使最终不能在美国法院审理,也可获得对己方有利的诉讼条件,在美国以外的法院重新提起诉讼。

外国索赔者想方设法与美国扯上联系进而在美国法院进行诉讼,同样引起了美国国内被告的不适甚至排斥。一方面,外国原告选择在美国法院向航空产品制造商、零部件制造商等被告提起侵权损害赔偿诉讼,然而关于事故的大部分书面证据分散在包括美国在内的其他相关国家,其中事故飞机残骸等重要证据一般位于事故发生国家,⑤证据分散的事实限制了被告获取完整

---

① 参见《通用航空振兴法》的审议记录(140 Cong. Rec. S3006),1994 年 3 月 16 日。
② See Nicholas D. Welly, "The Misleading Legacy of Tseng: Removal Jurisdiction Under the Montreal Convention", Journal of Air Law and Commerce Law Journals, Vol. 75, 2010, pp. 407 – 413.
③ See Austen L. Parrish, "Sovereignty, Not Due Process: Personal Jurisdiction Over Nonresident Alien Defendants", Wake Forest Law Review, Vol. 41, 2006, pp. 44 – 45.
④ See Paul S Dempsey, "All Along the Watchtower: forum Non Conveniens in International Aviation", Annals of Air and Space Law, 2011, Vol. 34, pp. 330 – 366.
⑤ See Clerides v. Boeing Co., 534 F. 3d 623, 629 (7th Cir. 2008); Melgares v. Sikorsky Aircraft Corp., 613 F. Supp. 2d 231, 242 (D. Conn. 2009).

证据,将影响损害赔偿责任的分配认定。特别是在事故涉及在美国境外运营和维护的飞机时,被告无法在美国法院向第三方提起诉讼,结果便是让被告承受两次甚至多次耗时又昂贵的诉讼,这并不是诉讼经济的选择。[①] 对发生在美国之外的航空产品责任诉讼,这些证据事实有助于被告向法院提出驳回诉讼动议,若是美国公司制造的飞机,这一点在该原则的适用中可能会得到平衡。[②] 另一方面,被告想要在航空产品责任诉讼中适用不方便法院原则驳回诉讼的真正原因在于迫使原告在另一个国家重新提起诉讼,替代法院所在国家实体法和程序法对被告更加有利,这被称为反向选购法院。原告的法院选择总是给被告带来诸多不利,因此被告往往会向法院提起不方便法院动议,甚至作为一种对抗原告挑选法院的工具这成为美国国内被告对外国原告在美国法院提起航空产品责任诉讼后的主要反应,[③]并屡试不爽,经常被法院确认。在航空产品责任诉讼中,无论是原告的选购法院还是被告的反向选购法院,都不仅仅是为了诉讼方便,究其根源是为了获得更多的诉讼利益,促使美国法院不断强化不方便法院原则的适用。从这个角度来看,原被告利用航空产品责任国际性特征挑选美国法院或美国以外法院的行为是美国法院适用该原则对管辖权进行调控的直接原因。

(二)美国航空产品责任诉讼关于不方便法院原则的典型判例

1981 年"帕珀诉雷诺"(Piper Aircraft Co. v. Reyno)案在"海湾石油公司诉吉尔伯特"(Gulf Oil Corp. v. Gilbert)案的基础上优化了不方便法院原则的适用思路,具有示范和引领作用,是在航空产品责任诉讼中适用该原则最具影响力的判例。然而,不方便法院原则的适用原本是普通法系最具争议的问

[①] See Piper Aircraft Co. v. Reyno, 454 U. S. 235, 259 (1981); Dahl v. United Techs. Corp., 632 F. 2d 1027, 1031 –33 (3d Cir. 1980); In re Air Crash Over Mid-Atl. on June 1, 2009, 760 F. Supp. 2d 832, 846 (N. D. Cal. 2010); Melgares, 613 F. Supp. 2d at 247; Jennings v. Boeing Co., 660 F. Supp. 796, 806 (E. D. Pa. 1987).

[②] See Lewis v. Lycoming, 917 F. Supp. 2d 366, 371 –72 (E. D. Pa. 2013).

[③] See Daniel J. Dorward, "The Forum Non Conveniens Doctrine and the Judicial Protection of Multinational Corporations from Forum Shopping Plaintiffs", University of Pennsylvanla Journal of International Economic Law, Vol. 19, 1998, pp. 141 –161.

题之一,美国联邦最高法院确立的适用思路在司法实践中并不完全一致。[①] 美国联邦法院和各州法院本是两套并行的司法体系,因此对该原则的适用难免存在差异。大部分联邦和州法院认为在受害者是非美国公民且航空事故发生在国外的情况下,适用不方便法院原则驳回航空产品责任案件并无不当,这也是美国法院适用不方便法院原则的一贯态度。但也存在例外,美国还有些州法院经常驳回被告动议,拒绝适用该原则。由于美国在司法实践中过于强调法官的自由裁量权,类似的案件在司法实践中出现截然相反的结果。

1. 美国法院航空产品责任诉讼适用不方便法院原则典型判例

为缓解管辖权过于宽泛带来的诸多弊端,美国联邦法院对外国原告提起的航空事故诉讼的通常做法是限制管辖权的行使。[②] Helios 航空公司 522 号航班坠毁案(In re Air Crash Near Athens, Greece on August 14, 2005)是美国法院适用不方便法院原则限制管辖权的行使,驳回航空产品责任诉讼的较为典型判例。遇难者亲属基于产品责任和疏忽责任在伊利诺伊州联邦地区法院向波音公司提起非法致死索赔诉讼。被告则辩称 Helios 航空公司注册地塞浦路斯或事故发生地希腊,是比美国更方便的法院地,要求适用不方便法院原则驳回诉讼。

联邦地区法院首先审查是否存在一个合适的可替代法院,认为希腊和塞浦路斯是合适的法院地。其次,联邦地区法院认为公私利益因素都偏向于驳回诉讼。关于公私利益因素的分析需要权衡多方面因素,其中私人利益因素

[①] See Walter W. Heiser, "Forum Non Conveniens and Retaliatory Legislation: The Impact on the Available Alternative Forum Inquiry and on the Desirability of Forum Non Conveniens as a Defense Tactic", University of Kansas Law Review, Vol.56, 2008, p.609.

[②] See Paun v. United Tech. Corp., 637 F.2d 775 (D.C. Cir., 1980); Cheng v. Boeing Co., 708 F.2d 1406 (9th Cir., 1983); Byrne v. Japan Airlines, Inc., No.83 Civ 9162 (JFK), 1984 WL 1343 (S.D.N.Y. Dec. 18, 1984); Thach v. China Airlines, Ltd., No.95 Civ 8468 (JSR), 1997 WL 282254 (S.D.N.Y. May 27, 1997); Fatkhiboyanovich v. Honeywell Int'l, Inc. No.04-4333, 2005 U.S. Dist. tEXIS 23414, at 3 (D.N.J. Oct. 5, 2005); Da Rocha v. Bell Helicopter Textron, Inc. 451 F.Supp.2d 1318 (S.D. Fla. 2006); Siddi v. Ozark Aircraft Systems, LLC, No.05-5170, 2006 U.S. Dist. LEXIS 84882 (W.D. Ark. Nov. 21, 2006); Van Schijndel v. Boing Co. 434 F.Supp.2d 766 (C.D. Cal. 2006); Lumenta v. Bell Helicopter Textron, Inc. No.01-14-00207-CV, 2015 WL 5076299, at 1 (Tex. App.—Houston [1st Dist.] Aug. 27, 2015, no pet.); Kolawole v. Sellers, 863 F.3d 1361, 1365 (11th Cir. 2017).

中获取证据的难易程度是法院关注的重点,产品责任诉讼获取证据的难易程度与事故原因有关。希腊航空事故调查和航空安全委员会(AAIASB)指出:事故的直接原因是飞机维护后未能将增压按钮返回自动位置,坠机的潜在原因是波音公司以往对飞机系统的调整未能起效,对机组人员的培训也不够充分。因而该案事故原因与承运人和飞机制造商都有联系,这就意味着相关证据分散在不同国家或地区。而其中绝大部分与飞机制造相关的证据位于美国,波音公司员工和政府官员也有参与坠机的调查,对此,被告同意将相关证据全部提交给替代法院审查。此外,该事故的部分损害证据位于塞浦路斯,因为遇难者大部分是塞浦路斯国民,承运人注册地位于塞浦路斯,因此机组人员的信息、飞机维修记录等证据都位于塞浦路斯。还有与事故有关的部分证据位于希腊,这些证据中包括失事飞机的残骸、遇难者的信息、事故有关证人等。法院认为所有证据材料都很重要,被告波音公司愿意将掌握的证据提交给替代法院审查,而关于事故的绝大部分证据位于塞浦路斯和希腊,因此,法院认为从证据的获取难易程度来看,替代法院要比美国法院相对容易一些。公共利益因素中各法院地对争议解决的利益是法院分析的重点。塞浦路斯对该案有着极大公共利益,因为遇难者几乎都是塞浦路斯公民,承运人又是塞浦路斯航空公司,该国对事故甚至已展开了刑事调查。希腊是事故发生地,事故造成希腊几名希腊居民死亡,希腊官方同样参与了事故的调查工作,对事故原因十分关注,诉讼利益也不小。美国的利益与上述法院认定涉及的地点相比没有那么大,尽管美国对阻止本国航空公司生产缺陷产品有一定利益,但在美国法院进行诉讼对航空器制造企业的威慑力并不那么明显。综上所述,塞浦路斯和希腊是更加方便的法院,案件最终被附条件驳回,被告的动议被批准。[①]

该案驳回决定引来了美国航空法学界的强烈批判。有学者指出,在适用不方便法院原则驳回诉讼后,外国原告往往会以较少金额与被告达成和解或

---

① See In re Air Crash Near Athens, Greece on Aug. 14, 2005, 479 F. Supp. 2d 792, 2007 U. S. Dist. LEXIS 20761 (ND Ill. 2007).

者干脆放弃索赔。① 一方面,所谓的"合适的可替代法院"可能会对原告造成很大的诉讼困扰,比如,替代法院地航空产品责任法律制度不完善,诉讼费用较高,诉讼效率低下等问题将给原告带来极大不便;另一方面,美国法院的驳回决定对被告来说,意味着诉讼已经成功一大半。因为在替代法院,航空器制造商将免受严格责任和惩罚性赔偿的约束,甚至可以与原告达成和解,尽快脱离诉讼泥潭。曾有专业律师指出,诉讼若是以不高的金额达成和解结案,美国航空器制造商等同于不需要对设计、制造的产品所造成的损害负责。② 从确保航空产品质量的角度来看,美国法院在航空产品责任诉讼中频繁适用不方便法院原则的做法的确为美国航空器制造企业打开了免责之路,使对美国航空企业向全球输出的产品质量无法进行有效的监管,外国的航空事故受害者以及相关主体的生命财产权益将难以得到切实的保障。

2. 美国法院航空产品责任诉讼拒绝适用不方便法院原则典型判例

尽管适用不方便法院原则驳回外国索赔者提起的航空产品责任诉讼是美国联邦法院的通行做法,但在某些州法院甚至是上诉法院也存在倾向于保留管辖权而拒绝适用该原则的判例,偏离了海湾石油公司案和帕珀案所确立的轨道。③ 在"阿里克诉波音公司"(Arik v. Boeing Co.)案中,库克县法院的做法就与众不同,在外国原告提起的航空产品责任诉讼中积极行使管辖权,拒绝适用不方便法院原则驳回诉讼。④ 事故遇难者亲属或代理人代表其中31名遇难者在美国伊利诺伊州的库克县巡回法院向飞机的设计和制造企业波

---

① See Walter Heiser, "Forum Non Conveniens and Retaliatory Legislation: The Impact on the Availability Alternative Forum Inquiry and on the Desirability of Forum Non Conveniens as a Defense Tactic", University of Kansas Law Review, Vol. 56, 2008, p. 610.

② See Michael P. Verna, "Convenience Has Nothing to Do with FNC Motions", Air and Space Law, Vol. 22, 2008, p. 9.

③ See Hewett v. Raytheon Aircraft Co., 614 S. E. 2d 875, 876 -877 (Ga. App. 2005); Ellis v. AAR Parts Trading, Inc., 357 Il. App. 3d 723, 727 (West 2005); Vivas v. The Boeing Co., 911 N. E. 2d 1057 (Ill. App. Ct. 2009); Sabatino v. The Boeing Co., No. 90 L 1056 (Ill. Cir. Ct., Cook County, May 3, 2010); Arik v. Boeing Company, et al., No. 08 L 12539 (Cir. Ct., Cook County, Ⅲ, Feb, 18, 2010); Stafford v. Boeing, No. 09 L13343. (Cir. Ct., Cook County, Illinois, Feb. 17, 2011); Lewis v. Lycoming, 917 F. Supp. 2d 366 (E. D. Pa. 2013).

④ See Arik v. Boeing Company, et al., No. 08 L 12539 (Cir. Ct., Cook County, Ⅲ, Feb, 18, 2010).

音公司（The Boeing Company）和麦道公司（McDonnell Douglas Corporation）以及霍尔韦尼公司（Honeywell International Inc.）提起航空产品责任诉讼。

原告认为飞机的飞行高度监控的警告系统存在缺陷，未能在飞机接近伊斯帕尔塔山附近时提供必要警示，若该系统正常，就可以避免事故发生。尽管被告们承认有关飞机设计和组装等的证据和证人都位于美国各州，但该事故是发生在土耳其国内的空难，遇难者基本上是土耳其公民，有关损害赔偿的证据包括飞机残骸都位于土耳其，在美国法院审理并不方便，于是被告向法院提出不方便法院动议，要求驳回原告的诉讼。2010年2月，法院却驳回了被告的动议。一方面，法院认为土耳其法院是一个合适的可替代法院。在该案中，对外国原告的法院选择应给予较少尊重，因为事故的大多数遇难者是土耳其公民，只有一名美国公民，事故与美国的联系较弱，与土耳其的联系更强。另一方面，私人利益因素和公共利益因素并不支持适用不方便法院原则。公共利益因素主要考虑到伊利诺伊州居民对解决位于芝加哥的公司产品缺陷具有极大利益。综上所述，尽管土耳其法院是一个合适的可替代法院，但公私利益因素并不支持适用不方便法院原则，因此地区法院驳回了被告的动议。被告随后向伊利诺伊州最高法院提起上诉。被告认为地区法院在公共利益因素上有滥用之嫌，过多强调被告总部位置和法院所在地的利益，涉案飞机所有者和承运人都位于土耳其，大部分遇难者是土耳其公民，美国公民对确保美国公司产品安全方面的一般利益远小于土耳其在确定谁该为这次事故负责方面的具体利益。上诉法院却认为，产品责任诉讼不仅具有本地属性，也是具有国际影响的案件，美国和土耳其在事故中都有确定飞机安全的具体利益；另外，美国当局也参与了事故的调查，对事故的原因同样有很大兴趣。上诉法院认为地区法院在该案中并没有滥用自由裁量权，确认了地区法院的决定。

该案与Helios航空公司522号航班诉波音公司案的案情基本一致，但关于不方便法院原则的适用结果却截然相反，让人疑惑美国法院适用不方便法院原则的具体标准是什么。美国联邦最高法院在海湾石油公司案中就曾指出，不方便法院原则的适用是灵活自由的，没有必要对驳回诉讼和支持诉讼的各种不确定的情形进行明确梳理分类,太过具体反而会让该原则失去意义。① 倾向于拒绝适用不方便法院原则的法院一般是航空器制造商和飞机零部件制造商所在地的州法院,与案件具有较大的利害关系,其中最为典型就是波音公司总部所在地伊利诺伊州的库克县法院,国内有学者将这种做法称为"库克县模式"(Cook County Mode)。② 该模式偏离了帕珀案适用不方便法院原则拒绝管辖的轨道,体现出航空产品责任诉讼的管辖权大有回归美国法院的迹象。这一美国法院确定管辖权的倾向无疑给航空事故中的外国原告提供了更多选择。

二、美国航空产品责任诉讼不方便法院原则适用规律和新动向

(一)美国航空产品责任诉讼适用不方便法院原则的规律

美国法院历来有改变原告法院选择的法律传统,在海湾石油公司案正式确立了不方便法院原则,帕珀案对适用思路优化后,在国际民商事诉讼中适用不方便法院原则成为美国法院驳回诉讼的惯用方式。对于外国原告提起的航空产品责任诉讼,美国法院亦经常适用不方便法院原则将诉讼驳回,该原则成为减轻法院负担和应对外国原告挑选法院的有力武器,但弊端也十分明显。美国法院在适用该原则时并无明确的参考标准,司法实践中过度强调法官的自由裁量权,即便存在滥用自由裁量权就可能被推翻的限制,但该审查标准依然非常主观,极易造成该原则适用的混乱。③

尽管美国联邦和州法院对不方便法院原则的审查侧重点不同,但本书还是通过对航空产品责任诉讼典型判例的比较分析发现,由于美国州法院系统相对独立于联邦法院系统,对不方便法院原则在具体案件中的考察因素存在差异,因此案情类似的航空产品责任诉讼在州法院和联邦法院的适用结果截然不同。具体表现为美国联邦法院更倾向于支持适用不方便法院原则驳回

---

① See Gulf Oil Corp. v. Gibert, 330 U.S. 508 (1947).
② 参见张超汉:《论美国航空产品责任诉讼中的不方便法院原则》,载黄进、肖永平、刘仁山主编:《中国国际私法与比较法年刊》第18卷,法律出版社2015年版,第258页。
③ See Joel Samuels, "When Is an Alternative Forum Available? Rethinking the Forum Non Conveniens Analysis", Indiana Law Journal, Vol. 85, 2010, p. 1060.

诉讼,而州法院特别是伊利诺伊州的库克县法院对外国原告最为友好,经常在航空产品责任诉讼中拒绝不方便法院的动议,保留对案件的管辖权。[1] 库克县法院对外国原告的法院选择给予实质性尊重,只有在被告的住所地和事故发生地与原告选择的法院地不一致的情况下,对原告的法院选择才会给予较少的尊重。[2] 库克县法院也因此被美国侵权行为改革协会(American Tort Reform Foundation)列入司法地狱名单,与之有类似做法的法院地包括宾夕法尼亚州的费城、加利福尼亚州的洛杉矶、西弗吉尼亚州以及内华达州的克拉克县等,这些州法院一般不会轻易适用不方便法院原则驳回诉讼。[3] 在航空产品责任诉讼中,这类法院之所以会拒绝适用该原则,主要是考虑到诉讼中的被告基本上是美国的航空产品制造企业,并且与这些州的联系十分紧密,私人利益因素和公共利益因素很难强烈支持驳回诉讼。该规律对外国原告极为有利,外国原告在选择法院的时候可以考虑向航空产品制造企业总部所在州法院提起诉讼,以便在不方便法院动议的适用中获得优势。美国波音公司的总部就位于伊利诺伊州的库克县,因此该法院会更加重视与诉讼有关的证据等私人利益因素和确保本地产品质量的公共利益因素,进而在航空产品责任诉讼中拒绝以不方便法院为由驳回诉讼。[4] 有学者就曾疑惑:"波音公司在将其公司总部从西雅图搬到芝加哥之前,是否咨询过其律师的意见。"[5]

(二)美国航空产品责任诉讼不方便法院原则的新动向

从海湾石油公司案的确立到帕珀案的发展,不方便法院原则逐步演变成为影响美国民事诉讼管辖权行使的一个重要原则。航空产品责任诉讼天然

---

[1] See Paul Stephen Dempsey, "All Along the Watchtower: Forum Non Conveniens in International Aviation", Annals of Air and Space Law, Vol.36, 2011, p.358.

[2] See Zermeno v. McDonnell Dougals Corp. ,246 F. Supp. 2d 646, 661 (S. D. Tex. 2003).

[3] 参见司法地狱名单,American Tort Reform Foundation, See Judicial Hellholes, http://www.judicialheUholes.org/wp, Mar.8, 2023。

[4] See Sabatino v. The Boeing Co., No. 90 L 1056 (Ill. Cir. Ct., Cook County, May 3, 2010); Arik v. The Boeing Co. No. 08 L 012539 (Ill. Cr. Ct., Cook County., Feb. 18, 2010); Vivas v. The Boeing Co., 911 N. E. 2nd 1057 (Ill. App. Ct. 2009); Ellis v. AAR Parts Trading, 828 N. E. 2nd 726 (Ill. App. Ct. 2005); Stafford, et al. v. Boeing, no, 09 L 13343 (Cir. Ct., Cook County, Illinois, Feb. 17, 2011).

[5] Paul Stephen Dempsey, "All along the watchtower: Forum Non Conveniens in International Aviation", Annals of Air and Space Law, Vol.36, 2011, p.359.

具有国际性特征,不方便法院原则在这片沃土中生根发芽。过去美国法院对不方便法院原则的审查倾向于强调案件与审理法院所在州的联系,而现在有判例出现了不一样的动向,即对不方便法院的审查应更多考虑案件与美国整体的联系,而不仅是与美国某个州的联系。

在不方便法院原则的适用中,通常情况下美国法院会在法院所在州和事故发生地所在国之间权衡公私利益因素,[1]比如,产品制造商所在地、主要人证物证所在地等。航空产品责任诉讼中,与美国有关的因素基本分散在美国各地,因此案件与美国存在广泛联系,而案件与受诉法院所在州的联系可能就不是很紧密,因而法院很容易得出公私利益因素支持适用不方便法院原则驳回诉讼的结论。[2] 这也是美国法院一贯的分析思路。然而,在"博切托诉帕珀飞机公司"(Bochetto v. Piper Aircraft Co.)案中,美国上诉法院对不方便法院原则的审查却更加强调案件与整个美国的联系,而不是与某个州的联系。[3] 被告提出不方便法院动议。由于事故发生地在葡萄牙,事故飞机在葡萄牙维护,所有与事故有关的证据都位于葡萄牙,遇难者中没有美国人,美国并不是真正的利益方,因此动议方认为葡萄牙是更为方便的法院地,并且此前存在类似的判例基本上以驳回起诉而告终,该案应该是一个适用不方便法院原则驳回诉讼的"教科书式案例"。[4] 然而,宾夕法尼亚州高级法院却推翻了地方法院关于适用不方便法院原则驳回诉讼的决定,发回重审,并指出地区法院在不方便法院原则的适用中应重新权衡该案的公私利益因素,注重分析案件与美国整体的联系,而不仅仅是与宾夕法尼亚州的联系。[5] 这一点相较于美国以往在判例中更加强调案件与受诉法院所在州的联系有所区别,[6]更加突

---

[1] See Dahl. 632 F. 2d at 1028 (comparing chosen forum of Delaware against the crash site of Norway); accord Gonzalez v. Chrysler Corp., 301 F. 3d 377, 383 – 84 (5th Cir. 2002) (comparing chosen form of Texas against crash site of Mexico); Cf. Lacey v. Cessna Aircraft Co., 862 F. 2d 38, 39 (3d Cir. 1988) (weighing interest of Pennsylvania against crash site of British Columbia).

[2] See Torreblanca de Aguilar v. Boeing Co., 806 F. Supp. 139, 144 (E. D. Tex. 1992).

[3] See Bochetto v. Piper Aircraft Co., 94 A. 3d 1044, 1056 (Pa. Super. Ct. 2014).

[4] See Bochetto v. Piper Aircraft Co., 94 A. 3d 1044, 1047 (Pa. Super. Ct. 2014).

[5] See Bochetto v. Piper Aircraft Co., 94 A. 3d 1044, 1054 – 1056 (Pa. Super. Ct. 2014).

[6] See Windt v. Quest Commc'ns Int'l, Inc., 529 F. 3d 183, 191 (3d Cir. 2008).

出案件与美国整体的联系。顺着这样的思路,在航空产品责任诉讼中,相关航空产品制造商与美国有着千丝万缕的联系,法院在该原则的适用中将会侧重于比较案件与美国以及与事故发生国之间的联系,在公私利益因素的分析中将很难强烈支持驳回诉讼,这体现了抑制不方便法院原则适用的新动向。

三、小结

航空事故遇难者亲属及其代理人除可以提起航空运输事故诉讼外,还可提起航空产品责任诉讼。航空产品责任本身具有国际性特征,而美国的法律制度较为完备,能够给予受害者更高的赔偿金。因此,美国法院成为外国原告在此类诉讼中的首选,这也是美国法院诉讼拥挤的原因之一。出于缓解审判压力等目的,美国法院通过适用不方便法院原则对案件进行甄别,挑选出与美国有实质联系的案件进行审理。通过对典型判例的剖析,可以发现美国各级法院存在各异的倾向性做法。美国联邦法院对外国原告提起的航空产品责任诉讼更倾向于适用不方便法院原则驳回诉讼;而航空产品制造地所在州法院由于分析的侧重点或者标准不同而很可能拒绝适用该原则,积极行使管辖权。美国法院在适用该原则的最新动向中强调案件与美国整体的联系,而不是仅仅与某个州的联系,在不方便法院原则的分析中将会侧重于比较案件与美国以及与事故发生国之间的联系,将很难强烈支持驳回诉讼。该新动向并不是对不方便法院原则的重新解释,而是表明美国法院结合实际发展需要抑制了该原则的适用,管辖权大有回归美国法院的趋势。

第四节 美国航空事故诉讼不方便法院原则的实践对中国的启示

国际民商事诉讼管辖权的确定是诉讼的开端,也决定着诉讼的走向。在航空运输事故诉讼中,美国法院致力于将不方便法院原则的适用范围扩展至公约全部类型管辖权;在航空产品责任诉讼中,美国法院却有抑制适用该原则的倾向,国际民商事诉讼管辖权大有回归美国法院的趋势。一方面,美国法院不断寻求扩大不方便法院原则的适用范围,进而在更多诉讼类型中适用该原则驳回诉讼;另一方面,美国法院在特殊类型案件中积极行使管辖权,抑制该原则的适用,在全球扩大自己的司法影响力。这种在国际民商事案件中进退自如的做法,让美国法院能够根据案件的实际情况选择性行使管辖权,更好地维护本国国家利益。当然,美国存在过度适用不方便法院原则之嫌,将"方便性"凌驾于案件的公平正义之上,此做法的合理性值得商榷,但不能因此否定该原则潜在的巨大价值。不方便法院原则的最初目的在于确定适当的法院审理案件,实现实质的公平正义而非缓解司法负担或者平衡各方利益。[1] 中国应重视该原则实现案件公平正义之原本目标,完善相关制度,将该原则视为一种例外规则以更好地发挥该原则应有作用。[2]

一、不方便法院原则在中国的实践现状及原因

（一）不方便法院原则在中国的实践现状

中国的传统立法中并没有类似于不方便法院原则的规定,不方便法院原则对中国来说属于舶来品。在该原则成为文化前,中国以司法实践为先导,在赵某某确认产权案中,首次以审判的便利性为由拒绝管辖。[3] 几经周折,终于在2015年《最高人民法院关于适用〈中华人民共和国民事诉讼法〉的解释》(以下简称《民诉解释》)第532条规定了驳回起诉"六要件",[4]该规定被称为中国的不方便法院原则。至此,不方便法院原则在中国涉外民商事诉讼中才有了明确依据。但该原则在中国的适用却不尽如人意。首先,从案件数量来看,[5]随着中国对外开放的深入,中国法院每年要处理大量的涉外民商事案

---

[1] See Aaronson Bros. Ltd. v. Maderera del. Tropico S. A. , 1967, 2 Lloyd's Report 156, 160.
[2] 参见周海荣:《国际私法上侵权行为案件管辖权的比较研究》,载中国国际法学会主编:《中国国际法年刊》1989年卷,法律出版社1990年版,第198页。
[3] See Zheng Sophia Tang, Yongping Xiao & Zhengxin Huo, *Conflict of Laws in the People's Republic of China*, Edward Elgar Publishing, 2016, p.107.
[4] 参见2022年《民诉解释》第530条。此版司法解释与2015年版本的司法解释内容一致,仅有条款序号的变化。
[5] 参见《2018年最高人民法院工作报告》《2019年最高人民法院工作报告》。

件,承担的审判工作任务繁重,①但适用不方便法院原则的案件数量却很少,②这说明中国法院对不方便法院原则的态度非常审慎。其次,从判决说理来看,在这些适用不方便法院原则的案件中,部分法院存在拒绝以不方便法院为由驳回起诉但缺乏全面论述或者论证不规范的现象。判决说理要么对当事人基于不方便法院原则提出的抗辩没有给予合理的解释,③直接依据相关司法解释规则驳回抗辩;要么法院往往只针对不符合"六要件"的情形简单论述拒绝适用该原则,比如,以案件涉及中国籍当事人利益为由,直接拒绝适用不方便法院原则,④对该原则的适用说理不够充分,难有说服力。最后,从案件结果来看,在支持适用不方便法院原则案件中,结果都是裁定驳回起诉,意味着诉讼在中国法院彻底结束,一旦出现管辖权消极冲突,那么原告将会陷入无法获得救济的窘境。

(二)不方便方便法院原则适用现状的原因分析

不方便法院原则在中国难以"扎根"的原因包括:第一,根据《民诉解释》相关规定,法院裁定驳回起诉需要同时满足 6 个条件,并告知原告向更方便的法院提起诉讼,适用条件过于苛刻。另外,该解释并没有考虑到"更方便的法院"是否是一个合适的可替代法院,没有具体的参考标准。中国法院为了维护中国的司法权益,在涉外民商事案件中一般会选择性认定自身是"更方便的法院",并不会重视中外法院处理案件适当性的比较,⑤而是直接拒绝适用不方便法院原则,盲目扩张对外管辖权。第二,《民诉解释》规定的"六要件"过于粗糙、模糊,主要体现在第 530 条第 4 款,案件不涉及中华人民共和国国

---

① 参见刘仁山:《论作为"依法治国"之"法"的中国对外关系法》,载《法商研究》2016 年第 3 期。

② 参见陈南睿:《不方便法院原则在中国法院的适用及完善——以 125 例裁判文书为视角》,载《武大国际法评论》2021 年第 2 期。中国法院自 1984 年 2020 年适用"不方便法院原则"的司法案例经检索共计 125 例。

③ 参见中国平安财产保险股份有限公司深圳分公司与商船三井株式会社私人有限公司海上、通海水域货物运输合同纠纷案,广东省高级人民法院(2015)粤高法立终字第 604 号民事裁定书。

④ 参见廖某芸与珠海横琴华策投资控股有限公司、澳门华置置地有限公司商品房预售合同纠纷案,广东省高级人民法院(2016)粤民辖终字第 150 号民事裁定书。

⑤ 参见珠海光乐电力母线槽有限公司与茂名市茂南建安集团有限公司买卖合同纠纷案,广东省珠海市中级人民法院(2015)珠中法立民终字第 283 号民事裁定书。

家、公民、法人或者其他组织的利益。法院对第 530 条第 4 款容易出现理解偏差，导致涉外案件中只要涉及中国公民、法人和组织，法院就会仅凭身份要素而直接拒绝适用该条款。法院狭隘的思维和做法使得该制度名存实亡。之所以会采取这种做法，是因为中国法院适用不方便法院原则的门槛较高，部分法院便采取反面论证方式，以简化论证过程，这实际上是机械维护中国当事人利益的表现，有消极滥用自由裁量权之嫌。① 法院对不方便法院原则的适用应综合考虑案件各种因素，且每个因素的权重应会随着具体案情而改变。② 第三，中国作为大陆法系国家，法官自由裁量权受到很大的限制，特别是管辖权制度，更是强调规则的确定性和可预见性，以确保诉讼当事人合理预期。而不方便法院原则的本质则强调法官对案件管辖的自由裁量权，与大陆法系的法律传统相背离，因此中国法院处理涉外民商事案件时，更倾向于保留案件管辖权。只要中国法院能够行使管辖权就尽量在中国法院审理，导致很难发挥该原则原本的作用，完全违背了该条款的立法初衷。③

综上所述，人民法院在涉外民商事案件中较少适用不方便法院原则主要是受到大陆法系国家司法传统和中国涉外民商事诉讼现状需要的影响，法院积极行使管辖权，以扩大司法影响力。即便在案件中适用该原则，由于该原则是以司法解释的形式呈现，规定得较为粗糙、苛刻，故也很难在国际民商事争议中发挥该原则国际礼让的效果，导致该原则在中国涉外民商事争议解决中难以扎根。

二、美国法院不方便法院原则实践对中国的启示及应对

（一）中国不方便法院制度完善的必要性

2022 年 9 月 29 日，国产大飞机 C919 获得中国民用航空局颁发的型号合格证，标志着我国拥有了首款可以投入航线运营的单通道干线客机，也表明

---

① 参见黄志慧：《人民法院适用不方便法院原则现状反思——从"六条件说"到"两阶段说"》，载《法商研究》2017 年第 6 期。
② See Spiliada Maritime Corporation v. Cansulex Ltd. (1987) A.C.
③ 参见沈红雨：《我国法的域外适用法律体系构建与涉外民商事诉讼管辖权制度的改革——兼论不方便法院原则和禁诉令机制的构建》，载《中国应用法学》2010 年第 5 期。

中国具备了按照国际通行适航标准研制大型客机的能力。① 这意味着中国大飞机将有机会撬动以波音、空客为主的全球航空业格局,未来中国的大飞机将走向世界。美国的波音公司、欧洲的空客公司之所以能够占据全球绝大部分的民航市场,除强大的航空技术实力外,相关的配套法律保障也必不可少,不方便法院原则便是美国保护本国航空企业的一种有效手段。反观中国已拥有制造大飞机的硬实力,但由于航空业起步较晚,配套的"软件"还未及时跟进。退一步看,美国在航空事故诉讼中适用该原则有特定渊源和历史背景。中国是大陆法系国家,没有拒绝管辖的司法传统,并且没有出现外国当事人挑选中国法院而导致的繁重的诉讼负担。但随着中国大飞机走出国门,成为其他国家的航空运输工具,若出现类似情形,不论是提起何种类型的航空诉讼,中国法院都可能成为外国受害者挑选的对象。另外,在世界高度关联的今天,中国作为一个正在深入推进对外开放基本国策的负责任大国,在涉外民事管辖权的确定上,人民法院如果一味以狭隘的眼光看待不同法域之间司法管辖权的竞争,消极应对当事人基于不方便法院原则提出的管辖抗辩,将不仅无助于不同法院之间管辖权的协调及当事人之间民商事争议的解决,也会对中国涉外民商事司法制度的国际形象造成消极影响。② 随着中国国际影响力的提升,即便中国法院没有出现航空事故诉讼向美国法院聚集的类似现象,也需要在其他类型的涉外民商事案件中适用该原则,合理灵活地调控案件管辖权,以节约司法资源,践行国际礼让,维护大国司法形象。

(二)美国航空事故诉讼不方便法院原则实践对中国立法的启示

尽管中国在立法和司法中对不方便法院原则的适用存在诸多不足,中国现实需要也说明有完善相关制度的必要性,借鉴他国有利的经验是必经之路,但要从中国实际出发,批判性吸收借鉴。为避免中国法院成为涉外民商事诉讼的集中爆发地,结合中国航空业发展实际,在中国航空制造业发展之初,为维护国家特殊利益,建议应在《民诉解释》的基础上,尽快完善立法,明

---

① 参见中国商飞 C919,载百度百科网,https://baike.baidu.com/item/C919/2400615,访问时间:2023 年 3 月 8 日。

② 参见何其生:《大国司法理念与中国国际民事诉讼制度的发展》,载《中国社会科学》2017 年第 5 期。

确不方便法院原则适用条件,将该原则作为一种例外规定,上升至法律层面;在司法实践方面,为维护特定领域国家利益,法院应灵活地运用不方便法院原则对涉外民商事案件管辖权进行适度调控。一方面,可以将与中国没有实质联系的案件驳回至合适的法院地审理,节约本就匮乏的司法资源;另一方面,在特定类型的案件中抑制不方便法院原则的适用,积极争取管辖权,减少中国航空制造企业在规定了严格责任和惩罚性赔偿制度的国家进行诉讼的可能性,适时维护中国航空制造企业的利益,为中国航空企业的发展营造良好的涉外法律环境。具体做法如下:

1. 明确不方便法院原则的例外适用

结合美国法院在国际航空运输事故索赔中适用不方便法院原则的经验与新发展,本书认为应将该原则作为一种例外情形,中国法院可根据《蒙特利尔公约》第33条第4款和《民诉解释》的相关规定,在航空运输事故诉讼中适用该原则,驳回依据公约提起的与中国没有任何实质联系的诉讼。所谓"实质联系"是指航空事故证据以及证人证言所处位置、判决的可执行性、诉讼经济、公共利益等因素与中国的联系程度。随着中国大飞机产业链的发展完善,中国大飞机必然会通过买卖、租赁等方式"走出去",加之现在航空业普遍存在的互联网购票方式,航空运输纠纷数量增长。为应对中国法院在未来可能面临的与西加勒比航空公司案类似的情形,应在立法层面将不方便法院原则作为一种例外情形加以规定,并完善适用标准。在尊重原告法院选择的基础上,对管辖权予以灵活调控,不仅可以节约司法资源,还能使案件在更为合理的法院审理。中国法院应在维护司法主权的前提下适度国际礼让,避免平行诉讼和矛盾判决的出现,回归不方便法院原则实现公平正义之初衷,裁定中止诉讼或者附条件驳回诉讼,使案件在更为便利的法院地审理。若案件无法在外国法院得到妥善处理,法院可以根据原告的申请恢复诉讼,以保障受害者的正当权益。

2. 完善不方便法院原则的适用标准

《民诉解释》规定的六要素过于苛刻和粗糙,实践中难以发挥不方便法院原则应有的作用,并且法院在实践中很容易误以法院方便与否作为最终的判断标准,对法院地的便利性过分侧重,偏离了该原则实现公平正义的实质。[①]建议改善该原则适用标准,要更多考虑案件本身的要素,并且不必硬性要求同时满足所有条件,而是应由审判组织结合案情综合考虑公共利益因素中各法院地对争议解决的利益大小等。同时,在司法实践中,这些因素的权重并不是一成不变的,而法官受限于个人的专业能力,需要由法院审判组织根据案件的具体情况具体分析,而不是只要涉及中国公民、法人或者其他组织的利益就一概拒绝驳回诉讼。美国航空产品责任诉讼中州法院抑制不方便法院原则适用的倾向性做法以及强调案件与整个美国的联系的新动向说明在航空业等涉及国家特殊利益的领域积极行使管辖权是必要的。中国大飞机制造业刚刚起步,未来在涉及中国大飞机的航空产品责任诉讼中,不方便法院原则的适用要更多考虑国家利益需要,适度抑制该原则的适用,积极争取管辖权,为中国大飞机发展创造有利的法律环境。

3. 全面界定"更方便的外国法院"

除在立法方面的完善以外,美国法院在航空事故诉讼中适用不方便法院原则的思路亦具有启发性。相较于美国司法判例确立的不方便法院原则适用标准,《民诉解释》规定只有同时满足 6 个条件才可裁定驳回原告的起诉,并告知原告向更方便的外国法院提起诉讼,却忽视了"更方便的外国法院"是否是一个合适的可替代法院,更没有具体的参考标准,易造成司法不公等严重后果,最终损害中国国际形象。本书认为应及时修改完善司法解释的规定,以法院地与争议的实质联系为指引,并在法律层面予以体现。可参考美国"合适的可替代法院"的适用思路,增加关于"更方便的外国法院"的具体参考适用标准。若是不存在一个"更方便的外国法院",则无须再分析具体适用要素,人民法院可直接管辖。

4. 合理配套程序规则

不方便法院原则在中国水土不服的一个重要原因是适用该原则时法官的自由裁量权过大,这与中国的司法传统和现实需要不相适应。因此,首先,

---

[①] 参见黄志慧:《人民法院适用不方便法院原则现状反思——从"六条件说"到"两阶段说"》,载《法商研究》2017 年第 6 期。

应通过立法将该原则的适用框架明确下来,既是对法院适用不方便法院原则作出指引,也是对法官的自由裁量权进行限定。同时为避免法院机械僵化地适用这些标准,可以以最高人民法院指导性案例的形式为不方便法院原则的适用提供参考,增强适用灵活性。其次,在涉外民商事案件适用不方便法院原则的实践中,若被告在诉讼中提出不方便法院抗辩,法院应给予原告对此合理的答辩期,原告应在法院指定期限内挑战和质疑"更方便外国法院"是否合适;应明确外国法院会拒绝管辖之前在其他国家审理过的案件,而不能在期限届满后人为破坏不方便法院原则的适用条件。最后,对不方便法院原则适用标准的证明责任应根据"谁主张,谁举证"的原则分配。不方便法院的抗辩一般是由被告提出,所以应由被告承担证明外国法院是一个更方便的法院的证明责任,当然原告也可以举反证推翻被告的观点。[①]

(三) 中国对美国航空事故诉讼不方便法院原则滥用的应对措施

美国法院在国际航空事故诉讼中适用或抑制不方便法院原则的目的总的来说包含两方面:一方面是缓解美国法院繁重的诉讼负担;另一方面是保护美国本土航空企业、制造商的利益。对美国法院在涉及中国当事人权益的案件中滥用该原则驳回诉讼或者抑制该原则争夺管辖权的情形,中国人民法院应该根据案件情况具体分析应对。一是如果美国法院为了缓解诉讼压力而适用不方便法院原则将案件驳回至中国人民法院,中国法院应该积极行使管辖权,避免出现"踢皮球"等情形,让当事人有通过诉讼维护自身合法权益的可能。二是如果美国法院是为了保护美国航空运输企业、制造商的利益而驳回诉讼,中国法院应抑制适用不方便法院原则,积极行使管辖权。对于航空运输事故诉讼,应该根据国际公约的规定依法处理;而在航空产品责任事故诉讼这类特殊产品责任诉讼中,应在涉外民事关系法律适用法及司法解释中规定适用原受理法院地相关准据法,依法公正处理,降低被告通过反向选购法院减轻赔偿责任的可能性,维护国内外当事人的合法权益。三是如果美国法院是为了保护美国航空企业、制造商的利益而积极争夺管辖权,中国人

---

① 参见彭奕:《不方便法院原则在我国的发展历程和立法完善——兼评2015年〈民事诉讼法司法解释〉第532条》,载《南京大学法学评论》2016年第2期。

民法院应依据案件与中国有无实质联系的标准分类讨论。若是与中国存在紧密的实质联系,则要抑制适用不方便法院原则,积极争夺管辖权,保障中国受害者和企业的合法权益;若诉讼与中国没有实质联系,则可以适用不方便法院原则驳回当事人提起的诉讼,避免出现矛盾判决。

三、小结

不方便法院原则灵活、多变的本质与大陆法系国家追求可预测性、稳定性的法律传统相冲突。在涉外民商事案件中,首要任务是管辖权的确定,英美法系国家法官能依据不方便法院原则对管辖权进行调整,对此拥有较大自由裁量权,可以做到具体问题具体分析,但也带来了自由裁量权泛滥,当事人缺乏合理预期等挑战。大陆法系成文化的管辖权制度有其独特优势,但也存在刻板、僵化等弊端。本书认为可以通过合理的制度设计发挥不方便法院原则对严格的管辖权规则进行修正的功能,[1]这也顺应了大陆法系和普通法系逐渐相互靠拢之势。[2] 对不方便法院原则的制度设计既要兼顾中国的法律传统,也要注意搭配灵活性,寻求确定性和灵活性的平衡,将该原则作为一个例外原则在涉外民商事案件中发挥该原则应有作用。

第五节 结 语

管辖权的确定是国际民商事诉讼的开端,影响着案件的走势,甚至决定最终的裁判结果。在各国争夺管辖权日趋激烈的背景下,旨在主动放弃管辖权的不方便法院原则让人眼前一亮,其中又以美国法院在航空事故诉讼中的做法最为典型。国际航空事故诉讼中包含航空运输事故诉讼和航空产品责任诉讼,两类诉讼在提起诉讼的依据、法律适用方面存在差异。在航空运输事故诉讼中,美国法院对该原则的适用经历了从矛盾向支持的态度转变,对

---

[1] See Fawcett, *Declining in Private International Law*, Clarendon Press, 1995, pp. 300 – 301.

[2] 参见刘永艳:《全球化视角下的两大法系》,中国商务出版社2003年版,第204页。

外国当事人依据公约提起的航空运输事故诉讼倾向于适用该原则驳回起诉,同时对该原则在司法实践中的适用愈加规范。在航空产品责任诉讼中,由于对不方便法院原则分析的侧重点不同,美国联邦法院和州法院对该原则的适用结果大相径庭。航空产品制造商所在州更倾向于抑制该原则的适用而积极行使管辖权,而联邦法院则是坚持一贯的思路,对外国当事人提起的诉讼给予较少的尊重,拒绝管辖。然而,分析近些年来的司法判例,美国法院总体上呈现出抑制适用不方便法院原则的动向,此类诉讼管辖权大有回归美国法院的趋势。美国法院对该原则进退有路的适用思路值得借鉴。

对中国而言,结合本国大飞机最新的发展情况以及不断深化的对外开放市场布局,中国有完善不方便法院原则相关制度之必要,应梳理该原则在中国的发展近况,探析该原则发展滞缓的原因,对症下药。完善中国不方便法院原则制度应从立法层面入手,以法律的形式赋予该原则合理的框架,回归该原则追求公平正义之目的。中国可借鉴美国适用不方便法院原则"两步走"的分析思路,全面界定"更方便的外国法院",完善具体适用标准,采用中止诉讼或者附带性驳回等做法,并在司法实践中通过最高人民法院的指导性案例为法院灵活适用该原则提供参考,真正发挥该原则实现公平正义,国际礼让等功能。此外,为应对美国法院在国际民商事诉讼中滥用不方便法院原则的情形,中国人民法院应根据案件的具体情况具体分析应对,为中国当事人和企业营造良好的外部法律环境。

第三章
冲突地区民航飞行风险预警防控机制研究

本章导读：冲突地区空域飞行风险信息的不确定性与滞后性是造成该地区空难事故的主要原因。因此，建立冲突地区民航飞行风险预警防控机制可以有效预防人为因素所致的民航事故的发生，避免给相关国家、航空公司、乘客及机组人员带来灾难性后果，具有重要的理论及现实意义。构建冲突地区民航飞行风险预警防控机制，需要国际组织、主权国家、航空公司以及其他利益主体各司其职、共同推进。但从现有的情况来看，由于该机制外部缺乏强制性法律支持，内部定位不准，信息管理水平不足，在后续实施过程中将不得不面临机制约束力度与信息提供主体的义务履行保证、预警信息发布与数据安全维护之间的矛盾。基于此，国际社会可尝试从适当增强国际组织和国际公约的约束力，促进双边或多边协议的达成以及赋予航空公司自主决定权等方面，尽可能提升飞行风险预警防控机制的实施效力，实现保障航空运输安全的目的。同时，需通过明确信息的提供标准以及加强交换平台的保密性等方式，最大限度地维护国家及商业信息安全，以有效提升预警信息提供方参与的积极性。

安全是航空业永恒的主题和生命线。近年来，随着国际政治经济局势的巨变，全球经济发展不平衡，贫富差距进一步扩大，世界各地区不稳定因素激增，部分地区甚至出现暴动、战乱等不安全情势。尤其是近年来在乌克兰、土耳其、埃及、利比亚等国频发地区性武装冲突和内乱，这些不安全因素严重影响着民航飞行安全，使空难事故频发。特别是1983年大韩KAL007航班、

2014年马航MH17航班和2020年乌克兰PS752航班等一系列航班击落事件的发生,使得冲突地区民航飞行安全一再成为全球关注的焦点。

以乌克兰空难为例,2020年1月8日,从德黑兰飞往基辅的乌克兰客机,被伊朗军方的地对空导弹击落,机上的167名乘客和9名机组人员全部遇难。[①] 伊朗方面先是将事故归责于发动机故障,但随着事故调查机构的介入,伊朗最终承认事故是由军方的误击行为所致。此次武力攻击行为,不仅造成了机上数百条无辜生命的丧失,还进一步加剧了国际社会的紧张局势,激化了乌克兰、加拿大与伊朗之间的国家矛盾,再一次凸显了民航飞行事故的巨大危害性与飞行风险防控工作的紧迫性。

然而,在实践中航空运营人往往难以在航空器起飞前或飞行过程中及时获取多变、不确定的风险信息,使相关国家、地区或航空公司无法精准做出应对风险的方案,甚至在面对危及飞行安全的突发事件时,航空公司也无法有效实施规避或减缓风险的措施。为了摆脱上述困境,给航空公司获知预警信息提供便利,国际社会试图通过构建飞行风险预警防控机制,从而为主权国家分享管辖空域内的风险信息提供渠道。但这一机制在实施过程中仍存在约束效力不强,信息分享范围不明确等诸多法律困惑,亟待学术界进一步探讨和研究。

第一节 冲突地区民航飞行风险预警防控机制实施的意义

国际航空运输的跨国性,决定了民航事故影响范围的广泛性与影响程度的深远性,且在实践中很难通过事后的补救措施,实现对受损权利的救济与保障。因此,国际社会应加强事前的预警防范工作,通过深化民航飞行风险预警防控机制,提前获知威胁,拟订方案,从主权国家、航空公司、公民个人等多个层面,全方位保障国际航空运输安全和维护国际航空运输秩序。

---

① See Recent accidents, planecrashinfo.com/recent.htm, Feb. 14, 2023.

一、有助于保障国际航空运输安全

长期以来,主权国家、武装组织等针对民用航空器发动的武力攻击行为,给航空运输安全带来了极大的威胁与挑战。频发的空难事故,也一次次地将武力攻击民用航空器问题推向风口浪尖。

为解决航空器频繁遭受武力攻击的难题,降低航空运输事故率,保障机上人员的生命和财产安全,促进国家间关系的稳定及国际航空运输业的发展,国际社会专门构建了以国际组织为依托,多主权国家共同参与的冲突地区民航飞行事故预警机制。[①] 各国可在该机制项下完成风险信息的分享和交换,第一时间发现安全隐患,及时规避可能出现的飞行威胁,最大限度地降低武力攻击民用航空器的概率。[②]

实际上,民航飞行风险预警机制的实施和完善,除可以防控武力攻击民用航空器,打击恐怖主义,保障机上及地(水)面人员的生命财产安全外,还能在很大程度上遏制部分主权国家对他国领空的冒犯和对他国空域安全的挑衅。在乌克兰航班击落事件中,伊朗辩称正是由于美军的空中打击警告,伊朗武装力量才在高度戒备的状态下,对接近国内"高度敏感"设施的乌克兰客机错误地实施了打击行为。在国际实践中,主权国家经常会采取加强空域监管力度,排查和消除一切可疑飞行活动的方式,来应对他国的空中打击或空域安全威胁。在欠缺预警信息的情形下,行为主体很难有效识别可疑行为,因而极易受到高强度排查政策的影响,针对误入特定空域的客运航班实施打击行为。对此,国际社会可借助民航飞行预警信息分享机制,提前获知可能威胁本国空域安全的行为信息,及时采取有针对性地回击或避险措施。这不仅能遏制他国的恶意袭击或挑衅行为,还能在相当程度上缓解紧张的空域局势,减少由极端避险行为造成的误击后果。

[①] 参见《航空业和各国政府联手解决冲突地区民航安全》,载民航资源网,http://news.carnoc.com/list/289/289721.html,访问时间:2023 年 1 月 14 日。

[②] 参见《国际组织重视冲突地区飞行安全吁发布飞行警告》,载中国新闻网,http://www.chinanews.com/gj/2014/07-24/6421936.shtml,访问时间:2023 年 2 月 14 日。

二、有助于缓解航空公司的防控压力

航空器运营方作为民航飞行活动的实际操作者与预警方案的直接执行者,承担着风险信息的筛查、研判等职责,[1]准确的安保信息和充分的空域报告是该方完成预警任务的前提和基础。但是基于空域安全信息所具有的保密性与敏感性特征,航空公司在不依靠主权国家或国际组织信息支持的情形下,往往无法独立、全面地获取相关国家的空域信息。因此,在实践过程中,即便处于预警防控第一线,航空公司也很难掌握准确的风险信息,有效实施避险活动。

另外,由于民航攻击行为具有突发性,航空公司很难在面对武力攻击时,及时采取规避措施。机毁人亡、巨额赔偿似乎已经成为航空器运营人不得不面对的灾难性后果。在实践中,航空公司除需要承受由航空器坠毁带来的经济损失外,还需要作为第一顺位赔偿责任主体,与保险公司共同承担赔偿责任。[2] 在此情形下,航空公司的运营成本与资金投入将会大大增加,很难再抽出额外的资金用于风险防控,不利于航空公司安保能力的提升。

因此,为了缓解航空公司的防控压力,国际社会有必要进一步强化民航飞行风险预警防控机制的实施力度。一方面通过信息的分享和交换,能够为航空公司防控风险提供充分、准确的预警信息,在各国政府与航空器运营人磋商交流的过程中,还能为航空公司实施预警工作提供大量的技术支持。另一方面通过事前预警,能够有效地降低民航事故率,减轻航空公司的赔偿压力,有助于航空公司投入更多的资金用于提升预警能力,完善防控设施。

三、有助于化解预警信息的分享困境

民航预警信息的分享通常需要大量的技术支持,仅凭单个主权国家很难

---

[1] 参见张君周:《〈反恐怖主义法〉对中国民航安保立法的影响》,载《北京航空航天大学学报(社会科学版)》2017年第1期。

[2] See CAAC, Regulation on Family Assistance in Civil Aircraft Accident: Chinese Perspective, https://www. icao. int/Meetings/HLSC2015/Documents/Presentations/Family%20Assistance-2-China.pdf, Feb. 24,2023.

搭建起全面系统的信息交换平台,且根据以往的国际实践,主权国家出于信息安全的考量,对空域风险信息的分享与交换往往持以谨慎保守的态度,这极大地限制了国际民航预警防控工作的开展。基于此,国际社会应大力推动以国际民航组织(International Civil Aviation Organization,ICAO)为基础的航空预警机制,避免上述问题给对飞行风险防控工作造成阻碍。

为了防止不规范的信息传输程序与不健全的信息管理规范,造成成员国空域信息的泄露,ICAO 专门在主导的国际航空预警机制项下制定了风险信息的监管要求,旨在为各国空域信息安全提供充分的规则保障,最大限度提升各国信息交换的积极性与自主性。此外,国际航空预警机制的实施还能补齐以往信息分享措施在技术供给与磋商平台构建方面的短板。目前,该机制已经建立了一系列的技术支持与交流平台,能够确保主权国家和航空公司通过专门的风险预警与管理机构,针对已经获知的风险信息,采取有效的避险措施。[①]

第二节　冲突地区民航飞行风险预警防控机制的实施主体及其措施

ICAO 在《飞越或邻近冲突地区的民用航空运营风险评估手册》(Risk Assessment Manual for Civil Aircraft Operations Over or Near Conflict Zones, Doc 10084)中明确指出:"民用航空的运输安全随时都有可能受到军事或恐怖主义的威胁,各国政府、航空运营人以及包括空中航行服务提供方在内的利益相关者,需要密切合作,主动分享其所掌握的空域安全信息。"[②]其中,(拥有空域主权的)国家、民航管理部门、航空器运营人以及以 ICAO、国际航空运输协会(International Aviation Transport Association, IATA)为代表的专业性

---

① See ICAO, *Risk Assessment Manual for Civil Aircraft Operation Over or Near Conflict Zones (Doc. 10084)*, History and Related Work in Prograss, p. Viii.

② Risks posed to civil aviation operations over or near conflict zones, https://www.icao.int/safety/ConflictZones/Pages/default.aspx, Mar. 5,2023.

国际组织被视为主要的预警信息提供主体。

一、国际组织：预警信息分享和交换平台的主要建构主体

（一）国际民航组织（ICAO）

国际民航组织（ICAO）是当下促进国际航空运输安全领域最专业、最具影响力的组织。1944年《国际民用航空公约》第44条明确了ICAO"确保世界范围内国际航空运输安全和有序发展"的宗旨。当下，维护与促进航空运输安全仍是ICAO最关注的领域之一，ICAO也具备了较高的航空安保水平，特别是在构建冲突地区民航飞行风险预警防控机制方面，ICAO发挥了及其重要的协调与指导作用。ICAO认识到："要想成功消除民用航空的安全威胁，只能通过有关各方共同努力以及所有成员国在各国家机构与航空安保监管者之间建立起密切的工作关系。"[1]目前，ICAO在国际航空飞行风险防控领域已经建立了一套较为完备的实施计划和监督交流机制。

一是ICAO全球航空安全计划（Global Aviation Safety Plan, GASP）。该计划旨在维护和促进民用航空飞行安全，为区域、次区域以及国家航空安全的发展提供基本的框架和安排，具体包括国家安全方案（State safety programmes, SSPs）以及其他先进的安全措施实施体系。[2]为了确保GASP的顺利实施，ICAO还专门制定了配套规则：《全球航空安全计划》（Doc 10004）。在Doc 10004附录E《安全信息共享与使用的行为守则》中，ICAO表示："透明度和共享安全信息是一个安全的航空运输系统的基本原则，GASP能够为构建一套透明、信息共享的航空运输体系提供较为充分的安排和指导。"[3]

二是全球航空安全监督体系（Global Aviation Safety Oversight System, GASOS）。GASOS旨在为诸如国家民航管理当局的安全监督机构（Safety oversight organizations, SOOs）、区域安全监督机构（Regional safety oversight

---

[1] 参见国际民航组织第39届大会第18号决议附录G, www.icao.int/Meetings/a39Documents/Resolution/a39_res_prov_en.pdf，访问时间：2023年3月2日。

[2] See GASP Objectives, https://www.icao.int/safety/Pages/GASP.aspx, Mar. 2, 2023.

[3] 参见国际民航组织《全球航空安全计划》（Doc10004）附录E, www.icao.int/safety/GASP/Documents/10004_en.pdf，访问时间：2023年3月2日。

organizations，RSOOs)以及事故调查组织(Accident Investigation Organization，AIOs)等提供一个自愿性的评估标准和认证机制。GASOS鼓励各缔约国将部分安全监督与事故调查的职能委托给SOOs或者AIOs实施，①这些机构会定期向ICAO汇报结果，提供必需的航空飞行安全信息。但值得注意的是，GASOS安全监督体系对各缔约国并不具有强制性，很难保证有足够多的国家愿意将本国的监督及调查职能委托给SOOs或AIOs。

三是安全信息监督体系(Safety Information Monitoring System，SIMS)。SIMS是以互联网为基础的安全信息体系，作用是产生国家安全计划(SSP)以及安全管理系统(Safety Management System，SMS)所需的数据指标。此外，SIMS还能收集和分析所有涉及民航安全的监测信息，推动国家和航空公司间的合作。②参加该监督体系的主权国家将被视为SIMS安全数据的直接提供方，作为回报，这些信息提供国也可获取其他国家所提供的监测数据。但出于对数据安全保护的考量，只有那些被预先批准的使用者才有资格获取这些数据。目前，安全信息监督体系仍处于试行阶段，只有少数国家表示愿意参加SIMS并承诺履行项下义务。③

四是全球安全监督审计计划(Universal Safety Oversight Audit Programme，USOAP)。USOAP主要是为评估国家提供安全监督的能力，即该国是否持续且有效地实施了满足ICAO安全指导文件所要求的关键行为。截至2017年12月，USOAP的持续监督方式(CMA)已经审计了185个成员国。④CMA在对航空安全提供持续监测评估的同时，还能收集和整理国家、内部利益相关者和外部利益相关者等分享的安全信息。⑤该计划不仅能保障国际民航运输

---

① See ICAO, *Global Aviation Safety Oversight System (GASOS) Concept of Operations*, www. ical. int/Meetings/anconf13/Documents/GASDS-CONDPS. pdf, Mar. 4, 2023.

② See What is the ICAO Safety Information Monitoring System (SIMS), https://www. icao. int/safety/Pages/Safety-Information-Monitoring-Service. aspx, Mar. 4, 2023.

③ See Participating State, https://www. icao. int/safety/Pages/Safety-Information-Monitoring-Service. aspx, Mar. 4, 2023.

④ See Frequently Asked Questions about USOAP, https://www. icao. int/safety/CMAForum/Pages/FAQ. aspx, Mar. 2, 2023.

⑤ See ICAO, *The USOAP Evolved Realizing the Promise of the Continuous Monitoring Approach*, ICAO Journal, 2010 (5), p. 28.

安全,还能督促主权国家和航空公司提升飞行安全标准,加强应对风险与挑战的能力和水平。[1]

(二)国际航空运输协会

IATA 的前身是 1919 年在海牙成立并于"二战"解体的国际航空业务协会,IATA 在总结国际航空业务协会经验的基础上,于 1945 年 4 月 16 日成立。IATA 从成立时的 57 个创始成员,发展到现在已有约 120 个国家的 290 家航空公司加入,这些航空公司约占全球运输总量的 82%,其中不乏世界领先的客(货)运航空公司。IATA 的首要宗旨是帮助航空运输活动变得更加安全,[2]认为只有通过分析航班信息,监测每天 126,000 余架航班的运行动态,及时获取潜在的威胁信号,并在威胁信号发展成为安全隐患前认定和解决的方法,才能有效降低致命事故发生率。因此,IATA 也积极投身于航空飞行风险预警防控机制的构建与实施,并在其中发挥了十分重要的作用,创建了包括全球航空数据管理系统(GADM)等在内的多项机制,[3]为航空飞行风险信息的监测和获取提供了平台。

第一,IATA 安全运营审计机制(IATA Operational Safety Audit, IOSA)。该机制旨在对航空公司的运营管理和控制系统进行评估,现已经为 IATA 节省了超过 6400 项冗余审计,并将持续为 IATA 成员方节省审计成本。[4] 当下,IOSA 的审计标准已经发展成为全球性标准,除 IATA 成员方外,还有大量非成员方注册了 IOSA。截至 2018 年 12 月,IOSA 内的非成员方注册主体已达 32%,所有成功注册的航空公司都将通过定期审计的方式来提高自身航空安全保护水平。[5]

---

[1] See ICAO, *Evolving ICAO's Universal Safety Oversight Audit Programme: The Continuous Monitoring Approach*, ICAO Journal, 2010 (4), p.25.

[2] See Safety is our 1 priority, https://www.iata.org/travelers/Pages/aviation-safety.aspx, Mar.5,2023.

[3] See What is the Industry Doing to Improve Safety?, https://www.iata.org/travelers/Pages/aviation-safety.aspx, Feb.5,2023.

[4] See IATA Operational Safety Audit (IOSA), https://www.iata.org/whatwedo/safety/audit/iosa/pages/index.aspx, Feb.25,2023.

[5] See IATA Operational Safety Audit (IOSA), https://www.iata.org/whatwedo/safety/audit/iosa/pages/index.aspx, Apr.6,2023.

第二,IATA 地面运营安全审计机制(IATA's Safety Audit for Ground Operations,ISAGO)。ISAGO 是针对地面服务提供者(GSPs)所设立的全球监督和审计机制,该机制与 IOSA 一道,共同推动航空安全审计工作的发展。ISAGO 符合全球地面服务机构审计标准,①能够在提升安全标准,减少地面事故,提供可接受的替代方案,改善管理措施和制定体系化的地面运营系统等方面发挥作用。② 地面服务安全审计的规范化和标准化不仅对提升服务质量,维护机场安全至关重要,对风险的防控也能起到一定的积极作用,能够为防控机制的实施提供符合审计要求的高水平地面服务者,确保防控行为能够得到地面服务系统的有效配合。

第三,GADM。GADM 作为 IATA 的数据管理平台,汇集了不同主体提供的各种运营信息,现阶段已经有超过 470 个组织、90% 的 IATA 成员方参加并向该平台提供信息。③ IATA 认为,改善航空安全不能局限于对单个航空事故的经验和教训总结,应逐步向各航空运输产业链之间的合作及事前预防方向发展,因此,GADM 的工作也主要集中于通过汇集的运营信息,分析空域环境,监测航班飞行状况等,为各航空公司提供风险预警服务。④ 为了促进运营信息分享和交换,IATA 还在 GADM 的基础上建立了包括航班数据共享(FDC)⑤以及航班数据交换(FDX)等在内的多种数据交换机制,所有 GADM 项下的数据提供方都可通过该系统获取信息。相较于其他数据管理体系,建立在航空运营人层面的 GADM,能够更为高效地实现信息的交流与传播。⑥

---

① See IATA Safety Audit for Ground Operations (ISAGO), https://www.iata.org/whatwedo/safety/audit/isago/pages/index.aspx, Apr. 6, 2023.
② See IATA Safety Audit for Ground Operations (ISAGO), https://www.iata.org/whatwedo/safety/audit/isago/pages/index.aspx, Mar. 26, 2023.
③ See Why Join GADM?, https://www.iata.org/services/statistics/gadm/Pages/index.aspx, Mar. 7, 2023.
④ See Global Aviation Data Management (GADM), https://www.iata.org/services/statistics/gadm/Pages/index.aspx, Mar. 7, 2023.
⑤ 航班数据连接(Flight Data Connect, FDC),允许航空公司将此项功能外包给专门的航空器数据管理机构,为航空器数据的监测(Flight Data Monitoring, FDM)以及航空器运营质量保险(Flight Operations Quality Assurance)提供全面的分析。
⑥ See Safety Data Management and Analysis, https://www.iata.org/whatwedo/safety/pages/safety-data.aspx, Mar. 26, 2023.

第四,安全管理系统(SMS)。SMS 的构建旨在为信息的传播与监督提供制度保障,该系统项下的具体措施已经持续运行了 10 余年,在航空安全领域发挥着不可替代的作用。① 例如,该系统项下的安全信息交换计划(IATA Safety Information Exchange Program)就是在 ICAO 附件 19② 安全数据保护原则的基础上,吸收了英国商业航空安全小组(Commercial Aviation Safety Team,CAST)的经验后所构建的数据交换平台,为主权国家、航空公司和其他利益相关方识别风险,设计方案等提供便利。③ 但该计划并不具有强制效力,各主体可自主选择参加与否。

二、主权国家:预警信息和应对方案的主要提供主体

在民航飞行风险防控机制下,国际组织主要致力于风险信息分享平台的构建,而预警信息本身的提供目前仍以主权国家为主。ICAO 和 IATA 联合成立的应急合作小组(CCTs)以及欧盟的冲突地区高水平专门小组均明确表示:"将由主权国家通过航空信息循环系统(Aeronautical Information Circular,AIC)以及飞行员的通知系统(Notice to Airman,NOTAM)来提供空域安全信息,除少部分可以由航空公司直接实施的风险应对措施外,绝大部分减缓措施的制定和执行仍需由主权国家负责。"另外,ICAO 第 10084 号文件也载明,"有责任提供航空交通服务(Aviation Traffic Service,ATS)的国家,基于可获知的对民航飞行安全存在或可能存在威胁的风险信息,作出是否避开飞行的决定","即便允许民航飞行活动在某一特定的冲突地区范围内开展,该国的军事部门、安全部门以及 ATS 单位也需与航空器保持密切联系,时刻接收机组人员的报告,并根据实际情况及时发布警告和导航建议,决定是否采取相

---

① See Supporting the Implementation of Safety Management System, https://www.iata.org/whatwedo/safety/pages/safety-management.aspx, Jun. 26,2023.
② 由 ICAO 安全管理小组制定的附件 19 第一次修订版于 2019 年 11 月 7 日生效,IATA 也在修订过程中发挥了重要作用。
③ See IATA Safety Information Exchange Program, https://www.iata.org/whatwedo/safety/pages/safety-management.aspx, Mar. 7,2023.

应的空中交通限制等措施"。① 由此可见,无论是风险信息的分享还是应对方案的实施,都离不开主权国家在其中的协调和领导。

但在实践中,各国对于监管权限的范围和标准认定却存在一定的差异,即并非所有缔约国都会按照 ICAO 和 IATA 的规定,履行信息提供与减缓措施的制定和执行义务。按照不同的监管标准,各国政府赋予本国航空公司的自主决定权也不同,除完全自由以及全面限制这两种极端情形外,大多数国家倾向于采取提供建议或进行适当约束的居中模式。② 具体而言,主要有以下 4 种模式:

第一种模式是国家完全不进行干涉,是否在特定空域内开展航空运输活动由航空公司自己决定。这种方式虽然赋予了航空公司充分的自主决定权,但因欠缺主权国家的支持,在实施过程中,航空公司很难获知其他国家的空域信息,无法开展充分的航空事故应对行为。

第二种模式是以英、美两国为代表的全面干预模式。它们分别建立了联合恐怖主义分析中心(Joint Terrorism Analysis Centre,JTAC)和 FAA,通过设立专门的机构对所获信息进行统一的分析和认定,并根据不同的风险等级分别作出自行决定,建议避免,必须避免等航空运输命令。

第三种模式是以荷兰为代表的信息提供模式。荷兰的民航管理部门专门成立了飞行风险信息专家组,专家组仅需将获知的可能威胁民航飞行安全的风险信息毫不延迟地提供给航空公司,而是否取消在该区域内的飞行活动则由航空公司自行决定。

第四种模式是以法国为代表的适当约束模式。在该模式下,航空管理部门不仅会向航空公司提供掌握的风险信息,还会根据风险类别提出相应的飞行建议。对于一般风险,运营方只需将这些建议作为参考;但对于特殊风险,评估机构则会根据不同的风险级别分别作出不得飞越,在特定高度飞越以及

---

① See ICAO, *Risk Assessment Manual for Civil Aircraft Operation Over or Near Conflict Zones* (*Doc.* 10084), Chapter 3: Roles of Parties Concerned and Promulgation of Information, 3.1.3, pp. 3 – 1.

② See ICAO, *Risk Assessment Manual for Civil Aircraft Operations Over or Near Conflict Zones* (*Doc.* 10084), Appendix C: Differences Between the Guidance Provided by State in the Risk Assessment Process, p. App C – 1.

保持充分警惕飞越等具有强制约束力的决定。

可见,在不同的监管模式下,主权国家对航空活动的信息提供与政策支持力度是存在差异的,航空公司对风险信息的掌控能力也会因此有所不同。但不论在何种模式下,都必须坚持主权国家的信息分享责任与对飞行活动的指导义务,确保航空公司能够最大限度地获取信息,确定方案以规避风险。

三、航空公司:民航飞行风险应对方案的实际执行主体

尽管主权国家是冲突地区民航飞行风险应对方案的主要制定主体,但航空公司才是具体措施的实际执行者,且在实践中,往往还需要航空公司结合具体情况对避险方案进行变通和调整,并及时向民航管理部门、军事部门等进行报告和反馈。另外,冲突地区民航事故的发生,大多是由于攻击行为的突发性与致命性,航空公司对此并无过错,但在国际实践中,作为事故的受害方,航空公司却仍需承担过错方的赔偿责任。因此,出于对公司财产、名誉的保护以及加强同航空管理部门的合作目的,航空运营方也十分愿意借助风险预警机制,通过获取预警信息,接受国家指导,开展事前评估,及时采取预防或应对措施,避免航空事故的发生。

为了便利航空公司风险防控方案的执行,ICAO 专门对航空公司的权利和义务进行了明确,即航空公司有权知晓存在或潜在的可能对航空运输安全构成威胁的风险信息,同时有义务向其他航空公司或利益相关方分享所掌握的信息和数据。[①] 但是,受到国家主权的规制和约束,航空公司只能在民航部门的授权范围内分享、接收信息以及采取防范措施。为了打破上述困局,进一步释放航空公司的自主权,ICAO 声明:对任何涉及民航飞行安全的事项,航空公司都应该享有自主决定权,航空公司有权根据所掌握的信息和实际状况,独立作出是否在该区域内开展民航飞行活动的决定;在决定继续飞行的情况下,也享有制定包括配备充足燃料,简化设备清单,确保航空器的可识别

---

① See ICAO, *Risk Assessment Manual for Civil Aircraft Operations Over or Near Conflict Zones* (*Doc.* 10084), Chapter 3: Role of parties concerned and promulgation of information, 3.2: Aircraft Operator, p.3.

性以及选任机组人员等在内的应对方案的权利。① ICAO 之所以作出上述声明,是因为主权国家仅能通过所获风险信息进行基本的政策引导与避险方案的初步确定,只有航空公司才有能力、有机会结合具体情况采取最为恰当的应对措施。

四、其他利益相关方:预警防控活动的关键协调主体

(一)空中航行服务提供者

空中航行服务提供者(Air Navigation Service Provider, ANSP)是提供航空飞行服务的公共或私人法律实体。ICAO 认为,除了仅能通过国家合作方式实施或国家主权无法管辖的情形,各缔约方必须履行提供空中交通服务的义务。② 空中交通服务提供者应定期开展风险评估,及时发现存在或可能存在的安全威胁,并根据所获知的风险信息,实施包括与军事部门或其他航空安全管理部门合作等在内的应对措施。《国际民用航空公约》附件11 也对空中交通服务的提供做出了规定:当存在可能威胁民用航空飞行安全的活动时,空中交通服务提供者必须尽快与经营人以及军事部门进行协调,以便能够及时公布关于这些危险活动的情报。③ 可见,空中航行服务提供者除发现威胁、评估风险外,还致力于协调航空公司与航空管理部门之间的关系,促进预警信息的传递和分享。

(二)冲突地区民航飞行风险工作小组

冲突地区民航飞行风险工作小组(Task Force on Risks to Civil Aviation arising from Conflict Zones, TF RCZ)是 ICAO 秘书处在马航 MH17 事故后,在紧急召开的以长期应对冲突地区民航风险为主题的会议中成立的机构。

---

① See ICAO, *Risk Assessment Manual for Civil Aircraft Operation Over or Near Conflict Zones* (*Doc.* 10084), Chapter 3: Roles of Parties Concerned and Promulgation of Information, 3.2 Aircraft Operate, pp. 26 –27.

② See ICAO, *Risk Assessment Manual for Civil Aircraft Operations Over or Near Conflict Zones* (*Doc* 10084), Chapter 3: Role of Parties Concerned and Promulgation of Information, 3.3: Air Navigation Service Provider, p. 3.

③ 参见国际民航组织附件 11:《空中交通服务》第 2 章第 18 项,www.iacm.gov.mz/app/uploads/2018/12/an_11_Air – Traffic – Services_15ed._2018_rev.51_01.07.18.pdf,访问时间:2023 年 3 月 25 日。

该工作小组的任务是总结事故经验,提炼有效的应对措施,主要在提升飞行员通知系统(Notice to Airmen,NOTAM)的安全保障作用以及构建由 ICAO 主要成员国参与的信息交换项目这两个层面展开。ICAO 相信无论在任何情形下,上述措施都能对维护乘客和机组人员的人身财产安全提供帮助。[①] 此外,ICAO 和 IATA 还共同成立了应急合作小组(Contingency Coordination Teams,CCTs),在 CCTs 的框架下,主权国家与航空公司将通过交流与承诺的方式,共同促进民航运输安全,提升事故应对能力。[②]

但值得注意的是,所有预警信息的分享主体都不需要对所提供信息的准确性和完整性负责,且预警信息的分享和交换行为均基于自愿,并不属于强制性义务,即便发生纠纷也只能通过协商的方式解决。[③] 尽管 ICAO 的这种规制模式有利于提升各缔约国的参与积极性,但是将整个预警防控机制都建立在自愿履行的基础上,也许会给信息的分享与交换带来较大的不确定性。

第三节　冲突地区民航飞行风险预警防控机制实施的法律困惑

(一)风险预警防控机制的约束效力有待提升

冲突地区民航飞行风险预警防控机制的有效实施,必须借助于大量的风险预警信息与畅通的信息交换机制。尽管 ICAO 等国际组织已经为保障民航飞行信息的分享和交流,构建了大量专门性的信息交换平台,但在主权国家

[①] See ICAO, *Task Force Sets Out Immediate Actions Responding To Conflict Zone Risks*, https://www.icao.int/Newsroom/Pages/ICAO-Task-Force-Sets-Out-Immediate-Actions-Responding-To-Conflict-Zone-Risks.aspx, Apr.10,2023.

[②] See Eile El Khoury, *SCM ACA Intruction: Contingency Coordination Teams（CCTs）*, https://www.icao.int/MID/Documents/2019/SCM%20ACA/PPT-1%20Contingency%20-%20Elie.pdf#sesrch=SCM%20ACA%20Introduction, Mar.24,2023.

[③] See ICAO, *Risk Assessment Manual for Civil Aircraft Operations Over or Near Conflict Zones（Doc 10084）*, Appendix D: Examples of How Organizations or State Share Information Between States, Aircraft Operators, and Service Providers for Exchange and Promulgation of Information, Article 7: Enforceability and Article 8: Disputes, pp.63-64.

及航空公司的预警信息提供方面,仍然存在很大的不确定性。因为出于对国家利益、参与主体积极性以及预警防控机制实施效果等方面的考量,航空运输风险信息的提供与分享,往往被界定为自愿性义务,并不具有强制性约束效力。即便为了获取达到风险预警信息的目的,对各主体施加约束性义务,在实际适用中也会欠缺有效的法律支持。因为作为预警防控机制构建依据的 ICAO 决议与《国际民用航空公约》及其附件的约束力都相对较弱,很难为信息分享义务的实际履行提供强有力的法律保障。在此情况下,预警防控机制的实际作用很容易受到国际社会的质疑,例如,该机制是否能够真正促进主权国家间风险预警信息的分享和交换,能否保障国际航空飞行安全。这些疑虑若长期存在,还将会严重影响国际社会对维护冲突地区民航飞行安全的积极性。

第一,预警防控机制的法律约束力度不足。现阶段,在国际航空安保领域,ICAO 扮演的角色更像是协调者而非管理者。ICAO 也曾承认:"各成员方都同意 ICAO 现阶段所发挥的联合成员方、航空公司以及联合国体系下的其他组织的重要作用,确保正确的信息能够在正确的时间到达正确的主体。"[1]因此,ICAO 似乎并不具备命令、控制各缔约方的约束能力,所制定或通过的文件也不当然地具有强制效力。在国际实践中,ICAO 通过的文件和决议通常仅发挥建议作用,本身的性质与主权国家制定的以国际条约和国际习惯为主要渊源且有国家强制力作为保障的"硬法"不同,[2]它们没有国家强制力作为后盾。同时,作为 ICAO 的成员国,也并不意味着必须同意并遵守 ICAO 的所有文件,或有义务为 ICAO 的文件提供国家强制力保障。例如,ICAO 在通过的大会决议中仅作出如下要求,"尚未成为航空法律文书[3]缔约方的国家能

---

[1] ICAO, *Civil Aviation and Conflict Zones: ICAO Task Force Takes Immediate Action in the Aftermath of MH*17, ICAO Journal, Vol.69, 2014(3), p.6.

[2] 参见徐崇利:《全球治理与跨国法律体系:硬法与软法的"中心—外围"之构造》,载《国外理论动态》2013 年第 8 期。

[3] ICAO 在此处所指的法律文件分别是:《关于在航空器内所犯违法行为和某些其他行为的公约》、《关于制止非法劫持航空器的公约》、《关于制止危害民用航空安全的非法行为的公约》、《蒙特利尔公约 1988 年补充议定书》、《关于在可塑炸药中添加识别剂以便侦测的公约》、《制止与国际民用航空有关的非法行为的公约》、《制止非法劫持航空器公约的补充议定书》以及《关于修订〈关于在航空器内犯罪和犯有某些其他行为的公约〉的议定书》。

够在批准、接受、核准或加入之前,遵循这些文书的原则","各成员国使用信息交流机制","各成员国在尊重主权的同时开展合作及协调行动,以便一致、高效率和有效地执行标准和建议措施以及指导材料,并向公众提供清楚、及时和现有的信息",等等,①并未对如何保障实施以及如何监管等问题作出规定。不难看出,国际组织根据章程所制定的组织决议、建议,很大程度上应归属于软法的范畴。②

与 ICAO 通过的文件和决议相比,作为冲突地区民航飞行风险预警防控机制法律依据的《国际民用航空公约》及其附件是否能够对缔约国发挥一定的约束作用? 答案恐怕是否定的。实际上,尽管该公约第 37 条赋予了 ICAO 制定国际标准的权力,但紧接着又在第 38 条中规定了"缔约国的背离标准和程序"作为第 37 条的例外,且对未遵守该公约标准和程序的缔约国没有附加任何的限制条件和惩罚措施。这些成员国仅需将本国措施和国际标准之间的冲突和差异在规定的时间内通知 ICAO 理事会即可,甚至当该公约确实无法在国内适用时,该主权国家可随时做出通知,无须受该公约第 38 条通知期限的约束。该公约的约束效力尚且如此,根据该公约内容所制定的附件的约束力就更是微乎其微。

第二,预警防控机制的性质和定位不明。除了对 ICAO 决议与《国际民用航空公约》及其附件的探讨外,还有必要对冲突地区民航飞行风险预警防控机制本身的性质和定位进行说明。ICAO 在公布的文件中表示,"基于信息的可获取性,国家需要确认冲突地区的地理位置","所提供的信息需要及时进行更新"。③ 在上述文件中,ICAO 并未将主权国家在民航飞行风险预警防控机制下的信息提供行为,界定为"必须"履行的强制性义务,而是通过"需要"一词模糊带过。不仅如此,ICAO 对各主权国家与航空公司的信息分享范围、

---

① 参见国际民航组织,第 39 届大会有效决议(Doc. 10075),A39 – 18 号决议,p. Ⅶ – 6 – Ⅶ – 10。
② 参见何志鹏:《逆全球化潮流与国际软法的趋势》,载《武汉大学学报(哲学社会科学版)》2017 年第 4 期。
③ See ICAO, *Risk Assessment Manual for Civil Aircraft Operations Over or Near Conflict Zones* (*Doc.* 10084), Chapter 3: Role of Parties Concerned and Promulgation of Information, 3. 1. 3, p. 25.

履行要求以及监督惩戒措施等约束性内容,也未在民航飞行风险预警防控机制的规范文件中进行阐述。① 不难看出,ICAO 并未赋予冲突地区民航飞行风险预警防控机制以强制性约束力,成员国仍可自主决定是否提供预警信息。从目前的机制定位来看,即便事关民航飞行安全,主权国家或航空公司也没有义务主动向预警信息平台公布或提供所掌握的飞行风险信息。若长此以往,民航飞行风险预警防控机制的实际效力将会被大大削弱。因为只有在民航飞行风险信息能够被提前获知的情况下,相关主体才能及时采取风险规避措施,否则即便构建了预警机制,也会因信息缺失,无法对降低民航事故发生率起到实际的帮助作用。

(二)预警信息的公布范围和适用标准有待明确

民航飞行风险预警防控机制除需要进一步提升约束效力外,在预警信息分享范围和分享内容的认定方面,亦存在认定不清晰、不明确的问题。在此背景下,即便有缔约国愿意按照预警防控机制的要求提供所掌握的空域风险信息,也很难保证分享的内容确属能够帮助国际航班规避风险的有效信息。毕竟在分享标准欠缺的前提下,主权国家可以自主决定所公布预警信息的范围和内容。

目前,ICAO 仅对预警信息的公布范围和标准进行了概括性的说明,"除了根据法律、法庭或自愿协定的要求,在涉及保密信息以及其他不方便向第三方公布的内容时,缔约方可拒绝履行信息分享义务"②,以及"通常情形下不应该限制被公开披露的安全数据或安全信息的使用,但须虑及参与报告和分析安全数据、安全信息人员的权利和合法期望,以保护他们免受利益或名誉的不当损害"③。除上述文件、手册的有限规定外,ICAO 在《国际民用航空公

---

① See ICAO Safety Report, Global Aviation Safety Oversight System (GASOS), 2018, p.20.

② ICAO, *Risk Assessment Manual for Civil Aircraft Operations Over or Near Conflict Zones* (*Doc.* 10084), Appendix D: Examples of how organizations or States share information between States, aircraft operators, and service providers for exchange and promulgation of information, Article 6: Confidentiality, p. App. D-7.

③ See ICAO, Safety Management Manual (SMM) Doc 9859AN/474 chapter 4: Safety Management System, 4.3 Safety policy and objectives.

约》附件中，依然采取了诸如"收集信息是否出于明确的安全目的""公布信息是否会妨碍继续获得这种信息"[①]等模糊的表述方式，未对何为"安全目的"与"保密信息"等实质内容进行明确。不仅如此，ICAO 还将这些为数不多的安全信息分享标准条款分散在了不同规则、文件的不同章节中，这种碎片化的规定形式，不仅给各缔约方的参与和适用带来不便，还不利于发现和了解各标准之间的规范差异，甚至连 ICAO 也不得不在自己公布的文件《安全管理手册》中提醒各缔约方，可以通过判定附件之间的优先顺序来解决条文之间的差异和适用冲突问题。正是由于 ICAO 信息分享标准的模糊性与分散性，主权国家在实践中很少采用 ICAO 的分享规范，反而更倾向于选用国内的标准和程序进行认定。例如，澳大利亚民用航空安全局（CASA）规定，对可能危害民航飞行安全的预警信息的认定、应对方案的设计和缓解措施的执行等，遵守 CASA 的要求。[②] 爱尔兰也表示将依据本国国际航空管理局（IAA）所设定的标准来履行信息报告的义务。[③] ICAO 的领导地位将在此过程中大大降低。

但是，面对这种认定标准不明确、不统一的混乱局面，ICAO 非但没有及时采取措施进行规制和管理，还在官方文件（Doc. 10084）中对此表示了支持和许可。ICAO 表示，国家可以在考虑例外原则使用时所依据的法律或法规中规定进一步限制安全数据和安全信息的披露或使用规则，以及披露或使用可能造成的任何潜在损害，[④]同时认为各国可以选择在包括航空立法在内的知情权法或任何其他类型的法律中制定豁免或例外，以防止公开披露。[⑤] 实际上，出于对国家参与积极性、国家利益敏感性的考虑，的确可以赋予分享标准以一定的灵活性与宽松性，但是在基本概念的明确、原则意识的树立方面，

[①] See ICAO Annex 19 Saftey Management, Appendix 3 - 1.

[②] See DAS Instruction-Limitations on the use of safety information, https://www4.icao.int/demo/SMI/DAS.pdf, Mar. 13, 2023.

[③] See State Safety Programme of Ireland, https://www4.icao.int/demo/SMI/Ireland.pdf, Apr. 13, 2023.

[④] See ICAO, Safety Management Manual (SMM) Doc 9859AN/474 chapter 4: Safety Management System, 4.3 Safety policy and objectives.

[⑤] See ICAO, Safety Management Manual (SMM) Doc 9859AN/474 chapter 4: Safety Management System, 4.3 Safety policy and objectives.

切不可大意放松。否则,不仅不利于风险预警信息的有效分享和 ICAO 领导地位的巩固,还会被主权国家或航空公司当作拒绝履行或不合理履行信息提供义务的借口和手段。

第四节　国际民航飞行风险预警防控机制的完善建议

一、提升民航飞行风险预警防控机制的约束效力

(一)提升 ICAO 文件和《国际民用航空公约》的法律约束力

ICAO 决议文件、《国际民用航空公约》及其附件作为民航飞行风险预警防控机制的法律依据,欠缺强制执行力,很难为预警防控机制的实施提供有效的法律保障。对此,可尝试以渐进的方式,逐步赋予《国际民用航空公约》和 ICAO 文件以约束效力,最大限度为预警防控机制提供法律支持。

首先,ICAO 的决议文件尽管相较于《国际民用航空公约》及其附件来讲,法律效力较弱,但也并非如部分学者所说,不具备任何外部效力。在实践中,对文件投出赞成票的缔约国,除非有更令人信服的相反原因存在,就需要接受该决议的约束。[①] 因此,至少对于支持大会决议的缔约国来讲,在拒绝履行决议又无法提出更令人信服的相反原因时,仍需接受 ICAO 的谴责,承担国际道义责任。而且根据以往的经验,除部分国家可能会对个别条款提出保留外,几乎所有的缔约国都会对大会决议表示支持。

其次,《国际民用航空公约》及其附件实际上也并非仅能发挥参考作用。通过《国际民用航空公约》第 69 条、第 70 条以及第 54 条 j 项可知,虽然相较于具有完全约束力的法律规范来讲,《国际民用航空公约》的效力较弱,但不属于无法产生任何法律效力的声明。[②] 违反《国际民用航空公约》及后续衍生附件,也并不意味着不需要承担任何不利后果。即便抛开《国际民用航空公约》不谈,作为 ICAO 的缔约国也有义务尊重和支持该组织保障航空飞行安全

[①] See ICAO, Council Working Paper C-WP/12979, Plenary Meeting, Para. 3. 2.
[②] See Huang Jiefang, *Aviation Safety and ICAO*, Kluwer Law International, 2009, p. 198.

的目的和宗旨。事实上,在《国际民用航空公约》项下,ICAO 理事会可以采取通报的方式,对未履行或未充分履行义务的缔约国施加压力,或者借助其他缔约国,间接对违约方实施制裁。例如,《国际民用航空公约》第 87 条规定:"缔约各国承允,对于理事会认为未遵守最终裁决的缔约国的空运企业,将不准该空运企业在其空气空间内飞行。"①因此,即使目前《国际民用航空公约》无法直接对各缔约国进行规制,也不会仅仅停留在建议或协调层面。但不得不承认,为了平衡航空发展与国家主权间的矛盾,《国际民用航空公约》制定的大量例外条款确实在很大程度上限制了公约的约束效力。因此,在明确《国际民用航空公约》约束效力的同时,仍应进一步扩大《国际民用航空公约》的强制力与执行力。

基于此,应从修改、更新《国际民用航空公约》及其附件中不利于各缔约方履行国际民航运输安保义务以及限制公约效力的条文入手,辅之以配套规范的制定和完善,逐步提升《国际民用航空公约》及其附件的约束效力,加强 ICAO 的协调管理权。同时,为了避免缔约各国出于对本国利益的保护,拒绝《国际民用航空公约》的修订和更新,可以尝试采用设定过渡期的方式进行缓冲。在过渡期内,除对诸如预警信息分享义务的履行等关键问题制定较为严格的履约机制外,针对其他问题可以采用较为宽松、灵活的实施方案。例如,在符合基本原则和标准的基础上,允许各缔约方享有较大的自由裁量权。

(二)强化冲突地区民航飞行风险预警防控机制下的信息分享义务

当前,ICAO 和 IATA 项下的冲突地区民航飞行风险预警防控机制,均未将主权国家的信息分享行为界定为强制性义务。因此,即便《国际民用航空公约》及其附件拥有足够的法律拘束力,若不配合修改预警防控机制本身的定位和标准,各缔约方在该机制下分享信息依旧会被视为自愿行为,无须受到强制性的约束。为此,国际社会应及时调整民航飞行风险预警防控机制的性质和定位,强化机制的执行效力。

---

① 根据《国际民用航空公约》第 54 条第 10 项"理事会应向缔约国报告关于违反本公约及不执行理事会建议或决定的任何情况"的规定可知,理事会可将不按《国际民用航空公约》之规定或理事会决定履行本国义务的缔约国通报至其他各缔约国,并通过由其他缔约国采取限制措施间接达到惩治目的。

在实际操作过程中,依然可以采用灵活、渐进的方式,逐步提升预警机制的管理作用。首先,在预警信息的分享方式层面,可以通过评估信息的风险等级和影响范围等,将信息的分享方式予以类型化。例如,按照风险级别的高低等要素,将分享方式依次划分为强制分享、建议分享以及自愿分享等,逐渐脱离原先不加区分的自愿分享模式。另外,鉴于空域飞行信息的政治性与敏感性,在强化信息分享义务初期,可以通过压缩强制分享比例,采取较为宽松的等级判定标准等,尽可能地维护国家主权与国家秘密,随着制度的成熟,再做进一步调整。其次,在义务履行的监管层面,也可依照上文划分的分享类型,采取相应的管制措施,例如,可以根据不同风险级别分别施以制裁、通报谴责以及不进行约束等。当然,在规则的制定初期,仍可有限地采用通过其他缔约国实施的间接制裁手段,对不履行强制性分享义务的国家或航空公司进行惩罚。

二、扩大民航飞行风险预警防控措施的执行渠道

(一)推动双边或多边风险预警信息分享、交换协议的达成

相较于国际组织文件、《国际民用航空公约》及其附件,主权国家间的双边或多边协议往往具有更大的约束力和执行力,且更容易促成国家间意见的统一。因此,双边或多边风险预警信息交流协议的达成,能够在很大程度上推动国际预警防控机制的发展。目前,国际社会上存在多种形式的交流与沟通平台,旨在帮助预警信息分享双边合作机制的建立。例如,ICAO 成立了航空安全实施援助伙伴关系(Aviation Safety Implementation Assistance Partnership, ASIAP),专门为国家间的信息分享援助提供平台。[1] ICAO 在名为《安全管理手册》的文件中也表示:"可以在国家间双边安排的基础上建立信息共享和交流的法律框架,也可将该框架列入国家间航空运输(航空服务)协定。"[2] 此外,在协议的制定过程中,还可以借鉴部分国家的缔约经验,将"实

---

[1] See Aviation Safety Implementation Assistance Partnership (ASIAP), https://www.icao.int/safety/ASIAP/Pages/default.aspx, Mar. 15, 2023.

[2] See ICAO, Safety Management Manual (SMM) Doc 9859AN/474 chapter 4: Safety Management System, 4.3 Safety policy and objectives.

施保障民航飞行安全措施"的承诺作为生效前提,约定当一方未履行或未按照要求履行承诺时,其他缔约方可采取相应的惩罚措施,以国家承诺的方式,进一步提升协议的约束效力。

(二)实现风险预警信息在航空公司层面的直接分享和交换

在冲突地区风险防控机制内,信息的接收和分享通常集中在国家层面,航空公司获取信息具有相当的局限性和迟滞性。但在实践过程中,航空公司才是避险行为的操作和执行主体,信息的延迟获知,会给飞行安全带来巨大的损害或损害威胁。因此,可在不涉及敏感、保密信息的情形下,尝试在航空公司层面开展预警信息的分享和交换工作,尽可能地实现预警信息的即时获知。现阶段,为了推动预警信息在航空公司间的顺利分享,IATA 专门创建了包括 GADM 等在内的信息服务机构,为 IATA 成员方以及符合条件的行业组织提供多渠道的航空运营信息数据管理服务。但是在运行过程中,由于国家主权与国家利益的束缚,航空公司的参与程度和信息分享权限通常会受到较大的限制,数据管理系统也很难发挥出预想的效果。因此,要想在航空公司层面有效开展信息合作,各缔约国还需赋予本国航空公司以必要的自主决定权与信息公开权。

三、明确预警信息的公布范围和适用标准

航空安全信息与其他一般信息不同,该类信息往往涉及国家或商业秘密,各主权国家对于分享此类信息也多持保留态度。一方面,是因为随意公开空域安全信息,有可能对本国的国家与商业安全造成威胁;另一方面,则是因为国际社会尚未明确预警信息的分享范围和标准,缔约方很难对后续影响进行评估。因此,应尽快制定明确的信息公开标准,为各缔约方开展评估工作提供数据支持,提高各国分享预警信息的积极性。

(一)制定明确的预警信息分享和保护规则

ICAO 在发布的《安全管理手册》中将航空事故信息的公开报告方式分为强制性与自愿性两种,其中强制性报告针对所有有价值的事故信息,而自愿性报告则是对潜在状况的说明。① 根据报告方式的不同,报告所涉信息的安全保护方式也被划分为自愿性保护与强制性保护。② 但是对于何为"有价值的事故信息"和"潜在状况的说明",以及如何开展"自愿性保护"和"强制性保护"等关键问题,ICAO 仍然通过模糊的概念性描述一笔带过,未进行详细说明。另外,ICAO 还将文件中未涉及的,诸如例外原则、信息报告系统的维护等重要内容的规则制定权,直接让渡给了各主权国家。这种不明确、不完整的规制现状与消极的规制态度,极大地制约了信息的公开与保护力度。预警信息的分享与保护规则亦是如此。

基于此,主权国家与国际组织应当通力合作,积极制定一套完善的民航飞行安全预警信息分享和保护标准。不可否认,在当前的国际环境中,制定一个能够被各缔约国接受,自愿受其约束的预警信息分享与保护标准存在一定的难度,但可先从较为基础、灵活、宽松的原则性规范入手,循序渐进,逐步打破目前信息分享与保护标准欠缺,保护体系混乱的尴尬局面。同时,在各信息分享主体满足基本要求与基础条件的前提下,可适当允许各主体结合自身的实际发展灵活适用,最大限度地保障各主体的参与积极性。最后,还可适度赋予 ICAO、IATA 等专门性国际组织一定的裁决权,确保信息分享与保护方面的争端能够由最专业的国际组织和国际专家进行审理和判定。当然,仍需以取得各方当事人的一致同意为前提,这也与《国际民用航空公约》第 84 条的规定相契合,只是目前第 84 条仅针对《国际民用航空公约》及其附件的解释或适用争端。

(二) 构建专门的预警信息监管机构

在实践中,主权国家往往会拒绝向本国认为不友好的国家提供详细的空域安全信息,因为他们担心这些不友好的国家会利用这些信息攻击本国或盟

---

① See ICAO, Safety Management Manual (SMM) Doc 9859AN/474, chapter 1: Safety Management Fundamentals, 1.11 Safety Data Couection and Analysis.

② 信息安全的保护方式与公开相反:强制性公开将采取自愿性保护,而自愿性公开则进行强制性保护,但上述类型的匹配方式并不固定,ICAO 文件中也列举了其他国家或法域所采用的不同的匹配模式。

国。① 实际上,这种担心并非没有道理,空域安全信息通常会涉及一国的国家与商业机密,如不进行严格的规范和监管,很容易对国家及商业利益造成损害。因此,需要通过设立专门的风险预警信息监督审查机制,最大限度地维护缔约国的空域安全。具体而言,可以通过事前审核、效果预判的方式进行。例如,只有当申请方通过被申请方或监管机构的审查后,才能获取相应的预警信息;或者只有经过监管机构的评估认定,分享信息所带来的不利影响远远小于不分享所造成的不利影响时,被申请方才需要向申请方提供所申请的数据信息;反之被申请方可拒绝提供,但须说明拒绝的原因。

另外,预警信息的分享和交换行为也应当通过诸如全球航空信息网络(GAIN)这样的专门性数据管理平台进行。② 一方面,有利于对信息安全的保护;另一方面,借助专业的信息分享平台,有利于预警信息的统一收集和汇总、审查监督标准的一致,实现预警信息分享和保护的公平、公正,避免出现基于政治目的而拒绝向个别申请主体提供信息的不合理或报复行为,以及信息分享或交换过程的不严谨所引发的信息泄露等情形。

第五节　结　　语

保障民用航空飞行安全,避免冲突地区武装行为给民航飞行活动造成损害或损害威胁,是国际社会的共同目标。构建民航飞行风险预警信息分享与交换机制是当下解决这一问题的最优方案。飞行风险预警信息的分享与交换是实现国际航空运输安全,缓解航空公司防控压力以及化解预警信息无法及时获取的根本方法。在实践中,包括 ICAO 和 IATA 等在内的国际组织,作为预警信息分享和交换平台的主要构建者,已经搭建了一系列面向不同主

---

① See Major Brian D. Green, "Space Situational Awareness Data Sharing: Safety Tool or Security Threat", Air Force Law Review, Vol. 75, 2016, p. 73.

② See Evan P. Singer, *Recent Developments in Aviation Safety: Proposals to Reduce the Fatal Accident Rate and the Debate over Data Protection*, Journal of Air Law and Commerce, Vol. 67, 2002(2), p. 517.

体,针对不同预警环节的信息监管和交流机制,并取得了广泛关注。各主权国家作为预警信息和应对方案的主要提供方,也结合本国国情和国内监管政策,制定了不同模式的民用航空飞行风险预警方案。航空公司和空中航行服务提供者、冲突地区民航飞行风险工作小组等其他利益相关方,也在预警机制中同时扮演着执行者与协调者的角色,发挥着不可替代的作用。但在实际执行过程中,民航飞行风险预警防控机制却存在预警防控的法律约束力不足,预警防控机制的性质和定位不明,预警信息的公布范围和适用标准不清晰等法律问题,严重阻碍了民航飞行风险预警防控机制的运行。

对于上述法律问题,本书认为可通过提升民航飞行风险预警防控机制的约束效力,扩大民航飞行风险预警防控措施的执行渠道以及明确预警信息的公布范围和适用标准等几个方面进行应对。其中,提升预警防控机制的约束效力,又可细分为提升ICAO文件和《国际民用航空公约》的法律约束力以及强化预警机制下的信息分享义务两个方面。我们认为,尽管赋予主权国家足够的自由裁量权是确保预警机制顺利推行的方式之一,但逐步提高机制的强制约束力是确保预警目标得以实现的前提。首先,只有按照风险等级对预警信息进行分类,并将分享高风险等级的预警信息作为主权国家的强制性义务,才有可能保证提出申请的国家或航空器运营人获取所需要的预警信息。其次,扩大飞行风险预警防控措施的执行渠道,具体包括推动双边或多边风险预警信息分享和交换协议的达成,实现航空公司层面的预警信息直接分享两种方式。前者强调通过双边或多边协议,增加预警信息分享关系的稳定性,后者则主张在航空公司层面直接分享信息,进一步保障预警信息获取的即时性。最后,对于预警信息公布范围和适用标准不明确的问题,可通过制定预警信息分享和保护规则以及构建专门的预警信息监管机构等进行解决。

第四章

民航旅客个人信息安全法律规制研究

本章导读：保障个人信息安全是我国当下数字社会发展中公民最为迫切的法律诉求之一，尤其是信息技术的迅猛发展，进一步催生了民航业的个人信息保护革命。民航业作为处理大量敏感信息的前端行业，数据变现和高新服务大步向前发展的同时，相应的保护措施却没有与时俱进。与一般行业不同，民航旅客个人信息自身所独有的真实性、私密性、有价性尤为突出。当下，民航旅客个人信息保护面临着紧迫的实践问题和法律问题，诸如旅客个人信息的非法获取、非法泄露、非法买卖和下游诈骗等案件频发，引发了公众对个人信息保护和公共秩序维护的极大关注，进一步凸显出在该领域存在立法保护特殊性不明显，缺乏相应罚则和信息处理者法律应用水平低的法治困境。信息泄露不但给民航旅客的隐私权带来极大的侵害，而且因旅客和信息处理主体间的维权能力悬殊，流转过程较多，时间线较长等原因使后续追责变得困难。

综观国际社会中对民航旅客个人信息保护经验较为丰富的欧盟、美国、日本和新加坡等的法律规制路径，不难看出，对民航旅客个人信息安全的保障已然进入了法治化、精细化、多元化、平衡化和责任化的时代。当前我国相关立法仍呈现出"碎片化"，原则性较强，多部门分散，法治体系不健全等特点，亟须建立健全相配套的民航旅客个人信息安全法律规制体系。应进一步打造多维立体的的可行路径，加大信息保护的力度，规范信息治理的流程，推动民航业的数字化转型。同时，致力于探寻旅客信息保护和民航业高质量发展之间的动态平衡，做到保护与治理双管齐下。细化法律保护的内部路径，结合多元立体的外部路径,构建完整的民航旅客个人信息保护法治体系。

随着人类航空飞行技术和信息科学技术的蓬勃发展,国际航空法日益成为一个重要的法学研究领域。民航旅客个人信息的收集、存储、共享和运用也随之发生了天翻地覆的变化,对民航领域的信息安全产生了强烈的冲击。大数据时代下,信息流动必然会带动巨大的经济价值。国际范围内大规模存在的旅客个人信息被过度收集和非法滥用的情况,使信息主体的人格权、财产权和民航业的信誉等均面临着巨大侵害的更严重地可能危及国家安全、飞行安全和国家战略资源储备。不可避免的是,物联网、大数据和5G等信息技术发展得越快,个人信息数据应用得越广泛,安全问题就会越突出,这已成为制约民航业更优发展的"瓶颈"难题。民航旅客信息从最早的人工记录,转变为被电子识别进而即刻生成,随之完成网络化的分享交互,使商业价值被最大化地挖掘和变现,同样地相应治理难度也呈直线式上升。民航旅客个人信息自带的敏感性、流动性和商业性等高价值属性,在一些不法分子眼中就成为可谋取不当利益的地方。

早期,民航业试图通过重点收集、分析和共享关于航空安全数据的现有研究以改善民用航空事故率不断攀升的现状,尤其当各国相继遭遇恐怖袭击后,用以收集国际航空旅客信息的国家数据库就应运而生,旅客个人信息收集随之成为大势所趋。随着旅客信息被频繁地收集,由此带来的个人信息侵权现象也与日俱增,引发了公众对此的极大关注。同时,由于航企存储数据和信息的复杂性和大量性,民众对航企合法合规地治理旅客信息及相应安全维护能力也提出了全新的要求。中国作为世界第二大航空运输国,民航运力的投入逐年增加,民航旅客运输的存量、增量均呈提升态势。根据中国航空工业集团有限公司发布的《2022—2041年民用飞机中国市场预测年报》,2022—2041年中国航空运输市场将保持稳定增长,旅客周转量年均增速为7.7%。[①] 预计到2038年,中国地区的国内与国际航班旅客周转量将达到

[①] 参见党超峰:《航空工业集团发布民用飞机中国市场预测年报》,载中国日报网,https://cn.chinadaily.com.cn/a/202211/09/WS636b07d2a310ed1b2aca636a.html,访问时间:2023年3月26日。

4.08万亿人公里,占全球总量的21%。[1] 随着全球颁布个人信息保护法的浪潮掀起,旅客对个人信息侵权的维权意识逐渐加强,如何在促进航空业迅猛发展和个人信息高效流动的同时,做好旅客个人信息的保护,无疑是一大难题,也是一大重点。

第一节　民航旅客个人信息安全的法律内涵与规制的必要性

一、民航旅客个人信息安全的法律范畴

(一)民航旅客个人信息安全的定义

民航旅客个人信息安全可拆分为两个重要分支,即民航旅客个人信息和信息安全。第一步,我们需明晰何为民航旅客个人信息。民航旅客信息即民事主体在航空领域参加相关航空活动所产生的一系列信息。关于个人信息的定义,世界各国和地区颁布的很多法律法规和行政条例都有所提及。首先,欧盟《通用数据保护条例》(General Data Protection Regulation,GDPR)、美国《加州消费者隐私法》(California Consumer Privacy Act,CCPA)、澳大利亚《隐私法案》等对个人信息的定义采取的是识别型与关联型的定义的总和,[2]即认为个人信息是指已识别到的或可被识别的自然人[3]的所有信息。这类信

---

[1] 参见中国商用飞机有限责任公司:《2019—2038年民用飞机市场预测年报》。

[2] See GDPR, Article 4, Definitions <1>: "personal data" means any information relating to an identified or identifiable natural person ("data subject"); an identifiable natural person is one who can be identified, directly or indirectly, in particular by reference to an identifier such as a name, an identification number, location data, an online identifier or to one or more factors specific to the physical, physiological, genetic, mental, economic, cultural or social identity of that natural person.

[3] 可被识别的自然人是指能够被直接或间接通过识别要素得以识别的自然人,尤其是通过姓名、身份证号码、定位数据、在线身份等识别数据,或者通过该自然人的物理、生理、遗传、心理、经济、文化或社会身份的一项或多项要素予以识别。

息在民航领域尤为凸显。其次,《民法典》第 6 章第 1034 条[①]对个人信息的定义着重强调了受法律保护、单独与结合识别、人身相关和私密性这 4 方面。再次,根据《信息安全技术 个人信息安全规范》(GB/T 35273—2020)附录 A[②]的规定,可以看出该规范对个人信息的判定,采用的是识别型与关联型:识别出该信息属于特定的人,与特定的人相关联。最后,《个人信息保护法》第 4 条[③]明确规定,个人信息的已识别或可识别性,[④]对个人信息的认定极为重要。进而,我们可推演出民航旅客个人信息的法律定义为:"民用航空旅客的姓名、性别、出生年月、身份证号、电话号码、行踪信息等信息在被以电子或其他方式录入或处理时所产生的单独或有机耦合后具备识别性的个人信息。"

第二步,我们需明晰何为信息安全。国际标准化组织(International Organization for Standardization,ISO)对信息安全的定义[⑤],强调了建立和适用技术和管理的安全保护,不因意外或恶意原因,保护电子数据免于损坏、更改和泄露这 3 个关键判断点。[⑥] 国家标准《信息安全技术术语标准》(GB/T25069—2010)对信息安全的明确定义[⑦],表现出着重关注信息的保密性、完整性和可用性,同时以更细致的规定明晰了信息安全的衡量标准。计算机信

---

① 参见《民法典》第 1034 条:自然人的个人信息受法律保护。个人信息是以电子或者其他方式记录的能够单独或者与其他信息结合识别特定自然人的各种信息,包括自然人的姓名、出生日期、身份证件号码、生物识别信息、住址、电话号码、电子邮箱、健康信息、行踪信息等。个人信息中的私密信息,适用有关隐私权的规定;没有规定的,适用有关个人信息保护的规定。

② 参见《信息安全技术 个人信息安全规范》(GB/T 35273—2020)附录 A 第二段:判定某项信息是否属于个人信息,应考虑以下两条路径:一是识别,即从信息到个人,由信息本身的特殊性识别出特定自然人,个人信息应有助于识别出特定个人。二是关联,即从个人到信息,如已知特定自然人,由该特定自然人在其活动中产生的信息(如个人位置信息、个人通话记录、个人浏览记录等)即为个人信息。符合上述两种情形之一的信息,均应判定为个人信息。

③ 参见《个人信息保护法》第 4 条:个人信息是以电子或者其他方式记录的与已识别或者可识别的自然人有关的各种信息,不包括匿名化处理后的信息。个人信息的处理包括个人信息的收集、存储、使用、加工、传输、提供、公开、删除等。

④ 由于《民法典》明确规定了个人信息中的私密信息在没有隐私权相关规定的时候,才适用有关个人信息保护的规定,因此《个人信息保护法》对个人信息的定义将会更侧重于补充涵盖。

⑤ ISO 对信息安全的定义:为数据处理系统建立和采取的技术上和管理上的安全保护,保护计算机硬件、软件和数据不因偶然或恶意的原因而遭到破坏、更改和泄露。

⑥ 参见商书元:《信息技术导论》,中国铁道出版社 2016 年版,第 12 页。

⑦ 国家标准《信息安全技术术语标准》(GB/T25069—2010)对信息安全的定义:保护、维持信息的保密性、完整性和可用性,也可包括真实性、可核查性、抗抵赖性、可靠性等性质。

息安全的定义是指,"信息系统(包括硬件、软件、数据、人、物理环境及其基础设施)受到保护,不受偶然的或者恶意的原因而遭到破坏、更改、泄露,系统连续可靠正常地运行,信息服务不中断,最终实现业务连续性"[1]。因此,我们可以清晰明确地将"个人信息安全"的定义归纳为:涵盖个人基本信息、电子设备信息、账户内容信息、特定隐私信息和社会关系信息等的安全保密状态。综上,我们将"民航旅客个人信息"和"信息安全"两个概念相结合,可得出民航旅客个人信息安全即为,民航旅客具备识别性的个人信息不被破坏、更改和泄露,确保信息完整性、保密性、抗抵赖性和可用性的相对安全状态。

(二)民航旅客个人信息安全的标准

全球信息化的加速演进,一方面加快了资源的高效整合和优化配置,另一方面使滋生了一些非法获取、利用、控制个人信息的行为。因此,维护个人信息安全已成为关系到国家和社会稳定的重要举措。为了保障个人信息的安全,首先需要明确信息安全的标准是什么。例如,其一,GDPR第32条规定了安全的基本原则,这一原则与第33条和第34条的个人数据泄露报告义务相对应。此外,GDPR第25条规定了数据保护的设计标准和默认要求,第35条和第36条设立了数据保护影响评估标准以及事先咨询要求。其二,国际社会通行的ISO/IEC 29151:2017个人隐私保护标准,在基于ISO/IEC 27002的各个域中加入了PII的事实指南,同时引入了ISO/IEC 29100十一大隐私保护原则[2]。其三,中国首个个人信息保护国家标准——《信息安全技术公共及商用服务信息系统个人信息保护指南》第3.2条[3]将个人信息定义为:"可为信息系统所处理、与特定自然人相关、能够单独或者通过与其他信息结合识别该特定自然人的计算机数据。注:个人信息可以分为敏感个人信息[4]和个

---

[1] 李成大等编:《计算机信息安全》,人民邮电出版社2004年版,第2页。
[2] ISO/IEC 29100十一大隐私保护原则:(1)同意和选择;(2)目的,合法性和规范;(3)收集限制;(4)数据最小化;(5)使用,保留和披露限制;(6)准确性和质量;(7)公开、透明和公告;(8)个人参与和访问;(9)问责制;(10)信息安全;(11)隐私合规性。
[3] 参见GB/Z 28828—2012《信息安全技术 公共及商用服务信息系统个人信息保护指南》第3.2条。
[4] 例如,个人敏感信息可以包括身份证号码、手机号码、种族、政治观点、宗教信仰、基因、指纹等。

人一般信息[①]。"同时,该保护指南第4.2条还明确了信息处理者在管理个人信息时务必遵循的八大原则,分别是:目的要特定、明确、合理;最少处理,最短时间删除;履行告知、说明和警示义务;事前征得主体同意;保障信息保密、完整、可用;保障信息全程安全;遵循收集时的承诺;明确并落实处理时的责任。[②] 结合民航旅客个人信息安全的定义、国际社会通行标准和我国对个人信息安全的国家标准,可将民航旅客个人信息安全的标准归纳为保密性、完整性、透明性和可靠性这4大模块。

第一,保密性。民航旅客个人信息中所涉及的绝大多数数据为敏感信息,一旦泄露或非法使用,很容易使自然人人格尊严受到侵害,或是人身、财产安全受到危害,[③]侧面反映出该类信息的重要性和不公开性,即在被记录和使用的过程中必须全程保密。第二,完整性。维护个人信息完整、准确以及完全受主体支配是保障信息安全的一大重点。《OECD指南》第8条明确规定,个人数据的处理须与所使用的目的有关,并应限于该目的的使用范围,整个过程必须做到准确、完整和及时更新。[④] 第三,透明性。为了增强个人在信息处理活动中的主动地位和对信息处理者的合法信赖,处理者理应公开公示自己在处理和利用个人信息时的惯常操作、一般政策及相关事项,这亦是信息主体的一项基本权利。[⑤] 第四,可靠性。个人信息处理者应当对个人信息处理活动负责,[⑥]即保持信息被安全处理所呈现出的可靠性。信息处理者应该明确处理行为的规范化流程,将信息安全作为重点负责的内容,如果违反,则需承担相应的法律责任。[⑦]

---

① 除个人敏感信息以外的个人信息。
② 参见GB/Z 28828—2012《信息安全技术 公共及商用服务信息系统个人信息保护指南》第4.2条。
③ 参见《个人信息保护法》第28条第1款。
④ 参见高富平主编:《个人数据保护和利用国际规则:源流与趋势》,法律出版社2016年版,第28页。
⑤ 参见张新宝、葛鑫:《个人信息保护法(专家建议稿)及立法理由书》,中国人民大学出版社2021年版,第31页。
⑥ 参见《个人信息保护法》第9条。
⑦ 参见张新宝:《个人信息处理的基本原则》,载《中国法律评论》2021年第5期。

(三)民航旅客个人信息安全的范围

国际航空旅客信息记录法律制度是国际民用航空运输安全管理的重要组成部分,对于保护航班上的旅客安全,维护空中飞行秩序,确保正常飞行具有十分重要的意义。根据《国际民用航空公约》第 29 条规定,缔约国的每一航空器在从事国际航行时,应按照本公约规定的条件携带,所有乘客姓名及其登机地与目的地的清单(如该航空器载有乘客)等文件,此清单应由承运人负责保管和处理。该项记录法律制度通过一国政府对民用航空器进行控制,以避免任何可能危及民用航空器安全和秩序的行为,保障民用航空器飞行安全。以及从事国际航行的每一航空器,应保持一份航行记录簿,以根据本公约随时规定的格式,记载航空器、机组及每次航行的详情。[①] 依据航空旅客将会被收集和记录的信息,可以推演出民航旅客个人信息安全大体上需要囊括个人基本信息、电子设备信息、账户内容信息、特定隐私信息、社会关系信息和网络行为信息 6 大类。

第一,个人基本信息,诸如旅客姓名、性别、身份证号码、出生日期、电话号码、家庭住址、护照编码、个人照片等都属于民航旅客最基础的个人信息;第二,电子设备信息,诸如登机时间、登机口、目的站、到达时间、座位号、舱位等级、WiFi 列表信息、Mac 地址等;第三,账户内容信息,诸如网银账号、机票的付款途径、电子邮箱地址、面部解锁信息、指纹信息等;第四,特定隐私信息,诸如婚姻状况、犯罪记录、性取向、一起出行的人、前往目的地的活动、家庭构成、购票情况等;第五,社会关系信息,诸如家庭成员信息、工作单位信息、身份职业、宗教或政治信仰等;第六,网络行为信息,诸如上网购买机票的时间、上网购买机票的地点、机票的购入记录、访问相关网站的记录等。以上信息,基本涵盖了民航旅客个人信息有待保护和提升安全性的方方面面。

二、民航旅客个人信息的典型特征

(一)真实性和敏感性

根据《民用航空安全检查规则》第 31 条第 1 款的明文规定,乘坐国内航

---

① 参见《国际民用航空公约》第 34 条。

班的旅客应当出示有效的登机身份证件①和有效的登机凭据,旅客本人、有效身份信息和有效登机牌相一致时,民航安全检查机构应当加盖验证标志。②根据《公共航空运输旅客服务管理规定》第18、19、21条的明文规定,购票人应当向承运人或者其航空销售代理人提供国家规定的必要个人信息以及旅客真实有效的联系方式;③承运人或者其航空销售代理人在销售客票时,应当将购票人提供的旅客联系方式等必要个人信息准确录入旅客订座系统;④承运人、航空销售代理人、航空销售网络平台经营者、航空信息企业应当保存客票销售相关信息,并确保信息的完整性、保密性、可用性。⑤ 美国法律要求运营往返美国或途经美国航班的航空公司向国土安全部、美国海关和边境保护局提供某些乘客预订信息,称为乘客姓名记录(Passenger Name Record, PNR)数据。这一步骤主要用来预防、侦查、调查和起诉恐怖主义犯罪和相关犯罪以及某些其他跨国性质的犯罪。由此可见,旅客乘机必须完成实名制登记,在维护旅客自身安全的同时,进一步保障民航运输安全。安全是民航可持续发展的基准线,相较于一般公共运输旅客信息,民航旅客信息会更加注重真实性。真实性是民航旅客个人信息的首要特征,是后续事项推进和跟踪的基础。

民航旅客个人信息中极大一部分属于"个人敏感信息"。敏感个人信息通常指的是:如若遭遇泄露或非法利用,容易致使自然人的人格尊严、人身安全、财产安全等受到侵害的个人信息,包括生物识别、特定身份、行踪轨迹、金融账户、宗教信仰等信息,以及会受到特别保护的不足14周岁的未成年人信

---

① 有效乘机身份证件的种类包括:中国大陆地区居民的居民身份证、临时居民身份证、护照、军官证、文职干部证、义务兵证、士官证、文职人员证、职工证、武警警官证、武警士兵证、海员证,中国香港、澳门地区居民的港澳居民来往内地通行证,中国台湾地区居民的台湾居民来往大陆通行证;外籍旅客的护照、外交部签发的驻华外交人员证、外国人永久居留证;民航局规定的其他有效乘机身份证件。16周岁以下的中国大陆地区居民的有效乘机身份证件,还包括出生医学证明、户口簿、学生证或户口所在地公安机关出具的身份证明。
② 参见《民用航空安全检查规则》第31条第1款。
③ 参见《公共航空运输旅客服务管理规定》第18条。
④ 参见《公共航空运输旅客服务管理规定》第19条。
⑤ 参见《公共航空运输旅客服务管理规定》第21条第1款。

息。[1] 同时，明确只有在采取严格保护措施，具有必要性，取得个人的单独书面同意，不得告知他人等更高标准的保护要求下，方能处理敏感个人信息。民航旅客在提供个人信息用于购买机票及享受配套服务时，不可避免地会向航空公司、第三方机票售卖代理平台、相关监督行政部门提供个人信息，包括证件号码、目的地、到达时间、账户卡号等。这些个人敏感信息一经泄露，将会对民航旅客的人身、财产和隐私安全造成诸多不便，甚至使旅客自身权益遭到损害。敏感性作为航空旅客个人信息的突出特征之一，也体现出维护信息安全的必要性和法理基础。

(二) 国际性和流动性

基于民航运输自身所独有的国际性和跨境性，民航旅客个人信息的流转与传输也天然地具备相应的特征。目前，世界各国民航旅客信息实现跨境传输一般有两种主要方式：一是从本国境内到境外的直接传输；二是从本国境内到境外的间接传输。直接传输方式是指民航总局在国内建立交换系统，通过交换系统将国内的旅客信息向境外直接进行传递；间接传输方式是指在国内通过国际互联网向境外进行传送。以我国为例，直接传输方式可表现为从中国境内直接连接到境外的运输服务提供者(航空公司、机场等)。如境外航空公司或机场将所运营的航线延伸至中国，并为旅客提供在航线上运行的飞机或其他交通工具的信息，旅客通过国内代理人机票销售系统(Computer Reservation System，CRS)、旅游产品提供商及国内机票销售平台就可以在国内订购海外机票。间接传输方式可表现为国外 CRS 企业进入我国直接售票。CRS 在 WTO《服务贸易总协定》(General Agreement on Trade in Services，GATS)中被定义为"航空运输辅助服务"。[2] CRS 企业所提供的信息服务涵盖了旅客航行的查找、选择、订购、乘机等各个环节，国外 CRS 企业进入我国后，众多旅客个人信息将被境外企业获得，这为民航旅客个人信息保护带来了全新的风险和挑战。

在航空运输活动中，民航旅客个人信息需要在航空公司、机票销售代理

---

[1] 参见《个人信息保护法》第 28 条。
[2] 参见刘光才、靳璐：《民航旅客个人信息保护的法律规制研究》，载《北京航空航天大学学报(社会科学版)》2020 年第 1 期。

平台和政府相关管理部门之间流转,方能完成全部流程,这也使旅客个人信息在不同主体之间形成了一张无形的数据流动网。航空公司首先通过航班动态数据和旅客预订数据分析获取旅客个人信息,然后再对旅客个人信息进行加工与分析。这种方式使航空公司可以更加精准地制订航班的排班计划,制定票价政策,预测市场需求等,这些都将是决定旅客是否购买该航班机票的重要因素。机票销售代理平台基于自己的数据分析优势,能够更加精准地判断出该航班的受欢迎程度、旅客的支付能力等信息,这些信息对于判断乘客的购买意愿具有重要意义。政府管理部门负责对机场、空管、公安等单位获取的个人信息进行综合分析与管理。这些信息源通常是由航空公司或政府机关主动提供或者作为数据来源获得。由于个人信息收集行为具有一定程度上的强制性,因此航空公司或政府机关对个人信息进行收集时更具主动性。旅客个人信息在不同主体之间流转,呈现出较强的流动性,使旅客在航空运输中处于"裸奔"的状态,隐私和安全难以得到保障。一旦发生信息泄露则会呈现出集体性和大面积性,给侵权主体的寻找带来较大的难度。

(三)商品性和复杂性

个人信息具有明显的财产利益属性,民航旅客个人信息更是内藏巨大的商机。民航旅客个人信息被运用到市场中,会产生巨大的经济价值。比如,航空公司或者机票代销平台通过现代化的技术手段,即可完成对信息资源的迅速整合和不断完善,甚至对信息资源进行多次创造,使旅客能够通过搜索平台选择最适合自己的信息资源,这就是通说的"旅客画像"。旅客信息标签化是指民航公司通过收集和分析旅客的既往记录、生活习惯、社会属性和消费行为等主要信息,便利且完整地抽象出旅客业务的全貌。[1] "旅客画像"的刻画,一方面为民航公司提供了充分的信息,打破了"数据孤岛"的不利局面;另一方面有利于挖掘旅客的商业需求,实现高端服务的精准布局,采取分层分类的服务模式,进一步实现民航公司商业目的,为行业价值寻求新的增长点,增强自身在市场中的竞争力。同时,由于民航个人信息会在多个主体之

---

[1] 参见魏巍:《航企精准营销核心:为旅客"精准画像"》,载《中国民航报》2016年9月28日,第5版。

间流转,因此给了部分不法分子可乘之机。例如,行为人非法出售机票、车票信息,其中的旅客个人信息可能已经在网上公开出售。此外,通过网站购买机票、车票后,又将旅客个人信息出售给第三方平台的行为也时有发生。通过出售、变卖、未经许可公开等多种手段赚取利润,也体现出旅客个人信息的商业性。民航旅客个人信息所具备的效用性和稀缺性,是使信息极具商用价值的关键所在。①

当前,旅客通过第三方代理平台与承运人签订航运合同已成为普遍现象。第三方介入收集、分析、处理旅客个人信息,极易使旅客个人信息处于复杂的网络中。在这种情况下,个人信息泄露的风险也就大大增加。实践中,第三方往往是多个主体构成的集合体,有可能是以航空公司为代表的民航经营者,有可能是被委托的专门性信息处理机构,也有可能是以公安机关为代表的公权力机关。此外,除民航经营者之外还有很多其他主体也参与了旅客个人信息的收集和处理工作。第三方介入收集、处理旅客个人信息,可能会产生多个不同主体之间的权利义务关系冲突问题,进而影响到旅客个人信息权利保护范围和救济途径的选择。此时,旅客个人信息将会在至少3个不同主体之间形成一个庞大的、错综的、复杂的信息网。无论是信息流转的主体数量,抑或是信息被延长的收集、分析、处理、保护和反馈的过程,都进一步表明了信息自身所具备的复杂性。

三、民航旅客个人信息安全法律规制的必要性

(一)理论必要性:完善个人信息安全保护体系

民航旅客个人信息泄露事件频发催生了人们对这一话题的热烈讨论,除提高旅客自身的保护意识,加强对相关主体的监督管理之外,制定完善个人信息安全保护的原则性立法及管理规定也至关重要。对民航旅客个人信息安全的维护多零散分布于各国对于个人信息和隐私权保护的法案中,航企需遵守相关主体的规定,从而确保其运营活动受到"法律规制"。综观欧盟GDPR、美国CCPA、日本和俄罗斯等国的个人信息保护法以及我国当前关于

---

① 参见彭诚信:《论个人信息的双重法律属性》,载《清华法学》2021年第6期。

个人信息的立法,诸如2012年施行的《全国人民代表大会常务委员会关于加强网络信息保护的决定》、2013年新修的《消费者权益保护法》、2016年颁布的《网络安全法》、2020年通过的《民法典》,都对个人信息保护进行了相应的规定和修缮;此外,2015年《刑法修正案(九)》、2018年《信息安全技术 个人信息安全规范》、2021年《数据安全法》和2021年《个人信息保护法》等也分别从打击个人信息相关犯罪,提高个人信息保护标准,增加数据安全保护等级等各个方面对个人信息保护进行了法律规制。[①] 在个人信息的收集、处理与利用中,各国的法律条例都对个人信息的保护进行了规定,但专门针对民航领域旅客个人信息保护的立法却较为缺乏,多分散于一些私法性规定和部门性规则中。

以我国为切入点,当前针对民航旅客个人信息保护的规定多分散、零星地见于相关法律法规和部门规章中,缺少细化规制,缺乏统筹考虑。对民航旅客信息保护的法律规制尚处起步阶段,改革意见也多处于起草或征集阶段,当发生具体信息泄露案件时,常常面临无直接法规依据可适用的尴尬局面。例如,《公共航空运输旅客服务管理规定》虽然在我国民航史上首次提出了旅客个人信息保护问题,但未明确民航旅客个人信息的内涵、外延和具体内容,对如何认定旅客个人信息,如何确定旅客个人信息的边界也未有明确规定。民航主管部门在处理、使用旅客个人信息时,未遵循合法、必要、最小化的原则,过度收集和使用个人信息。航空公司未充分保障旅客知情权,在实际服务中获取的旅客个人信息未经旅客本人同意而擅自对外提供,甚至泄露给第三人。目前,我国民航主管部门尚未形成统一的立法规制模式和理念,民航旅客个人信息保护整体上仍处于空白状态。因此,搭建民航旅客个人信息安全法律体系,对于完善个人信息安全保护体系的不完整之处具有重大意义。同时,随着数字经济时代的影响加深和民航业的蓬勃发展,旅客信息保护将会成为各国立法领域和商业发展重点关注的问题。细化旅客信息保护具体范围和保护对象,注重民航领域的延伸保护,也会是未来理论界热

---

① 参见高志宏:《隐私、个人信息、数据三元分治的法理逻辑与优化路径》,载《法制与社会发展》2022年第2期。

烈探讨的话题之一。

(二) 实践必要性:保障飞行安全以及国家安全

民航业作为信息化程度极高的领先行业,对信息技术的使用性和依赖性很强,所涉及的信息化处理手段日益更新。在民航领域,网络安全、信息安全关乎业务平稳运行。同时,网络信息安全事件频发,使航空安全成为各国关注的焦点。航空安全关乎国家安全、社会稳定、公民生命财产安全,是民航发展必须考虑的重要因素。目前,诸多国家民航飞行安全面临的主要问题之一就是信息泄露带来的隐患和不便。具体可表现为:首先,航空公司和机场的信息系统建设欠缺配套的安全架构设计、安全标准管理和风险预警机制,存在较大的安全漏洞;其次,民航空管网络一直是国家重要的信息网络分支,却往往存在全国上下共用一张网的现象,使信息安全面临不容忽视的压力;最后,民航下属的其他信息管理系统,譬如办公终端、业务物联网、机场系统等,一旦遭遇不法分子攻击导致系统瘫痪,轻则可能带来航班延误、经济损失、内部混乱等,重则可能造成飞行安全隐患、公民生命安全隐患、国家安全隐患等。[1]

航空业作为一国的重要战略产业,必然关系到国家安全。正如2001年在美国发生的"9·11"恐怖袭击事件,2015年年初在巴黎和哥本哈根发生的恐怖袭击,2016年"6·28"土耳其机场恐怖袭击事件,2016年7月发生在美国西雅图国际机场的恐怖袭击事件,以及2016年7月美国加利福尼亚州发生的飞机降落时的爆炸案等,都造成了巨大的人员伤亡和财产损失。因此,信息安全已经成为一个不容忽视的问题,世界各国都开始重视对民航业信息安全的预防和监管,加快进程建设信息化行业战略。在民航领域,信息系统遭受攻击,无线电通信系统遇有干扰,专机重要信息发生泄露,各种系统出现故障等,都会对飞行安全构成严重威胁。这在一定程度上表明,民航信息安全、飞行安全和空防安全同等重要。[2] 民航产业结构优化布局,一方面要钻研如何在国际航空运输中产生更智能的信息算法,另一方面要注重将算法的治理权

---

[1] 参见许艺彤:《民航安全管理面临的新挑战》,载《民航管理》2021年第8期。
[2] 参见白云波等:《信息安全为我国民航保驾护航》,载《中国信息安全》2018年第10期。

力牢牢掌握在国家主权支配下,这也是当下实现总体国家安全观的关键一环。进一步地说,从总体国家安全观的角度来看,我国航空安全的维护需要实现"三个转变":从单纯地追求"绝对安全"到注重安全的质量和效益;从单纯地追求"绝对安全"到注重安全和可持续发展;从单纯地注重"绝对安全"到注重整体协调、共同进步的安全文化建设。近年来,我国民航业在世界民航市场中占据着重要地位,民航国际化和全球化经营趋势明显增强。在这一背景下,民航业更需思考如何通过网络信息安全保证自身航空运输业务的稳定运行。

(三)现实必要性:贴合对特殊信息的更高保护

相较于一般性个人信息,民航旅客个人信息具备如下3个方面的特殊性:其一,民航运输自身所带有的国际性和跨境性致使民航旅客个人信息比一般性个人信息的交互性更强;其二,民航数据具有复杂性、庞大性和窃取成本低廉性等特性,进而产生了以较低的成本和技术门槛就可以泄露民航旅客个人信息的可能;其三,绝大部分民航旅客个人信息归属于敏感个人信息的范畴,泄露的后果会比一般性个人信息泄露的后果更加严重,这也往往会产生更高的保护需求。[①] 在 GDPR 的框架下,为了更好地保护航空旅客个人信息,欧盟将"敏感个人信息"细化为3种类型:一是"对人格尊严有重大影响的信息",例如,性取向、性别、种族、宗教信仰、政治观点等;二是"对其他个人自由有重大影响的信息",例如,行动自由、表达自由等;三是经处理可识别特定个人的生物信息,例如,基因数据、生物特征数据等。同时,GDPR 对敏感信息、一般信息和个人数据也进行了区别对待:关于敏感信息,GDPR 明确规定,如果数据控制者处理个人敏感信息,该个人必须被"明确告知"并获得"知情同意"。关于一般信息,GDPR 在第4条第1款规定了"告知同意"机制。同时,GDPR 还规定了隐私政策的最低标准,以确保个人数据得到充分保护。从 GDPR 对个人信息使用的区分标准来看,个人信息越敏感,对数据控制者的使用要求和额外限制就越多,这体现出欧盟保护人权的立法理念。总的来说,欧盟的 GDPR 更新了个人敏感数据的类型,增加了数据控制者的责任,一定程度上减

[①] 参见宋尚聪:《我国民航旅客信息保护的立法缺陷及因应》,载郝秀辉主编:《航空法评论》第9辑,中国民航出版社2021年版,第92~93页。

少了个人敏感数据遭遇泄露的风险承担。

因此,注重对民航旅客个人信息的保护和法律规制,也正符合大数据时代对特殊信息的更高保护要求,进一步加深了与国际通行标准的衔接。显然,将敏感个人信息制度化兼备严正声明意义和法律威慑作用,可以在一定程度上阻止信息处理者的不当行为。[①] 对敏感信息适用更严格的法律保护,也可以更好地促进正常的信息流动与利用。可以以单独立法的形式保护高度敏感的个人信息,推动个人信息的合理使用;针对私人主体之间的法律关系,则运用行业自律规则,以期达到对个人信息自下而上的保护;对于更加敏感或重要的信息,适用单行法保护模式,[②]不失为一个可行之策。无论是对民航业的可持续发展,还是对公民人身安全、财产安全、隐私安全等重要权益的维护,注重旅客数据安全都是实现美好愿景的必由之路。

第二节 民航旅客个人信息保护面临的实践与法律问题

一、民航旅客个人信息保护面临的实践问题

(一)非法获取旅客个人信息

自人类拥有信息识别能力以来,个人信息,如姓名、性别、外貌等,已成为人类社会的重要组成部分。随着数字时代的跃迁,随着数字时代的跃迁,互联网技术高速发展,网络传播日益频繁,使个人信息的载体形式、使用频率和传播手段大大增加。当信息成为重要的资源和生产要素时,资源的稀缺价值和高变现率均导致对个人信息的非法攫取和恶意争夺。[③] 非法获取公民个人信息包括直接获取和间接获取两种形式,前者指的是各种非法收集个人信息的行为,而后者则是指收集行为和手段行为之一的非法行为。其中,非法直

---

① 参见朱荣荣:《"后民法典时代"个人敏感信息的法律保护》,载《大连理工大学学报(社会科学版)》2022年第5期。
② 参见姬蕾蕾:《大数据时代个人敏感信息的法律保护》,载《图书馆》2021年第1期。
③ 参见杨军、杜宇:《非法获取公民个人信息的规范阐释》,载《人民司法》2022年第10期。

接获取的公民个人信息,多指以窃取、偷拍、偷听等方式获得的居民身份证号码、通信通讯联系方式、行踪轨迹等;非法间接获取的公民个人信息,是指购买、收受他人提供或交换来的信息,以及通过技术手段从互联网服务提供者处收集到的用户注册信息或身份认证信息。在民航领域,旅客信息因网路遭受入侵而被非法获取的事情屡见不鲜。

例如,2008 年 FAA 的信息系统遭受非法入侵,不法分子以植入恶意程序的方式,获取电脑用户的重要个人数据。2018 年国泰航空发布公告称,部分旅客资料被非法阅览,整个过程未经许可和授权,最终牵扯旅客人数高达 940 万人,近 86 万个护照号码和 24.5 万个身份证号码被他人非法获知。① 2021 年北京市朝阳区人民法院判决了一例影响较大的案件,被告涉及非法获取明星航班信息,造成出行混乱,搅乱公共场所秩序等违法行为,所涉案人员分别被以侵犯公民个人信息罪依法判处拘役 5 个月、缓刑 5 个月,拘役 4 个月、缓刑 4 个月。② 2021 年 3 月 5 日,新加坡航空发布一则旅客会员信息泄露的声明,称全球最大的航空业 IT 服务提供商 SITA 遭遇黑客袭击,大约 100 万常旅客会员的相关信息可能会被盗取。③ 2022 年 9 月 21 日,美国航空集团表示,黑客通过影响部分员工电子邮件账户的网络钓鱼骗局,获取了"极少数"乘客和员工的个人数据。④ 以上案件无疑为我们敲响了警钟,不法分子在获取重要资料之后,不论是对旅客造成经济损失或名誉损失,还是更严重地干扰到地空通讯、即时监测和飞行讯息等,都将直接影响到飞机在空中的运行,产生不可估量的巨大威胁。澳大利亚政府在民航网络信息安全保护的有关草案中就将入侵飞机网络系统,获取飞行网络系统接口信息,攻击航空信息系统等几种行为,归纳为信息安全可能面临的威胁情景。民航领域对网络信息的

---

① 参见《国泰航空乘客资料被非法取览 940 万人或受影响》,载百家号,https://baijiahao.baidu.com/s? id=16153127328011105121&wfr=spider&for=pc,访问时间:2023 年 3 月 26 日。

② 参见《拘了! 非法获取明星航班信息,两"粉丝"被追究刑责》,载百家号,https://baijiahao.baidu.com/s? id=17166784341304440746&wfr=spider&for=pc,访问时间:2023 年 3 月 26 日。

③ 参见薛冰冰:《全球航空运输数据巨头 SITA 遭黑客袭击,多家航空公司旅客信息泄露》,载百家号,https://baijiahao.baidu.com/s? id=1693364661542499677&wfr=spider&for=pc,访问时间:2023 年 3 月 26 日。

④ 参见《美国航空:网络钓鱼骗局造成数据外泄,"极少数"客户受影响》,载界面新闻网,https://www.jiemian.com/article/8104047.html,访问时间:2023 年 3 月 26 日。

严格保护与其他领域不同,一旦掌控旅客信息的关键部门遇有安全问题,信息遭到非法获取,就极有可能从其他看似不起眼的方面影响到整个流程的正常运作。①

(二)非法泄露旅客个人信息

近年来,国际国内都出现了多例旅客身份、出行记录、护照照片等个人信息被恶意泄露的新型违法犯罪,这不仅使各大航空公司遭遇到前所未有的信任危机,大规模地损害了民航界的信誉,也使被侵害的旅客身处人身安全和财产安全的双重担忧之中。航班信息恶意泄露的案件层出不穷,其中明星艺人的个人信息更是重灾区。2020年1月3日,有微博网友举报称,中国国际航空某员工在微博发布多名演艺明星的个人信息及乘机记录,包括井柏然、白敬亭、周笔畅等人的国籍、生日、行程等个人信息。对此,中国国际航空公司官方微博当晚致歉称,涉事人员系国航一名乘务人员,因该员工的行为严重违反国航数据管理相关规定,对该员工作出停飞处分,后续将根据有关规定进一步严肃处理。②2022年8月28日,印度阿卡萨航空公司称,公司发生数据非法入侵事件,导致用户信息被未经授权的个人窃取。在网站上发布的通知中,该航空公司就数据泄露向客户道歉,该事件已向节点机构印度计算机应急响应小组(CERT-In)"自我报告"。③

2023年初,法航和荷航在发给旅客的通知中,表示内部安全运营团队检测到一个未经授权的攻击活动,可能造成用户信息泄露,主要包括旅客的姓名、电子邮件地址、电话号码、最新交易和蓝天飞行的信息。值得一提的是,航空公司表示此次攻击事件没有暴露客户的信用卡或支付信息,但受影响的客户账户因网络攻击事件被锁定了,必须到荷航和法航的网站上更改密码。④

---

① 参见王朝梁:《民航视角下网络信息安全保护的法律对策研究》,载《中国政法大学学报》2017年第5期。

② 参见张雅婷、郭美婷:《民航新规要求不得泄露、出售旅客个人信息,国航员工曾泄露明星行程被停飞》,载南方财经网,https://m.sfccn.com/2021/3-17/1MMDE0MDVfMTYzMjQ1Mw.html,访问时间:2023年3月26日。

③ 参见《印度阿卡萨航空公司数据泄露,乘客个人信息遭泄露》,载百家号,https://baijiahao.baidu.com/s?id=1742476958718600765&wfr=spider&for=pc,访问时间:2023年3月26日。

④ 参见《法航和荷航部分客户个人信息被盗》,载腾讯云,https://cloud.tencent.com/developer/article/2215173,访问时间:2023年3月26日。

同是 2023 年伊始,中国台湾地区的中华航空被爆疑似遭到黑客攻击,致使会员信息泄露,涉及多名政商以及演艺界名人,包括台积电创办人张忠谋、鸿海集团创办人郭台铭、艺人徐熙娣、林志玲等。即中国台湾地区民航管理机构要求华航依据台湾"个人资料保护法"、民航事业个人资料档案安全维护计划及处理办法等相关规定,落实保护个人信息事宜,维护会员权益。① 以上种种案件都生动地表明,民航信息泄露案件可大致分为作为和不作为两大类,或是信息持有者出于个人私益的考量主动向第三人非法公开旅客个人信息的情形,或是信息持有者未尽到安全审慎义务而使第三人非法取得旅客个人信息的情形。虽然,当下纯泄露旅客个人信息的不当行为,还不涉及信息利用或者还未造成实际损害,致使单个的旅客认为追责成本大,实际见效小,但这种情形实则后续影响极大,因此被瓦格纳称为"大规模的微型侵害"。②

(三)非法买卖旅客个人信息

非法购买和出售旅客个人信息都属于侵犯个人信息权的恶劣行为。购买行为可归于非法收集专属于旅客本人的信息的行径;出售行为多指在获取民航旅客个人信息后,以牟利为目的,向第三人出售个人信息以获取对价的行为。当旅客将个人信息提交至相关运营者之后,旅客对于运营者尽到保护旅客个人信息这一法定义务是具备合理期待的。个人信息被非法售卖,一定程度上会导致普遍公民对于航运关系,包括航企背后的信息安全产生怀疑和不信任。近些年,非法买卖航空旅客个人信息的案例也层出不穷。据韩国《国民日报》相关报道,韩国有推特账号不仅贩卖韩国偶像艺人航班号,而且售卖公职人员和特定个人的航班信息。只要付款 5 万韩币(约合人民币 293 元),就能知晓对方的航班号甚至座位号。韩国执政党共同民主党安圭佰就花 5 万韩币,买到了韩国国土交通部部长金贤美赴伊朗的航班信息。安圭佰称,个人信息会随着航班信息一起泄露,其实说暴露在恐怖袭击下也不过分,

---

① 参见《最新民航信息安全事件,华航疑似遭黑客攻击,众多明星个人信息被泄露》,载搜狐网,https://www.sohu.com/a/632728390_121124374,访问时间:2023 年 3 月 26 日。

② 参见[德]格哈特·瓦格纳:《损害赔偿法的未来——商业化、惩罚性赔偿、集体性损害》,王程芳译,中国法制出版社 2012 年版,第 178 页。

并表示需要调查此事。①

事实上,名人的航班信息所涵盖的隐私数据等被明码标价地出售,早已形成相对完整的灰色产业链,并衍生出一系列下游贩卖服务,有些不法泄露案件的始作俑者或代拍人员甚至出自于航空公司内部。据《北京日报》报道,某航空公司的外包客服人员秦某伙同李某,因向追星"粉丝"出售明星所乘飞机的舱单信息等公民个人信息,2022年4月被北京市朝阳区人民法院以侵犯公民个人信息罪分别判处有期徒刑3年,罚金4万元。另有两名为追星购买上述信息的"粉丝"也被法院以侵犯公民个人信息罪分别判处有期徒刑1年,缓刑1年,罚金1万元,以及拘役5个月,缓刑5个月,罚金5000元。② 航班信息被非法买卖就属于信息泄露的不良影响之一,两者具有莫大的关联。由于非法买卖航班信息的情形更为严重,因此通常会涉及刑法的规范,而非简单的行政规制或内部惩处。

(四)旅客信息诈骗案件频发

近年来,民航领域内旅客个人信息诈骗案件频发,引起了民众的广泛关注,其中最为典型的当属"庞某鹏诉东航和北京某信息技术公司的隐私权纠纷案"。③ 同时,需要关注的是,该案先经北京市第一中级人民法院公布一审结果,④后经东航再次申请,由北京市高级人民法院再审之后作出最终裁决,责令涉案航企和第三方代理平台公开向被害人庞某鹏道歉。其中,举证责任由谁承担也成为该案的核心争议点之一,⑤进一步显现出旅客在个人信息被

---

① 参见《韩媒:韩航空公司或低价售卖公职人员航班信息》,载环球网,world.huanqiu.com article/qcakrnk5xrl,访问时间:2023年3月26日。
② 参见《向"粉丝"出售明星舱单信息,航空公司外包客服人员获刑3年》,载中国民用航空网,https://www.ccaonline.cn/anquan/aqtop/719238.html,访问时间:2023年3月26日。
③ 参见北京市第一中级人民法院民事判决书,(2017)京01民终509号。
④ 法院判决去哪儿网和东航于判决生效后10日内在官方网站首页以公告形式向庞某鹏赔礼道歉,持续时间为3天。
⑤ 从收集证据的资金、技术等成本来看,作为普通人的庞某鹏根本不具备对东航、去哪儿网内部数据信息管理是否存在漏洞等情况进行举证证明的能力。进一步地说,法律不能也不应要求庞某鹏证明必定是东航或去哪儿网泄露了隐私信息。东航和去哪儿网均未证明涉案信息泄露归因于他人,或黑客攻击,抑或庞某鹏本人。法院在排除其他泄露隐私信息可能性的前提下,结合该案证据认定上述两公司存在过错。

侵害的过程中面临着维权难、举证难、索赔难的不利局面。① 还有一个案例是,2017 年 8 月 10 日,申某使用携程 App 订购了两张机票,随后就收到一条署名为东方航空的短信提示,引导申女士该日航班因取消需办理退票或改签,并对申女士的姓名、航班日期、起落地点、航班号、订票预留手机号等信息全部知晓。申女士在诱导下为户名为"开通航空"的用户使用支付宝亲密付功能消费并在工商银行网上银行转账,最终损失共计 11.89 万元。② 类似的案例还有,2018 年 7 月 29 日,付某贵收到一条署名为东方航空公司工作人员的短信,对方让原告提供了身份证号、手机号、银行卡等信息,并告知该预订航班确实因起落架故障取消,建议原告退票或改签,且称未防止客户收到退票款后不认账,需要知道原告银行卡余额。原告按照指导操作退票手续,却被诈骗 22,400 元。③

以上 3 个案例多次作为经典案例被学术界和实务界加以讨论,用于释明一旦旅客信息被泄露,就可能会产生电信诈骗、财产受损、遭遇骚扰等一系列不良连锁反应。这都说明旅客信息诈骗案件的共性多表现为泄露源头不明、侵权主体复杂、多以获利为目的、影响较为恶劣等。归纳这些类似的民航旅客信息被骗案,不难总结出,类似新型电信诈骗犯罪案件大致可细分 5 个步骤:首先,非法分子侵入航企或第三方代理平台系统获取旅客信息;其次,产生信息泄漏的不良影响;再次,将信息转卖给诈骗团伙或其他购买者;复次,信息诈骗案件和不法牟利现象产生;最后,个人遭受财产损害或者精神损害,社会产生信任危机。

二、民航旅客个人信息保护面临的法律问题

(一)法律保护特殊性不明显

事实上,任何有关个人数据保护的法律法规的有效性都取决于它们在实践中的适用情况。然而,航空公司并不是普通的企业,它们处理乘客个人数据的方式很难与对任何其他消费者群体的数据进行的处理相比较。不仅是

---

① 参见侯柔倩:《航空企业数据安全法律规制研究》,载《滨州学院学报》2022 年第 5 期。
② 参见北京市朝阳区人民法院民事判决书,(2018) 京 0105 民初 36658 号。
③ 参见北京互联网法院民事判决书,(2018) 京 0491 民初 1905 号。

航空公司,在航空运输的许多不同层次和阶段,还有一系列其他实体参与了乘客个人数据的处理。这些实体包括销售代理、预订系统和出发控制系统的供应商、地面处理代理、机场管理公司,甚至是管理忠诚度计划的公司。这些中间机构和它们在航空运输的不同阶段所起的作用对于普通乘客来说是未知的。这些实体是通过一个复杂的关系网络连接起来的,这阻碍了明确地确定有关基本问题,例如,数据管理员是谁。从个人信息保护的角度来看,这是一个关键角色,因为数据管理员负责满足个人数据保护法律设定的要求。例如,他有义务向乘客通报有关使用他的个人数据的所有基本问题。在实践中,即使是执行这一基本的和明显简单的义务,对承运人来说也是一个巨大的困难。[1]

基于维护航空安全的考量,民航企业往往会在一开始就对旅客个人信息进行收集并加以电子存储。但诸如此类简单的保护,无疑是将这一特殊敏感信息置于一个高风险环境中,一旦有存储系统被入侵,旅客自我操作不当,航企、第三方平台及相关监管部门等多方位的访问权限被不当利用等情形发生,都可能导致个人信息遭受侵害。况且民航旅客个人信息具有信息量大、流动性强、窃取成本低、财产属性高、复合敏感性等区别于一般信息的明显特征,在发生信息泄露或不当利用后通常会产生诸多不利后果。虽然同为个人信息集中的领域,但民航业较之其他行业具备明显的特殊性,在信息类型、涵盖主体、处罚机制等方面难免有所不同。在综合性立法缺位的情况下,在民航业领域内制定单行法规就成为一项次优选择,既可在一定程度上维护更高阶法律法规的权威性,也可为单行法规部门规章提供制度样本和指引。[2] 以上种种,均表明对于民航旅客个人信息理应制定并适用更高标准的法律机制来保障。而现行针对民航旅客个人信息的法律保护机制却缺乏与自身特点相配套的特殊性,与其他一般数据保护的差别不明显,亟待进一步加强和规范。

---

[1] See Dawid Zadura, *Importance of Personal Data Protection Law for Commercial Air*, Transactions on Aerospace Research Vol. 2017(1), pp. 35–44.

[2] 参见于增尊:《美国联邦个人信息泄露通知制度及其借鉴意义》,载《公共治理研究》2022 年第 5 期。

(二)法律保护缺乏相应罚则

当前,国际社会关于民航旅客个人信息保护的法律规制尚且处于起步阶段,所形成的法律、法规、部门规章、行业规范等多侧重于以宣示的形式来规定相应主体的信息保护义务,而缺乏相应罚则,造成了可操作性不足的不利局面。同时,在实际的司法裁量中也往往存在实际判处的刑罚畸轻,具体执行标准不一致且较为模糊,多偏重于发挥预防功能等多重难题。侵犯民航旅客个人信息在司法量刑中畸轻,表面上是刑法规范设置不细的问题,深层次来看是各国有关个人信息保护法律体系结构性失调导致的结果。[①] 民航旅客个人信息侵权相关罚则的形成和细化,一方面有利于矫正被侵权的旅客与掌握大量资源的航企、第三方代理平台等之间的利益失调局面,激励被侵害的信息主体主动参与私法维权的救济,通过刑事或经济制裁来有效抑制信息处理者的侵权行为和消极行为;另一方面有利于明令惩罚恶意侵权的违法行为,逐渐将民航旅客信息保护的重点从事后救济转向至事前预防,[②]达到更好的规制效果。

以我国为切入点,当前针对民航旅客个人信息保护所设置的罚则所存在的不足,可具体表现为以下3个方面:第一,刑罚设置不全面。《刑法修正案(七)》增设了针对非法出售、提供和获取公民个人信息的罪名,规定了自由刑和罚金刑两类处罚。因侵犯旅客个人信息的不法行为多出于牟利的目的,因此罚金刑的设置非常有必要。[③] 但同时应当看到,侵犯旅客个人信息的犯罪行为发生在民航这一特定领域,诸如民航内部人员等行为人本身就负有保障旅客个人信息安全的法定义务。然而,根据《个人信息保护法》第66条,个人信息处理者未依法履行法定保护责任的,交由履行职责的相关部门对其处以警告、责令改正、没收违法所得等惩罚。该种刑罚设置较轻,规范力度欠缺,可考虑增设资格刑,进而提高犯罪成本,从而更好地保障民航旅客的个人信息安全。第二,缺乏相应的罚则,导致我国在保护公民个人信息的问题上,刑

[①] 参见周汉华:《探索激励相容的个人数据治理之道——中国个人信息保护法的立法方向》,载《法学研究》2018年第2期。
[②] 参见孙鹏、杨在会:《个人信息侵权惩罚性赔偿制度之构建》,载《北方法学》2022年第5期。
[③] 参见叶婷:《大数据时代个人信息的刑法保护》,载《人民检察》2022年第21期。

法与民法、行政法等部门法的定位模糊；在保护力度上，不同部门法之间的衔接度不够。① 第三，现有立法理念对侵犯个人信息的处罚主要是从刑法谦抑性的角度出发。尽管大众对民事责任的见效性与打击犯罪的力度存有疑虑，但是现有法律体系中施行的仍是间接惩罚、公开批评、停职处罚等宽泛且轻缓的处罚模式。

(三)信息持有者法律应用水平较低

鉴于民航个人信息流转的过程较为复杂，所涉及的环节众多，经多个节点和使用者获知，可能涉及中国民用航空局、第三方代理平台、工信部门、公安部门等多个主体。由于信息流转的过程复杂，监管的难度较大，各个信息持有者之间难免存在管辖范围、管理权限以及监管机制的不同和碰撞。有关私法主体存在法律应用水平较低，制度规范较为分散，监管职责不清等不足，存在相互之间遇有受害人维权情形彼此推诿，不愿担责和动用法律武器等现象。同时，有关公法主体，如政府管理部门，对于民航旅客个人信息侵权行为，也多适用"约谈"和"专项行动"等较为缓和的方式，该方式的迟滞性往往给不法分子留下时间窗口，也不利于激发企业合规和自检的能动性。②

综观当前民航旅客个人信息保护面临的实践问题之非法泄露、非法买卖、非法诈骗等，不难观察出航企、第三方代理平台和政府管理部门在其中的法律应用较为滞后且被动，大众尤其对航企和第三方代理平台的行为有所诟病。首先，航企在将飞机票进行外包销售的过程中，没有考虑到营造一个充分且自律的法治环境，进而从源头上保护旅客个人信息不被侵犯。其次，第三方代理平台的复杂性和海量性，导致一些法律规范的践行主要依靠相关互联网企业的自律性，尤其是一些不被公众所注目的小型企业。如何完善自身机制，以践行相应法律法规，如何规制内部人员因私利而泄露信息，如何在格式合同中进一步维护旅客法律权益等，都是第三方代理平台和航企尚未做到且需进一步提升的。最后，诸如公安局、市场监管部门、工商局等相关政府部

---

① 参见冯洋、李珂、张健：《侵犯公民个人信息罪司法裁量的实证研究》，载《山东大学学报(哲学社会科学版)》2023年第1期。

② 参见杨寸思：《中国民航个人信息安全的政府规制优化研究》，华东政法大学2019年硕士学位论文。

门亟须提高自身执法效能，创新自身执法方式，完善自身执法理念，以全新的、及时的、高效的、更贴合公民权益保护的核心观念来加强法律运用力度。

第三节　民航旅客个人信息的侵权责任

一、民航旅客个人信息侵权责任的认定及救济途径

（一）民航旅客个人信息侵权责任的认定

侵权损害赔偿责任通常由侵权行为、因果关系、损害事实和行为人主观上有过错这4个要件构成，对应的归责原则主要包括过错责任原则、无过错责任原则、过错推定原则与公平责任原则。通常造成民航旅客个人信息受损的主体可分为两大类：第一类为公务机关，即中国民用航空局、工业和信息化局、反恐怖局、市场监督管理局等行驶政府职能，进行公共服务的有关机构和管理部门；第二类为非公务机关，即航空公司、第三方代理平台、中国民航信息集团有限公司、直接侵权人、机场等数据持有者。在侵害民航旅客个人信息权益的纠纷中，信息处理者所拥有的自动化决策技术优势、数据算法的保密性和单体信息的无价值性，在事实上造成被侵权人在举证能力方面处于弱势地位，法院对侵权行为和损害事实厘定存在技术性短板。因此，从侧重法理的角度来探讨侵害个人信息权益适用何种归责原则能够实现双方当事人的利益平衡显得尤为重要。[①] 结合欧盟GDPR、美国CCPA、德国《联邦数据保护法》，以及中国《民法典》《侵权责任法》《个人信息保护法》等，出于利益平衡原则和多元归责的考量，我们可以按照侵权主体的不同分类，适用不同的归责原则。[②] 公务机关可以适用过错推定责任原则。在此种情形下，侵权责任构成要件为3个：侵权行为、因果关系和损害事实。当以上3个要件具备

[①] 参见尚国萍：《信息处理者侵害个人信息权益的民法救济》，载《社会科学家》2022年第12期。

[②] 参见王勇旗：《数字时代侵害个人信息的归责原则适用——以类型化为视角》，载《内蒙古农业大学学报（社会科学版）》2023年第1期。

时,行为人就需承担相应的赔偿责任,除非能够自证没有过错。非公务机关正常情况下可以适用过错责任原则,但旅客举证能力不足,案件事实难以查明时,可参照适用过错推定原则。①

过错责任以行为人的主观过错作为民事责任承担的必要条件,行为人只有在有过错时才承担对应的民事责任。倘若无过错,则不承担民事责任。在侵权法中,过错推定原则是指受害人在诉讼中能够证明侵权行为与损害事实之间存在因果关系,而加害人在不能证明自己对损害的发生无过错的情况下,法院往往会从损害的事实本身推定加害人对造成损害的行为有过错。民航旅客个人信息的侵权责任可谓是伴随网络信息科技发展而出现的,与一般的侵权责任不尽相同,理应厘清恰当的侵权责任认定原则,适用更新的责任认定标准。比如,在侵权责任类型方面,可设立针对民航旅客个人信息的特殊侵权责任;在归责原则方面,可考虑全面适用无过错责任原则,提高对旅客信息泄露案件的维权力度;在举证责任方面,可采用灵活的举证责任倒置,切实考虑到双方的举证能力;在证明标准方面,可适用高度盖然性的证明标准。

(二)救济途径:侵权责任之诉抑或违约责任之诉

侵权责任是指行为人因自身违法行为或者法律规定的不当行为对他人人身、财产权益造成损害而承担的民事责任。违约责任是指合同当事人没有按照合同约定或者法律规定履行自己的义务而承担的民事责任。② 侵权责任和违约责任的主要区别在于产生基础、归责原则、举证责任、责任构成要件、责任范围和承担责任的法律后果六大类。当民航旅客个人信息泄露案件发生时,可以提起违约责任之诉的主要缘由来自合同基础和契约精神;而可以提起侵权责任之诉的主要原因在于各国侵权法对于个人重大利益和社会正常秩序的维护。根据欧盟 GDPR 第 28 条的规定,违反相关规定的数据收集者,不仅应当承担包括行政罚款在内的行政处罚,还应当承担合同责任,即对受到损害的个人信息主体承担包括赔偿责任在内的违约责任。但遗憾的是,GDPR 并没有对侵害个人信息的违约责任作出更加明确、更加详细的可操作

---

① 参见郑欣:《论航空旅客个人信息的侵权责任》,中国民航大学 2020 年硕士学位论文,第 17~26 页。

② 参见程啸:《侵权责任法》(第 3 版),法律出版社 2021 年版,第 79~85 页。

性说明,这为个人信息保护机制留下一个重要空白。另外,欧盟1995年发布的《个人数据保护指令》第23条规定,任何因非法数据处理行为或任何违反根据本指令通过的相关国内规定的行为而遭受损害的人,都有权从数据控制者那里获取适当的赔偿。[①] 在民航旅客个人信息受损的案件中,旅客通常会选择遵循侵权责任法来诉请侵害方承担相应的侵权责任或者按照合同法诉请对方承担相应的违约责任。

下文将以申某与支付宝等侵权责任纠纷一案(以下简称申某案)和方某明与北京金色世纪商旅网络科技股份有限公司、中国东方航空集团有限公司合同纠纷一案(以下简称方某明案)为样本,对救济途径该遵循侵权责任之诉抑或违约责任之诉进行分析。在申某案中,案情简介为:2017年8月10日,申某收到内容为因起落架故障,航班被取消的短信,需要办理改签或退票,所谓的"客服"准确地说出了申某姓名、身份证号、航班号等信息,后申某经诱导开通支付宝亲密付功能被骗。当事人的诉讼请求可归纳为赔偿经济损失,赔偿精神损害抚慰金,赔礼道歉3类。最终法院依照原《民法总则》第111条[②],原《侵权责任法》第37条[③],《网络安全法》第40条[④]、第41条[⑤]、第42条[⑥]、第

[①] 参见杨晓娇:《个人信息权的违约责任保护之探讨》,载《西北大学学报(哲学社会科学版)》2019年第4期。

[②] 参见《民法总则》第111条:自然人的个人信息受法律保护。任何组织和个人需要获取他人个人信息的,应当依法取得并确保信息安全,不得非法收集、使用、加工、传输他人个人信息,不得非法买卖、提供或者公开他人个人信息。需要注意的是,2021年1月1日《民法典》实施后,原《民法总则》同时废止。此案发生时间为2018年,故当时还适用原《民法总则》。

[③] 参见《侵权责任法》第37条:宾馆、商场、银行、车站、娱乐场所等公共场所的管理人或者群众性活动的组织者,未尽到安全保障义务,造成他人损害的,应当承担侵权责任。因第三人的行为造成他人损害的,由第三人承担侵权责任;管理人或者组织者未尽到安全保障义务的,承担相应的补充责任。

[④] 参见《网络安全法》第40条:网络运营者应当对其收集的用户信息严格保密,并建立健全用户信息保护制度。

[⑤] 参见《网络安全法》第41条:网络运营者收集、使用个人信息,应当遵循合法、正当、必要的原则,公开收集、使用规则,明示收集、使用信息的目的、方式和范围,并经被收集者同意。网络运营者不得收集与其提供的服务无关的个人信息,不得违反法律、行政法规的规定和双方的约定收集、使用个人信息,并应当依照法律、行政法规的规定和与用户的约定,处理其保存的个人信息。

[⑥] 参见《网络安全法》第42条:网络运营者不得泄露、篡改、毁损其收集的个人信息;未经被收集者同意,不得向他人提供个人信息。但是,经过处理无法识别特定个人且不能复原的除外。网络运营者应当采取技术措施和其他必要措施,确保其收集的个人信息安全,防止信息泄露、毁损、丢失。在发生或者可能发生个人信息泄露、毁损、丢失的情况时,应当立即采取补救措施,按照规定及时告知用户并向有关主管部门报告。

45条①、第74条②,2015年《民诉解释》第108条③之规定作出侵权之诉的判决。④ 在方某明案中,案情简介为:2018年8月13日,方某明收到未知号码以东方航空名义发来的短信,称由于起落架系统故障,方某明预订的从宁波飞往深圳的航班已经取消,可在支付改签费后得到额外补偿。方某明信以为真,便拨打了短信提供的"客服电话",在"客服"的提示操作下进行机票改签,致使被骗转出79,629元。当事人的诉讼请求可归纳为赔偿财产损失及精神损害抚慰金,公开赔礼道歉和承担该案诉讼费。最终法院依照原《合同法》第107条⑤和2017年《民事诉讼法》第64条第1款⑥、第144条⑦的规定,认定被告金色世纪公司应自行对泄露原告信息行为承担违约赔偿责任。归纳总结上诉两个典型案例,可以看出在民航旅客个人信息泄露的案件中,究竟是侵权责任之诉还是违约责任之诉,法院会依据当事人的诉讼请求和裁判事实,来释明最终的法定案由。面对当下的信息经济市场,个人信息的市场资源属性和合同化收集方式越发凸显,个人信息权的侵权责任保护可以与违约责任保护齐头并进,良性互补。

---

① 参见《网络安全法》第45条:依法负有网络安全监督管理职责的部门及其工作人员,必须对在履行职责中知悉的个人信息、隐私和商业秘密严格保密,不得泄露、出售或者非法向他人提供。

② 参见《网络安全法》第74条:违反本法规定,给他人造成损害的,依法承担民事责任。违反本法规定,构成违反治安管理行为的,依法给予治安管理处罚;构成犯罪的,依法追究刑事责任。

③ 参见2015年《民诉解释》第108条:对负有举证证明责任的当事人提供的证据,人民法院经审查并结合相关事实,确信待证事实的存在具有高度可能性的,应当认定该事实存在。对一方当事人为反驳负有举证证明责任的当事人所主张事实而提供的证据,人民法院经审查并结合相关事实,认为待证事实真伪不明的,应当认定该事实不存在。法律对于待证事实所应达到的证明标准另有规定的,从其规定。

④ 参见《申某与支付宝(中国)网络技术有限公司等侵权责任纠纷一审民事判决书》,载文书网,北京市朝阳区人民法院,(2018)京0105民初36658号民事判决书。

⑤ 参见《合同法》第107条:当事人一方不履行合同义务或者履行合同义务不符合约定的,应当承担继续履行、采取补救措施或者赔偿损失等违约责任。

⑥ 参见《民事诉讼法》第64条第1款:当事人对自己提出的主张,有责任提供证据。

⑦ 参见《民事诉讼法》第144条:被告经传票传唤,无正当理由拒不到庭的,或者未经法庭许可中途退庭的,可以缺席判决。

二、民航旅客个人信息侵权的举证责任

（一）过错责任下的举证

在民航旅客个人信息侵权纠纷案件中，通常由主张侵权关系存在的主体对具体案件的过错、加害行为、损害结果和因果关系进行举证。在民航旅客信息泄露案中，偶尔会存在对一般规则的突破，但鉴于缺少具体实体法规范的支撑，更多的案件选择采取过错责任。但在举证责任的分配上，司法裁判中的不同裁量将会导致类案不同判的结果，这也是有关案件中当事人败诉的重要原因之一。例如，在"毛某金与福州某航空公司、浙江某技术有限公司的侵权责任纠纷案"[1]、"吴某超与北京三快科技有限公司、东方航空有限公司隐私权纠纷案"[2]和"朱某盈与北京某信息技术有限公司合同纠纷案"[3]中，受害人都是因为未能提供有利证据或者证据的证明力不足以支撑自身主张，进而承担不利的判决结果。故此，明确民航旅客信息侵权案件中的举证责任分配对案件最后的走向至关重要。

在常见的航空公司或第三方销售平台操作不当致使当事人遭受财产和精神损失的案件中，倘若按照侵权法的一贯规定，即依据"谁主张，谁举证"这一经典的方式来分配举证责任，原告需要证实被告在信息处理的过程中存在加害行为与过错，导致了损害结果，并需证明加害行为和损害结果中间存有因果关系。但需要考虑到的是，原告作为普通民众，相较于航空公司、大型互联网公司、高科技公司等而言，自身并不具备搜集证据的充分能力。在科技实力、经济实力和法律运用实力的巨大悬殊下，要求原告证明侵权人在处理信息数据的过程中存有过错，承担全部的举证责任，不利于举证责任的公平分配。[4]在类似的案件中，法院虽然在表面上仍然适用传统因果关系的判定，但实际上已经发挥了威慑预防和责任分配的法律精神，让最有可能造成风险

---

[1] 福建省福州市鼓楼区人民法院民事判决书,(2019)闽0102民初3696号。
[2] 贵州省毕节市七星关区人民法院民事判决书,(2019)黔0502民初8624号。
[3] 西安市未央区人民法院民事判决书,(2017)陕0112民初1252号。
[4] 参见姚闽琴子:《航空旅客信息安全保护的问题与因应——以"庞理鹏隐私权纠纷案"为例》,载上海市法学会编辑《上海法学研究》第17卷,上海人民出版社2021年版,第135~142页。

的主体进行责任承担。在国外,许多学者也主张在个人信息侵权诉讼中引入概率论和市场份额理论来进一步解决因果关系。①

(二)过错推定责任下的举证

细数民航旅客个人信息侵权案件的源头,通常并非由单一主体的不当行为引起。旅客信息一旦被信息处理者集中性、排他性和控制性地收集和处理,将在收集、加工、传输和利用的多个环节存有泄露的可能,进一步造成对于信息侵权损害的发生,被害人竭尽谨慎行为仍不能避免的怪象。侵权案件一旦发生,大量证明要件事实的证据集中在侵权人身上,而受害人对过错要件的证明则处于进退两难的境地。鉴于信息处理者自身的网络处理行为具有较高的自主性和风险性,如果信息处理者在信息流动过程中恶意将个人敏感信息和特定身份信息泄露给第三方,那么将使信息主体的人身和财产安全面临极大的未知风险。② 因此,可以看到诸如欧盟 GDPR 第 146 条的规定,处理行为违反该条例导致对自然人产生任何损害的,控制者或处理者应当向自然人作出赔偿。控制者或处理者能够证明对损害的发生没有责任的,可以免责。③ 德国《民法典》第 823 条明确规定了当违反保护性法律的行为发生时,对于因果关系和过错证明两方面的认定都将利于受害者。换言之,行为人的行为一旦满足法定客观构成要件,即违背了保护他人的法律,行为与责任之间的因果关系即推定存在。④ 若想推翻推定,违法者必须证明存在妨碍的原因。这进一步体现出,在过错推定责任下,过错的认定适用倒置举证责任的方式。受害人只需证明加害人实施了损害行为并造成了损害后果,以及损害行为与损害后果之间存有因果关系。无须额外证明就可以推定加害人在主观上有过错,责令加害人承担后续的相关责任。⑤

---

① See George L. Priest, *Market Share Liability in Personal Injury and Public Nuisance Litigation: An Economic Analysis*, Supreme Court Economic Review, Vol.18, 2010(1), p.109.
② 参见杨垠红:《大数据使用情境下个人信息的侵权救济》,载《福建师范大学学报(哲学社会科学版)》2022 年第 6 期。
③ 参见瑞栢律师事务所译:《欧盟〈一般数据保护条例〉GDPR(汉英对照)》,法律出版社 2018 年版,第 33~34 页。
④ 参见程啸:《论个人信息侵权责任中的违法性与过错》,载《法制与社会发展》2022 年第 5 期。
⑤ 参见《民法典》第 1165 条:行为人因过错侵害他人民事权益造成损害的,应当承担侵权责任。依照法律规定推定行为人有过错,其不能证明自己没有过错的,应当承担侵权责任。

以我国《个人信息保护法》为切入，该法第 69 条确立了过错推定责任原则的适用，故在诉讼中将依此规定对举证责任进行分配。需要注意的是，《个人信息保护法》第 69 条和第 71 条所明确的主体是实施了收集、存储、运用、公开、删除行为的个人信息处理者；过错的认定主要限于违法行为；损害行为要求具有违法性，损害价值大多难以计算和举证；侵害行为要求对当事人的利益足以造成损害。① 此种规则下的举证责任具体分配可归纳为以下 4 个步骤：第一，原告需要对民航旅客侵权案件中的违法行为、损害结果和因果关系 3 个主要构成要件承担举证责任；第二，原告对前述要件举证成功后，法官会推定被告负有过错；第三，实行举证责任倒置，即由被告承担证明自己对损害结果的发生没有法定过错，进而推翻第二步中假设被告存在过错的推定；第四，被告证明自己不存在过错的，则不承担侵权责任；反之，若无法证明或证明不足，则推定过错成立，判定由被告承担侵权责任。相较于前述对过错责任缺点的论述，不难发现，虽然过错推定责任原则的核心还是过错责任，但是它适应了社会延伸发展的需要。过错推定责任的目的就在于倒置对过错要件的举证责任，而不是所谓的降低非过错要件的证明标准。②

三、民航旅客个人信息侵权责任的损害赔偿

(一) 财产损害赔偿

侵害民航旅客个人信息权益的财产损害往往指的是，旅客因个人信息权益被侵害而遭受的能够通过金钱加以计算的损害。从世界各国的司法实践来看，侵害民航旅客个人信息形成的损害，多为财产性损失。最为常见的就是，民航旅客的个人信息因民航公司等信息处理者没有履行完整的安全保护义务而发生泄露事故，进而使得旅客遭遇犯罪分子的电信网络诈骗。但是，如果遇有侵害行为却没有对当事人造成财产损失或无法证明财产损失，那么

---

① 参见王道发：《个人信息处理者过错推定责任研究》，载《中国法学》2022 年第 5 期。
② 参见谷田园：《论个人信息保护纠纷案件中过错要件事实的举证责任分配》，载《山东警察学院学报》2022 年第 1 期。

这时可考虑按照具体情节,来确定最终的赔偿金额。① 按照通常的法理阐释,我们通常会以"受到的损失"和"获取的利益"这两个节点,作为确定赔偿数额的依据。

当然这里的损害对象,无论是物质性人格权或是精神性人格权,只要有财产损失的形成,就要对该部分予以赔偿。因为精神性人格权被侵害所受到的财产损失往往难以估算,所以可以按照侵害人就此获得的利益作为衡量标准。② 如果单纯地作出"损人不利己"的行为,没有造成任何财产损失,也没有从中获取利益,则双方可以通过协商的方式,来进一步确定赔偿责任的承担,这时可以将侵权人的过错、具体侵权的方式、造成的不良影响等作为考量的因素。③ 这也从侧面说明,我国新颁布的《个人信息保护法》中的损害赔偿规则更加侧重于对个人信息权益遭受的财产损失的救济。④ 除上述所谈及的损失外,被侵权人受到的损失,还涵盖了因制止侵权行为而花费的合理开支,诸如受害人或者委托代理人对所遭受的侵权行为调查取证,聘请专业人员的费用,以及交通路费等合理费用。对这一部分开销,可以参照2014年《最高人民法院关于审理利用信息网络侵害人身权益民事纠纷案件适用法律若干问题的规定》第12条⑤的规定,结合当事人的请求和实际的案情来判断,可以考虑将符合规定的律师聘请费用计算在这一赔偿范围之内。

---

① 参见《侵权责任法》第20条:侵害他人人身权益造成财产损失的,按照被侵权人因此受到的损失赔偿;被侵权人的损失难以确定,侵权人因此获得利益的,按其获得的利益赔偿;侵权人因此获得的利益难以确定,被侵权人和侵权人就赔偿数额协商不一致,向人民法院提起诉讼的,由人民法院根据实际情况确定赔偿数额。
② 参见杨立新:《侵害个人信息权益损害赔偿的规则与适用——〈个人信息保护法〉第69条的关键词释评》,载《上海政法学院学报(法治论丛)》2022年第1期。
③ 参见王胜明:《中华人民共和国侵权责任法释义》,法律出版社2013年版,第112~116页。
④ 参见张新宝:《论个人信息权益的构造》,载《中外法学》2021年第5期。
⑤ 参见2014年《最高人民法院关于审理利用信息网络侵害人身权益民事纠纷案件适用法律若干问题的规定》第12条第1款:网络用户或者网络服务提供者利用网络公开自然人基因信息、病历资料、健康检查资料、犯罪记录、家庭住址、私人活动等个人隐私和其他个人信息,造成他人损害,被侵权人请求其承担侵权责任的,人民法院应予支持。但下列情形除外:(一)经自然人书面同意且在约定范围内公开;(二)为促进社会公共利益且在必要范围内;(三)学校、科研机构等基于公共利益为学术研究或者统计的目的,经自然人书面同意,且公开的方式不足以识别特定自然人;(四)自然人自行在网络上公开的信息或者其他已合法公开的个人信息;(五)以合法渠道获取的个人信息;(六)法律或者行政法规另有规定。

(二) 精神损害赔偿

对民航旅客个人信息权益的侵害,常常会因为涉及对名誉权、隐私权、生命权等人格权的侵害,进而引发精神损害赔偿的问题。对于精神损害赔偿的启动,各国都有不同的规定。例如,1932年赛奴商事和民事法院的判例首次承认了精神损害,开启了法国在违约情形下追究精神损害赔偿的先河。2002年德国《民法典》第253条第2款规定,因身体、健康、自由侵害等而需损害赔偿的,亦可因非财产损害而请求公平的金钱赔偿,[1]同时德国在司法实践中给精神损害赔偿留下了广阔的践行空间。根据瑞士《债务法》第99条的释明,合同诉讼中也可适用侵权的规则来救济因违约而产生的精神损害。美国第二版《合同法重述》第353条阐明了两种可以提起精神损害赔偿的情形:一是在造成身体伤害的前提下可以追究精神损害赔偿;二是因合同违约产生了严重的精神损害结果。另外,1998年《欧洲合同法原则》和《国际商事通则》也均对主张精神损害这一问题持肯定态度。因此,在由于违约而对生命、身体等人身关系造成了侵害的情形下,对于非财产损害也应予以赔偿,这几乎是当下世界各国通行的执法理念。然而,在实践中,也往往会遇有单纯的个人信息侵权案件,并没有对受害人的具体人格权造成损害。在这种情况下,是否可以要求精神损害赔偿,理论界和实务界存有不同看法。

从我国《侵权责任法》第22条[2]以及最高人民法院相关审理意见[3]来看,若想启动精神损害赔偿,除要求被害人的人身权益受损外,还要求获得"严重精神损害"的判定。因此,倘若在侵害旅客个人信息的案件中,受害人无法证明自己遭受到严重的精神损害,则不能请求侵权人承担相应的精神损害赔偿责任。[4] 这无疑不利于民航业尊重和保障人权氛围的形成。个人信息权益作

---

[1] 参见郑永宽:《违约责任与侵权责任竞合中的精神损害赔偿》,载《中州学刊》2022年第11期。
[2] 参见《侵权责任法》第22条:侵害他人人身权益,造成他人严重精神损害的,被侵权人可以请求精神损害赔偿。
[3] 参见2014年《最高人民法院关于审理利用信息网络侵害人身权益民事纠纷案件适用法律若干问题的规定》第17条:网络用户或者网络服务提供者侵害他人人身权益,造成财产损失或者严重精神损害,被侵权人依据侵权责任法第二十条和第二十二条的规定请求其承担赔偿责任的,人民法院应予支持。
[4] 参见程啸:《论侵害个人信息的民事责任》,载《暨南学报(哲学社会科学版)》2020年第2期。

为新时代人格权的关键一项,一旦遇有侵害,无论是否有财产利益的损失,单论对精神利益形成的严重损害,权利人就可以此为基础要求侵权人承担相应的精神损害责任。具体责任的确定,可以参照《民法典》第 1183 条①来执行,这与《个人信息保护法》第 69 条是并不相悖、可以共存的。归根溯源,规范信息处理者的活动,确保信息处理者不突破人格尊严底线,向来是我国宪法和民法核心精神的一直追求。② 故此,当损害程度可以达到严重这一层级时,《民法典》第 1183 条就可被用来诉请精神损害赔偿。在实践运用中,为更好地发挥法律的警示作用和救济功能,"严重精神损害"的具体衡量可多元化参照案件的具体情形,避免简单地等同于医学上确诊的精神疾病。③ 精神损害赔偿最为关键的地方在于,使身体和灵魂在法律上获得平等对待,这一法律理念的影响力极具前进性。随着社会对人格尊严的重视加深,以"严重"作为取得精神损害赔偿的限制条件,将有违精神性人格权高于财产性权利的民事权益位阶理论,致使部分精神损害无法取得赔偿,进而造成不良的社会影响。随着《个人信息保护法》的出台,我们完全可以借鉴财产损失法定数额的确定方式来拟定精神损害的赔偿细则。

第四节　民航旅客个人信息安全法律规制的域外实践与经验

一、欧盟的实践与经验

(一)欧盟实践:以《通用数据保护条例》(GDPR)为例

2018 年 5 月 25 日开始实施的欧盟 GDPR,可谓是欧盟数据保护法的基石,为数据保护设置了最高的标准,深刻改变了欧洲的监管格局,并发挥了极

---

① 参见《民法典》第 1183 条:侵害自然人人身权益造成严重精神损害的,被侵权人有权请求精神损害赔偿。因故意或者重大过失侵害自然人具有人身意义的特定物造成严重精神损害的,被侵权人有权请求精神损害赔偿。
② 参见王锡锌、彭錞:《个人信息保护法律体系的宪法基础》,载《清华法学》2021 年第 3 期。
③ 参见解正山:《个人信息保护法背景下的数据抓取侵权救济》,载《政法论坛》2021 年第 6 期。

大的全球辐射作用,也对航空公司如何捕获、存储和传播数据产生了深远的影响。GDPR 具有领土外效应,这影响着航空业中的许多组织。GDPR 适用于这些处理个人数据的组织,包括在欧洲经济区内的机构和非欧洲经济区机构。航空公司、机场运营商及其服务提供商,如地面处理公司,会定期处理大量的个人数据:有关乘客、机组人员和其他员工的信息,以及与供应商和其他业务联系方式有关的个人数据。航空公司运营的高度监管环境和国际特征增加了数据保护遵从性方面的另一层复杂性。GPDR 建立了一个两级精细体系,航空公司应确保自身网站上有符合 GDPR 的隐私政策,向乘客提供所有相关信息,其中包括控制者的身份、收集的个人数据类型以及此类处理的依据以及数据的来源和用途等信息。航空公司还必须遵守 GDPR 规定的其他义务,例如,在一个月内回复主题访问请求,并在 72 小时内向监管机构报告任何相关的个人数据泄露事件。对于某些违规行为,航空公司可能会被数据保护监管机构处以高达 1000 万或全球年营业额 2% 的罚款,以较高者为准;对于最严重的 GDPR 违规行为,监管机构可航空公司处以高达 2000 万或该公司全球年营业额 4% 的重罚,当两者竞合时以较高者为准。当然,不合规的影响超出了罚款范围,航空公司还面临着声誉损害、客户信任的丧失、股价下跌和消费者或员工集体诉讼的风险。在这种情况下,加强数据保护的遵从性是很重要的。[1]

GDPR 设计的目的不仅是在全球经济的各个部门创造有效和普遍的个人数据保护机制,而且包括为数据对象提供有效的工具,以执行他们的权利,并为监管机构创造有效的监督工具。航空业从一开始就希望 GDPR 能帮助解决一些影响该行业的问题。他们的代表就该条例草案提出了许多有价值的意见和建议。新的个人数据保护法的一个重要方面将是对特定行业的自我监管的重要开放。欧洲数据保护委员会(European Data Protection Board,EDPB)在协调执法和欧盟各国数据保护局在具体执法方面的有效性,反映出 GDPR 具有强大的威慑力。与此同时,欧盟正在全球范围内推广 GDPR 标准,

---

[1] See Dawid Zadura, *Importance of Personal Data Protection Law for Commercial Air Transport*, Transactions on Aerospace Research, Vol. 246, 2017(1), pp. 35 - 44.

扩大 GDPR 的影响力,希望建立个人数据保护的通行标准,GDPR 的长臂管辖鼓励欧盟以外的国家和地区更加重视对个人数据的保护。但不可否认的是,GDPR 自实施以来也遇到了一些问题:第一,GDPR 自实施以来,并没有很好地保护公民免受信息泄露所带来的伤害;第二,GDPR 在具体操作方面存在投诉门槛较低,监管机构不堪重负,落实和执行不切实等现象;第三,GDPR 在一定程度上促进了大企业的发展和升级,而这又不可避免地削弱了中小企业的生存空间,同时 GDPR 的合规成本成为许多公司的一项高额且必需的成本支出;第四,GDPR 使自由言论和表达变得沉默,并没有创造更多的网络信任;第五,GDPR 对数据保护的规定,一定程度上为新技术的研发和革新带来了挑战。①

(二)欧盟经验:法治与自律并行的治理模式

GDPR 对航空业产生了深远的影响,影响了航空公司、机场、预订代理商和许多其他服务提供商。GDPR 规定了比以前的数据保护法更严格的义务,并要求组织遵守许多关键原则。这些义务包括合法、公平和透明地处理个人数据;仅出于特定、明确和合法的目的收集数据;确保收集的数据仅限于目的所需的数据;保持准确性和最新性;存储时间不超过必要的时间;以确保适当的安全性和保护的方式处理数据,以防止数据未经授权的处理和意外丢失、破坏或损坏等。② 当前民航旅客个人信息保护演变为一个十分紧迫且无法避免的问题,且世界各国都通过制定一系列相关的法律法规来应对时代的变化,而其中极具代表性的就是欧盟的 GDPR 模式对民航信息泄露等的规制。结合自 GDPR 实施以来的具体实效,不难发现 GDPR 试图在营造一种高规格的法律规制体系和敦促企业自我约束并行的治理模式。

第一,GDPR 通过管辖范围、数据处理主体、监管对象、个人数据中的特别类型(敏感数据)、数据主体的个人同意、七大原则、数据主体的权利等多维

---

① 参见余圣琪:《数据权利保护的模式与机制研究》,华东政法大学 2021 年博士学位论文,第 68~69 页。

② See Anna Anatolitou & Rachel Richards, Aviation Laws and Regulations EU Law: Passenger Rights and Protections 2022 – 2023, ICLG.com, https://iclg.com/practice-areas/aviation-laws-and-regulations/6 – eu-law-passenger-rights-and-protections, Mar. 26, 2023.

度、高覆盖地构建了一种高标准的数据治理体系,以法治的方法为欧盟公民提供了针对个人信息保护和管理的严格准则,并适用于任何处理欧盟公民数据的公司,且不论该公司在哪里,影响范围非常广。其中最为显著的当属 GDPR 中的行政处罚制度所搭建起来的法治保护模式。GDPR 的执行落地主要依靠行政规制;从执法效果来看,GDPR 项下的行政罚款地起到了关键作用;当然,GDPR 对民事损害赔偿机制是绝对认可的,但在具体适用过程中并无统一的民事诉讼程序,仅对适格法院有权依所在国的法律完成审理予以了授权。①

第二,EDPB 作为一个独立的、权威的、合法的数据保护执法机构,专门负责 GDPR 项下的司法解释和依规执法工作。同时,借行政罚款这一中枢制度要素,与 GDPR 第 58 条规定的其他措施共同构成监管机构强有力的执法工具箱。各国监管机构有权参照案件的具体事实和发展走向,诸如数据侵权案件的性质、侵权程度、持续时长、损害结果、主观意念等,以及数据控制者或数据处理者的补救方案、负责程度和合作意向,在每个案例中进行独立评估,以确定是否根据 GDPR 第 83 条所述的行政处罚实施处罚。统一的行政罚款标准有利于突破各国法律框架的差异、执法机构的独立性,实现同等程度的保护,从而消除个人数据流通的障碍。GDPR 的执法机构和监管机构具有较强的自主性、独立性和协调性,可以充分落实行政罚款等处罚措施,对大数据持有者的数据侵权行为起到法律威慑作用。部分企业在遭遇巨额罚款后,会启动自我监管,降低经济成本和法律风险,实现利益优化。②

二、美国实践与经验

(一)美国实践:以 CCPA 为例

一直以来,美国都十分重视个人隐私权的保护,尤其是在计算机问世之

---

① 参见王融、黄致韬:《迈向行政规制的个人信息保护:GDPR 与 CCPA 处罚制度比较》,载百家号,https://baijiahao.baidu.com/s?id=1661521779623926798&wfr=spider&for=pc,访问时间:2023 年 3 月 26 日。
② 参见王敏、曹放:《GDPR 时代数据保护的欧美标准与中国策略》,载《新闻大学》2022 年第 7 期。

后，美国力图在个人隐私权立法上不断创新，根据不同行业的具体情况构建不同的立法保护模式，其中航空业就是亟待数据保护的重点领域之一。美国CCPA于2018年6月28日通过，并于2020年1月1日正式施行。作为美国第一部全面的数据隐私法，CCPA的问世标志着美国隐私法新时代的到来，对加利福尼亚州、美国其他州、联邦立法都产生了里程碑式的影响。随后，《加州隐私权法案》(California Privacy Rights Act,CPRA)于2020年11月3日通过，并于2023年1月1日正式生效。从严格意义上来讲，CPRA并不是一部全新的提案，它本质上是对2020年就已生效的CCPA的一份修正案。相较于CCPA，CPRA的最新条款对数据安全标准、消费者隐私保护和执法主体和程序都提出了新的要求。例如，CPRA提出了一个全新的"敏感个人信息"分类，这为美国隐私保护法体系增加了许多新信息。因此，CPRA更像是在CCPA基础上进行的一个改写、补充、细化、完善和提升。故本书在探讨美国数据保护的实践与经验时，将会以对CCPA的分析为主，以对CPRA的更新为补充。

　　CCPA在涉及民航旅客个人信息保护方面的主要制度可以分为适用范围、对个人信息的界定、消费者的权力内容和救济规则四大模块。[①] 首先，适用范围的法律规制。符合以下标准的加利福尼亚州企业将处于CCPA的规制之内："(1)一年的总收入高于2500万美元；(2)出于商业用途，每年单独或组合购买、接收、贩卖、共享和利用5万名或以上消费者、设备或家庭的个人信息；(3)年收入的50%或以上是通过出售消费者的个人信息获取的。"[②] 不难发现，CCPA在限定消费者保护义务的时候，主要的规制对象是影响范围比较大、风险程度较高以及以收集消费者个人信息为盈利目的之企业，而航空公司完全符合以上标准。其次，对个人信息的界定。CCPA将"个人信息"定义为，可以"直接或间接地识别、关系到、描述、能够相关联或可合理地连接到特定消费者或家庭的信息，包括但不限于，诸如真实姓名、别名、邮政地址、电子

[①] 参见晋瑞、王玥：《美国隐私立法进展及对我国的启示——以加州隐私立法为例》，载《保密科学技术》2019年第8期。

[②] 美国《2018年加州消费者隐私法案》大会第375号法案，第1798.140节第c款。

邮件地址、账户名称、标识符或其他类似标识符"①。这一定义,完全契合民航旅客个人信息的典型特征。再次,消费者的权力内容。CCPA 为加利福尼亚州居民提供以下消费者权利:(1)知情权、访问权;(2)删除权;(3)选择不再出售其个人信息的权利;(4)不受歧视的权利。CCPA 要求企业密切关注这些权利以及实现这些权利的具体要求,同时给了企业高效利用信息的空间,做到了兼顾个人隐私保护与企业持久发展。最后,消费者的救济规则。消费者可就企业违反法定义务导致的个人信息泄露,提起"不少于 100 美元且不超过 750 美元的物质赔偿要求,以数额较大者为准,禁止令或宣告性法律救济以及法院认为适当的任何其他救济"②。这为消费者低成本保护受损的个人信息,制定了相对完善的救济原则,CCPA 也没有将个人诉讼作为保障消费者权益的主要手段。相较于 CCPA,CPRA 在公司主动披露义务,新的政府机构的设立,公司的日常合规要求,将个人敏感信息归为特殊保护信息,加大对侵犯隐私行为的处罚力度,对"同意"的概念进行更为清晰、充分的界定等方面进行了更新和提升。③

(二)美国经验:具化数据保护的对象和路径

CCPA 的出台旨在加强加利福尼亚州对消费者隐私和数据安全的保护,这极大程度上弥补了美国数据隐私专门立法的空白,被称作时下美国最为严格的针对消费者数据隐私保护的法案。通过对 CCPA 重要规则的缕析,我们可以看到美国通过一系列立法搭建了相对完善的涵盖民航旅客个人信息保护的法治机制,对数字时代下民航旅客信息安全的合理保护与航企等相关企业的升级发展之间的利益平衡作出了最新的有益尝试。在保护消费者权益的基础上,CCPA 也充分肯定数据流动的经济效益,倡导在合法情况下合理使用个人信息。CCPA 对个人信息安全作出了如下细化保护:第一,CCPA 法案被普遍应用于以加利福尼亚州为业务基地,以收集和处置加利福尼亚州居民个人信息为目的且满足一定门槛要求的公司,一定程度上反映出美国统一个人信息保护标准的倾向;第二,CCPA 实现了个人信息保护和产业发展之间的

---

① 美国《2018 年加州消费者隐私法案》大会第 375 号法案,第 1798.140 节第 o 款。
② 美国《2018 年加州消费者隐私法案》大会第 375 号法案,第 1798.150 节第 a 款。
③ 参见张继红、文露:《美国〈加州隐私权法案〉评述》,载《中国信息安全》2021 年第 3 期。

合理平衡,通过"选择退出"机制的运用,高效细化了个人信息在企业和用户之间流转时企业和用户各自的支配义务;第三,CPPA 使违反数据保护义务的企业在法案下承担损害赔偿责任,并对一些数据泄露问题提出私人诉讼权要求,使民事集体诉讼得以进行。[1]

CPRA 作为对 CCPA 的更新,很明显地在细节上补充了关于隐私保护的更多限制。第一,CPRA 从 GDPR 中获得了一些灵感,创立了一个全新的"个人敏感信息"类别;第二,CPRA 给予消费者拒绝企业向第三方共享个人信息的权利;第三,如果消费者要求企业删除自己的用户数据,那么该企业,以及该企业的第三方合作伙伴则同样需要尊重消费者的选择,将这部分数据删除;第四,企业不仅仅是不被允许出售数据,而且进一步拓展到禁止共享一些数据,并且企业应对这些"高风险行为"进行年度审查和风险评估;第五,CPRA 同时要求数据最小化,即企业只能收集实现特定业务目的所必需的数据。并且要求企业在一定时间后删除他们之前保存的数据;第六,相较于以往多数由法院和其他机构承担有关法条执行的具体任务,CPRA 将由更加专业和更加集中在单一领域内的执行机构来完成这一工作内容。[2] 无论是从 CCPA 的经验来看,还是从 CPRA 的进一步优化来看,都可以发现美国在对民航旅客个人信息的保护中不断细化消费者和企业的各自义务,不断精确行政部门可以提供的执法的方式,不断打造一个更为明晰、细致和周全的保护路径。

三、日本实践与经验

(一)日本实践:以《个人信息保护法》为例

日本作为亚太地区个人信息保护的一个典型代表,制定了一系列关于信息安全的立法,其中最为重要的当属《个人信息保护法》,该法的颁布和更新对民航业的影响深远。早在 2003 年,日本就通过了《个人信息保护法》这一

---

[1] 《美国〈加州消费者隐私法〉对俄国的启示》,载赛迪智库,www.ccidgroup.com/info/1207/42289.htm,访问时间:2023 年 3 月 26 日。

[2] 参见《CPRA 即将生效,隐私保护更加严峻》,载腾讯网,https://new.qq.com/rain/a/20230111A032B600,访问时间:2023 年 3 月 26 日。

关于个人信息安全的基础性立法；后于2015年对《个人信息保护法》进行了自全面实施以来的第一次修订并制定了与之相配套的实施细则；日本现行《个人信息保护法》(Personal Information Protection Act, PIPA)于2020年6月通过，该法于2021年正式生效，加强了对数字时代个人信息的最新保障，在强化主体对个人信息控制的同时最大化地贴合社会对个人信息利用的需要。故此，日本现行对民航旅客个人信息安全法律规制产生最大影响力的法案，当属2020年PIPA。日本借修订PIPA明晰了个人信息保护的核心理念和基本原则，还针对关乎个人信息利用的不同行业特性进行特殊立法，力求平衡个人信息保护和信息高效流动，贯彻落实具体保护细则。①

  细数日本PIPA的重要第2条条款和规定，主要为如下几个方面：首先，在对个人信息的定义方面，PIPA的第2条第1款和第2款对"个人信息"和"个人识别符号"下了定义，但该项定义较为抽象且宽泛，运用"识别说"进行了不完全的列举，一定程度上扩大了法案的保护对象。其次，在个人信息处理者理应履行的义务方面，法案从使用目的的特定、基于使用目的的限制、不当使用的禁止、正当的收集、收集时对使用目的的通知、安全管理措施、对泄露等事态的报告及向第三方提供的限制②等方面进行了较为完善的规定。再次，在对敏感数据的保护方面，PIPA做出了特别的规定，在没有事先取得本人同意的情况下，相关企业不得收集和处理敏感个人信息。复次，在数据主体享有的信息处理权方面，PIPA规定了信息主体具备访问权、知情同意权、更正权、删除权等。最后，在违规处理行为类型上，最为明显的当属增加了从业者出于不正当牟利或获取不当利益的目的，向他人提供与自身业务相关的个人信息数据库的行为；③此外设立和运行旨在平衡个人信息的利用和保护的个人信息委员会作为专门、独立且集中的第三方监管机构，该委员会对回应大数据时代下的个人信息保护，尤其是民航业这一特殊领域的旅客信息保护起

---

  ① 参见孟朝玺、韩国柱：《大数据时代我国个人信息法律保护探析》，载《云南警官学院学报》2022年第1期。
  ② 参见刘颖：《日本个人信息保护法》，载《北外法学》2021年第2期。
  ③ 参见付玉明：《大数据时代个人信息的刑法保护——基于日本法的比较分析》，载《国外社会科学》2022年第5期。

到了至关重要的作用。

(二)日本经验：注重私人和公共利益的平衡

纵观日本PIPA2020年修订的重点和突出点，以及不断出台的同信息利用相关联的政策、法规和制度，可以发现日本贯彻始终的立法精神为：既要保证个人信息在社会管理、商业利用方面发挥最大的价值，实现自由的传输和流通；又要确保个人信息得到高效且相对完整的保护，切实保障公民的基本人权。在PIPA2020年修订提议出来的时候，其中争议最大的就是个人权利的合理安放。譬如，个人能否绝对地掌控和利用自身个人信息，能否随时请求删除、变更、停止利用自身个人信息，能否针对一些不合理利用提出诉讼索赔等。在经过多方考量之后，最终明确当私人权利或私人合法利益可能受到不法损害时，个人可以向有关机构提出索赔，充分体现出日本力图通过个人信息保护法的制定来平衡个人信息的保护和利用。[①]

在日本个人信息保护法的具体构成中，也多方面体现出对私人权利保护和公共利益发展之间的平衡理念，这在保障旅客个人信息的同时，对进一步促进民航业的商业发展起到了重要的作用。首先，在第1条所规定的立法目的中，提到了"在正当且有效利用个人信息的同时推动新兴产业的创新以及经济社会的繁荣发展"这一关键点；其次，在第7条所规定的基本方针中，明确了个人信息可以在被合法保护和合理救济的基础上推进利用；再次，在该法的基本制度中，通过知情同意制度、匿名化和假名化信息、分类分级管理等有关制度的设计，平衡个人信息的保护和利用；最后，在该法的执行过程中，切实关注到了个人信息所具备的社会资源属性，并不能将诉请救济的权利解释为绝对请求权，营造尊重和保障个人基本信息权利的社会氛围。以上几点都无疑体现出日本PIPA在商讨制定和贯彻落实中，力求推进保护与利用的平衡，在优先维护人之尊严的同时，大力推进数字经济的持久和健康发展。

---

① 参见陈威：《日本隐私保护历史的研究——兼议对我国隐私保护的启示》，载《黑龙江省政法管理干部学院学报》2022年第1期。

四、新加坡实践与经验

（一）新加坡实践：以《个人数据保护法》为例

新加坡政府为保护个人信息不被滥用，于2012年10月15日出台了《个人数据保护法》(Personal Data Protection Act,PDPA)。2020年11月2日，新加坡议会通过了《个人数据保护法（修正案）》，该修正案自2021年2月1日分阶段生效。PDPA是新加坡的主要数据保护立法，管理各机构对个人数据的收集、使用和披露，这将对民航业的合规运行产生巨大的规制作用。在PDPA颁布之前，新加坡没有一部规范个人数据保护的总体性法律。相反，在新加坡，个人数据的处理在一定程度上受到各种法律的约束，包括普通法、特定行业的立法以及各种行业自我监管或共同守则，这些现有的特定部门数据保护框架将继续与PDPA一起运作。当前，上述修正案中的数据泄露强制通知、数据许可、数据转移权、违规处理个人数据或未经授权识别匿名信息构罪的内容已经生效。故本书在评析时，将以2020年修正案为主要着力点。修正后的新加坡PDPA增加了关于个人数据携带权、数据泄露通知义务和数据传输流程的相关规定，使新加坡在仿效欧盟立法数据可携带权方面具有代表性；还责令商家及从业者不再可以随意收集、使用及披露修正案实施后的个人身份证号，或者扣留客户的身份证号，并规定只可在依法指定或者需要证明身份的情况下才可从市民处取得市民个人信息。[1]

以下将就2020年PDPA修正案的重点内容进行缕析。第一，适用的范围。PDPA规定，在新加坡处理个人信息，无论是处理新加坡居民个人信息或是处理非新加坡居民个人信息，这样的数据处理行为均需受到PDPA的规制。如果非新加坡居民的个人数据收集机构是新加坡本地的，并在新加坡使用这些数据，且为自己的目的传输或披露这些数据，则除受数据主体所在国家或地区的数据保护法规制外，还将受到PDPA的管理和制约。第二，数据处理原则。PDPA中数据处理的原则包括：目的限制原则、透明原则、准确原则、安全

---

[1] 参见蔡本田：《新加坡实施新个人资料保护条例 违例机构最高罚百万新元》，载中国新闻网，https://www.chinanews.com/gj/2019/09-03/8945538.shtml，访问时间：2023年3月26日。

原则和存储限制原则 5 项。① 第三,数据控制者的义务。PDPA 中数据控制者需遵循同意义务、目的限制义务、通知义务、访问和更正义务、准确性义务、保护义务、保留限制义务、数据转移限制义务、数据泄露义务和问责义务 10 项内容。② 第四,数据主体所享有的权利。PDPA 中数据主体享有访问权、知情权、删除权、数据转移权、更正权、反对/选择退出权等信息处理权利。第五,处罚的方式。数据控制者对非法处置个人数据需承担相应的法律责任,这主要是指:不再违反 PDPA 对个人数据进行采集、利用或者公开;销毁个人违反 PDPA 采集的数据;提供对个人数据进行存取或纠正的授权;最高处以 100 万新元罚款,年营业额分别高于 1000 万新元或者 2000 万新元的,最高处以新加坡违规组织年营业额 10% 或者 5% 的罚款。③

(二)新加坡经验:数据携带与数据泄露通知义务

在数字经济和信息全球流动迅速发展的时代背景下,新加坡作为全球一大金融中心,被誉为"世界上最安全的国家之一"。新加坡的安全,不仅限于人身安全,更在于对个人信息安全的保障,尤其是对诸如民航企业这种掌握大量个人信息的大型数据控制者的合规规制。新加坡的 PDPA 通过赋予用户可执行的权利来规范新加坡个人数据的收集、使用和披露,将合法数据处理的责任放在世界上任何地方处理新加坡境内个人数据的网站、公司和组织肩上,规范在新加坡境外传输个人数据,并设立个人数据保护委员会(Personal Data Protection Commission,PDPC)作为主要执法机构。纵观新加坡 2020 年 PDPA 修正案的新增点和侧重点,包括强制性数据泄露通知、扩大的视为同意框架、合法利益同意的例外情况、对违规行为增加的经济处罚以及新加坡境内用户的新数据可移植性权利,而其中新增的个人数据携带权和新引入的数

---

① 参见《新加坡〈个人数据保护法〉十问十答》,载微信公众号"蓝海现代法律",https://mp.weixin.qq.com/s?__biz = MzA5MDcxNjgxMQ == &mid = 2651596966&idx = 1&sn = 4df244eccb738c9e9b27da3e1c6fc16f&chksm = 8bffe742bc886e5457b8b856f27bd1f96764c9fbb9ef45df66fc8c1e8e9d275e7144d88 26df3&scene =27,访问时间:2023 年 3 月 26 日。
② 参见丁学明:《新加坡数据合规重点解读》,载百家号,https://baijiahao.baidu.com/s?id =1736947864192532060&wfr = spider&for = pc,访问时间:2023 年 3 月 26 日。
③ 参见林心雨:《IAPP 报告 | 2023 年全球立法趋势预测》,载搜狐网,https://www.sohu.com/a/636656485_120076174,访问时间:2023 年 3 月 26 日。

据泄露通知义务将是此次修正案的最大亮点和闪光点,也是值得我们在民航旅客个人信息保护中加以学习和借鉴的地方。

第一,数据携带权。修正后的新加坡 PDPA 对"数据携带"的相关问题以专门章节的模式作出设定。26F 条规定了适用国家和适用数据的定义,26G 条规定了该部分的立法目的,26H 条规定了数据移植要求和移植适用数据的程序,26I 条规定了根据数据移植请求传输个人数据,26J 条规定了保存适用数据的副本等内容。首先,"数据携带"的具体权利义务主要见于数据移植请求的流程和移植组织履行数据传输义务的执法基础。[①] 其次,移植组织在收到数据移植请求时,是否进行下一步:一看是否与数据传输请求人保持着持续的关系;二看是否符合规定的具体要求;三看是否存在不可传输的情形。最后,如果移植组织出于任何原因未根据法定程序传输有关个人的任何适用数据,则移植组织必须在规定的时间和法定的程序内通知该个人。

第二,数据泄露通知义务。在无例外情况发生时,各组织必须评估已经发生的影响自身拥有或控制的个人数据的数据泄露事件,并将符合某些门槛的数据泄露事件在限定时间内通知 PDPC 和受数据泄露影响的任何个人。应通报的数据泄露事件是指:(1)可能会导致与数据有关的任何个人因数据泄露而遭受重大伤害的事件;(2)具有重大规模的(涉及 500 个或更多的人)。PDPA 第 26C 条规定了评估责任,要求机构在有理由相信发生了影响自身拥有或控制的个人数据的数据泄露事件时,应以合理和迅速的方式评估该数据泄露事件是否属于应通知的数据泄露事件。PDPA 第 26D 条规定了对数据泄露的通知时间,该组织必须在切实可行的情况下尽快通知 PDPC,但在任何情况下,不迟于它作出评估后的 3 个日历日。此外,除非有例外情况,否则,如果数据泄露导致或可能导致受影响的个人受到重大伤害,组织必须在通知 PDPC 时或之后,通知受数据泄露影响的个人。该通知应采用规定的形式和方式,并包含该组织当时所知和所信的信息。PDPA 第 26B 条规定了通知义务的例外,即仅在组织内部发生的与未经授权的访问、收集、使用、披露、复制

---

① 参见董春华:《新加坡〈个人数据保护法〉中的"数据携带"》,载《中国社会科学报》2021 年 6 月 7 日,第 A07 版。

或修改个人数据有关的数据泄露被认为不属于应通知的数据泄露。

第五节　中国民航旅客个人信息安全法律规制的完善

一、立法层面：对现有相关立法的评析及完善建议

（一）对《民法典》相关法条的评析

在《民法典》中，个人隐私随着个人私生活而反映，个人信息多呈现附着状态。《民法典》是在原《民法通则》基础上写成的，延续了自然人个人信息保护原则性规定，有利于自然人对"个人隐私""个人信息"的合法保护。《民法典》在总则与分则中均有关于个人信息保护的条款，但是都没有给予民事主体个人信息权。《民法典》总则编第111条总结了个人信息受到法律保护的情况，更加侧重于宣誓性的条款。《民法典》总则编作为《民法典》中基础性、本源性和原则性的组成部分，各分则均不得与总则规范内容相冲突。针对某个特定问题，如分则未作明确规定，可根据总则的原理和精神予以处理。具体到个人信息保护方面，因为它是第一次进入民事法律调整领域，所以《民法典》具体规定必然存在规范缺位或滞后之处，这时总则的规定就起到填补漏洞的效果。关于个人信息保护的相应规定，详见《民法典》人格权编。从立法目的来看，人格权编既可以解决公民隐私信息泄露引发的诉讼纠纷，也可为国家建立个人信息安全管理制度提供依据；同时，它还有助于完善相关法律法规。《民法典》针对大数据时代个人信息应用与保护问题，在个人信息界定标准、个人信息处理原则等多方面作出了肯定和客观的反应，形成了较为完整的体系。[①]

对民航旅客个人信息安全保障和航企合法合规运行影响最深的，当属《民法典》第111条、第1034条、第1035条、第1037条、第1038条等条文，它们分别就个人信息的概念、主体地位、权利客体、分类规则，个人信息的删除

---

① 参见宋才发：《〈民法典〉保护个人信息安全的法治保障》，载《河北法学》2021年第12期。

权、隐私权和知情权以及处理者安全保障义务等内容做出了细化规定。例如,《民法典》第 1034 条①对自然人个人信息进行法定保护,厘清了个人信息法定概念和适用规定;《民法典》第 1035 条②对法定的个人信息处理方式进行了规定;《民法典》第 1037 条③规定了个人信息主体所享有的信息处理权利;《民法典》第 1038 条④则规定了信息处理主体的处理程序和法定义务;《民法典》第 1039 条⑤对公权力机关处理个人信息的行为进行了法律约束。这些规定体现出鲜明的时代性特点,同时具有较强的可操作性。缕析《民法典》中的相关规定,可以发掘出《民法典》在民航旅客个人信息保护中的三大亮点:一是个人信息概念外延得到拓展,保护内容更丰富,范围更广;二是对个人信息的法律地位有了更清晰的界定,并确立了个人信息权与其他财产权之间的关系;三是为了确保个人信息得到合理有效的利用,发挥经济与社会价值,《民法典》还对个人信息办理免责事由进行了明确规定。⑥ 从《民法典》对个人信息保护所做的充实规定可以看出,权益保护模式更加全面、完善。在此背景下,如何更好地将《民法典》中的相关制度与实践进行有效结合成为当前亟须解决的现实课题。

---

① 参见《民法典》第 1034 条:自然人的个人信息受法律保护。个人信息是以电子或者其他方式记录的能够单独或者与其他信息结合识别特定自然人的各种信息,包括自然人的姓名、出生日期、身份证件号码、生物识别信息、住址、电话号码、电子邮箱、健康信息、行踪信息等。个人信息中的私密信息,适用有关隐私权的规定;没有规定的,适用有关个人信息保护的规定。

② 参见《民法典》第 1035 条:处理个人信息的,应当遵循合法、正当、必要原则,不得过度处理,并符合下列条件:(一)征得该自然人或者其监护人同意,但是法律、行政法规另有规定的除外;(二)公开处理信息的规则;(三)明示处理信息的目的、方式和范围;(四)不违反法律、行政法规的规定和双方的约定。个人信息的处理包括个人信息的收集、存储、使用、加工、传输、提供、公开等。

③ 参见《民法典》第 1037 条:自然人可以依法向信息处理者查阅或者复制其个人信息;发现信息有错误的,有权提出异议并请求及时采取更正等必要措施。自然人发现信息处理者违反法律、行政法规的规定或者双方的约定处理其个人信息的,有权请求信息处理者及时删除。

④ 参见《民法典》第 1038 条:信息处理者不得泄露或者篡改其收集、存储的个人信息;未经自然人同意,不得向他人非法提供其个人信息,但是经过加工无法识别特定个人且不能复原的除外。信息处理者应当采取技术措施和其他必要措施,确保其收集、存储的个人信息安全,防止信息泄露、篡改、丢失;发生或者可能发生个人信息泄露、篡改、丢失的,应当及时采取补救措施,按照规定告知自然人并向有关主管部门报告。

⑤ 参见《民法典》第 1039 条:国家机关、承担行政职能的法定机构及其工作人员对于履行职责过程中知悉的自然人的隐私和个人信息,应当予以保密,不得泄露或者向他人非法提供。

⑥ 参见饶雅文、张力:《从"权益"到"权利":〈民法典〉个人信息保护模式的反思与完善》,载《岭南学刊》2021 年第 6 期。

(二)对《个人信息保护法》相关法条的评析

我国在 2021 年出台了《个人信息保护法》,这是一部具有典型性的专门立法。这部法律对个人在信息处理活动中所享有的权利与承担的义务作了明确规定,对网络信息社会各领域进行了深入干预,定义了数字经济中的几乎全部社会活动和行为,保护与规制范围几乎涉及所有数字信息社会关系调整的基础性法律,这部法律对维护我国公民基本人权具有标志性意义。[①] 第一,《个人信息保护法》第 1 条[②]对个人信息保护法的立法目的进行了明确。《个人信息保护法》作为一部专门调整信息主体之间的关系以及对信息主体所从事的信息收集、整理、存储和提供等行为进行规制的法律,立法目的在于通过有效地管理来实现信息资源的合理配置,具体体现在"维护个人信息权益"和"推动个人信息的合理使用"这两方面。第二,《个人信息保护法》第 4 条第 1 款[③]明确了"个人信息"的定义,着重强调了个人信息的"已识别或可识别",同时在内涵中加入"排除了经过匿名化处理的消息"来阐明"个人信息"匿名化后并不是个人信息,体现出《个人信息保护法》"保护"与"利用"并举的特点。第三,注重"通知—知情—同意"的个体信息处理规则。在我国现有法律框架内,个人信息的获取主要依靠告知、知情和同意 3 个环节来完成。《个人信息保护法》第 14 条第 1 款[④]明文规定,个人信息处理者"告知"旨在保证被告知者足够"知情",被告知者只有在完全知情的情况下,才能作出自愿的、清楚的决策。同时要求被告知者必须如实地向他人说明自己的情况,不得有任何虚假陈述。第四,敏感个人信息识别和保护规则。《个人信息保护法》第 2 章设立了"个人信息处理规则"虽未就自然人隐私信息作出特别规

---

① 参见刘雪婷:《数字经济时代个人信息保护的法治规范及机制构建》,载《吉首大学学报(社会科学版)》2022 年第 4 期。

② 参见《个人信息保护法》第 1 条:为了保护个人信息权益,规范个人信息处理活动,促进个人信息合理利用,根据宪法,制定本法。

③ 参见《个人信息保护法》第 4 条第 1 款:个人信息是以电子或者其他方式记录的与已识别或者可识别的自然人有关的各种信息,不包括匿名化处理后的信息。

④ 参见《个人信息保护法》第 14 条:基于个人同意处理个人信息的,该同意应当由个人在充分知情的前提下自愿、明确作出。法律、行政法规规定处理个人信息应当取得个人单独同意或者书面同意的,从其规定。个人信息的处理目的、处理方式和处理的个人信息种类发生变更的,应当重新取得个人同意。

定,但把个人信息划分为敏感和不敏感两类。《个人信息保护法》第2章第2节还设立了"敏感个人信息的处理规则",这为个人信息的利用提供了空间,也为公民行使知情权奠定了基础。第五,个体对个人资料处理活动所享有的权益。[①]《个人信息保护法》以独立章节的形式明确了个人信息主体所享有的知情权、复制权、删除权等多项权利。《个人信息保护法》不但综合各式法律制度用以实现对信息主体的利益保护,还可以避免过度强调信息保护阻滞信息流通。

《个人信息保护法》第3条明确规定了该法的适用范围,由于中国国籍的航空公司通常在中华人民共和国境内设置处理个人信息的服务器等设备,所以不管他们是在收集、处理和传输什么人的资料,这一切均将由《个人信息保护法》加以规管。与此同时,外国航空公司因需要为其领土上的自然人提供其产品或服务,所以在出售往来于中国的机票时亦受这一法规的管制。《个人信息保护法》第28条第1款规定了敏感个人信息的定义,乘客订票时填写的名字和出生日期、身份证件号码及手机号码、乘机记录等,这些旅客的个人数据都被视为敏感个人信息。同时,由于采用了人脸识别和其他生物特征识别技术,航空公司售票系统还将存储生物识别的相关信息,这样的生物识别信息也是一种敏感的个人信息。故此,对民航旅客而言,购买机票时所留的这些重要数据,都可能涉及敏感个人信息。此外,因在航班安排时需要考虑到旅客对于上述信息的需求程度,一些航空公司在经营过程中也会出现敏感个人信息采集问题。比如,乘客可能要求用轮椅提供服务,这时对于轮椅服务的需求,可能会体现出个体健康和生理信息;乘客还可能索取专门的餐食,这时特殊餐食就可能体现出乘客个人宗教信仰或健康生理信息。有理由相信,航空运输企业办理的与乘客相关的个人信息,全数属敏感个人信息。因此,民航业必须要建立一套完整的法律制度来保护旅客个人信息。《个人信息保护法》第21条、第23条就委托其他实体处理个人信息这一环节进行了规定。航空公司一般都会根据相关法律和规章对提供的旅客个人信息进行审

[①] 参见王春晖:《〈个人信息保护法〉实施一周年回顾与展望(之一)》,载《中国电信业》2023年第1期。

查,民航业经常需要委托其他实体处理个人信息。由于航空行业特殊的性质,航空企业对于敏感个人信息有着特别严格的要求和管理措施。比如,在本身未成立地服的外站办理乘客上车手续或者行李托运,个人信息委托和其他地服工作需交由外站办理。与此同时,像中国民航信息集团有限公司这样的信息基础设施供应商将储存个人信息,但是,这些资料在理论上是由航空公司授权它们储存的。在这种情况下,如果要继续保存旅客的个人信息,就必须与航空服务机构签订合作协议。因此,如果希望在旅行完成后继续保留个人信息,则应该单独和个人建立同意关系。[①]

（三）对《数据安全法》相关法条的评析

《数据安全法》于 2021 年 9 月 1 日起正式施行,涵盖总则、数据安全和发展、政务数据安全和公开、责任认定和附则等内容。以明文规定的方式将"依法依规加强数据管理"作为立法宗旨之一,并在保障数据安全方面提出具体要求,将数据安全纳入法治框架进行规制,这对于促进类似民航业这样的大数据产业健康有序发展具有重大现实意义。《数据安全法》作为我国数据方面的基础性法律,是我国关于国家安全和个人信息安全的重要法规,它集中且综合地反映出目前我国对数据安全监管的理念,具备很强的实用性。《数据安全法》所指的数据,包括一切用电子或其他手段记录的资料。其中的数据处理,包括数据采集、储存、利用、处理、传递、提供和披露等。而关于数据安全,则指这些数据资料在处理过程中不存在被篡改、伪造、泄露、破坏等问题。数据安全就是指通过必要的措施,保证数据处于有效保护、合法使用以及不间断保护的状态。[②] 尤其是《数据安全法》对企业合理使用数据的规制,更对航企保障旅客数据安全产生了极大的积极影响,无时无刻不在督促航企遵循法律规定,合理合法地处理个人信息。

结合民航旅客信息保护和《数据安全法》的最新规定,可以看出如下几点对民航业影响最深:第一,《数据安全法》明确了数据安全监管工作统筹和协调机制。数据是重要的战略资源,也是最稀缺、最具价值的战略性资产,必须

[①] 参见李瀚明:《〈个人信息保护法〉对航空公司业务数据处理有什么影响?》,载环球资讯网,https://m.traveldaily.cn/article/148803,访问时间:2023 年 3 月 26 日。

[②] 参见《数据安全法》第 3 条第 3 款。

加强数据管理,确保信息安全。我国数据领域监管工作是由中央网络安全和信息化委员会和国家互联网信息办公室综合统筹协调的,中央及地方市场监管部门、工信部门、公安部门和对应行业主管部门负责不同方面数据安全工作。在此基础上形成了统一领导,各有关单位分工协作、各司其职、协同配合的大数据管理格局,实现了数据共享和互联互通。① 第二,《数据安全法》新设了"数据分类分级"的保护制度,明确了"国家核心数据"的管理制度。该法在法律层面上明确了"国家核心数据和其他关键信息资产"的概念及范围,对涉及敏感个人隐私等特殊用途的数据采取特别保护措施,并纳入国家核心数据。《数据安全法》的基调是保障国家安全与网络空间主权,明确由国家确立对数据进行分类和分级的制度,由主管部门编制重要数据目录,进而加大保护力度。同时对相关主体在数据资料收集过程中应当遵守的规则做出详细规定,包括保密原则、公开原则和合理利用等。② 第三,《数据保护法》明确指出数据处理活动不能排除和制约竞争。《数据保护法》中确立了公平竞争原则,禁止以非法获取数据的方式排除和限制竞争,侵害他人的合法权益。③ 同时,还明确规定了数据处理行为应当受到合理解释原则的约束,即任何单位或者个人不得以违背公共利益的目的,违反诚实信用原则和公平公正原则来实施数据处理活动。该法将数据处理活动和《反不正当竞争法》结合起来,结合《反垄断法》及其他法律法规规定,反映出我国数据安全综合监管理念。第四,《数据保护法》明确了数据安全保护制度中的法律责任。《数据安全法》颁布实施,表明中国网络信息安全领域法律体系进一步健全。尽管有些规则仍不完善,但这部法律的颁布极大地填补了数据规则这一空缺,并预见性地给今后数据开发留下了很大空间,作为捍卫国家主权、安全与发展利益的法律支撑,使数据安全有法可循,消除了数据经济良性发展的后顾之忧。④

(四)民航旅客个人信息安全立法完善建议

结合当前我国民航旅客个人信息保护面临的突出问题和现行适用的法

---

① 参见《数据安全法》第5条和第6条。
② 参见《数据安全法》第21条。
③ 参见《数据安全法》第51条。
④ 参见崔晴:《〈数据安全法〉及〈个人信息保护法〉要点解读》,载《中国外资》2022年第5期。

律法规,可从多方面着手对个人信息进行细化或具体化的立法保护。第一,整合现有规定以建构民航旅客个人信息保护法律体系。首先,建议在《民用航空法》中增加关于民航旅客个人信息保护的条款,明确规定民航旅客个人信息受法律保护,并规定航空公司、机票代理商等信息处理主体不能泄露或篡改收集、储存的旅客个人信息,非经旅客同意不得向他人非法提供持有的个人信息。其次,应对现有的有关民航旅客个人信息保护的指导意见、规范、指南等文件进行归纳,剔除已经失效的规定,将暂行规定、征求意见稿、试行稿等尽快正式化,形成《民航法》指引下具有可操作性的民航旅客个人信息法律保护配套制度。

第二,压实主体责任分配,明确航空公司、第三方代理平台和政府相关部门的法定责任和义务。厘清网络第三方平台的定义,明晰信息处理者及其他主体在民航旅客信息的收集、传送、储存、使用及其他生命周期各个环节中的主要责任与义务,逐步健全相应的法律法规细则。建立事后问责机制,加强对信息泄露及其他有关违法违规行为的调查处罚,迫使有关主体强化内部管理,不再抱有保护不到位的侥幸心态。此外,还需通过设立专门的部门或组织,规范个人信息收集、利用过程中的具体流程及操作细节,从而使民航旅客信息得到更好的法律保护。尽管我国《个人信息保护法》对国家机关与私人机构处理个人信息活动进行了"一体调整",但是相对于私人机构而言,国家机关为了行使法定职责而对个人信息进行加工的行为,在权力基础、行为目的、行为性质和归责机制上都存有不同。从整体上看,我国目前还没有针对国家机关处理个人信息活动设置专门性法律规范,这不利于全面保障公民个人信息安全。为此,有必要对行政机关办理个人信息活动进行专门的立法调整,以贴合民众对"数字法治政府"建设的诉求。[①]

第三,明确"告知—同意"机制的落实细则,推动知情、监督和其他权利的切实行使。在具体落实上,可通过制定统一规范的《个人信息安全法》来推动,并将该法纳入我国个人信息保护法体系进行整体设计。告知同意在个人

---

① 参见张涛:《个人信息保护的整体性治理:立法、行政与司法的协同》,载《电子政务》2022年第12期。

信息处理规则中处于中心地位,法律法规细则要进一步健全。有关隐私保护条款或者终端使用者授权合约,应当简明扼要、清晰有力地释明使用者的权利和义务,以及个人信息被使用的范围等主要方面,不应滥用合约权利,以诱使用户消极合意,甚至是暗设陷阱。在立法层面上,必须确立信息主体的权利意识,明确个人信息安全权的法律取向,建构以"知情同意"为主要内容的个人信息保护模式及法规制度。

第四,进一步降低被害人维权的门槛,有效地维护公民的应有权益。对于个人信息保护,我国应当建立统一规范、相互衔接的立法体系,明确相关主体权利义务关系。有关个人信息受到侵犯的问题,根据目前侵权责任的归责体系和构成要件,原告应当提供证据,证明是另一方的原因所造成的损失或者损害。由于我国现有法律对个人信息保护力度较小,因此受害人无法得到充分有效的救济。而按照《个人信息保护法》第69条的规定,个人由此而遭受损失,或者个人处理者由此而得到好处,都是很难确定的。人民法院通常会结合案情决定补偿金额的多少,但是在实际的运行过程中还存在不足之处。此外,由于我国目前尚未出台专门针对个人信息保护的法律制度,因此司法实践中对侵犯他人隐私权等问题缺乏明确界定。应当通过立法,对纠纷的处理机制作进一步的细化,健全权利救济渠道。同时,适度增加被告人的举证责任,有利于促使拥有个人信息的单位或者组织恰当、合法地使用个人信息。

第五,健全信息行业的自律机制。为了更好地对个人信息进行保护,个人信息保护模式中还需加入行业自律,把行业自律与有关法律规定融为一体,克服立法规制模式存在的弊端。例如,提高对网站隐私权陈述的保护,强化信息行业内部监督,以及建立起一整套自身监督和激励机制等方案。

第六,加强个人信息处理者应承担的责任。保障个人信息安全,需要健全法律和技术双重层面的制度,个人信息处理者应采用先进技术,避免个人信息安全风险。个人信息安全防护应从以下几方面予以加强:实时监控,实施安全防护,制定严格的个人信息大数据平台接入体系,做好信息安全防护预案,定期发布有关个人信息保护的社会责任报告。

第七,健全个人信息安全的法律保障制度,建立多层次、广覆盖的个人信息安全保障体系。以外部立法的形式,建立和完善信息监管体制;强化政府主导,充分发挥行业协会的组织作用;加强宣传,提高民航旅客的信息安全意识。①

二、实践层面:致力于打造多维立体的可行路径

(一)深化旅客个人信息分级保护

信息分级保护主要是以数据泄露或者损坏的波及范围、波及目标、影响的大小为衡量标准,以及以数据的关键性、在经营中的重要程度、国内外有关法律要求为分析点,对信息进行归类和分级,有针对性地进行专门保护。② 对民航旅客个人信息进行分级保护是极具正当性与必要性的:首先,在大数据时代,仅就重要程度而言,不同种类的旅客个人信息在法律保护的必要性与紧迫程度上存有差异;其次,不同类型的信息所侧重的价值与需求各不相同,因此在保护机制上也要有所侧重;最后,分级保护的核心理念在于对公民个人信息进行分级处理,然后对一些资料处以特别的保护。目前,在国际上已有多个国家和地区确立了对特定信息进行分级保护的立法模式,尽管我国当前法律规范中并未出现分级保护的表述,但是有关内容已开始表现出区别保护不同信息的倾向。③ 同时需关注的是,民航旅客个人信息涉及产业经济、公共管理和人格保障等多个领域,权益和主体都是极其广泛和多层的,与自然人的人身或财产权益息息相关。个人信息的多元利益属性和多方权属主体使得个人信息的分级立法规制较为复杂,所以在制度层面需要考虑多方利益诉求的冲突与对公民权利的保护。考虑到公民社会生活的复杂性与数字产业服务的持续动态发展,与之相关的个人数据法律问题则更为纷繁复杂。因而对于数据分级的规则构建,厘清个人信息与信息主体在分级体系下的保护方案就成为前提性任务。个人信息保护制度的核心目的在于保护信息主体

---

① 参见郭雪慧:《人工智能时代的个人信息安全挑战与应对》,载《浙江大学学报(人文社会科学版)》2021年第5期。
② 参见赵景欣等:《基于通用数据保护条例的数据隐私安全综述》,载《计算机研究与发展》2022年第10期。
③ 参见黄陈辰:《侵犯公民个人信息罪"情节严重"中信息分级保护的结构重塑》,载《东北大学学报(社会科学版)》2022年第1期。

权益,因此只有当某项信息能够对具体的个人利益产生实质影响时,方才具有受法律保护的价值和必要,这也决定了身份的可识别性在个人信息法律概念中的基础性地位。[①] 在目前的规范体系下,识别特性作为核心要件,作用在于保护被确定身份的特定个体的信息不被侵害。

在学理上,民航旅客个人信息的保护层级大致可以分为以下几种:第一层,主要是个人的隐私信息、生物识别信息等,在处理过程中,法益保护应以自身利益或者公共利益为目标;第二层,主要是指除生物识别信息以外的其他敏感信息,包括财产信息、健康的生理信息、认同信息、准确定位信息、行踪轨迹信息等;第三层,主要是数字痕迹的信息,例如,网页浏览记录、消费记录等涉及个人的物联网信息,以及智能设备采集到的有关身体体征的信息数据、系统错误的报告、用户改进计划等;第四层,主要是明显区别于其他类型信息的去识别性的个人信息。针对以上不同层级的个人信息,理应根据信息安全法益之重要性,选用不同的保护模式。[②] 对于第一层级和第二层级的个人信息,数据控制者在采集此类数据时须征得数据主体明示同意,且遵守合法的采集、目的的约束、最小够用的原则等,数据主体具有查询、更正、删除、撤回同意和其他权利。其中,对于涉及国家安全和公共安全的数据应严格限定特殊用途。对于第三层级和第四层级的数据的防护要求,相较于前面的保护标准则宽松许多。除满足个人信息保护一般规定外,对于每一层级所指向的民航旅客个人信息,还需按照行业规范标准,制定出与具体使用情景相适应的个性化保护方案。[③] 信息处理的主体是个较大的概念,在实际工作中分解为信息收集主体、分析主体、加工主体等。由于各主体之间存在一定程度上的交叉和重叠,因此在处理相关问题时往往会产生冲突。加之每个主体对信息的处理程度是不一样的,之后发生个人信息侵权问题时的责任也有所不同。故此,要重视信息处理者涉及的各主体的责任分级。

(二)打造内外结合多元监管模式

当前独立监管机构对个人信息保护的监管在部分国家或地区已制度化,

---

① 参见刘明:《界定个人信息范围需增加考量因素》,载《检察日报》2017年8月29日,第3版。
② 参见张勇:《数据安全分类分级的刑法保护》,载《法治研究》2021年第3期。
③ 参见商希雪、韩海庭:《数据分类分级治理规范的体系化建构》,载《电子政务》2022年第10期。

然而,规律各异,有些完全脱离政府而存在,还有则同某部委或行政部门保持联系。根据《个人数据保护指令》的有关规定,欧盟成立了统一的数据保护工作组,负责对欧盟指令执行情况进行监测。与此同时,欧盟内也成立了有各成员国政府代表参加的委员会,负责成员国将个人数据信息传送到欧盟之外的国家的过程中的风险评估工作。[1] 另外,监管机关构建了全覆盖、多层次的监管体系,对监管机构的组织独立性和目标定位进行了细化,基于职责范围和其他特定需要,建构起政府主导型的,市场导向,多元主体合作共治的监管方式。[2] 打造基于区块链和云计算的"大数据+信息资源共享"模式,并探讨该模式内涵及特征。在宏观上,国家应建立健全数字时代信息资源共建共享机制;在微观上,致力于与区块链技术的运用相结合。2015 年日本修改《个人信息保护法》,特别对个人信息保护委员会作出规定。该委员会是由各有关部门组成的一个独立于立法者的机构,主要职能包括审议、解释与监督等。为保证个人信息保护委员会的权威性、独立性与参与性,明令个人信息保护委员会对内阁总理大臣直接负责,不受其他行政机关或权力的干扰和压力。[3] 美国通过联邦立法,对各个领域或产业设立主管机关,由主管机关对本部门个人信息保护实施监督管理。例如,美国联邦贸易委员会承担了大部分消费者个人信息保护的监管职能。

综合其他国家的经验,我国民航旅客个人信息监管体系可先着手严密的事前预防,建立信息处理的风险评价体系;接着强化对个人信息的监管,健全监督检查措施;随之完善查处制度,明确行政处罚类型;最后开展事后跟踪观察,注重政策制定与法规宣传相结合等监管方针。[4] 在具体监管路径上,可遵循设置适当的备案或准入机制,对个人信息处理行为进行安全审查;[5]设置个人信息监管沙箱,使监管机构能够评估与检验算法,识别算法应用过程中可

---

[1] 参见司佐峰:《我国个人信息保护现状及国际经验借鉴》,载《河北金融》2020 年第 11 期。
[2] See Paul Voigt & Axel von dem Bussche, *The EU General Data Protection Regulation (GDPR): A Practical Guide*, Springer International Publishing AG, 2017, pp. 189 - 190.
[3] 参见张涛:《个人信息保护中独立监管机构的组织法构造》,载《河北法学》2022 年第 7 期。
[4] 参见邓辉:《我国个人信息保护行政监管的立法选择》,载《交大法学》2020 年第 2 期。
[5] 参见崔聪聪:《个人信息保护的行政监管及展开》,载《苏州大学学报(哲学社会科学版)》2022 年第 5 期。

能存在的风险。①

  在公私法兼容中实现对民航旅客个人信息的保护,是一个系统性的项目,需要社会各方面的帮助,构建以行政监管为主的格局,与自律监管相结合,形成一体化、多元化、高效化的监管机制。一是协调现有政府有关机构职能,在此基础上,确立了权责清晰的原则、程序规范等以监管有关部门,专门负责个人信息保护。通过建立特定的监管部门,对个人信息控制主体的采集、处理、个人信息使用情况进行监督。此项工作重点在于尽快明确数据保护管理机构法定责任。数字经济时代下个人信息通常是跨境流动的,因此,一国难以独立地担负信息保护的任务,一般都要求国家间数据保护当局(DPA)进行配合和协调。② 二是推动个人信息保护自律监管。目前我国还没有专门针对民航旅客个人信息保护的法律规范,这就需要我们积极借鉴国外立法经验,建立起一个相对独立的、具有权威性的旅客信息保护自律管理机构来加强对网络个人信息保护的监督。同时,个人信息保护的专业技术人才作为保障个人信息保护有效实施的关键要素,也不容忽视。通过赋予自律管理机构一定的自治权限,可以加强民航信息网络流通渠道各个环节的监控管理。还可考虑建立个人信息保护的政府监管体系,专门负责航企信息披露制度和完善航企内部管理制度等执行,进而加强对航企的监督管理以保障公民个人信息权利的实现。亦可在民航企业内部设立一个专门规制个人信息处理的部门,负责指导和监督其他部门开展工作。它主要负责建立航企内部个人信息保护的标准,以及根据这一规范对航企个人信息保护情况进行管理,并定期向航企负责人汇报对民航旅客个人信息的使用、处理和保护等情况。③人工智能时代下,民航旅客信息的泄露与侵害愈演愈烈,不仅要加强政府监管与企业自觉,更应提高乘客防范意识。故此,我们应鼓励民航旅客在使用

---

  ① See Dirk A. Zetzsche, Ross P. Buckley & Douglas W. Arner, *The Distributed Liability of Distributed Ledgers: Legal Risks of Blockchain*, University off Illinois Law Review, 2017/2018, pp. 1370 – 1404.
  ② 参见朱晓娟:《论跨境电商中个人信息保护的制度构建与完善》,载《法学杂志》2021 年第 2 期。
  ③ 参见王楠:《GDPR"数据保护官"制度探析——兼论其对中国的启示》,载《电子知识产权》2019 年第 6 期。

人工智能服务时,注意保护自己的个人识别信息,避免自身陷于隐私泄露的风险境地。在实践中厚植自身的法律素养,积极学习关于个人信息安全的防护知识,全方位提升个人信息安全保护能力。[①]

(三)建立健全信息共享法律机制

民航旅客个人信息频遭侵犯,一方面由于航企及其内部工作人员对旅客信息的恶意泄露和非法利用;另一方面由于第三方甚至多方信息处理平台[②]的不当操作和信息外流。由于民航个人信息的庞大性和复杂性,单靠航空公司来对数据进行收集、处理和协调整个运行工作是极为困难的,因此大量的三方平台将会介入进来。信息处理者向第三方共享合法控制的个人信息,应保证第三方能够履行同等个人信息法律保护义务。这就不免需要考虑民航旅客个人信息在共享的过程中是否会被不合理利用,以及应该采取何种方式来对信息共享的行为加上"法律安全锁"。故此,建立健全民航旅客信息共享的法律机制,特别是加强对敏感个人信息的保护,就显得尤为重要和极富价值。我国对民航旅客信息处理的政策规制不存在强行法,致使在实际办案中更加遵循私法意思自治原则。实践中民航旅客个人信息处理者和信息主体之间订立的信息保护政策多属格式条款范畴,虽然协议名称可能千变万化,但实质上仍然是格式条款。拟订格式合同时,鉴于各当事方之间的实力不同,维权悬殊大,即便赋予自然人司法保护的救济途径,对个体来说,诉讼的费用和持续的时间仍然是巨大的成本。在我国现阶段对信息共享还没有明确立法的情况下,对个人进行信息保护应当遵循"先授权后许可"原则。鉴于国内还没有相关监管措施,可采取行政法规等形式,督促企业和共享方之间达成信息安全协议,并且在共享安全协议中标明个人信息隐私保护的必要条款。

具体机制构建我们可以考虑从以下几个方面来入手:第一,敏感个人信

[①] 参见高德胜、季岩:《人工智能时代个人信息安全治理策略研究》,载《情报科学》2021年第8期。
[②] 常见的民航旅客个人信息共享主体:服务提供商、合作的航空公司、中国民航信息集团有限公司及其子公司、机场、合作的旅游服务商和交通物流服务商、合作的保险公司、旅客选择的金融机构和支付公司、旅客授权的第三人等。

息的分享必须获得单独同意,并且要遵守多重授权的原则。共享敏感信息的范围是指共享敏感个人信息的类型及数量。处理敏感个人信息,须经数据主体另行约定,在具体案件中,数据主体也应当获得书面同意,取缔"一揽子"授权。对共享敏感信息进行审查时,既需要考虑到共享双方的利益平衡问题,也要兼顾个人隐私保护。处理个人信息的人不仅应在制定隐私政策时公开宗旨和需求,更应公开共享方在敏感个人信息分享中的用途与需求。第二,限定信息共享主体使用信息的用途。信息共享主体主要为保证民航旅客的正常出行和信息的合法流转而获取旅客个人的一些敏感隐私信息,故航空公司、第三方处理平台等在获得相关信息后对信息使用也应限定于确保正常出行和安全监管的目的,不得再向任何其他人提供获取到的信息。第三,个人信息数据的所有权归信息主体,个人信息处理者拥有由信息主体所有权派生而来的用益权。但是,在对待个人信息时,一定要遵循法律规定的一些基本原则,同时,一定要尊重信息主体对个人信息的控制,开启合理性审查机制,落实披露义务。第四,在共享行为的构架下,个人信息控制者要签署两个契约。首先,要和用户达成隐私政策,履行告知义务,并获得使用者的同意;其次,与共享第三方达成信息安全协议,明确当事人的权利和义务。共享第三方应承担与个人信息处理者完全相等的义务责任,如出现个人信息侵权,应承担连带责任。第五,个人信息在处理与分享的时候要去标识化,尽管"人物形象"在商家定点推送时更具有经济价值,但真正对社会发展有利的,应该是用宏观分析对信息数据进行加工,以便观察社会总的发展趋势。由此,"去标识化"可被视为个人信息加工与分享的一个核心要素。采用强制加密、数据脱敏等方法以及匿名化等手段,从根源上减少个人信息、隐私数据外泄。① 第六,明确有效地制定信息共享规则,帮助打消民航旅客个人信息"下游"使用的顾虑,推动健全个人信息保护框架。信息共享规范主要有:是否根据需要对信息共享主体进行预先的信息安全影响评价,采取有效保护措施;是否清楚地通知了信息主体分享个人信息的情况、转让或者披露目的、种类和其他具体情况,用必要的透明性和公开性,确保使用者在个人信息流转过程中的

---

① 参见王炜炫:《跨 APP 个人信息共享的法律规制》,载《南方金融》2022 年第 6 期。

知情权;是否对个人信息共享明确规定了转让和公开披露导致用户合法权益受损的赔偿责任。

(四)旅客信息治理与保护平衡化

美国与欧盟之间法律、政治和历史的演变以及由此产生的道德观、社会观和经济价值观的差异,导致彼此之间关于保护个人自由的哲学冲突,其中最为明显的就是,美国制定的关于乘客姓名记录的创新法律主体与欧盟保障的基本自由相冲突。[①] 民航旅客信息的收集源自法定义务,《国际民用航空公约》的原始结构凸显了此类信息价值。信息技术的发展增加了民航公司处理、存储和传输数据的便利性,这些乘客数据的基本类别完全超出了《国际民用航空公约》最初设想的范畴。收集、连接和访问个人信息的可能性随着科技的发展被不断提高,这也进一步导致了隐私问题的迅速发展,这是民航业数据保护法的基础。[②] 虽然隐私和数据保护是独立的、自主的权利,但它们本质上是有联系的,正是数据保护使人们有工具行使隐私权。[③] 数据保护并不排斥数据持有者在符合安全利益的前提下,对敏感个人信息的合法合理使用,只要能达成一种身份性的自主构建,就可对他人权益进行合法性限制。[④] 当这种自由的"脚手架"被应用于航空业,一个具有潜在安全威胁的工业时,[⑤] 立法者就需不断地评估现有规则的效率及现有规则应对不断演变的威胁的能力。只要理由足够充分,就可以对隐私进行合法合理的使用和监管。归根结底,法规政策发展的走向最先考量的就是安全。数据利用被限定于合法目的时,我们就不应该一味地局限于保护,而摒弃切实有效政策的制定。这往

---

① See James Whitman, "Two Western Cultures of Privacy: Dignity Versus Liberty", The Yale Law Journal, Vol. 113, No. 6, 2004, pp. 1153–1163.

② See Directive 95/46/EC of the European Parliament and of the Council of 24 October 1995 on the Protection of Individuals with Regard to the Processing of Personal Data and on the Free Movement of such Data [1995] OJ L 281/31.

③ See Juliane Kokott & Christoph Sobotta, "The distinction between privacy and data protection in the jurisprudence of the CJEU and the ECtHR", International Data Privacy Law, Vol. 3, No. 4, 2013, pp. 222–228.

④ See Brendan LORD, "The Protection of Personal Data in International Civil Aviation: The Transatlantic Clash of Opinions", Air and Space Law, Vol. 44, No. 3, 2019, pp. 261–274.

⑤ See Ruwantissa I. R. Abeyratne, Aviation Security: Legal and Regulatory Aspects, Routledge Press, 1998, pp. 66–99.

往体现出权利平衡的关键哲学,即和解与妥协,抑或重叠利益的实际妥协。再者,中国民航客运信息身处一种极易发生重大变化的新生法律形态中,探寻数据治理和保护之间的平衡极具合理性,以权利本位和利益衡量为理念进行价值重构亦是解决问题的关键。比较法中 GDPR 的正当利益规则,[①]可谓实现信息处理与信息保护之间利益均衡的有效方法。[②]

个人隐私与安全正面临日益增加的侵害,解决这一问题的关键在于保护信息主体并与信息利用者进行利益上的协调。[③] 真正有效地对信息隐私进行保护决非密而不发,而是在考虑到数据自由流动和合理使用的前提下对信息主体权益进行全方位的保护。[④] 比如,为了便于民航旅客运输正常进行等,有必要采集乘客的个人信息,高于服务于旅客运输及公共安全之需求,既具有社会集体的价值,又具有公民个人的利益。然而信息处理者应该坚持透明度原则、适度利用原则、目的限定原则等,争取做到保管得当,最小范围地扩散数据。旅客信息泄露案件频繁发生所带来的恶劣影响,使航空公司致力于在"个性化互动"与"隐私信息保护"之间明确一条具体的界限,进而提升客运服务质量。尽管不少乘客乐意获取切实的升级服务,但更多旅客愿意简单地享有航班服务,避免太多的私人干扰和信息收集。[⑤] 在追求最大限度地使用信息与保护隐私的权衡中,我们还可以把施力点集中在融合计算机技术和社会科学的发展上,对已有的隐私理论框架进行扩展更新,[⑥]革新技术中立的规定,建立行业行为规范等。故此,如何将现有原则和创新思路运用于航空数

[①] GDPR 行之有效的"利益平衡测试"包括"处理者利益测试""信息主体利益测试""暂定的权衡测试""保护措施的测试"等。

[②] 参见许可:《诚信原则:个人信息保护与利用平衡的信任路径》,载《中外法学》2022 年第 5 期。

[③] 参见赵园园:《互联网征信中个人信息保护制度的审视与反思》,载《广东社会科学》2017 年第 3 期。

[④] 参见刘泽刚:《欧盟个人数据保护的"后隐私权"变革》,载《华东政法大学学报》2018 年第 4 期。

[⑤] 参见《航空服务数字化升级:科技便利和乘客隐私之间的平衡点》,载中国民用航空网,https://www.ccaonline.cn/news/top/420269.html,访问时间:2023 年 3 月 26 日。

[⑥] See Shui Yu, *Big Privacy*: "Challenges and Opportunities of Privacy Study in the Age of Big Data", IEEE Access, Vol. 4, pp. 2751–2763(2016).

据保护领域,如何推动以新的原则[1]如设计问责和隐私原则等补充现有原则的不足,可参照具体情况灵活适用。只有推进基本原则和具体规则的高效融合,才能实现治理与保护之间的平衡,达到利益最大化的状态。

第六节 结　　语

当下,信息技术和数字经济以前所未有的速度迅猛发展,高新科技的广泛运用在给民航旅客带来重大出行便利和极其贴心的个性化服务的同时,带来了人们对于个人信息安全的担忧。民航旅客个人信息安全法律制度虽然是一个以物联网、5G 技术、大数据等为基础的现代航空运输业所面临的新兴问题,但是民航旅客个人信息侵权案件的频繁发生,引发了国际社会对该领域的广泛关注和密切跟进。民航旅客个人信息安全法律制度在个人信息保护、国家安全保障、打击非法犯罪和促进民航业可持续发展等方面都具有重要意义。个人信息背后蕴藏的极大经济价值空间、数字技术的不断向前发展以及各方市场主体对信息权属的迅猛捕捉都进一步加剧了保护民航旅客个人信息的必要性和紧迫性。

非法利用者对民航旅客个人信息权益的侵害主要体现在对个人信息的非法获取、非法泄露、非法利用等方面。鉴于民航旅客自将个人信息交由信息处理者始,到信息遭受侵害止,不论在收集证据或是维权求偿的整个过程中,都处于一个较为弱势的地位,故此,在类似案件的侵权责任认定、举证责任分配和损害赔偿获取的各个环节中都要更加注重从法理和利益平衡的角度进行考量。通过缕析欧盟、美国、中国等国家发生的旅客信息侵权案件,不难发现该类侵权案件的频发性、无序性和复杂性。要想更好地保障民航旅客个人信息免遭侵犯以及得到适当的救济,可以参照欧盟 GDPR、美国 CCPA、日本 PIPA 和新加坡 PDPA 等法案的经验和启示,在搭建治理框架时并重法

---

[1] See Olga Mironenko Enerstvedt, *Aviation Security, Privacy, Data Protection and Other Human Rights: Technologies and Legal Principles*, Springer International Publishing Agent, 2017, pp. 399 – 405.

治和自律的方式，逐步细化个人信息保护的范围和路径，注重私人和公共利益的平衡，强调数据携带与数据泄露通知等义务。

我国现行法律法规、部门规章以及行业规范等从多维角度界定了个人信息的概念、标准和范围等基本理念并设专章规定个人信息保护路径，设专节规制民航旅客个人信息保护的方案，以及明确了航空企业、机票销售代理平台、相关公权力主体的相应责任。此外，我国《民法典》《个人信息保护法》《数据安全法》等法律的更新和施行，对民航旅客个人信息的不当处理行为和航企自我数据合规的践行起到了至关重要的作用。但不可否认的是，我国当前有关民航旅客个人信息保护的具体规定仍呈现出立法层级较低，分散在上位法、行政规范、行业指南中，具体内容和权利属性不够明确等特征。民航旅客与信息处理主体之间的法律力量悬殊，往往导致信息泄露的维权存在一定的难度。数字化转型无疑使民航旅客个人信息保护进入了一个风险与机遇并存的时代，信息保护领域立法也逐步展现出精细化、多元化、场景化的最新趋势。民航旅客个人信息通常流转在多个主体之间，涉及的业务链条较长，实践中多与公共秩序挂钩。为使民航旅客个人信息获得更好的保护，无须建立健全民航旅客个人信息安全法律规制体系，充分考量所涉主体的保护义务、责任分配、行业信息安全标准、外部监督机制和自我监管路径。不仅要在法律体系中保护民航旅客个人信息安全，更要在实践中打造多维立体的可行之策，以期为我国民航业的蓬勃发展和个人信息的法治保障保驾护航。

| 第五章 |

禁飞区设立的法律问题研究

本章导读：禁飞区在国际航空史中由来已久，不但与国际和平与安全息息相关，而且亦对国际及区域航空运输活动的顺利开展具有重要影响。冷战结束后，以禁飞区为代表的人道主义干涉形式在人权与主权的国际关系实践中扮演着重要角色。综观3次典型的禁飞区设立实践，在国家重大利益的驱使下，禁飞区的设立与执行必然伴随着不同程度的超越授权和过度使用武力。对一国国家主权的强烈冲击和对他国内部事务的过度干涉直接导致国际社会对禁飞区这种人道主义干涉形式的不满和异议。然而，禁飞区在一定程度上仍是联合国安全理事会(以下简称安理会)解决冲突的有效办法，合法性不但没有被完全否定，而且还得到了越来越多的国际支持。更重要的是，诸多第三世界国家也加入了支持设立乃至参与执行禁飞区的行列。

尽管如此，禁飞区在国际关系实践中仍面临一系列发展困境，设立依据、设立标准、设立程序、执行限度和监督机制等方面不尽健全是导致禁飞区本真功能无法得到有效发挥，进而易被缪用的关键因素。面对禁飞区给国际关系带来的诸多障碍挑战，国际社会唯有剖析禁飞区的设立依据并统一设立标准，不断完善禁飞区设立程序及规范安理会授权决议，严格限定禁飞区的执行限度和执行条件，建立禁飞区监督机制的同时创设及时有效的救济途径，方能全面保障禁飞区朝着合法的国际规范手段演进。

中国在禁飞区问题上的立场服从于中国对外总体战略和国家核心利益。迄今为止，我国仅有基于国家主权所赋予权利而设的禁飞区。即使是在国家领空内设立禁飞区，我国也是审慎为之。当今世界正经历百年未有之大变局,面对越发嘹亮的支持禁飞区合法化的声音,我国理应挑起大梁,抓住国际格局和世界局势加速演变带来的新机遇,积极探索禁飞区的管控路径,在更加开放的状态下探索自身安全机制。只有这样才能在维护自身安全的同时促使禁飞区朝着合法的国际规范手段演进,为全球治理体系变革注入越来越多的中国正能量,推动国际秩序和全球治理体系规则朝着更加公正合理的方向发展。

目前,对禁飞区问题的现有学术研究多倾向于认为设立禁飞区不具有合法性,即禁飞区背离了人道主义救援的初衷,只是强权国家借联合国之名在目标国内实现政权更迭的武力手段。但以这种拘囿于设立禁飞区是否合法的视角来看待禁飞区相关问题并不够全面,注定会在实践中引发各国对于设立禁飞区的争议,造成国际社会成员之间的关系紧张或产生裂痕。本章以结合国际法、国际政治和国际关系的多元视角,追溯禁飞区的演变过程,解析禁飞区的法律内涵,探讨禁飞区的设立依据、合法性基础和实施模式,厘清3次典型的禁飞区实践中存在的问题并提出对策建议加以完善和限制禁飞区的适用,最后回归中国,在前述基础上透视中国关于禁飞区的外交压力与战略选择。研究禁飞区有助于紧跟国际热点和学科热点,这不仅能够在理论上突破学术界聚焦于禁飞区合法性问题的研究界限,为丰富禁飞区相关理论研究提供新思路,还能在实践中助力禁飞区实现人道主义救援效果和使用武力限度之间的平衡,为维护国际和平与安全贡献绵薄之力。

第一节 禁飞区的缘起与法律内涵解析

冷战结束后,禁飞区作为人道主义干涉的新形式出现,禁飞区的形成和发展是人道主义干涉理论实践中的重要议题。厘清禁飞区的演变过程,解析禁飞区的法律内涵,对深入研究和探讨禁飞区的法律管控及中国的立场选择具有重要意义。

一、禁飞区问题的缘起

探寻禁飞区的起源和概念演变过程是正确理解禁飞区内在逻辑的关键,也是探究禁飞区设立依据与合法性基础的重要前提。总体来看,禁飞区从最初形态演变到作为人道主义干涉新形式的形态大致经历了4个历史阶段。具体而言,禁飞区的发展和变化过程如下。

(一)1910年第一次巴黎会议:禁飞区的萌芽

1902年,法国法学家福希尔(Fauchille)在布鲁塞尔会议上提出"空中自由论",主张国家可以根据"自保权",建立一个约1500米高的"保护区"禁止外国航空器进入,以防止间谍活动,保护海关和加强国防安全等。同时,为了保护本国国民的安全和国家的经济利益,国家可以对1500米以上空间的飞行活动实施干预。[1] 与福希尔观点相反,比利时法学家尼斯(Nys)认为一国没有任何权利和理由在领空设立任何形式的禁飞区。1910年,在意大利古城维罗纳召开的国际航空运输法规大会(the International Juridical Congress for the Regulation of Air Locomotion)一定程度上暗含着对国家设立禁飞区的支持。大会主张国家不但对领空享有主权,而且享有为保护公共利益和私人利益而制定空中规则的权利。[2] 同年,英国代表在巴黎召开的国际会议上历陈领空主权说,与法国和德国代表主张的航空自由论完全相反。[3] 至此,禁飞区成为备受各国政府关注的热点问题,关于主权国家是否有权设立禁飞区的对峙和争论也正式拉开帷幕。

(二)1919年第二次巴黎会议:禁飞区的发展

在1910年巴黎国际会议上公布的关于管理空中航行的公约草案中,第23条对国家设立禁飞区的权利予以认可。但由于世界各国之间政治分歧严重,即使国家在领空设立禁飞区的权利得到承认,也很难在世界范围内达成

---

[1] See J. H. Ritchie, *Prohibited areas in international air law*, Air and Space Law, 1969, p.4.
[2] See J. H. Ritchie, *Prohibited areas in international air law*, Air and Space Law, 1969, p.4.
[3] 参见赵维田:《国际航空法》,社会科学文献出版社2000年版,第21页。

共识。然而,战争让所有国家都认识到基于国防安全关闭领空的重要性,各国之间也默许了设立禁飞区的权利。

第一次世界大战结束后,1919年巴黎和会上缔结了国际航空史上第一部涉及国际民用航空活动的国际航空公约——《关于管理空中航行的公约》(以下简称《巴黎公约》)。该公约第1条就回答了国家对领空是否拥有主权的问题,即缔约各国承认每个国家对领土具有完全的、排他的主权。最重要的是,公约还对各国设立禁飞区的权利进行了明确规定,即缔约国在遵循空域主权原则的前提下,制定同意外国航空器进入本国领空的规章,应不分国籍,一律适用军事理由、公共利益或安全,可以根据本国立法,无一例外地禁止其他缔约国航空器飞越本国领空的某一部分。另外,各缔约国设立的禁区位置和范围应当公布,并事先通知其他缔约国。① 1919年《巴黎公约》第一次系统地以法律形式确定了领空主权原则,承认了各缔约国在领空设立禁飞区的权利,奠定了一国在领空内设立禁飞区的合法性基础。

(三)1944年芝加哥会议:禁飞区的正式确立

为了确立战后世界民用航空的新秩序,1944年11月1日至12月7日,在美国芝加哥召开了国际民用航空会议。12月7日,参会国正式签订了《国际民用航空公约》。该公约延续了1919年《巴黎公约》确立的国家领空主权原则,规定缔约各国承认每一国家对领土之上的空气空间具有完全的和排他的主权。② 在会议上,加拿大代表从战后国际长途航空运输的发展出发,提出了一国民用飞机飞入或飞越外国的"四种航空自由"。③ 经美国代表补充,形成了所谓的"五种航空自由"。在热烈讨论"五种航空自由"的过程中,人们认识到应对各国设立禁飞区的权利加以限制,以确保"航行自由"不会成为一纸空文。

故而,《国际民用航空公约》根据领空主权原则,在第9条对各国设立禁飞区的权利做了相应规定。其一,"缔约各国由于军事需要或公共安全的理由,可以一律禁止其他国家的航空器在其领土内的某些地区上空飞行";其

---

① 参见吴建端:《航空法学》,中国民航大学出版社2005年版,第24页。
② 参见《国际民用航空公约》第1条。
③ 参见赵维田:《国际航空法》,社会科学文献出版社2000年版,第35页。

二,"在非常情况下,或在紧急时期内,或为了公共安全,缔约各国也保留暂时限制或禁止航空器在其全部或部分领土上空飞行的权利";其三,"缔约各国可以依照其制定的规章,令进入上述第 1 款或第 2 款所指地区的任何航空器尽速在其领土内一指定的机场降落"。[1] 同时,第 9 条对设立禁飞区附加了限制条件:一是禁飞区应适用于所有航空器;二是为了避免对空中航行造成阻碍,禁飞区的范围和位置应当合理;三是禁飞区设立后的任何变更,应及时通知其他各缔约国和 ICAO。1950 年 12 月,ICAO 理事会在第 11 次大会第 17 次会议上对一国有权在本国领空设立的禁飞区作了详尽分类,即分为禁区、限制区以及危险区 3 种类型,并对禁区、限制区以及危险区的概念作出统一规定。[2] 除此之外,《国际民用航空公约》附件 2、附件 4 和附件 12 中都有涉及禁飞区的相关规定。[3] 这些规定使得设立禁飞区的条件更加严格,各缔约国设立禁飞区不但需要满足《国际民用航空公约》第 9 条规定的条件,而且还需要遵守附件中的有关规定。

(四)1991 年海湾战争后:禁飞区新形态出现

作为人道主义干涉新形式的禁飞区最早出现于1991年海湾战争结束后,英美法等国以保护库尔德人为借口,在伊拉克北部设立了"禁飞区",并由西方军队进驻伊拉克边境架构起了"安全区",又在一年后如法炮制了一个用来保护什叶派穆斯林免受迫害的南部"禁飞区"。[4] 至此,禁飞区新形态正式进入国际社会的视野,引起了国际社会的高度重视。此后,禁飞区又在局部战争中得到了两次实践。一是 1992 年 10 月 9 日,安理会通过决议在波黑全境上空设立禁飞区;二是 2011 年 3 月 17 日,联合国安理会通过决议在利比亚上空设立禁飞区。尽管禁飞区的合法性问题长期受到质疑,但以目前的趋势来看,合法化的倾向越来越明显,这是新型国际关系体系发展的结果。

---

[1] 参见《国际民用航空公约》第 9 条。
[2] See Abeyratne R, *Convention on International Civil Aviation: A Commentary*, Switzerland: Springer International Publishing Switzerland Press, 2014, pp. 137–138. 参见《国际民用航空公约》附件 15。
[3] 参见《国际民用航空公约》附件 2、附件 4 和附件 12。
[4] 参见[英]尼古拉斯·惠勒:《拯救陌生人——国际社会中的人道主义干涉》,张德生译,中央编译出版社 2011 年版,第 150 页。

作为人道主义干涉新形式的禁飞区是在空中打击力量不断增强,威慑力不断提高的形势下产生的新鲜事物。3次典型的禁飞区设立实践表明,它的出现不但契应了西方国家借联合国"合法"外衣谋取自身利益的需要,而且为西方国家采取军事行动提供了新的道路选择。

二、禁飞区的法律内涵

禁飞区自出现以来,法律内涵经历了一个不断丰富和发展的过程。学术界关于禁飞区争论不断的关键原因之一在于,未能从理论上对禁飞区的法律内涵予以明确界定。准确探讨禁飞区的法律内涵是研究禁飞区法律管控的重要前提。是以,对禁飞区的法律内涵做一番讨论尤为重要。

(一)禁飞区的概念

禁飞区,又被称为禁航区,指禁止任何未经特别申请许可的航空器飞入或飞越的特定空域。目前,主要存在两种禁飞区形态:一是主权国家为了维护国家主权与政治安全,在特殊情况下对领空的特定空域采取限制飞行的管制措施;二是在特殊时期内,某个或某些国家或组织基于人道主义因素的考量,在冲突地域划定特殊限制空域,限制冲突相关方的飞行器在管制空域内的飞行活动。由于第一种形态的禁飞区基于一国国家主权设立,因此合法性问题在国际法上不存在争议。而第二种形态的禁飞区作为人道主义干涉的新形式,由于不符合《联合国宪章》精神和国际关系基本准则,因此是世界范围内国际法学者、国际关系学者和国际政治学者长期争议的对象。是以,本章着重探讨的是第二种禁飞区形态。

(二)禁飞区的种类

目前主要存在两种禁飞区形态,一种是基于一国国家主权所赋予的权利设立,在特殊情况下对领空的特定空域采取限制飞行的管制措施。这类禁飞区的设立大都基于以下3种理由:其一,基于维护国家主权与国防安全,在军事重地、行政中心、核电站、火箭发射场、航天基地等关乎国家安全的地区及周边上空设立禁飞区。其二,基于维持航空秩序与飞行安全,在重点地区如火山活动区、铁路电力线路导线两侧附近区域、机场净空保护区域内等设立禁飞区。其三,基于人身安全保障和历史文物保护,在特定区域内设立禁飞区。可见,此类禁飞区基于国家主权所赋予的权利而设立,在国际法上不存在争议。

第二种禁飞区是在特殊时期内,某个或某些国家或组织基于人道主义因素的考量,在冲突地域划定的特殊限制空域,限制冲突相关方的飞行器在管制空域内的飞行活动。这类禁飞区的设立大都出于人道主义救援目的,由实力强劲的大国以人道主义干涉为由在冲突内乱国内设立,目前已在伊拉克、波黑和利比亚得到3次实践。由于这类禁飞区的设立必须得到联合国安理会的明确授权才具备合法性,而设立又明显有悖于《联合国宪章》精神和国际关系基本准则,因此,该类禁飞区的设立问题在国际社会及国际法学、国际航空法学、国际政治学和国际关系学等多个领域存在广泛争议。本书亦着重对此种形态的禁飞区的法律管控及发展现状进行研究探讨。

(三)禁飞区的性质

第一种形态的禁飞区基于一国国家主权赋予的权利设立,国际社会对此种禁飞区合法性予以广泛认可,在国际法上也不存在争议。一方面,根据《联合国宪章》第51条,任何国家都享有"自卫之自然权利"。[1] 另一方面,根据《国际民用航空公约》第1条可知,每个国家对领土上的空气空间具有完全的和排他的主权。[2] 是以,第一种禁飞区是主权国家维护自身利益与国防安全的正当之举。

第二种禁飞区作为人道主义干涉的新形式,是有关国家或国际组织借联合国之名在目标国内谋取自身利益的国际干涉手段。国际干涉是国家间关系中普遍存在的现象,指国家共同体对藐视国际法规范和违背国际社会意愿而引起国际公愤的目标政府或叛乱组织采取的各类强制性行动,包括经济制裁和军事制裁。[3] 以国际社会的名义,管理和控制那些藐视国际法规范和违背国际社会意愿的行为是国际干涉的目的。[4] 目前,国际社会中存在两种国

---

[1] 参见《联合国宪章》第7章第51条。
[2] 参见《国际民用航空公约》第1条。
[3] See Weiss T G, *Intervention: Whither the United Nations?*, The Washington Quarterly, Vol. 17, No. 1, 1994, pp. 109 – 110.
[4] 参见杨泽伟:《国际法上的国家主权与国际干涉》,载《法学研究》2001年第4期。

际干涉形式：一是有关国家或国际组织打着人道主义的旗帜擅自采取行动，直接对其他主权国家进行干涉；二是有关国家或国际组织通过联合国授权，对一些国家违反国际法规范、违背国际社会意愿或足以对国际和平与安全构成威胁的行为进行合法干涉。

就第一种干涉形式而言，美国作为第二次世界大战后迅速崛起的超级大国，凭借得天独厚的地理优势和远超其他国家的技术优势所支撑的综合实力优势，为维护自身超级大国的海外利益，推动了连绵不断的对外干涉行为。[①] 这类干涉行动虽然得到了部分国家的支持和参与，但没有得到联合国的授权，致使国际社会成员对美国行动的合法性提出质疑，认为有关国家和国际组织未经授权进行的国际干涉行动就是对特定国家公然发动的武装侵略。如以美国为首的北约组织对科索沃的干涉行动仅源于北约的内部授权，该行为受到了大多数国家支持的同时，遭受了严厉的批评。[②] 多数学者从《联合国宪章》和国际法层面对该干涉行为的合法性提出质疑，认为该行为从本质上讲仍属于《联合国宪章》所禁止的"单边行动"。[③]

就第二种干涉形式而言，从20世纪90年代初开始，联合国授权有关国家或国际组织进行人道主义干涉的范例显著增加，以军事行动强制实现和平的实例也屡见不鲜。[④] 例如，1990年伊拉克入侵科威特遭到世界各国的强烈谴责。1990年8月2日，联合国安理会通过了第660号决议，谴责伊拉克军队入侵科威特的行为，并要求伊拉克立刻无条件地撤离军队。[⑤] 之后，在联合国安理会的授权下，美国领导的联盟军队为恢复科威特主权、独立与领土完整

[①] See Tang S & Long S R J, *American Military Interventionism: A Social Evolutionary Interpretation*, European Journal of International Relations, Vol.18, No.3, 2012, p.509.

[②] See Henkin L, *Kosovo and the law of "humanitarian intervention"*, American Journal of International Law, Vol.93, No.4, 1999, p.824.

[③] 参见赵洋：《国际干涉中的合法性与有效性研究——基于联合国与地区性组织合作视角》，载《国际政治研究》2019年第6期。

[④] 参见赵广成：《禁飞区问题与中国的外交两难》，载《现代国际关系》2012年第7期。

[⑤] 参见安理会：《联合国安理会第660(1990)号决议》，digitallibrary.un.org/record/94220?v=pdf。

并恢复科威特合法政权,对伊拉克入侵科威特进行国际干涉。[①] 联合国安理会的授权使以美国为首的多国联盟军队对伊拉克采取的联合军事行动,包括科威特在内的集体自卫权的行使合法化。[②]

以上两种国际干涉形式都是有关国家或国际组织对目标国进行武装干涉的行为,关键区别在于是否得到联合国的授权。禁飞区作为以人道主义救援为目的的新型国际干涉形式,与二者既有相同之处,又存在重大区别。在一国设立禁飞区,必须是在该国国内长期动乱,对国际和平与安全构成严重威胁,且在某种程度上可能演变成更为严重的人道主义灾难的情形下。此种情形下,联合国安理会可以威胁国际和平与安全为由,在该国领土上设立禁飞区进行人道主义干涉以保护弱势冲突方。一方面,只有冲突当事国涉及有关国家重大战略利益时,这些国家才会竭尽全力地推动安理会设立禁飞区。例如,中东地区拥有丰富的石油资源,伊拉克入侵科威特意味着直接控制了科威特的石油,对美国的"石油梦"造成严重威胁。为了控制中东地区的石油资源,维持世界强国地位,出兵伊拉克是美国的必然选择。然而,倘若冲突当事国情况并未严重到引起国际社会公愤的程度,那么有关国家或国际组织公然发动国际干涉势必不会得到安理会的授权和国际社会的支持。另一方面,当有关国家的战略利益尚未重大到可以不惜一切代价时,这些国家仍不愿冒天下之大不韪发动武装干涉。[③] 正所谓"天下熙熙,皆为利来;天下攘攘,皆为利往",在公然发动武装干涉无法获得安理会授权和国际社会支持,而有关国家又必须采取措施以实现重大战略利益的情况下,围绕争取安理会授权和进行针对性军事行动以实现干涉目的的禁飞区形式应运而生。

由是观之,禁飞区这种干涉形式以联合国安理会的明确授权为行动依据,为有关国家和国际组织采取行动提供了新的道路选择。或言之,作为人道主义干涉形式的禁飞区采取的是国际干涉的中间道路,意味着合法运用武

[①] 参见安理会:《联合国安理会第 678(1990)号决议》,digitallibrary. un. org/record/02245?v=pdf。

[②] 英美法等国认为伊拉克禁飞区依据安理会第 688 号决议设立,根据决议内容得到了安理会的默示授权。参见杨泽伟:《国际法上的国家主权与国际干涉》,载《法学研究》2001 年第 4 期。

[③] 参见赵广成:《禁飞区问题与中国的外交两难》,载《现代国际关系》2012 年第 7 期。

力对特定国家进行军事打击。① 值得注意的是,3次禁飞区设立实践表明,执行禁飞动议的大国往往超越联合国安理会的授权,在禁飞区设立国内过度使用武力,致使本就紧张的冲突局势持续升温。禁飞区已沦为有关国家或国际组织借联合国之名,"合法"动用武力以谋取自身利益的工具。故而,禁飞区是有关国家或国际组织借联合国之名在目标国内谋取自身利益的国际干涉手段。

(四)禁飞区的特点

目前主要存在两种形态的禁飞区,在实践中发挥的作用各有不同。下面将从设立目的、设立依据、设立条件和执行方式4个层面来描述两种禁飞区各自的特点。

首先,就设立目的而言,前者大都出于维护国家主权与国防安全,维持航空秩序与飞行安全,保障人身安全和保护历史文物等缘由设立,在各主权国家较为常见。譬如美国潘特克斯核力工厂、前总统乔治·布什的故居、明尼苏达州北部边界水域等地的上空都设有高度不一的禁飞区。后者出于人道主义救援目的设立,为在短时间内平息冲突内乱国的紧张局势,避免演变成更为严重的人道主义灾难。截至目前,已有伊拉克、波黑和利比亚3次禁飞区设立实践。保障禁飞区顺利设立的大国为了一己私欲,往往将禁飞区变为自身谋取战略利益的工具,最终背离了人道主义救援的初衷。

其次,就设立依据而言,前者基于一国国家主权所赋予的权利设立,由《国际民用航空公约》第9条②提供法律依据,在国际法上不存在争议;后者由联合国安理会决议授权设立,尚无国际通用的法律规则提供统一的设立标准。但禁飞区作为人道主义干涉的形式之一,由于不符合《联合国宪章》精神和国际关系基本准则,在国际社会上长期存在合法性争议。

再次,就设立条件而言,前者仅在一国国内领土上空设立。《国际民用航空公约》第9条规定,缔约国划定禁飞区的范围和位置应当合理,以免空中航行受到不必要的障碍。③ 后者具有严格的设立条件,只能设立于某些弱小国

---

① 参见赵广成:《禁飞区问题与中国的外交两难》,载《现代国际关系》2012年第7期。
② 参见《国际民用航空公约》第9条。
③ 参见《国际民用航空公约》第9条。

家发生内乱之时。在得到联合国安理会的决议授权后，由实力强劲的国际组织或军事强国执行禁飞动议。

最后，就执行方式而言，前者在国家主权赋予的权利范围内执行禁飞令，且不必然动用武力，往往先采用拦截、警告等方式对待擅闯禁飞区的航空器。例如，2012年9月25日，美国军方拦截了两架擅闯联合国总部上空禁飞区的小型飞机。FAA在进行调查后决定是否惩罚两名飞行员。又如，在第76届联合国大会一般性辩论期间，北美防空司令部拦截了一架误闯禁飞区的小型民用飞机，随后派F—16战机护送该飞机安全离开。后者主要以军事干预手段为主，运用现代军事力量对特定国家进行空中打击，最终达到人道主义救援目的。因此，第二类禁飞区本质上是一种强制性军事行动。另外，3次禁飞区设立实践表明，执行禁飞动议的大国往往超越授权、过度使用武力，[①]甚至酿成更为严重的人道主义灾难。譬如2011年，以英美法三国为首的联合军队披着联合国决议的"合法"外衣，堂而皇之地对利比亚进行大规模空袭，与减少平民伤亡的目标早已渐行渐远。

三、禁飞区与相关概念的界分

冷战结束后，伊拉克、波黑和利比亚3次禁飞区设立实践备受国际社会的关注。俄乌冲突爆发后，禁飞区再度成为一个在国际法、国际政治和国际关系等多个领域引起争议的话题。目前学术界关于禁飞区的讨论中，对禁飞、禁飞区与防空识别区等概念的使用存在交叉混淆之嫌，需要从理论上对禁飞区与相关概念的边界予以明确界定。

（一）禁飞区与禁飞的联系与区别

禁飞区，指禁止任何未经特别申请许可的航空器飞入或飞越的特定空域。航空器禁飞指某一领地的上空禁止任何未经特别申请许可的航空器飞入或飞越，例如，在特殊情况下，一国对特定国家颁布禁飞令，禁止该国航空器进入本国领空。在大国博弈日趋激烈的今天，禁飞多以颁布禁飞令并实施禁飞制裁的形式出现。尽管二者都禁止他国航空器飞入或飞越一国领空，但

[①] 参见赵广成：《禁飞区问题与中国的外交两难》，载《现代国际关系》2012年第7期。

在禁令范围、实施依据、实施方式和实质效用等层面存在显著区别。总其要点，禁飞区与禁飞的联系与区别主要概括如下：

其一，就禁令范围而言，禁飞区禁止任何未经特别申请许可的航空器飞入或飞越，禁飞仅禁止特定国家的航空器飞入或飞越。禁飞区一旦设立，任何未经授权的航空器都不允许飞入该地区；而禁飞仅针对特定的国家施行。例如，2022年初欧美多国与俄罗斯互关领空后，中国航司依然可以飞越俄罗斯领空或欧洲领空。再如，2017年海湾四国以"卡塔尔国支持伊斯兰极端分子和伊朗"违反国际法为由，对卡塔尔登记的航空器采取了严格的禁飞措施。[①]

其二，就实施依据而言，作为人道主义干涉形式的禁飞区必须得到联合国安理会的明确授权；而实施禁飞与主权国家在本国领空内设立禁飞区相同，都是基于一国国家主权所赋予的权利实施，并且无须得到联合国安理会的同意。尽管禁飞区这种人道主义干涉形式明显不符合《联合国宪章》精神，特别是与作为国际法基础的国家主权原则背道而驰，但禁飞区往往能够在以美国为首的西方大国的强势推动下得到联合国安理会的决议授权并成功设立，甚至得到诸多非西方中小国家的支持和积极参与。[②] 由于联合国授权使用武力和实践中执行主体超越授权、过度动武之间的冲突，禁飞区的合法性问题一直是国际社会关注和热议的焦点。然而，一国宣布对特定国家实施禁飞制裁无须得到联合国安理会的同意，也不存在合法性争议。例如，2021年南非疫情升级和新冠肺炎毒株接连变异，德国、法国和沙特阿拉伯等多个国家和地区纷纷对南非颁布禁飞令，暂停了往来南非客运航班的运营。[③]

其三，就实施方式而言，作为人道主义干涉形式的禁飞区必然涵括动用武力，而禁飞是采取和平手段实现目的的非武力方式之一。联合国安理会通过决议授权设立禁飞区，使一国对特定国家运用军事手段进行空中打击。或

---

① 参见郑派、周昊：《海湾国家禁飞纠纷的国际法分析》，载《北京航空航天大学学报（社会科学版）》2021年第5期。
② 参见赵广征：《禁飞区合法性问题的理论解析》，载《大庆师范学院学报》2016年第1期。
③ 参见《因南非疫情升级 多国对南非颁布禁飞令》，载环球网，https://world.huanqiu.com/article/41cDo7PCRdk，访问时间：2022年8月15日。

言之，禁飞区的设立主体可以借助现代军事力量和空中打击力量对该地区内的敏感目标进行追踪打击。相较而言，禁飞属于采取和平手段对一国实施制裁的非武力方式之一，多以经济制裁的形式出现。例如，俄乌冲突下，欧美多国与俄罗斯互关领空即属于采取和平方式进行的经济制裁。另外，基于国家主权所赋予的权利而设立的禁飞区不必然包含动用武力，通常优先采用拦截、警告、驱离等方式对待擅闯禁飞区的航空器。

其四，就实质效用而言，虽然设立禁飞区和实施禁飞都禁止他国航空器飞入或飞越一国领空，但二者存在本质区别。作为人道主义干涉形式的禁飞区实质上是西方大国借联合国之名行干涉他国内政之实的手段之一，而禁飞仅仅是主权国家对领空主权的支配，并不存在干涉他国内政的情况。此外，由于在冲突内乱国领空设立禁飞区侵犯了当事国的国家主权，因此在国际关系中禁飞区的适用具有严格的限制条件，禁飞区所能发挥的作用也相对有限。但针对特定国家实施禁飞制裁，不仅不存在对目标国主权的侵犯，而且没有严格的适用条件，往往能发挥出应有的效用。就基于国家主权所赋予的权利而设立的禁飞区而言，禁飞区在捍卫国家主权与政治安全方面发挥了不可磨灭的重要作用。但随着航空技术的更新迭代，禁飞区作为一种政治防御措施的功能正在逐渐弱化，取而代之的是发挥确认区域内飞机航行安全、地面人员和财产安全的作用。

(二) 禁飞区与防空识别区的联系与区别

防空识别区(Air Defense Identification Zone, ADIZ)，指一国基于国防安全需要，单方面在本国海岸线向外延伸的一定距离划定的空间区域，要求对进入该区域的所有外国航空器进行识别、定位和管制。禁飞区，指禁止任何未经特别申请许可的航空器飞入或飞越的特定空域。单从概念描述来来看，二者看似并驾齐驱，实则差别明显。具体而言，禁飞区与防空识别区的联系与区别主要表现如下：

其一，就设立目的而言，基于国家主权所赋予的权利而设立的禁飞区与防空识别区都出于国防需要设置，是维护国家主权的合法举措。防空识别区主要是为维护沿海国的国家安全，应对来自外部的传统安全威胁和以恐怖主义为代表的非传统安全威胁。作为人道主义干涉形式的禁飞区出于人道主义救援目的设立,但3次禁飞区设立实践表明,设立禁飞区实为西方大国披着联合国的"合法外衣"为自身战略利益服务的手段。

其二,就设立依据而言,仅有基于国家主权所赋予的权利而设立的禁飞区由《国际民用航空公约》第9条①提供法律遵循。相较而言,国际社会尚未对防空识别区作出统一规定,关于防空识别区的规定因各国国内法律法规的不同而存在差异。或言之,国际社会既未明确规定设立防空识别区违反国际法,也无规则明确规定如何规范防空识别区。②但现有国际条约如《联合国海洋法公约》③和海洋法中的剩余权利原则④在一定程度上为防空识别区存在提供了支持。另外,国际社会也尚未对禁飞区这种人道主义干涉形式作出统一规定,联合国安理会决议的明确授权是禁飞区设立的主要依据。但3次禁飞区设立实践由于背离人道主义救援的初衷而长期遭致诟病,对于禁飞区存在合法与否的问题更是众说纷纭、莫衷一是,难以达成一致意见。

其三,就设立客体而言,与基于国家主权所赋予的权利而在一国领空内设立的禁飞区不同,防空识别区与作为人道主义干涉形式的禁飞区往往不是在一国的领空区域内设立。防空识别区通常设立于不属于一国主权范围内的公海上方的国际空域,⑤譬如日本在1969年划定了防空识别区后,多次扩大该区域范围,涵盖了中日争议海域和广阔的国际空域。⑥而作为人道主义干涉形式的禁飞区通常设立于冲突内乱国的领空,例如,西方国家在伊拉克、波黑、利比亚相继设立的3个禁飞区。

其四,就执行范围而言,防空识别区仅对进入该区域的外国航空器进行

---

① 参见《国际民用航空公约》第9条。
② 参见李居迁:《防空识别区:剩余权利原则对天空自由的限置》,载《中国法学》2014年第2期。
③ 参见《联合国海洋法公约》。李居迁教授在《防空识别区:剩余权利原则对天空自由的限置》中提出《联合国海洋法公约》关于专属经济区的规定在一定程度上暗含着对设立防空识别区的支持,致使对于在专属经济区内没能"适当注意"的国家,一国可以通过设立防空识别区维护自身权益。
④ 参见周忠海:《论海洋法中的剩余权利》,载《政法论坛》2004年第5期。周忠海教授认为,海洋法中的剩余权利应当是《联合国海洋法公约》中没有明确规定或没有明令禁止的那部分权利。部分学者认为在公海设立防空识别区是对剩余权利原则的合理利用,但笔者认为,仅根据剩余权利原则难以为国家在公海上空设立防空识别区提供有力支撑,仍值得进一步商榷和探讨。
⑤ 参见李居迁:《防空识别区:剩余权利原则对天空自由的限置》,载《中国法学》2014年第2期。
⑥ 参见罗国强:《〈中日东海问题原则共识〉与东海共同开发——结合钓鱼岛与防空识别区问题的讨论》,载《法学论坛》2015年第1期。

识别、定位和管制,并非一律禁止航空器飞入该区域。从目前国际社会的通常做法来看,设立防空识别区的沿海国有权在该区域内采取适当的强制措施。由于该强制措施与国际法基本原则一脉相承,因而各国有关防空识别区的相关规定都得到了其他国家的广泛承认和较好遵守。然而,所有未经特别申请许可的航空器都不允许飞入或飞越已划定的禁飞区。在基于国家主权所赋予的权利而设立的禁飞区内,各国有权对闯入禁飞区的外国航空器予以拦截、警告和驱逐处理,不必然动用武力解决问题;但在出于人道主义救援目的设立的禁飞区内,对擅自闯入的外国航空器予以军事打击已不足为奇。

其五,就违反后果而言,若违反一国防空识别区的规定,则根据航空器类别的不同而存在差异。国家航空器违反沿海国防空识别区规定时,为避免发生冲突,沿海国可以保存证据后通过外交途径解决。民用航空器违反沿海国防空识别区规定时,若不想招致麻烦,必须履行防空识别区设立国法律所规定的义务。[①] 在基于国家主权所赋予的权利而设的禁飞区内,也不必然动用武力,往往先采用拦截、警告等方式对待擅闯禁飞区的航空器。然而,作为人道主义干涉新形式的禁飞区是联合国安理会授权使用武力的方式之一,任何未经许可飞越该区域的航空器,无论是国家航空器还是民用航空器,都终将会被击落。

其六,就发展前景而言,首先,尽管由于军机及其搭载器的速度不断加快,以提前预警与赢得反应时间为主要机制的防空识别区在一定程度上丧失优势,[②]但当今世界正经历百年未有之大变局,当下设立防空识别区以维护沿海国国家安全仍具有重大的现实意义。其次,各国关于防空识别区的设立实践也在一定程度上助力防空识别区在未来成为国际习惯或国际规则。而作为人道主义干涉形式的禁飞区,在 3 次禁飞区设立实践中已沦为西方大国借联合国之名在目标国内谋取自身利益的国际干涉手段,合法性长期存在争议。此类禁飞区若想成为国际规范手段,还有很长的一段路要走。另外,由于基于一国国家主权所赋予的权利而设立的禁飞区已列入《国际民用航空公

---

① 参见李居迁:《防空识别区:剩余权利原则对天空自由的限置》,载《中国法学》2014 年第 2 期。
② 参见罗国强、田园馨:《论防空识别区的性质——"灰色地带"的成因与特点》,载《太平洋学报》2016 年第 5 期。

约》，并在世界各国进行了多次实践，得到了国际社会的广泛认同和支持，故发展前景较为光明，在此不做探讨。

由上观之，禁飞区与禁飞、防空识别区既有所关联，又存在显著区别。混淆使用上述概念易引起争议，唯有从理论上明确界定禁飞区与相关概念的边界，方能正确理解和分析禁飞区的法律内涵。

四、小结

禁飞区的形态演变可细分为4个历史时期：一是以1910年第一次巴黎会议为时间节点的萌芽时期；二是以1919年第二次巴黎会议为时间节点的发展时期；三是以1944年芝加哥会议为时间节点的成熟和完善时期；四是以1991年海湾战争结束为时间节点的新形态出现时期。目前，主要存在两种形态的禁飞区：一是基于一国国家主权所赋予的权利而在该国领空设立的管制区域；二是出于人道主义因素，由联合国授权，有关国家或国际组织在冲突地区上空划定的管制区域。伴随着乌克兰总统泽连斯基对在乌设立禁飞区的强烈呼吁，禁飞区这种人道主义干涉形式再度掀起争议波澜。两种形态的禁飞区既有联系，又存在重大区别，在实践中发挥着不同作用。在学术界关于禁飞区的讨论中，对禁飞区与禁飞、防空识别区等概念的使用存在混淆，故从理论上对这些概念的边界进行明确界定，以期更好地理解禁飞区的法律内涵和内在逻辑。唯有在厘清禁飞区的演变过程和法律内涵的基础上，才能更好地探讨禁飞区设立的依据及合法性基础。

第二节 禁飞区设立的依据及合法性基础

禁飞区作为人道主义干涉的新形式，建立在国家内部人道主义危机之上，意味着"合法"运用武力对目标国进行军事打击。设立禁飞区固然有悖于《联合国宪章》精神和国际关系基本准则，但禁飞区能够获得联合国授权并大行其道，必然有其设立的依据及合法性基础。深入探察禁飞区设立的依据及合法性基础，不但是世界范围内学者面临的重大疑难课题，而且对于推动禁飞区成为国际规范手段具有重要意义。

一、禁飞区设立的依据

禁飞区设立的依据包括法律依据和学理依据。从法律层面来看,联合国安理会的决议授权是禁飞区设立的直接依据。从学理层面来看,新干涉主义理论的出现为禁飞区设立提供了理论支撑。

(一)法律依据:安理会决议授权

联合国安理会的决议授权是禁飞区设立的直接权源,也是证明禁飞区合法性的最直接证据。设立禁飞区一定要得到联合国安理会的决议授权,原因在于:

其一,联合国是有权采取干涉行动的最权威国际组织,甚至是唯一具备干涉权利的国际组织。一方面,联合国采取干涉行动的权利来自成员国授权;①另一方面,联合国有权采取干涉行动在《联合国宪章》中得以充分体现。② 通过安理会决议授权而设立的禁飞区在形式上符合国际法。其二,《联合国宪章》对于武力使用的规定是各国公认的采取干涉行动的适用标准。2004年的一份联合国大会报告指明,联合国在处理冲突时越来越倾向于动用《联合国宪章》第7章所赋予的权利,国际社会也越来越期待安理会成为武力使用的裁决者。③ 尽管《联合国宪章》明确规定了各成员国在国际关系中不得使用威胁或武力,④但也规定了特殊情况下可以使用武力的例外情形,并交由安理会统一行使例外规定所赋予的权利。⑤ 故而,从《联合国宪章》的规定也可以看出,联合国安理会是唯一有权合法开展国际干涉行动的国际组织,且《联合国宪章》对于武力使用的规定是国际社会公认的适用标准。最重要的是,得到安理会的决议授权后设立禁飞区符合法律程序正义,奠定了禁飞区

---

① 参见赵洋:《国际干涉中的合法性与有效性研究——基于联合国与地区性组织合作视角》,载《国际政治研究》2019年第6期。
② 参见《联合国宪章》第七章第39、42、44、46条。
③ 参见陈楷鑫、张贵洪:《联合国维和行动武力使用规范的思考》,载《湘潭大学学报(哲学社会科学版)》2018年第1期。
④ 参见《联合国宪章》第一章第2条第4款。
⑤ 参见《联合国宪章》第七章第42~46条。

在法律程序上的合法性基础。程序上的合法性暗含对法理上合法性的支持，由此推动禁飞区实践逐渐被国际社会的大多数成员所接受。

(二)学理依据:新干涉主义理论

人权与主权的关系问题是禁飞区无法避免的一个重要问题。随着禁飞区在自伊拉克战争以来数次战争中的作用越发凸显，人权与主权之间的矛盾也随之增加。新干涉主义理论的出现，在一定程度上为禁飞区的发展提供了学理支撑。

16世纪，法国法学家让·博丹(Jean Bodin)最先在代表作《国家六论》中正式提出主权概念，系统地论述了国家主权说。尔后，"国际法之父"胡果·格劳秀斯(Hugo Grotius)指出国家主权是指国家的最高统治权，主权者行为不受别人意志或法律支配的权力就是主权，正式奠定了主权概念在国际法理论中的重要地位。随着威斯特伐利亚体系的形成，国家主权至上的国际基本原则受到了国际社会的广泛认可。至此，"国家主权论"长期占据了公法理论的主导地位，得到了大多数公法学者的赞同和支持。

直至20世纪初，法国公法学家狄骥(Léon Duguit)对"国家主权论"率先开炮，予以强烈批评。随后，否定国家主权的思想甚嚣尘上，在联合国内甚至出现了要求重新定义主权的声音。1992年1月31日，联合国秘书长布特罗斯·加利(Boutros Gali)在安理会第一次国家元首和政府首脑会议上作了题为《和平纲领》的报告，[①]要求对主权概念进行重新定义。[②] 加利提出"尊重国家主权和领土完整是国际社会共同进步的关键。但是，绝对和专属主义的时代已经过去，这种主权的理论也从来不符合事实"[③]。随着21世纪的到来，一些西方国家的政界人士提出以"人权高于主权"为核心的一系列新论调，作为"新干涉主义"的理论依据。例如，英国前首相托尼·布莱尔(Tony Blair)强调不干涉主权国家内政是有限度的，并在多个场合发表讲话，提出了一套较

---

① 参见杨宇光主编:《联合国辞典》,黑龙江人民出版社1998年版,第337~339页。
② 参见陈鲁直:《全球化与主权国家的国际体制》,载《战略与管理》2000年第5期。
③ 钱文荣:《〈联合国宪章〉和国家主权问题》,载《世界经济与政治》1995年第8期。

为完整的"新干涉主义理论"。① 同时,英法德的一些人士宣扬"主权有限论",认为对国际法的理解要因时应势,不但提出要"修改国际法",而且还建议改写《联合国宪章》。可见,新干涉主义对迫害人权行为的关注优先于对国家主权的关注,在一定程度上推动世界朝着"干涉"方向发展。

在"新干涉主义理论"的形成和发展过程中,打着人道主义旗号的国际干涉时有发生。按照新干涉主义的观点,当发生于一国内部的侵犯人权事件可以被解释为"威胁国际和平与安全"时,就不只是一个国家的内部事务了,联合国安理会可以授权设立禁飞区进行人道主义干涉。故而,新干涉主义理论对人权和主权问题的回答契应了禁飞区的发展需求,在一定程度上为禁飞区的发展奠定了理论基础。

二、禁飞区的合法性基础

尽管禁飞区一再在国际关系中得到实践,甚至得到了诸多非西方中小国家的支持和积极参与,但合法性问题一直是国际法学者研究的重点问题。客观地说,禁飞区作为一种人道主义干涉形式,合法性确实存在问题。② 但禁飞区能够两次获得联合国安理会的授权并得以执行,必然有支撑其存在的合法性基础。

(一)禁飞区的合法性与实践基础

首先,从法律程序层面来看,联合国安理会的决议授权是禁飞区在程序上具有合法性的关键之举。尽管伊拉克禁飞区持续12年之久,但该禁飞区是由英美法等国肆意扩大解释安理会决议设立,并没有得到安理会的明确授权,故设立程序不具有参考性。但值得注意的是,伊拉克禁飞区的合法性并没有得到国际社会的公开质疑。或言之,国际社会对伊拉克禁飞区的默示接受表明该禁飞区间接得到了安理会的授权。反观1992年波黑禁飞区③和

---

① 参见金鑫:《西方政要及有关人士关于"新干涉主义"的若干言论》,载《太平洋学报》2000年第1期。
② 参见赵广成:《禁飞区合法性问题的理论解析》,载《大庆师范学院学报》2016年第1期。
③ 参见安理会:《联合国安理会第781(1992)号决议》,digitallibrary.un.org/record/51454?v=pdf。

2011 年利比亚禁飞区①的设立都得到了安理会的决议授权,均符合程序正义。由上观之,联合国安理会的决议授权是人道主义干涉行动合法性的最权威来源。故而,禁飞区在程序上的合法性不存在争议。

其次,从法律理念层面来看,法律程序上的合法性有助于拉动法律理念的合法性。尽管设立禁飞区明显不符合《联合国宪章》精神和国际关系基本准则,但是禁飞区往往能在西方国家的强势推动下设立,支持禁飞区合法化的队伍亦逐渐庞大。一方面,禁飞区的执行主体大多是军事实力强劲的西方国家。在国际政治领域,西方国家主要通过为自身干涉行动寻找"普世价值"层面的伦理基础树立道德形象,基于此在实践中为干涉其他国家的行为谋求合法性和国际社会的支持。② 在 2011 年利比亚危机中,西方国家强势推动安理会设立禁飞区并对利比亚进行军事干涉就是一个典型范例。另一方面,西方大国是禁飞区的强势推动者和主要执行者,小国为谋求自身发展利益而选择向西方大国靠拢,相继加入支持设立禁飞区的行列。③

再次,从联合国层面来看,联合国开展人道主义干涉行动比主权国家更具有合法性优势。国际组织具备"国际合法性的守护者角色"是世界各国的广泛共识,在涉及军事行动的领域更是如此。④ 目前国际上大部分干涉行动是由国际组织所主导的,某个国家发起干涉行动也要寻求国际组织的支持。如上所述,联合国作为人道主义干涉行动的权威裁决者和执行者,在行动中具有较高程度的合法性,发挥着不可替代的重要作用。联合国本身所具有的合法属性也在无形中为禁飞区合法设立推波助澜。

最后,从《联合国宪章》来看,该宪章为禁飞区的合法设立提供了灰色空间。禁飞区作为打着"捍卫人权和遏制人道主义灾难"旗号侵害他国主权的人道主义干预形式,合法性存在于《联合国宪章》关于主权的例外规定中。《联合国宪章》规定了"禁止以武力相威胁或使用武力"的 3 种情况:其一是第

---

① 参见安理会:《联合国安理会第 1973(2011)号决议》,digitallibrary. un. org/record/699777?v = pdf。
② 参见田德文:《西方意识形态霸权与利比亚战争》,载《欧洲研究》2011 年第 3 期。
③ 参见赵广成:《国际体系核心问题的嬗变》,载《社会科学家》2013 年第 1 期。
④ 参见赵洋:《国际干涉中的合法性与有效性研究——基于联合国与地区性组织合作视角》,载《国际政治研究》2019 年第 6 期。

39条,规定在断定对和平造成威胁或破坏的行为存在后,安理会有权采取办法以"维持或恢复国际和平与安全"。① 其二是第42条,规定在采取武力之外的措施无法达到目的的情况下,安理会有权采取强制措施以"维持或恢复国际和平与安全"。② 其三是第51条,规定在"维持国际和平与安全"之前,会员国有权行使单独或集体自卫权。③ 故而,当安理会认定一国的国内情势对世界和平与安全造成威胁后,就有权采取一些必要措施,包括动用武力。基此逻辑,有关国家或国际组织打着人道主义的旗号在目标国内设立禁飞区,既符合道德,又契合法理。是以,禁飞区在西方大国的强势推动下一再得到实践,甚至获得部分非西方中小国家的支持和积极参与。

除此之外,禁飞区合法论的支持者认为,当今世界呈现全球化发展趋势,人类面临的全球化挑战日趋严峻。国际社会成员应有共同体意识,对遭受迫害的个人施以人道主义救援,而基于人道主义救援目的在冲突内乱国设立禁飞区正是国际社会凝聚力的体现。正如格劳秀斯(Hugo Grotius)指出,当一国国内侵犯人权的行为规模和残暴程度骇人听闻时,其他国家使用武力制止这个国家的行为就是合法的。④ 另外,英国自由思想家约翰·穆勒(John Stuart Mill)也指出在内乱持续进行,人权长期受到侵犯,秩序恢复无望的情况下,其他国家对另一国进行干涉是正当的。⑤

(二)国际社会有关禁飞区的主流态度

其一,从国外学者的学术观点来看,大多数国外学者对禁飞区及其理论持肯定态度。有学者强调,除伊拉克外,国际社会上没有对伊拉克南部禁飞区的合法性进行公开质疑,表明没有任何一个政府会批评一次旨在打击践踏

---

① 参见《联合国宪章》第七章第39条。
② 参见《联合国宪章》第七章第42条。
③ 参见《联合国宪章》第七章第51条。
④ 参见陈跃、杨扬:《论人道主义干预的实质与特征》,载《西南大学学报(社会科学版)》2012年第5期;[荷]胡果·格劳秀斯:《战争与和平法》,[美]A.C.坎贝尔英译,何勤华等译,上海人民出版社2017年版,第251~254页。
⑤ 参见陈跃、杨扬:《论人道主义干预的实质与特征》,载《西南大学学报(社会科学版)》2012年第5期。

人权的政府的行动。① 还有学者强调,无论国家的主权和独立权多么值得尊重,人权和人类社会的法律永远是更值得尊重的事物。他们认为不能保护人权的政府根本不值得尊重,甚至算不上是主权国家,其他国家可以基于保护人权的目的对该国进行干涉。② 正如个人自由必须受到国家法律和社会道德的限制一样,国家的自由也必须受到人类社会法律的限制。③ 更有学者直接指出,利比亚禁飞区毫无疑问是合法的。④ 更重要的是,在冲突内乱国设立禁飞区也与西方国家竭力倡导的核心价值观相契合,符合西方社会的主流意识形态。

其二,从安理会决议的投票结果来看,大部分国家支持在冲突内乱国设立禁飞区。伴随人权高于主权的思潮盛行,国际社会上支持设立禁飞区的声音越来越多。更重要的是,诸多非西方中小国家也加入了支持设立禁飞区的行列。例如,在安理会针对利比亚是否设立禁飞区的决议草案表决会议上,波斯尼亚和黑塞哥维纳、黎巴嫩、尼日利亚、南非等国都投了赞成票,最终该决议草案以 10 票赞成、0 票反对、5 票弃权的结果通过。⑤ 表决通过后,黎巴嫩根据阿拉伯国家联盟 3 月 12 日的决议,向安理会发出呼吁,决议中要求安理会必须:"承担起对利比亚局势的责任,包括采取必要措施设立禁飞区;特别是在遭到过空袭的地方建立安全区;并采取确保利比亚人民及所有外国公民受到保护的措施。"⑥

---

① 参见[英]尼古拉斯·惠勒:《拯救陌生人——国际社会中的人道主义干涉》,张德生译,中央编译出版社 2011 年版,第 174 页。
② 参见张晓玲:《论人权与主权的关系》,载《人权》2014 年第 4 期。
③ See Fonteyne J P L, *The Customary International Law Doctrine of Humanitarian Intervention: Its Current Validity under the UN Charter*, California Western International Law Journal, Vol. 4, No. 2, 1973, p. 220.
④ See Michael N. Schmitt, *Wings over Libya: the No-fly Zone in Legal Perspective*, Yale Journal of International Law, Vol. 36, 2011, p. 55.
⑤ 参见安理会:《联合国安理会第 6498 次会议临时逐字记录》,https://www.secwitycouncilreport.org/at/lcf/%7B65BFCF9B-6D27-4EqC-8CD3-CF6E4FF96FF9%7D/Libya%2DS%2OPV%206498.pdf。
⑥ 参见安理会:《联合国安理会第 6498 次会议临时逐字记录》,https://www.secwitycouncilreport.org/at/lcf/%7B65BFCF9B-6D27-4EqC-8CD3-CF6E4FF96FF9%7D/Libya%2DS%2OPV%206498.pdf。

其三,从执行禁飞动议的主体来看,西方国家尤其是综合实力强大的英国、美国、法国等国家是禁飞决议的主要执行主体,在一定程度上推动了各国支持禁飞区的设立与执行。一方面,以西方国家为主导的国际体系呈现出集权化、制度化和合法化的发展趋势,[1]西方国家能够在世界范围内更好地鼓吹己方倡导的价值观并竭尽全力使之成为普世价值。另一方面,由于各国在不同领域和不同程度上对西方国家尤其是美国的依赖,向大国靠拢成为小国实现发展的必要条件,而不是横向联合共同发起制约。[2]

三、禁飞区设立的价值与意义

禁飞区在国际航空史上扮演了重要角色,目前存在的两种禁飞区形态在实践中发挥着不同作用。基于国家主权所赋予的权利而设立的禁飞区早在1944年《国际民用航空公约》签订后成为公认的国际规范手段,而作为人道主义干涉形式的禁飞区也越来越为国际社会所接受。在和平与发展成为时代主题的当今世界,禁飞区应在捍卫国家主权与政治安全、维护国家安全与社会稳定、保障航空秩序与航行安全等方面发挥重要作用,而不仅是作为一种政治防御措施或人道主义干涉手段设立。

(一)捍卫国家主权与政治安全

就基于国家主权所赋予的权利而设立的禁飞区而言,设立禁飞区是主权国家捍卫国家主权与政治安全的重要保障。此类禁飞区早在1902年就被提出用于防止间谍活动,有助于更好地捍卫国家主权与政治安全。[3] 1910年,福希尔(Fauchille)将用于防止间谍活动的禁飞区高度由1500米降低到500米内,并宣布国家可以在军事重地及其周围区域设立禁飞区。[4] 两次世界大战表明,禁飞区的设立能够及时有效地防范化解重大风险,进一步筑牢捍卫国家主权与政治安全的防线。然而,当今世界正经历百年未有之大变局,国际局势变幻莫测,设

---

[1] 参见赵广成:《国际体系核心问题的嬗变》,载《社会科学家》2013年第1期。
[2] 参见赵广成:《国际体系核心问题的嬗变》,载《社会科学家》2013年第1期。
[3] See J. H. Ritchie, *Prohibited Areas in International Air Law*, Air and Space Law, 1969, p.3.
[4] See J. H. Ritchie, *Prohibited Areas in International Air Law*, Air and Space Law, 1969, p.8; Fauchille P, *La circulation aerienne et les droits des états en temps de paix*, Revue Juridique Internationale de la Locomotion Aerienne, 1910, pp. 1–9.

立禁飞区对于捍卫国家主权与政治安全的价值仍然值得珍视。

就作为人道主义干涉形式的禁飞区而言,尽管安理会基于人道主义目的对一国采取强制性军事行动是符合国际法的,[①]但禁飞区仍旧在本质上构成对目标国领空主权的"实质占领"。由于禁飞区的设立侵犯了目标国的国家主权,故而在国际关系中具有严格的限制条件,所能发挥的作用也相对有限。如何对禁飞区进行法律管控,推动禁飞区成为合法的国际规范手段,将是后续章节中重点探讨的对象。

(二)维护国家安全与社会稳定

就基于国家主权所赋予的权利而设立的禁飞区而言,设立禁飞区是主权国家维护国家安全与社会稳定的重要举措。在20世纪初,尽管各国意识到它们所设立的禁飞区限制了空中航行自由,但没有任何一个国家愿意承受丢失安全保障的风险。两次世界大战后,各国在领空设立的禁飞区比比皆是。随着和平年代的到来,禁飞区的数量和范围才相继减少与缩小。现今,各国多在军事重地、行政中心、核电站、火箭发射场等关乎国家安全的地区及周边上空设立禁飞区。另外,适当设立禁飞区有助于维护社会稳定。例如,基于人身安全保障而设立的禁飞区,在消除安全隐患的同时切实保障了人员的生命财产安全,有助于营造平安、和谐、稳定的社会环境。国家安全是社会稳定的保障,社会稳定是国家安全的根基。是以,禁飞区在维护国家安全与社会稳定方面发挥的作用仍旧不容小觑。

就作为人道主义干涉形式的禁飞区而言,设立禁飞区在一定程度上有助于维护冲突内乱国的国家安全与社会稳定。安理会授权设立禁飞区是为了在短时间内平息冲突,实现目标国内基本和平。利比亚禁飞区更是在阿拉伯国家联盟的邀请和非洲联盟的支持下设立的,[②]一些阿拉伯和非洲国家甚至

---

① See Henkin L, *Kosovo and the Law of Humanitarian Intervention*, American Journal of International Law, Vol. 93, No. 4, 1999, pp. 824–828.
② 参见安理会:《联合国安理会第6498次会议临时逐字记录》,https://www.secwitycouncilreport.org/at/lcf/%7B65BFCF9B-6D27-4EqC-8CD3-CF6E4FF96FF9%7D/Libya%2DS%20PV%206498.pdf。

在禁飞区设立后积极参与执行行动。① 安理会在授权设立利比亚禁飞区的决议中更是明确提出:"禁令不适用于完全属于人道主义目的的飞行,例如,交付或协助交付援助,包括医疗用品、粮食、人道主义工作人员和有关援助,或从利比亚疏散外国国民。"② 尊重和保障人权一直是人类社会的共同理想。社会稳定是保障人权的重要力量,而人权得到保障是社会稳定的坚实基础。尽管禁飞区设立后伴随着不同程度的超越授权和过度使用武力,但禁飞区在保障人权,维护冲突内乱国的国家安全,恢复社会秩序等方面所起到的作用不能予以简单否认。如何对禁飞区的执行加以规制,使禁飞区能够更好地帮助目标国维护国家安全与社会稳定,将在后续章节中进行深入探讨。

(三)保障航空秩序与航行安全

就基于国家主权所赋予的权利而设立的禁飞区而言,未来禁飞区在保障航空秩序与航行安全方面的作用将更加明显。起初,为了预防间谍活动,防止敌对国家在飞越一国军事基地和军火库时获得战术优势,③ 各国相继建立起范围大小不一的禁飞区以捍卫自身利益,无视了民用航空业的发展。当前,禁飞区的政治防御功能日益弱化,更多是用于保障飞机航行安全和地震安全。例如,各国多在火山活动区域、铁路电力线路导线两侧附近区域、机场净空保护区域等地上空设立禁飞区。另外,各国越来越多地采取禁止外国航空器在所设区域内低于一定高度飞行的做法,同时对禁飞区存续时间设定得越来越短,划定的范围越来越小。不但能够最大限度地确保区域内的飞机航行安全,维持航空秩序,而且能够有效推动国际航空运输业全方位发展。

就作为人道主义干涉形式的禁飞区而言,设立禁飞区在一定程度上为人道主义救援飞行开辟道路,保障了人道主义救援的飞行安全和飞行秩序。例如,安理会授权设立波黑禁飞区的第781号决议明确写道:"禁飞令不适用于

---

① 参见赵广成:《禁飞区问题与中国的外交两难》,载《现代国际关系》2012年第7期。又见《多国空袭利比亚:阿拉伯两个国家参与袭击》,http://news.cctv.com/2011/03/20/VIDEl6xaa4bU6SM49H8mR7HP110320.shtml,访问时间:2022年8月15日。

② 参见安理会:《联合国安理会第1973(2011)号决议》,digitallibrary.un.org/record/699777?v=pdf。

③ See J. H. Ritchie, *Prohibited Areas in International Air Law*, Air and Space Law, 1969, p.96.

联保部队的飞行或其他包括人道主义援助等支助联合国行动的飞行。"①安理会在设立利比亚禁飞区的授权决议中更是明确提出禁令不适用于"完全属于人道主义目的的飞行,以及"安理会授权采取行动的国家认为对利比亚人民有益的其他必要飞行"。② 由是观之,作为人道主义干涉形式的禁飞区在设立期间保障了人道主义救援的飞行安全和飞行秩序,不但有助于最大限度地确保人道主义援助迅速进行,而且能够保护参与人道主义行动的人员的生命安全。

四、小结

20世纪90年代初,随着东欧剧变和苏联解体,美苏对峙争霸的两极格局崩溃,出现了由联合国授权设立禁飞区的人道主义干涉新形式。从法律层面来看,联合国安理会的决议授权是禁飞区设立的直接权源,也是证明禁飞区合法性的最直接证据。从学理层面来看,禁飞区作为人道主义干涉的新形式,必然涉及人权与主权的优先级问题。而新干涉主义理论"人权高于主权"的核心论调在一定程度上为禁飞区的发展奠定了理论基础。合法性是禁飞区这种人道主义干涉形式能否得到国际社会广泛支持的关键因素。虽然禁飞区的合法性在法律理念层面站不住脚,但法律程序上的合法性无可非议,程序上的合法性推动法理上的合法性,致使支持禁飞区设立的声音水涨船高。一方面,联合国本身具备的"国际合法性的守护者角色"在一定程度上为禁飞区合法性提供了支撑;另一方面,禁飞区的合法性也存在于《联合国宪章》的例外规定中。故而,禁飞区在一定程度上仍是联合国安理会解决冲突的方法,合法性不但没有被完全否定,国际社会甚至产生了支持禁飞区合法化的趋势。在和平与发展成为时代主旋律的今天,禁飞区应当在捍卫国家主权与政治安全、维护国家安全与社会稳定、保障航空秩序与航行安全等方面发挥重要作用,而不仅是作为一种政治防御措施或人道主义干涉手段设立。

---

① 参见安理会:《联合国安理会第781(1992)号决议》,digitallibrary.un.org/record/151454?v=pdf。
② 参见安理会:《联合国安理会第1973(2011)号决议》,digitallibrary.un.org/record/699777?v=pdf。

第三节　禁飞区设立的模式及限制条件

打着人道主义旗号的国际干涉行动广泛出现于冷战结束后。最重要的是,出现了由联合国安理会授权设立禁飞区以实行人道主义干涉的新形式。从伊拉克、波黑、利比亚3次典型的禁飞区设立实践来看,西方国家强势推动安理会设立禁飞区的根本目的在于假借联合国的权威实现政权更迭,因而在执行过程中必然存在不同程度的超越授权和过度使用武力。由于禁飞区正在被越来越多的国家所接受,明晰和检视禁飞区的设立模式及适用条件对于探索禁飞区能否成为合法的国际规范手段至关重要。

一、禁飞区设立的模式

伊拉克、波黑和利比亚3次典型的禁飞区设立实践表明,在国家重大利益的驱使下,以美国为首的西方国家在执行禁飞动议的过程中往往超越授权,过度使用武力。超越授权和过度动武在实践中已逐渐演变为禁飞区的设立模式。具体而言,可涵括如下。

(一)超越授权的设立模式

禁飞区之所以受到广泛关注,是因为它对国际社会中最基本的构成性规则即国家主权原则构成挑战。国家主权原则将主权国家视为国际社会中的合法行为体,并提供了恰当的国家行为的参照标准。[①] 自威斯特伐利亚体系形成以来,国家主权不受侵犯的原则已成为国际社会的广泛共识。然而,从3次禁飞区设立实践来看,设立禁飞区必然意味着对特定国家主权的侵犯。冲突地区政府或强势冲突方作为国家主权的实际享有者,必然会极力抵抗禁飞区的设立。由于设立禁飞区必然包含动用武力,因此要求设立禁飞区必须得到联合国安理会的明确授权。否则,未经授权设立的禁飞区就是对特定国家

[①] 参见赵洋:《国际干涉中的合法性与有效性研究——基于联合国与地区性组织合作视角》,载《国际政治研究》2019年第6期。

公然发动的武装侵略。

然而,出于对自身政治利益和经济利益的考量,禁飞动议执行国的干涉行为超越联合国安理会决议的授权范围的现象屡见不鲜。例如,在伊拉克危机中,无论是出于美国在中东的国家利益,还是考虑到美国国内的政治需要,推翻萨达姆政权都是美国必须采取措施达到的目的。① 英美法等国通过设立禁飞区肢解和撕裂伊拉克主权,以达到推翻萨达姆政权的真正目的,更好地为自身经济利益和政治利益服务。又如,在利比亚禁飞区中,以美国为首的北约国家肆意扩大解释联合国安理会第 1973 号决议②,迅速通过远超人道主义干涉范围的军事打击推翻卡扎菲政权。③ 同时,出于对自身地缘政治利益、经济发展等诸多因素的考虑,英法两国积极推动欧盟对利比亚进行武装干涉。西方国家对利比亚政府展开 6 次大规模空袭后,成功在利比亚实现政权更迭。是以,明确的政治取向性使得西方国家在执行禁飞动议时所采取的行动必然超出授权。④

(二)过度动武的设立模式

综观 3 次禁飞区设立实践,西方国家在执行禁飞动议的过程中往往超越授权,过度使用武力。一方面,安理会在授权使用武力方面规定得较为单一粗略,且对执行主体的违法行为缺乏监督措施;另一方面,西方国家推动安理会授权设立禁飞区的目的在于实现政权更迭,扶植弱势冲突方为自身政治利益和经济利益服务。例如,伊拉克禁飞区一经设立,伊拉克南部局势便迅速升温。禁飞区设立后,以英美法 3 国为首的西方国家意图从海陆空 3 方面全面包围伊拉克。伊拉克先后采取使用民航飞机闯入禁飞区,在禁飞区地面建

---

① 参见张良福:《美国的一张新牌——"禁飞区"计划》,载《世界知识》1992 年第 18 期。
② 参见安理会:《联合国安理会第 1973(2011) 号决议》,digitallibrary. un. org/record/699777?v = pdf。
③ 参见王琼:《国际法准则与"保护的责任":兼论西方对利比亚和叙利亚的干预》,载《西亚非洲》2014 年第 2 期。
④ 参见吴弦:《欧盟国家利比亚军事干预解析》,载《国际政治经济评论》2012 年第 2 期;Knudsen T B, *Humanitarian Intervention Revisited: Post-cold War Responses to Classical Problems*, International Peacekeeping, Vol. 3, No. 4, 1996, p. 151。

立雷达站和导弹、高炮阵地等措施,但都未能从根本上改变局面。① 直至2003年伊拉克战争推动政权更迭后,持续时间长达12年之久的伊拉克禁飞区才得以解除。

另外,2011年利比亚禁飞区设立后,在利比亚政府宣布停火并遵守安理会设立禁飞区的相关决议后,西方国家仍然以"打击卡扎菲政权抵抗禁飞区的能力"为由,于3月20日采取"奥德赛黎明"②军事行动,相继派空军对利比亚进行空袭,甚至对没有实施攻击行为的地面军事设施进行狂轰滥炸,致使整个国家陷入混沌狼藉。阿拉伯国家联盟和非洲联盟作为西亚北非地区的两个重要组织,均反对欧盟在英法主导下的国际干涉行动。非洲联盟对利比亚设立禁飞区的态度则更加明确,不仅以不参加在伦敦举行的利比亚问题国际会议的方式表达反对在利比亚继续实施禁飞区决议的立场,而且坚持反对任何外国势力对利比亚进行军事干涉。虽然多国认为根据安理会1973号决议"动用一切必要手段"之规定空袭利比亚合理合法,但设立禁飞区的目的在于保护利比亚平民和人权以期尽快恢复和平,而不是任由西方国家的空袭行动为所欲为。事实证明,西方国家把扶持和利用反对派作为实现政权更迭的重要手段。一旦推动安理会授权设立禁飞区,就会在保护弱势冲突方的基础上打击强势冲突方,最终借反对派之手实现政权更迭。西方国家作为禁飞决议的实际执行者,如果按照安理会的授权执行,西方国家干涉他国内政,推动政权更迭的企图将难以实现。故而,在禁飞区的设立与执行过程中必然伴随着不同程度的超越授权和过度使用武力。

二、禁飞区设立的限制条件

禁飞区作为人道主义干涉的新形式,在一定程度上仍是联合国安理会解决内乱国武装冲突的重要方法,国际社会支持设立禁飞区的队伍也逐渐壮

---

① 参见薛翔:《伊美"禁飞区"过招》,载《现代军事》1999年第4期;祁风:《何谓"禁飞区"》,载《刊授党校》1999年第2期。

② 奥德赛黎明(Operation Odyssey Dawn)是指以英美法三国为首的联合军队于2011年利比亚内战期间针对利比亚政府采取的军事行动。美军参谋部主任威廉·戈特尼宣传此次行动的目标是保护利比亚平民和反对派组织,并打击卡扎菲政权抵抗禁飞区的能力。

大。然而，由于禁飞区设立在他国领空，本质上仍然构成对他国领空主权的实质"侵犯"，因而设立禁飞区具有严格的限制条件。总其要点，可概括为以下 4 个方面。

（一）安理会的明确授权

通过安理会决议授权设立的禁飞区在形式上符合国际法，这也是禁飞区合法性的直接来源。首先，联合国安理会是国际社会公认的人道主义干涉行动的权威裁决者和最高执行者，甚至是唯一具备干涉权利的国际组织。其次，为了防止各国对武力使用规定的肆意滥用，《联合国宪章》将安理会确定为有权采取国际干涉行动的唯一主体。再次，《联合国宪章》有关武力使用的规定是国际社会公认的采取干涉行动的适用标准。尽管"不得使用武力"是现代国际法的一项基本原则，但联合国仍在《联合国宪章》中对武力使用作了例外规定。[①] 最后，根据《联合国宪章》第 7 章第 51 条，即使是会员国行使单独或集体自卫权，也应立即向安理会报告，且不得影响安理会根据宪章随时行使其所认为"必要行动之权责"。[②] 是以，设立禁飞区必须得到联合国安理会的明确授权，否则就是对冲突内乱国堂而皇之的武装侵略。

（二）禁飞区的设立对象

禁飞区只能设立于发生内乱的弱小国家。换言之，唯有设立禁飞区的国家处于遭受武装侵略而无力捍卫主权的境地，执行禁飞动议的军事大国才能以自身实力绝对震慑和避免设立国内的武装冲突力量对禁飞区造成任何侵害，基于此保证禁飞区的顺利执行。在 3 次禁飞区设立实践中，伊拉克、波黑和利比亚都是综合实力尤其是军事实力较弱的国家，执行禁飞动议的大国对

[①] 在《联合国宪章》范围内，允许使用武力的例外规定主要存在于下述 3 项条款中：其一，第 42 条规定的安理会授权使用武力执行行动：在联合国安理会认定武力以外的办法失效的情况下，可以采取包括会员国空海陆军示威、封锁及其他军事举动的空海陆军行动。其二，第 51 条规定的国家自卫权：联合国任何会员国受武力攻击时，在安理会采取必要办法，以维持国际和平及安全以前，本宪章不得认为禁止行使单独或集体自卫之自然权利。会员国因行使此项自卫权而采取之办法，应立即向安理会报告，此项办法于任何方面不得影响该会按照本宪章随时行使其所认为必要行动之权责，以维持或恢复国际和平及安全。其三，第 53 条规定的区域机关执行行动：安理会对于职权内之执行行动，在适当情形下，应利用该区域办法或区域机关。如无安理会之授权，不得依区域办法或由区域机关采取任何执行行动。

[②] 参见《联合国宪章》第七章第 51 条。

这3个国家具有绝对的军事优势和震慑力。另外,尽管实践表明被设立禁飞区的国家必须拥有某些令大国难以抗拒的战略资源和利益,但笔者认为将此作为设立条件将会使禁飞区从设立之初就偏离本质目的,导致禁飞区与成为合法的国际规范手段相背而行。

(三) 禁飞区的设立时间

禁飞区只能设立于弱小国家发生内乱之时。若要在一个弱小国家设立禁飞区,则必须该国国内长期动乱对国际和平与安全构成严重威胁,而且在某种程度上可能演变为更为严重的人道主义灾难。3次典型的禁飞区设立实践表明,唯有一国内乱的强势冲突方受到西方大国的普遍敌视,西方国家才会设立禁飞区以扶持弱势冲突方上台。[①] 例如,在伊拉克禁飞区实践中,正是由于萨达姆政权引起了西方大国的强烈不满,加之重大利益的趋使,英美法等国才借安理会决议在伊拉克设立禁飞区。另外,正是由于卡扎菲政权引起了世界多个国家的敌视,才推动了利比亚禁飞区的设立。笔者认为,虽然在实践中唯有内乱的强势冲突方受到西方大国的普遍敌视才得以推动禁飞区的设立,但以此作为设立条件意味着禁飞区由西方大国主导,不但有失偏颇,而且极易偏离禁飞区的本真功能。

(四) 禁飞区的执行主体

禁飞区设立后,必须由国际组织或军事强国以自身实力保障决议的执行。设立禁飞区的关键在于压制住当事冲突方的武装力量,否则不仅劳民伤财,而且更会在一定程度上对联合国的权威造成损害。以3次典型的禁飞区设立实践为参考:其一,虽然伊拉克战争消耗了大量的财力、物力,但凭借美国及北约强大的军事实力和作战优势,伊拉克禁飞区得以持续12年之久。其二,波黑禁飞区设立后,在以英美法3国为主的北约空军实施的大规模空袭下,塞族武装的战斗力被彻底摧毁,被迫接受此前多次拒绝的《代顿协议》。[②]

---

① 参见赵广成:《从禁飞区实践看人道主义干涉的效力与局限性》,载《国际问题研究》2012年第1期。

② 1995年《代顿协议》的签署标志着波黑长达4年之久的内战结束,联合国安理会第1031号决议对该协议表示支持,并授权会员国设立一支统一指挥和控制的多国部队进驻波黑,并允许采取一切必要措施确保波黑和平协议的切实执行和良好遵守。参见安理会:《联合国安理会第1031(1995)号决议》,docs.cn/org/en/S/RES/1031(1995)。

其三，在利比亚禁飞区中，英法两国作为联合国安理会常任理事国，军事实力和政治地位卓越，在欧盟国家中树大根深，相加占欧洲防务预算一半以上且都具有核威慑能力，[①]由此保障了利比亚禁飞决议的顺利执行和禁飞区不受侵犯。是之，禁飞区的执行主体必须是实力强劲的国际组织或军事强国，他们在解决后冷战时期的世界热点问题中也扮演着重要角色。

三、禁飞区的划定类别

目前存在的两种禁飞区形态对应不同的地区，作为人道主义干涉的新形式的禁飞区设立于冲突地区，基于一国国家主权所赋予的权利而设的禁飞区大都设立于正常地区。由于二者在设立依据、设立目的、设立客体、执行主体等方面都大相径庭，因而在实践中的划定也截然不同。总其要点，主要涵括如下。

(一)冲突地区的禁飞区划定

冲突地区的禁飞区划定可分为两种：一是由联合国安理会授权在他国领空设立禁飞区以实行人道主义干涉；二是冲突内乱国所属的区域性国际组织出于军事需要或公共安全需要，自行在该国领空设立禁飞区。

就由联合国安理会授权在他国领空设立的禁飞区而言，必须符合以下4项条件：其一，必须得到安理会的明确授权；其二，只能设立于发生内乱的弱小国家，且这类国家必须拥有某些令大国难以抗拒的战略资源和利益；其三，禁飞区只能设立于弱小国家发生内乱之时，且内乱的强势冲突方必须受到西方大国的普遍敌视；其四，必须由国际组织或军事强国以自身实力保障禁飞动议的执行。然而，伊拉克、波黑和利比亚3次典型的禁飞区设立实践揭露出禁飞区在国际关系实践中面临的诸多困境，在设立依据、设立标准、设立程序、执行限度和监督机制等方面不尽健全是导致禁飞区本真功能无法得到有效发挥，易被别有用心之人缪用的关键因素。

就冲突内乱国所属的区域性国际组织出于军事需要或公共安全需要而自行在该国领空设立的禁飞区而言，尚无实践先例，但不能排除出现的可能

---

① 参见吴弦：《欧盟国家利比亚军事干预解析》，载《国际政治经济评论》2012年第2期。

性。在利比亚禁飞区设立前,美国等西方发达国家曾针对中俄否决安理会授权决议的情况准备了一套备用方案,即由阿拉伯国家联盟和北约直接在利比亚设立禁飞区。[①] 阿拉伯国家联盟是为了加强阿拉伯国家联合与合作而建立的地区性国际组织,利比亚作为阿拉伯国家联盟的成员国之一,倘若由阿拉伯国家联盟和北约在利比亚领空设立禁飞区,即使不符合程序正义,其他国家也无力进行反对。

(二) 正常地区的禁飞区划定

正常地区的禁飞区划定有且仅有一种情况,此类禁飞区的划设由《国际民用航空公约》提供法律遵循。《国际民用航空公约》第9条在认可一国设立禁飞区权利的同时创设了相应义务。鉴于此,各国在领空划设禁飞区需注意以下三个方面:

其一,合理划定禁飞区的设立范围,建立完备的禁飞区设立程序和执行程序,充分利用国家优势对禁飞区的设立与执行进行监督,确保最大限度地达到设立目的。在禁飞区设立后,向世界各国公示禁飞区的设立范围、存续时间、执行规则、违反后果等各方面相关内容,并第一时间告知各缔约国和ICAO关于禁飞区内的变动事项。另外,禁飞区的"合理性"应结合禁飞区的宽度、地理位置、受影响航线数量等多种因素进行综合判断。[②]

其二,以《国际民用航空公约》为蓝本,根据国家实际情况制定或完善国内的空域管理体制或相关法律法规。通过国家立法,不断完善对禁飞区进行法律调整的规定内容,客观合理地配置空域资源与禁飞区权利边界。譬如,美国在划设禁区、限制区、军航活动区和告警区时都需要进行航空学研究,并且每年对上述区域进行一次评估,以确定空域是否达到当初的划设要求,空域范围和存续时间是否合理,空域运行是否达到联合使用的目的等。[③]

其三,加强对禁飞区的安全管理,尤其重视对国家重点区域的巡航力度。在面对外来威胁时,一方面,建立健全禁飞区防御体系,加强对禁飞区周边动

---

① 参见赵广成:《禁飞区问题与中国的外交两难》,载《现代国际关系》2012年第7期。
② 参见朱子勤主编:《国际法专题研究:航空与空间法前沿问题探索》(第10卷),清华大学出版社2021年版,第29页。
③ 参见胡明华、张洪海:《世界空管概况及发展趋势》,科学出版社2017年版,第81页。

态的情报收集和应对突发事件监测等方面的能力建设,对国家安全威胁或潜在威胁做到"及时发现、快速报告、精准处置、有效控制";另一方面,结合《国际民用航空公约》的宗旨与精神,为了增进世界各国之间和人民之间的友好合作,避免滥用《国际民用航空公约》而对普遍安全造成威胁,各国有权对他国违反《国际民用航空公约》第9条项下国际法义务的行为提出质疑并上报安理会。

笔者认为,根据《公约》第89条规定,结合禁飞区实践,当两类禁飞区的划定范围在一国领空内交叉重叠时,出于对战乱期间蕴含的各种风险的考虑,各国应以安理会的授权决议内容为准。例如,在2011年利比亚危机中,安理会第1973号决议禁止在阿拉伯利比亚民众国领空的一切飞行,以帮助保护平民。

四、小结

出于人道主义目的授权设立禁飞区契合了联合国的行动使命。但事与愿违,一旦禁飞区成功设立,美国等西方国家就会在保护弱势冲突方的基础上打击强势冲突方,最终借反对派之手实现政权更迭。西方国家作为禁飞动议的主要执行者,如果按照安理会的授权执行,那么西方国家扶持友好政府以谋取自身利益的企图将荡然无存。故而,禁飞区的设立与执行过程必然伴随着不同程度的超越授权和过度使用武力。由于禁飞区设立于他国领空,本质上构成对他国领空主权的"实质占领",因而在实践中具有严格的限制条件。为了推进禁飞区朝着合法的国际规范手段演进,在明晰禁飞区的设立模式和限制条件的基础上,国际社会唯有关注和探究国际航空史上3次典型禁飞区设立实践存在的问题及带来的危害性后果,方能正确破题与合理改进,不断完善禁飞区的发展路径。

第四节 禁飞区设立实践存在的法律问题

禁飞区作为人道主义干涉新形式出现于冷战结束后,已在伊拉克、波黑和利比亚进行了 3 次设立实践。尽管国际社会支持设立禁飞区的行列逐渐壮大，但禁飞区若要成为合法的国际规范手段，仍旧任重而道远。尤其是面对设立依据相互掣肘、设立标准欠缺统一、设立程序有待完善、执行限度相对模糊等现实问题，禁飞区本真功能往往无法有效发挥，致使禁飞区长期以来都是国际社会争议和质疑的焦点。对此，国际社会亟须关注和探究国际航空史上 3 次禁飞区设立实践存在的问题及其带来的危害性后果。

一、禁飞区的设立依据问题——以伊拉克禁飞区为例

事实上，安理会第 688 号决议[①]并未明确授权英美法等国在伊拉克设立禁飞区，禁飞区设立依据问题一直是国际社会和专家学者们热衷探讨的焦点话题。鉴于此，笔者以伊拉克禁飞区为例，分别从法律依据层面和学理依据层面切入，对禁飞区的设立依据问题予以厘清，以期提出具有针对性的完善建议。

（一）禁飞区设立的法律依据相互掣肘

其一，目前学术界对联合国安理会决议法律性质的认定仍旧模糊不清，致使安理会决议的权威性在一定程度上受到损害。由于安理会决议在某种程度上是以"建议"或"决定"的形式出现，大多数决议的意向可能仅仅在于表达对局势的政治性观点，[②]同时欠缺类似于条约所赋予的强制执行力，因此各国对待安理会决议授权设立禁飞区的态度不一。例如，英美法等国认为伊拉克禁飞区依据安理会第 688 号决议设立，根据决议内容得到了安理会的默示授权，[③]但伊拉克总统萨达姆明确表示伊拉克将抵抗美英设立的两个禁飞区，并多次在禁飞区内与美英战机交火。

[①] 参见安理会：《联合国安理会第 688(1991)号决议》，digitallibrary.un.org/record/110659?ln=zh_cN&v=pdf。

[②] 参见[英]詹宁斯、[英]瓦茨修订、[英]奥本海著：《奥本海国际法》（第 1 卷第 1 分册），王铁崖等译，中国大百科全书出版社 1995 年版，第 28~30 页。

[③] See Boileau A E, *To the Suburbs of Baghdad: Clinton's Extension of the Southern Iraqi No-Fly Zone*, ILSA Journal of International & Comparative Law, Vol.3, No.3, 1996, p.875. 还有学者认为设立伊拉克禁飞区是根据安理会第 678 号决议、687 号决议和 688 号决议共同做出的决定。See Schmitt, M. N., *Wings over Libya: the No-Fly Zone in Legal Perspective*, Yale Journal of International Law, Vol.36, 2011, p.49.

其二,《联合国宪章》未对安理会授权使用武力予以详尽规定,扩大了安理会解释"和平之威胁、和平之破坏或侵略行为"的空间和行使执行权的自由裁量范围。对于一国国内局势是否构成人道主义灾难或严重的人道主义状况,目前仍缺乏客观的评判标准和证据制度。例如,在伊拉克禁飞区设立前,伊拉克国内局势的主要相关信息来源于伊朗和土耳其写给安理会主席的信,①而伊拉克、伊朗和土耳其在卡尔德族问题上长期存在争斗,②故而证明伊拉克国内局势符合禁飞区的设立缘由明显存在问题。波黑和利比亚在禁飞区设立前的国内局势是否符合设立缘由,也并未进行详细调查。

其三,《联合国宪章》只规定了"联合国会员国同意依宪章之规定接受并履行安全理事会之决议"③,并未规定各会员国执行安理会决议的统一标准,致使各国执行安理会决议的限度和方式千差万别,在禁飞区设立实践中主要表现为扩大解释安理会决议和超越安理会决议的授权范围。譬如,在伊拉克危机中,英美两国禁飞区扩大到北纬33度以南地区,迫使萨达姆处于南北夹击的境地。④ 然而,国际社会并未公开质疑伊拉克南部禁飞区的合法性,表明没有任何一个政府会批评一次旨在打击践踏人权的政府的行动。⑤ 国际社会的态度从侧面说明,伊拉克禁飞区间接得到了联合国安理会的授权。但由于联合国第688号决议对英美法等国采取军事行动迫使伊拉克遵守该决议的行为并未明确授权,设立禁飞区在事实上违反了程序正义,因而国际社会上有关伊拉克禁飞区的争议仍不绝于耳。《纽约时报》更是评论道:"设立禁飞区在法律上站不住脚,政治上不明智。"⑥

(二)新干涉主义理论不属于国际共识

从学理依据层面来看,新干涉主义理论在一定程度上为禁飞区的发展奠

---

① 参见王勇:《论冷战后禁飞区的实施困境与出路》,载《国际论坛》2013年第2期。
② 库尔德族问题是指英国、法国、俄国于19世纪到20世纪争夺和瓜分中东势力范围而遗留的历史问题,是涉及伊拉克、伊朗和土耳其三国的重大民族问题。
③ 《联合国宪章》第五章第25条。
④ 参见张良福:《美国的一张新牌——"禁飞区"计划》,载《世界知识》1992年第18期。
⑤ 参见[英]尼古拉斯·惠勒:《拯救陌生人——国际社会中的人道主义干涉》,张德生译,中央编译出版社2011年版,第174页。
⑥ 张良福:《美国的一张新牌——"禁飞区"计划》,载《世界知识》1992年第18期。

定了理论基础。但由于新干涉主义理论尚不属于国际共识,故该理论作为禁飞区的设立依据和理论基础仍缺乏客观性和统一性,且在一定程度上使禁飞区成为可以"超越授权范围"的人道主义干涉形式。以东西方国家为代表,形成了对新干涉主义理论的两种不同看法:

一方面,新干涉主义理论因缺乏合法性和合理性支持,遭到了广大发展中国家的批判和抵制。[1] 大多数发展中国家认为,干涉通常是为国际法所禁止的,禁止干涉是每一个国家的主权、领土完整和政治独立的必然结果。[2] 而新干涉主义理论为西方国家对发生"人道主义灾难"的国家和地区实行军事干涉提供了口实,包括除掉西方国家认定的反人权政府。[3] 故而,禁飞区实为西方国家打着人道主义旗号,借联合国之名对外谋取自身利益的借口,是推行霸权主义与强权政治的武力手段。未经联合国授权的人道主义干涉行动更是丧失了合法性基础。

另一方面,以美国为首的西方发达国家认为,新干涉主义理论契应了全球化发展趋势。在一国国内动乱足以被认定成"威胁国际和平与安全"时,其他国家或国际组织就有权引用《联合国宪章》对该国进行干涉。譬如,联合国秘书长佩雷斯·德奎利亚尔(Javier Perez de Cuellar)坚持认为需要一项新的决议授权军事行动,或是得到伊拉克的同意。但西方大国表示采取军事行动是出于人道主义,而不是政治目的。正如有学者提出:"联合国没有出面制止一国实施种族灭绝或类似残酷暴行的情况下,所有国家在任何情况下都可以出于严格的人道主义救援目的进行干预。"[4]

从根本上讲,新干涉主义理论严重违反了《联合国宪章》的基本精神和宗旨,在一定程度上对人权国际保护造成挑战。[5] 除此之外,纵观国际航空史上3次典型的禁飞区设立实践,各禁飞区的持续时间和实际执行情况不尽相同。

---

[1] 参见邱昌情:《"保护的责任"与国际人权规范建构》,时事出版社2020年版,第26页。
[2] 参见[英]詹宁斯、[英]瓦茨修订,[英]奥本海著:《奥本海国际法》(第1卷第1分册),王铁崖等译,中国大百科全书出版社1995年版,第314页。
[3] 参见张睿壮:《"人道干涉"神话与美国意识形态》,载《南开学报》2002年第2期。
[4] J. N. Pieterse, ed, *World orders in the making: Humanitarian intervention and beyond*, Springer, 1998, p.197.
[5] 参见邱昌情:《"保护的责任"与国际人权规范建构》,时事出版社2020年版,第27页。

由于国际社会仍未制定统一的禁飞区设立标准,西方大国便可以打着联合国的旗号对联合国决议进行扩大解释,这在一定程度上阻碍了禁飞区成为合法的国际规范手段。

二、禁飞区的设立程序问题——以波黑禁飞区为例

与伊拉克禁飞区不同,波黑禁飞区依据安理会第781号决议①设立,是安理会明确授权设立的首个禁飞区实践,在设立程序上的合法性毋庸置疑。通观波黑禁飞区设立实践,安理会内部关于禁飞区的设立程序不尽完善,安理会授权决议的措辞和内容不够全面等问题在一定程度上将禁飞区异化为西方国家对外干涉的工具。鉴于此,笔者以波黑禁飞区为例,剖析禁飞区设立过程中存在的问题,也唯有在此基础上,方能破题起势与合理改进。

(一)禁飞区设立的程序不尽完善

安理会认定一国国内局势对国际和平与安全构成威胁只是禁飞区设立的先决条件。是否在冲突内乱国内设立禁飞区,关键在于是否通过安理会现任理事国的投票以完成禁飞区设立的相关程序。目前,联合国安理会尚未对禁飞区设立问题制定具有针对性的审批流程和决策程序。《联合国宪章》第6章第34条规定,安理会有权对"任何争端或可能引起国际摩擦或惹起争端之任何情势"进行调查,②从而根据争端或情势的严峻程度寻求解决方案。由于禁飞区源于一国内政问题而设立于冲突内乱国的领空,因而安理会根据《联合国宪章》第34条对禁飞区设立问题进行调查评估未免太过牵强。另外,参与禁飞区相关表决事项的国家也会在一定程度上为禁飞区的设立和执行推波助澜。譬如,在波黑禁飞区问题上,安理会密集地通过了11项相关决议。从表决结果来看,波黑禁飞区得到了多数国家的支持和认同。然而,从参与表决的15个理事国来看,英国、法国、美国作为五大常任理事国成员是设立禁

---

① 由于波黑三大民族即塞族、克族和穆斯林在独立问题上政见相佐,因此长期积累的民族矛盾迅速激化,引发了战后欧洲地区最大规模的人道主义灾难。1992年10月9日,安理会通过第781号决议正式宣布在波黑全境设立禁飞区,禁止波黑领空的军事飞行并请联合国部队监测军事飞行禁令的遵守情况。参见安理会:《联合国安理会第781(1992)号决议》,digitallibrary. un. org/record/151454? v =pdf。

② 参见《联合国宪章》第六章第34条。

飞区的先行倡导者和竭力支持者,而其他意图同西方发达国家交好的参与国也不在少数。

(二)安理会的授权决议笼统空泛

从波黑禁飞区的系列决议到利比亚禁飞区的系列决议,无一不暴露出安理会授权决议中存在的问题。具体而言,主要表现在以下两个方面:

其一,安理会授权设立禁飞区的决议措辞相对模糊,缺乏法律确定性[①]以及缺乏对执行禁飞动议大国动用武力的规制。在波黑内乱中,安理会密集通过的一系列决议表明北约在波黑设立禁飞区和动用武力都是按照决议授权进行的。然而,决议中授权会员国或有关国际组织采取"一切必要措施"的措辞模棱两可,缺乏法律确定性,为执行禁飞动议的大国在禁飞区存续期间超越授权,过度使用使用武力提供了契机。另外,"恢复该地区国际和平与安全"作为安理会授权决议的惯用措辞,不但在一定程度上扩大了执行禁飞动议大国的执行权限,而且增加了禁飞区划定的地理范围和存续时间。例如,波黑禁飞区和利比亚禁飞区几乎覆盖了国家全境,伊拉克禁飞区更是持续了长达12年的时间。

其二,安理会授权决议并未规定禁飞区的存续时间和时效范围。这些规定缺失无形中将对禁飞区存续时间和决议时效范围的决定权交到了执行禁飞动议的大国手中,由此加剧了被设立禁飞区国内的不稳定因素。例如,英美法等国借安理会第688号决议在伊拉克设立了禁飞区,又在2003年结合安理会第678号决议[②]和第1441号决议[③]主张"系列决议授权论"对伊拉克发动战争,致使伊拉克禁飞区持续时间长达12年之久。

三、禁飞区的实际执行问题——以利比亚禁飞区为例

2011年3月17日,在阿拉伯国家联盟的呼吁下,安理会通过第1973号决

[①] 参见戴轶:《试论安理会授权使用武力的法律规制》,载《法学评论》2008年第3期。
[②] 参见安理会:《联合国安理会第678(1990)号决议》,digitallibrary.un.org/record/02245?v=pdf。
[③] 参见安理会:《联合国安理会第1441(2002)号决议》,digitallibrary.un.org/record/478123?ln=zh_CNQ v=pdf。

议在利比亚设立禁飞区。然而,执行禁飞动议的西方国家远超决议范围的干涉行径招致了各方的强烈批评。为使禁飞区发挥"恢复该地区国际和平与安全"的本真功能,笔者以利比亚禁飞区作为实证考察对象,廓清禁飞区在执行过程中存在的问题,以助力禁飞区迈入成为合法的国际规范手段的轨道。

(一)禁飞区的执行限度较为模糊

2011年,安理会通过第1973号决议授权在利比亚设立禁飞区,禁止一切航空器飞入利比亚领空,以帮助和保护平民。然而,安理会决议中"动用一切必要手段"的措辞,为西方国家对利比亚进行空中打击披上了"合法"外衣。西方国家在对利比亚政府展开6次大规模空袭后,成功在利比亚实现政权更迭。利比亚禁飞区的覆盖范围和执行情况更是禁飞区实践史上的一大突破。正因如此,起初支持利比亚禁飞区设立的国家和组织都转而对英美等国进行了强烈谴责。俄罗斯总统普京抨击美国动不动就使用武力。[1] 阿拉伯国家联盟作为设立利比亚禁飞区的最早呼吁者,立场明显软化,对英美等国空袭利比亚的行为作出强烈批评。除利比亚禁飞区外,西方国家在伊拉克禁飞区和波黑禁飞区中也存在不同程度的超越授权和过度使用武力的现象。在伊拉克禁飞区中,执行禁飞动议的西方国家严重违反武力相称性原则。在波黑禁飞区中,北约战机忽视"只允许对再三不听警告的战机开火"的规定,在波黑境内进行狂轰滥炸。[2]

从3次禁飞区设立实践尤其是利比亚禁飞区实践可以看出,西方国家的军事行动远远超出禁飞决议的执行范围。在叙利亚内战爆发后,欧美等国企图在叙利亚设立禁飞区以重演"利比亚模式",利用空中优势摧毁叙利亚政府军主力。为筹划叙利亚禁飞区,欧美等国海路并进、南北夹击,在叙利亚边境密集部署军事力量。俄罗斯为阻止"利比亚模式"在叙利亚重演,在2015年9月底果断出兵叙利亚,才彻底粉碎了欧美等国的企图。[3]

---

[1] 参见陈小茹:《安理会应通过新决议防止禁飞决议授权被滥用》,载《中国青年报》2011年3月23日,第4版。

[2] 参见王勇:《论冷战后禁飞区的实施困境与出路》,载《国际论坛》2013年第2期。

[3] 参见况腊生:《叙利亚战争沉思录——二十一世纪的"微型战争世界"》,人民出版社2018年版,第179~180页。

(二) 禁飞区的执行缺乏有效监督

其一,安理会对禁飞区的执行缺乏监督力度和监督措施。安理会授权设立禁飞区时,对执行行为的监督仅限于"秘书长需定期报告禁飞决议执行情况",并未规定具体措施跟进指挥和监督禁飞区的执行。譬如,在设立波黑禁飞区的第 781 号决议(《联合国安理会第 781(1992) 号决议》)中,仅提及"请秘书长定期向安全理事会报告本决议的执行情况,并立即报告任何违反禁令的证据"。在授权设立利比亚禁飞区的第 1973 号决议中,对禁飞区执行行为的监督相较第 781 号决议虽较多提及,但也仅限于"请秘书长立即向安理会通报有关会员国为协助执行禁飞区动议而采取的任何行动,并在 7 天内向安理会报告决议执行情况,包括关于违反禁飞令的信息,其后每月报告一次"。由于对禁飞区执行监督的缺位,未能及时有效地制止西方国家的越轨行为,因此禁飞区极易被别有用心的国家缪用。

其二,以美国为首的西方国家几乎成为安理会禁飞决议的实际执行者,在一定程度上为进一步加强干涉力度铺设道路。对禁飞区执行监督的缺位,进一步助长了西方国家扩大解释安理会决议的气焰。在南斯拉夫和波黑内战期间,北约成为安理会决议的实际执行者,在波黑设立禁飞区动用武力都是按照安理会决议的明确授权进行。由于安理会并未对西方国家的实际执行方式和范围进行有效监督,北约在波黑境内毫无节制地对塞族军队进行空中打击。2011 年的利比亚禁飞区实践更进一步证明了禁飞区的设立和执行都严重依赖于以美国为首的西方国家,致使禁飞区严重受制于西方国家的战略利益。对禁飞区执行监督的缺位,无疑为西方国家在禁飞区内大行其道开了绿灯。

除此之外,在超越授权、过度使用武力的现象发生后,联合国安理会及国际社会未能对设立禁飞区的国家提供及时有效的救济方式。救济方式的缺失,不但在一定程度上导致执行禁飞动议的国家逃避本应承担的责任,而且将可能激化国家与国家之间的矛盾,对世界和平与稳定造成潜在威胁。

四、小结

通观国际航空史上 3 次典型的禁飞区设立实践,国际社会上对禁飞区这种人道主义干涉形式的反对声音逐渐减少,支持禁飞区设立的声音逐渐嘹亮。但禁飞区在实践中仍面临一系列发展困境,致使禁飞区本真功能往往无法有效发挥,甚至在一定程度上将禁飞区异化为西方国家对外实行军事干涉的手段。

其一,在禁飞区的设立依据方面,禁飞区设立的法律依据相互掣肘,新干涉主义理论尚不属于国际共识,禁飞区缺乏统一的设立标准等因素,在一定程度上损害了安理会授权设立禁飞区的权威性,成为阻碍禁飞区成为合法的国际规范手段的关键因素。其二,在禁飞区的设立程序方面,安理会内部尚未针对禁飞区制定配套的审批流程和决策程序,安理会授权设立禁飞区决议的措辞缺乏法律确定性,未对禁飞区的存续时间和时效范围作出规定等问题,致使禁飞区设立和执行过程中的不稳定因素加剧。其三,在禁飞区的实际执行方面,禁飞区的执行限度较为模糊,对禁飞区的执行缺乏有效监督,对被设立禁飞区国家提供救济方式的缺失等问题,进一步加剧了禁飞区易被别有用心之人缪用的风险。为化解阻碍禁飞区朝着合法的国际规范手段演化的诸多障碍挑战,推动禁飞区有效发挥本真功能,国际社会亟须关注和探究国际航空史上3次禁飞区设立实践存在的问题及带来的危害性后果,破除桎梏禁飞区规范化发展的顽瘴痼疾,并积极探索具有针对性的管控建议。

第五节 禁飞区的管控建议

随着禁飞区越来越为大多数国家所接受,国际社会唯有剖析禁飞区的设立依据并统一设立标准,不断完善禁飞区设立程序及规范安理会授权决议,严格限定禁飞区的执行限度和执行条件,建立禁飞区监督机制的同时创设及时有效的救济途径,才能保障禁飞区朝着合法的国际规范手段演进。

面对日趋严峻复杂的国际环境,安理会适用禁飞区解决他国冲突还将迎来更多的现实挑战。故而,对禁飞区进行法律规制使禁飞区规范化、制度化显得尤为重要。特别是安理会决议曾表达希望建立一个适当的机制来执行禁飞区。① 基于前文的理论分析和实证考察,现从 4 个方面探索禁飞区的管控路径,以期更好地处理尊重主权与保护人权的关系,破除阻碍禁飞区朝着合法的国际规范手段演进的痼疾。

一、剖析禁飞区的设立依据,统一禁飞区的设立标准

首先,完善禁飞区领域相关立法,使禁飞区制度化、规范化。"不以规矩,不能成方圆",国际航空史上 3 次典型的禁飞区设立实践表明,禁飞区的设立依据缺乏明显的法律支撑,致使各国对待禁飞区的态度褒贬不一。完善禁飞区领域相关立法,制定禁飞区的合法化标准能够加强对禁飞区的法律规制,防止禁飞区被滥用。另外,在立法过程中应高度重视联合国安理会在设立禁飞区方面发挥的重要作用,②以法律形式确定联合国安理会是唯一有权设立禁飞区的权威组织。从法律程序来看,联合国安理会的明确授权是设立禁飞区的直接权源,没有经过安理会授权设立的禁飞区与赤裸裸的武装侵略无异。尽管安理会授权设立禁飞区的行为在一定程度上受到质疑,但在完善禁飞区领域相关立法时不能忽视联合国安理会在其中发挥的重要作用,必须在现有禁飞区相关规则的基础上探求解决对策。

其次,规制安理会的情势断定权,避免安理会在对一国国内进行情势判断时出现偏向。规制安理会的情势断定权是维护安理会决议法律效力的必要条件,是安理会改革重心,是维护集体安全制度的必然要求。安理会唯有正确行使情势断定权,客观公正地对一国国内局势是否符合禁飞区设立缘由做出判断,禁飞区相关决议的效力基础才会更加牢固,国际社会才会普遍认同禁飞区是设立在值得维护的社会价值基础上。③ 另外,对"国际和平与安全"的概念内涵予以明确界定,统一安理会认定一国国内局势亟须建立禁飞区的评判标准,特别是健全客观证据制度。一国政府无法控制国内骇人听闻的人道主义灾难,或对酿成人道主义灾难的行为熟视无睹,甚至参与该行为,

---

① 参见安理会:《联合国安理会第 1973(2011) 号决议》,digitallibrary.un.org/record/699777?v=pdf。
② 参见王勇:《论冷战后禁飞区的实施困境与出路》,载《国际论坛》2013 年第 2 期。
③ 参见李娜:《论安理会决议法律效力的实现》,华中师范大学 2015 年硕士学位论文,第 32 页。

是安理会授权设立禁飞区以实行人道主义干涉的先决条件。[①] 对"国际和平与安全"的概念内涵予以明确界定,统一对国内局势的评判标准,将不适用设立禁飞区的争端局势排除在外,有利于增强禁飞区设立的正当性与合法性。

再次,由联合国安理会在禁飞区相关决议中直接规定各会员国执行决议的统一标准。安理会决议所涉各会员国的权利和义务不尽相同,决议的实际执行情况也千差万别,直接修订《联合国宪章》并在其中作出统一规定操作难度较大。故而,由安理会在禁飞区相关决议中直接规定各会员国执行决议的统一标准,明确决议所涉各方的权利和义务,有利于进一步规制禁飞区,减少后续执行中可能面临的不稳定因素。

最后,统一禁飞区的设立标准,明确禁飞区的设立原则。一项国际规范手段之所以能够发挥本真功能,是因为所蕴含的价值理念能够为世界各国所接受。设立禁飞区应当是在联合国安理会认定武力手段之外的办法行不通的情况下,不得已而为之的最后手段。在安理会采取和平手段能够解决冲突的情况下,坚决不在他国领空设立禁飞区。同时,根据一国国内实际情况,在决议中对使用武力的种类、强度、目标对象、适用范围等予以明确规定,确保使用武力的正当性。禁止以武力相威胁或使用武力为现代国际法的一项基本原则,安理会在此基础上授权设立禁飞区时,应当将对武力的使用限制在阻止人道主义灾难与恢复和平所必需的范围内。正如英国阿伯里斯特威斯大学国际关系学院的教授尼古拉斯·惠勒(Wheeler, N. J.)所强调的,武力的使用必须是最后的手段,必须符合比例原则的要求,对武力使用应当审慎考虑。[②] 此外,在设立禁飞区前进行利弊权衡,召集世界范围内的专家学者给予相关建议,科学评估设立禁飞区是否能够利大于弊亦是应有之义。

二、完善禁飞区的设立程序,规范安理会的授权决议

首先,结合冲突内乱国内局势状况制定一套具有针对性的禁飞区审批流

[①] See Hoffmann S et al., *The Ethics and Politics of Humanitarian Intervention*, University of Notre Dame Press, 1996, p. 24.

[②] 参见[英]尼古拉斯·惠勒:《拯救陌生人——国际社会中的人道主义干涉》,张德生译,中央编译出版社2011年版,第10页。

程。由联合国安理会组织专门委员会或者授权与冲突双方无利益纠葛的国家对禁飞区问题进行审查。对于个别国家对冲突内乱国符合禁飞区设立缘由的局势判断,专门委员会或者得到授权进行问题审查的国家应根据该国是否提供客观证据及证据证明力度而选择性地借鉴参考。另外,安理会在对禁飞区问题进行审查时应坚持参照 5 个标准:威胁的严重性、正当的目的、万不得已的办法、相称的手段和权衡后果,①以此为基准考虑是否授权设立禁飞区。

其次,完善安理会关于设立禁飞区的决策程序。改革安理会的表决机制,扩大安理会理事国的范围是完善禁飞区决策程序的重要举措。最大限度地代表国际社会是安理会维护自身权威的重要方式。安理会的组成不但应充分考虑常任理事国之间的权力平衡,而且应当充分考虑国际社会的需要。扩大安理会理事国的范围,尤其是增加发展中国家的席位,有利于进一步提高日后安理会关于禁飞区决议的民主性和科学性。另外,根据《联合国宪章》的规定,联合国安理会可以就是否设立禁飞区的问题听取联合国大会的建议。②

再次,规范安理会授权设立禁飞区决议的措辞。扩大解释《联合国宪章》第 39 条中的"和平之威胁"这一概念的外延,是安理会结束后的武力授权行动的突出特点。③ 模糊不清的措辞虽然缓和了各成员之间的利益冲突,但也为别有用心之人滥用禁飞区提供了口实。安理会授权设立禁飞区的决议不能使用概念性和开放性的措辞,必须对授权设立禁飞区的意图和目标、被授权执行禁飞动议的国家和执行权限、禁飞区的时效范围和存续时间、安理会决议终止授权的时限等问题予以明确规定。另外,还应明确规定在执行禁飞动议的过程中超越决议授权范围,过度使用武力,构成严重的国际不法行为,

---

① 参见安理会:《一个更安全的世界:我们共同的责任——威胁、挑战和改革问题高级别小组报告》,www.un.org/peacebuildings/sites/www.un.org.peacebuildings/files/documents/hlp_more_secure_world.pdf。
② 参见《联合国宪章》第四章第 10~12 条。
③ 参见黄瑶:《论禁止使用武力原则——联合国宪章第二条第四项法理分析》,北京大学出版社 2003 年版,第 260 页。

应当承担国际责任。[①]

最后,规定对禁飞区相关决议的统一解释标准。联合国应明确会员国在执行禁飞动议时可以适用的解释方法,防止被授权国家滥用解释方法超越安理会决议的授权范围,以此增强禁飞区决议效力的合法性与正当性。

三、明确禁飞区的执行限度,限定禁飞区的执行条件

其一,明确界定禁飞区的职能定位。安理会授权设立禁飞区是为了以特定的方式达到特定的目的,即通过设立禁飞区实施人道主义救援和维护区域和平与安全。故而,禁飞区应当被视为维护区域和平与安全的一种具有威胁力的缓冲手段,作用是"维护区域和平与安全",而不是"通过武力建立区域和平与安全"。基此逻辑,禁飞区的执行应当采取"人不犯我,我不犯人"的防御性政策,而非激进的进攻性政策。[②]

其二,严格规定禁飞区的执行限度和执行方式。被授权国家在执行禁飞动议时的作战方法和作战手段应受到以《联合国宪章》为主体的相关国际法规则的约束,严格遵守国际法上公认的相称性原则。一方面,将禁飞区内武力的使用程度限定在足以恢复区域和平与安全的范围内,当"威胁国际和平与安全"的局势消失时,安理会应立即裁定撤销禁飞区。同时,限制执行禁飞动议的国家对武器使用的选择也是严格限定禁飞区执行限度的关键要素。另一方面,综合禁飞区被设立国内的实际情况和地理位置,双方的武器数量、装备先进程度和作战方式等因素,科学合理地划定禁飞区的执行范围、执行时间,严厉制止并惩罚无限度扩大禁飞区执行范围的行为,最大限度地避免对冲突内乱国内的人民生命财产与安全造成二次伤害。

四、建立禁飞区的监督机制,创设禁飞区的救济途径

首先,建立禁飞区决议执行跟踪机制,确保安理会及时跟进指挥和监督禁飞区的执行。组建专门小组跟踪监督禁飞区的实际执行状况,对超越决议

[①] 参见赵建文:《联合国安理会在国际法治中的地位和作用》,载《吉林大学社会科学学报》2011年第4期。

[②] 参见王勇:《论冷战后禁飞区的实施困境与出路》,载《国际论坛》2013年第2期。

授权范围的越轨行为及时制止并上报安理会。每过一段时间,专门小组应将禁飞区的执行情况以报告的形式呈报安理会,确保安理会能够及时掌握禁飞区的实际情况和被授权国家是否存在越权行为,加强对禁飞区的指挥和监督。另外,专门小组的组成人员不但要最大限度地代表国际社会,而且还要代表五大常任理事国。

其次,充分发挥集体安全机制以国家主权原则、不干涉内政原则、禁止使用武力原则等为代表的制度优势,对禁飞区内存在的非正当干涉行为予以坚决抵制。要求包括联合国在内的国际组织或国家监督被授权国家执行禁飞动议的行动,确保联合国能够实时监控违规行为,有助于减少乃至阻断禁飞动议执行国对冲突当事方国内政权的影响和控制。[1] 另外,根据《联合国宪章》第 46 条,"武力使用之计划应由安全理事会以军事参谋团之协助决定之"[2],安理会可以授权军事参谋团充当禁飞区的指挥和监督机构,实现监督效果的最大化。

再次,建立健全禁飞区风险防控机制,防范化解禁飞区设立后面临的潜在风险挑战。联合国安理会可以就防范化解禁飞区设立及执行过程中的风险挑战问题进行深入探讨,全面审视重大利弊因素,准确评估目标国内设立禁飞区可能带来的风险挑战。在禁飞区设立后,呼吁各国协力应对设立禁飞区带来的风险挑战,及时提出具有针对性和时效性的风险防控建议。此外,建立透明公开的禁飞区争端调解机制,提高联合国安理会作为冲突调停者的公正性,全方位助力禁飞区发挥实施人道主义救援,维护区域和平与安全的功能。

最后,创设及时有效的禁飞区救济途径。"缺乏救济权利是虚假的权利",在安理会裁定撤销禁飞区后,由联合国管理被设立禁飞区的国家。另外,联合国际力量如国际红十字会,助力禁飞区设立国内的灾后重建工作。不但要确保禁飞区设立国内人民及时得到救援和帮助,而且还要确保参与行动的国家、国际金融组织机构等组织之间信息畅通,以帮助禁飞区设立国内

---

[1] 参见赵洋:《国际干涉中的合法性与有效性研究——基于联合国与地区性组织合作视角》,载《国际政治研究》2019 年第 6 期。

[2] 《联合国宪章》第七章第 46 条。

秩序尽快稳定。同时,推动建立与授权设立与禁飞区相关的国际责任规则,[①]对执行禁飞动议国家在禁飞区的越权行为进行惩罚,向世界各国彰显坚决抵制非正当干涉行为的决心。

作为第三方调停者而非冲突当事方的联合国,授权设立禁飞区的主要目的在于促进冲突双方在最短时间内实现停火止暴,维护区域内和平与稳定。面对禁飞区在设立依据、设立标准、设立程序、执行限度等方面不尽健全而给实践带来的诸多障碍挑战,国际社会唯有同心合力,积极探索禁飞区的管控路径,方能全面保障禁飞区朝着合法的国际规范手段演进。

第六节 结　　语

禁飞区与空中航行相伴而生。起初,各国为维护国家主权与政治安全,数量更多、范围更大的禁飞区相继设立,导致国际航线无法通行,航空运输陷入瘫痪。直至1944年,《国际民用航空公约》第9条为各国设立禁飞区提供了法律遵循。冷战结束之前,禁飞区在各国几乎都作为一种政治防御措施设立。冷战结束后,作为人道主义干涉新形式的禁飞区正式进入国际社会的视野,并在伊拉克、波黑和利比亚接连得到3次设立实践。事实证明,禁飞区在一定程度上仍是联合国安理会解决冲突的方法,合法性不但没有被完全否定,国际社会甚至产生了支持禁飞区合法化的趋势。然而,从3次典型的禁飞区设立实践来看,西方国家强势推动安理会设立禁飞区的根本目的在于假借联合国的权威实现政权更迭,因而在执行过程中存在不同程度的超越授权和过度使用武力,这也直接导致了国际社会对禁飞区的不满和异议。

禁飞区在设立依据、设立标准、设立程序、执行限度和监督机制等方面存在的大量空白,致使禁飞区本真功能往往无法有效发挥,并在国际关系实践中面临一系列发展困境。随着禁飞区得到越来越多的国际支持,以"人类命运共同体"为指引,国际社会亟须剖析禁飞区的设立依据并统一设立标准,不

[①] 参见戴轶:《试论安理会授权使用武力的法律规制》,载《法学评论》2008年第3期。

断完善禁飞区设立程序及规范安理会的授权决议,严格限定禁飞区的执行限度和执行条件,建立健全禁飞区监督机制的同时创设及时有效的救济途径,因此方能全面保障禁飞区朝着合法的国际规范手段演进。在可预见的未来,相信通过对禁飞区的不断完善与合理改进,禁飞区将在捍卫国家主权与政治安全,维护国家安全与社会稳定,保障航空秩序与航行安全中发挥着更为重要的作用。

中国作为联合国安理会常任理事国和国际关系体系中负责任的大国,长期以来为建设持久和平、共同繁荣的和谐世界坚持不懈努力。对待禁飞区这种与国家主权原则和《联合国宪章》精神扞格难通的人道主义干涉形式,不仅不会积极赞同,更不会主动实践。近年来,随着中国的综合国力和国际地位的显著提高,中国日益走入世界舞台中央,成为解决全球问题的利益攸关方。随着支持禁飞区的队伍逐渐壮大,中国理应挑起大梁,深入探寻推动禁飞区朝着规范化方向发展的实现路径,破解禁飞区发展难题,只有这样才能在维护自身安全的同时促使禁飞区朝着合法的国际规范手段演进,为全球治理体系变革注入源源不断的中国正能量,进而推动国际秩序和全球治理体系规则朝着更加公正合理的方向发展。

第六章

民航网络恐怖主义犯罪的国际法规制研究

本章导读：随着民航数字化进程加快，针对民航领域发起的网络恐怖主义犯罪数量激增。这种犯罪以民航网络为攻击目标或在网络空间实施攻击预备行为，意图造成社会恐慌，严重威胁航空运输安全与全球共同利益。其跨境性决定了任何国家都不能独善其身。国际社会唯有凝聚共识并加强合作，才能有效遏制其带来的危害。

联合国体系下的反恐公约、"双轨制"反恐机构设置、反恐战略支柱为打击民航网络恐怖主义犯罪提供了法律依据与实践指引。ICAO 通过修改《国际民用航空公约》附件、制定网络安保软法、建立高级别工业小组、积极开展国际合作等措施加强防范。区域性国际组织亦形成了网络反恐立法并开展了相关实践。

现有国际法律机制虽对民航网络恐怖主义犯罪起到一定规制作用，但在实体层面存在犯罪概念缺失、法律"碎片化"、反恐规则内容存在分歧等问题；在程序层面存在电子取证规则阙如、管辖权易冲突等困境；在国际合作层面存在合作理念与限度不统一、引渡合作难以展开、信息共享机制缺乏等不足，减损了民航网络反恐的成效。

国际社会当务之急应尽快梳理澄清既有规范对民航网络恐怖主义犯罪的适用性、健全民航网络反恐程序规则、加强 ICAO 成员间的司法协作。我国作为航空大国宜积极采取举措保障民航安全，一方面加快完善我国民航网络安全立法，制定民航网络恐袭事件预案；另一方面积极响应联合国和 ICAO 的反恐政策，强化与"一带一路"共建国家的反恐合作。

航空网络已然成为恐怖主义犯罪分子发动袭击的新目标,国际社会对航空网络安全的关注前所未有。进入21世纪以来,民航业信息化与数字化建设迅猛发展,航空网络应用场景也拓展到各关键服务和生产环节,从传统的空管系统、销售、离港及财务系统,到现在的电子货币支付、飞行机组签派、航班计划、飞机维护以及货仓装载等。然而,航空网络蕴含的风险隐患在短时间内未能有效消除,民航链条的每个环节都可能成为潜在的网络攻击目标。正如ICAO与其他利益攸关方所指出的,全球航空系统极易受到黑客或者网络恐怖主义犯罪分子的攻击。在现阶段,针对民航网络的恐怖主义犯罪主要表现为入侵航空公司网站或瘫痪机场系统,旨在扰乱正常的民航运行秩序并造成高昂的经济损失,这是因为恐怖组织现阶段掌握的网络攻击技术尚不成熟。随着网络攻击对民航网络防御机制产生"免疫"以及大批黑客加入恐怖组织,不排除未来其利用网络漏洞控制运行中的航班,给公众生命健康财产带来更大威胁的可能性。

民航网络恐怖主义犯罪问题早已超越了国家管辖权的界限,在广泛的航权开放以及民航跨境飞行背景下发展成为一个全球性的安全危机,这决定了只要任何一个国家放松警惕就可能致使国际社会就反恐维稳做出的努力付之东流,全球民航业也可能遭受难以逆转的打击。当前,规制民航网络恐怖主义犯罪的国际法律规范存在分散化、碎片化、关联程度较低等问题,尤其是网络犯罪公约与反恐公约缺少互动性,关涉各国执法与司法协助方面的程序性规则缺位,这难免减损预防打击民航网络恐怖主义犯罪的成效。

第一节 民航网络恐怖主义犯罪规制的逻辑起点

一、网络恐怖主义犯罪的内涵与特征

(一)恐怖主义犯罪的概念厘定

要界定网络恐怖主义犯罪,应首先明确其上位概念"恐怖主义犯罪"的内涵。然而,关于何为恐怖主义犯罪,无论是学术界抑或国内、国际法律规范尚

无统一定论。

第一,学术界对恐怖主义犯罪的探讨。美国沃尔特·拉克尔(Walter Laqueur)认为,恐怖主义犯罪是为了达到政治目的,对无辜者非法使用武力的行为。[1] 德拉克(Drake)将恐怖主义犯罪定义为,对目标者有组织地使用暴力或以暴力相威胁,以达到某种政治目的的行为。[2] 法国学者安德鲁·博萨(Andre Bossard)认为,恐怖主义犯罪是指犯罪分子为了实现预期目标,运用一切手段引起公众心理恐惧或威胁恐吓他人的行为。[3] 荷兰学者亚历克斯·施密特(Alex. P. Schmid)收集了近50年来学者提出的109个观点,提取了各定义中的关键要素并运用实证方法计算词频。他在结论部分总结道,恐怖主义犯罪是个体、集团或国家出于特殊的或政治原因,对公众使用暴力致使其产生忧虑的行为。[4] 王铁崖教授认为,恐怖主义犯罪是具有国际政治目的的由私人或有组织的团体伤害他人生命或损害他人的暴力行为。[5]

第二,各国法对恐怖主义犯罪的规定。美国立法对恐怖主义犯罪的定义为:在美国境内发生的,违反美国或各州刑法,意图恫吓或胁迫公众、通过恐吓或胁迫影响政府政策、以大规模破坏、暗杀或绑架影响政府行为的暴力活动。[6] 英国2006年《反恐怖主义法案》规定,恐怖主义犯罪是指使用或威胁使用暴力恐吓公众、影响政府或国际政府组织,以实现其政治、宗教或意识形态目的的行为。[7] 以色列2006年《反恐怖主义法》规定,恐怖主义犯罪是指任何出于政治、宗教、民族主义或意识形态动机而在民众中引起恐慌的行为。[8] 巴

---

[1] See Walter Laqueur, *A History of Terrorism*, Routledge, 2001, p. 10.
[2] See C. J. M. Drake, *Terrorists' Target Selection*, Macmillan Press, 1998, p. 2.
[3] 参见[法]安德鲁·博萨:《跨国犯罪与刑法》,陈正云等译,中国检察出版社1997年版,第15页。
[4] See Schmid & Alex Peter, *Political Terrorism: a New Guide to Actors, Authors, Concepts, Data Bases, Theories, and Literature*, New Brunswick (USA): Transaction Books, 1988, pp. 5–6.
[5] 参见郑远民、黄小喜、唐锷:《国际反恐怖法》,法律出版社2005年版,第3页。
[6] See 18 U.S. Code, § 2331 (5).
[7] See The *Terrorism Act 2006*, Gov. UK (Apr. 11, 2006), https://www.gov.uk/government/publications/the-terrorism-act-2006,访问时间:2023年8月10日。
[8] See The *Counter-terrorism Law*, http://menarights.org/sites/default/files/2019-01/TheCounterTerrorismLaw.pdf,访问时间:2023年8月10日。

基斯坦1997年《反恐怖主义法案》对恐怖主义犯罪的界定可以概括为"为了特定目的恐吓民众或政府的暴力行为"[①]。我国立法虽未直接规定恐怖主义犯罪,但在《反恐怖主义法》中明确了何为恐怖主义:通过暴力、破坏、恐吓等手段,制造社会恐慌、危害公共安全、侵犯人身财产,或者胁迫国家机关、国际组织,以实现其政治、意识形态等目的的主张和行为。[②]

第三,国际法对恐怖主义犯罪的规定。国际联盟1937年起草的《防止和惩处恐怖主义公约》是国际社会界定恐怖主义犯罪的第一次尝试。在草案中,恐怖主义犯罪是指所有针对国家,意图在个人、群体或公众中制造恐怖氛围的行为。[③] 1996年,联合国成立恐怖主义问题特设委员会,负责研究恐怖主义犯罪的概念。1999年,《制止向恐怖主义提供资助的国际公约》第2条间接规定了恐怖主义犯罪的概念:意图致使平民或在武装冲突情势中未积极参与敌对行动的任何其他人死亡或重伤的任何其他行为,如这些行为因其性质或相关情况旨在恐吓人口,或迫使一国政府或一个国际组织采取或不采取任何行动。[④] 2000年,印度向特设委员会提交了一份《关于国际恐怖主义的全面公约》,[⑤]其中恐怖主义犯罪是指任何人以任何方式非法和故意:(a)致人死亡或重伤;(b)致使国家或政府设施、公共交通系统、通信系统或基础设施遭受严重破坏,希望对这些地方、设施或系统造成广泛破坏,或造成重大经济损失;而且根据行为性质或背景,其目的是恐吓人民或迫使政府或国际组织从事或不从事某种行为。遗憾的是,该草案至今尚未通过。

由上观之,恐怖主义犯罪的概念虽然众说纷纭,但仔细梳理可以发现其

[①] *Anti-Terrorism Act 1997*, https://www.ilo.org/dyn/natlex/docs/ELECTRONIC/81777/88943/F435058093/PAK81777.pdf,访问时间:2023年8月10日。

[②] 参见《反恐怖主义法》第3条第1款。

[③] See *Convention For The Prevention And Punishment Of Terrorism*, https://tile.loc.gov/storage-services/service/gdc/gdcwdl/wd/l_/11/57/9/wdl_11579/wdl_11579.pdf,访问时间:2023年8月10日。

[④] 参见《制止向恐怖主义提供资助的国际公约》第2条,载联合国公约与宣言网,https://www.un.org/zh/documents/treaty/A-RES-54-109,访问时间:2023年8月10日。

[⑤] See *Draft comprehensive convention on international terrorism: working document / submitted by India*, https://digitallibrary.un.org/record/422477?v=pdf,访问时间:2023年8月10日。

中的共同点,即都包含"制造恐慌"这一主观目的。这也是恐怖主义犯罪区别于其他暴力犯罪的最主要特征。具言之,对个体人身财产安全法益的侵害或者威胁并非恐怖分子的最终追求,他们真正的意图是通过制造突发性事件,增加民众对个人安危的忧虑并产生恐惧心理。[①] 上述恐怖主义犯罪概念的分歧可以归纳为两个方面:其一,是否必须出于政治动机? 其二,是否必须具有组织性?

首先,有学者指出政治指向性是恐怖主义犯罪的本质所在,[②] 这一观点符合早期恐怖主义犯罪的特征。20 世纪 60 年代末,一些极"左"激进组织因不满西方资本主义政治制度与政治统治,在无法通过正常的革命道路实现其政治目标的前提下,选择通过恐怖主义手段发泄不满。例如,法国的"直接行动"、美国的"气象地下组织"等制造了一系列恐怖事件。在中东,一些巴勒斯坦激进分子实施的暗杀、爆炸等恐怖主义活动与美国霸权主义强权政治息息相关。[③] 然而,自"9·11"事件后,恐怖主义犯罪与宗教极端主义结合紧密。例如恐怖组织"伊斯兰国"发布的宣传册中充斥着大量具有浓厚宗教色彩的内容。[④] 鉴于此,部分国际条约完全采纳了"非政治化"标准。笔者认为,界定恐怖主义犯罪时应坚持打击犯罪和保障人权并举的原则。具体而言,恐怖主义犯罪的概念不宜过窄,否则就容易留下法律漏洞;同时,恐怖主义犯罪的概念不宜过于宽泛,否则就容易被滥用。由此,恐怖主义犯罪的犯罪动机可以由政治动机适度扩展至宗教动机及其他意识形态。

其次,有学者强调计划性与组织性是恐怖主义犯罪必不可少的特征。然而需要指出的是,恐怖组织近年来在全球高压反恐背景下,越来越倾向于煽动组织外的个人实施恐怖袭击,恐怖组织内的成员也逐渐"回流"母国。这一趋势导致"独狼式"袭击应运而生并呈现井喷式发展。"独狼"这一概念肇始于 20 世纪 90 年代美国警方调查极端种族主义者柯蒂斯(Alex Curtis)的行动

---

① 参见王爱鲜:《界定恐怖主义犯罪概念应注意的问题》,载《河南社会科学》2015 年第 12 期。
② 参见吴永辉:《网络恐怖主义的演变、发展与治理》,载《重庆邮电大学学报(社会科学版)》2018 年第 2 期。
③ 参见郑远民、黄小喜、唐锷:《国际反恐怖法》,法律出版社 2005 年版,第 9 页。
④ 参见蔡翠红、马明月:《以"伊斯兰国"为例解析网络恐怖活动机制》,载《当代世界与社会主义》2017 年第 1 期。

代号,①后用来形容不依附任何恐怖组织的恐怖分子。这种袭击虽由单个恐怖分子实施,但危害程度早已达到甚至远远超过有组织的袭击。2011年,一名男子在挪威于特岛制造枪击事件,共造成77人死亡,这一惨剧被认为是"二战"以来挪威所遭受的最严重"国家灾难"。② 英国情报部门曾表示,"独狼式"袭击目标既包括议会、大教堂等政权与宗教象征场所,又包括体育馆、地铁、博物馆等人流量大的平民目标,目标的分散化使其情报收集难度加大。职是之故,在界定恐怖主义犯罪的概念时,不宜将计划性和组织性作为必要因素。

综上所述,恐怖主义犯罪的概念可以表述为:个人或组织通过暴力、破坏、恐吓等手段制造社会恐慌,胁迫政府、国际组织或公民,以实现其政治、宗教或其他意识形态诉求的行为。

(二) 网络恐怖主义犯罪的发展演变

网络恐怖主义犯罪伴随互联网的更迭换代而发展演变。在网络1.0时代,互联网扮演着信息媒介的角色,网站作为该时期的基础应用汇集了各种信息并向社会公众开放。由于这一阶段的互动模式在于"人机互动",网络恐怖主义犯罪主要表现为收集有用信息以及攻击大型门户网站。③ 进入网络2.0时代,互联网的互动模式转变为"人人互动"模式,大量的论坛、聊天室比比皆是,人们可以在其中互相交流分享。这也导致了网络成为恐怖分子互相联络与传授犯罪技巧的快捷渠道。时至今日,网络已升级为3.0时代,以Facebook、Youtube、Twitter为代表的国际性社交媒体、以支付宝、微信为代表的移动支付工具、各种娱乐应用程序在给人们日常生活带来便利的同时,也助长了恐怖主义犯罪。恐怖分子由以往单纯的消息获取者、接收者变成了现如今的信息发布者和传播者,其主动性和互动性远非前两个阶段所能比拟。④ 他们普遍利用互联网从事恐怖活动策划、信息传递勾连、经费流转、人员招

---

① 参见綦凤:《"独狼"恐怖袭击新特点及防控对策研究》,载《湖南警察学院学报》2021年第3期。
② 参见任彦:《"独狼"式袭击加大各国反恐难度》,载《人民日报》2014年7月23日,第21版。
③ 参见吴尚聪:《我国网络犯罪发展及其立法、司法、理论应对的历史梳理》,载《政治与法律》2018年第1期。
④ 参见邓国良、邓定远主编:《网络安全与网络犯罪》,法律出版社2015年版,第210页。

募、利用文字音频视频进行教唆及传播等各种恐怖活动。

学术界对网络恐怖主义犯罪的认识也经历了一个由浅入深的过程。1997年美国学者柏林·科林（Birlin Colline）最早提出"网络恐怖主义"一词,在当时其认为网络恐怖主义犯罪是网络犯罪与恐怖主义犯罪的结构化叠加。联邦调查局官员马克·波利特（Mark Politt）认为,网络恐怖主义犯罪是指针对信息、计算机系统以及计算机程序和数据实施的,有预谋的、带有政治目的的故意攻击行为。① 学者多萝西·丹宁（Dorothy Denning）认为,"网络恐怖主义犯罪是指为了实现政治或社会目的,非法袭击或威胁袭击计算机、计算机网络和存储起来的信息,以恐吓或要挟政府或民众的行为"。显然,以上概念属于网络1.0时代学者的认识。进入网络2.0时代,学者对网络恐怖主义犯罪的认识进一步加深,网络恐怖主义犯罪的外延也得以拓宽。例如,著名德国刑法学者乌尔里希·西伯（Ulrich Sieber）教授将恐怖主义犯罪界定为3类行为:对计算机系统发动恐怖攻击、在网络非法传播恐怖主义信息、利用互联网策划筹备恐怖袭击的行为。如今,网络3.0时代的网络恐怖主义犯罪概念较之前更为全面。甚至有学者认为,只要是以进行恐怖活动为目的,利用网络实现恐怖主义的一切活动都应定性为网络恐怖活动。② 笔者认为,应动态看待网络恐怖主义犯罪的概念。在现阶段,网络恐怖主义犯罪是指个人或组织以网络为攻击目标或媒介制造社会恐慌,胁迫政府、国际组织或公民,以实现其政治、宗教或其他意识形态诉求的行为,包括制造网络恐怖袭击、利用网络宣扬恐怖主义思想、从事支持网络恐怖主义犯罪的活动等。

（三）网络恐怖主义犯罪的主要特征

第一,灵活性高。网络恐怖主义犯罪借由互联网技术,获得了更高的灵活性,具体表现在行动与组织上的灵活。首先,互联网"开放共享"的属性易产生溢出效应,经由互联网宣扬散布的恐怖信息在短时间内就可以从一国蔓延至全球,从而引发超大范围的恐慌。例如,2023年8月韩国发生多起无差

---

① See Mark M. Pollitt, *Cyberterrorism-Fact or Fancy?*, Computer Fraud & Security, 1998, p.8.

② 韩旭阳:《程琳:呼吁明确定义网络恐怖主义》,载中华人民共和国国家互联网信息办公室网, http://www.cac.gov.cn/2014-11/21/c_1113912003.htm,访问时间:2023年9月10日。

别行凶案件,网络上频频出现的"杀人预告帖"致使韩国民众陷入"集体恐慌"状态。① 其次,互联网使恐怖主义犯罪突破了时间与地域的限制,即使恐怖分子分散于世界各地,也可以通过互联网远程培训、指挥协调、全天候收发命令与发动袭击。有资料显示,在 2015 年巴黎恐袭事件中,恐怖分子就是通过网络接收"基地"组织头目的指示。② 最后,互联网改变了恐怖组织的人员结构,使之呈现出松散化、碎片化、去中心化态势,尤其是近年来越来越多的黑客个人宣誓效忠恐怖组织,加大了各国打击网络恐怖主义犯罪的难度。③

第二,隐蔽性强。传统的恐怖主义犯罪通常与劫持人质、驾车冲撞、纵火爆炸、故意杀人等暴力行为相挂钩。这些行为多发于公共场所,绝大多数具有公开性。④ 相较之下,网络恐怖主义犯罪具有很强的隐蔽性,犯罪预备与实行行为可以达到不留痕迹的地步。一方面,恐怖分子利用移动终端设备就可以发动远程攻击或设定延时攻击,完成后还可以删除修改数据。这样一来,网络恐怖主义犯罪便摆脱了普通犯罪的当场性特征,难以被追踪,如"伊斯兰国"组织成员为了避免泄露位置,通常在发动袭击前取消其设备的定位标记功能,更有甚者伪造位置信息来迷惑情报机构。⑤ 另一方面,恐怖分子在联络通讯、传输涉恐信息及恐怖融资过程中,越来越多地使用加密软件、信息隐藏技术、匿名网络技术等隐蔽手段,严重干扰了司法机关的侦查取证工作。正如美国联邦调查局一名高级官员所言,尽管"基地"组织在阿富汗等地的训练基地大多已被铲除,但他们在网络上的活动日益频繁,目前已成为美国反恐

---

① 参见《发生多起无差别行凶案件,韩陷入集体恐慌,英媒:韩成亚洲版"美国"》,载环球网,2023 年 8 月 14 日,https://world.huanqiu.com/article/4E7CovACuPv,访问时间:2023 年 9 月 5 日。
② 参见杨溪、李伟:《主要恐怖组织网络能力分析与打击策略》,载《中国信息安全》2021 年第 4 期。
③ 参见杨溪、李伟:《主要恐怖组织网络能力分析与打击策略》,载《中国信息安全》2021 年第 4 期。2014 年英国青年朱奈德·侯赛因建立了隶属于"伊斯兰国"恐怖组织德黑客机构。尤尼斯·特索利(Younis Tsouli)加入"伊斯兰圣战组织",其活动方式就是利用黑客技术入侵和破坏他人的计算机系统。
④ 参见任克勤:《当前暴力恐怖活动犯罪的内涵、特点与侦查防控对策》,载《贵州警官职业学院学报》2015 年第 3 期。
⑤ 参见吴绍忠:《网络恐怖主义的演化:逻辑、阶段与趋势》,载《中国信息安全》2021 年第12 期。

战争面临的新难题。[1]

第三，成本低廉。互联网技术的迅猛发展大大降低了恐怖信息的传播成本。在网络社交媒体的加持下，恐怖信息一经发布便立刻呈指数级向外扩散，而且恐怖分子无须付出任何成本。可以说，互联网实际充当了恐怖主义犯罪的免费"扩音器"。此外，互联网的广泛普及有效降低了恐怖袭击的行动成本。一则恐怖分子足不出户，利用一台电子设备和互联网就可以发起攻击，免去了传统恐怖主义犯罪伪造证件、购置枪支弹药、爆炸物等武器装备的费用。二则网络攻击技术获取使用门槛低，节省了招募训练人员的开支。例如，恐怖分子通过"暗网"黑市就能廉价购买到分布式拒绝服务攻击、防毒软件免杀、网络钓鱼等多种攻击技术；[2]利用开源的人工智能技术就能自动开展渗透测试、挖掘漏洞、生成更难以检测识别的恶意代码。[3] 值得注意的是，近年来新兴的"僵尸网络服务"(Botnet)也日渐受到恐怖分子的欢迎。这种服务性价比极高，定制并外包一次网络攻击仅需700美元。[4]

二、网络恐怖主义犯罪对民航领域的渗透

（一）民航网络恐怖主义犯罪威胁的成因

"9·11"事件促使各国纷纷加强安保措施，针对民航业的恐怖主义犯罪一度销声匿迹。然而，近年来民航业在数字化转型过程中暴露的种种网络漏洞，给恐怖分子留下了可乘之机，于是针对民航的网络恐怖主义犯罪纷至沓来。欧洲航空安全局曾透露，民航网络系统平均每月要遭受1000余次攻击，

---

[1] 参见刘磊、于洋：《"恐怖网站"：美军的"网络滑铁卢"》，载青年参考网，http://qnck.cyol.com/content/2007-04/14/content_1733601.htm，访问时间：2023年9月5日。

[2] 参见《趋势科技发布〈中国互联网地下黑市回顾报告〉》，载Tech Target网，2013年11月26日，https://searchsecurity.techtarget.com.cn/11-22667，访问时间：2023年9月5日。

[3] 参见《2023年网络安全十大发展趋势发布》，https://mp.weixin.qq.com/s/LhdPXWHKresHFyqd-nYcqA，访问时间：2023年9月5日。

[4] See Jimmy Daly, *Why Crime as a Service Is the Next Big Cybersecurity Threat*, StateTech (Nov. 21, 2012), https://statetechmagazine.com/article/2012/11/why-crime-service-next-big-cybersecurity-threat，访问时间：2023年9月5日。

其中绝大多数旨在宣扬恐怖主义并制造恐慌。① 2013年伊斯坦布尔机场恐袭发生后不久,美国75个机场网络就成为"高级持续威胁"攻击的目标。② 究其根本,民航网络恐怖主义犯罪频发是内因和外因共同作用的结果。

从内因看,民航网络的复杂性与脆弱性使其易遭受攻击。首先,民航网络并非"一张网",而是由机场系统、空管系统、航司系统、航班系统链接起来的多网。其运行链条长、环节多,一环出现问题就可能给下一环招致风险隐患,进而导致整个运行链条的断裂。③ 正如美国航空航天学会所指出的,"作为世界上最复杂、最综合的信息和通信技术系统之一,全球航空系统是大规模网络攻击的潜在目标"。其次,民航网络既包含地空通信专用网络,又包含供旅客娱乐的公共网络。理论上讲,专用网络与公共网络应进行严格区分和隔离。但实践中,囿于二者位置上的交叉错杂加之网络技术的局限性,难免会出现"安全缺口"。例如,美国研究人员克里斯·罗伯茨(Chris Roberts)通过飞机机载娱乐系统的漏洞,先后成功入侵了大约15架民航客机,其中一次导致飞机在飞行中发生横向或侧向运动。最后,民航相关的移动应用也增加了网络遭受攻击的风险。2020年,人工智能应用安全公司"免疫网络"(ImmuniWeb)曾对36个机场官方App进行测试,结果显示100%的机场App都包含漏洞,每个App平均检测到15个安全或隐私问题。这些App后端通常与民航网络相接,恐怖分子可以通过其中的漏洞入侵民航网络。

从外因看,攻击民航网络能够扩大恐慌的影响力。其一,航空作为全球最重要的交通方式在跨国运输方面具有得天独厚的优势,以迪拜国际机场为例,2022年旅客的吞吐量就达到了6600万人次。在此情形下,如果对民航网络发起袭击,那么恐慌将伴随旅客的流动蔓延至全球。2015年恐怖分子攻击

---

① See Emilio Iasiello, *Cybersecurity Aviation-Are We there yet?*, CYBERDB, https://www.cyberdb.co/cybersecurity-aviation-are-we-there-yet/, 访问时间:2023年9月5日。

② See Sion Camilleri, *The Current State of Cyber Security Readiness in the Aviation Industry*, A matter of time and ruoney: The impact of a cyber incident, https://kipdf.coru/the-current-state-of_cyber-security-readiness-in-the-aviation-industry_5aecb9cb7f8b9a217c8b4b78.himl,Sept.5,2023.

③ 参见洪文森:《落实"三个敬畏"保障民航安全运行》,载民航新型智库网,http://att.caacnews.com.cn/zsfw/aqgl/202111/t20211102_60009.html#,访问时间:2023年9月20日。

了塔斯马尼亚机场的网站,留下了恐怖信息,极大损害了公众对民航飞行安全的信心。全球民航业在此后的几天时间里都感受到了这一点。其二,恐怖分子认为,公众和媒体对恐怖主义暴力越来越趋于习惯和脱敏,这驱使他们采取更加致命的手段去实现过去所达到的效果。[①] 如果恐怖分子通过攻击民航网络系统诱导航空器偏离航线,进行劫机抑或将其作为自杀式工具袭击地(水)面上第三人,那么该事件必将轰动全球。

(二)民航网络恐怖主义犯罪的表现形式

依据网络在恐怖主义犯罪过程中的地位和作用,可以将民航网络恐怖主义犯罪划分为目标型和工具型两类。目标型民航网络恐怖主义犯罪以网络作为犯罪对象,旨在造成社会恐慌或者破坏性、毁灭性结果。工具型民航网络恐怖主义犯罪以网络作为犯罪工具,旨在为发动恐怖攻击做预备。这两种类型在实践中又呈现出多种表现形式。

就目标型犯罪而言,攻击民航网络基础设施以瘫痪航班正常运行是当下最主要的表现形式。2011 年印度新德里机场、2012 年韩国首尔机场、2013 年土耳其伊斯坦布尔机场均遭遇过类似攻击,机场的护照、行李和值机系统中断,多架航班被迫停飞。2015 年波兰航空公司的计算机系统也遭遇袭击,致使 10 架航班停飞、12 架航班延误,给近 1500 名乘客带来严重不便。另外,恐怖分子未来极有可能攻击运行中的航班网络系统,以劫机或制造空难。这似乎是危言耸听,但实际上利用航班网络漏洞制造空难在技术上早已实现。2008 年西班牙航空 JK5022 航班从马德里机场起飞后不久便坠毁,机上 153 人死亡。两年后,西班牙航空在一份内部报告中称,这起事故的主要原因在于核心程序被恶意软件污染,在航班起飞前未能识别到飞机故障。[②] 由此可见,恐怖分子攻击航班网络漏洞制造空难并非难事,他们发起真正的网络恐怖攻击"只是时间问题"。

---

① 参见刘普曼:《恐怖组织为何喜欢认领恐袭》,载环球网,2015 年 11 月 10 日,https://world.huanqiu.com/article/9CaKrnJRlAc,访问时间:2023 年 9 月 20 日。

② See Feldman, Dalit Ken-Dror & Emanuel Gross, "Cyber Terrorism and Civil Aviation: Threats, Standards and Regulations, Journal of Transnational Law & Policy, Vol. 29, 2019 – 2020, pp. 131 – 168.

就工具型犯罪而言,首先,以网络为信息源获取攻击民航网络的技术手段是最典型的表现形式。当下暗网黑市已成为非法交易的温床,其中不乏出售民航网络攻击技术的行为。这是因为恐怖组织一直将民航视为有吸引力的目标,企图造成重大人员伤亡和经济损失。[①] 国际黑客论坛"阴影"(SHADOWY)就曾出现过破坏飞机电子仪表的技术兜售帖子,其他网站还出现了民航系统访问凭证的交易信息,可以直接访问位于欧洲、亚洲、美国的航空系统。其次,网络还是募集恐怖活动资金的隐蔽途径。传统的恐怖主义犯罪经费一方面源于国际恐怖组织的援助,另一方面来自贩毒、诈骗等犯罪收益。这两种筹资渠道常因使用现金交易方式而受到警方的严厉打击。在网络恐怖主义犯罪中,全球范围内的资金援助通过第三方支付平台即实现了跨境转移,犯罪得来的收益通过暗网就可以被"洗白"。[②] 最后,互联网也是恐怖分子招募成员的有效途径。恐怖组织近年来越来越频繁地利用推特和网络论坛招募各国的"新鲜血液"加入其阵营。

(三) 民航网络恐怖主义犯罪的严重后果

其一,民航网络恐怖主义犯罪严重威胁政治安全。政治安全的核心要义是国家主权、政权、制度和意识形态的稳固,而恐怖主义犯罪正是以分裂国家、破坏祖国统一、破坏民族团结为主要目的。可以说,恐怖主义犯罪是所有国家和政权面临的最严峻的安全威胁,民航网络恐怖主义犯罪作为一种新形式尤其如此。一方面,恐怖分子攻击民航关键信息基础设施、瘫痪航空服务系统、入侵航空公司网站、窃取公民个人信息等不法行为,除引发旅客对航司的不满情绪外,还极易引发旅客对政府监管不力的指责。轻则损害党和国家机关的形象,重则可能引发社会骚乱。另一方面,恐怖分子一旦通过入侵网络控制航班,那么航空器很可能成为其攻击我国党政机关的致命武器,引发党政机关内部混乱以及社会动荡。此时如果境内分裂分子与恐怖分子相勾

[①] 参见倪红梅、顾震球:《联合国安理会就加强应对针对民航恐怖威胁通过决议》,载环球网, 2016年9月23日,https://world.huanqiu.com/article/9CaKrnJXL5S,访问时间:2023年9月20日。

[②] 参见王顺安、赵子博:《网络恐怖主义犯罪的现实表现与制裁思路》,载《江西师范大学学报(哲学社会科学版)》2021年第3期。

结,趁虚而入颠覆政权,后果不堪设想。

其二,民航网络恐怖主义犯罪严重威胁经济安全。民航网络恐怖主义犯罪对我国经济造成的冲击具有多样化,最直接的表现是国民经济损失。以民航信息系统瘫痪为例,仅旅客和航空公司的航班延误损失就可能高达数十亿元,更何况后期还要投入高昂的网络修复费用。民航网络恐怖主义犯罪引发的间接损失也同样值得关注,首当其冲的是金融市场。作为突发性事件的民航网络恐怖主义犯罪将导致不确定性因素骤增,股票市场在短期内产生"过度反应",容易出现较大的异常震荡。[1] 例如,"9·11"事件发生后一周,美国股市重新开盘,道琼斯指数在当天暴跌684点,创下股市单日降幅纪录。据统计,美国股市在此后的一周内共亏损了1.4兆美元。另外,安全是民航的生命线,民航网络恐怖主义犯罪带来的安全危机可能成为压垮民航业的最后一根稻草。由于民众对航空出行的安全信任感大大降低,民航市场可能陷入"需求归零"状态,这对于我国经济和产业结构来说是难以估量的损失。

其三,民航网络恐怖主义犯罪严重威胁社会安全。民航网络恐怖主义犯罪给公民的人身财产安全、生产生活秩序、社会稳定带来严峻挑战。例如,以空管网络为目标的网络恐怖袭击可能导致地面与航班通信中断,航班失去指挥调度的情形下极易酿成空难,公民的人身财产安全无法得到保障。以航空公司、中航信网站为目标的网络恐怖袭击将导致旅客个人信息泄露,公民成为恐怖分子实施绑架抢劫、敲诈勒索的潜在对象。[2] 在这种情形下,他们可能因安宁权受到侵害而陷入"人人自危"的状态,社会正常的生产生活秩序也将遭到严重扰乱。另外,宣扬网络恐怖主义犯罪信息、传授民航网络恐怖主义犯罪技巧的行为具有很强的蛊惑性,部分网民特别是社会闲散人员容易被洗脑从而加入制造恐怖袭击的队伍之中。这使得社会不稳定因素攀升,对社会治安构成挑战。

---

[1] 参见宋玉臣、李洋:《突发事件与资本市场系统性风险:制度解释与实证证据》,载《上海经济研究》2021年第4期。

[2] 参见段艳艳:《公民个人信息泄露的危害及治理》,载《云南警官学院学报》2017年第3期。

三、民航网络恐怖主义犯罪国际法规制的必要性

（一）民航网络恐怖主义犯罪威胁国际社会共同利益

民航网络恐怖主义犯罪威胁国际社会共同利益，开展"非零和"的国际合作是必然选择。在经济全球化浪潮下，国际分工不断细致化与专业化，各国经济已然成为一个密不可分的整体。国家间公共产品的流通使得国家利益趋同，国际社会共同利益因此建构而生。[①] 然而，这种共同利益近年来深受恐怖主义犯罪等全球性问题的威胁，表现为：一国出现的恐慌情绪将不可避免地蔓延至他国。针对民航的网络恐怖主义犯罪尤为如此，其不仅给全球航空旅客的出行安全带来风险，也将极大降低国际社会对民航的信心。有鉴于此，国际社会需要"以全球的视野来认识和考察国际社会所存在的、关系到整个人类社会生存和发展的共同利益"[②]，强化国家间的反恐合作。

国际法与国际合作有着天然的联系，法治是合作的本质属性。国际法是维系国家间反恐合作的重要工具，自1963年起国际社会便在联合国的框架下制定反恐怖主义公约，相继形成了19份公约或议定书并涵盖了航空、核材料、航海等众多领域。可以说，这些公约为全球和平、安全、稳定的发展环境做出了突出贡献。因此，在民航网络恐怖主义犯罪日趋严峻的当下，国际社会唯有深化国际法治合作才能更好地保障民航业长远发展。一方面，国际法能够为打击民航网络恐怖主义犯罪合作提供法律依据，它通过配置各国的权利与义务、创设可预期的规则来指导各国的反恐行动。具言之，国际社会在反恐斗争中采取的一切措施都必须符合各国根据国际法承担的义务，包括《联合国宪章》，特别是《联合国宪章》的宗旨和原则，以及各相关公约和议定书，特别是人权法、难民法和人道主义法。[③] 另一方面，国际法能够为打击民航网络恐怖主义犯罪合作提供制度保障。国际法通过透明的法律框架、明确的制度

[①] 参见肖晞、宋国新：《共同利益、身份认同与国际合作：一个理论分析框架》，载《社会科学研究》2020年第4期。

[②] 李赞：《建设人类命运共同体的国际法原理与路径》，载《国际法研究》2016年第6期。

[③] 参见联合国：《国内和国际的法治问题大会高级别会议宣言》第26条，https://documents-dds-ny.un.org/doc/UNDOC/LTD/N12/516/50/PDF/N1251650.pdf?OpenElement，访问时间：2023年10月28日。

规范、有效的沟通机制、和平的争端解决程序将模糊的国际合作道义义务转化为法律义务,以此增强各方合作的确定性与稳定性。

(二)民航网络恐怖主义犯罪的国际性与跨境性使然

民航网络恐怖主义犯罪具有国际性与跨国性特征。如上所述,民航网络恐怖主义犯罪威胁国际社会共同利益,故而从侵害法益角度可以看出其具有国际性的特征。此外,民航网络恐怖主义犯罪还具有鲜明的跨国性特征。从犯罪预备阶段看,恐怖分子一般通过暗网进行传授犯罪技巧、筹备资金、人员招募、串通谋划等行为,而暗网不受地域的限制,往往隐蔽分散于他国。例如,在取缔最大的网络黑市"阿尔法湾"行动中,美国联合世界多国执法机构在搜索了美国、加拿大、泰国多地后,才锁定了网站管理者和网站服务器的所在地。从犯罪实行阶段看,网络使恐怖袭击时空分离,恐怖分子在境外随时都可以发起对一国民航基础设施的袭击。据统计,黑客可以同时控制数十个国家的电脑主机发起大规模的网络攻击。从犯罪既遂后销赃阶段看,恐怖分子还可能通过全球第三方支付平台将犯罪所得进行洗白,以便进行恐怖主义犯罪再融资。

打击国际性与跨国性犯罪是国际刑法的职能。学术界认为,国际犯罪可以划分为国际性犯罪和跨国性犯罪:国际性犯罪是指犯罪行为和结果地虽然同处一国,但侵犯了国际社会共同法益的行为。跨国性犯罪是指犯罪过程涉及两个或两个以上的国家,侵犯国际社会共同法益的行为。[1] 由此可见,民航网络恐怖主义犯罪可能构成国际性犯罪与跨国性犯罪,继而落入国际刑法的调整范围之内。国际刑法肇始于20世纪六七十年代,先后在两次世界大战、前南斯拉夫与卢旺达武装冲突期间达到第一次、第二次发展高峰。[2] 它结合了实体法与程序法,一方面规定了国际犯罪的构成要件,另一方面包含了管辖权、引渡等司法协助等内容。可以预见,国际刑法在打击民航网络恐怖主义犯罪方面能够有效弥补单一国家刑法在在打击国际性犯罪与跨国性犯罪方面的不足,更好地保障国际社会共同利益。

---

[1] 参见李海滢:《国际犯罪的类型研究:回顾、反思与探寻》,载《当代法学》2007年第6期。
[2] 参见高铭暄、王秀梅:《国际刑法的历史发展与基本问题研究》,载《中国刑事法杂志》2001年第1期。

(三) 平衡各国立法差异与增强政治互信的需要

国际法是有效打击国际性与跨国性犯罪的不二选择。各国多元的政治、经济、文化背景使其国内立法存在较大差异，在罪与非罪、处罚严厉程度方面可能得出不同甚至截然相反的结论。例如，2014年一名男子在推特平台传播"伊斯兰国"的极端主义视频遭到印度警方逮捕，但是之后发现该案的走向存在很大的不确定性，一是印度并没有取缔"伊斯兰国"，二是该言论很可能被认定为自由言论而受到法律保护。[1] 另外，囿于国家主权原则，一国国内法也无法在域外产生法律效力，这在一定程度上减损了惩治犯罪的效果。相较之下，国际法始终致力于协调各国的立法差异，推动全球标准和实践的统一。[2] 纵观联合国框架下形成的反恐公约，他们建立并深化了国际社会对核恐怖、航空恐怖、恐怖融资等犯罪的理解与认识，在国际社会构建起一个相对安全畅通的快速反应机制；促进了上述领域反恐标准与实践的统一，减少了各国的重复工作与措施，提升了各国应对恐怖主义犯罪的人员与组织机构能力建设。由此可以预见，在打击民航网络恐怖主义犯罪问题上国际法将大有可为。

国际法是深化各国民航网络反恐政治互信的良器。尽管世界各国已认识到民航网络恐怖主义犯罪问题的棘手性并就加强国家间合作达成基本共识，但下一步实际措施迟迟没有动静，归根结底在于国家间缺乏政治互信。这种政治互信的缺失在西方资本主义国家与新兴经济增长国之间尤为明显。[3] 例如，他们在打击网络犯罪的理念上立场不同：欧美等西方大国坚持"利益攸关方共治"理念，私营电信企业作为网络数据与信息的主要控制者，在净化网络环境、预防公民隐私权利受侵犯等方面承担着对等义务，自然在打击网络犯罪中被赋予很高的期待。以金砖五国为代表的新兴经济体坚持"政府主导"理念，主张赋予政府更大的公权力以威慑此类犯罪，同时强调打击网络犯罪的合作应以尊重各国的网络主权为前提。理念上存在差异并不

---

[1] See Ajai Sahni, "The Hatred Comes Home", South Asia Intelligence Review, Vol. 13, 2014, p.25.

[2] See United Nations Office on Drugs and Crime, *Harmonization of Laws*, UNODC (Feb, 2019) https://www.unodc.org/e4j/en/cybercrime/module-3/key-issues/harmonization-of-laws.html，访问时间：2023年10月8日。

[3] 参见江溯：《打击网络犯罪的国际法新机制》，载《法学》2022年第11期。

意味着双方完全没有共识,双方可以借助磋商、起草国际法文本这一良机,通过不断交流来加强彼此的了解、扩大双方的共识,增强政治互信。

还需指出的是,"木桶效应"①启示我们,全球民航网络整体安全取决于整个体系中最薄弱的节点——发展中国家。由于自身的能力与资源有限,他们往往在恐怖主义犯罪面前首当其冲。国际法可以通过信息情报共享交流机制与持续的能力建设机制帮助不发达国家有效应对民航网络恐怖主义犯罪,切实缩小南北间的差异,避免恐怖分子利用发展中国家作为跳板侵犯全球共同安全与利益。

第二节 民航网络恐怖主义犯罪的既有法律机制

一、联合国框架下的法律机制

(一)规制民航网络恐怖主义犯罪的国际立法

联合国作为打击全球恐怖主义犯罪的主导者,自1963年起便注重国际反恐立法工作,迄今已形成19份法律文书。② 其中,能够规制民航网络恐怖主义犯罪的公约有1999年《制止向恐怖主义条提供资助的国际公约》、2010年《制止与国际民用航空有关的非法行为的公约》(以下简称《北京公约》)、

---

① "木桶效应"指一只木桶具体盛多少水并不由桶壁上最高最长的那个木板决定,相反,它是由桶壁上最短的那块木板决定的。这说明一个社会或一个组织的各个部分通常都是参差不齐的,而处于劣势的那一部分往往决定了整个社会或组织的真正水平。

② 联合国反恐法律框架下的国际公约:《关于在航空器内的犯罪和某些其他行为的公约》《关于制止非法劫持航空器的公约》《关于制止危害民用航空安全的非法行动的公约》《制止与国际民用航空有关的非法行为的公约》《制止非法劫持航空器公约的补充议定书》《关于修订〈关于在航空器内的犯罪和某些其他行为的公约〉的议定书》《关于防止和惩处侵害应受国际保护人员包括外交代表的罪行的公约》《反对劫持人质国际公约》《核材料实物保护公约》《核材料实物保护公约修正案》《制止危及海上航行安全非法行为公约》《制止危及海上航行安全非法行为公约议定书》《制止危及大陆架固定平台安全非法行为议定书》《制止危及大陆架固定平台安全非法行为议定书2005年议定书》《关于在可塑炸药中添加识别剂以便侦测的公约》《制止恐怖主义爆炸事件的国际公约》《制止向恐怖主义提供资助的国际公约》《制止核恐怖主义行为国际公约》。参见联合国:《国际法律文书》,载联合国·反恐怖主义办公室网,https://www.un.org/counterterrorism/zh/international-legal-instruments,访问时间:2023年10月28日。

2010年《制止非法劫持航空器公约的补充议定书》(以下简称《北京议定书》)。

首先,《制止向恐怖主义条提供资助的国际公约》要求各国追究直接或间接资助恐怖分子这种行为的刑事、民事或行政责任。该公约在第1条中指出"资金"不论是有形或无形资产、不论以何种方式、以何种形式取得。[1] 由此,通过暗网地下钱庄资助恐怖分子发起针对民航网络攻击的行为也在公约调整范围内。

其次,《北京公约》与《北京议定书》作为数字化时代的民航反恐公约对民航网络安保作出了直接回应。前者在第1条第1款第2项中规定,毁坏使用中的航空器或对该航空器造成损坏,使其不能飞行或可能危及其飞行安全的行为构成犯罪。由于该款没有详细说明"毁坏"的方式,非法侵入航空器网络系统使其失灵的行为也属于毁坏。例如,频频发生的"GPS欺骗"行为,不法分子通过发送虚假的全球定位系统,导致飞机的整个导航系统完全失灵,诱骗飞机偏离航线以实现劫机或制造空难目的。[2] 第4项规定,毁坏或损坏空中航行设施或妨碍其工作,危害飞行中的航空器安全的行为构成犯罪。第2条又进一步对"空中航行设施"作出解释,将航空器航行所必需的信号、数据、信息或系统纳入其中。这样一来,恐怖分子攻击空管网络、地空通讯链路的行为将直接落入公约打击范围内。

还需说明的是,由联合国起草但尚未通过的两项公约草案在通过后也可以对民航网络恐怖主义犯罪生效。一是《关于国际恐怖主义的全面公约(草案)》。近半个世纪以来,部门性国际反恐公约发展迅速,但国际社会急切需要一项全面的国际反恐公约。在此背景下,各国开始在联合国的框架下探讨公约内容。该草案第2条规定,任何人以任何手段,故意致使国家或政府设施、公共交通系统、通信系统或基础设施严重受损,希望造成广泛破坏与重大

---

[1] 参见联合国:《制止向恐怖主义提供资助的国际公约》,载联合国·公约与宣言网,https://www.un.org/zh/documents/treaty/A-RES-54-109,访问时间:2023年10月28日。
[2] 参见黎谨睿:《非常危险!"GPS欺骗"近期频发致飞机偏航,汽车和船只也可能受攻击》,载凤凰网,2023年12月9日,https://news.ifeng.com/c/8VNjEHWuNRg,访问时间:2023年10月28日。

经济损失的行为构成犯罪。① 可见一旦该公约通过,恐怖分子通过网络攻击破坏民航信息基础设施的行为将受到严惩。二是《联合国打击网络犯罪公约》。该公约第一次谈判会议于2022年2月在纽约举行,约140个国家、世界银行等14个国际组织和140个非政府组织的代表参会。② 它是专门打击网络犯罪的全球公约,一旦达成将极大地提升全球网络空间治理成效。公约坚持保护主权与尊重人权原则,瞄准非法访问、非法拦截、干扰计算机(电子或数字信息)数据等危害行为。③ 在第29条中它更是直接将利用信息和通信技术实施恐怖行为、煽动招募他人参加、为资助恐怖主义筹集或资助资金、建立使用网站向恐怖主义提供后勤援助、为恐怖主义行为提供培训等行为规定为犯罪。这对规制民航网络恐怖主义犯罪大有裨益,未来该公约有望成为民航网络反恐执法最重要的法律渊源。

此外,联合国出台的相关决议也能够对民航网络恐怖主义犯罪起到约束作用。联合国决议不具有法律约束力似乎是学术界长期以来达成的共识,但近几年有学者提出,应依据决议能否引起法律效果、改变法律情势、能否对法律的形成与发展产生影响等因素判断,④这实际上是对既有观点的突破。一方面,联合国决议可以成为各国自愿遵守的国际软法,如《关于在外层空间使用核动力源的原则》中的情势通告原则⑤在事实上已成为各国遵守的软法。另一方面,联合国决议可以作为国际习惯法的证明,⑥最具代表性的是联合国于1962年作出的外空决议,它推动了会员国对外空习惯法的法律确信。就网络反恐而言,2015年12月出台的1373(2001)号决议附件二《关于外国恐怖

---

① 参见联合国:《关于国际恐怖主义的全面公约草案》,https://digitallibrary.un.org/record/422477,访问时间:2023年10月28日。
② 参见赵永琛:《〈联合国打击网络犯罪公约〉的制定问题研究》,载《武大国际法评论》2022年第5期。
③ 参见《联合国网络犯罪公约最新草案中英文官方版本对照版》,载安全内参网,2022年12月25日,https://www.secrss.com/articles/50647,访问时间:2023年10月28日。
④ See Obed Asamoah, "The Legal Effect of Resolutions of the General Assembly", Columbia Journal of Transnational Law, Vol.3, 1964, p.214.
⑤ 参见《关于在外层空间使用核动力源的原则》(A/RES/47/68)原则5。
⑥ 参见蒋圣力:《联合国大会决议法律效力问题重探——以外层空间国际法治实践为例》,载《国际法研究》2020年第5期。

主义战斗人员的指导原则》(以下简称马德里指导原则)就具有软法的性质。[1]该文件将反恐事项分为3个专题作出安排:发现煽动、招募和便利外国恐怖主义战斗人员的行为并采取干预行动;防止外国恐怖主义战斗人员旅行;刑事定罪、起诉、国际合作以及回返者改造和重返社会。其中指导原则25要求会员国确保通过特殊调查手段或通过目的地国收集的证据,或通过信息技术和社交媒体(包括电子监视)收集的证据可以在与外国恐怖主义战斗人员有关的案件中作为呈堂证供。因此,各国应完善本国立法,确保通过技术手段收集的民航网络恐怖主义犯罪电子证据具有证据效力。

(二)打击民航网络恐怖主义犯罪的机构设置

联合国框架下打击民航网络恐怖主义犯罪的职责由反恐机构承担。联合国在反恐机构设置上采用"双轨制",一类是安理会下设的反恐怖主义委员会(Counter-Terrorism Committee,CTC),另一类是秘书处下设的反恐办公室(United Nations Office of Counter-Terrorism,UNOCT)与毒品和犯罪问题办公室(United Nations Office on Drugs and Crime)。[2]

其一,反恐怖主义委员会。该机构由安理会15个国家组成,负责监测决议各项规定的执行情况,具体工作由内部反恐执行局落实。此外,经东道国政府同意后,它还可以进行国家访问,评估目标国反恐总体工作的优势、弱点和提供技术援助。[3]援助涵盖8个方面:反恐立法、使用资产从事刑事犯罪的防范措施、执法部门的效力、国际合作、边境管制。值得注意的是,反恐委员会与ICAO的合作形式是后者作为在特定领域具有专门知识的机关参加前者组织的调查,深入了解目标国在民航网络恐怖主义犯罪规制方面的实际情况,或在征得有关国家同意后提供航空安全审计摘要。[4]

---

[1] See Guiding principles on foreign terrorist fighters, S/2015/939, https://documents-dds-ny.un.org/doc/UNDOC/GEN/N15/448/85/PDF/N1544885.pdf?OpenElement,访问时间:2023年10月20日。

[2] 参见联合国:《联合国系统》,https://www.un.org/zh/aboutun/structure/pdf/chart_2019_8_7.pdf,访问时间:2024年1月1日。

[3] 参见联合国:《反恐怖主义委员会及其执行局》,https://www.un.org/sites/www.un.org.securitycouncil.ctc/files/cted-press-kit-2016-chinese.pdf,访问时间:2024年1月1日。

[4] 参见联合国:《消除国际恐怖主义的措施 秘书长的报告》,https://documents-dds-ny.un.org/doc/UNDOC/GEN/N14/489/71/PDF/N1448971.pdf,访问时间:2024年1月3日。

其二,反恐办公室。为了解决联合国体系内反恐资源分散、各自为政的弊病,联合国秘书长安东尼奥·古特雷斯启动改革,将原有的联合国反恐怖主义中心(UN Counter-Terrorism Center)[①]与反恐执行队合并,建立反恐办公室。[②] 这样一来,联合国反恐办公室便成为联合国反恐体系的中枢机构,承担以下职责:领导全球反恐工作开展、加强对各合作主体的协调一致、加强对会员国反恐能力建设支持;提高联合国反恐怖主义的曝光度,加强宣传与资源的调动力度;确保打击恐怖主义工作在联合国系统中被优先解决。[③] 与ICAO的反恐合作主要通过反恐执行队来实现。2017年,联合国秘书长倡议建立一个由不同机构和部门共同参与的"全球反恐协调团队"(Global Counter Terrorism Coordination Team)来推动反恐工作高效有序进行。次年,联合国大会通过了《全球反恐协调契约》,41个联合国实体以及国际刑警组织、世界海关组织、各国议会联盟和金融行动特别工作组参与其中,[④]ICAO也是其中的一员。需要指出的是,为了打击网络恐怖主义犯罪,反恐工作队专门设立了"打击利用互联网从事恐怖主义活动"的工作组。[⑤]

其三,毒品和犯罪问题办公室。该办公室是预防犯罪和刑事司法专家委员会的下设机构,任务是通过技术协作项目提高各会员国打击犯罪与恐怖主义的能力;通过调查与分析,增进对犯罪问题的了解和认识,丰富政策和行动决策的证据基础;通过规范性工作协助各国批准、执行相关的国际条约,在国内针对犯罪及恐怖主义立法,为条约及理事机构提供秘书处及实质性服务。[⑥]

[①] 联合国反恐怖主义中心成立于2011年9月,旨在促进国际反恐合作,并通过沙特阿拉伯政府的自愿捐款支持会员国执行《联合国全球反恐战略》,隶属于政治和建设和平事务部。

[②] 参见殷淼:《设立办公室,联合国强化反恐机制》,载人民网,http://world.people.com.cn/n1/2017/0624/c1002-29359804.html,访问时间:2024年1月3日。

[③] See UN, *UNOCT's Five Main Focus*, United Nations, https://www.un.org/counterterrorism/about,访问时间:2024年1月3日。

[④] See UN, *UN Global Counter-Terrorism Coordination Compact Entities*, United Nations, https://www.un.org/counterterrorism/global-ct-compact/entities,访问时间:2024年1月3日。

[⑤] See *UN Counterterrorism Framework: Key Programs and Tools*, CHARITY & SECURITY NETWORK, https://charityandsecurity.org/analysis/UN_Counterterrorism_Framework_Key_Programs_and_Tools/,访问时间:2024年1月3日。

[⑥] 参见联合国毒品和犯罪问题办公室:《组织与架构》,载联合国网,https://www.un.org/zh/aboutun/structure/unodc/,访问时间:2024年1月3日。

就网络恐怖主义犯罪而言,毒品和犯罪问题办公室采取了以下措施:一是承诺将打击利用互联网及其他信息和通信技术从事恐怖主义犯罪活动作为其工作重点;①二是与反恐工作队共同编制了《基于恐怖主义目的的互联网使用》(The Use of The Internet for Terrorist purposes)指南;②三是向21个国家提供了立法援助,促进16项反恐立法拟定或修订,通过专门的讲习班向2127名国家刑事司法官员提供了能力建设培训,专门设置了有关刑事司法应对民航恐怖主义犯罪问题的模块。③

此外,反恐机构"双轨制"并不意味二者是两条永不相交的平行线,两类机构间的合作互动也至关重要。为了协调一致,反恐办公室和反恐执行局做出了很多努力,包括机构负责人每周举行联合会议、每月举行跟进协调会议、就共同关心的问题和活动交换信息说明、联合访问一个会员国等。④

(三)防控民航网络恐怖主义犯罪的行动举措

联合国框架下没有针对民航网络恐怖主义犯罪开展专项惩治行动,⑤而是作为整个反恐行动的一部分有所涉及,集中于事前预防、能力建设、国际合作、保障人权四个方面。

首先,在事前预防层面。联合国于2020年4月推出了"网络安全和新技术方案"(The Cybersecurity and New Technologies Programme),该项目旨在加强会员国和私营组织的能力,防止恐怖主义行为者对关键基础设施发动网络

---

① See UN, *Crime prevention and criminal justice: Report of the Third Committee*, digitallibrary. un. org/record/4028751? ln =zh_CN & v =pdf, Jan. 3. 2024.

② See United Nations Office on Drugs and Crime, The use of the Internet for terrorist purposes, United Nations(Sept, 2012), https://www.unodc.org/documents/frontpage/Use_of_Internet_for_Terrorist_Purposes.pdf,访问时间:2024年1月3日。

③ 参见联合国:《消除国际恐怖主义的措施 秘书长的报告》,https://documents-dds-ny.un.org/doc/UNDOC/GEN/N14/489/71/PDF/N1448971.pdf,访问时间:2024年1月3日。

④ 参见联合国:《联合国系统实施联合国全球反恐战略的活动 秘书长报告》,https://documents-dds-ny.un.org/doc/UNDOC/GEN/N18/118/35/PDF/N1811835.pdf?OpenElement,访问时间:2024年1月3日。

⑤ See UN, *United Nations Global Counter-Terrorism Strategy*, United Nations, https://www.un.org/counterterrorism/un-global-counter-terrorism-strategy,访问时间:2024年1月3日。联合国反恐行动框架包含四大支柱,分别是消除有利于恐怖主义蔓延的条件的措施、防止和打击恐怖主义的措施、建立各国防止和打击恐怖主义的能力以及加强联合国系统在这方面的作用的措施、确保尊重所有人的人权和实行法治作为反恐斗争根基的措施。

攻击，或者减轻网络攻击的影响，并在发生此类攻击时恢复和重建目标系统。① 民航网络安全与安保能力作为其中的重要内容得到广泛关注。例如，无论是在反恐办公室与国际电信联盟合作开展的全球网络演习、与信息和通信技术厅及奥地利技术研究所联合举办的全球创新挑战赛中，还是在首次城市反恐网络安全桌面演习、小组讨论中，民航网络反恐都是一项专门议题。此外，反恐办公室还通过了一个使用社交媒体收集开源信息和数字证据的项目，有望在惩治民航网络恐怖主义犯罪中率先应用。

其次，在能力建设层面。联合国呼吁会员国和私营部门为民用航空安全领域反恐合作和技术援助项目提供捐款，这其中就包括民航网络安保能力建设。反恐办公室《2019—2020 年多年联合呼吁》文件显示，它将筹集 176.295 万美元用于 ICAO 安保人员培训，1130 万美元用于提升会员国利用旅客预报信息和旅客姓名记录数据进行预防、侦查和调查的能力。② 此外，反恐办公室在日本资助下向马尔代夫、孟加拉国、马来西亚、印度尼西亚、菲律宾等国提供能力建设援助，提高其官员利用互联网和社交媒体收集开放源码信息的技能；在德国资助下帮助布基纳法索利用新技术保护民航在内的所有关键基础设施免受网络恐怖袭击；与欧洲委员会合作，为来自 100 多个会员国的 600 人提供网络恐怖主义犯罪的刑事司法课程。③

再次，在国际合作层面。反恐怖办公室正与联合国开发计划署、反恐怖主义委员会执行局、联合国教科文组织合作开展一项全球研究，旨在更好地了解在线工具在恐怖分子招募中发挥的作用。该项目将提供一个供联合国、会员国、互联网运营商技术部门开展对话的论坛，促进各方充分交流。除此之外，反恐执行局还支持业界自发的论坛，最具代表性的就是全球互联网反恐论坛，它是反恐论坛独立咨询委员会的常驻观察员，支持小型平台和技术

---

① See UN, *Cybersecurity and New Technologies*, United Nations, https://www.un.org/counterterrorism/cybersecurity，访问时间：2024 年 1 月 3 日。

② See UN, *UNOCT CONSOLLDATED Multi-Year Appeal（2019–2020）*, https://www.un.org/counterterrorism/sites/www.un.org.counterterrorism/files/unoct_multi-year-appeal_website.pdf，访问时间：2024 年 1 月 4 日。

③ See UN, *Cybersecurity and New Technologies*, United Nations, https://www.un.org/counterterrorism/cct/programme-projects/cybersecurity，访问时间：2024 年 1 月 4 日。

解决方案的开发。还需说明的是,联合国在网络空间治理领域也设立了一系列平台,如政府专家组①负责打击网络犯罪的机制与模式,开放式工作组②负责磋商与制定网络空间行为规则等。

最后,在人权保护层面。预防民航网络恐怖主义犯罪是重要和必要的工具,但只有在以保护和确认权利的方式实施时才会有效。③ 有鉴于此,联合国设置了人权特别报告员。他们负责收集、提供、接受、交流相关据称在打击恐怖主义犯罪时侵犯人权和基本自由行为的信息,定期向人权理事会和大会报告在执行充分尊重人权的反恐措施方面的良好政策和做法以及现有和新出现的挑战。

二、ICAO 的法律机制

(一)ICAO 框架下的网络反恐立法

ICAO 框架下的立法不直接规定如何惩罚犯罪分子,而是通过软法的形式对国家产生一定的影响。具体而言,主要存在以下几项立法。

其一,《国际民用航空公约》附件 17。该规定是对各缔约国在航空运输中的最低安保要求,各缔约国如果不作出差异通知,就应当严格遵守。④ 为了应对日益增长的网络恐怖主义犯罪威胁,ICAO 理事会于 2016 年审议通过了《国际民用航空公约》附件 17《航空安保》第 15 次修订。此次修订参考了 ICAO 2014 年第 9 版《航空安保手册》、2015 年第 1 版《便携式防空系统信息和机场脆弱性评估指南》、机场合作研究理事会 2015 年《机场网络安保最佳做法指南》、民航空中航行服务组织 2014 年《网络安全和风险评估指南》、国

---

① 政府专家组(United Nations Group of Governmental Experts on Information Security, UNGEE)并非一个常设小组,它旨在探讨如何通过在网络空间建立信任措施,以及通过制定各国在网络空间负责任行为的规范和标准,来加强和平与安全。

② 开放式工作组(The Open-ended Working Group,OEWG)在协商一致的基础上采取行动,继续进一步制定国家负责任行为的规则、规范、原则及实施方式。

③ 参见联合国:《联合国人权专家:实施预防暴力极端主义计划不应侵犯人权》,载联合国新闻网,https://news.un.org/zh/story/2020/03/1052121,访问时间:2024 年 1 月 5 日。

④ 参见杨惠:《我国履行国际航空安保公约的立法与实践》,载中国法学会网,2017 年 6 月 28 日,https://www.chinalaw.org.cn/portal/article/index/id/15942/cid/,访问时间:2024 年 1 月 8 日。

家基础设施保护中心 2012 年《民用航空网络安全》等文件,[1]在此基础上增加了两项网络安保建议措施:一是国家应在相关文件中确定民航重要信息和通信技术系统或数据,对其可能遭遇的风险进行评估并在此基础上制定防御措施。[2] 二是确保措施保护经查明的重要信息和/或数据的保密性、完好性和可用性。[3] 这对于国家民航网络安保建设提出了要求。

其二,《航空网络安保战略》。该战略确立了民航网络安保的七大支柱:国际合作、治理、有效立法和规章、网络安保政策、信息共享、事件管理和应急规划、能力建设、培训和网络安保文化。[4] 其中,对成员国的倡导性规范整理如下:一是鼓励各国制定国家治理与问责制度;二是鼓励各国将网络安保纳入其国家民用航空安全和安保方案中,确保航空当局与网络安保当局之间的协调;三是鼓励各国更新或创设新立法以允许起诉有关恐怖主义的网络威胁以及对民用航空产生不利影响的网络攻击;四是鼓励成员国按照 ICAO 现行规定承认适当的信息共享机制;五是建议各国在现行的应急计划中纳入网络安保规定;六是鼓励各国开展网络安保演习以测试网络漏洞;七是鼓励各国在教育框架和相关的国际培训方案中增加与网络安保有关的课程,条件允许的情况下新增航空网络安保的课程;八是鼓励会员国航空部门的网络安保创新和适当的研究和设计,提供适当的工作和相关培训。

其三,《航空网络政策指南》。该指南对国际民航关键基础设施抵御网络威胁能力,以及民航内部与军事、网络安全和国家安全等外部机构多边合作提出了要求。指南主要从机构设置、风险管理、关键基础设施安全、数据安

---

[1] 参见《国际民航组织修订国际标准—航空安保》,载中国民用航空网,2016 年 11 月 25 日, https://www.ccaonline.cn/zhengfu/xg-zhenggu/384618.html,访问时间:2024 年 1 月 8 日。

[2] 参见《国际民用航空公约》附件 17 第 4.9.1 条。该条规定:每一缔约国必须确保国家民用航空安保方案或其他相关国家文件中定义的运营人或实体确定其用于民用航空用途的重要信息和通信技术系统或数据,并根据风险评估,酌情制定和实施措施,保护其免遭非法干扰。

[3] 参见《国际民用航空公约》附件 17 第 4.9.2 条。该条规定:每一缔约国应确保实施的措施适当保护经查明的重要系统和/或数据的保密性、完好性和可用性。这些措施应该酌情并根据其相关国家当局进行的风险评估,将符合设计的安保、供应链安保、网络分离以及对任何远程访问能力的保护和/或限制等事项纳入其中。

[4] See ICAO, *Aviation Cybersecurity Strategy*, https://www.icao.int/aviationcybersecurity/Documents/AVIATION%20CYBERSECURITY%20STRATEGY.EN.pdf,访问时间:2024 年 1 月 8 日。

全、供应链安全、物理安全、信息、通信、技术(ICT)安全、事件管理和关键职能的连续性、网络安全文化等11个方面作出示范性规定。① 例如,在机构设置上,范本规定各国应指定一个适当的航空网络安全管理局,全面负责航空网络安全和网络复原力;②在风险管理上,建立具有弹性的民航网络系统,实施全面的多层次网络安全方法,对所有航空数据和系统确立所有权并建立问责制;在关键基础设施上,一国航空网络安全管理局应确保民航实体识别并充分保护其关键系统,并发展检测、响应和从网络事件中恢复的能力。

(二)ICAO框架下的网络反恐实践

ICAO框架下的网络反恐实践侧重于对网络恐怖主义犯罪的事前预防。它在决议中指出:各国应采取行动,通过跨领域、横向和协作的方式应对民航面临的网络威胁。③ 以此为引领,ICAO主要开展了以下工作。

首先,设立与民航网络安全相关的研究小组与行动机构。例如,ICAO在秘书处成立了网络安全研究小组,重点关注与航空导航系统、适航性和机场有关的网络问题,为相关规则的形成提供智力支持。又如,ICAO与国际机场理事会、民航导航服务组织、IATA、航空航天工业协会国际协调理事会合作,建立了一个行业高级别小组作为各方就网络安全进行高级别合作的机制,并在此基础上制定网络安全"路线图";④在第12届空中导航会议上,ICAO宣布成立网络安全工作队,由其负责分析整体航空网络安全风险,并利用行业参与者的投入创建"全球航空网络安全架构"。

其次,加大资金投入力度以建立民航网络安全统一标准。ICAO在第12

---

① See ICAO, *Cybersecurity Policy Guidance*, https://www.icao.int/aviationcybersecurity/Documents/Cybersecurity%20Policy%20Guidance.EN.pdf, 访问时间:2024年1月8日。

② 《航空网络政策指南》列出了航空网络安全适当主管机构的职责:与国家网络安全主管部门协调,确定各主管部门应承担的角色和责任;领导制定航空网络安全法规;明确界定国家民航主管部门内不同民航领域的作用和责任;通过国家安全和安保方案,协调由国家民航主管当局监督的民航实体的作用和责任的定义;界定民航网络安全文化的要素并监督其实施;定义网络安全危机管理的法规、流程、要求和角色,包括测试要求和频率;与参与航空网络安全的相关非航空利益攸关方协调跨领域的航空网络安全问题,如信息共享和事件调查。

③ See ICAO, *Addressing Cybersecurity in Civil Aviation*, https://www.icao.int/aviationcybersecurity/Documents/A39-19.pdf, 访问时间:2024年1月8日。

④ Ruwantissa Abeyratne, "Aviation Cyber Security: A Constructure Look at the Work of ICAO", Air and Space Law, Vol.41, No.1, p.34.

届空中导航会议中承认,网络安全是实施全球空中导航计划的一个严重关切问题。有鉴于此,它提出将建立航空网络安全统一标准,让所有成员了解民航业面临的风险和威胁,分享应对措施,并确保政府机构与商业行业之间的持续沟通与合作。此外,ICAO 还计划专门制定一个防范网络恐怖主义犯罪的全球空中交通管理监管架构。为了落实这一方案,它宣布将在接下来的 20 年里,在航空网络系统安全建设领域投资约 1200 亿美元。

最后,与其他国际组织协调合作推进民航网络安保建设。合作能够汇集民航业所有要素,有助于落实应对网络威胁的共同愿景、战略和一系列承诺。例如,IATA 告知专家小组,航空公司和机场网络通过与互联网、移动设备、与全球分销系统、政府、其他航空公司、金融系统、远程值机系统等其他组织和系统的连接,即使不是数千个,也有数百个入口点。随着网络技术和自动化系统的增加,这些系统的可用性和完整性也在增加。系统和流程的便利性、效率和集成性不断提高,使系统面临潜在网络威胁的可能性越来越大。正是在这种背景下,IATA 敦促 ICAO 认识到迫切需要"制定专门措施和以航空业为重点的最佳做法"[①]。另外,在界定"网络安全"时,ICAO 与国际电信联盟保持沟通,最终沿用了后者使用的定义,以确保与国际术语保持一致。

三、区域性组织的法律机制

(一)欧洲联盟民航网络反恐法律机制

在立法层面,欧盟框架下能够规制民航网络恐怖主义犯罪的公约为《网络犯罪公约》,该公约制定于 2001 年,由欧盟成员国、美国、日本等国家和地区共同签署。尽管它并非一项反恐公约,但根据欧洲委员会发布的文件,其中的实质性罪刑可以为打击网络恐怖主义犯罪提供便利。[②]

一方面,公约要求各国将未经许可破坏、删除、修改或限制数据的行为,[③]

[①] Cyber Security in Aviation, AVSECP125 – WP134, 2812114 at 3.

[②] See Cybercrime Convention Committee (T-CY), *T-CY Guidance Note #11 (DRAFT) Aspects of Terrorism covered by the Budapest Convention*, https://rm.coe.int/CoERMPublicCommonSearchServices/DisplayDCTMContent?documentId=09000016806ab61b, 访问时间: 2024 年 1 月 8 日。

[③] See Convention on Cybercrime, art. 4.

输入、传递、破坏、删除、毁坏、更改或限制计算机数据的行为规定为犯罪①并设置相应的刑罚。在此背景下,不法分子利用网络技术手段攻击民航基础设施,更改毁坏民航数据的行为属于各国刑事打击的范围。需要指出的是,构成该犯罪,不要求不法分子的行为造成实质性损害,也不要求证明其特殊目的。② 不过,由于《网络犯罪公约》主要还是针对普通网络犯罪,其在入罪量刑上还是与网络恐怖主义犯罪有较大差异。适用普通条款惩治危害性更严重的网络恐怖主义犯罪,不利于对后者产生威慑。

另一方面,《网络犯罪公约》中的程序性规定也可以打击针对民航领域的网络恐怖主义犯罪。就刑事司法协助而言,第2章首先确立了引渡规则,③条件是根据有关缔约国双方的法律,这些犯罪可处以剥夺自由至少一年或更严厉的刑罚。其次,关于调查权的互助规定囊括了计算机数据存储访问互助、经同意或公开情况下跨境访问计算机存储数据、实时收集数据传输信息、记录计算机系统传输的特定通信内容等方面。最后,就电子证据而言,公约还规定了特别程序,包括速保护静态的计算机数据、提供令、搜查和扣押静态计算机数据和实时收集计算机数据4种刑事调查措施。

在实践层面,欧洲刑警组织先是在2010年,与欧盟委员会和成员国共同成立了欧洲联盟网络犯罪特别工作组(European Union Cybercrime Task Force,EUCTF),其职责是确定、讨论和优先处理打击网络犯罪的主要挑战和行动。④ 2013年,欧盟成立了网络犯罪中心(European Cybercrime Center)以加强成员间协作,该中心通过专业知识和利益相关者管理、取证和行动三管齐下的方式来打击网络犯罪。另外,为了提升欧盟网络执法团队力量,欧盟

---

① See Convention on Cybercrime, art. 5.
② 皮勇:《网络恐怖活动犯罪及其整体法律对策》,载《环球法律评论》2013年第1期。
③ Convention on Cybercrime, *European Treaty Series-NO. 185*, https://rm.coe.int/1680081561,访问时间:2024年1月10日。
④ See Europol, *European Cybercrime Center-EC3*, https://www.europol.europa.eu/about-europol/european-cybercrime-centre-ec3,访问时间:2024年1月10日。

制定了网络犯罪培训能力框架,[1]详细阐述了从事网络犯罪调查的执法人员处理数字证据以打击现代犯罪形式所需的技能。需要指出的是,网络恐怖主义犯罪也是欧盟网络执法机构重点打击的对象。

(二)上海合作组织民航网络反恐法律机制

上海合作组织作为国家间政府组织,始终致力于维护和保障地区的和平、安全与稳定。[2]经过多年的发展,该组织已成为区域打击网络恐怖主义犯罪的重要平台。

首先,上海合作组织针对网络恐怖主义犯罪出台了一系列文件,它们构成了规制民航网络恐怖主义犯罪的法律基础。起初,上海合作组织并非使用"网络恐怖主义"这个术语,而是代之以"信息恐怖主义"。2006年,五国元首在上海举行会议,会上他们认为无论在民用抑或军事领域,均有可能出现将信息通信技术用于与维护国际安全相悖的恐怖目的的威胁,给某些国家乃至全世界带来严重威胁,因此各国必须通过采取协调一致和互补措施,才能有效应对信息安全挑战与威胁。[3]2009年,上海合作组织成员国代表签署了《上海合作组织成员国保障国际信息安全政府间合作协定》。该文件从主要威胁、合作方向、合作基本原则、合作方式和机制、信息保护、费用、争议解决等方面展开。值得注意的是,第2条明确规定了信息恐怖主义是该协定主要规

---

[1] See *Cybercrime Training Competency Framework*, https://www.europol.europa.eu/publications-events/publications/cybercrime-training-competency-framework,访问时间:2024年1月10日。该框架由欧盟网络犯罪特别工作组、欧盟执法培训局(European Union Agency for Law Enforcement Training, CEPOL)、欧洲网络犯罪培训和教育小组(European Cybercrime Training and Education Group, ECTEG)、欧洲司法组织(European Union Agency for Criminal Justice Cooperation, Eurojust)、欧洲网络犯罪司法网络(European Judicial Cyber Network, EJCN)共同制定并实施。

[2] 上海合作组织最早是由哈萨克斯坦共和国、中华人民共和国、吉尔吉斯共和国、俄罗斯联邦、塔吉克斯坦共和国、乌兹别克斯坦共和国于2001年在中国上海宣布成立的永久性政府间国际组织。其前身为"上海五国"机制,目前扩大至拥有10个成员国、2个观察员以及14个对话伙伴。

[3] 参见《上海合作组织成员国元首关于国际信息安全的声明》,载外交部网,https://www.mfa.gov.cn/web/gjhdq_676201/gjhdqzz_681964/lhg_683094/zywj_683106/200707/t20070731_9388594.shtml,访问时间:2024年1月10日。

制的对象,附件 1 还就信息恐怖主义的概念作出了界定。① 2020 年,五国元首发布声明,强调就防止信息通信技术用于恐怖主义、分裂主义、极端主义和其他犯罪目的开展多边合作的重要性。② 同时,元首理事会还专门制定了关于打击利用互联网渠道传播恐怖主义、分裂主义、极端主义思想的文件,③充分体现出上海合作组织对于网络反恐的重视度。

其次,上海合作组织不断完善机构设置与职能。一是发挥地区反恐机构的作用,执行委员会作为常设机构开展情报交流和网络演习,并与其他反恐国际组织建立保持联系。2011 年 9 月,地区反恐机构专门组织会议就如何在框架内强化网络反恐合作进行了讨论,达成的共识是各国承认网络恐怖主义已成为恐怖组织新的推动力。④ 总而言之,地区反恐机构是打击网络恐怖主义犯罪的领导与核心者。二是建立了国际信息安全专家组,⑤吸收上海合作组织秘书处、上海合作组织地区反恐怖机构执委会代表参加,负责制定国际信息安全行动计划,明确上海合作组织在框架内全面解决国际信息安全问题的各种途径与方法。三是建立了打击网络恐怖主义联合专家小组,在工作机制、行动计划、共享涉恐情报等方面获得了显著成果。⑥

最后,上海合作组织先后于 2015 年 10 月、2017 年 12 月、2019 年 12 月开展了 3 次网络反恐联合演习。以"厦门—2019"演习为例,通过模拟恐怖分子在成员国网站、即时通讯群组与社交网络中发现恐怖主义信息,企图招募成

---

① 参见《上海合作组织成员国保障国际信息安全政府间合作协定》第 2 条及附件 1,https://www.doj.gov.hk/sc/external/pdf/lawdoc/127.pdf,访问时间:2024 年 1 月 10 日。信息恐怖主义指为达到恐怖主义目的,在信息空间使用和(或)影响信息资源。

② 参见《上海合作组织成员国元首理事会关于保障国际信息安全领域合作的声明》,载中华人民共和国中央人民政府网,https://www.gov.cn/xinwen/2020-11/11/content_5560424.htm,访问时间:2024 年 1 月 10 日。

③ 参见《上合组织成员国元首理事会关于打击利用互联网等渠道传播恐怖主义、分裂主义和极端主义思想的声明》,载中华人民共和国中央人民政府网,https://www.gov.cn/xinwen/2020-11/11/content_5560418.htm,访问时间:2024 年 1 月 10 日。

④ 参见吕晶华:《网络军备控制:中美分歧与合作》,载《中国信息安全》2015 年第 9 期。

⑤ 参见《上海合作组织成员国元首关于国际信息安全的声明》,载外交部网,https://www.mfa.gov.cn/web/gjhdq_676201/gjhdqzz_681964/lhg_683094/zywj_683106/200707/t20070731_9388594.shtml,访问时间:2024 年 1 月 10 日。

⑥ 参见《专访:上合组织地区反恐怖机构将发挥更重要作用》,载新华网,http://www.xinhuanet.com/world/2014-09/10/c_1112423677.htm,访问时间:2024 年 1 月 10 日。

员、筹措资金、购置武器并策划在成员国实施恐怖活动,采用推演的方式组织协调各成员国对恐怖分子进行追踪定位,固定提取电子证据,组织开展集中抓捕。① 此次演习检验了上海合作组织在网络反恐领域的立法、执法能力,对有效应对当前新安全挑战具有十分重要的意义。

(三)阿拉伯国家联盟民航网络反恐法律机制

阿拉伯国家正罹受恐怖主义侵扰,如果对新型电子犯罪及网络恐怖主义坐视不管,后果将贻害无穷。鉴于此,阿拉伯国家联盟出台了以下举措。

在立法层面,阿拉伯国家联盟制定了《阿拉伯国家联盟打击信息技术犯罪公约》,其中第15条规定了与利用信息技术实施恐怖主义相关的犯罪,涉及传播、宣传恐怖主义思想,利用网络提供资金与培训,在网络空间传播犯罪方法等。此外,该公约还规定了一些程序性条款,具有较高的借鉴价值。一方面,它确定了解决管辖权冲突的指引,如果两个或两个以上的国家对于公约所列罪行均具有管辖权,那么应当优先考虑安全或利益受该罪行破坏的国家的请求,其次考虑犯罪发生地,最后是被通缉者所属国家的请求。② 另一方面,它详细规定了司法协助规则,该公约要求各缔约国指定一个中央机构,负责收发相互协助诉讼请求、执行或转交有关当局执行。

在实践层面,阿拉伯国家联盟创设了网络安全论坛,该论坛促进利益攸关方的广泛交流,收集审议最新的威胁和预防措施,主要议程包括网络恐怖主义对宗教的影响、国际条约和法律所发挥的作用、电子金融犯罪和相关的资助恐怖主义行为、数据安全、文化和媒体组织在应对这一问题上承担的职责以及沙特阿拉伯举措等。③ 此外,阿拉伯国家认识到国际区域协调合作的重要性,专门成立阿拉伯网络安全部长理事会,负责国家间网络安全的协调

---

① 参见《第三届上合组织网络反恐联合演习在中国举行》,载人民网,http://world.people.com.cn/n1/2019/1212/c1002-31503716.html,访问时间:2024年1月10日。

② See Arab Convention on Combating Information Technology Offences, art. 30, https://www.asianlaws.org/gcld/cyberlawdb/GCC/Arab%20Convention%20on%20Combating%20Information%20Technology%20Offences.pdf,访问时间:2024年1月10日。

③ See Saudi International Forum to Tackle Cyberterrorism, Arab News (Dec. 6, 2022), https://www.arabnews.com/node/2211421/saudi-arabia,访问时间:2024年1月10日。

与合作。①

第三节　民航网络恐怖主义犯罪国际法律规制的不足

一、实体规则层面

(一)民航网络恐怖主义犯罪的概念尚未明确

当前,虽然国际社会已出台了若干规制恐怖主义犯罪的相关公约,初步形成了基本的法律框架,使恐怖主义犯罪概念界定问题已不再突出,不过,就网络恐怖主义犯罪而言,以及更进一步地,针对民航领域的网络恐怖主义犯罪而言,如果其概念的内涵、外延一直缺位,将带来一些棘手的问题。具体而言,体现在以下两点。

一方面,民航网络恐怖主义犯罪概念的缺失不利于定罪量刑。从现有的打击网络恐怖主义犯罪的区域性公约来看,网络恐怖主义犯罪通常等同于网络攻击,这直接关乎打击效果。对二者的差异关注不足将难以实现打击犯罪与保护人权的平衡。事实上,网络恐怖分子与网络攻击者虽然可能使用相同的黑客技术侵入系统,但是其根本动机、目标和破坏效果是有所区别的。② 就民航网络恐怖主义犯罪而言,需要明确区分以炫耀为目的的针对民航网络的攻击行为与以恶意造成社会恐慌,甚至追求生命财产损失为目的的网络恐怖行为,就二者的构成要件作出界定。

另一方面,民航网络恐怖主义犯罪概念的缺失不利于国际司法协助。国际社会关于将恐怖分子非法入侵、攻击民航网络系统作为民航网络恐怖主义犯罪进行打击形成初步共识。然而,各国在一些其他的关于网络恐怖主义犯罪行为上存在分歧,比如在网络上传播针对民航的恐怖宣传活动、传播虚假

---

① 参见《阿拉伯网络安全区域中心　助力网络安全产业发展》,载数字非洲观察微信公众号,https://mp.weixin.qq.com/s/Lg8cY8pc8ycauyGMGD6Jpg,访问时间:2024年1月10日。

② 参见李彦、马冉:《网络恐怖主义犯罪国际法治理研究》,载《河南财经政法大学学报》2019年第1期。

的民航恐怖主义犯罪信息、威胁实施民航网络恐怖主义犯罪活动、煽动他人实施民航网络恐怖主义犯罪、为实施民航网络恐怖主义犯罪筹集资金等尚存在较大分歧。这加剧了民航网络恐怖主义国际治理制度的碎片化和零散性。

(二)民航网络反恐规则"碎片化"严重

关于国际法碎片的讨论肇始于 20 世纪 90 年代,它是指国际法体系内部存在的多个子体系缺乏统一协调而无序并存的客观结构。① 既有国际法对于民航网络恐怖主义犯罪的规制就体现出这样的"碎片化"特征。

一方面,既有的规则多散落在网络犯罪、反恐怖主义领域的立法文件中,并没有针对网络恐怖主义犯罪的专门规则。这样一来,联合国框架下的网络犯罪规则、反恐公约能否对网络恐怖主义犯罪适用便亟须澄清。另外,ICAO 项下的相关规则也亟须梳理。另一方面,无论是全球层面还是区域层面,均形成了一些能够对民航网络恐怖主义犯罪适用的国际规则,但总体来说,这些规则较为笼统,不成体系。例如,联合国框架下只通过了若干决议强调各国对于打击网络恐怖主义犯罪的共识,除欧盟外的其他区域性组织机制也更侧重于实操层面,致力于提升各国反恐技术能力。既有立法无法涵盖"事前预警、信息共享、执法协调、司法协助、国际合作"等各环节,这极大降低了民航网络反恐的治理成效。

鉴于此,有必要梳理现存的国际规则,深化网络犯罪公约与反恐公约的融合互动,解决他们在法律适用上存在的重叠,甚至是矛盾冲突之处,及时发现法律上的真空地带并予以填补,实现对民航网络恐怖主义犯罪打击的全覆盖。

(三)民航网络反恐规则内容仍存有分歧

国际社会在包括民航网络反恐在内的网络空间治理规则内容上存在较大分歧,阻碍了相关国际公约的进一步达成。

其一,在联合国网络空间公约谈判过程中面临的首要问题是概念界定,在这一问题上就存在"网络犯罪"与"信息通信技术犯罪"之争。前者是欧美

---

① 参见黄家星:《国际数字贸易规则碎片化:现状、成因及应对》,载《太平洋学报》2022 年第 4 期。

等西方国家强烈主张的术语,因为该术语在西方使用已久而被公众所广泛接受。然而,俄罗斯却主张使用后一术语。其认为"网络犯罪"的内涵过于狭窄,为了拓宽打击范围还应将移动通信网络、电视广播网络等内容纳入打击目标中,因此更宜使用"信息通信技术犯罪"。

其二,国际社会在定罪问题上存在扩大定罪范围与反对过度定罪的分歧。[①] 为了保障网络空间良好的生态环境,应拓宽国际公约打击覆盖面,将更多的网络行为纳入其中并增强打击力度,网络恐怖主义犯罪就是最典型的例子。一些国家认为,网络恐怖主义犯罪所造成的负面影响难以估量,因而有必要在国际公约中明确界定网络恐怖主义犯罪的概念、犯罪构成等要件。不过,另一些国家认为,在国际社会对于恐怖主义犯罪的概念尚未达成共识的情况下,对网络恐怖主义犯罪进行界定显得不切实际。另外,对于在网络空间散布恐怖主义言论的行为究竟是否属于网络恐怖主义犯罪难以确定,稍有不慎就会打破打击犯罪与保障人权的平衡。

其三,国际社会在公约国际合作规则方面也存在一定分歧。例如,发达国家以保障人权为理由,要求在公约草案中增加"拒绝合作理由"。该要求的背后与欧盟近年来大力建构数据跨境流动的小圈子息息相关。以欧盟为例,它出台的《一般数据保护条例》采用充分性认定标准,即一国如果欲与欧盟之间实现数据自由流动,那么必须经过欧盟的评估认定,认定标准便是该国的人权保护状况。具言之,如果一国的人权保护状况、个人数据保护状况无法达到欧盟的标准,那么包括执法数据在内的数据便无法跨境流动,不利于对犯罪分子的追诉。

二、程序规则层面

(一)民航网络恐怖主义犯罪的电子取证规则阙如

跨境电子取证是打击民航网络恐怖主义犯罪过程中不可回避的环节。网络空间的开放、自由、虚拟性使得恐怖分子可以借助全球范围内的任何一

---

① 参见姜博谦、王渊洁:《2022年度〈联合国打击网络犯罪公约〉谈判进展》,载《中国信息安全》2023年第1期。

台服务器发起网络攻击,犯罪过程中留下的数据痕迹可能存留于这些域外服务器中。执法机关在侦查时将不可避免地向服务器所在国请求提取电子证据。另外,电子证据具有脆弱性,不同于传统的物证与书证,电子证据不能脱离存储介质而存在,且多以二进制的数字编码方式呈现。不同的技术标准、取证流程也会影响电子证据的稳定性与可采性。

当下,跨境电子取证方式主要包含两种:一是借助传统的司法协助进行取证,二是单边电子取证。就前者而言,具体模式表现为一个"倒 U 形"。[①] 举例来说,A 国的执法机关要想在 B 国取证需要经过以下流程:A 国执法机关首先需制作司法协助申请书并附译本,上报 A 国主管机关审核;A 国主管审核完成后向 B 国关联的主管机关移送申请;B 国主管机关审核无误后再交由 B 国执法机关予以执行。由此可见,整个工作流程充分彰显着对于国家司法主权的尊重,但程序烦琐也带来效率低下的弊病。即便是深度合作的欧盟成员内部,收到协助申请成员方也有 30 天的考虑期来决定是否予以协助,取证的时间为 90 天。因此,司法协助型电子取证在尊重他国主权的基础上实施,但过长的期限不利于电子证据的保存固定与提取。

单边电子取证是指一国执法机关在未经他国同意的情况下,自行开展电子取证活动,包含跨境网络在线提取、跨境网络远程勘验及跨境远程技术侦查 3 种类型。[②] 跨境网络在线提取是指对于存储在境外介质中的电子数据进行提取,包括公开的数据以及不公开的数据;跨境网络远程勘验是指根据已到案的犯罪嫌疑人所供述的账号密码,登录境外设备提取电子数据;远程技术侦查是指通过软件等方式进行"网络监听"。单边电子取证效率较高,但是这种方式忽视了目标国的主权,且存在被滥用的风险。

综上所述,目前缺乏统一的针对民航网络恐怖主义犯罪的电子取证规则,既有的取证方式存在低效或损害他国主权的缺陷。因此,在尊重各国主权的基础上,建立跨境电子取证规则、程序、标准势在必行。

[①] 参见王立梅:《论跨境电子证据司法协助简易程序的构建》,载《法学杂志》2020 年第 3 期。
[②] 参见吴晓敏、贾朔:《跨境网络犯罪侦查中电子证据的收集》,载《广西警察学院学报》2022 年第 2 期。

（二）民航网络恐怖主义犯罪的管辖权易发生冲突

民航网络恐怖主义犯罪管辖权在既有的国际法体系下经历了一个不断扩张的过程。关于在航空器内的犯罪和犯有某些其他行为的公约（以下简称《东京公约》）确立了以"属地原则为主，属人原则为辅"的管辖权。属地管辖是国家刑事管辖权中最重要的原则，ICAO 在制定《东京公约》时也认识到了这一点，它借鉴船舶管辖权的相关规定，将航空器视为主权国家的"拟制领土"，并建立航空器登记制度，规定航空器登记国有权对航空器内的犯罪行为行使管辖权。① 同时，如果犯罪人在某国拥有永久居所，该国亦可行使管辖权。20 世纪 60 年代，为应对日益猖獗的劫机行为，ICAO 主持起草了《关于制止非法劫持航空器的公约》（以下简称《海牙公约》），相较《东京公约》，该公约将刑事管辖权拓展至航空器降落地以及承租人的主营业地或永久居所。② 一是考虑到降落地国能够最先处置航空不安全事件并控制犯罪者，从而及时收集固定证据；二是考虑到航空器租赁现象越来越普遍，所有权与经营权的分离使由航空器登记国管辖已不合时宜。值得注意的是，《海牙公约》第 4 条第 2 款确立了"普遍管辖权"。这种管辖权与"国际法上的海盗"类似，通常是赋予那些与犯罪没有任何法律联系的缔约国的，多发生于犯罪者逃往第三国的情形。③ 1971 年的瑞士航空 330 航班事件加深了国际社会对于劫机外其他非法干扰行为的重视，ICAO 制定了《蒙特利尔公约》，将破坏地面上正在使用中的航空器及航行设施行为纳入犯罪范畴，刑事管辖权也随之扩张至犯罪行为发生国。④ 同时，《蒙特利尔公约》第 5 条新增"保护性管辖权"，即如果罪行是针对该国登记的航空器，该国有权管辖。后续的《蒙特利尔议定书》也与之一脉相承。2010 年国际航空法会议通过了《北京公约》。该公约拓展了管辖权：对于由该国国民实施的犯罪设置强制性管辖权，对于针对该国国民实施

---

① 参见《关于在航空器内的犯罪和犯有某些其它行为的公约》第 3 条，http://treaty.mfa.gov.cn/tykfiles/20180718/1531876003982.pdf，访问时间：2024 年 2 月 20 日。
② 参见《关于制止非法劫持航空器的公约》第 4 条，http://treaty.mfa.gov.cn/tykfiles/20180718/1531876004997.pdf，访问时间：2024 年 2 月 20 日。
③ 参见赵维田：《国际航空法》，社会科学文献出版社 2000 年版，第 464 页。
④ 参见《关于制止危害民用航空安全的非法行为的公约》，http://treaty.mfa.gov.cn/tykfiles/20180718/1531876005266.pdf，访问时间：2024 年 2 月 20 日。

和由惯常居所在该国境内的无国籍人实施的犯罪设置任择性管辖权。①

如今,针对民航网络发起的恐怖袭击给一国行使管辖权带来挑战。首先,网络攻击技术使恐怖主义犯罪超越了时间与空间的限制,行为地与结果地可能体现为逻辑代码的运作过程与运算结果。② 在此情形下,传统的以地域为基础的属地管辖难以发挥作用。其次,恐怖分子发动网络攻击通常采用匿名或利用国外虚拟服务器的方式,在犯罪完成后即可删除所有信息,难以追查到实施者的国籍,这阻碍了国家行使属人管辖权。最后,保护管辖权要求国家或国民受到重大利益损失,而民航网络恐怖主义犯罪的危害表现形式和程度不同,引发的利益损失难以明确比较。由此,针对民航网络恐怖主义犯罪行使刑事管辖权条件不明,很有可能造成国家间管辖权的冲突。这种冲突既包括积极冲突,即多个国家对该犯罪行为行使管辖权,又包括消极冲突,即无任何国家对该犯罪行为行使管辖权。

三、国际合作层面

(一)民航网络反恐合作理念与限度有待达成共识

国际社会在民航网络反恐合作方面存在理念分歧与博弈。欧美等西方国家主张网络空间属于"全球公域",意图凭借其互联网技术的先发优势建构国际规则。③ 中俄等国家主张各国在网络空间亦存在主权,网络反恐合作亦需遵守"网络空间主权"原则。

欧美等国主张全球公域论调的基础是人权理论。自由、无政府主义、个人主义至上一直是西方国家所极力推行的价值观,在网络空间也是如此。他们声称,承认国家在网络空间的主权将侵扰公民获取信息的自由与权利。在此理念指引下,欧美在具体治理方式上推出"利益攸关模式"。该模式重视非政府组织与政府平等地发挥作用,以弱化政府在网络空间治理中的核心领导

---

① 参见刘贺:《〈北京公约〉对国际航空保安公约体系的更新》,载《北京航空航天大学学报(社会科学版)》2023年第1期。
② 参见李彦:《打击跨国网络犯罪国际法问题研究》,中国法制出版社2021年版,第126页。
③ 参见杨剑:《美国"网络空间全球公域说"的语境矛盾及其本质》,载《国际观察》2013年第1期。

地位。事实上,人权只是西方在网络空间行使霸权的幌子。一方面,欧美凭借强大的网络技术能力与互联网跨国企业,可以轻而易举地实现数据存储本地化,尤其是美国。当下全球共有 1 个主根服务器和 12 个辅根服务器,而美国就占有了其中的主根服务器和 9 个辅根服务器。[1] 另外,互联网域名地址分配机构还受到美国法律管辖。由此可见,美国基于这种绝对优势无须刻意维护网络空间主权。[2]

中俄一直以来坚持网络主权立场。网络主权是国家主权在网络空间中的体现,是国家主权在互联网时代衍生的新内涵。网络空间发展至今已然成为一个等同于现实社会的"虚拟社会",如果不适用国家主权原则,那么网络空间将面临"丛林社会"的失序状态。[3] 此外,明确网络空间主权有利于厘清各国在网络反恐中的权力与职责,最大程度上发挥实效价值。[4] 鉴于此,我国早在 2010 年就提出了"互联网主权"这一概念,[5]习近平总书记也在多个不同的场合强调"网络空间主权"。[6] 网络空间主权的内涵包含 3 项内容:一是独立的管辖权,即各国对境内所有网络基础设施资源享有独立自主的管辖权,任何人无权干涉。二是防卫权,针对不法网络攻击,各国有权采取防御与必要的反击措施。三是发展权。各国有权决定境内的网络信息资源如何处理与使用以维护本国经济社会发展。[7]

综上所述,世界上最主要的网络大国间就网络空间治理存在较大的分歧,亟待达成共识。

---

[1] 参见罗楚湘:《网络空间国际治理中国方案的形成、遵循与路径》,载《广西社会科学》2024 年第 1 期。

[2] 参见杜瑾:《网络恐怖主义应对研究——基于国家网络主权的维护与让渡》,载《南宁师范大学学报(哲学社会科学版)》2019 年第 6 期。

[3] 参见陈星:《论网络空间主权的理论基础与中国方案》,载《甘肃社会科学》2022 年第 3 期。

[4] 参见安文圣:《网络恐怖主义犯罪的嬗变与规制路径》,载《武警学院学报》2021 年第 6 期。

[5] 参见国务院新闻办公室:《中国互联网状况》,载中华人民共和国中央人民政府网,https://www.gov.cn/zhengce/2010-06/08/content_2615774.htm,访问时间:2024 年 3 月 20 日。

[6] 2014 年,习近平主席在首届世界互联网大会贺词中提出"尊重网络主权";2016 年,习近平总书记在中共中央政治局第三十六次集体学习时再次强调要维护我国网络空间主权。

[7] 参见罗楚湘:《网络空间国际治理中国方案的形成、遵循与路径》,载《广西社会科学》2024 年第 1 期。

（二）各国司法制度的差异致使引渡合作难以开展

引渡作为一种国际司法合作制度，指"一国把在该国境内而被他国追捕、通缉或判刑的人，根据相关国家的请求移交给请求国审判或处罚"[①]。引渡对于打击民航领域恐怖类犯罪具有重要意义。起初，民航恐怖主义犯罪惩治模式遵循传统的国际刑法模式，即先通过国际公约将某种行为规定为犯罪，由公约赋予各国司法权，由各国依照本国国内法进行惩处。[②] 不过，传统的惩治模式难以达到惩治民航恐怖主义犯罪行为的理想效果，故而 ICAO 在起草《海牙公约》时，将"或引渡或起诉"明确作为其中的一项规则。[③] 该原则被一直延续到了《蒙特利尔公约》以及《北京公约》中。

除国际航空法体系下的引渡规则能否对民航网络恐怖主义犯罪适用仍存在较大不确定性之外，既有的引渡规则本身也存在一些问题亟待完善：首先，各国对于民航网络恐怖主义犯罪的认定以及刑罚标准有很大差异。例如，法国对于侵入计算机信息系统的犯罪行为施加两年以下监禁及罚金，而加拿大却处以 10 年以下的监禁。由于目前国际社会尚未达成关于民航网络恐怖主义犯罪的引渡规则，按照国际习惯法，只有行为人的罪行可能被判处 3 年以上监禁者才能引渡。因此，如果行为人在法国犯下罪行，可能无法引渡至其他国家。其次，关于政治犯引渡问题。《海牙公约》在起草时，美国曾提议加入"不论犯罪动机如何"，但这一提议遭到了欧洲国家的反对。因为当时劫机多发于欧洲，而欧洲长期坚持"政治犯不引渡"原则。最终该提议未能落实，为了确保犯罪行为得到惩治，条约最终确立了"或起诉或引渡"原则。不过在实践过程中，"政治犯"的认定以及是否起诉的决定权均属于被请求国的权力。基于政治制度及国家意识形态的不同，犯罪分子能否受到惩罚值得进一步观察。最后，引渡的前提之一是该犯罪行为在请求国与被请求国之间均被认定为犯罪，然而各国对民航网络恐怖主义犯罪行为的认识、界定不一，为

[①] 王铁崖主编：《国际法》，法律出版社 1995 年版，第 185 页。
[②] 参见于阜民：《国际犯罪管辖和审理的制度建构与完善》，载《中国法学》2018 年第 3 期。
[③] 参见《关于制止非法劫持航空器的公约》，https://treaty.mfa.gov.cn/tykfiles/20180718/1531876004997.pdf，访问时间：2024 年 3 月 20 日。该条规定：在其境内发现被指称的罪犯的缔约国，如不将此人引渡，则不论罪行是否在其境内发生，应无例外地将此案件提交其主管当局以便起诉。该当局应按照本国法律以对待任何严重性质的普通罪行案件的同样方式作出决定。

犯罪分子逃脱法律制裁留下法律漏洞。

(三) 打击民航网络恐怖主义犯罪的信息共享机制缺乏

信息共享是有效打击民航网络恐怖主义犯罪的关键。具体来说，民航网络恐怖主义犯罪信息共享是指国家或国际组织之间共享民航网络恐怖主义犯罪的信息、情报、预警等。信息共享机制具有以下优势：首先，通过共享犯罪情报和预警，各国能够事先做好防御准备，及时阻断网络恐怖主义犯罪带来的溢出效应。其次，信息共享机制可以消除"信息孤岛"，国家间通过合作可以集中资源，避免重复侦查，最大程度上实现资源的最优配置，从而降低成本提高效率。以发展中国家为例，仅凭自身的技术及经济实力或许难以事先预测网络恐怖分子的攻击，一旦遭受袭击将带来巨大的损失。信息共享机制能够助力其实现事前预警。最后，信息共享机制有助于构建共赢的合作伙伴关系，增强各利益相关者之间的合作意愿，共同应对挑战，实现共同发展。

ICAO 框架下缺乏网络恐怖主义犯罪情报信息共享机制。这导致实践中某一航空网络基础设施遭遇恐怖分子网络攻击后产生的负面影响迅速向外扩散。构建民航网络恐怖主义犯罪信息共享机制需要解决以下问题：一是技术障碍，如各国在网络监测预警过程中所使用的不同系统和平台之间的兼容性问题。二是数据隐私，各国在收集提取网络相关情报信息时，可能涉及大量敏感信息，如公民个人数据、商业数据等，如何保障此类数据的安全和隐私是亟待考虑的问题。三是合作意愿，信息共享必然涉及数据的跨境流动，由于国家间的文化差异以及数据保护情况，部分发达国家可能存在信息共享的抵触情绪。

第四节　民航网络恐怖主义犯罪国际法律规制的完善

一、健全民航网络反恐实体规范

(一) 澄清既有规则对民航网络恐怖主义犯罪的可适用性

鉴于多个公约中的条款存在规制民航网络恐怖主义犯罪的可能性，对相关条约进行梳理、解释并澄清其适用范围势在必行。

联合国系统内有常设的和临时性的赋予国际法编纂职能的机构,如联合国国际法委员会、联合国大会第六委员会(法律委员会)、根据联大决议成立的特别委员会等。不过,技术性强的国际公约以及国际规则和标准,由主管的联合国专门机构负责制定。就民航安保公约而言,ICAO 应承担主要责任。具体而言,条约的研究、解释工作应由其下设的法律委员会承担。ICAO 法律委员会自 1947 年成立以来,起草、修订了多项法律文本草案,一些公约位居最为广泛接受的国际法编纂文书之列。法律委员会始终致力于研究影响航空法的新的和正在出现的问题,并确定解决因航空运输不断变化的环境和现代现实所带来的挑战和机遇而产生的法律问题的方法。[①] 法律小组委员会可以广泛听取各国意见,并与其他条约的解释机构合作,整理汇总能够调整民航网络恐怖主义犯罪行为的条款。在此基础上可以形成一份适用指南。在体例章节安排上可以参考《世界反恐怖主义公约和议定书立法指南》。该指南由联合国毒品和犯罪问题办事处编制,梳理了 12 份国际反恐公约的内容,旨在向负责起草法律的人和参与将反恐公约纳入国家法律的其他人员提供参考资料和技术咨询。其主要核心内容包含了一般考虑和定义,确定对犯罪的管辖权,展开调查、报告调查结论和通知行使管辖权的意图的义务,提交起诉的义务,明知/故意要素,参与犯罪,相互协助,引渡条款,所指控犯罪人的通信和公平权利等。国际法委员会可参考上述章节,围绕具体事项梳理既有国际规则中的可适用条款,对模糊的术语进行统一解释。

(二) 细化打击民航网络恐怖主义犯罪的规则

《联合国打击网络犯罪公约》是首部在网络领域具有国际法效力的全球性文件,[②]已在 2024 年 12 月 24 日召开的第 79 届联合国大会上获得通过。该公约历经 5 年艰难谈判,由联合国 193 个成员国共同参与讨论制定。从最终

[①] 参见国际民航组织工作文件,LC/38 - WP/7 - 2,https://www.icao.int/Meetings/LC38/Documents/WP/LC38%20WP%207 - 2%2075TH%20ANNIVERSARY%20OF%20THE%20LEGAL%20COMMITTEE%20OF%20THE%20INTERNATIONAL%20CIVIL%20AVIATION%20ORGANIZATION_CH.pdf,访问时间:2024 年 3 月 20 日。

[②] 参见裴炜:《〈联合国打击网络犯罪公约〉:全球网络犯罪治理新篇章》,载《中国社会科学报》2025 年 2 月 6 日,第 6 版。

文件来看，公约实现了发达国家与发展中国家的利益平衡。具体而言，公约既强调坚持主权平等和不干涉内政原则，体现了发展中国家的立场，同时也确认执法活动须在人权框架内开展，不应对个人的隐私权、言论自由等基本权利造成损害，[1]兼顾了发达国家的诉求。公约的通过具有重要意义：一方面，这有利于促成国际社会对网络犯罪规制的共识与合作，明确国家间打击网络犯罪的权利与义务，建立打击网络犯罪的国际合作机制，进而弥补国家各自为政的缺陷。另一方面，公约能够促进以国际法为基础的网络空间秩序良好运行，[2]形成全球互联网治理的共商共建新格局，为国际社会的和平稳定、全球数字经济的发展保驾护航。这样一来，它也为打击民航领域网络恐怖主义犯罪、民航安保国际合作提供了国际法依据。

值得注意的是，《联合国打击网络犯罪公约》第47条规定了执法合作。该条规定，"缔约国在适当情况下，应充分利用各种协定或安排，包括利用国际组织或区域组织，以加强执法机构之间的合作。"ICAO作为联合国体系下主管国际民航事务的专门机构，应充分发挥自身影响力，主动就民航领域网络犯罪的名作作出安排。例如，可以考虑对"国际标准和推荐做法"（Standards and Recommended Practice），特别是《附件17-安保》进行修订，将网络犯罪威胁作为航空安保要素。此外，还可以通过制定指南、手册等形式对公约内容加以转化。这一目标的实现需要法律委员会更加细致的策略和务实的行动，如通过线上会议、调查问卷、线下调研等方式充分了解各成员国的立场与关切，促进各方的交流，增进国家间的政治互信。在文件起草或修订过程中，应考虑各方的实际情况和权益诉求，注重阶段性成果的取得，及时总结和反馈各方意见，不断调整和细化规则。

（三）加快制定保障民航网络安全的软法

软法在法律体系中与硬法相对，一般指不具有法律约束力的规范。尽管如此，软法常常凭借其灵活与高效性在国际法律问题治理中发挥着重要作

---

[1] 参见姜博谦、王渊洁：《2022年度〈联合国打击网络犯罪公约〉谈判进展》，载《网络空间战略论坛》2023年第1期。

[2] 参见赵永琛：《〈联合国打击网络犯罪公约〉的制定问题研究》，载《武大国际法评论》2022年第5期。

用。这是因为，国际社会遵循主权国家平等原则，不存在凌驾于各个主权国家之上的立法机构和强制管辖的司法机构，传统国际法（公约、协定）的达成依赖主权国家的同意与自觉遵守。但囿于各国政治、经济、文化的多元性，在某些法律问题上难以达成一致立场，拖延了传统国际法的制定。相较之下，软法可以在一定程度上弥补硬法的"劣势"。正如学者所提倡的国际法治理结构为"中心—外围"的软硬法混合模式，软法在建立各方利益表达、补偿、协调机制时，具有治理功能上的优势和事实上的效力。[①]

一方面，软法更宜被大多数国家所接受。网络技术正处于日新月异的飞速发展期，于大部分国家而言，如何平衡产业发展与监管约束是一个难题。软法通过建议、指南、准则、最佳实践、国际标准等形式存在，不要求强制遵守，在规范缺失的情形下不失为一种灵活手段。详言之，各国可根据自己的实际情况，把握软法的适用程度，可以就软法进行灵活修改，与硬法相比更具有弹性，实施成本与修改成本也远远低于硬法，这大大提高了软法的可接受性。另一方面，软法可以为硬法的制定打下坚实基础。一旦软法被各国所普遍接受，在某种意义上就具有了法律确信的效果，时机成熟时就可以证成为国际习惯法或者出台具有约束力的国际公约。

目前，国际社会上出现了若干关于网络空间治理的软法，其中最具代表性的当属"塔林手册"。该手册旨在通过学者集体研究来推动网络空间国际规则的形成，包含了主权、管辖权、国家责任、人权法、海洋法、国际电信法等15个领域的和平时期网络空间国际法规则，受到了全世界的广泛关注。[②] 尤其值得注意的是，该手册也囊括了航空法领域的网络规则，包括规则55——在国家领空对实施网络行动的航空器进行管制、规则56——国际空域中的网络行动、规则57——危害国际民用航空安全的网络行动。有鉴于此，ICAO可以成立民航网络安全研究小组，召集民航业内的科学家、律师、相关组织，对该手册中提及的规则进行深入研究，分享经验观点、总结评估更多可以运用

---

① 参见朱明婷、徐崇利：《人工智能伦理的国际软法之治：现状、挑战与对策》，载《中国科学院院刊》2023年第7期。

② See Michael N. Schmitt, *Tallinn Manual 2.0 on the International Law Applicable to Cyber Operations*, Cambridge University Press, 2017.

于民航网络空间治理的建议或标准。

二、完善民航网络反恐程序规则

(一)出台民航网络反恐电子证据取证规则

电子取证是民航网络反恐司法协助中最重要的一环,包括了证据获取、保存与互认等内容,取证水平的高低直接决定了证据在日后能否被采纳。国际社会对于电子取证能力的重视程度与日俱增,联合国曾专门将"电子证据""境外电子数据调取"作为打击网络犯罪多边论坛的关键议题,召集各国专家学者参与探讨。事实上,为了提高全世界侦查人员和检察官的刑事司法能力,联合国毒品和犯罪问题办公室(UNDOC)、联合国反恐怖主义委员会执行局(CTED)、国际检察官协会(IAP)联合起草并发布了《跨境电子证据请求实用指南》。[①] 该指南包括国别联络点汇编、主要通信服务提供商相关程序和可用联络点地图、法律框架以及各国警方间的司法协助合作要求。它汇集了20多个国家的法律程序,内容有助于确定国家一级收集、保存和共享电子证据的步骤,将为从业人员提供来自该领域专家的最佳做法。ICAO可以在此基础上协调各国起草一套符合民航领域的取证规则,具体应包含电子证据的合法性、可采性、证明标准,电子取证提取、保存、出示各环节程序规则,[②]网络服务提供商的相关义务等内容。另外,取证过程还应遵循比例原则,考虑到取证对公民隐私权、网络服务提供商甚至一国国家数据安全的负面影响,尽力将其控制在最低程度。如果因取证不当对个人或国家造成损失,该国应承担国际赔偿责任。

(二)明确民航网络恐怖主义犯罪管辖权的优先顺序

针对网络恐怖主义犯罪管辖权冲突问题,现有的区域性公约并未直接规定管辖权优先顺序,而是采用了"协商"方法。例如,欧盟《网络犯罪公约》确

[①] See UNDOC, *UNDOC and partners release Practical Guide for Requesting Electronic Evidence Across Borders*, United Nations, https://www.unodc.org/unodc/en/frontpage/2019/January/unodc-and-partners-release-practical-guide-for-requesting-electronic-evidence-across-boarders.html?ref=fs1,访问时间:2024年3月20日。

[②] 参见王秀梅、魏星星:《打击网络恐怖主义犯罪的法律应对》,载《刑法论丛》2018年第3期。

立了属地与属人管辖权体系,公约规定在管辖权发生冲突时,相关缔约方应"协商"确定最合适的管辖国。《上海合作组织协定》也采取同样的方法作出了规定。协商是解决国际争端的方式之一,缔约方可以根据个案进行协商,最大程度上保障了灵活性。不过,协商解决争端亦存在一定的问题:首先,协商的启动要依赖当事方的自愿性,不利于问题的及时解决。尤其是在一方愿意协商,另一方不愿协商的情形下,不愿意协商方很可能搁置或者拖延。其次,个案协商给管辖权带来很大的不确定性,协商的结果无法预见。最后,对于两个国家综合实力、国际社会地位相差悬殊的当事方而言,采用协商方式无法保证最终结果的公平公正。实力较弱的一方很可能迫于强者的压力而妥协,牺牲本国利益。[①] 鉴于此,有必要事先就在相关国际法律文件中对管辖权冲突问题作出回应。

从司法实践来看,属地原则一直是各国行使管辖权所青睐的依据。其一,"犯罪行为发生地对犯罪行为具有天然的管辖权"是各国达成的基本共识。其二,犯罪行为发生地国在应急处置、控制犯罪嫌疑人、证据固定与提取等方面具有先天优势。基于此,笔者认为应将属地原则作为行使管辖权的最优顺序。不过,应当基于网络犯罪的特征而扩张属地原则的联结点。有学者主张以网址注册地作为行使管辖权的基础,因为不同国家对网址域名有着不同的管理,可以据此倒查网络恐怖主义犯罪的来源地。该观点虽有一定的合理性,但网址注册地终究难以客观真实反映犯罪发生地,这是因为恐怖分子很容易利用技术手段将网址改变为他国管理的网址,以误导执法机关。笔者认为,应以网络服务器所在地作为属地原则的联结点。这是恐怖分子发动网络恐怖袭击必经的途径。此外,网络服务提供者在经营业务之处便需履行登记备案工作,有利于追踪协查案件。

三、构建民航网络反恐国际合作机制

(一)依托国际刑警组织达成执法合作协议

执法合作的紧密程度决定了打击民航网络恐怖主义犯罪的成效,为了保

[①] 参见李彦:《打击跨国网络犯罪国际法问题研究》,中国法制出版社2021年版,第132页。

障民航网络反恐执法合作的效率，可以考虑依托国际刑警组织平台。该组织自1923年成立以来始终致力于促进各国警察机构打击犯罪的联系与协作，在长期的实践中已逐步建立起分工明确的机构设置与较为高效的工作机制，为民航领域网络反恐警务合作奠定了基础。在机构设置上，最为重要的两个部门为总秘书处和国家中心局。前者负责执行与协调工作，如组织专家研讨会、编辑出版刊物、通缉犯罪嫌疑人与被盗物品等；后者是国际刑警组织在各国的常设机构，由各国自行指定的警察机构担任，它既是各成员国的一个警察部门，依法承担本国的警察职能，又是国际刑警组织的法定机构，在国际范围内代表本成员国履行联络和执法合作事务。在工作机制上，针对跨国案件的证据固定与送达、警察机关的通报协查、域外取证、重大警情会晤出台了一系列规则。① 另外，值得注意的是，国际刑警组织近年来对网络犯罪和恐怖主义犯罪治理的重视程度前所未有，它将这两者认定为当今最亟待规制的四大领域之二。② 由此可见，国际刑警组织是规制网络恐怖主义犯罪的理想平台。当然，对于针对民航领域的网络恐怖主义犯罪来说，还需要全球民航业领导者"ICAO"与国际刑警组织加大合作力度及拓宽沟通渠道。

与此同时，民航网络反恐执法合作协议的内容应着力加强各国警察机构之间的实时联络。实时联络有助于及时遏制网络恐怖主义犯罪信息的传播，缩小恐怖主义犯罪影响范围。对此，可以采取"自下而上"的路径：各国可以先在国内建立全天候在线的联络点，通过串联这些联络点形成一个覆盖全球的联络网，从而实现网络信息数据的即时保存、已存业务的即时披露、电子证据的即时收集和犯罪情报信息共享等。需要强调的是，为了提升联络的效率，各国应最大程度上对联络程序进行扁平化处理，减少冗余的审批流程。改进权力机构逐级审查的制度，以协议支撑、互惠互信、责任到人等方式实现多维度的监督效果。③

---

① 参见曾磊:《惩治网络犯罪国际警务合作的理论基础与路径考量》,载《中国人民公安大学学报(社会科学版)》2021年第1期。
② See INTERPOL, www.interpol.int/Who-we-are/What-is-INTERPOL2, Mar.20,2024.
③ 参见秦帅、诸葛福源:《数据时代跨境犯罪治理:警务执法合作面临的挑战及路径选择》,载《浙江警察学院学报》2022年第5期。

（二）加强 ICAO 成员间的引渡协作

鉴于引渡对于打击民航网络恐怖主义犯罪的重要性，联合国 ICAO 应尽快协调成员方，推动民航网络恐怖主义犯罪引渡实体规则与程序规则的达成。可以从以下几方面入手。

第一，对"政治犯"的范围进行限定。当前国际社会对于引渡例外达成的共识是政治犯不引渡，不过是否为政治犯由被请求国认定。为了避免犯罪分子逃脱法律制裁，各国应当在 ICAO 协调下就政治犯的范围作出限定，明确针对民航网络系统发起的恐怖主义犯罪不属于政治犯罪。

第二，对除"政治犯"以外的其他影响可罚性的因素作必要说明。[①] 其中，最典型的一大因素当属"死刑犯罪"。如今，一部分国家已经废除了死刑，大多数国家还保留死刑。如果废除死刑的国家是引渡被请求国，而引渡请求国还保留死刑，并且犯罪分子的行为在请求国应当适用死刑，那么被请求国可能不会向请求国移送。死刑犯不引渡在当下已成为国际引渡的一项重要原则。[②] 因此，ICAO 可以推动各国在该问题上达成共识：仍保留死刑的国家在请求引渡时应当承诺不判处死刑或承诺不执行死刑，以此实现引渡目的。

第三，对于被请求国可能存在的拖延起诉问题。在收到引渡请求后，被请求国依据"或引渡或起诉"原则自主决定。在实践中，部分国家可能拒绝向请求国引渡，同时也迟迟拖延不启动本国追诉程序，为犯罪分子逃避制裁留下可乘之机。笔者认为，民航网络恐怖主义犯罪的引渡规则可以参考《联合国反腐败公约》中的规定，[③] 增加"被请求国拒绝引渡后，其有义务在寻求引渡的缔约方提出请求时不延误地将该案提交本国主管机关以便起诉"的规定。

---

① 参见李彦：《打击跨国网络犯罪国际法问题研究》，中国法制出版社 2021 年版，第 198 页。
② 参见黄风：《引渡问题研究》，中国政法大学出版社 2006 年版，第 24~29 页。笔者认为，死刑犯不引渡已变为刚性原则。
③ 参见《联合国反腐败公约》第 44 条第 11 款，载联合国网，https://www.un.org/zh/issues/anti-corruption/uncac_text.shtml，访问时间：2024 年 3 月 20 日。该款规定：如果被指控罪犯被发现在某一缔约国而该国仅以该人为本国国民为理由不就该条所适用的犯罪将其引渡，则该国有义务在寻求引渡的缔约国提出请求时将该案提交本国主管机关以便起诉，而不得有任何不应有的延误。这些机关应当以根据本国法律针对性质严重的其他任何犯罪所采用的相同方式作出决定和进行诉讼程序。有关缔约国应当在程序和证据方面相互合作，以确保这类起诉的效率。

(三) 建立 ICAO 反恐信息数据库

反恐信息数据库是应对网络恐怖主义犯罪威胁的有力手段。国际上原有的防控方式呈现传统的树状等级结构，国家间、地区间的执法联动性较差，这在一定程度上减损了反恐成效。反恐信息数据库凭借其强大的信息收集贮存、可视化与自主分析功能，有助于提高打击此类犯罪的准确度与效率。它可以汇集一段时间以来所有的网络恐怖主义犯罪情报信息，通过分布式计算集群对信息分类整理。情报部门一旦在网络空间中发现恐怖分子遗留的痕迹，可立即复制操作和数据信息并上传至数据库。数据库中的计算机系统将对数据进行挖掘与比对，依据聚集度、活跃度、异常度和风险度 4 项指标预测趋向。[①] 另外，数据库中的数据经串联后完全有可能形成一条可靠的"证据链"，[②]供执法部门办案。例如，美国纽约州警方已率先利用大数据开展反恐活动，加利福尼亚州也建立了犯罪数据库并推出模型预测当地犯罪率。

世界上多个组织或机构建立了反恐信息数据库。美国在早期成立了信息全面意识办公室负责开发在线交易数据库和分析程序，为识别恐怖分子预备阶段的交易活动提供技术支持。[③] 之后，美国官方将不同情报部门的反恐数据库化零为整，[④]建立了共享信息环境项目（Information Sharing Environment,ISE）。与此同时，民间也积极参与到反恐数据库建设中，最具影响力的当属美国马里兰大学开发的全球恐怖主义数据库[⑤]（Global Terrorism

---

[①] 参见程聪慧、郭俊华：《网络恐怖主义的挑战及其防范》，载《情报杂志》2015 年第 3 期。

[②] 参见张巍、刘安韦：《数字经济时代网络恐怖主义防控机制研究》，载《新疆警察学院学报》2018 年第 3 期。

[③] 参见刘广三、李艳霞：《网络恐怖主义及其防治——以犯罪学中的遏制理论为视角》，载《山东警察学院学报》2006 年第 2 期。

[④] ISE 项目整合了诸如恐怖分子筛选数据库（Terrorist Screening Database）以及国家情报图书馆（Library of National Intelligence）等数据库。其旨在实现国防、情报、国土安全、外交和执法五大反恐信息的共享，从技术平台、政策规范、程序、纲领、信息系统、架构标信等方面整合和协同已有的信息资源。更多资料参见刘静羽、黄艳霞、王昉：《支撑科技战略情报的资源保障体系建设研究》，载《数字图书馆论坛》2021 年第 9 期。

[⑤] 参见全球恐怖主义数据库，https://cn.bing.com/search? q = Global + Terrorism + Database&form = ANNTH1&refig =65a62d3c31b14117b56c41e219fad2ae，访问时间：2024 年 3 月 20 日。该数据库对于研究全球恐怖主义的流行趋势，恐怖主义组织的活动规律，国家和地区内恐怖主义动态，及对不同的时间和地点上的恐怖主义行动进行关联，具有重大的价值。

Database,GTD)。该数据库采取开源情报方式收纳的恐袭事件多达15万例,遍布世界各地,其数据筛选与核查机制之严格使其深受研究机构信任和推崇。英国于2005年与欧盟情报机构建立了反恐数据库,用于收集恐怖主义犯罪分子的信息。东盟也在2007年快速响应,建立了东盟国家警察数据库,将国际恐怖主义信息数据库涵盖在内。墨西哥汇集了全国各级司法机构的犯罪情报、监控数据,①通过专门算法实时掌控反恐信息。以色列国际反恐政策研究所利用编码技术对数据库中的案例进行分析,找到了恐怖活动中高频出现的要素,②为制定针对性的反恐策略提供了指引。

虽然当前有多个反恐数据库存在,但是针对民航的犯罪只是其中的一个小单元,并且这方面的数据不全面、存在遗漏,这不利于民航网络恐怖主义犯罪的精准防控。有鉴于此,我们可以在ICAO下设立专门的针对民航的恐怖主义犯罪数据库,收集整理全世界民航领域遭遇的恐袭事件,当然,针对民航的网络恐怖主义犯罪应该是重点统计对象。具体而言,我们可以从以下几方面入手:第一,参照联合国毒品和犯罪办公室下的网络犯罪信息数据库,将民航领域反恐数据库分为案例库、法律库、经验库三部分。③ 第二,数据库应包含恐怖分子人员数量与身份信息、恐怖活动招募方式、采用的网络攻击手段、民航业所受损失等信息。第三,ICAO加强与国际刑警组织的交流与合作,有序探索民航领域反恐数据库与国际刑警组织数据库的链接。④

---

① 参见王兵、吴大愚、邓波:《网络化条件下"三股势力"暴恐活动趋势及应对策略研究》,载《中国信息安全》2015年第5期。
② 参见刘泽毅、杜彬:《以色列反恐情报战略探讨》,载《武警学院学报》2009年第5期。
③ 参见林婧:《网络安全国际合作的障碍与中国作为》,载《西安交通大学学报(社会科学版)》2017年第2期。
④ 参见徐军华:《"一带一路"背景下中国开展反恐国际合作的国际法战略》,载《法学评论》2019年第1期。

第五节　民航网络恐怖主义犯罪规制的中国因应

一、国内规制层面

（一）提升民航网络安全至国家战略高度

国家战略是着眼于全局与未来发展,通过合理调配与统筹利用各要素实现维护国家安全与增进国家利益的总体方略。[①] 习近平总书记曾就民航反恐工作作出批示,将民航安全特别是空防安全提高到国家安全、国家战略的高度,[②]要求各单位对威胁民航安全运行的重大风险进行排查研判,对预防措施、化解路径、处置方案等事项未雨绸缪。从实践来看,民航网络安全作为民航安全运行的基石和底线所面临的挑战尤为严峻。但遗憾的是,民航各单位似乎对这一点认识不足,对民航网络安全的重视程度依旧不高。首先,关于民航网络安全的战略规划始终缺位致使相关工作难以有计划、有步骤、有目的地进行,采取的措施也缺乏科学性与系统性。其次,民航各单位大多将网络安全职能配置在信息部、办公室等协调服务部门,后者一方面因发言权不足而在角色转化方面存在冲突;另一方面因身兼数职而难以在网络信息安全方面投入充足的精力与资源。[③]

相较之下,英美等西方国家很早就关注到了民航网络安全并着手制定国家战略规划。美国早在2010年初就注意到了民航网络安全,要求FAA出台相应的管理措施。在组织架构方面,美国成立航空网络安全指导委员会（Cybersecurity Steering Committee）负责制定民航网络安全战略、确定优先事

[①] 参见薄贵利:《论国家战略的科学内涵》,载《中国行政管理》2015年第7期。
[②] 参见刘波:《坚持以反恐的思维做好机场空防安全工作》,载民航新型智库网,http://att.caacnews.com.cn/mhfzzcgjyxb/mhfzzcgjyxb4th/202111/t20211102_60114.html,访问时间:2024年3月20日。
[③] 参见《中国民航报》,载中国网财经,finance.china.com.cn/roll/20150702/3207139,访问时间:2024年3月20日。

项和操作指南,①组建飞机网络信息安全工作组(Aircraft Systems Information Security Protection)负责为制定民航网络安全规则、政策/指南和最佳实践提供建议。② 在战略规划层面,FAA 在 2015 年制定了第一个五年期网络安全战略并且每年审查更新一次,该战略由五大支柱组成:一是完善和维护网络安全治理结构,增强跨领域协同功能;二是保障 FAA 网络系统,降低其任务风险;三是增强由数据驱动的风险管理决策能力;四是持续提升网络安全从业者的技能;五是与政府和行业外部组织建立伙伴关系。③ 在能力建设方面,美国于 2017 年启动了航空网络风险管控模型建设项目,次年又投入 300 万美元用于航空网络安全建设。

英国为了确保民航部门抵御外界信息和通信系统的恶意干扰,在 2018 年颁布了民航网络安全战略并将该战略作为国家网络安全战略的有机组成部分。④ 最大的亮点莫过于它明确了政府主体(Government)、监管主体(Regulators)、行业主体(Industry)在保障民航网络安全过程中的职责划分。就政府主体而言,交通部在对民航业网络安全风险进行评估的基础上,制定政府和行业航空网络安全政策和监管的战略方向,依据风险发生的可能性与潜在影响对措施和资源进行调整;国家网络安全中心(The National Cyber Security Centre)作为国家层面网络安全的中央一级机构,负责为网络空间安全提供专业的知识与权威的建议、开展国际合作等;国家基础设施保护中心(Centre for the Protection of National Infrastructure)负责提供关于降低关键国家基础设施和其他资产脆弱性方面的建议。就监管主体而言,英国民航局

---

① See Federal Aviation Administration, *Statement On Hearing before The United States House of Representatives Committee On Transportation and Infrastructure*, https://www.congress.gov/117/meeting/house/114264/witnesses/HHRG - 117 - PW00-Wstate-GrossmanL - 20211202.pdf, 访问时间:2024 年 3 月 20 日。

② See Susan Cabler, *Aircraft Systems Information Security & Protection*, https://www.sae.org/binaries/content/assets/cm/content/attend/2017/aerospace-standards-summit/aircraft_systems_information_security_protection.pdf, 访问时间:2024 年 3 月 20 日。

③ See *FAA Cybersecurity Strategy*, https://www.faa.gov/sites/faa.gov/files/FAA _ Cybersecurity_Strategy_PL_115 -254_Sec509.pdf, 访问时间:2024 年 3 月 20 日。

④ See *Aviation Cyber Security Strategy*, https://www.gov.uk/government/publications/aviation-cyber-security-strategy, 访问时间:2024 年 3 月 20 日。

(The Civil Aviation Authority, CAA)是制定、实施网络安全监管框架并对行业活动进行监督的主体；信息专员办公室(Information Commissioner's Office, ICO)负责执行《2018 年数据保护法》和 GDPR(包括航空业)以保证数据安全。就行业主体而言，各单位(设计商、制造商、分包商、供应商、潜在的第三方等所有民航产业链主体)必须确保其了解自己的关键资产、风险漏洞得到专业的评估与管理。另外值得注意的是，该战略还详细列出了五年建设期间的路线图。

由此可见，英美对民航网络安全的重视已提升至国家战略高度，其所采取的措施也为其他国家民航网络安保与反恐建设提供了可资借鉴的经验。我国作为航空大国也应提升民航网络安全至国家战略高度，积极谋划布局从而将民航网络恐怖主义犯罪对我国的风险降至最低。民航网络安全国家战略的内涵要义应包括两方面。

其一，以反恐思维保障民航网络安全底线。民航安保工作的核心内容在于反恐，[①]网络安保自然也要围绕反恐这一主线，秉持反恐思维来守护民航安全运行的底线。具体而言，可以从以下三方面入手：首先，加强民航各单位员工的网络反恐意识。古语有云，"祸起于萧墙之内"，民航网络遭受的恐怖袭击中有相当一部分是员工持有的移动终端设备感染病毒所致。犯罪分子利用伪造的网站和应用程序、欺骗性的电子邮件诱导民航员工点击链接，进而通过终端设备与民航网络的接口实现入侵。对此，可以通过培训讲座、实战模拟等多种形式强化民航员工的网络安全意识，使其养成拒绝访问非必要网络目标的习惯。其次，提升民航网安人员网络恐怖主义犯罪监测的敏感度。坚持"普遍排查和重点关注相结合"的工作方针，普遍排查网站论坛、社交媒体、隐蔽暗网中的涉民航网络恐怖主义犯罪的信息，一旦发现立即报告并采取措施予以清除；重点关注可能威胁民航网络安全的可疑人员比如重点国家入境人员、在逃人员等，[②]及时将其列入监测名单、建档立卡。最后，加强对社

[①] 参见魏亚军：《"反恐思维"是民航安保工作的必然选择》，载《人民公安报》2014 年 9 月 14 日，第 2 版。
[②] 参见王珍发、陈艳彦：《对民航安全监管与网络安全融合发展的思索》，载《民航管理》2021 年第 5 期。

会公众尤其是民航旅客的宣传教育。一方面中国民用航空局可以仿照2018年发布的"公民防范恐怖袭击手册"制定"民航旅客防范恐怖袭击手册",在其中规定网络恐怖主义犯罪的内容;另一方面借助自媒体等途径大力宣传网络反恐意识,使社会公众尤其是民航旅客认识到反恐与其安全息息相关,进而引导其自觉参与到民航网络反恐的行动中来,形成"发现可疑,立即报告"的全民反恐合力。

其二,以顶层设计引领民航网络安全建设。顶层设计对于防控民航网络恐怖主义犯罪具有指引作用,但我国目前在该领域尚未出台明确的规划。2022年中国民用航空局出台的《智慧民航建设路线图》仅概括提及各单位在推进智慧民航建设过程中聚焦安全可控、网络安全等潜在风险。鉴于网络安全对于民航业的重要性,有必要全面系统地加强对民航网络安全的认识并在时机成熟时制定"民航网络安全建设路线图",囊括理念、措施、规划、机构等内容。在理念上,民航网络安全建设应秉持动态的"风险过程控制理念",其核心内涵为及时发现潜在的风险隐患、发布网络反恐预警应急措施、快速响应消除危机避免恐慌扩散。[1] 在措施上,摸清民航网络安全监管对象的底数,实现网络资产安全监管全覆盖;编制民航网络安保与反恐法律、法规、规章等立法计划,确保民航网络反恐工作有法可依、有序可循;构建民航网络安全标准体系,做好网络恐怖主义犯罪风险预防预警工作;鼓励多方参与民航网络安保与反恐建设,形成一批可参考、可复制、可推广的经验成果;推动国际民航网络安保合作交流,促进民航网络反恐国际治理机制达成。在规划上,可以参考域外经验制定五年期规划,第一年制定民航网络安保与反恐总体框架,要求民航各单位对所有网络资产安全进行评估,制订内部风险应对计划和行业报告事件建议;第二年至第四年,实施评估与监管计划,对于发现的民航网络漏洞及时填补;第五年总结经验与教训继而形成一套成熟与灵活的监管机制。在机构上,明确承担民航网络安保与反恐职能的机构,合理配置其权力与责任,加强各部门之间的协调统一。

---

[1] 参见赵丽莉:《基于过程控制理念的网络安全法律治理研究——以"风险预防与控制"为核心》,载《情报杂志》2015年第8期。

(二) 完善涉及民航网络反恐的我国立法

"二战"后,社会法学派依据法律与社会的关系将立法分为回应型与预防型,① 前者以"后果控制"为特征,强调事后谴责危害行为与救济受损权益;后者以"风险预防"为特征,强调未雨绸缪与源头监管。民航网络安全立法不能仅停留在谴责已经发生的网络攻击行为上,还要从有效防范网络攻击发生的角度,协同推进回应型立法与预防型立法。

1. 民航网络反恐国内立法的梳理与回顾

就回应型立法而言,《刑法》的诸多条款可以对民航网络恐怖主义犯罪适用。一是恐怖主义犯罪章节:在网络空间传授或散布民航网络恐怖袭击的音(视)频的行为构成"宣扬恐怖主义、极端主义、煽动实施恐怖活动罪";在网络空间存储宣扬民航网络恐怖主义犯罪的电子图书、音视频资料在本质上与在个人电脑、手机、移动硬盘内存储并无差别,因而构成非法持有宣扬恐怖主义、极端主义物品罪;通过互联网获取发动民航网络恐怖袭击的技术手段、招募培训网络黑客、联络与策划的行为构成准备实施恐怖活动罪;为恐怖分子发动网络恐怖袭击提供经费、设备等有形的物质帮助,构成帮助恐怖活动罪。二是计算机犯罪章节:入侵空管、中航信等国家民航计算机信息系统的行为,将构成非法侵入计算机信息系统罪;入侵航空公司非国家计算机信息系统并盗取旅客信息数据的行为,构成非法获取计算机信息系统数据罪;控制上述计算机系统的行为,构成非法控制计算机信息系统罪;攻击民航计算机系统,瘫痪计算机系统正常运行的,构成破坏计算机信息系统罪。三是针对网络服务商的责任条款:网络接入服务提供者、网络平台服务提供者、网络内容及产品服务提供者不履行信息网络管理义务,经监管部门责令采取改正措施而拒不改正,造成针对民航的网络恐怖信息大量传播、航空旅客信息泄露并带来严重后果的,构成拒不履行信息网络安全管理义务罪;设立用于实施犯罪、传授犯罪方法的网站、通讯群组,或发布民航网络恐怖主义犯罪活动信息的行为,构成非法利用信息网络罪;明知他人实施针对民航的网络恐怖主义犯罪,还为其犯罪提供互联网接入、服务器托管、网络存储、通讯传输等技术支持,

---

① 参见任颖:《从回应型到预防型的公共卫生立法》,载《法制与社会发展》2020 年第 4 期。

或提供广告推广、支付结算等帮助的,构成帮助信息网络犯罪活动罪。四是擅自设置、使用无线电台,或者擅自使用无线电频率干扰航空器无线电频率正常使用的,构成扰乱无线电通讯管理秩序罪。

就预防型立法而言,能够规制民航网络恐怖主义犯罪的法律及规范性文件主要有以下几项。

一是《反恐怖主义法》。由于日益猖獗的恐怖主义犯罪对我国构成严峻威胁,加之刑法罪刑设置在处理涉恐问题上捉襟见肘,我国最终于 2015 年制定并通过了该法。从性质上来看,它是一部以行政法为主,囊括刑法、刑事与行政诉讼法的综合性法律。虽然该法没有直接规定网络恐怖主义犯罪的条款,但其中的一些内容为打击民航网络恐怖主义犯罪提供了法律依据与指引。例如,第 18、19 条要求电信业务经营者、互联网服务提供者为公安机关、国家安全机关调查恐怖主义犯罪提供协助与支持;落实监督管理职责,一旦发现涉恐信息立即暂停传输,保存记录并向有关部门报告。第 20 条要求电信、互联网业务经营者或服务提供者在开展服务前必须查验客户身份信息。此外,该法还明确了处理涉恐信息的主管机关,包括网信、电信、公安、国安等。值得注意的是,电信部门承担着利用技术阻断涉恐信息传播的职责。

二是《网络安全法》。该法于 2016 年由全国人大常委会审议通过,是我国第一部关于网络空间治理的专门立法,涵盖了网络运行安全、网络信息安全、监测预警与应急处置三大板块。可以说,该法也为民航网络安全建设指明了方向:在网络运行安全层面,民航业应对现有网络资产进行梳理,实行网络安全等级保护制度;民航网络运营商应制定网络安全事件应急预案;定期开展网络安全认证、检测、风险评估活动;民航管理部门应尽快认定本行业的关键信息基础设施并设置专门的安全管理机构;关键信息基础设施运营商每年应至少组织一次网络关键基础设施评估。在网络信息安全层面,中国民航信息集团作为旅客信息存储的中枢,应建立健全严格的旅客信息保密制度;采取必要的技术措施防止旅客信息泄露、毁损与丢失。在监测预警与应急处置层面,民航部门应健全本行业的网络安全监测预警与信息通报制度、网络安全事件应急预案并定期组织演练。

三是《关键信息基础设施安全保护条例》。关键信息基础设施安全是网络安全的重中之重,习近平总书记曾多次强调,加快构建关键信息基础设施安全保障体系,抓紧制定完善关键信息基础设施保护法律法规。在此背景下,国务院于2021年公布了《关键信息基础设施安全保护条例》。该条例厘清了关键信息基础设施认定规则与原则,确立起分层协同联动责任体系,重视关键信息基础设施供应链的安全可控性与安全内控意识培养。①

四是《民航网络与信息安全管理暂行办法》。该办法在参考多个国家网络安全标准后制定,②对于民航网络安保工作具有里程碑意义。其一,明确民航领域网络与信息安全的职责与分工。中国民用航空局、地区管理局在内部设立民航网络与信息安全协调小组,负责制定民航信息安全工作管理制度与标准、组织重大信息安全项目与基础设施建设、建立行业信息安全应急机制和通报体系、组织行业信息安全检查与风险评估等;民航安全监督管理局承担检查督导职责;各民航企事业单位负责执行落实各项制度。其二,规定日常管理与安全保障要求,诸如建立人员管理制度、产品使用管理制度、经费保障制度,加强对信息、应用、网站、远程访问的控制与管理。其三,确立民航信息安全实行等级保护制度,要求各单位依据国家标准开展定级与评估工作。此外,该办法还就应急管理与处置、技术服务安全管理内容作出规定。

2. 民航网络反恐国内立法的审视与反思

虽然现有立法可以从事前预防与事后惩治两个角度对民航网络恐怖主义犯罪进行规制,但存在以下不足之处亟待完善。

第一,《刑法》难以完全覆盖民航网络恐怖主义犯罪,机械套用将导致罪责刑不适应。最为典型的就是"非法侵入计算机信息系统罪",该罪规定,对于国家事务、国防建设、尖端科学技术领域的计算机系统,只要非法入侵就构成该罪;而对于这3类以外的计算机系统,只有实施"非法侵入+获取数据"

---

① 参见张滨:《专家解读I〈关键信息基础设施安全保护条例〉开启我国关键信息基础设施安全保护的新时代》,载中华人民共和国国家互联网信息办公室网,http://www.cac.gov.cn/2021-09/01/c_1632086524390279.htm,访问时间:2024年3月20日。

② 国家相关标准有《信息安全技术 关键信息基础设施安全保护要求》(GB/T 39204-2022)、《信息安全技术 网络安全等级保护定级指南》(GB/T 22240-2020)、《信息安全技术 网络安全等级保护实施指南》(GB/T 25058-2019)、《计算机信息系统安全保护等级划分准则》(GB 17859-1999)。

或者"非法侵入+控制"才能构成该罪。这意味着单纯侵入航空公司等私营企业网络系统的行为无法得到有效规制。此外,该罪的最高法定刑仅3年,与恐怖分子非法侵入航空网络系统所带来的威慑不相适应,难以发挥威慑打击恐怖分子的效果。对此,我国一方面应提高入侵3类基础设施的最高法定刑,另一方面对侵入3类以外关键行业信息基础设施的行为予以规制,包括但不限于航空、航天、金融、铁路等。

第二,《刑法》难以对"独狼式"民航网络恐怖主义犯罪进行评价。既有条款从第120条"组织、领导、参加恐怖组织罪"来看,实施恐怖主义犯罪的主体只能是恐怖组织,这无法满足打击"独狼式"网络恐怖主义犯罪的需求。有鉴于此,我国可以借鉴俄罗斯《刑法典》、法国《民法典》,在《刑法》分则危害公共安全罪一章中增设"实施恐怖活动罪"。①

第三,现有立法在处理非法访问、浏览境外涉恐网站以及从中下载涉恐信息等问题上态度不明,致使司法实践中出现"同案不同处理"现象。例如,新疆的司法部门大多将非法访问、下载涉恐信息案件视为刑事案件;而其他省份大多认定其为行政案件。② 实际上,我国《反恐怖主义法(草案)》曾包含网络服务提供者预设技术接口、将密码方案报送审查、用户数据留存境内的条款,③以便打击境内用户使用"翻墙"软件浏览境外涉恐网站下载信息的行为,但遗憾的是,该条在正式版中并没有得到保留。对此,我国可以从以下两方面修订《反恐怖主义法》:对于境内用户避绕电信与互联网主管部门的阻断,非法访问浏览境外涉恐网站的行为,增设禁止性条款与相应的行政责任;对于境内用户下载涉恐音视频至电脑或上传至网盘的行为,增设引致性条款,按非法持有宣扬恐怖主义、极端主义物品罪处理。④另外,我们还可以在

---

① 参见王志祥、刘婷:《网络恐怖主义犯罪及其法律规制》,载《国家检察官学院学报》2016年第5期。

② 参见肖春:《网络时代的恐怖主义犯罪及其法律规制研究》,载《宁德师范学院学报(哲学社会科学版)》2022年第3期。

③ 参见皮勇、杨淼鑫:《网络时代微恐怖主义及其立法治理》,载《武汉大学学报(哲学社会科学版)》2017年第2期。

④ 参见刘友旺:《惩治危害国家安全犯罪 省检察院发布六起典型案例》,载黄河新闻网,https://law.sxgov.cn/content/2023-04/17/content_12970922.htm,访问时间:2024年3月20日。

《网络安全法》中细化网络服务提供者的管理职责,如对用户发布的信息进行记录存储、实时监测可疑账号或身份信息,发现问题及时向执法部门反馈。

第四,现有立法在兼顾网络安全与公民私权保护方面考虑不周。《反恐怖主义法》对互联网服务提供者施加了协助有关机构开展调查的义务,但就何时提供协助、如何提供协助、提供何种程度协助语焉不详,很大程度上取决于反恐部门的自由裁量权。由于司法实践中存在反恐部门滥用权力的可能性,随之牺牲的将是公民的个人隐私权。如何恰到好处地平衡二者的关系是现代文明国家所必须回答的问题。我国应秉持行政法上的比例原则对协助具体标准进行设计。

第五,法律规范之间存在衔接不畅问题。一是《刑法》中的"帮助恐怖活动罪"与《反恐怖主义法》中规定的帮助行为不完全吻合。前者的"帮助"范围较窄,即便经扩大解释后也限于"提供资金和物资";而后者的"帮助"包括提供信息、资金、物资、劳务、技术、场所等支持、协助、便利行为。[1] 基于打击犯罪的考虑,有必要扩张《刑法》该罪的罪状范围,使刑法与行政法保持一致。二是《刑法》中的"拒不履行信息网络安全管理义务罪"与《网络安全法》中规定的义务主体有所出入。前者构成要件中的主体为网络服务提供者,而后者除此之外还包括网络所有者、管理者。[2] 从法益侵害后果看,上述主体带来的危害程度相当,因此有必要扩张该罪的主体范围。

第六,关于打击网络恐怖主义犯罪的程序性规定缺失。基于有效惩治网络恐怖主义犯罪与控制其不利影响的需要,《刑事诉讼法》亟须突破规制传统恐怖主义犯罪的规则,设计一些适应网络恐怖主义犯罪的新规则。例如,增加网络取证规则、明确技术侦查手段的合理使用规则、设置特殊的强制措施及特殊的作证程序、制定国际刑事司法协助规则等。国家利益优先原则应是程序规则设计的根本遵循。

第七,关于民航网络恐怖主义犯罪的专门立法缺失。目前,民航领域关于网络安全的法律文件数量少且层级低,难以满足防控网络恐怖主义犯罪的

---

[1] 参见《反恐怖主义法》第3条第2款第4项:"为恐怖活动组织、恐怖活动人员、实施恐怖活动或者恐怖活动培训提供信息、资金、物资、劳务、技术、场所等支持、协助、便利的"。

[2] 参见《网络安全法》第76条。

需要。有鉴于此,我们可以借鉴《公路水路关键信息基础设施安全保护管理办法》[①]《铁路关键信息基础设施安全保护管理办法(征求意见稿)》[②],由中国民用航空局起草发布"民航关键信息基础设施安全保护管理办法"。该办法除了需覆盖民航关键信息基础设施认定、运营者的责任和义务、保障与监督、法律责任外,还应建立航空器网络信息系统初始适航、持续适航审定标准。

(三)加强民航网络反恐专业化队伍建设

有效打击民航网络恐怖主义犯罪,必须要建设一支政治可靠、专业扎实、技能过硬的执法队伍,具体可以从机构设置、能力提升、人才培养3个维度展开。

第一,优化民航网络反恐机构设置。当前我国民航反恐队伍过于分散,一个机场内至少同时存在四支空防队伍:民航公安、安检、空警、机场保卫等,有些较大的机场还有武警驻场。此外,由于2019年民航公安机构改革,实践中还出现地方公安与民航公安如何协作的困境。因此,打击民航网络恐怖主义犯罪的当务之急是明确相关机关的权责。首先,民航网络反恐机构设置总体上应遵循"公安部为主,中国民用航空局为辅"的原则,以确保与先前的改革方向一致。其次,由地方公安管理的机场公安可以在内部设立网络安保支队,负责与本辖区相关的民航网络反恐执法;在民用航空局公安局内部增设七处,[③]负责编制网络反恐执法规则、指南,以及与各地机场网络安保支队的统筹协调职责。最后,还需说明的是,未来开展民航网络反恐国际合作时,宜由民用航空局公安局对外与其他国家的安保部门对接。

第二,增强民航网络反恐队伍力量。一是大力研发民航网络攻防技术。既要发展应对网络恐怖攻击的防御技术,通过人工智能技术实现自主舆情监测与大数据分析,准确掌握民航网络恐怖主义犯罪活动规律,提前做好风险防御与危机化解方案;又要发展民航网络攻击技术,在定位民航网络犯罪恐

---

① 参见《公路水路关键信息基础设施安全保护管理办法》,载交通运输部网,https://xxgk.mot.gov.cn/2020/jigou/fgs/202305/t20230506_3822075.html,访问时间:2024年3月20日。
② 参见《铁路关键信息基础设施安全保护管理办法(征求意见稿)》,载公开征求意见系统网,https://zqyj.chinalaw.gov.cn/readmore?id=5253&listType=2,访问时间:2024年12月20日。
③ 当前,中国民用航空局公安局下设办公室、一处(空防安全处)、二处(安全检查处)、三处(治安消防刑侦处)、四处(警卫处)、五处(情报信息处)、六处(航空保安法规标准处)空警总队、政治部。

怖分子后即时、果断切断网站链路予以反制。二是提升民航网络安保专业能力。这种能力可以归结为4类：民航网络恐怖信息发掘能力、收集能力、掌控能力、共享能力。[①] 发掘能力是指在网络空间海量的数据里准确提取关涉民航网络恐怖主义犯罪的信息并进行分析预判；收集能力是指将民航网络恐怖信息入库汇总整理的能力；反恐情报的掌控能力是指通过动态监测机制全盘掌握网络恐怖分子拟针对民航网络发起的袭击的情报；共享能力是指打破部门之间的信息壁垒，建立统一的反恐信息平台以实现情报互通互享。

第三，大力培养民航网络反恐人才。打击民航网络恐怖主义犯罪需要高素质的复合型人才，这就要求我们建立健全民航网络反恐人才培养机制。首先，加大人才培养经费支出。据统计，加拿大政府每年用于航空安保的经费约为4000万美元，而我国民航安保的经费很大部分由航空公司自筹，[②]这暴露出我国在民航安保方面的投入不足，用于民航网络安保的经费更是可想而知。因此，提高对民航安保尤其是民航网络安保工作的重视程度，增加人才培养财政预算是首要目标。其次，加强与高校的产学研合作。高校尤其是公安、政法类院校是民航网络反恐人才培养的主力军，在课程设置层面，应开设网络侦查、网络执法、小语种、外国文化背景与意识形态等多种科目以培养学生的复合能力；在专业技能层面，多组织情景模拟对抗训练或竞赛，以强化学生的实战思维；在学术交流层面，定期邀请一线执法人员与网络安全专家开展讲座，拓宽学生的视野。最后，坚持技能学习常态化。民航网络攻击技术更迭换代速度很快，一线的执法工作人员应始终紧绷一根弦，不断地学习与钻研新的攻防技术。

二、国际合作层面

（一）积极响应联合国和ICAO的反恐政策

联合国和ICAO在防控与惩治民航网络恐怖主义犯罪中发挥核心作用。

[①] 参见明乐齐、史业程：《网络恐怖主义犯罪治理的困境与路径》，载《江苏警官学院学报》2020年第1期。

[②] 参见周航：《试论我国空中警察法律地位之完善》，载《湖南工业大学学报（社会科学版）》2014年第5期。

联合国作为最具号召力的政府间国际组织以维护国际和平与安全为宗旨,一直致力于反恐工作,尤其是在安理会的组织下经过多年发展初步形成了相对完善的反恐法律框架。同时,ICAO作为联合国国际民航事务的专门机构也多次就民航网络安全发布决议与安全战略,主持更新《国际民用航空公约》附件17(保安:保护国际民用航空免遭非法干扰行为)等。有鉴于此,国际社会打击民航网络恐怖主义犯罪不能脱离联合国和ICAO的框架。中国作为联合国安理会五大常任理事国之一以及ICAO一类理事国应当积极支持联合国和ICAO在该议题上发挥领导核心职能。

一方面,我国应支持和执行联合国民航网络反恐决策。首先,及时将联合国和ICAO关于民航网络反恐的立法转化为国内法。我国应积极落实《北京公约》《北京议定书》规定的义务,在刑法中将危害民航网络安全的非法干扰行为规定为犯罪并匹配相应的刑罚,承诺将公约规定的犯罪作为可引渡犯罪等;根据《国际民用航空公约》第37、38条的指引,[1]将附件17中关于民航网络安全的标准与建议措施纳入、转化为国内法规。其次,积极主动为联合国成员交流和磋商提供平台。例如,在互联网大会议程下主办"打击网络犯罪和网络恐怖主义国际合作"论坛,围绕打击民航网络恐怖主义犯罪合作、加强民航网络空间法治建设进行探讨;鼓励支持在ICAO框架内创设全球性安全论坛。最后,大力促进全球民航网络安全。我国曾多次资助联合国反恐办公室、安理会反恐执行局为非洲相关国家进行反恐培训,提供反恐教材和特殊装备,举办跨境反恐合作研讨会等;[2]另外,我国在《全球安全倡议概念文件》中提出,未来5年中方愿向全球发展中国家提供5000个研修培训名额用于培养专业人才,共同应对全球性安全问题,[3]这些举措充分体现了我国作为大国的责任与担当。在民航网络反恐领域,我国可以继续延续上述措施,积

---

[1] 参见黄毓慧、张雪莹:《论中国民航事故调查制度的完善——在"恰当文化"语境下》,载《北京航空航天大学学报(社会科学版)》2021年第2期。

[2] 参见王建刚:《中国代表呼吁国际社会密切关注"东伊运/突厥斯坦伊斯兰党"恐怖威胁》,载环球网,2022年2月10日,https://world.huanqiu.com/article/46I0aewT2Bk,访问时间:2024年3月20日。

[3] 参见《全球安全倡议概念文件》,载新华网,http://www.news.cn/world/2023-02/21/c_1129382628.htm,访问时间:2024年3月20日。

极帮助发展中国家提升能力建设。

另一方面,我国应积极提交民航网络反恐的中国方案。国际公约制定的过程也是大国博弈的过程,可以预见未来民航网络反恐国际立法艰难程度会比《联合国打击网络犯罪公约》有过之而无不及。我国应积极参与民航网络反恐全球规则的制定以增强国际话语权,适时主动向联合国及 ICAO 提交中国方案、发出中国声音、贡献中国智慧。可以参考我国于 2017 年颁布的《网络空间国际合作战略》,①由外交部联合中国民用航空局、国家互联网信息办公室共同发布"民航网络反恐国际合作战略",该战略整体上应秉持"全球民航命运共同体"理念,包括但不限于民航网络反恐合作的基本原则、战略目标、具体的行动计划等内容。此外,我们还可以参考《中国关于网络空间国际规则的立场》,就民航网络反恐问题提交立场文件。②

(二) 强化与"一带一路"共建国家的反恐合作

"一带一路"沿线部分国家是恐怖主义势力的主要聚集地与活跃地。经济与和平研究所(Institute for Economics and Peace)发布的《2023 全球恐怖主义指数》报告显示,全球前十大恐怖组织长期盘踞在"一带一路"沿线的中亚与北非地区,③利用互联网对各国包括民航业在内的多个行业关键信息基础设施发起攻击。因此,加强与这些国家的反恐合作,从源头上肃清网络恐怖主义犯罪的威胁势在必行。

第一,增强政治互信,促成合作共识。国际合作建立在国家间达成共识的基础上,只有达成共识才能广泛调动各国参与民航网络反恐的积极性,最

---

① 参见《中国发布〈网络空间国际合作战略〉》,载中华人民共和国中央人民政府网,www.gov.cn/xinwen/2017-63/01/content_5172262.htm,访问时间:2024 年 3 月 20 日。

② 参见《中国关于网络空间国际规则的立场》,http://new.fmprc.gov.cn/web/wjb_673085/zzjg_673183/jks_674633/zclc_674645/qt_674659/202110/t20211012_9552671.shtml,访问时间:2024 年 3 月 20 日。

③ See Global Terrorism Index 2023, https://reliefweb.int/report/world/global-terrorism-index-2023,访问时间:2024 年 3 月 20 日。全球前十大恐怖组织及其分布地分别为:伊斯兰国(伊拉克和叙利亚)、索马里伊斯兰激进组织青年党(索马里、埃塞俄比亚和肯尼亚)、伊斯兰国—呼罗珊省(阿富汗、巴基斯坦西北部、乌兹别克斯坦、塔吉克斯坦)、伊斯兰圣战组织(巴勒斯坦)、俾路支解放军(巴基斯坦俾路支省)、伊斯兰国—西非省(尼日利亚和尼日尔)、博科圣地(尼日利亚)、巴基斯坦塔利班(巴基斯坦)、伊斯兰国—西奈省(西奈半岛)、比拉夫原住民(尼日利亚)。

大程度上减少各方阻力,推动合作稳定持久进行。承认分歧是凝聚合作共识的基础和前提。① 当前"一带一路"已覆盖了亚欧非地区的152个国家,由于多元价值观与利益差异,各国难免在某些议题上产生分歧。一方面,我们应承认分歧并尊重各国自主选择,坚决反对将本国意志强加给他国;另一方面,我们应认识到分歧不是各国对抗的理由,积极寻找各国的"最大公约数"才是唯一出路。早在2011年,上海合作组织成员便共同向联合国提交了《信息安全国际行为准则》,该准则要求各国在尊重主权国家对其境内网络设施、网络主体、网络行为及相关网络数据和信息排他管辖的基础上开展合作。我国可以结合实际情况对该文件进行补充更新,在"一带一路"共建国家推广,争取赢得更加广泛的认同。

第二,完善制度安排,提升协作效能。国际合作的成效取决于各方参与度与配合度,出台明确的制度安排对各方予以约束具有重要意义。一是推动各国建立民航网络反恐情报共享机制。单个国家的情报力量是有限的,"各自为战"的策略会带来两种后果:要么情报疏漏留下较大的安全隐患;要么重复掌握情报造成执法资源无效利用。② 情报共享机制将有效整合资源,提高各国对可疑目标的监控、预警、反应能力。同时,针对部分国家只想获取情报而不愿分享的"搭便车"现象,可以配套建立信用评价机制。二是推动建立民航网络反恐交流常态化机制。可以组建"一带一路"民航网络安全中心,由各国任命派遣网络安保协调员;定期组织大规模跨境网络攻防演练;在"一带一路"国际高峰论坛下设网络安全分论坛,增添民航网络安全议题,邀请各国民航监管部门、航空公司、网络专家参会交流。

第三,开展对外援助,彰显大国担当。对外援助是大国外交的重要手段,是国家对外交流与经济合作战略的重要组成部分。网络安全对外援助一直是多国重点开展的工作,如日本将印太地区视为重点区域,向东南亚和太平洋岛国提供网络安保领域软硬件支持,举办联合演习、给予定向资金扶持、提供数字人才培养等。我国作为民航大国,可以及时总结我国民航业防控网络

---

① 参见刘建军:《习近平对凝聚共识的全面论述》,载《思想理论教育导刊》2018年第9期。
② 参见赵红艳:《国际合作背景下的网络恐怖主义治理对策》,载《中国人民公安大学学报(社会科学版)》2016年第3期。

攻击的技术应用、政策法规、实践经验,借助"一带一路"国际峰会下的分论坛等平台向外推广。

第六节 结　语

近年来,网络在民航领域的应用场景越来越多。民航网络的复杂性与脆弱性使其常成为恐怖分子发动恐怖袭击的目标。针对民航领域的网络恐怖主义犯罪依网络在犯罪过程中的地位和作用可以分为目标型与工具型两类。目标型犯罪主要表现为攻击民航网络基础设施以瘫痪航班正常运行,工具型犯罪表现为以网络为信息源获取攻击民航网络的技术手段、通过网络募集恐怖活动资金以及招募成员。由于网络空间的虚拟性、跨国性、无边界性,网络恐怖主义犯罪的威胁可以由一国迅速波及至全球。国际社会只有共同协作方可有效应对。

在联合国的主导下,国际社会出台了多部反恐公约、设立反恐办公室和反恐怖主义委员会等专门机构、确立了反恐四大战略支柱,这为打击民航网络恐怖主义犯罪提供了良好基础。ICAO作为全球民航业的领导者与监管者,也持续修改了公约标准和建议措施,组织专家起草航空网络安保软法、广泛推动国际合作。欧盟、上海合作组织、阿拉伯国家联盟等区域国际组织也颁布了反恐与打击网络犯罪方面的规范,为民航网络恐怖主义犯罪惩治提供了范本。

既有法律机制可以在一定程度上对民航网络恐怖主义犯罪适用,但仍存在诸多问题:从实体规范来看,关于民航网络恐怖主义犯罪的概念缺失,法律呈现出严重的"碎片化",网络反恐规则内容存在分歧;从程序规范来看,民航网络恐怖主义犯罪的取证规则阙如,管辖权易产生冲突;从国际合作层面来看,关于打击民航网络恐怖主义犯罪的合作理念与限度尚未形成共识,引渡合作难以展开、信息共享机制缺乏。

有鉴于此,在实体规范层面,联合国应梳理澄清既有立法对民航网络恐怖主义犯罪的适用,ICAO应细化打击民航网络恐怖主义犯罪的规则,继续完善保障民航网络安全的软法。ICAO 应继续完善保障民航网络安全的软法。在程序规范层面,由 ICAO 组织专家学者起草关于民航网络恐怖主义犯罪的电子证据取证规则,确定管辖权优先顺序。在国际合作层面,借助国际刑警组织已有平台达成执法合作协议,推动 ICAO 成员间的引渡协作,建立 ICAO 反恐信息数据库。

中国作为航空大国应积极采取措施,从国内国际两个层面回应民航网络恐怖主义犯罪行为。我国应将民航网络安全上升至反恐战略高度;修改完善《刑法》《刑事诉讼法》《反恐怖主义法》,细化涉及民航网络恐怖主义犯罪的内容;同时加强民航网络反恐的专业化队伍建设,形成具有中国特色的民航网络反恐立法与实践经验,再通过区域、双边合作深化表达,最终通过国际合作映射全球。

第七章

空中交通管制责任研究

本章导读：空中交通管制在航空运输安全中扮演着重要角色。《国际民用航空公约》及其附件为空中交通管制提供了法律遵循。空中交通管制机构主要有两类：一是独立的政府空中交通管理机构；二是政企分离的空中交通服务机构。就空管责任主体而言，即使是实行空管机构私营化的国家，根据《国际民用航空公约》第28条的规定，国家仍是空管责任的主体。在空中交通管制员与飞行员责任交织的问题上，飞行员和管制员之间的责任分配取决于个案具体情况。就空管责任的归责原则而言，过错责任、严格责任影响着空管责任归责原则的选择。

空管责任应满足4个条件：一是损害事实；二是空管员负有注意义务；三是空管员违背了注意义务，具有过错行为；四是空管员的行为与损害之间存在因果关系。综观美国、加拿大和澳大利亚三国空管责任的法理基础及判例实践，政府作为空中交通管制员的雇主，通常对空管员的行为承担替代责任。国家承担的空管责任不可改变，其法律依据大多以"国家侵权赔偿法"为主。大多判例显示，国内立法确认了空管员享有公职人员的身份，在空管责任的认定上，空管员的过错以"善良管理人"的注意义务为标准，根据空管员享有的权利、承担的职责、工作条件及履行的义务来确定空管责任的承担。

近年来，空中交通管制规则统一化趋势明显。其一，欧洲单一天空计划旨在实现欧洲空管机构统一化。其二，阿根廷《空中交通管制责任公约（草案）》旨在实现国际空管责任统一化。

空管机构在国内和国际民用航空中发挥着互动融通的作用。基于此，我国在保持大部制集成形式的基础上,适度引入市场化竞争,积极倡导国际空管软法,健全国内空管法规体系。另外,空管机构作为一个重要且敏感的机构,事关国家主权、安全和发展利益,其改革应结合实际谨慎稳步推进。

伴随人类航空科技的发展,航空法应运而生。因航空器相撞产生的责任,大致包括航空器对地(水)面第三人的责任,航空器的经营人或承运人对旅客或货物的责任,以及航空器经营人对对方飞机及其机组人员的责任。国际法层面,世界各国积极推动制定相关国际公约,如《关于外国航空器对地(水)面上第三者造成损害的公约》(以下简称《罗马公约》)规定了对地(水)面第三方的责任,1995年《华沙公约》规定了国际航空运输承运人责任,1999年《蒙特利尔公约》在此基础上加以巩固。除此之外,还有一种可能是空中交通管制人员的过错导致事故发生,从而产生的空中交通管制责任。然而,空中交通管制责任至今尚未有统一公约加以调整,而是由法院根据国内法处理。国际社会拟定的"空中交通管制员责任公约"尚在讨论中,有关空中交通管制责任的国际统一化规则仍在形成当中。

基于上述背景,本章以空中交通管制责任为研究对象,从国际法和司法实践视角,比较分析各国相关判例实践,研究各国空中交通管制责任的法律规制,厘清法律评判标准,以对我国航空安全水平的提升和司法实践有所裨益。

第一节 空中交通管制的目的、机构类型及法律依据

1903年,莱特兄弟发明的飞机试飞成功,标志着航空时代的来临。此后,飞行活动愈加普及,机场飞行量不断增加,航空器相撞、撞地伤人事件时有发生,因此,航空安全成为各国关注和解决的问题。

一、空中交通管制的目的:维护空中交通秩序

随着科学技术的发展和经济发展的需要,航空运输量显著增长,航空运

输业成为世界各国经济的重要部分。与此同时,航空运输量的增加导致航线竞争日益激烈,大量航空器争先起飞造成飞行秩序混乱,航空事故时常发生。为保障航空安全,规范航空器飞行活动,空中交通管制应运而生。

航空安全是民用航空业有序发展的前提,空中交通管制是航空安全的基石。具言之,空中交通管制是为防止航空器与航空器在空中相撞,防止航空器在停机坪上与机动区滑行的航空器相撞,防止航空器与机动区的障碍物相撞。空中交通管制有助于维持空中交通活动,其通过向航空器提供及时有效的情报服务和预警信息,防止危险的发生。当危险发生时,空中交通管制机构通知航空器搜寻援救组织,当搜寻援救组织提出请求时,向其提供帮助。[1]

概言之,为维护空中交通秩序,约束航空飞行活动,空中交通管制是社会、经济、法律、技术等一系列因素叠加的结果,在一定程度上具有必然性与合理性。

二、空中交通管制机构的类型

经过60多年的发展,各国都探索和建立了适应本国国情的空中交通管制机构。提供空中交通服务的职责逐渐从政府转向以私营公司形式组织、企业管理、遵循商业惯例的新型空中交通管制机构。[2] 有的国家选择成立一个独立的政府机构,也有国家选择将空管机构业务实现政企分离。[3]

(一)独立的政府空中交通管理机构

根据1944年《国际民用航空公约》的规定,一些国家将空中交通管制机构作为政府的独立部门。如前所述,该公约第28条规定了各国同意建立空中导航服务及其有关基础设施的各项原则。[4] 但第28条并没有以任何方式迫使各国在其领土上执行空中交通管制,因为各国承诺"在它们认为可行的范

---

[1] 参见[英]阿诺德·菲尔德:《国际空中交通管制:世界空域管理》,李春锦、张林昌、陈正译,北京航空航天大学出版社1990年版,第62页。
[2] See Francis P. Schubert, "The Corporatization of Air Traffic Control: Drifting between Private and Public Law", Annals of Air and Space Law, Vol. 22, 1997, p.224.
[3] 参见胡明华、张洪海:《世界空管概况及发展趋势》,科学出版社2017年版,第14页。
[4] See Francis P. Schubert, "The Corporatization of Air Traffic Control: Drifting between Private and Public Law", Annals of Air and Space Law, Vol. 22, 1997, p.236.

围内"作出。各国负责确保按照《国际民用航空公约》及其附件的规定提供这种服务,为此,传统的办法是设立政府机构。①

大多数国家的空中交通管制由国家或政府机构提供,将功能相关的诸多部门统一设置在同一较大规模的部门内。② 例如,FAA 作为独立的行政机构,全面负责美国航空业的经济、军事和社会活动。欧洲航行安全组织根据其决策、执行与监管三大职能,将欧洲空中交通管制委员会设立为决策与监管机构,负责制定欧洲航行安全组织的政策并予以执行。其空中交通管制局属于执行机构,负责政策落实等事项。③ 空管机构将空管相关功能的机构整合,作为一个独立的政府机构,有利于梳理和简化缺失的环节或琐细的流程,促使空管部门设置精细化,资源配置合理化。④

然而,从政府职能角度来看,政府负责制定空管机构的规章制度,执行空中交通管制任务,同时还监督空中交通管制机构的服务。政府既是规则的制定者,又是权力的执行者,同时还是权力的监督者。因此,有学者建议对空中交通管制机构进行改革,将其从政府手中解放出来,并创建一个非营利的私人实体提供空中交通管制服务。他们认为,如果将空中交通管制交给私人公司,不仅有助于空管系统实现现代化,还可以减轻纳税人的负担。⑤

(二)政企分离的空中交通服务机构

公共行政私有化有力地冲击了传统的思想观念。⑥ 20 世纪 70 年代,公共行政私有化首先在撒切尔夫人主政的英国兴起,随后里根主政的美国政府响应,再后来欧美发达国家及其他发展中国家纷纷效仿。⑦

---

① See Francis P. Schubert, "The Corporatization of Air Traffic Control: Drifting between Private and Public Law", Annals of Air and Space Law, Vol. 22, 1997, p. 236.
② 参见吴建端:《航空法学》,中国民航出版社 2005 年版,第 97 页。
③ 参见胡明华、张洪海:《世界空管概况及发展趋势》,科学出版社 2017 年版,第 9 页。
④ 参见胡明华、张洪海:《世界空管概况及发展趋势》,科学出版社 2017 年版,第 4 页。
⑤ See Lindsey Rattikin, "Air Traffic Control in the United States: Is Privatization the Path Back to the Top, Journal of Air Law and Commerce", Vol. 82, No. 3, 2017, p. 654.
⑥ 公共行政私有化有两种属性:一种是私人组织的市场属性,其在形式上表现为直接或间接的私人组织的市场行为。另一种属性是其政治和行政属性,即在实质上隐含着应该由公共组织维护和保障的公共利益。
⑦ 公共行政私有化有利于提高效率,减少政府对决策的参与。公共行政私有化的必然结果往往是股份所有权的扩大、鼓励员工持股、提供更灵活的支付政策以及增强经济自由。

就空中交通管制而言,一些国家将空中管制的行政决策权力从空管运行的服务机构剥离,交由独立的机构负责。这些机构或是以营利为目的的企业,或是由国家控股的企业。[①] 以英国为例,英国将空管的安全监管职能交由民航局与军航局负责,空管运行保障等服务职能交由国家空中交通服务控股有限公司负责。[②] 为降低空管机构运行成本,英国对空管机构进行现代企业化改制。英国在保留空管机构关键业务的基础上,将其他业务放开,吸引更丰富和优质的资源,从而在维持国家垄断地位的同时,提高机构的绩效。[③]

总之,政企分离的空中交通管制机构以国家确保提供空中交通服务的总体责任为前提。国家发挥监督作用,保留其对领空的所有权,起草国家立法,决定对空中交通服务提供商的管理,继续负责认证和指定服务提供商以及制定法规,同时服务提供商在管理空域方面提供广泛的安全和效率的公共职能。[④] 国家在保留其监督作用的同时,将提供服务的实际任务移交给私营实体这一行为并不存在任何法律障碍。

(三)空中交通管制机构的私有化趋势

大多数情况下,政府机构私有化不是作为一种仅限于国家活动特定领域的现象出现。怀特曼(Wightman)指出,"航空运输业已经成熟,政府不再需要管理该行业的方方面面。政府再也负担不起拥有、运营和管理该行业的所有方面的费用"[⑤]。私有化(privatization)是指"将政府资产或业务转移给私营企业利益"。私有化经常作为过时的结构设计和解决方案的有效替代方案,以解决政府机构面临的问题。私有化主要有3种形式:外包、剥离和公司化。外包是最常见的私有化形式,是指政府将特定的支持职能外包给私营公司,以获得可能提高效率的服务。资产剥离(完全私有化)是指将政府业务或资产完全私有化为私人所有。

公司化(corporatization)是私有化的一个更温和的版本,是指将政府运作

---

① See Ruwantissa Abeyratne, *Air Navigation Law*, Springer Press, 2012, p.31.
② 参见胡明华、张洪海:《世界空管概况及发展趋势》,科学出版社2017年版,第4页。
③ 虽然英国的空管机构已逐渐形成商业化的运作模式,但仍未超出政府的管辖范围。
④ See Ruwantissa Abeyratne, *Air Navigation Law*, Springer Press, 2012, p.45.
⑤ Francis P. Schubert, "The Corporatization of Air Traffic Control: Drifting between Private and Public Law", Annals of Air and Space Law, Vol.22, 1997, p.225.

转移到主要为商业公共职能服务。公司化并不要求政府完全退出,相反,空中交通管制公司化要求将空中交通管制机构重组为公司,允许政府保留对空中交通管制的控制权和所有权。需要注意的是,在财务方面,空中交通管制的财务和采购方面将由企业原则取代政府程序。[1] 现有的公司化的空中交通管制机构大多是国家政府拥有,即国营公司或公共事业形式的公司。这些空管机构依据商业原则向用户提供服务,摆脱政府直接营运。

与空中交通管制机构这一政府机构相比,空管机构私有化存在更大的激励措施,从而降低成本,创新生产。私有化的最大优势在于它为政府引入了竞争,私有化计划将使空中交通管制脱离政府控制,从而增加竞争并消除官僚主义的繁文缛节。[2] 国家履行一些职能并不一定是因为国家主权的要求,而是因为一些部门私有化的效果并不理想。私营部门和公共部门的关系进一步密切,因为国家逐渐退出提供某种服务,但仍然有能力设计委托给私营组织的这些职能的管理框架。这种情况突出了公共行为和私人行为之间的密切联系,而不是相互排斥。[3]

总之,空中交通管制机构私有化可以充分利用市场机制,进而增加公共物品的供给,减少政府的财政支出。[4] 国际社会空中交通管制体制改革的核心是空管服务商业化,即发挥商业化的优点,将空中交通服务的提供者与系统规章的制定者相分离,从而提高空中交通管制的能力,保障航行安全。[5] 私有化(或私有化的一种形式)提供了一种方法来维护和改进世界上最安全的

---

[1] See Janie Lynn Treanor, "Privatization v. Corporatization of the Federal Aviation Administration: Revamping Air Traffic Control", Journal of Air Law and Commerce, Vol.63, No.3, 1998, pp.647-648.

[2] See Janie Lynn Treanor, "Privatization v. Corporatization of the Federal Aviation Administration: Revamping Air Traffic Control", Journal of Air Law and Commerce, Vol.63, No.3, 1998, pp.646-647.

[3] See Francis P. Schubert, "The Corporatization of Air Traffic Control: Drifting between Private and Public Law", Annals of Air and Space Law, Vol.22, 1997, p.235.

[4] 参见陈恩才:《论公共行政民营化后的国家责任》,载《天府新论》2013年第1期。

[5] 参见曹剑锋:《民航空管公司企业化管理研究》,南京航空航天大学2009年硕士学位论文,第7页。

空中交通管制，同时大幅改造和现代化设备，从而提高空中交通管制的效率。① 然而，需要注意的是，尽管私有化要求取消政府控制并创建公司，但政府必须始终负责制定公共福利的政策和监督标准。虽然这些职能的运作可能移交给私营部门，但政府的安全监管势在必行。②

三、空中交通管制的法律依据及责任类型

在不同历史时期，各国根据自身的政治、经济和文化特点建立各级空管机构，例如英美等国的空管机构先后经历了军方统管、军民分管和国家统管3个阶段。此外，各国通过各类法律规章来规制机构高效运行发展，提高飞行水平，从而使空域资源得到充分利用，满足各国经济、军事与社会各方面的发展需求。③

（一）空中交通管制的法律依据：《国际民用航空公约》及其附件

国际民用航空业在第二次世界大战后蓬勃发展，这意味着国际社会亟须建立一个国际性的组织来协调航空业产生的政治和技术问题。1944 年 12 月 7 日，54 个国家的相关人员在芝加哥参加国际会议，成立了 ICAO，④签订了《国际民用航空公约》。《国际民用航空公约》是国际航空领域的宪章性文件，而空中交通管制的主要法律依据是《国际民用航空公约》及其附件，其中关于空中交通管制的具体规定见于该公约第 12 条、第 28 条及其附件当中。《国际民用航空公约》作为国际民用航空法律监管的基石，对缔约国施加了双重义务。一是该公约第 12 条规定的具有法律性质的义务；二是该公约第 28 条规定的具有组织和技术性质的义务。⑤

---

① See Janie Lynn Treanor, "Privatization v. Corporatization of the Federal Aviation Administration: Revamping Air Traffic Control", Journal of Air Law and Commerce, Vol. 63, No. 3, 1998, pp. 676–678.

② See Janie Lynn Treanor, "Privatization v. Corporatization of the Federal Aviation Administration: Revamping Air Traffic Control", Journal of Air Law and Commerce, Vol. 63, No. 3, 1998, p. 646.

③ 参见胡明华、张洪海：《世界空管概况及发展趋势》，科学出版社 2017 年版，第 4 页。

④ ICAO 是联合国的专门机构之一，其前身是 1919 年成立的空中航行国际委员会。

⑤ See Mohammed Abdul Kader, *Air Traffic Control Liability* (master's thesis, University of McGill, 1985), p. 14.

其一,《国际民用航空公约》第 12 条预先假定存在国家规则和条例,这些规则和条例应尽可能与 ICAO 理事会根据《国际民用航空公约》制定的规则和条例保持一致。第 12 条规定,在公海上空飞行所执行的规则应为依据《国际民用航空公约》制定的规则。各国可根据与其他国家的协议并经 ICAO 理事会批准,决定在这些地区上空提供空中航行服务。[①] 由此可见,在公海上适用的规则和条例是 ICAO 理事会在《国际民用航空公约》附件和其他文件中制定的规则和条例。

其二,基于各国向从事国际空中航行服务的航空运输提供空中交通服务和空中航行设施的必要性,《国际民用航空公约》第 28 条明确了缔约国提供空中交通管制的要求。《国际民用航空公约》第 28 条第 1 款规定:"根据依本公约随时建议或制定的标准和措施,在其领土内提供机场、无线电服务、气象服务及其他空中航行设施以便利国际空中航行。"[②]需要注意的是,《国际民用航空公约》第 28 条的内容应以《国际民用航空公约》第 1 条为前提。[③]

除《国际民用航空公约》的正文对空中交通管制的内容有所规定外,该公约附件中具体规定了空中交通管制的内容。与空中交通服务直接相关的附件是附件 2 和附件 11,如《国际民用航空公约》附件 11 规定,各国负有责任和义务为航空器提供空中交通服务。[④]

《国际民用航空公约》是各国利益妥协平衡所达成的"一揽子"国际法律文件,其全面性和原则性也为各方充分利用和进一步发展空中交通管制规则留下了空间。需要指出的是,关于空中交通管制这一事项,除《国际民用航空公约》及其附件外,任何进一步的规定都必须考虑国内立法。这意味着,在大多数情况下,空管员享有国家公务员的地位。在某些特殊情况下,根据国内

---

① 参见《国际民用航空公约》第 12 条。
② 参见《国际民用航空公约》第 28 条第 1 款。
③ 《国际民用航空公约》第 1 条规定:"各缔约国承认每一国家对其领土之上的空域具有完全的和排他的主权。"该公约第 1 条赋予了缔约国完全和排他的领空主权,因此无论航空器的国籍如何,缔约国均有权利和义务对其提供空中交通管制。
④ 关于航空交通服务的技术方面的规定,最全面的文件是 DOC/4444《航空交通服务程序——航空及航空交通服务规则》(PANS-RAC),该文件拟在全球范围内应用。

法的规定,空管员可以免除责任。① 如果发生事故,当前的法律机制存在相当的不确定性。除《国际民用航空公约》及其附件中的相关规定外,没有其他国际统一规则,因而进一步的规范需要由国内立法予以补充和完善。

国际条约明确规定了国家提供空中交通管制的总体责任。国家责任依据行政法和国际法可以分为两个方面。根据行政法,国家及其机构或私人机构的责任限定在一国领土范围内;根据国际法,国际责任涉及国家责任原则和一国对另一国或其臣民造成损害的责任原则。②

(二)行政法下的空中交通管制责任

从行政角度来看,公民对根据相关法规设立的政府机构提出质疑,要求政府界定其提出竞争立法理由的义务范围。政府对其部门及私有化的提供公共服务的机构进行管理,通常以公共利益为基础。③

20世纪早期,法院审理相关案件的司法理念是,如果在侵权法的原则下有给予赔偿的空间,那么在法律法规本身下就没有诉讼的空间。此外,为了对违反法定义务的行为进行赔偿,法院在法律法规内寻找规定的惩罚,以及所遭受的损害与法律法规旨在防止的风险之间的联系。④ 行政法规定的国家责任可以分为两个方面:国家机构行为的责任以及私有化服务提供者的责任,后者因其行为与空中交通管制有关,国家仍将承担责任。⑤ 国家对其政府机构负有双重责任:一是源于国家赋予该机构的法定权力;二是由于国家将权力下放给有关机构而产生。国家可以通过立法干预后者,并分散后者的权力。⑥ 这就产生了一个不可改变的原则,即只有在国家为私人机构或实体提供法定授权的前提下,才能涉及行政法和法院对这些机构的判决。例如,在

---

① 这种情况并不常见,尤其是在航空交通服务机构商业化或私有化的今天。
② See Ruwantissa Abeyratne, *Air Navigation Law*, Springer Press, 2012, pp. 29-30.
③ See Ruwantissa Abeyratne, *Air Navigation Law*, Springer Press, 2012, p. 32.
④ See Ruwantissa Abeyratne, *Air Navigation Law*, Springer Press, 2012, p. 33.
⑤ 19世纪中叶以前,对于国家机关及其工作人员的侵权行为,没有哪个国家明确承担责任。即使在资产阶级革命最早的法国,由于受"主权命令说"的影响,在19世纪70年代以前,除法律特殊规定的极少数情况以外,国家不负赔偿责任。主流观点是"主权豁免论","主权豁免论"是建立在"绝对主权"观念基础上的国家免责理论,其核心是"国家是主权者,不能要求国家承担赔偿责任,否则就取消了国家主权"。
⑥ See Ruwantissa Abeyratne, *Air Navigation Law*, Springer Press, 2012, p. 30.

1983年"奥雷利麦克曼"(O'Reilly & Mackman)案中,如果公民认为国家权力机关侵犯了其权利,可以申请司法审查而不能提起诉讼。①

需要注意的是,当空中交通管制机构具有私有化的性质时,空管机构可能有两种类型的私有化:一是公司化的国有公司,即使在私有化之后,他们也不具备在市场上进行过度竞争的潜力。此类公司改制较为容易,尤其是大公司最早被私有化,不受公法约束。二是完全私有化的空中交通管制机构。在这种情况下,国家可以通过将其置于国家机构的行政权限之下对提供者进行监管。②

(三)国际法下的空中交通管制责任

一国的主权管辖权不超出其领土。换言之,一个国家不能在其管辖的法院对另一个国家的行为作出裁决,因为另一国享有主权豁免。③ 领土管辖权和主权豁免之间的联系在一个强有力的法庭上得到了说明,从19世纪早期的一个案例开始,美国联邦最高法院法官马歇尔(Marshall C. J.)认为,一个国家的主权不超出其领土范围之外。④ 英国布朗尼·威尔金森法官(Lord Browne Wilkinson)认为,一个主权国家不能对另一个主权国家的行为作出裁决,是国际法的基本原则。⑤ 米莱特法官(Lord Millett)认为,国家豁免是习惯国际法的必然结果。这不是一国强加于另一国的法律原则,而是从国际社会及其在国际法上的平等继承而来的。⑥ 这一基本理论的一个推论是国家行为,国家行为的不可裁判性在国内和国际上均适用于国家事务,如涉及安全和领土完整。⑦

---

① See O'Reilly v. Mackman, [1983] 2 A. C. 237. 该案中,上议院认为,1981年《最高法院法案》应作有限解释,法院规则只能影响程序。
② See Ruwantissa Abeyratne, *Air Navigation Law*, Springer Press, 2012, p.31.
③ See Ruwantissa Abeyratne, *Air Navigation Law*, Springer Press, 2012, p.38.
④ See The Schooner Exchange v. McFaddon & Others. 11 U. S. 116.
⑤ See [2000] A. C. 147. 转引自 Ruwantissa Abeyratne, *Air Navigation Law*, Springer Press, 2012, p.38。
⑥ See [2000] 1. W. L. R. 1573. 转引自 Ruwantissa Abeyratne, *Air Navigation Law*, Springer Press, 2012, p.38。
⑦ 鉴于在现代背景下的许多发展情况,国家在其边界之外拥有商业利益,使国家企业比其他国家企业具有优势,许多国家承认国家在商业问题上实行限制性豁免的做法。

首先,关于一个国家提供空中交通服务的行为,国际社会公认的原则是作为国际法基本原则而确立的国家责任原则。国家责任以某些基本事实为基础。具言之,第一,两个或两个以上国家之间应该有国际义务。第二,一国的作为或不作为必须违反可直接归因于或归罪于有关国家的义务。第三,必须是受害国遭受的损害或损失。这一原则作为国际法的一项基本原则,主要是因为《国际民用航空公约》承认一国应承担向外国及其本国承运人提供空中交通管制服务的责任。条约义务作为国家责任的组成部分,与条约有关的法律与确定一国对另一国的责任有关。此外,根据国际法的有关规定,国家应承担其责任导致的损失赔偿。[①] 因此,国家责任原则与《国际民用航空公约》第28条的规定相一致,空管机构的疏忽行为或不作为造成的损失可归咎于国家。[②]

其次,国际法院(International Court of Justice, ICJ)认为,实践中,国家的某些国际义务虽然有限,但由于这些义务对整个国际社会的重要性与其他义务不同,所有国家都应承担。[③] 由此可知:第一,所有国家都负有强制性义务,未经整个国际社会同意,不能通过反映法律义务的条约或其他文件中的排他性条款使其对一个国家或国家机构不适用。第二,强制性义务与其他义务相悖时,强制性义务应胜过其他可能与之不相容的义务。[④] 时任国际法院院长的瑞士的胡伯法官(Huber)认为,责任是权力的必然结果。所有具有国际性质的权力都涉及国际责任。如果所涉义务未得到履行,则有责任进行赔偿。[⑤]

最后,根据现代条约法的原则,《国际民用航空公约》缔约国受该条约规定的约束。[⑥] 在普通法系国家,法院不可能考虑其他方式并无视国家在提供

---

① See Ruwantissa Abeyratne, *Air Navigation Law*, Springer Press, 2012, p.38–39.
② See Ruwantissa Abeyratne, *Air Navigation Law*, Springer Press, 2012, p.39.
③ 原文:there are in fact a number, albeit limited, of international obligations which, by reason of their importance to the international community as a whole, are-unlike others-obligations in respect of which all States have legal interest. See Ruwantissa Abeyratne, *Air Navigation Law*, Springer Press, 2012, p.41。
④ See Ruwantissa Abeyratne, *Air Navigation Law*, Springer Press, 2012, p.41.
⑤ See 1925 RIAA ii 615 at 641. Ruwantissa Abeyratne, *Air Navigation Law*, Springer Press, 2012, p.41.
⑥ "缔约国"一词在法律上是指受有关条约约束的国家,不论该条约是否有效。

空中交通管制服务方面的义务,尤其是空管机构是政府部门的情况。然而,这并非完全免除私有化机构的责任,私有空管机构根据私法承担责任。如前所述,从法律上讲,国家和服务提供者都不能避免私有化的责任。国家承担国际法和行政法上的责任,而私有化的空中交通管制机构承担侵权法或合同法上的责任。[1]

第二节 空中交通管制责任的责任主体及归责原则

如前所述,空中交通管制是社会、经济、科技和法律等一些因素叠加的结果,是世界各国的普遍做法,具有必然性和合理性。以上述结论为前提,本部分将详细阐释空中交通管制责任的责任主体和归责原则。

一、空中交通管制责任的责任主体

无论空中交通管制自动化技术的程度如何,空中交通管制员、机场运营商及负责人都要承担因未尽职责而带来的责任。[2] 由于国际条约明确规定了国家提供空中交通管制服务的责任,但是各国空中交通管制服务的提供者可能是政府机构,抑或私人企业,空中交通管制责任的责任主体在实践中存在争议。

(一)空中交通管制员

根据《国际民用航空公约》的规定,国家在提供空中交通服务方面的全部责任延伸到空中交通管制员,而空中交通管制员具有一定的特殊性。[3] ICAO赞同这一观点,在其相关指导文件中指出,基于空中交通管制工作的复杂性,空中交通管制员应具备高超的技能和独特的认知能力,尤其是在空间感知、信息处理、推理和决策等方面。管制员必须掌握其负责的所有飞机的位置,

---

[1] See Ruwantissa Abeyratne, *Air Navigation Law*, Springer Press, 2012, p.42.
[2] See I. H. Ph. Diederiks-Verschoor, *An Introduction to Air Law*, Kluwer Law International, 2012, pp.263–264.
[3] See Ruwantissa Abeyratne, *Air Navigation Law*, Springer Press, 2012, p.43.

并向飞行员告知飞机飞行的要求,以确保他们彼此分离,同时还要了解他们的下降、爬升、起飞等要求和需要。空管员承担责任的范围包括违反法定义务而实际造成的损害。[1]

大多数国家的空中交通管制员是政府机构的工作人员。[2] 19 世纪 70 年代以前的主流观点是"主权豁免论","主权豁免论"是建立在"绝对主权"观念基础上的国家免责理论,其核心是"国家是主权者,不能要求国家承担赔偿责任"[3]。以美国为例,《联邦侵权赔偿法》(FTCA)出台前,联邦政府享有豁免权,空中交通管制员可能会被追究个人责任。

罗马法时代,法人应当对其不当任用或者监督的雇员的侵权行为负责。许多国家将国家视为法人中的一类特殊法人。[4] 因此,有观点认为,国家应对公职人员的过错行为承担责任。[5] 但《联邦侵权赔偿法》出台后,联邦地区法院对针对美国的损害赔偿、财产损失或疏忽所造成的人身伤害或死亡或错误行为或遗漏任何政府雇员在代理范围内的职责,美国政府将承担一定的责任。[6]

(二)空中交通管制员与飞行员责任的交织

《国际民用航空公约》附件 2 和附件 6 中规定了机长的职责。在航空器飞行期间,机长对机组的一切活动负责,机组全体成员必须服从机长的命令,听从机长的指挥。《国际民用航空公约》附件 2 第二章要求,飞行员必须按照空中交通管制员的指示行事。如果发生紧急情况,飞行员可以自行决定飞行

---

[1] See Francis P. Schubert, "Pilots and Air Traffic Controllers: Allocating Legal Liabilities in a Free Flight Environment", Annals of Air and Space Law, Vol. 26, 2001, p. 207.

[2] See Helene Sasseville, *The Liability of Air Traffic Control Agencies* (master's thesis, University of McGill, 1985), p. 9.

[3] 马怀德主编:《国家赔偿问题研究》,法律出版社 2006 年版,第 37 页。

[4] 拟人化理论主张国家首先是法人,然后才是民族政治实体。在侵权问题上,国家作为法人应当像个人一样对自己的侵权行为承担责任。

[5] 参见马怀德:《国家赔偿责任的性质》,载《法学研究》1994 年第 2 期。

[6] See The *Legal Liability of Air Traffic Controllers*, See WIKIFATCA, Legal Liability of the Air Traffic Controller, ifatca. wiki/kb/wp – 1981 – 79/, Oct. 14. 2021. http://www. inquiriesjournal. com/articles/613/the-legal-liability-of-air-traffic-controllers,访问时间:2021 年 10 月 14 日。

计划,但是必须提前告知空中交通管制员。① 具言之,空管员负责制定飞行计划,配备飞行间隔和飞行高度,以防止航空器与航空器、航空器与地面障碍物相撞,从而调整飞行冲突,保证飞行安全。飞行期间,飞行员听从空中交通管制员的指挥,如果飞行员改变飞行计划,需要经过空中交通管制员的批准。飞行实施阶段,飞行员享有一定的自由裁量空间,但飞行员仍应当准确执行空中交通管制员的指令。如果指令与实际情况相悖,应立即向空管员报告,如果发生紧急情况,应采取应急措施,同时向空管员报告情况。因此,飞行员和空管机构的职责相互关联。②

然而,由于这两个相互重叠的责任领域之间的关系在不同的国际规范性文件中只涉及广泛的条款,飞行员和空中交通管制员之间的责任分配仍然是一个困难的过程,主要取决于个案的具体情况,如当空中交通管制员的指令与航空器内防相撞装置的指令或飞行员自己的视觉观察相冲突时,飞行员应如何处理。③ 法庭判决对更好地理解飞行员和空中交通管制员各自的角色至关重要。④ 法院惯常的解释是,要求飞行员遵守空管员发出的命令,前提是这些命令不与飞行安全行为相冲突。换言之,机长不得为了方便而无视空管员的指示,但如果出于严重的安全考虑,机长有权自行决定。⑤

除《国际民用航空公约》及其附件的相关规定外,空中交通管制员与飞行员责任规定没有其他国际统一规则。当前,在理论与实践中,两类主体的责任归属问题存在相当的不确定性和混乱。⑥ 大多数法律制度接受分担责任原则,即空管员和飞行员应根据其在事故发生中的实际参与程度承担责任。如

---

① See I. H. Ph. Diederiks-Verschoor, *An Introduction to Air Law*, Kluwer Law International 2012, p. 262.
② 参见赵旭望、秦永红主编:《民用航空法基础》,科学出版社2013年版,第47页。
③ See I. H. Ph. Diederiks-Verschoor, *An Introduction to Air Law*, Kluwer Law International, 2012, pp. 262-263.
④ See Francis P. Schubert, "Pilots and Air Traffic Controllers: Allocating Legal Liabilities in a Free Flight Environment", Annals of Air and Space Law, Vol. 26, 2001, pp. 207-208.
⑤ See Francis P. Schubert, "Pilots and Air Traffic Controllers: Allocating Legal Liabilities in a Free Flight Environment", Annals of Air and Space Law, Vol. 26, 2001, p. 210.
⑥ See I. H. Ph. Diederiks-Verschoor, *An Introduction to Air Law*, Kluwer Law International, 2012, pp. 262-263.

果双方都有过错,原告的赔偿仅限于被告过失直接造成的损害的比例。[1]

(三)空中交通管制机构抑或国家

《国际民用航空公约》附件 11 规定,每一个国家都必须建立一个权威机构,负责建立和管理本国空中交通管制服务的运作。[2] 空中交通管制机构应保障航空器的飞行安全。[3] 如果空管机构在履行职务时未能尽其职责、妥当指挥,空管机构将对此承担相应的责任。因空管机构的性质不同,空管机构的责任主体认定也有所不同。通过以上分析可知,在有关国际公约中,没有规定禁止国家将空中交通管制服务下放给一个适当的公司化机构(但是这个公司只涉及业务职能)。[4] 在指定了空中交通管制服务的提供者后,国家仍必须"按照本附件的规定安排此类服务的建立和提供"。无论空中交通管制服务实际上如何提供,国家必须始终对在这一过程中可能发生的损害承担最终责任。[5] 理由如下。

其一,空管机构是由国家或政府部门控制的机构时,发生航空事故只能适用有关国家责任的法律原则。[6] 空管机构不应享有特权和豁免权,如果空管机构享有豁免权,这将违背公约宗旨,应当对受害者予以补偿。空中交通管制机构提供的是一项公共服务,其责任包含了法律或其他手段无法消除的义务。[7]

其二,空管机构是私有化的公司时,根据《国际民用航空公约》第 28 条的规定可知,国家将对空中交通管制承担最终责任。[8] 例如,2002 年德国上空发

---

[1] See Francis P. Schubert, "Pilots and Air Traffic Controllers: Allocating Legal Liabilities in a Free Flight Environment", Annals of Air and Space Law, Vol. 26, 2001, pp. 208–209.

[2] 参见《国际民用航空公约》附件 11。

[3] 参见吴建端:《航空法学》,中国民航出版社 2005 年版,第 95 页。

[4] See Francis P. Schubert, "The Corporatization of Air Traffic Control: Drifting between Private and Public Law", Annals of Air and Space Law, Vol. 22, 1997, p. 236.

[5] See Francis P. Schubert, "The Corporatization of Air Traffic Control: Drifting between Private and Public Law", Annals of Air and Space Law, Vol. 22, 1997, p. 236.

[6] 参见吴建端:《航空法学》,中国民航出版社 2005 年版,第 97 页。

[7] See C-WP/7781, Study on the Liability of Air traffic Control Agencies, 1984, at 15. 转引自 Ruwantissa Abeyratne, Air Navigation Law, Springer Press, 2012, p. 37.

[8] 《国际民用航空公约》第 28 条规定,"各缔约国在其认为切实可行的范围内承诺:一、按照根据本公约随时建议或制定的标准和惯例,在其领土内提供机场、无线电服务、气象服务和其他空中导航设施,以促进国际空中导航。二、……"

生的空中相撞事件。由于事故发生在德国境内，法院依据德国法律裁决。根据德国法律的相关规定，只有国家可以因其空中交通管制员的疏忽而被起诉。2006 年 7 月 27 日，德国法院裁定，虽然德国将空中交通管制服务委托给了瑞士提供商 Skyguide，但是德国仍应对其领土内提供的空中交通管制服务负责，德国有责任向巴什基里亚航空公司赔偿损失。①

此外，在美国的司法实践中，法院认为，如果政府塔台人员的疏忽致使两架飞机同时降落在同一条跑道上，或者因疏忽而作为或不作为，最终危险发生，政府对造成的伤害应承担责任。② 因此，当空管人员的疏忽而导致航空事故发生时，政府不能据此援引免责条款而免除责任。

综上所述，根据《国际民用航空公约》第 28 条的规定，大多数情况下空中交通管制责任由政府承担。即使是空管机构私有化的国家，国家承担空中交通管制的责任也是不可改变的。究其原因，空管机构私有化并不是简单地将政府的一部分职能转移给私人，这只是公共产品供给的一个新途径，政府并不因此而免责。③ 国家将空管服务的实际任务移交给私营实体，但同时应保留监督作用，国家行为的后果理应由国家承担。④

二、空中交通管制责任的归责原则

归责原则随着社会生活的发展而不断变化，科学技术的不断进步以及生产力整体水平的迅速提高，现代社会结构日益复杂化，必然导致单一的归责原则多元化。⑤ 受到民法领域侵权行为归责原则的影响，空中交通管制责任

---

① See The *Legal Liability of Air Traffic Controllers*，http://www. inquiriesjournal. com/articles/613/the-legal-liability-of-air-traffic-controllers，访问时间：2021 年 10 月 14 日。

② See Eastern Airlines, Inc. v. Union Trust Co. ,221 F. 2d 62 (D. C. Cir 1985). 原文为："If a Government Towerman negligently clears two planes to land on the same runway at the same time, or is guilty of some other negligent act or omission in doing his work, the Government is liable for the resulting injury in the same manner and for the same reason that it is liable for injury done by the driver of a mail truck who, in exercising discretion how to drive, negligently runs through a red traffic light".

③ 参见陈恩才：《论公共行政民营化后的国家责任》，载《天府新论》2013 年第 1 期。

④ 参见陈恩才：《论公共行政民营化后的国家责任》，载《天府新论》2013 年第 1 期。

⑤ 参见王利明：《侵权行为法研究》（上卷），中国人民大学出版社 2004 年版，第 196 页。

的归责原则必须反映和满足过错归责的一些基本要求,如过错原则和严格责任原则。这些归责原则会在国家侵权行为中有所反映,他们往往会影响空中交通管制责任归责原则的选择与构建。

(一)过错责任原则

一些国家的空中交通管制责任是以过错责任原则为基础认定的。19世纪末20世纪初,过错责任原则是侵权责任认定标准的主要原则。过错责任原则的基本含义是,过错是行为人承担责任的前提。如果行为人主观上不存在过错,就当然不承担责任。在适用方法上,过错责任遵循"谁主张、谁举证"的规则,通常由受害人对行为人的过错承担证明责任,行为人无须证明自己没有过错。[1]

过错责任原则也有其自身的缺点和局限性。具言之,一方面,在法律适用上,就空管机构及空管员的责任而言,空中交通管制员受其本国国内法的约束。然而实践中,法律适用的情况更为复杂。[2]例如,相邻的飞行情报区可能是空管员根据不同立法执行任务的授权空域,该空域可能是仅适用航空规则的公海的一部分,此外,该空域可能存在边界争端等问题。[3] 另一方面,过错责任要求证明过错的必要性,一般情况下,过错责任原则会给受害人课以过重的举证负担。确定空管机构职责的范围始终是极其困难的。随着航空工程和空中交通管制技术的发展,标准必然会不断变化,各国对空中交通管制的标准存在差异,过错责任不仅增加了诉讼成本,还会使一些受害者得不到赔偿。[4]

由上述分析可知,过错证明制度似乎特别有利于被告。[5] 但是,尽管证明空管机构存在过错的必要性可能会阻止一些受害人直接起诉政府,但它不会

---

[1] 参见马怀德主编:《国家赔偿问题研究》,法律出版社2006年版,第67页。
[2] 这是IFATCA在其1979年布鲁塞尔会议上提出的关于这个问题的一项研究。
[3] See Helene Sasseville, "Air Traffic Control Agencies: Fault Liability vs. Strict Liability", Annals of Air and Space Law, Vol.10, 1985, p.244.
[4] See Helene Sasseville, "Air Traffic Control Agencies: Fault Liability vs. Strict Liability", Annals of Air and Space Law, Vol.10, 1985, p.245.
[5] 有学者列举了过错责任的优点如下:(1)它允许多种抗辩事由,如作为或不作为与损害、原告的共同疏忽、不可抗力、原告放弃责任或承担风险之间没有因果关系;(2)证明过错的难度将使其他公约下的追索权更具吸引力,即使追偿金额可能因限制而减少,从而减少对政府采取行动的次数。

减少必须支付损害赔偿的人的追索行动或第三方诉讼的数量。律师难以在技术上如此复杂的领域提起诉讼,法院也并不能保证结果对任何一方都完全公平。①

(二) 严格责任原则

严格责任原则不同于过错责任原则,是指比没有尽到合理的注意而应负责的一般责任标准更加严格的一种责任标准。② 根据严格责任原则,如果应该避免的损害事实发生,无论行为人是否尽到合理的注意,是否尽到了其他人可能尽到的一切努力避免事故的发生,当发生损害时,行为人应当对其所造成的损失负责,即严格责任不要求受害人对侵权人的过错承担举证责任,侵权人亦不得以无过错为抗辩事由。③

在航空领域,严格责任的相关规定在航空法中早已存在。1933 年,各国在起草《罗马公约》时采用严格责任,并在 1952 年修订该公约时予以保留。④ 1966 年《蒙特利尔临时协定》引入了严格的有限责任制度,这是传统的过失制度未能确保以经济的方式向飞机事故的受害者提供足够的赔偿而造成的。1971 年,当《危地马拉城议定书》(Guatemala City Protocol)用严格责任(Strict Liability)取代《华沙公约》的过错责任(Liability for Fault Rule)时,推行了这一原则。承运人准备接受这一改变。许多航空公司已在国内法规定的严格运输责任制下运营,保险已经广泛普及,航空业的安全记录也足够好,能够承受无故障系统。许多人还认为,由于难以通过辩护"一切必要措施"和广泛适用事实自证原则(Res Ipsa Loquitur)⑤来免除自己的责任,《华沙公约》实际上已成为一项严格责任公约。⑥

---

① See Helene Sasseville, "Air Traffic Control Agencies: Fault Liability vs. Strict Liability", Annals of Air and Space Law, Vol. 10, 1985, pp. 243 - 244.
② 参见王利明:《侵权行为法研究》(上卷),中国人民大学出版社 2004 年版,第 246 页。
③ 参见马怀德主编:《国家赔偿问题研究》,法律出版社 2006 年版,第 69~70 页。
④ See Helene Sasseville, "Air Traffic Control Agencies: Fault Liability vs. Strict Liability", Annals of Air and Space Law, Vol. 10, 1985, p. 239.
⑤ 事实自证是指在缺乏充分证明的情况下,举证责任转移至被告。他必须证明,如果没有他的过失,事故也会发生。
⑥ See Helene Sasseville, "Air Traffic Control Agencies: Fault Liability vs. Strict Liability", Annals of Air and Space Law, Vol. 10, 1985, p. 246.

英国学者弗莱明(Fleming)认为,严格责任更适合对与危险活动相关的损害进行赔偿。他提出了几个某一特定活动是否符合这种描述的构成要件:(1)风险带来的潜在灾害的程度;(2)风险具有不可控性,即使遵循所有已知的安全预防措施也无法保证完全安全;(3)潜在受害者没有足够的能力保护自己免受危险事实的影响。弗莱明认为,"现代技术通过确定事故的确切原因来证明疏忽大意,而意外事故的众多受害者却很难面对"[1]。上述三点都与空中交通管制服务相适应。首先,就第一点而言,空管员的过错可能导致数百人受害。其次,随着空中交通管制技术变得越来越复杂,设计或工程上的基本缺陷和计算机化设备的故障使仅仅基于故障的行为的评价变得过时,风险具有不可控性。最后,如果航空公司(作为潜在受害者)能够改进自己的安全措施,他们就无力对空管机构要求更严格的措施[2]。

三、小结

当今社会公认的一项国际法原则是,违反义务的国家应适当或充分地作出赔偿,这项赔偿责任被视为不适用公约的必要补充。[3] 联合国国际法委员会建议草案条文要求:每个国家都有义务按照国际法以及国际法规定的国家主权原则(必要时适度让步主权)处理与其他国家之间的关系。[4]

恰如保罗·斯蒂芬·邓普西(Paul Stephen Dempsey)教授所言,"天空属于公众,政府只是受托人"[5]。基于一国的经济利益和政治目的,不能免除或转移政府的传统职能和受托主体的责任和义务。此外,让政府负起责任可确保提供航空服务的质量。尽管一些国家的空管机构是自筹资金的私人机构,在财务、基础设施资金和收入等方面不受政府控制,然而,事实上,空管机构

---

[1] Helene Sasseville, "Air Traffic Control Agencies: Fault Liability vs. Strict Liability", Annals of Air and Space Law, Vol. 10, 1985, pp. 246–247.
[2] 就目前现状而言,空中交通管制服务仍旧由政府垄断。
[3] See Ruwantissa Abeyratne, *Air Navigation Law*, Springer Press, 2012, p. 41.
[4] See Report of the International Law Commission to the General Assembly on the Work of the 1st Session, A/CN.4/13, June 9 1949, at 21.
[5] Paul Stephen Dempsey, Privatization of the Air: Governmental Liability for Privatized Air Traffic Services, Annals of Air and Space Law, Vol. 28, 2003, pp. 118–119.

仍应处于政府的监管控制之下,其基本前提是原本由国家政府提供的设施,即使有些国家的空管机构已经私有化,仍不完全脱离政府继续控制的责任范围。因此,在国际条约要求政府提供空中交通管制服务的规定下,政府不能完全免除空中交通管制责任。[1]

就空中交通管制责任的归责原则而言,过错责任原则认为,一个为整个社会的利益而制定的社会利益法规通常不会引起违反义务的行为,除非过错可以被证明。这项原则的依据是,社会立法影响到一类人,而在该立法范围内对个人的照顾是基于有关立法机构赋予权力当局的自由裁量权。[2] 严格责任原则是在过错责任原则的基础上发展形成的。客观责任理论认为,空中交通管制责任必须是严格责任,不考虑善意或恶意。[3] 笔者认为,空中交通管制责任适用严格责任原则无疑给空管机构增加了过重的负担。尽管空管员的行为在一定程度上对航空器的飞行有一定的控制性,但其本身并不经营航空运输并以此获得相应的利益,其获得的报酬与经营航空运输的致害风险严重不成比例,不具有合理性。[4] 此外,以瑞士弗朗西斯·舒伯特(Francis Schubert)为代表的一些学者认为,航空飞行不再被认为是一种危险的活动,而是一种基本的交通方式,应该被保护。空中交通管制的出现降低了飞行风险,因此,空中交通管制机构应该得到更有利的待遇。

第三节　空中交通管制责任的构成要件及抗辩事由

"责任源于信任"这一原则被称为"好撒玛利亚人"(The good Samaritan)原则。如果空管机构承诺行使一种可引起信任的行为,那么它就有义务以应

---

[1] See Ruwantissa Abeyratne, *Air Navigation Law*, Springer Press, 2012, p.19.
[2] See Ruwantissa Abeyratne, *Air Navigation Law*, Springer Press, 2012, p.33.
[3] See Ruwantissa Abeyratne, *Air Navigation Law*, Springer Press, 2012, p.39.
[4] 参见刘海安:《航空视域中的侵权法研究与适用——兼论基础法理在应用领域的切入策略》,载《河北法学》2012年第9期。

有的谨慎继续该行为。① 航空事故中空中交通管制责任要求空管员过失违反法定义务,造成损害,以及违反义务与造成损害之间具有因果关系。如前所述,政府作为空中交通管制员的雇主,通常对空管员的行为承担替代责任。因此,本部分不再赘述政府的替代责任,而是重点分析空中交通管制责任的构成要件与抗辩事由。

一、空中交通管制责任的构成要件

空中交通管制责任应满足以下4个条件:其一,损害事实;其二,空管员负有注意义务(Duty of Care);其三,空管员违背了注意义务,具有过错行为;其四,空管员的行为与损害之间存在因果关系。

(一)损害事实

根据"无损害、无赔偿"原则,空中交通管制责任应以损害事实的存在为前提,②如加拿大"塞克斯顿诉博亚克"(Sexton v. Boak)案,一架本应降落在温哥华机场的阿兹特克(Aztec)小型飞机在温哥华机场附近坠毁,4名乘客无一生还。两名乘客的遗孀对飞行员和空中交通管制员提起诉讼,请求赔偿。因此,损害事实是空中交通管制责任的构成要件之一,损害事实的发生是行为人承担空中交通管制责任的前提。

在空中交通管制责任中,归责原则的选择不影响损害事实在责任构成中的重要性。无论空中交通管制责任选择何种归责原则,是过错责任原则还是严格责任原则,只要适用损害赔偿责任,就要确定损害事实。③ 当然,基于不同的归责原则,损害事实的认定对空中交通管制责任的意义略有不同。例如,基于过错责任原则,根据既定的损害事实,结合空中交通管制员的过错程度来决定赔偿范围。

(二)注意义务

为确保航空器的空中航行安全,航空器应在管制塔或管制中心的指挥下

---

① See Rick Bigwood, "The Civil Liabilities of Air Traffic Control Personnel in New Zealand", Aukland University Law Review, Vol.4, 1987, p.431.
② 参见王利明:《侵权行为法研究》(上卷),中国人民大学出版社2004年版,第357页。
③ 参见王利明:《侵权行为法研究》(上卷),中国人民大学出版社2004年版,第358页。

有序运行。空中交通管制人员与船舶领航员类似,空管员需要对其管制区域内的所有航空器发出指令,即空管员负有法律上的注意义务。① 在考虑空中交通管制员职责的特殊性质时,信赖因素在确定是否存在谨慎职责时最为重要。澳大利亚高等法院认为,信赖一直是确立注意义务存在的重要因素。②

当事人合理依赖的可预见性是注意义务的基础。③ 空中交通管制机构应对此承担责任。肖克罗斯(Shawcross)和博蒙特(Beaumont)曾认为,空中交通管制员对在管制空域内飞行的飞机的飞行员和乘客负有注意义务。这项职责与飞行员的职责同时发生,被描述为:"采取合理的谨慎措施,提供所有可能需要的指示和建议,以促进其职责范围内的航空器安全。"澳大利亚法院已认可肖克罗斯和博蒙特对空中交通管制员的注意义务的定义。

空管员从事的活动属于危险性活动,极易造成危害他人的后果,因此,空管员应保持更高的注意义务。然而,空管员必须遵守的注意标准将根据情况而有所不同。如果空管员对紧急情况下的行动方案作出合理决定,如果所决定的行动方案被证明是错误的,且随后是有害的,他将不承担过错责任。④

(三)过错行为

客观过错说由来已久,罗马法曾以"良家父"(Bonus Pater Familias)作为判定行为人有无过错的标准。⑤ "良家父"的注意即为一个勤勉之人所应尽的注意,没有尽到此种注意即为过失。随着危险活动和事故的不断增长,受害人的损害赔偿责任已成为一个严重的社会问题。⑥ 具体到过失侵权的赔偿责任,大陆法系将违法或实际犯罪称为过错。普通法系国家,如英国,区分了非

---

① See I. H. Ph. Diederiks-Verschoor, *An Introduction to Air Law*, Kluwer Law International, 2012, p. 262.
② See Ronald I C Bartsch, *Aviation Law in Australia*, Thomson Reuters Australia Limited, 2009.
③ See Ronald I C Bartsch, *Aviation Law in Australia*, Thomson Reuters Australia Limited, 2009.
④ See Rick Bigwood, The Civil Liabilities of Air Traffic Control Personnel in New Zealand, Aukland University Law Review, Vol. 4, 1987, p. 432.
⑤ "良家父"是一个谨慎的、勤勉的人的别称。由于在古罗马,父亲享有处理家族事务的全权,要求他具有比一般人更重的责任心。
⑥ 参见王利明:《侵权行为法研究》(上卷),中国人民大学出版社2004年版,第463页。

法和过错,后者被认为是疏忽,前者被认为是越权行为。[1]

大多数学者认为,"过错"是违反了义务或违反了行为标准。就违反法定义务而言,在某些情况下,违反法定义务使得那些因违约而遭受损失的人可以在违反法定义务的侵权行为下提出索赔。[2] 从本质上讲,"对他人造成损害的不法行为,无论是不作为还是作为,均构成过错"[3]。故意的不法行为是违法行为,而无意的行为是准违法行为。有学者认为,大陆法系的过错比普通法系的过失侵权的范围更广;然而,这两个系统的基本要素十分相似,因此在实践中,所有空管员都适用相同的过错标准。[4]

例如,1939年,加拿大首例涉及商业飞行的诉讼"加勒诉Wings公司"(Galer v. Wings Ltd.)案中,[5]法官认为,"航空运输纠纷中涉及过错和其他普通法相关的问题,在处理此类案件时应自动适用判例法。因此,除非加拿大有相反的法定规定,否则法院处理航空运输案件时必须适用普通法原则"[6]。"过错"在航空事故中的适用早于加拿大的《王权赔偿责任法案》。虽然至今还没有一个案例明确说明这一点,但通过加拿大《王权赔偿责任法案》和加拿大《航空法》的结合条款以及"过错"的适用,一般过错规则也适用于空中交通管制员。[7]

(四)因果关系

无论是以过错责任原则还是严格责任原则作为空中交通管制责任的归责原则,因果关系在空中交通管制责任认定中至关重要。具言之,其一,在过错责任原则下,空管员的过错和损害事实之间具有因果关系,从而确定空管

---

[1] See Ruwantissa Abeyratne, *Air Navigation Law*, Springer Press, 2012, p.33.
[2] See Ronald I C Bartsch, *Aviation Law in Australia*, Thomson Reuters Australia Limited, 2009.
[3] Goldenberg, H. Carl. *The Law of Delicts*, Montreal, 1935, p.10.
[4] See Helene Sasseville, *The Liability of Air Traffic Control Agencies* (master's thesis, University of McGill, 1985), p.98.
[5] See Galer v. Wings Ltd., (1939) 1 D.L.R.13.
[6] Helene Sasseville, *The Liability of Air Traffic Control Agencies* (master's thesis, University of McGill, 1985), p.96.
[7] See Helene Sasseville, *The Liability of Air Traffic Control Agencies* (master's thesis, University of McGill, 1985), p.96.

员承担空中交通管制责任。其二,在严格责任原则下,虽然严格责任原则弱化了受害人对过错的举证责任,但因果关系在空中交通管制责任的认定中并没有因此而削弱,因果关系仍是空中交通管制责任的构成要件之一。[①] 需要注意的是,因果关系只是确定空中交通管制责任的一个条件,查找因果关系的目的不在于确定空管员的行为是否违背其义务,而在于确定空管员的行为与损害结果之间的联系。[②]

例如,在一起针对航空公司和美国在航空事故中乘客伤亡的诉讼"英厄姆诉东方航空"(Ingham v. Eeastern Airlines Inc)案中,联邦巡回法院法官欧文·R. 考夫曼(Irving R. Kaufman)认为,空中交通管制员有责任就严重危害飞机安全的恶劣天气向飞行员发出警告,联邦航空局进近管制员未能通知进场飞机能见度已从一英里下降到3/4英里违反了美国联邦航空局关于天气发生必要变化的指令。尽管关于飞机航向的最终决定在飞行员的自由裁量权范围内,但空管员未能发出警告是事故的直接原因,从而造成了事故的发生,可见空管员未能及时向飞行员发出警告的过错行为与航空事故的发生具有因果关系。[③]

二、空中交通管制责任的抗辩事由

(一)"出于善意"的职务行为

传统标准认为,空中交通管制责任能否免除取决于空管员在执行职务时是否出于善意。[④] 例如,美国《联邦侵权赔偿法》第1346条b款(1)规定,政府雇员在他的职务或工作范围内疏忽或错误的作为或不作为而造成的人身伤害或财产损失,如果受害者是私人,联邦政府将根据作为或不作为发生地的

[①] 参见王利明:《侵权行为法研究》(上卷),中国人民大学出版社2004年版,第391页。
[②] 参见王利明:《侵权行为法研究》(上卷),中国人民大学出版社2004年版,第399页。
[③] See Ingham v. Eeastern Airlines Inc., 373 F 2d 227 9 2nd Cir (1967).
[④] 根据美国法律规定,美国政府工作人员的范围包括任何联邦机构的官员或雇员、美国军队或海军成员以及代表联邦机构以官方身份临时或长期为美国服务的人,无论政府是否给予报酬。美国政府工作人员的范围包括美国下属的私营机构,但不包括与政府合作的承包商。See Helene Sasseville, *The Liability of Air Traffic Control Agencies* (master's thesis, University of McGill, 1985), p. 13.

法律对申请人承担责任。① 如果空管员是出于善意做出的职务行为,即使侵犯了个人权利也不受追诉。然而,"出于善意"是一个主观标准。进言之,主观标准是一个非常复杂的问题,政府责任的免责标准应从主观标准向客观标准转变。20世纪70年代后,美国法院对政府职员的行为是否出于善意制定了一个客观标准,即根据国家规定,政府职员侵犯的权利是否完全成立,或者政府职员侵犯权利时以是否知道或应当知道作为标准。根据客观因素判断政府职员是否出于善意,较为简便。只有当他们的行为违反一个合理的人所应知道的明显存在的法律或宪法权利时,才依法承担民事赔偿责任。② 同时,《联邦侵权赔偿法》第2680条又规定了大量的例外情况。③ 从这些规定来看,若政府职员在执行职务时,明知他的职务行为将侵犯公民的权利,而放任不管或恶意地侵犯公民的权利,造成的损害,不由联邦政府承担而由政府职员自己承担。④

(二)恶劣天气

以"吉尔诉美国"(Gill v. United States)案为例,原告是一架轻型飞机上的两名乘客的家人,飞机从得克萨斯州的特萨克纳飞往得克萨斯州的圣安东尼奥,因雷雨天气,在得克萨斯州大学站附近的一个机场紧急着陆时坠毁。原告指控德克萨卡纳机场、韦科雷达进近控制设施、奥斯汀雷达进近控制设施和大学站伊斯特伍德机场的空中交通管制人员存在8次疏忽行为。原告声称,各管制人员提供了错误或误导性的天气信息,并建议修改飞行计划,最终导致悲剧发生。法院认定,"八起涉嫌疏忽的案件中有六起……可能被归类为不完整或不准确的天气信息报告"。法院认为,坠机是伊斯特伍德机场存在的极其危险的天气条件造成的,此外,被告通过疏忽的天气报告,对将宾特利夫博士及其乘客置于危险位置负有责任,这是他们死亡的直接原因。⑤

原告对此提出上诉,上诉法院确认了下级法院的裁决,即美国在通过韦科雷

---

① See 28 U.S.C.A. § 1346 § 1346. United States as defendant 28 USC 1346.
② 参见马怀德主编:《国家赔偿问题研究》,法律出版社2006年版,第65页。
③ See 28 USC 2680: Exceptions.
④ 参见马怀德主编:《国家赔偿问题研究》,法律出版社2006年版,第64页。
⑤ See 285 F. Supp. 253 (E.D. Tex. 1968).

达进近控制系统提供不准确、不完整和在所有合理可能性下具有误导性的飞行天气信息方面存在疏忽,这种疏忽是事故的直接原因,这并不是明显错误的。①

（三）飞行员的责任

以加拿大的"塞克斯顿诉博亚克"（Sexton v. Boak）案为例，一架本应降落在温哥华机场的阿兹特克（Aztec）小型飞机在温哥华机场附近坠毁，机上4名乘客无一生还。事故发生的原因是一架波音707飞机刚刚降落时产生的尾流，阿兹特克飞行员尚未寻求或获得降落许可，但在进场时，管制员已告知他和另一架飞机的飞行员彼此在场。两名乘客的遗孀对飞行员和一名空中交通管制员提起诉讼；遗产管理人向空管员及其一名同事提起了第三方诉讼。认为空管员疏忽的理由是其未能警告湍流或指示避免危险的间隔距离。法官认为，在着陆许可之前，以及在目视飞行规则上，充分分离的责任在于飞行员，而不是控制塔空管员。② 因此，飞机按照空中交通管制的指示执行了目前唯一批准的仪表进近航线，但使用了错误的信标，从而造成事故发生。法院认为，坠机事件完全是飞行员的疏忽造成的，虽然空中交通管制员没有尽到合理谨慎的义务，但这不是坠机的原因。

法院得出上述结论的理由是，当飞行员收到指令时，他可以选择接受或质疑，如果他接受，他就有责任执行。一旦被接受，空管员没有责任监控飞机的下降；飞机分离是他的首要关注和职责。③ 在试图建立适用于空中交通管制服务的标准时，法官认为，"航空安全需要空中交通管制员和飞行员的努力，他们的努力是相辅相成的"。这让我们相信，他认为空管员与飞行员应该共同承担责任。然而，他很快又回到了最早飞机分离的概念，认为这只是空中交通管制的职责。有人恰当地批评这项决定，说它甚至拒绝考虑美国在这个问题上的法理学的既定原则。这种批评是有道理的，特别是因为此案涉及仪表飞行规则。④ 如果"没有合理的设计来确保飞机安全"，那么就应该被视

---

① See Gill v. United States, 429 F.2d 1072 (5th Cir. 1970).
② See 12 AVI 17851 (British Columbia Supreme Court, 1972).
③ See Helene Sasseville, *The Liability of Air Traffic Control Agencies* (master's thesis, University of McGill, 1985), pp. 110-111.
④ See Helene Sasseville, *The Liability of Air Traffic Control Agencies* (master's thesis, University of McGill, 1985), p. 111.

为存在疏忽大意的过失。

第四节　空中交通管制责任的国际考察

每个国家都有自己独特的空中交通管制责任制度,各国在裁决此类争端的法院类型上也存在分歧。① 为更好地研究空中交通管制责任,本章择取美国、加拿大和澳大利亚三国空中交通管制责任的理论基础及其司法实践,由此提炼和总结域外国家处理空中交通管制责任的做法。

一、美国空中交通管制责任的理论基础及实践

美国大峡谷空中相撞事件发生前,美国实行军民航分别管制,由航空协调委员会负责协调军民航空中交通管制之间的关系。1956年,大峡谷空中相撞事件为美国空中交通管制敲响了警钟,美国逐渐改变空中交通管制规则。②

(一)美国空中交通管制责任的法理基础

美国空中交通管制责任经历了一个漫长的发展过程。针对联邦政府的诉讼中适用美国主权豁免的起源并不明确,但适用该原则的前提是,未经政府同意,政府不能被起诉。普通法理论的基本思想是"国王不能为非"③。对于政府雇员在履行职责时造成的伤害,公民寻求救济的唯一途径是向国会提交私人法案。美国《联邦侵权赔偿法》虽然没有为美国政府建立任何具体的责任制度,但声称美国政府同意在侵权责任方面将其视为法人,无权享有豁免。美国关于空中交通管制责任的法律依据主要散见于美国《法典》和《联邦

---

① 例如,在法国,因为法国的空管机构具有政府地位,行政法庭将审理航空事故管机构责任的案件。而在瑞士,由最高法院审理空管机构责任的案件。在美国,针对空管机构的诉讼必须在地方法院提起,而在德国,民事法院将有权审理案件。

② 大峡谷空中相撞事件是指,1956年6月30日,美国发生了一起商用客机空难,两机上包括所有乘客和机组人员在内,共128人全部罹难。这起空难在当时是史上最严重的商用客机空难。大峡谷空中相撞事件过后,美国的所有机场立即安装雷达。同时,飞行规定更为严格,以后飞机只能沿规定的航路飞行。

③ Helene Sasseville, *The Liability of Air Traffic Control Agencies*(master's thesis, University of McGill, 1985), p.9.

侵权赔偿法》。

1. 联邦航空局的权利与义务:《美国法典》第 49 卷

就联邦航空局的责任和义务而言,联邦法律将联邦航空局的责任和义务编入《运输法》,其中美国《法典》第 49 卷第 106 节规定,美国设立空中交通服务委员会,"委员会监督空中交通管制系统之行政、管理、操行、指挥及监督"①。委员会的一般职责列为"监督"和"保密",而具体职责是"战略计划""现代化和改进""运营计划""管理""预算"。② 这条规定将所有空中交通管制的权力和职责纳入联邦政府内部的一个中央机构。然而,关于空中交通管制应如何运作的其他重要规定,包括有关安全和费用的细节,第 7 节有所规定。③ 此外,基于航空运输对国家经济发展的重要性,1926 年,美国出台了《商业航空法》。该法规定,联邦政府有责任促进机场和空中航行设施的建设,建立民用航线并规范空中航行。不止于此,该法规定"美国政府对美国领空拥有排他性主权"。换言之,美国及其领土上空的领空属于联邦政府。对此,联邦最高法院认为,1926 年《商业航空法》对通航空域主权的规定是对专属国家主权的主张。该立法将机场置于当地市政当局的管辖和控制之下,但将空中交通管制置于联邦政府专属管辖之下,以保护公众免受不安全运营的影响。④

2. 联邦航空局赔偿责任的法律依据:《联邦侵权赔偿法》

最初,主权豁免绝对禁止任何由普通法侵权引起的针对联邦政府的损害赔偿诉讼。对于政府雇员在履行职责时造成的伤害,公民寻求救济的唯一途径是向国会提交私人法案。随着公民提交法案的数量越来越多,加之国会没

---

① 49 USC 106:Federal Aviation Administration,原文为:Committee shall oversee the administration, management, conduct, direction, and supervision of the air traffic control system,访问时间:2021 年 10 月 29 日。

② See 49 USC 106:(p) (7) (D) – (E),https://uscode.house.gov/view.xhtml?req = granuleid:USC-prelim-title49 – section106&num = 0&edition = prelim,访问时间:2021 年 10 月 29 日。

③ See 49 USC 44506:Air traffic controllers,https://uscode.house.gov/view.xhtml?req = granuleid:USC-prelim-title49 – section44506&num = 0&edition = prelim,访问时间:2021 年 10 月 29 日。

④ See Paul Stephen Dempsey, Privatization of the Air: Governmental Liability for Privatized Air Traffic Services, Annals of Air and Space Law, Vol. 28, 2003, p. 102.

有能力作出决定,在必须投票的案件中,往往会出现反复无常的结果。[1] 因此,1946年,美国出台《联邦侵权赔偿法》,允许美国政府"被起诉"。[2]《联邦侵权赔偿法》的根本目的是减轻国会的案件负担,即原告根据美国政府责任的习惯原则为美国雇员的行为寻求补救。[3]

首先,就美国空中交通管制机构而言,在联邦航空局成立之前,其前身民用航空管理局已经建立了一个空中交通管制网络,以安全有效地处理仪器飞行操作。空管局订定了空中交通管制员的认证标准,并公布了空中交通管制须遵守的标准程序。因此,在联邦航空局管辖下,在交通部工作的美国空中交通管制人员,无疑属于《联邦侵权赔偿法》中的政府雇员类别,并受其约束。[4]

其次,美国空中交通管制员的过错行为依据《联邦侵权赔偿法》的规定。[5] 最初法院认为空中交通管制员的行为属于自由裁量行为,塔台作出的任何决定都有政策依据,任何自由裁量行为都可以作为侵权责任的例外。这意味着国会认为,《联邦侵权赔偿法》规定的自由裁量责任例外的目的在于保护政策制定者。空中交通管制员的行为已被法院定性为自由裁量功能例外未涵盖的操作细节,如果空中交通管制员的疏忽行为导致航空事故发生,联邦政府将根据《联邦侵权赔偿法》承担责任。需要指出的是,即使在与天气有关的事故中,空中交通管制员也需要接受培训以处理飞机决策。空中交通管制员在履行职责时必须谨慎行事,如果在工作中因非职责或个人事务而分心,或者如果作出不符合他们接受过培训的政策的决定,则必须承担责任。适用合理

---

[1] See Helene Sasseville, *The Liability of Air Traffic Control Agencies* (master's thesis, University of McGill, 1985), p. 10.

[2] See Helene Sasseville, *The Liability of Air Traffic Control Agencies* (master's thesis, University of McGill, 1985), p. 10.

[3] See Downs v. United States, (1975) CA 6 Tenn, 522 F2d 990.

[4] See Helene Sasseville, *The Liability of Air Traffic Control Agencies* (master's thesis, University of McGill, 1985), p. 15.

[5] 1946年以前,空中交通管制员可能会对导致碰撞或其他空中交通管制错误的疏忽承担个人责任。1946年,国会通过了《联邦侵权赔偿法》,根据该法案的规定,美国政府放弃了在联邦法院被起诉的豁免权。See Lindsey Rattikin, "Air Traffic Control in the United States: Is Privatization the Path Back to the Top", Journal of Air Law and Commerce, Vol. 82, No. 3, 2017, p. 665.

的人标准意味着空中交通管制员必须以合理谨慎的人的普通谨慎程度履行职责。①

对《联邦侵权赔偿法》的规定,有学者认为,《联邦侵权赔偿法》并没有创造一个新的责任体系。譬如,在金诉美国案中,原告根据《联邦侵权赔偿法》起诉美国政府,要求赔偿美国空军一名学生飞行员造成的损失。案件中的飞行员驾驶训练飞机撞向受害人的房子,放火烧毁了房子和里面的东西。审判前,法官作了如下声明:"没有特别的法定条款来规定或管辖拥有和操作飞机的人的责任。如果没有这样的法令,则由一般适用于侵权行为的法律规则来管辖。"法院在审理空管机构侵权责任时,援引的是疏忽和适当注意的一般规则。②

(二)美国空中交通管制责任的判例实践

在美国,除《联邦侵权赔偿法》等独立法典的专门规定外,美国还通过大量的司法判例对空中交通管制责任认定进行了补充和更新,使其富有弹性和灵活性。因此,有必要对相关典型司法案例进行分析和研究。

1. 空管机构责任的认定

1955年"东方航空诉联合信托公司"(Eastern Airlines v. Union Trust Co.)案中,美国两架飞机在空中相撞,造成人身伤害和财产损失。美国哥伦比亚特区地方法院法官马修·F. 麦圭尔·J(Matthew F. McGuire, J.)根据陪审团的意见对航空公司作出判决,航空公司和美国政府不满判决结果提起上

---

① See Robert A. Clifford, Kevin P. Durkin & Michael S. Krzak, *Business and Commercial Litigation in Federal Courts* 4th, §111:92. *Air traffic controllers' liability*, https://1.next.westlaw.com/Document/If5375137280b11e190340000837bc6dd/View/FullText.html? navigationPath = Search%2Fv1%2Fresults%2Fnavigation%2Fi0ad740360000017c883e3c6e8c9c43fa%3Fppcid%3Ded8fd146b67041d582c2290d8179a1da%26Nav%3DANALYTICAL%26fragmentIdentifier%3DIf5375137280b11e190340000837bc6dd%26parentRank%3D0%26startIndex%3D41%26contextData%3D%2528sc.Search%2529%26transitionType%3DSearchItem&listSource = Search&listPageSource = fbad710b3c5ca6c3f86d7790a93d5d3f&list = ANALYTICAL&rank = 59&sessionScopeId = a13402cac72c5e3d81501ba69d98b576d105ca6c3f2859d77de07042fab448b8&ppcid = ed8fd146b67041d582c2290d8179a1da&originationContext = Search%20Result&transitionType =SearchItem&contextData =%28sc.Search%29.

② See Helene Sasseville, *The Liability of Air Traffic Control Agencies* (master's thesis, University of McGill, 1985), p.30.

诉。上诉巡回法院法官威尔伯·K.米勒（Wilbur K. Miller）认为,驳回客机已获准降落的肯定证词的证据不足,美国政府应对塔台空管员的空中交通管制责任的疏忽负责。① 对此,美国政府的立场是,空中交通管制员享有自由裁量权,因此应免除政府的责任。法院驳回政府的理由是,自由裁量权属于FAA,空中交通管制员不能因此免除疏忽职责。控制员和塔台操作员只是处理了超出自由裁量权职能范围的操作细节。此外,法院区分了操作层面和规划层面的自由裁量权,并将其归因于政府在规划层面的责任。②

2. 空管机构与飞行员的共同责任

在"马里兰州诉美国"（State of Maryland v. United States）一案中,一架美国空军 T-33 喷气式飞机在最后进近时超过一架正遵照仪表飞行规则的商用客机,两机发生碰撞。该商用飞机上的所有乘客全部遇难,空军飞行员跳伞到安全地带。证据显示,在相撞前,空中交通管制员在雷达上看到了 T-33,但未能将信息传达给客机的飞行员。律师认为,确保飞机安全的主要责任在于飞行员。③ 审理该案的法官认为,"众所周知,飞行员有义务在驾驶飞机时保持高度的谨慎和警惕。然而,这一义务并不减损空管机构中其他人（如空管员）的责任。如前所述,两个人或两个人以上的过失可共同造成事故,在这种情况下,每个人都应对结果负责"④。

3. 空中交通管制机构自由裁量权的认定

《联邦侵权赔偿法》没有对自由裁量行为给出一个明确的定义,但在 1953 年"达莱希特诉美国政府"（Dalehite v. United States）案中,联邦最高法院法官里德（Reed）先生认为,《联邦侵权赔偿法》的立法史表明,政府不应承担因政府性质或职能的行为或行为的结果而产生的责任,即在履行政府职能方面的自由裁量权,以及政府在制定和执行计划方面的行为,在这种情况下,是不会导致责任的自由裁量权行为。⑤ 尽管涉及判断因素,但大多数空中交通管制

---

① See Eastern Airlines v. Union Trust Co, 221 F. 2d 62 (D. C. Cir 1955).
② See Eastern Airlines v. Union Trust Co, 221 F. 2d 62 (D. C. Cir 1955).
③ See State of Maryland v. United States, 257 F. Supp. 768 (D. C. 1966).
④ 伤害或损害可能是两个或更多人共同过失的结果,每个人的过失都可能是结果的近因,在此情况下,每个过失的人或其雇主都要承担全部损失。
⑤ See Dalehite v. United States, 346 U. S. 15 (1953).

员在履行其职责时的日常决定不受自由裁量功能例外的保护,因为这些活动中涉及的判断或选择不以社会、经济和政治政策为基础。[①]

在 20 世纪早期,法院审理相关案件的司法理念是,如果在侵权法的原则下有给予赔偿的空间,那么在法律法规下就没有诉讼的空间。此外,为了对违反法定义务的行为进行赔偿,法院在法律法规内寻找相应的惩罚,以及所遭受的损害与法律法规旨在防范的风险之间的联系。一个为整个社会的利益而制定的社会利益法规通常不会引起违反义务行为,除非过失可以被证明。这项原则的依据是,社会立法影响到一类人,而在该立法范围内对个人的照顾是基于有关立法机构赋予权力当局的自由裁量权。[②]

二、加拿大空中交通管制责任的理论基础及实践

(一)加拿大空中交通管制责任的法理基础

如前所述,尽管一些国家的空中交通管制机构是一个自筹资金的机构,不受政府控制,但其仍应继续处于政府的监管之下。因此,尽管加拿大空管机构已私有化,但仍未完全脱离加拿大政府继续控制的责任范围,加拿大政府仍然不能完全放弃提供空中交通管制的责任,特别是在国际条约要求政府保留责任的前提下。大陆法系国家普遍认为国家机关及其雇员是国家的代理人,代表国家行使管理国家事务的权力。因此,就国家机关及其雇员违法行使国家权力所造成的损害,根据民法上的代理理论,理应由作为被代理人的国家来承担赔偿责任。[③] 基于此,加拿大的《王权赔偿责任法案》应运而生。

1.《王权赔偿责任法案》的起草过程

加拿大是英国殖民地,后来获得独立,但仍然是英联邦的一员,继承了英国宪法和法律的传统和习俗,包括"国王不能为非"原则。因此,最初加拿大

[①] See Helene Sasseville, *The Liability of Air Traffic Control Agencies* (master's thesis, University of McGill, 1985), p.66.

[②] See Ruwantissa Abeyratne, *Air Navigation Law*, Springer Press, 2012, p.33.

[③] 参见王立民主编:《加拿大法律发达史》,法律出版社 2004 年版,第 144 页。

没有因一名公务员的疏忽或不作为而对官方提出侵权索赔的先例。①

1867年,在新成立的加拿大联邦议会第一届会议上,通过了一项法令,规定任命官方仲裁员,其职能是评估公共工程征用土地或执行公共工程合同而造成损失或损害的赔偿。② 1870年,受害人执行此类合同而造成的死亡、伤害和财产损失提出的索赔请求,可以获得赔偿。公民可以向政府追索,但前提是以合同为基础,且只限于公共工程领域。国家的替代赔偿责任主要发生在政府官员实施侵权行为的场合。③ 因此,首先必须明确由国家承担责任的政府官员的范围。在加拿大,国家只替代其公务员和机关承担赔偿责任,并不为独立的合同方负赔偿责任,亦即不对国家机构的行政合同行为负责。④

1953年,加拿大制定了《王权赔偿责任法案》。1985年统一法运动之后,加拿大法律体系更趋完备,规定也更合理。在此基础上,经过历次修订,逐步建立了符合现代法治要求的《王权赔偿责任法》。《王权赔偿责任法案》共41个条文,规定了加拿大国家赔偿制度的基本原则、产生国家责任的行为、侵害、国家赔偿诉讼、国家赔偿的支付等内容,充分体现了普通法国家的国家赔偿制度的特点。⑤

除《王权赔偿责任法案》外,根据《英属北美法案》(the British North America Act)第101条赋予联邦议会的权力,联邦议会成立了最高法院和财政法院,并且通过了一项法案,允许通过一种称为"权利请愿书"的程序,就某些"合同"纠纷对政府提起诉讼。⑥ 除了非常严格地列举可以使用该程序的

---

① See Helene Sasseville, *The Liability of Air Traffic Control Agencies* (master's thesis, University of McGill, 1985), p. 83.
② See An Act respecting the Public Works of Canada. A. C. (1867) 31 vict. c -12.
③ 替代责任的概念出现在普通法中。例如,长期以来一直认为,仆人的疏忽可能归咎于主人,使他对给第三者造成的伤害承担严格的责任。虽然独立承包商疏忽替代责任可能不归咎于政府,但直接责任可能因未能履行不可委托的职责而归咎于政府。See Paul Stephen Dempsey, "Privatization of the Air: Governmental Liability for Privatized Air Traffic Services", *Annals of Air and Space Law*, Vol. 28, 2003, p. 111.
④ 参见王立民主编:《加拿大法律发达史》,法律出版社2004年版,第144页。
⑤ 参见王立民主编:《加拿大法律发达史》,法律出版社2004年版,第140页。
⑥ 该法案后经修改,特加补充说明:"本法案中的任何内容均不得规定女王陛下的权利或特权。"

事件外,该法案还规定,在每种情况下,"权利请愿书"必须首先提交总督批准,①总督可以接受或拒绝,总督批准后,对这些案件有管辖权的法院方能受理。②

1887年,关于官方仲裁员的法案被废除,他们的权力被移交给财政法院,并增加了一个新内容:法院有权处理因公共工程以及政府公务人员因其履行职责的疏忽发生人身伤亡及财产损失向王室提出的索赔。该修正案首次打破了王室在侵权行为中享有豁免权的传统规则。③

1927年,《财政法庭法案》(the Exchequer Court Act)中删除了"所有公共工程"一词,规定只要王室的雇员有过错,受害人就可以提出赔偿请求。④ 在之后的几年时间,其他立法修正案进一步加快了这一进程,许多国会议员和法学家希望看到加拿大政府受到与普通公民同样的责任规则的约束。⑤ 1953年《王权赔偿责任法案》提交议会时顺利通过。

2.《王权赔偿责任法案》第3条的法理解读及适用分析

《王权赔偿责任法案》处理的是"侵权和民事救助"。与空中交通管制员责任有关的规定主要是第3条,第3条的内容如下:

如果是成年和有能力的个人,王室须就其应承担的损害赔偿承担侵权责任

(1)在魁北克省,关于

①王室公职人员的过失造成的损害,或

②王室保管或拥有物品的行为或王室作为监护人或所有人的过失所造成的损害;或

---

① 加拿大是英联邦国家,英国女王是加拿大的国家元首,总督是英国女王在加拿大的常驻代表,由总理推荐并由女王任命。
② See Helene Sasseville, *The Liability of Air Traffic Control Agencies* (master's thesis, University of McGill, 1985), pp. 84 – 85. An Act to provide for the institution of suits against the Crown by Petition of Right, and respecting procedure in Crown suits. S. C. (1875) 38 vict. c –12.
③ See Helene Sasseville, *The Liability of Air Traffic Control Agencies* (master's thesis, University of McGill, 1985), p. 85.
④ See (1927) R. S. C. c. 34.
⑤ 这是因为1946年美国出台了《联邦侵权赔偿法》,1947年英国出台了《王权诉讼法》(Crown Proceedings Act),英联邦其他国家也有类似的法律。

(2)在任何其他省就

①王室公职人员的侵权行为,或

②违反对财产的所有权、占用、占有或控制的义务。①

这是《王权赔偿责任法案》中最重要的条款之一。第3条充分承认了政府的侵权责任。第一部分使政府对其受雇人的侵权行为负责:正如其在美国对应的《联邦侵权赔偿法》中所述,它是一种替代责任,源于雇主责任原则(Respondeat Superior),②涉及政府责任,必须证明受雇人有过失。第二部分比美国《联邦侵权赔偿法》更进一步,对王室拥有或控制的财产提出了直接责任。③ 然而,需要注意的是,法案没有废除国王的主权豁免特权。根据《解释法》(the Interpretation Act)第16条,为了将其搁置,需要对此作出明确规定。《王权赔偿责任法案》作为一部特殊的法案,只构成规则的例外而不是废除王室的豁免权。因此,尽管《王权赔偿责任法案》不包含《联邦侵权赔偿法》中列出的长长的例外清单,但通常都给出了严格解释,这与美国法院的态度形成了鲜明对比,美国法院很早就申明,《联邦侵权赔偿法》终止主权豁免的目的不会改变。④

第一,关于"公职人员"的界定,在法律上一直存在相当大的争论。因为除提到"公职人员包括代理人"之外,法案本身并没有对"公职人员"一词作出任何解释。1936年加拿大交通部(Ministry of Transport, MOT)成立,交通部承担起以前属于国防部管辖的民用航空的责任。《航空法》(The Aeronautics Act)赋予交通部长监督和管理与航空业发展有关的所有事项的权力。⑤ 加拿

---

① See *Crown Liability and Proceedings Act*, https://laws.justice.gc.ca/eng/acts/C-50/page-1.html,访问时间:2021年10月17日。

② 雇主责任原则源于英美法,即雇主应对其雇员的侵权行为负责。为了促进他们的工作,即使他在雇佣、训练、监督或不解雇等方面都没有过失,雇主仍对此负有责任。

③ See Helene Sasseville, *The Liability of Air Traffic Control Agencies* (master's thesis, University of McGill, 1985), p.87.

④ See Helene Sasseville, *The Liability of Air Traffic Control Agencies* (master's thesis, University of McGill, 1985), p.88.

⑤ See R. S. C. 1985, c. A-2, s. 4.2.1. 原文为:The Minister is responsible for the development and regulation of aeronautics and the supervision of all matters connected with aeronautics。

大所有的空中交通管制员都是由交通部招募、培训和雇用的国家公职人员。①因此,就空中交通管制员而言,他们被视为公职人员,应适用《王权赔偿责任法案》的规定。

第二,因空中交通管制服务的计算机设备故障而引起的事故,空中交通管制员或任何其他雇员的过失不能被援引的情况下,政府不能作为雇主被起诉。需要注意的是,由于政府对加拿大境内的所有空中交通管制相关设备负责,根据《王权赔偿责任法案》第3条的规定,加拿大政府应对此承担责任。②

总之,加拿大空管机构的赔偿责任是以《王权赔偿责任法案》为主,辅之以各省关于赔偿的规定,联邦政府承担的国家赔偿责任范围极为广泛,这在确保王权至上的同时,尽最大可能地保障民权。③

3. 加拿大《王权赔偿责任法案》和美国《联邦侵权赔偿法》的比较分析

首先,加拿大《王权赔偿责任法案》和美国《联邦侵权赔偿法》都规定了政府作为雇主的替代责任。其中,《王权赔偿责任法案》规定,"政府对其拥有、占有或控制的任何财产直接承担责任"④。条文没有对"财产"一词作出定义,但根据《王权赔偿责任法案》第5条第1款的规定,私人财产和不动产都应包括在内。⑤

其次,《王权赔偿责任法案》和《联邦侵权赔偿法》都无须索赔人承担空管机构的过错证明责任。鉴于公共行政的复杂性和现代技术的日益使用,如果由索赔人承担证明责任,将给索赔人造成沉重的负担。幸运的是,这一要求

---

① See R. S. C. 1985, c. A -2, s. 4. 3(1). 原文为:The Minister may authorize any person or class of persons to exercise or perform, subject to any restrictions or conditions that the Minister may specify, any of the powers, duties or functions of the Minister under this Part, other than the power to make a regulation, an order, a security measure or an emergency direction。

② See Helene Sasseville, *The Liability of Air Traffic Control Agencies* (master's thesis, University of McGill, 1985), p. 100.

③ 参见王立民主编:《加拿大法律发达史》,法律出版社2004年版,第151~152页。

④ Crown Liability and Proceedings Act, https://laws. justice. gc. ca/eng/acts/C - 50/page -1. html, 访问时间:2021年10月18日。

⑤ 第5条原文如下:(1) Subject to subsection (2) the law relating to civil salvage, whether of life or property, applies in relation to salvage services rendered in assisting any Crown ship or aircraft, or in saving life from a Crown ship or aircraft, or in saving any cargo or apparel belonging to the Crown, in the same manner as if the ship, aircraft, cargo or apparel belonged to a private person. (2) All claims against the Crown under subsection (1) shall be heard and determined by a judge of the Federal Court。

在法理学上被搁置了;只要证明该疏忽行为或不作为是由国王的仆人在其雇佣范围内所做的就足够了。因此,虽然证据通常很容易获得,但一旦空管部门的疏忽被证明,就不需要证明哪位空管员亲自参与。这一规定的第二个作用是向我们介绍了传统的过失法概念,这也是《王权赔偿责任法案》与《联邦侵权赔偿法》的另一个相似之处。①

最后,加拿大普通法对"过失"的认定,除微小的差异外,与美国的基本相同。② 过失是对普通法或成文法规定的注意义务的违背,导致原告受到损害。必须证明3个要素:(1)注意义务;(2)违反该义务;(3)损害。一旦证明了一种义务的存在,就有必要考虑适用的注意标准。在普通法上,衡量标准是"理性人"的行为或"在特定情况下的合理谨慎"③。

除《王权赔偿责任法案》外,《魁北克民法典》第1457条规定了侵权人承担侵权责任的条件:任何人均有义务以不引起对他人损害的方式遵守依据情势、惯例或法律课加给他的行为规范。如他具有理性且未履行其义务,应对他以此等过错造成的他人损害承担责任且有义务赔偿此等损害,损害之性质为身体上的、精神上的或物质上的,在所不问。在某些情形,他也负有义务赔偿他人的行为或过错或他监管的物的行为造成的损害。④

(二)加拿大空中交通管制责任的判例实践

1. 管辖权的认定

《王权赔偿责任法案》赋予财政法庭对王室的诉讼的管辖权,自1970年《联邦法院法案》(the 1970 Federal Court Act)通过以来,这些诉讼通过"索赔声明"的方式提交给联邦法院审判庭。⑤《联邦法院法案》第17条第1款规定:审判庭对所有向政府提出赔偿请求的案件具有初审管辖权,除非另有规定,审判庭对所有此类案件具有专属的初审管辖权。政府作为空中交通管制

---

① See Helene Sasseville, *The Liability of Air Traffic Control Agencies*(master's thesis, University of McGill, 1985), p.95.

② See Linden & Allen M., *Canadian Negligence Law*, Toronto, 1974, p.5.

③ Helene Sasseville, *The Liability of Air Traffic Control Agencies*(master's thesis, University of McGill, 1985), p.97.

④ 参见孙建江、郭站红、朱亚芬译:《魁北克民法典》,中国人民大学出版社2005年版,第184页。

⑤ See (1970) R.S.C. (2nd Supp.) c-10.

员的雇主,显然适用第 17 条第 1 款的规定。然而,需要指出的是,在针对政府和其他共同被告的联合诉讼案件中,联邦法院必须对所有被告均有管辖权。否则,原告必须将案件分开审理,并在省级法院单独提起诉讼。[1]

除第 17 条第 1 款的专属管辖权外,《联邦法院法案》还在第 23 条中赋予审判庭与省级法院对某些其他事项的合并管辖权:"汇票和本票、航空和跨省工程和承诺:在根据加拿大议会法案提出救济要求或寻求补救的所有情况下,或以其他方式与属于任何范围内的任何事项有关的所有案件中,审判庭在主体和主体之间具有并发的原始管辖权。以下类别的主题,即汇票和本票、航空以及连接省与其他省或超出省范围的工程和事业,除非另有特别指定的管辖权。"[2]这一模棱两可的规定在航空运输中产生了特殊的结果。在"本索尔诉加拿大航空公司"(Bensol Customs Brokers Ltd. v. Air Canada)一案中,上诉庭认为,联邦法院行使管辖权的基本前提是存在有效的联邦立法,因该案件涉及属于航空运输的国际航空运输法案,应当提交给联邦法院。[3]

典型的航空事务管辖权问题的案件是"西太平洋航空公司诉加拿大政府"(Pacific Western Airlines Ltd. v. The Queen)案。一架从阿尔伯塔省卡尔加里飞往不列颠哥伦比亚省克兰布鲁克的客机在着陆时坠毁。该航空公司起诉作为空中交通管制员的雇主(联邦政府、各种飞机和部件制造商以及克兰布鲁克市及其雇员)的过错责任。除联邦政府外,所有被告均质疑联邦法院的管辖权。其理由是,根据现有的联邦法律,不能作为疏忽索赔的依据。法院驳回了原告关于联邦法院的论点法案、航空法和条例以及加拿大和美国之间的双边条约是吸引其管辖权的充分基础的主张。该承运人随后被迫在不列颠哥伦比亚省高等法院对除政府外的其他被告提起诉讼。[4]

2. 空中交通管制员的"注意"标准

在"加拿大格罗斯曼诉国王"(Grossman v. The King)案中,一名飞行员和

---

[1] See Helene Sasseville, *The Liability of Air Traffic Control Agencies* (master's thesis, University of McGill, 1985), p.101. 这是因为航空诉讼可能涉及承运人、飞机制造商、机场和其他主体的疏忽。

[2] (1970) R. S. C. (2nd Supp.) c-10.

[3] See (1979) 2 C. F. 575.

[4] See (1979).2 F. C. 476.

他的乘客在萨斯卡通机场降落时,撞上了一个露天排水沟的一侧。原告的诉讼被驳回,因为法庭得出的结论是飞行员自身没有尽到注意义务,没有拨打无线电波段,也没有采取任何其他措施来通知自己着陆场地的情况。尽管有证据表明,这些沟渠并不构成危险,如果飞行员事先知道这些沟渠,就很容易避开,然而法官认为,如果对那些采取合理谨慎措施的人来说,阻碍不是显而易见的,那么政府将对未能给予充分警告的疏忽负有责任。根据法官的说法,履行警告职责的一种方式是通过机场的控制塔或无线电发射台。[①] 因此,从格罗斯曼的案例中可以得出以下结论:第一,空管机构及工作人员负有谨慎义务;第二,如果空管机构及工作人员未能履行这一义务,加拿大政府将被追究责任。

三、澳大利亚空中交通管制责任的理论基础及实践

(一)澳大利亚空中交通管制责任的法理基础

澳大利亚是世界上最早出台航空法律的国家之一。1920 年,澳大利亚颁布《空中航行法》。目前,澳大利亚已经建立了完善的航空运输法规体系,与空管相关的法律主要是《民用航空法》(1988 年)和《空域法》(2007 年)。

第一,《民用航空法》确定民航安全局,并对其功能进行总体定位。法律内容与其他各国航空法基本一致,涉及本国的领空主权、民用航空器国籍、民用航空器权利(包括民用航空器所有权和抵押权、民用航空器优先权、民用航空器租赁)、民用航空器适航管理、航空人员、民用机场、空中航行等基本法律规定。《民用航空法》是澳大利亚民用航空主管部门对民用航空器实施管理的基本依据,是所有民航单位和工作人员均应遵守的基本法律。[②] 此外,与法律对应的空管行政法规有《民用航空条例》、《民用航空安全条例》和《空域条例》。

第二,除立法和法规外,指导空域监管办公室运营的第三项文书是澳大利亚《空域政策声明》(the Australian Airspace Policy Statement, ASAPS)。基

---

① See 3 AVI 17472 (Exchequer Court of Canada, 1950).
② 参见胡明华、张洪海:《世界空管概况及发展趋势》,科学出版社 2017 年版,第 335~336 页。

础设施、交通、区域发展和地方政府部门制定了澳大利亚《空域政策声明》,为空域监管办公室提供关于作为国家资源的空域管理和监管的指导。空域监管办公室据此制定与声明中概述的优先事项一致的工作计划。

第三,澳大利亚空中交通管制员职责的相关文件是《空中交通服务手册》(the Manual of Air Traffic Services,MATS)。澳大利亚法院已经认可了空中交通管制员所承担的责任。要确定空中交通管制员是否违反注意义务,首先要调查界定及解释管制员操作责任的特定规例。①

政策和运营决策之间的区别很重要,用于限制公共当局可能负责的范围。公共当局不能对纯粹基于政策考虑的行为负责。例如,澳大利亚航空服务公司根据ICAO空域分类改变空域分类的决定是一项政策决定。因此,即使证明这种变化导致了事故,也不太可能引起责任。但是,对于那些被贴上"政策"标签的决定,保护是有限度的。在制定政策时,监管室局必须具备熟练的能力进行尽职调查。法院早就认识到,空中交通管制机构必须执行安全规则,以保护公众的航行安全。加拿大联邦上诉法院曾认为:根据该《航空法》和《规章》制定的《航空法》如果没有明确规定公众的注意义务,至少暗示这样做,因为这是他们存在的真正原因。如果不是交通部,飞行公众无法防范贪婪的航空公司、不负责任或训练不足的飞行员以及有缺陷的飞机,并且必须依靠交通部来执行法律和法规以维护公共安全。其表达的政策是,而且必须是执行这些条例,但是当执行的范围和方式不足以提供必要的保护时,它就不仅仅是一个政策问题,而是一个操作问题,绝不能疏忽或不适当地执行。②

(二)澳大利亚空中交通管制责任的判例实践

澳大利亚空中交通管制责任的判例实践,是其在沿袭英国法的基础上,法官结合本国实际情况作出的判决,具有一定的本土性。③

1.空中交通管制员的注意义务

如前所述,作为联邦雇主将对控制者的任何疏忽行为或疏忽承担间接责

---

① 参见何勤华主编:《澳大利亚法律发达史》,法律出版社2004年版,第205页。
② See Ronald I C Bartsch, *Aviation Law in Australia*, Thomson Reuters Australia Limited, 2009.
③ 参见何勤华主编:《澳大利亚法律发达史》,法律出版社2004年版,第196页。

任。澳大利亚大多数州颁布的立法禁止雇员作为共同被告加入或被原告或其雇主起诉。原告合理信赖的可预见性是确定注意义务的充分依据,但因空中交通管制员有"须遵守行使法定职能的公职人员"这一特性,从而可能享有豁免权。在某些情况下,原告的合理信赖将源于对空管员以应有的谨慎履行其职能的普遍信赖,而无须自证其行为的合理性。这种意义上的信赖是与某人有一定关系的因素的存在,使另一方当事人对其产生了合理的信赖。一般来说,如果立法机关对合理信赖不予保护,可能会对已形成合理信赖的人造成巨大损害。因此,信赖因素在空中交通管制中体现得尤为明显。在这种情况下,合理信赖是空中交通管制机构中确立注意义务的重要因素。[1]

在"跨洋航空公司诉澳大利亚联邦政府"(Trans Oceanic Airways Ltd. v. The Commonwealth of Australia)案中,法院判定空管机构有义务保障飞机的航行安全。原告的水上飞机坠毁是因为标志着陆点的浮标随潮水移动。空管机构知道这一事实,但他们没有通知机组人员。在着陆跑道能够安全使用之前,空管员有义务对机组人员采取的特别预防措施给出明确的警告。[2]

澳大利亚法院的相关判例已表明,违反1998年《民用航空安全条例》通常将是过错行为的有力证据。然而,过错行为诉讼的通常要求必须在原告成功之前得到证明。[3]

2. 空管员与飞行员的共同责任

在两架小型飞机按照目视飞行规则飞行着陆时发生碰撞事故的"尼科尔斯诉西蒙兹"(Nichols v. Simmonds)案中,法院裁定两名飞行员都有疏忽,未能持适当的瞭望。但是,空中交通管制员犯有更大的过失,因为他知道两架飞机都在降落的过程中,却没有采取任何行动来避免事故的发生。法院认为,空中交通管制员有注意义务,如果没有其他必要的原因阻止其这样做,空管员应时刻注意飞机在空中的航行情况,当危险可能或即将发生时,应向飞

---

[1] See Ronald I C Bartsch, *Aviation Law in Australia*, Thomson Reuters Australia Limited, 2009.

[2] See High Court, 1956 (unreported). Helene Sasseville, *The Liability of Air Traffic Control Agencies*(master's thesis, University of McGill, 1985), p.112.

[3] See Ronald I C Bartsch, *Aviation Law in Australia*, Thomson Reuters Australia Limited, 2009.

行员发出警告。在庭审意见中,这两架涉案飞机,按照目视飞行规则飞行并没有实质性地改变空管机构及空管员的职责范围。因此,法官对双方的责任评估如下:每位飞行员承担 30% 的责任,空管员承担 40% 的责任。①

在"澳大利亚国家航空委员会诉澳大利亚联邦和加拿大太平洋航空公司"(Australian National Airlines Commission v. The Commonwealth of Australia and Canadian Pacific Airlines)案中,法院对责任也以同样方式进行分摊。该案中一架从悉尼机场起飞的跨澳大利亚航空公司的飞机与一架刚刚降落在同一跑道上的加拿大太平洋航空公司的飞机相撞。法院认为,加拿大太平洋航空公司的飞行员存在疏忽大意,因为飞行员没有质疑一项本应令人惊讶的指令。跨澳大利亚航空公司被发现存在同样的过失,因为其飞行员在看到跑道上的其他飞机时,并未采取任何措施中止起飞或以更快的速度爬升。但由于空管员在没有事先检查跑道是否畅通的情况下就签发了起飞许可,应负有更严重的责任,法院认为这"严重背离了理性人的标准"(a serious departure from the standards of the reasonable man)。防止飞机相撞是空中交通管制机构的责任。②

显然,澳大利亚法院对空管机构注意义务的要求介于美加之间,即比美国更为宽松,比加拿大更严格。最后两个案件的特征是,与美国不同,澳大利亚法院并不认为有必要只将责任推给一方。这种灵活性,除更符合航空事故实际情况外,还使用一位学者所称的"曲折的法律推理技术"(Tortuous Techniques of Legal Reasoning)来寻找事故的近因变得不再必要,并可能产生更为公平的结果。③

四、小结

当活动本身具有危险性时,所有者、承包商或对活动负有信托责任的任

---

① See (1975) W. A. R. 1 (Supreme Court of Western Australia).
② See (1975) High Court.
③ See Helene Sasseville, *The Liability of Air Traffic Control Agencies* (master's thesis, University of McGill, 1985), p. 114.

何机构均不得将安全责任委托给其他人或实体。① 1944年的《国际民用航空公约》和根据该公约制定的标准和建议措施(Standards and Recommended Practices, SARPS)对各国规定了一项不可委托的义务,即提供空中交通管制服务以维护航空安全。因此,尽管政府可能有权与私人公司签订合同,提供空中交通服务,但确保此类私人服务符合国家安全要求的最终责任在于政府。

除强加此类责任的法律原因外,还有强大的公共政策原因。天空属于公众,由主权者托管。无论政府私有化的财务或政治动机是什么,它都不能通过将责任转嫁给私人承包商来推卸这种受托责任。如果政府授权一家私营公司履行传统的政府职能,尤其是具有内在危险性的职能,那么它必须监督该职能的履行,以保护其立法规定的公众安全。追究政府在侵权诉讼中的责任将有助于激励政府确保那些履行固有危险的主权职能(例如,空中交通管制服务)的人员具备适当的技能、培训、人员配备和管理,并将鼓励政府监控此类性能以确保航行安全。②

如果政府机构的设立旨在为公共服务,那么该政府机构可能要承担法律责任。综观美国、加拿大和澳大利亚三国空中交通管制的法律规范和司法实践现状,国家和空中交通管制机构不能免责。事实上,法院的趋势是要求空管机构对一系列活动承担越来越多的责任。这一趋势符合公平概念。③ 法院对大部分案件的判决结果显示,一些国家的国内立法确认了空中交通管制员享有公职人员的身份,这就需要根据其享有的权利、承担的职责、工作条件及所履行的义务来确定实际所承担的责任。过错是空中交通管制责任的必要条件。过错客观化,是指判断加害人的过错以"善良管理人"的注意义务为标准,而不考虑行为人的主观个别特性的判断标准。④ 例如,澳大利亚航空服务公司作为公共机构,

---

① See Paul Stephen Dempsey, "Privatization of the Air: Governmental Liability for Privatized Air Traffic Services", Annals of Air and Space Law, Vol. 28, 2003, p. 109.

② See Paul Stephen Dempsey, "Privatization of the Air: Governmental Liability for Privatized Air Traffic Services", Annals of Air and Space Law, Vol. 28, 2003, pp. 118–119.

③ See Ronald I C Bartsch, *Aviation Law in Australia*, Thomson Reuters Australia Limited, 2009.

④ 参见马怀德主编:《国家赔偿问题研究》,法律出版社2006年版,第68页。

不受任何法定豁免权的约束,可能会因过错而承担责任。[①] 就违反法定义务而言,在某些情况下,违反法定义务使得那些因违约而遭受损失的人可以在违反法定义务的侵权行为下提出索赔。因此,空中交通管制机构享有一定的自由裁量权,但没有理由不应该在与履行或未能履行其职能有关的适当情况下,受普通法注意义务的约束,涉及其政策制定和自由裁量权规定的除外。

第五节　空中交通管制责任的趋同化趋势

空中交通管制是航空运输模式机动性的保证,它汇集了所需的空中和地面功能,旨在确保航空器在各个运行阶段内的安全和高效移动。[②] 从事国际飞行的航空器在另一国领土上空并且在第三国的空中交通管制员的控制下可能会造成航空事故。比如,一架飞机在他国飞行,但在本国的空管机构的控制下,在另一缔约国造成了损害。这种情况下,除非法律解决办法得到统一,否则国内法无法解决。随着航空运输范围的扩大化及形式多样化,各国在空中交通管制相关规定的制定和运作过程中越来越倾向于参考国际社会的普遍实践与国际惯例,直接导致空中交通管制规则在国家间的趋同化发展。

一、空中交通管制机构的统一化:"欧洲单一天空"计划

欧洲提出的"欧洲单一天空"计划(The Single European Sky,SES)是欧洲空管现代化进程的里程碑,旨在协调欧洲国家空中交通管制系统的零散拼凑,构建高效统一的欧洲空中交通管理体系,提升欧洲空域使用的灵活性和空域的运行效率。[③] 欧洲一直在努力实施强有力的空中交通管理体系,现有

[①] See Ronald I C Bartsch, *Aviation Law in Australia*, Thomson Reuters Australia Limited, 2009.

[②] See Tatjana Bolic & Paul Ravenhill, "SESAR: The Past, Present, and Future of European Air Traffic Management Research", Engineering, Vol.7, No.4, 2021, p.448.

[③] 2009年发布的第一版《空管总体发展规划》描绘了欧洲单一天空的概念。根据欧洲单一天空的具体实施进展,欧洲每两到三年对"欧洲单一天空"计划总体发展规划进行更新,例如最新发布的2020版本中适时增加了无人机交通管理的内容。

结构以欧盟立法机构和程序为中心,并得到欧洲管制局(EuroControl)的支持。然而,欧洲单一天空计划仍面临重大挑战。①

以空中交通管制机构的赔偿责任为例,各国在向承运人和运营人提供过境和飞行保障服务时,如果是空管机构及其空管员的过失,国家将承担(有限)责任。各国必须保证按照国家或国际公约规定的数额有限或无限制地支付损害赔偿金。②虽然所有欧洲国家的国内立法都有法律规定涵盖赔偿责任问题,但就其基本理念而言,这些国家法律存在根本性差异,这可能导致各种法律和管辖权冲突,没有足够的法律明确性。这种情况本质上有害于适当的司法行政,并将妨碍公正、迅速和有效地赔偿。除那些在实践中遇到这一问题的国家外,各国几乎没有处理这一问题。③因此,有必要制定一套适当的统一和协调欧洲赔偿责任的制度,以实现法律的确定性和统一性。鉴于到目前为止欧盟对这一问题的认识很少,一方面是对现有跨境服务的提供,另一方面是国家实践所形成的各种理论之间的重大差异,不应低估这项任务。在单一天空下起草一个可接受的共同法律制度是一个巨大的挑战。④

因此,就"欧洲单一天空"计划而言,空中交通管制员的责任在法律上仍存在不确定性。有些遵循普通法体系,有些遵循大陆法传统,如果欧盟成员国继续适用各国的国内法,欧盟就无法有效发挥作用。⑤欧盟委员会在处理赔偿责任问题方面,第一次尝试选择"有效服务提供者赔偿责任"原则,换言之,这是一种有效服务提供者对其自身活动的失败造成的损害承担主要责任的模式。欧洲单一天空为建立真正创新的责任制度提供了机会,更符合当今社会的经济状况。为了建立值得信赖的分离模式,管理、业务和财务自主权

---

① See Francis Schubert, "The Regulation of Air Navigation Services in the Single European Sky: The Laws of Increasing Complexity", Annals of Air and Space Law, Vol.37, 2012, p.126.
② See Hector A. Perucchi, "History of the draft Convention on Liability of Air Traffic Control agencies", Air Law, Vol.8, 1983, p.241.
③ See Francis Schubert, "The Liability of Air Navigation Services in the Single European Sky", Annals of Air and Space Law, Vol.28, 2003, p.93.
④ See Francis Schubert, "The Liability of Air Navigation Services in the Single European Sky", Annals of Air and Space Law, Vol.28, 2003, p.93.
⑤ See The Legal Liability of Air Traffic Controllers, http://www.inquiriesjournal.com/articles/613/the-legal-liability-of-air-traffic-controllers,访问时间:2021年10月14日。

必须伴随着相应的问责制。要求自治,同时出于责任目的躲在国家后面,理由是空中交通管制是由国家授权提供的主权服务,在欧洲单一天空计划背景下,如果国家仍然对第三方(甚至代表第三方)的过失行为负责,则国家最不可能给予空中交通管制必要的管理自由。因此,可将有效的服务提供商置于赔偿的前沿,因为主要责任承担人似乎最适合适用欧洲单一天空责任制度。① 然而,无论从事空中交通服务实体的身份和地位如何,这仍然是一项主权活动,因此责任索赔仍应提交给损害发生国的法院,并受该国法律的约束。在支持有效服务提供者责任的同时,各国可能仍然希望解释《国际民用航空公约》第 28 条规定的国家最终责任原则。总之,一个共同的欧洲模式可以保留一个辅助机制,不是以针对领土国单独行动的形式,而是以该国有义务赔偿超出服务提供者保险范围和财政能力的任何损害的形式。②

二、空中交通管制责任的统一化:阿根廷《空中交通管制责任公约(草案)》

基于空中交通管制机构责任的现行国家立法之间的差异以及总体上国家责任制度的多样性,达成国际协议面临着重大障碍。对发展中国家而言,起草一份示范文本对所有发展中国家都非常有利。因为这些国家需要说明性案文来组织其国内立法,使之与世界上目前的航空问题一致。关于这一问题,制定国际公约是可取的,因为它可以促进各国国内法律制度中所规定的原则的协调,而这些原则往往不同。③ 阿根廷坚决赞成国际公约对空中交通管制责任的规定。1972 年,布宜诺斯艾利斯举行了第 6 次航空和空间法律会议。阿根廷起草了《空中交通管制机构责任公约》草案,并于 1983 年 4 月在 ICAO 法律委员会第 25 届会议上再次正式提交。④

---

① See Francis Schubert, "The Liability of Air Navigation Services in the Single European Sky, Annals of Air and Space Law", Vol. 28, 2003, pp. 93 –94.

② See Francis Schubert, "The Liability of Air Navigation Services in the Single European Sky, Annals of Air and Space Law", Vol. 28, 2003, p. 94.

③ See Kim Doo Hwan, "Some Considerations on the Liability of Air Traffic Control Agencies", Air Law, Vol. 13, No. 6, 1988, p. 269.

④ See Mohammed Abdul Kader, *Air Traffic Control Liability* (master's thesis, University of McGill, 1986), pp. 149 –150.

这项草案可以作为今后就此问题进行谈判的基础,虽然阿根廷公约草案是为了与《华沙公约》和《罗马公约》等其他国际航空法私法公约保持一致,以实现统一。但是,就草案内容而言,仍有值得商榷和考量的地方。[①]

第一,公约草案第3条论述了公约的范围,并列举了公约应适用的情况。但是,"当一架国际航班在境内飞行,并受国内空管机构空中交通管制时"未被列入公约应适用的情况。由于航空器正在进行国际飞行,不论是入境还是出境,如第3条所明确,使公约适用的因素不仅是航空器的国籍、飞行所处的领土或提供服务的空中交通管制机构。但是,飞机上的乘客也可能是外国人。因此,笔者建议将"在境内飞行的国际航班"纳入公约草案第3条。尽管在此情况下,所有的要素都属于一个国家,但大多数情况下的索赔人,即旅客可能是外国人。此外,由于该航班是国际航班而非国内航班,公约草案第3条应将该情况纳入。[②]

第二,公约草案第5条第a款规定,该公约应同样适用于"军事、海关、警察和其他行使公共职能的国家航空器,但不影响第42条第3款授权的保留"。尽管公约草案第42条第3款赋予各国对其他缔约国的所有或特定类别的国家航空器或缔约国本身的国家航空器进行保留的权利,然而,草案第5a条的规定与《国际民用航空公约》第3a条的规定"本公约只适用于民用航空器,不适用于国家航空器"相抵触。[③] 此外,《国际民用航空公约》第83条还规定:"任何缔约国均可作出与本公约规定不相抵触的安排。"《国际民用航空公约》排除了用于军事、海关和警察服务的国家航空器,但是,当国家航空器根据ICAO规则,自愿在受控空域飞行并使用适用于民用航空器的空中交通管制服务和机场设施时,如果一个国家的空管机构的疏忽行为或不作为被证明是另一国国家航空器发生灾难的原因,那么受害国有权要求其赔偿。[④]

[①] See Mohammed Abdul Kader, *Air Traffic Control Liability* (master's thesis, University of McGill, 1986), p.150.

[②] See Mohammed Abdul Kader, *Air Traffic Control Liability* (master's thesis, University of McGill, 1986), pp.151–152.

[③] See Mohammed Abdul Kader, *Air Traffic Control Liability* (master's thesis, University of McGill, 1986), p.152.

[④] See Mohammed Abdul Kader, *Air Traffic Control Liability* (master's thesis, University of McGill, 1986), pp.152–153.

第三,公约草案第 13 条规定,原告负有空管机构的过错证明责任。由原告承担举证责任并不公平。因为空中交通管制服务涉及很多技术性问题,原告作为一个普通人无法证明部分空管机构的错误,原告大多不了解空中交通管制的概念,空中交通管制人员如何履行他们的职责,涉及技术等问题。空中交通管制服务是技术性很强的领域,管制员受过培训后才能履行职责。因此普通人证明空管机构的过错存在很多困难。例如,空中交通管制员可能会传递错误的气象信息或应用不正确的间隔程序,这对索赔人来说难以理解。此外,"律师很难在技术上如此复杂的领域代理案件,而且法院也很难理解它不能保证结果对任何一方都完全公平"[1]。因此,严格责任制度不仅针对空中交通管制员的过失,也针对空管机构电子设备的过失。

第四,公约草案第 13 条第 4 款允许使用事故调查小组的报告作为对空中交通管制机构不利的证据,而且任何国家都不应将其视为一份秘密文件。但是,在实践中可能出现一个问题,即该报告应由谁查阅,是任何提出要求的索赔人都可以查阅,还是仅限某些人查阅。笔者认为,事故调查小组的结论必须供索赔人使用,以便他们能够充分了解这些结论,并以此作为索赔的证据。

综上所述,民用航空是高度国际化和一体化运行的活动,空管员按国际标准、国际惯例和既定程序执行职务行为。然而,由于空管机构和空管员的责任通常根据国内立法评估,各国空管员在责任承担方面存在极大差异。对此,有学者建议应建立一个统一的责任公约,其中应载有越来越多的国际航空运输各方责任的规则。[2] 当前,空中交通管制责任已呈现趋同化发展,其内容除了包括编纂国际私法和公约的目的宗旨外,还应使公约具有广泛的定义范围,因为它直接与空中交通管制机构的职责有关。[3]

---

[1] Mohammed Abdul Kader, *Air Traffic Control Liability* (master's thesis, University of McGill, 1986), pp. 159 – 160.

[2] See Mohammed Abdul Kader, *Air Traffic Control Liability* (master's thesis, University of McGill, 1986), p. 167.

[3] See Mohammed Abdul Kader, *Air Traffic Control Liability* (master's thesis, University of McGill, 1986), pp. 200 – 201.

第六节　我国空中交通管理法治体系的现状和完善

一、我国空中交通管理体制的演进与现状

(一)我国空中交通管理体制的演进

1950年11月,《飞行基本规则》明确规定了中国领空内航空器飞行管制职责、避撞原则和工作程序,奠定了我国空管体系的基石。在管理体制上,1949年11月,中央政治局决定在人民革命军事委员会下设民用航空局。空管系统作为其中的组成部分,与空军作战指挥及军事训练部门密切配合,负责运输机调度指挥。军航管制员主要通过陆空无线电通话,掌握航空器位置,指挥航空器活动。此后,民航系统经历多轮调整,1980年,中国民用航空局成为国务院的直属机构,不再由空军代管,民航开始走企业化道路。1986年,国务院和中央军委印发《关于改革我国空中交通管制体制,逐步实现空中交通管制现代化的通知》,国家空管委成立,对全国的空管工作进行统一领导,并对空管工作中的重大问题进行审议和决定。这一改革意义重大,基本形成了军政共管的国家空管体制。虽然民航管制单位、管制员脱离军队建制,但根据《飞行基本规则》,"空军司令部统一组织和实施全国飞行管制"的管理体制却没有改变。

随着民航脱离军队建制,以及民航运输业的快速发展,1993年,国务院将中国民用航空局更名为中国民用航空总局,成为国务院直属机构,加大力度应对发展中遇到的问题。进入21世纪之后,随着通用航空的兴起,全空域"无管制不飞行"约束成为新焦点,得到了社会广泛关注。

(二)我国空中交通管理体制的现状

就我国空中交通管制的现状而言,我国空中交通管制机构是在国务院、中央空中交通管制委员会的领导下,由空军统一实施,军用飞行由空军和海军进行指挥,民用飞行由民航进行指挥。概言之,我国空管机构责任体制实

行统一管理,分别指挥的原则。① 具言之,在民航内部,实施分级管理体制。当前,民航空管按事业单位定位、推行企业化管理,不同程度存在的"双轨制"制约着民航空管系统的发展。②

2016 年,中国民用航空局出台了《统筹推进民航空管深化改革的实施意见》,该意见系统地梳理了我国空管发展中所面临的问题,明确了"深化空管体制机制改革""符合空管实际、适应民航发展重要的企业管理体系"的发展方向。具言之,军民融合下的空中交通管制,有利于推动建立空域资源在军民之间灵活分配的运行机制,从而应对不断增加的空中交通流量。就民航空管系统内部而言,推动空管系统向企业化全面转型。这些规划相继出台,表明企业化成为民航空管体制改革的新方向。③

二、我国空中交通管理法治体系的现状

我国空中交通管理法律体系既是我国航空法的重要内容,又是国家法律体系的重要组成部分。我国航空法律体系从横向上可以分为军事航空活动法规、民用航空活动法规和国际条约、国际惯例。纵向上大致可以分为航空法律,国务院、中央军委颁布的有关航空的行政法规,空军颁布的条例,中国民用航空局颁布的民用航空规范性文件(见表 7-1)。

表 7-1 我国空管法律法规体系的框架结构

全国人民代表大会及其常务委员会制定的法律	国务院中央军委制定的法规	空军颁布的条例	我国加入的主要的国际航空条约
1995 年《民用航空法》	2000 年《飞行基本规则》以及《飞行基本规则》补充规定④	2018 年《空军飞行管制工作规定》《空军专机工作规定》	1944 年《国际民用航空公约》

---

① 参见黄伟:《我国空中管制的现状与国际先进空管体系的分析》,载《科技创业家》2013 年第 17 期。
② 参见戴睿:《民航空管如何更好地融入经济社会发展》,载《民航管理》2021 年第 4 期。
③ 参见肖瞳瞳:《中国民航空中交通管理发展演化的研究》,中国民航大学 2020 年硕士学位论文,第 33 页。
④ 《飞行基本规则》补充规定是《飞行基本规则》不宜对外公开的部分,与《飞行基本规则》共同保证飞行安全。

续表

全国人民代表大会及其常务委员会制定的法律	国务院中央军委制定的法规	空军颁布的条例	我国加入的主要的国际航空条约
	2003年《通用航空飞行管制条例》	2007年《空军防止飞机空中相撞工作规定》	1963年《东京公约》
	2002年《飞行间隔规定》		1929年《华沙公约》 1999年《蒙特利尔公约》

以上航空法律、法规、规章以及我国加入的国际条约共同构成了我国空管法律的基本体系。总体来看，我国目前在航空活动的各个领域和各个方面基本实现了有法可依，为全面实行依法治航、保障航空改革，促进航空业有序发展奠定了制度基础。

三、我国空中交通管理法治体系的完善建议

责任制度的重点是补救办法，它使采取预防措施无法防止的风险得以分散，并使其产生的不良影响得以扩散。基本上，侵权法、合同法和行政法规根据与安全相关的交易提供了这种风险分配。从这一观点来看，责任分配是确保侵权赔偿和在法律秩序中公平和有效地分配负担的一种关键的法律补救办法，它是使风险社会化的一种手段，并鼓励预防措施正确发挥作用。这样一来，就可以通过实施纠正司法手段来实现分配正义的目标。[①] 我国现行空中交通管理体制存在一定的局限性。为提高我国空中交通管理水平，完善空中交通管理机构的责任制度，现阶段，我国空管机构改革和责任制度的完善应采取如下措施。

---

① See Simoncini, Marta & Giuseppe Contissa, Against the Failures of Risk Regulation Liability and Safety Air Traffic Management (ATM), European Journal of Risk Regulation, Vol. 4, No. 2, 2013, p. 177.

（一）保持大部制集成的主要形式

以大部制集成为主要形式,优化空管机构设置方式。新一代航空运输系统的发展,使空管在原有功能领域进一步扩大的基础上,向纵深层面快速发展,加深组织管理的复杂性并产生诸多影响,如协调难度增加、安全隐患增多等。为了及时发现并排除隐患,空管机构的架构体系与组织布局共同发展,将功能相关的诸多部门合并为一个较大规模的部门,合并或集成同层级相关功能,并由单一机构负责实施,提高效率、降低成本。以欧洲为例,欧盟国家空管业务的职权进一步分类,尽可能精简原有部门设置,更好地优化空中交通管制资源配置,实现决策、实施和监管主体的相互牵制与互为协调,保证空管功能的整体性和一致性、科学性和可行性。[1] 有鉴于此,空管机构治理体系现代化建设的布局也应有制度的分层布局。具言之,其一,从中国民用航空局空管局到地区空管局再到空管分局(站),分级负责、管理和监督,构建空中交通管理立体化架构。平衡局、部门、个体等治理主体之间的关系,推动空中交通管理现代化。其二,中国民用航空局空管局和地区空管局的宏观空间、分局(站)中观空间以及人的自由全面发展的微观空间。对于宏观空间,依据不同层级、级别的部门进行相应的权力和职能的配置,以及权力界定和限制,统筹布局民航空管局到地区空管局的具体工作、协调各层级利益主体之间的矛盾,推进空中交通管理能力的现代化步伐。[2]

（二）适度引入市场化竞争

适度引入市场化竞争,提升空管机构服务水平。历史上,公用事业和公共产品服务被视为政府职能。然而,政府官僚机构的迟钝和成本已经被私营企业的效率所取代。但财富最大化的私人要求激发了削减成本,在不受监管的垄断中,价格上涨。削减成本可能会降低服务和安全的边际,而价格上涨可能会导致财富从消费者向生产者的倒退转移,特别是在自然垄断或寡头垄断的行业。因此,私有化带来了一系列新的、具有挑战性的监管问题,需要政府保持警惕,以保护在自由市场中没有得到足够高优先级的公共利益价值。

---

[1] 参见胡明华、张洪海：《世界空管概况及发展趋势》,科学出版社2017年版,第70页。
[2] 参见宋桦：《对空管系统治理体系和治理能力现代化建设的几点认识》,载《民航管理》2021年第7期。

此外,鉴于机场和空中航行服务的自然垄断特征,竞争力是否能够约束供应商避免垄断滥用是值得怀疑的。① 私有化可以为政府和消费者节省大量资金,同时大大提高效率。在几个私有化计划下,政府绩效可以节省 30%~40%。这些私有化计划的核心是竞争。竞争推动了私营部门的发展并提高了效率。② 为使空管机构更好、更经济地为用户提供服务,引入市场化竞争有可能成为一项有效措施。该趋势促使空管机构的现代企业化改制,有助于增加生产效能,降低生产成本,提高空管行业的整体绩效。在引入市场竞争过程中,英国的做法具有代表性,即一部分关键的业务作为保留执行垄断,其他部分逐步放开,引入更加优质的资产,使用户、投资者和空管机构获得多赢。③

(三)积极倡导国际空管软法

全球化在促进人员、货物以及经济要素自由流通造福人类社会的同时,也带来了一系列跨国问题。无论是在金融风险防范、全球生态环境应对方面,还是跨国传染病和国际恐怖主义的解决上,都急需以规则为导向的全球治理合作。韩国航空航天法权威学者金斗焕(Kim Doo Hwan)教授认为,国际社会应该建立一套法律诉讼制度,受害者可以就空中交通管制员造成的事故损害提出赔偿。如果拟订这样一项公约草案,必须明确承认受害者向过错方要求损害赔偿的权利。④

就空中交通管制而言,1983 年,在阿根廷提出了一项尚未批准的关于空中交通管制员责任的国际公约草案,对一些难以解决的问题,草案给出了解决办法,如国家作为诉讼被告的豁免,该草案第 74 条规定,"任何豁免不得基于空管机构的豁免,因为它属于一个主体国家"。该草案采用过错责任制,对

---

① See Paul Stephen Dempsey, "Privatization of the Air: Governmental Liability for Privatized Air Traffic Services", Annals of Air and Space Law, Vol. 28, 2003, p. 96.
② See Janie Lynn Treanor, "Privatization v. Corporatization of the Federal Aviation Administration: Revamping Air Traffic Control", Journal of Air Law and Commerce, Vol. 63, No. 3, 1998, p. 634.
③ 参见胡明华、张洪海:《世界空管概况及发展趋势》,科学出版社 2017 年版,第 70 页。
④ See Kim Doo Hwan, "Some Considerations on the Liability of Air Traffic Control Agencies", Air Law, Vol. 13, No. 6, 1988, p. 269.

损害实行有限赔偿,且对取证问题有特殊的规定。对于那些不愿限制损害赔偿额的国家,该草案第 15 条授权各国将其空管机构的赔偿限额提高到以前条款草案所规定的数额以外,包括给予充分赔偿。[①] 然而,由于各国国情和主张利益不同,在此问题上持相对谨慎态度,且坚持拒绝放弃部分主权,国际民航界为解决空中交通管制员责任的复杂性所作的努力最终以失败收场。

事实上,传统国际法的造法模式非常缓慢,无法提供充足的国际法规范以应对国际社会所面临的各类跨国问题,与全球治理时代对包括法律规范在内的大量规则的需求之间难免产生矛盾。[②] 国际软法虽然缺乏直接的法律约束力,但能产生特定的法律效果。[③] 有鉴于此,我国可积极倡议起草"世界空中交通管制机构责任宣言"或"世界空中交通管制机构责任协议"等类似不具有直接法律约束力的国际软法,从而为空中交通管制责任趋同化提供中国智慧和中国方案。

(四)健全国内空管法规体系

当国家依法设立公共权力机构时,应制定法律规定其职能,赋予其适当的权力,以实现某些符合公共利益的目标。在制定法律时,用一系列积极的职责来描述当局的预期活动是不方便的。最好将这些活动表达为职能或权力,以便当局可以自由地作出决策和酌情判断,以达到法定目标。[④]

无论是美国、欧洲还是澳大利亚的空管法规体系均处于不断完善的过程。以美国为例,《美国法典》《联邦法规汇编》和联邦航空局内部规章,形成了美国航空法规自上而下、逐步深入的法规建设层次结构,将行政授权、责任分工和操作规范等科学结合。[⑤] 就我国空中交通管理的现状而言,完备的国内空管法规体系是我国空中交通管制机构重要的法制保障。综观欧美空管

---

  ① See Hector A. Perucchi, "History of the draft Convention on Liability of Air Traffic Control Agencies", Air Law, Vol.8, 1983, p.242.
  ② 参见陈海明:《国际软法论纲》,载《学习与探索》2018 年第 11 期。
  ③ 以人权为例,人权领域是国际软法塑造习惯国际法的重要例证。1948 年,联合国大会通过了《世界人权宣言》这一重要国际软法,在半个多世纪的实践中得到了国际社会的普遍遵循,不少国家甚至在宪法中规定该宣言为国内法的一部分。
  ④ See Ronald I C Bartsch, *Aviation Law in Australia*, Thomson Reuters Australia Limited, 2009.
  ⑤ 参见胡明华、张洪海:《世界空管概况及发展趋势》,科学出版社 2017 年版,第 341 页。

体制建设现状,均以健全立法推动空管体制建设,以公正执法保障管理制度运行。世界各国和地区由于政治、经济、军事、文化环境不尽相同,其空管目标与可行方案也不尽相同,如澳大利亚政府因地制宜、因时制宜确立空管发展目标,制定与之相匹配的法律法规。[1]

第七节 结　　语

航空业的兴旺发展,离不开空中交通管制在国内民用航空和国际民用航空之间的互动融通作用。空中交通管制事关国家主权、安全和发展利益。但空中交通管制责任仍然是航空法中最具争议和最复杂的问题之一。半个多世纪以来,世界各国一直在研究空中交通管制责任制度,希冀为国际航空运输领域提供统一的解决方案。简言之,首先,在空中交通管制机构的设置上,以欧洲为例,欧盟的领空较为分散,空中交通管制服务大多由各国的空管机构在本国境内提供,为构建高效统一的空中交通管理体系,欧洲提出"欧洲单一天空计划"。其次,在空管机构责任制度上,ICAO法律委员会或国际法协会航空法委员会作为航空法领域的主要咨询机构,致力于制定一项国际文书,统一关于所有国家空中交通管制机构的规则,作为各国国内立法的典范。[2] 1972年起草的阿根廷《空中交通管制责任公约(草案)》,尽管内容仍有些许不足,但该草案在统一航空事故空管机构赔偿责任标准方面做出了巨大贡献。

因涉及国家主权、领土安全等因素,空中交通管制机构作为一个重要且敏感的机构,改革过程应谨慎渐进推进。切实保障空管的软、硬实力发展建制基础、组织管理和协同运行方式是全球空管发展建设的一般认识和普遍趋势。囿于目前我国空管体制改革讨论研究的资料不多,有关空管责任的研究在国内还是一片空白地,以上所提我国空管改革的一些问题和建议并非全面

---

[1] 参见胡明华、张洪海:《世界空管概况及发展趋势》,科学出版社2017年版,第69~70页。
[2] Kim Doo Hwan, Some Considerations on the Liability of Air Traffic Control Agencies, Air Law, Vol. 13, No. 6, 1988, pp. 271–272.

准确,甚至有不切实际、闭门造车之嫌。在此,本章只是提出此命题,抛砖引玉,希望国内有更多学者探讨和思考空中交通管制机构的改革和责任问题,以丰富和扩展我国航空法学的研究领域。

中编

外空法治前沿

第八章
空间交通管理的法治化研究

本章导读：随着外层空间活动激增及低轨巨型星座的密集部署，空间碎片数量悄然攀升，空间物体碰撞风险居高不下，对各国空间资产安全造成严重威胁。以"自由探索、先占先得"原则为引领的国际空间法律体系面临严峻挑战，空间交通管理规则的缺失映射出长久以来外层空间面临的"治理赤字"。外层空间作为一个全球新疆域亟须有效的空间交通管理制度以保障长期可持续发展。

尽管国际社会对空间交通管理的定义表述不一，但其核心内涵已得到广泛认同。空间交通管理旨在保护外层空间环境与保障航天器安全运行；作为一项系统性工程，涵盖航天器发射、轨道运行和返回全阶段，兼具技术和规则双重维度。

20世纪六七十年代五大公约筑成的"国际空间法体系"仅规定了自由、和平和安全利用外层空间的基本原则，以及营救返还、损害赔偿、空间物体登记等基本法律制度，无法为空间交通管理问题提供针对性参考；与外层空间活动有关的软法规则虽有助于形成国际共识，但缺乏法律约束力，空间交通管理国际规范创制势在必行。

我国作为航天大国应积极以"航天法"为依托建章立制，寻求国内立法的完善；秉持人类命运共同体理念，积极参与"外空路权"及外空交通管理信息共享、活动通报、责任分配规则创设，贡献中国智慧；积极与亚太空间合作组织、欧洲航天局等机构开展技术标准及法律规则领域的合作，谋求空间交通全球治理的合作伙伴关系。最终推动囊括主要航天国家、广大发展中国家在内的国际空间交通管理制度的形成,实现空间交通管理的自律、他律、和谐。

人类航天事业飞速发展,空间环境越发拥挤,空间交通管理这一概念随之进入大众视野。首先,空间活动流量迅速攀升,近年新增大量巨型低轨小卫星星座,空间物体碰撞概率大幅提升,按照目前的占位速度,30年后轨位就会因拥挤而不再可用;其次,空间碎片数量不断增加,空间碰撞事件频繁,根据美国航空航天局(NASA)公布的数据,空间内存在超过100万件碎片,国际公开报道的因碎片撞击而失效或异常的卫星就超过16颗,严重威胁各国空间财产安全;最后,各类新型空间活动促成了新型空间关系,如卫星轨道、无线电频率等空间资源使用权,外层空间的安全与环境保护,空间军民两用化趋势的必要监管等,涉及上述问题时均需在各方利益之间达成谨慎而微妙的平衡。综上所述,目前国际空间治理体系正面临严峻的挑战,现状下"自由探索""先占先得"的活动规则会使已经十分脆弱的空间环境"雪上加霜",终将使"空间活动的长期可持续发展"的愿景成为泡影。2021年9月,习近平总书记提出,"要加强太空交通管理,确保太空系统稳定有序运行。要开展太空安全国际合作,提高太空危机管控和综合治理效能"。因此,欲确保空间活动长期可持续发展,实现空间交通的有效管理与协调是当务之急,亦是重中之重。

本章将从空间交通管理的定义演进和范围界定出发,梳理现有国际规则和主要航天国家的实践与立场,向内探寻国内立法的完善之道,向外引领国际规则的构建,以期贯彻全球治理观念、实现空间交通管理的自律、他律与和谐。

第一节 空间交通管理的发展态势

早在空间[①]探索活动极为有限的20世纪30年代,关于空间交通管理的

[①] 本章提及的"空间""外空""外层空间""太空",均指向英文中的"outer space"及其简称"space"。

法学理论研究就已悄然萌芽。1932年,曼德尔(Vladimir Mandl)在其外层空间法著作《太空法:一个航天问题》中率先提出了"空间交通规则"这一概念。然而也正是因为当时的发射活动颇为稀少,曼德尔将其称作"不必要规则"。[1]

随着1957年苏联成功发射首颗人造卫星,人类宣告对宇宙空间的探索之旅正式启程。在随后的几十年里,各国在外层空间的比拼愈演愈烈,为攫取有限的无线电频率资源、低轨轨道资源,太空进入"跑马圈地"的时代。然而,部分空间物体缺乏妥当的任务后处置机制,致使空间废弃物不断累积,轨道、频率等空间资源日渐紧缺。1996年,法国"Cerise"号军用卫星就因为与"阿丽亚娜"号火箭第三级的碎片相撞而失控。2009年,正在运行中的美国"铱星33"号卫星撞上已经报废的俄罗斯"宇宙2251"号卫星。[2] 这次事故成为空间交通管理领域中的一个重要里程碑,此前关于空间物体碰撞的科学构想已经落地成真,进而推动了各国政府和国际组织对于空间活动安全的重视。在此背景下,曼德尔昔日所谓的"不必要规则"的观点逐渐显露出其滞后性,空间交通管理已然成为外层空间治理中不可或缺的一环。

一、形成共识:空间交通管理的定义流变

随着外层空间战略地位的显著提升,航天大国加快部署低轨轨道卫星,围绕外层空间这一新疆域的竞争不断加剧,这使得空间交通管理制度化的需求越发迫切。然而,截至目前,国际社会尚未就空间交通管理作出定论,这一定义始终处于演变和发展之中,为了进一步探讨空间交通管理制度化问题,必先正本清源,厘清作为先决概念的空间交通管理的定义。下文将梳理过去几十年来国际航天界对空间交通管理定义的探讨历程,从中提炼出各方共识,以期为未来空间交通管理的规范化发展提供有益参考。

(一)1982年巴黎国际空间法研讨会上的定义

1982年,在巴黎举办的第25届国际空间法学会上,原捷克斯洛伐克学者

---

[1] 参见王卿、王拓:《太空交通管理法制化探讨》,载《北京航空航天大学学报(社会科学版)》2024年第3期。

[2] 参见李滨:《美俄卫星相撞事件中的国际法问题探析》,载《北京航空航天大学学报(社会科学版)》2011年第4期。

鲁伯斯·帕瑞克(Lubos Perek)首次提出了"空间交通管理"一词①,被航天界公认为这一概念的滥觞。在其文章中,帕瑞克教授结合陆地、海洋、空中3个维度的交通规则,聚焦太空旅行,指出外层空间的环境与陆地、海洋以及空中环境存在较大差异,因而空间交通规则需在借鉴上述领域交通规则的情况下真实地反映出外层空间的特性,包括发射国间的沟通协调、移除失效卫星等。②

然而,当时的空间探索活动呈现出高度的军备竞赛的特征,美国与苏联是当时绝大多数发射活动的主要参与者。相较于广袤无垠的外层空间,在轨卫星数量相对有限,故当时外层空间内发生碰撞的风险并不高。因此,当时的空间交通管理更类似于一种颇具前瞻性的科学构想,③其研究主要停留在纯粹的理论研究层面。

(二)国际宇航科学院的定义

曾在2006年,国际宇航科学院(International Academy of Astronautics,IAA)发布了《空间交通管理研究报告》。④ 该报告从空间活动的全周期视角出发,详细划分了发射阶段、运行阶段和返回阶段,并明确指出空间交通管理应当全面覆盖这3个关键阶段,旨在确保各阶段免受任何形式的干扰与损害。

该报告首次对空间交通管理进行了明确的概念界定,将其定义为"旨在确保航天器可以安全地进入空间、在空间中稳定运行以及顺利返回地球,同时保护航天器不受物理或无线电频率的干扰的一系列技术和管理规范"⑤。该报告创设性地提出了技术与管理这两个维度在空间交通管理中的共同作用,认为这两者之间并非孤立,而是协调促进空间活动秩序,确保空间活动安

---

① See L Perek, "Management of Outer Space", Space Policy, Vol. 10, 1994, pp. 189 – 198.

② See Verspieren Q, "Historical Evolution of the Concept of Space Traffic Management Since 1932: the Need for a Change of Terminology", Space Policy, Vol.56, 2021, pp. 1 – 5.

③ 参见王卿、王拓:《太空交通管理法制化探讨》,载《北京航空航天大学学报(社会科学版)》2024年第3期。

④ See COPUOS, The IAA Cosmic Study on Space Traffic Management, https://www.unoosa.org/documents/pdf/copuos/lsc/2017/tech – 10.pdf,访问时间:2023年7月14日。

⑤ IAA Cosmic Studies, Cosmic Study on Space Traffic Management, https://iaaspace.org/publications/iaa-cosmicstudies/#Pub-Stud-C5,访问时间:2023年7月17日。

全,降低空间碎片等潜在风险。这一观点为后续空间交通管理的制度化提供了重要指导,在国际范围内产生了广泛而深远的影响。

2018年,国际宇航科学院再次发布了题为"空间交通管理——面向实施的路线图"的报告,在深入借鉴2006年报告的基础上,对空间交通管理的概念进行了重新审视,以追踪当前空间活动的新进展和地缘政治的新趋势。[1] 尽管报告对空间交通管理的定义进行了更为全面和深入的拓展,但其核心内涵仍然聚焦于确保航天器在空间活动中的安全与秩序。此外,报告解构了空间交通管理的具体机制,将其划分为两个层面、三个阶段以及八大规则要素。[2] 可以说该报告提供了一个更加连贯和稳健的概念,是对空间交通管理定义的一次重要更新,为未来的空间交通管理实践提供了有力的理论支撑和实践指导。

(三)欧盟《欧洲外空交通管理制度白皮书》中的定义

2017年,欧洲航天局发布了《欧洲外空交通管理制度白皮书》(以下简称《欧洲白皮书》),为空间交通管理注入了新的思考。[3] 白皮书中的定义为:"采取一切必要的管理、监督和控制措施,以保障载人及无人洲际飞行、亚轨道飞行以及通过临近空间和空气空间的飞行的安全。"[4]该定义不仅涵盖了传统的空间活动,还特别强调了当前备受关注的商业亚轨道飞行以及穿越临近空间与空气空间的飞行活动,展示了空间交通管理在更广泛领域的应用前景。

总体来说,《欧洲白皮书》的推出为空间交通管理领域带来了新的思考和启示。它不仅拓宽了空间交通管理的应用范围,也强调了国际协作在推动空

---

[1] See IAA Cosmic Studies, *Space Traffic Management-Towards a Roadmap for Implementation*, https://iaaspace.org/publications/iaa-cosmic-studies/#Pub-Stud-C5,访问时间:2023年7月25日。

[2] 具体而言,两个层面包括技术规范和管理规范;三个阶段涵盖发射阶段、在轨阶段和再入阶段;八大规则要素则涉及空间态势感知、私人载人飞行、碎片减缓和清除、空间安全标准、空间交通规则、空间资源管理的实践、国内空间立法以及组织机构方面的规则。参见段欣:《国际空间交通管理的困境与中国的应有政策》,载《北京航空航天大学学报(社会科学版)》2023年第2期。

[3] *On the Implementation of a European Space Traffic Management System I: A White Paper*, https://elib.dlr.de/112148/1/STM_tuellmann_etal_2017_1_WhitePaper.pdf,访问时间:2023年7月25日。

[4] 胡朝斌、黄宇民、郭世亮等:《空间交通管理概念研究》,载《空间碎片研究》2020年第1期。

间交通管理规范化、制度化方面的关键作用。《欧洲白皮书》共分为3卷,立足于未来商业航天的发展趋势,聚焦点对点亚轨道飞行,提出应当将航天器纳入日常空间交通管理范围,以解决迫在眉睫的安全问题。作为欧盟在空间管理领域的重要一步,《欧洲白皮书》旨在确保欧洲在未来太空领域的竞争中占据有利地位,并发挥关键作用。白皮书通过强调国际协作的重要性,试图确立欧洲在空间交通管理领域的话语权。这不仅有助于推动欧洲在空间交通管理方面的规范化、制度化进程,同时也为欧盟未来提出的"外空活动国际行为守则"的制定提供了新的监管方向。

(四)美国《航天政策令-3》中的定义

2016年,科学应用国际公司(Science Applications International,SAIC)与美国航空航天局共同发布了一份名为"轨道交通管理研究"的报告。[①] 尽管该报告并没有明确空间交通管理的具体定义,但详细解释了空间交通安全的深层含义,即"在外层空间中避免包括宇航员和参与航天活动的人员的伤亡、公共利益的损害、航天器的损坏或丢失,以及对航天器的干扰在内的各种潜在风险"。该文件认为保障空间交通安全关键在于确保航天员生命安全的前提下,在航天器正常运行和任务目标实现的过程中预防可能出现的风险。

2018年6月,美国出台了《航天政策令-3:国家空间交通管理政策》(以下简称《航天政策令-3》),作为美国首份综合性的空间交通管理政策文件,该政策令就空间交通管理给出了明确的定义:"旨在提升空间环境的安全性、稳定性和可持续性而实施的规划、协调活动。"[②]作为美国第一份系统综合的空间交通管理政策,该政策令旨在防范日益拥挤、竞争加剧造成的空间活动危险,计划向国际推广管理标准和做法,谋取国际规则制定主导权,一经颁布即在国际范围内引起了广泛关注。

《航天政策令-3》的出台意味着美国政策层面对空间交通管理的认知有

[①] See NASA, *Space Traffic Management Assessment, Framework, and Recommendations Report*, https://ntrs.nasa.gov/api/citations/20190027732/downloads/20190027732.pdf,访问时间:2023年7月25日。

[②] The White House, *Space Policy Directive*-3, *National Space Traffic Management Policy*, https://www.whitehouse.gov/presidential-actions/space-policy-directive-3-national-space-traffic-management-policy/,访问时间:2023年7月25日。

了进一步的发展。该政策文件指出,之前关于空间交通安全的措辞并不恰当,因为它似乎暗示了一种集中命令和控制的模式,类似于航空交通管理。为了避免这种误解,政策文件直接使用了"空间交通管理"一词,并明确了各部门在其中的职责。具体而言,国防部将负责管理军事信息,而政府则负责搜集、管理和分享民用和商业信息,并识别各方责任。这一转变体现了美国对空间交通管理重要性认识的深化。空间交通管理不再仅关注安全性问题,而是涉及更广泛的规划、协调和在轨同步活动。通过明确各部门的职责和强化信息共享,提升空间活动的安全性、稳定性和可持续性,以应对日益拥挤和竞争激烈的空间环境。

二、渐生分歧:空间交通管理的国际博弈

历经几十年航天事业的发展,越来越多的国家和私营主体具备了进入外层空间的能力。但不同主体之间不仅技术存在巨大鸿沟,在空间治理规则的制定和谈判中也会因各自利益需求分化为不同的立场。空间治理作为一项全球性的议题,长期以来面临着平衡各方利益需求的困境,短期内难以达成新的国际条约。鉴于目前关于空间交通管理的专门国际条约或国际习惯法尚付阙如,各国在进行空间活动时主要依赖各自的国内立法及外层空间五大公约。

在空间交通管理的法治化进程中,各航天大国和国际组织的实践尤其值得关注。具体而言,一些航天大国的国内立法已经涵盖了航天器的发射许可、在轨运行的监管以及重返大气层等空间活动的主要阶段,提供了可供参考的范例。另外,国际组织也在积极活动于空间交通管理领域,虽未形成具有普遍约束力的国际法律文件,但也为空间交通管理法治化进程奠定了基础。

(一)外空优先:美国的实践

美国作为外层空间探索活动的先驱国之一,长期以来坚定地捍卫自身在空间探索活动中的优势地位。在外层空间事务中,一方面,美国表现出对于形成新的国际条约的强烈抵触,以维护自身主导权;另一方面,美国又积极出台了一系列空间交通管理的相关政策规则,力图通过国内法的制定与实施,逐步推动这些规则成为未来国际法的组成部分,以塑造符合其利益的外空秩序。

2004年,为应对日益拥挤和竞争激烈的外层空间环境,美国国防部、国家航空航天局以及FAA携手合作,共同设计并发布了商业航天的运营理念。这一理念的核心在于构建一个整合各机构功能的"空间—空中"交通管理系统(SATMS)。① 然而,当时美国的空间交通管理工作却分散于各个不同组织的独立部门中,相关条约与政策对于空间交通管理的提及也显得颇为零散,缺乏系统性。尽管这一概念的提出在当时被视作一种创新,但也正是因为管理制度缺乏统一性、系统性,事实上却给私人航天运营商带来了诸多滞碍。同时,空间交通管理在操作上具有极高的技术门槛,需要先进的技术支持和精细化的管理手段,因此这些政策法规没能真正发挥应有的指导作用。

随着航天技术的飞速发展,美国愈加注重维持自身在外层空间领域的优势地位。2017年12月,美国在《国家安全战略》中强调"外层空间及其安全是国家最高优先事项",凸显了美国对外空的战略考量。② 2018年,美国国会通过了《空间态势感知与实体框架管理法(草案)》。③ 从该文件中也能窥出,美国积极转向空间交通管理规范化的议程,进而规范本国商业航天的发展。

特朗普政府时期,美国重启了已经停摆24年的航天委员会,并密集出台了一系列空间交通管理的法律和政策。美国将商业航天作为提振美国在外层空间领域实力的重要引擎,所以此时的系列新政策都充分考虑了商业航天的发展需求,将空间交通管理的事务交与商务部管理,为私人实体提供基本指引。④ 2021年,美国"国家空间委员会"主席发布"美国空间优先事项框架",该文件延续了特朗普政府时期美国在空间领域的军事化倾向,继续强调其他国家对美国的"太空威胁",旨在维护美国在外层空间中领导者的地位。⑤

---

① 参见江海、刘静:《空间碎片与空间交通管理》,载《空间碎片研究》2019年第1期。
② See The White House, *National Security Stratrgy of the United States of America*, https://www.whitehouse.gov/wp-content/uploads/2017/12/NSS-Final-12-18-2017-0905-2.pdf,访问时间:2023年4月25日。
③ See Congressional Budget Office, *American Space Situational Awareness and Framework for Entity Management Act*, https://www.cbo.gov/system/files/2018-07/hr6226.pdf,访问时间:2023年4月25日。
④ 参见江海、刘静:《空间碎片与空间交通管理》,载《空间碎片研究》2019年第1期。
⑤ 参见《专家:美太空"新战略"只会加剧冲突》,载中评网,2021年12月3日,https://www.crntt.com/doc/1062/3/9/2/106239206.html,访问时间:2023年5月12日。

在构建空间交通管理机制方面,美国通过一系列法律框架的出台和完善,逐步形成了较为系统的管理体系。[1] 自此,美国关于空间交通管理机制的构建逐步趋于完善,对框架要素、职责划分以及规范目标作出了更进一步的思考。首先,发射前风险预估、在轨避碰等内容构成了空间交通管理的主要框架。[2] 其次,美国明确了空间交通管理的具体职责,分别由美国商务部、国防部和国家航空航天局承担。[3] 这种分工合作的方式确保了民用、军用和学术研究领域的空间交通活动都能得到有效的监管和协调。为了促进商业航天的发展,美国更强调私营主体的参与。最后,美国在空间交通管理法治化进程中先行先试,填补了该领域的规则赤字,客观上也提升了其国内法的辐射效应。

此外,美国空间交通管理法规政策也反映了美国对于空间治理的基本立场。近年来,美国与多个国家签署了空间态势感知数据共享协议,一方面便于空间交通管理,另一方面呈现美国积极构筑"外空联盟"的战略倾向。在2020年,美国公布了名为"太空力量"的政策文件,该文件被誉为"美国太空拱顶石"。[4] 该文件强调了外层空间对于美国国家利益的重大影响,并展示了美国构建太空军事力量的坚定决心,追求外层空间的绝对军事优势。2020年,美国与数个国家达成了阿尔忒弥斯计划(Artemis Program)的协议,目的是在月球和火星上建立军事基地。[5] 由此观之,美国为提升国际话语权和影响力,通过在空间交通管理这一国际规则缺失的典型领域积极推动国内立法,设立专门机构,并吸引盟友以"美国标准"构建法律框架。这些行动不仅激发了各航天国家强化外层空间军事力量的热情,更加剧了空间资源的争夺和军事化

---

[1] 按发布先后顺序,美国现行太空交通管理法律框架主要包括2018年通过的《国家太空交通管理政策》、2019年修订的《轨道碎片减缓标准做法》和2021年《空间保护和联合紧急情况法》。

[2] 参见刘震鑫、张涛、郭丽红:《太空交通管理问题的认识与思考》,载《北京航空航天大学学报(社会科学版)》2020年第6期。

[3] 具体而言,由美国商务部负责民用部分的监管,由美国国防部负责军用部分的监管,由美国航空航天局牵头负责相关学术研究。

[4] 参见孔敏、韩春阳、李榕:《从特朗普到拜登:美国太空政策的延续与变化》,载《国际太空》2023年第9期。

[5] 参见龚自正、宋光明、李明等:《空间活动长期可持续:从空间交通管理到空间环境治理——第683次香山科学会议评述》,载《空间碎片研究》2021年第1期。

趋势。原本以外空威慑为主要手段的对抗方式，逐渐转向更为实际的战斗准备，这无疑体现了美国追求"外空优先""外空霸权"的战略思维。

(二)区域利益：欧盟的实践

前文提及的《欧洲白皮书》以及欧盟出台的《外空活动国际行为守则》共同构成空间交通管理领域欧盟的典型实践。《欧洲白皮书》为欧洲空间交通管理绘制了明确的路线图，着重指出通过国际合作来确立欧洲在这一领域的话语权的重要性。同时，白皮书也积极推动欧盟提出的《外空活动国际行为守则》，从技术角度进行了补充，主要涉及组织设置、基础设施开发、空间碎片处置、空间天气监测等方面，提出了首个风险量化方案，为构建欧洲空间交通管理系统提供技术参考，旨在通过共同的行为准则来规范空间活动。[1]

2008年，欧盟制定了《欧洲外空活动行为准则》，经过多次修订和完善，逐渐形成了现在的《外空活动国际行为准则》。[2] 该准则包含基础性条款、外空活动的安全、保障和可持续发展、合作机制以及组织方面4个主要部分，其中特别设置了空间交通管理规则的章节。[3] 从这一文件中能够窥见欧盟对于空间交通管理主张的突出特点之一，通过促进欧洲各国间空间活动的通知，提高欧盟内部空间活动的透明度。[4]

此外，欧盟鼓励开展学术研究，在学术研究领域推动欧洲共识的形成。譬如欧洲航天4.0时代项目就是其中一项颇具前瞻性和战略性的举措，这一项目旨在推动欧洲在外层空间领域全面发展，具体包括多项子项目，如空间态势感知、轨道空间碎片移除等，以期在2028年之前构建与现有空中交通管

---

[1] See Eurospace, *Space Traffic Management (STM): An Opportunity to Seize for the European Space Sector*, https://eurospace.org/eurospace-position-paper-space-traffic-management-stm-an-opportunity-to-seize-for-the-european-space-sector/，访问时间：2023年8月15日。

[2] 目前的最新版本为2014年版本，该准则分为目的、范围和主要原则，外空活动的安全、保障和可持续发展，合作机制，组织方面四大部分，共分为10个小节111条详细的准则。

[3] 参见江海、刘静：《空间碎片与空间交通管理》，载《空间碎片研究》2019年第1期。

[4] 参见段欣：《国际空间交通管理的困境与中国的应有政策》，载《北京航空航天大学学报(社会科学版)》2023年第2期。

理协调衔接的空间交通管理体系。① 2019年,欧盟启动了"外层空间安全、安保与可持续性"倡议,旨在加强欧洲在空间交通管理领域的国际合作,加紧推动形成共识,促进整体能力提升。② 由此可以看出,欧盟主导的空间交通管理模式坚持区域利益优先,试图构建欧洲整体对外的空间治理领域的国际话语权。欧盟和美国在空间交通管理的概念认知上确实有着广泛的共识,均认为空间交通管理是确保空间活动安全、有序和可持续的关键环节。然而,在实施方法上,两者却存在显著的差异,这可能对美国在该领域争取优先地位构成一定妨碍。美国在空间交通管理方面的策略更侧重于单边主义和快速推进。它倾向于通过自身的技术优势和规则制定来引领全球空间交通管理的发展,并在必要时采取单边行动来维护自身利益。相较之下,欧盟的空间交通管理策略更加注重多边合作和共同规范。它倾向于通过国际合作来共同制定和实施空间交通管理规则,以确保各国在空间活动中的平等权利和利益。这种策略有助于促进国际社会的团结和协作,但也可能导致决策过程相对缓慢和复杂。

(三)多边主义:中国的实践

1970年,中国成功地将首颗人造地球卫星送入太空,这一壮举昭示着中国正式迈入太空时代。然而当时国际外层空间法律体系已初步形成,遗憾的是,在第一轮规则制定的过程中,中国并未占据有利地位。但21世纪以来,中国在航天领域的成就举世瞩目,人造卫星、载人航天、月球探测、火星探测以及北斗导航系统等技术突破彰显了我国在航天领域强大的实力和持续创新的能力,也赋予了我国积极参与国际外层空间规则磋商舞台的话语权。

中国航天正在从航天大国向航天强国迈进,这一进程不仅体现在技术实力的显著提升,更体现在积极参与全球航天治理、推动构建人类命运共同体等方面。习近平总书记曾强调过:"要加强太空交通管理,确保太空系统稳定

---

① 参见王晓海、周宇昌:《欧洲航天局航天4.0时代及发展》,载《空间电子技术》2017年第3期。
② 参见刘震鑫、张涛、郭丽红:《太空交通管理问题的认识与思考》,载《北京航空航天大学学报(社会科学版)》2020年第6期。

有序运行。要开展太空安全国际合作,提高太空危机管控和综合治理效能。"①《2021中国的航天》白皮书亦将"加强太空交通管理"作为未来5年中国航天建设目标之一。② 除此之外,中国正在积极推进"航天法"的立法进程,以理顺航天管理体制、规范航天活动和促进航天产业发展。目前,"航天法"已经被纳入《十四届全国人大常委会立法规划》,以待条件成熟时提请审议。③

我国一直强调加强空间交通控制和管理的重要性,根据联合国和平利用外层空间委员会(Commitee on the Peaceful Uses of Outer Space,COPUOS)关于空间碎片减缓和长期可持续性的指导方针,在2000年启动了"空间碎片行动计划",开展空间碎片专项研究工作。空间碎片专项性文件《空间碎片减缓与防护暂行管理办法》已于2010年开始正式执行。该办法明确了我国空间碎片减缓和安全保障目标,提出了一系列具体要求,并将空间碎片防治作为重点内容之一。④ 我国空间碎片处置技术也得到了进一步发展,我国建立了空间碎片监测网,形成了空间碎片常规预警机制,在碰撞预警和空间态势感知方面的功能尤为突出。⑤

此外,国务院新闻办公室颁布了《2021年中国的航天》白皮书,我国始终将发展航天事业视为国家整体发展战略的关键一环,并坚定不移地致力于和平探索与利用外层空间。⑥ 除完善国内监管规则、革新空间技术,中国也积极发挥航天大国的国际影响力,在国际空间规则磋商和空间治理学术会议中贡

---

① 《习近平在视察驻陕西部队某基地时强调 聚焦备战打仗 加快创新发展 全面提升履行使命任务能力》,载央视网,2021年9月16日,https://baijiahao.baidu.com/s?id=1711065791743779140&wfr=spider&for=pc,访问时间:2023年8月10日。

② 参见《2021中国的航天白皮书》,http://www.scio.gov.cn/zfbps/zfbps_2279/202207/t20220704_130725.html,访问时间:2023年8月10日。

③ 参见《十四届全国人大常委会立法规划》,载中国人大网,http://www.npc.gov.cn/c2/c30834/202309/t20230908_431613.html,访问时间:2023年8月10日。

④ 参见《国家国防科技工业局 中央军委装备发展部关于促进商业运载火箭规范有序发展的通知》,载中华人民共和国中央人民政府网,https://www.gov.cn/zhengce/zhengceku/2020-03/24/content_5494956.htm,访问时间:2023年5月14日。

⑤ 参见《我国高度重视"太空环保"三管齐下应对"空间碎片"》,载中华人民共和国中央人民政府网,https://www.gov.cn/jrzg/2010-11/30/content_1756576.htm,访问时间:2023年8月10日。

⑥ 参见《2021中国的航天》,载中华人民共和国国务院新闻办公室网,http://www.scio.gov.cn/zfbps/zfbps_2279/202207/t20220704_130725.html,访问时间:2023年8月10日。

献中国智慧。这不仅展示了中国在航天领域的实力和影响力,也体现了中国积极参与全球航天治理、推动构建人类命运共同体的决心和行动。

一直以来,中国航天活动的立场就是践行多边主义。正如我国外交部发言人在答记者问中谈到的那样,"探索未知宇宙、发展航天技术,是人类的共同事业,离不开世界各国的通力合作。国际合作是航天发展的趋势潮流"①。基于上述立场,中国积极参与并推动了全球航天领域的合作与发展,与联合国外空司、欧洲航天局等多个航天组织签署合作协议,涵盖了航天技术的研发、载人航天、深空探测等形式多样的合作内容,成果丰硕。② 可以预见,未来空间交通管理法治化进程中必然无法缺席中国智慧。

三、亟待规范:空间交通管理的法治化需求

空间交通管理作为一个复杂且多维度的领域,在国际层面尚未形成广泛共识。这种差异主要源于各国在空间治理方面的立场、利益以及技术能力的不同。然而,经过数十年的深入研讨和实践探索,各国政府、学术界以及国际组织逐渐认识到拥挤无序的空间环境不仅不利于既有空间活动的安全,限制了当下如日中天的商业航天产业的发展,甚至可能造成军事战略误判等国家安全利益的冲突。鉴于此,空间交通管理的法治化需求变得越发迫切,具体表现在以下3个层面。

(一)外空资源有序开发的应然面向

2017年,习近平总书记在联合国日内瓦总部出席"共商共筑人类命运共同体"高级别会议并在演讲中指出,要秉持和平、主权、普惠、共治原则,把深海、极地、外空、互联网等领域打造成各方合作的新疆域,而不是相互博弈的竞技场。③ 当下,人类文明即将迈进探索太空的第七十个年头。空间探索活

---

① 《外交部就中国对国际航天合作持何态度等答问》,载中华人民共和国中央人民政府网,https://www.gov.cn/xinwen/2022-04/18/content_5685920.htm,访问时间:2023年8月15日。

② 目前已经有17个国家、23个实体的9个项目成为中国空间站科学实验首批入选项目。参见《外交部:中国空间站欢迎外国航天员来访》,载中华人民共和国中央人民政府网,https://www.gov.cn/xinwen/2022-04/18/content_5685915.htm,访问时间:2024年4月1日。

③ 参见习近平:《共同构建人类命运共同体——在联合国日内瓦总部的演讲》,载《人民日报》2017年1月20日,第2版。

动带动了材料、能源等高新技术的迅猛发展,为人类科技文明的构建注入了强大生机,也服务于通信导航、气象预测等国计民生的方方面面。

尽管外层空间作为"全球公域",是全人类共同开发利用的宝贵财产,但在当下各国和私营航天参与者的角逐中,原本就有限的轨道资源和无线电频率资源显得更为捉襟见肘,被誉为"黄金频段"的S频段和L频段已经被各国抢先瓜分。① 由于低轨卫星发射成本较低,②近地轨道资源成为当下各国"跑马圈地"的焦点领域。在航天大国就有限的空间资源展开"抢占式"开发的现状下,国际电信联盟"先登先占,先占永得"的原则难以为和平有序的外空资源开发提供解决方案。③ 部分第三世界的国家本身不具备成熟独立的航天能力,依赖他国提供的航天服务,在太空资源的开发利用上往往力不从心。在当下大国主导的太空"圈地"战中,维护广大第三世界国家发展权利,保障外层空间资源和平开发,空间交通管理的法治化将发挥不可忽视的作用。

(二)国家空间安全利益的必然要求

如前文所述,空间交通管理的定义围绕"保障空间物体安全"展开。外层空间作为一个制高点,可为军事作战提供巨大优势,如天基平台的运用就是一国收集军事情报的重要依托。④ 在俄乌冲突中,乌克兰依托美西方国家提供的遥感卫星,为战场指挥控制提供了有力的技术支持。⑤ 可以预测在军事、国防现代化的语境下,国家航天能力建设与国家安全利益密切相关。

美国在积极发展商业航天产业的同时,也加快部署外层空间军事力量,将此作为确保美国空间资产安全和保障美国全球威慑和力量投送的关键节点。受美国推动,诸多航天大国高度重视太空领域的顶层规划。英国发布

---

① 参见方芳、吴明阁:《全球低轨卫星星座发展研究》,载《飞航导弹》2020年第5期。
② 低轨卫星的发射成本较低,与动辄上亿的高轨卫星相比,像Starlink卫星的制造成本为每颗100万美元,而马斯克曾公开表示单颗卫星的成本有望降至50万美元,我国目前低轨通信卫星的平均造价大约在3000万元。
③ See Georgios D. Kyriakopoulos, "On the Settlement of Space and International Telecommunications-Related Disputes", Acta Astronautica, Vol. 211, No. 4, 2023, pp. 658–659.
④ See Angeliki Papadimitriou, "Perspective on Space and Security Policy, Programmes and Governance in Europe", Acta Astronautica, Vol. 161, No. 15, 2019, pp. 183–184.
⑤ 参见《从军事科技创新范式变革回瞰俄乌冲突中的高科技场域对抗》,载腾讯网,https://new.qq.com/rain/a/20231103A03ZXF00,访问时间:2024年2月26日。

《国家太空战略行动》报告,旨在通过挖掘增长潜力、深化国际合作、塑造超级科学大国的地位,使英国跻身全球最具吸引力的太空经济体之列。日本则批准了《太空安全保障构想》文件,着力提升太空情报搜集、跟踪探测以及自主研发实力。印度发布了《印度太空政策2023》,允许商业公司全面参与太空领域活动,从而增强其在全球航天领域的竞争力。欧盟亦发布《欧盟安全防务太空战略》,将太空定位为战略竞争的重要领域,计划通过发展太空防卫和军民两用能力、推行太空安全框架及深化国际合作等手段,提升应对太空威胁的能力。这些举措共同展现了各国在外层空间领域的积极态度与战略布局,但也加剧了竞争与对抗态势,使其成为各国竞相角逐的新战场。因此,外层空间军事力量的快速发展与外层空间发展权利的争夺,已成为当前国际外层空间领域不可忽视的重要趋势。[1]

鉴于当前形势,倘若不对各国空间力量部署实施有效的交通管理,那么各国在航天领域的实力差距将进一步拉大,航天技术尚不成熟的国家在保障国防安全时将面临信息劣势的困境。因此,为了维护国家安全利益,构建一套健全的空间交通管理法治体系显得尤为迫切和重要。这一法治体系的建立,旨在规范各国空间活动,促进航天技术的健康发展,缩小各国在航天领域的实力差距,从而确保各国在维护自身国防安全时能够拥有平等的信息优势。

(三)商业航天高质发展的实然考量

放眼全球,太空经济已经成为驱动全球经济增长的新引擎。随着航天技术的持续突破与创新,商业载人飞行和太空物流的实现逐渐成为可能,这将产生极为显著的社会经济带动效应,为全球经济发展注入新的活力。

2024年,"商业航天"一词首次被写入我国政府工作报告,商业航天作为"新增长引擎"的定位在我国经济发展中进一步明确。我国首个商业航天发射场宣告竣工,我国商业航天发展正式进入"文昌时间"。[2] 根据中国卫星应

---

[1] 参见《技经观察l美太空军发布首份作战条令〈太空力量〉》,载网易网,2020年8月15日,https://www.163.com/dy/article/FK3R846Q0514R8DE.html,访问时间:2024年2月26日。

[2] 参见《报告解读l首次被写入政府工作报告,商业航天如何成为新增长引擎》,载百度网,2024年3月5日,https://baijiahao.baidu.com/s?id=1792694253901674706&wfr=spider&for=pc,访问时间:2024年3月28日。

用产业协会发布的数据,预计到2025年,我国计划发射的商业卫星数量将超过3000颗,预计产值将突破2100亿美元。[1] 这一数据表明,商业航天行业市场空间巨大,且随着技术的不断进步和应用需求的增长,未来小卫星星座的发射需求将持续增加。这一趋势不仅为我国航天产业的发展提供了广阔的空间,也为全球航天领域的合作与交流提供了更多的机遇。

美国太空基金会最新报告揭示,2022年全球太空经济实现了8%的显著增长,总规模达到了5460亿美元。展望未来,预计在未来5年内,该经济领域将再实现41%的强劲增长。[2] 这一趋势不仅展现了太空经济的巨大潜力和活力,也预示了未来太空领域将迎来更多的发展机遇和挑战。商业航天这样一片利润回报丰厚的蓝海自然也吸引了资本的涌入,美国SpaceX的"星链"计划现已积累了百万计的用户,亚马逊、苹果、三星等公司均吹响了进军太空的号角。[3]

商业航天的高质量发展,无疑需要依赖有效的空间交通管理。尽管航天产业在私营资本的推动下焕发新生,在一些领域(如太空旅游)中,私人合同约定的作用逐渐超越国际公法的现实影响力,而一些国家在制定相关立法时也会更多地基于提振商业航天产业的立场。比如,美国的《商业航天发射法》要求私营主体在从事空间活动前获得许可证,私营主体为获得许可,应承担确保其飞行器的安全、严格培训太空飞行参与者、全面告知付费乘客发射和再入阶段的风险以及飞行器的安全记录并获得签字认可、足额购买商业保险等义务。事实上通过"知情同意"的规则,将风险承担转嫁给运营商,也就是说乘客的安全尚不在该法规的保障之列。[4]

鉴于航天活动的独特性,外层空间作为"全球公域"的地位始终不变,私

---

[1] 参见《商业航天首度写入政府工作报告 定位"新增长引擎"》,载百度网,2024年3月9日,https://baijiahao.baidu.com/s?id=1792990741691521303&wfr=spider&for=pc,访问时间:2024年3月28日。

[2] 参见《"科技之光"广袤太空,人类的下一个新工厂》,载财经早餐微信公众号,https://mp.weixin.qq.com/s/klfvhczvdbkw8NkexIdJrw,访问时间:2024年3月28日。

[3] 《全球低轨卫星打响"圈地战"》,载百度网2023年5月5日,https://baijiahao.baidu.com/s?id=1765044630344123111&wfr=spider&for=pc,访问时间:2024年3月28日。

[4] 参见张超汉、胡熳馨:《全球空间安全治理视域下临近空间飞行监管研究》,载《太平洋学报》2024年第1期。

人当事方在参与空间活动时,仍需获得相关国家的授权并接受持续监督。国家在采取行动时,亦需对国际社会承担责任。为实现这一目标,空间交通管理的法治化显得尤为关键,它将为航天活动的有序开展提供坚实的法律保障。

四、小结

空间活动如雨后春笋般飞速发展,国际社会关注到了空间交通管理这一现实需求,但在落实过程中仍存在较大的分歧,这成为该领域国际共识形成过程中的主要掣肘。态度的分化主要集中在如下4个方面:首先是现实难题,对空间活动进行管理的基础是具备管理的能力,世界范围内航天技术发展不均衡,能够独立实现航天活动的国家凤毛麟角,大部分发展中国家依赖他国提供空间服务,在此现状下,很难实现外层空间的公平治理。其次是政治暗涌,主要航天国家和国家集团之间就国际空间交通管理制度构建的主导权展开较量,美国积极推动国内立法实现该领域的"美国优先",欧盟则以"欧洲一体化"为抓手,着眼于欧洲区域利益,广大发展中国家则更期待空间活动可以专注于和平目的。再次是军事之虞,空间交通管理具有高度军事敏感度,如空间态势感知技术可用于军事情报侦察工作,空间碎片清除技术可用于对卫星进行定点打击,军事利益冲突增添了空间交通管理的难度。最后是制度肇因,公法体系滞后于空间活动的发展,软法规则缺乏法律拘束力,制度上的留白将导致空间活动的无序,目前进行空间交通管理的有权主体和权力清单处于未知之境,商业化空间活动监管近乎真空,同时悬而未决的空天分界之争也为空间交通管理制度构建蒙上阴影。

然而,历经数十年的深入研讨和实践探索,政府、学术界以及国际组织在空间交通管理定义的一些核心内涵上已经展现出共识凝结的趋势。具体而言,这一共识体现在以下4个方面:首先,空间交通管理的核心目标是确保航天器运行的安全,同时保护外层空间环境的可持续性和稳定性。这涉及防止航天器之间的碰撞、减少空间碎片的产生以及维护空间活动的秩序。其次,空间交通管理需要涵盖航天器运行的整个过程,包括发射阶段、轨道运行阶段以及返回阶段。这意味着在每个阶段都需要进行精细的规划和监管,以确保整个空间交通系统的安全和高效。再次,空间交通管理是一个综合性的系统工程，它兼具技术和规则双重维度。这不仅包括技术研发和技术监管，还需要制定和实施一系列协调机制和法律规范，以促进空间活动的稳定有序运行。最后，空间交通管理的规则化、法治化与各国国家安全、航天战略发展等重点领域密切相关，因而定义的提出将不可避免地受到各国立场的影响。因此，在推动空间交通管理的国际合作中，需要充分考虑到各国的利益和关切，寻求共识和平衡。

为便于后文论述，笔者结合上述空间交通管理领域的典型文件，在此归纳总结空间交通管理的定义："空间交通管理"，是指国家机关或国际组织对空间物体的发射、运行以及返回阶段进行监管协调，以避免空间物体遭受干扰、碰撞等损害，维护外层空间长期可持续发展的技术和法律规范。

第二节　空间交通管理的国际法治根基

纵观外空的开发利用历史，从一开始就充满了大国的政治、军事、经济的竞争和博弈。但作为人类"共有、共享、共建、共治"的新疆域，外层空间一直承载着人类的共同命运，体现着人类的共同利益和关切。[1] 放眼国际，外层空间规则制定正在迈入一个新的变革与发展时期，空间战略、空间政策、空间外交、空间政治、空间经济和空间法学等领域均面临着不同程度的挑战与变革，但始终围绕着同一核心意旨，即外层空间的长期可持续发展，这一目标却无法在法律规则缺位的情况下实现。外层空间作为国际公域的性质深刻影响了各国在空间活动中的行为准则与合作方式，为避免外层空间陷入"公地悲剧"[2]，致使其在大国力量博弈下沦为无序疆场，国际社会应当提前谋划、提前

---

[1]　参见杨剑：《以"人类命运共同体"思想引领新疆域的国际治理》，载《当代世界》2017年第6期。

[2]　美国学者哈定于1968年在题为"The Tragedy of the Commons"的文章中举了一个例子，英国曾经有这样一种土地制度——封建主在自己的领地中划出一片尚未耕种的土地作为牧场，无偿向牧民开放，称为"公地"。这本来是一件造福于民的事，但由于是无偿放牧，每个牧民都养尽可能多的牛羊。随着牛羊数量无节制地增加，公地牧场最终因"超载"而成为不毛之地，牧民的牛羊最终全部饿死。

布局,加强对话沟通,在既有规则的基础上探索空间交通管理的法治化进路。

一、空间交通管理的国际硬法基础

尽管当前的外层空间国际法律体系中尚未对空间交通管理机制作出明确的规范,但已有的外层空间条约可以为空间交通管理提供有力的法律支撑,并得到了国际社会的广泛认同和遵守。特别是自20世纪60年代以来陆续通过的一系列外层空间条约,为空间交通管理规则的制定提供了重要的框架性指导。这些条约所体现的精神和规定,对于确保空间交通的安全、有序和高效具有重要意义,为各国在空间交通管理领域的合作与发展奠定了坚实的基础。

(一)1967年《外空条约》

1966年,联合国大会审议并通过了《关于各国探索和利用包括月球和其他天体在内外层空间活动的原则条约》(以下简称《外空条约》),该公约于1967年正式生效。该条约在人类外层空间活动的国际法历史上占据了举足轻重的地位,被誉为"外空宪章"。它明确界定了空间活动的基本原则,如各国在平等基础上自由探索和利用外层空间、不得将外层空间据为己有、外层空间活动应为全人类谋福利以及不得将外层空间用于军事目的等,这些原则共同奠定了人类空间活动的基本法律框架。然而,受限于其制定时的历史背景和科技发展水平,《外空条约》并未直接涉及空间交通管理的具体规定。尽管如此,其包含的若干原则性条款,通过合理的解释和适用,仍可为空间交通管理提供间接的指导和支持。

《外空条约》作为外层空间活动的基本法律框架,其各项条款深刻影响着空间交通管理的实践与发展。第一,《外空条约》规定了共同利益原则,不仅强调了外层空间开发是全人类的共同权利,更隐含着全人类应共同承担外层空间活动的责任与义务。这一原则为空间交通管理奠定了基调,即各国在享受外层空间带来的利益的同时,也应积极履行相应的责任,确保空间活动的安全、有序进行。[1]《外空条约》进一步规定了国家责任原则,将全人类的共同

---

[1] 参见《关于各国探索和利用包括月球和其他天体在内外层空间活动的原则条约》第1~11条。

责任具体落实到主权国家层面,明确了国家作为外层空间活动的主要参与者和责任主体,应当承担起相应的法律责任。这一原则为空间交通管理中处理国家间的纠纷和冲突提供了法律依据。[1] 第二,《外空条约》初步构建了空间信息的共享规则,在涉及宇航员救援[2]以及空间物体登记[3]时,要求各国在紧急情况下相互协助,以及及时、准确地报告和登记空间物体信息。第三,《外空条约》中规定了国家责任和赔偿责任[4]以及管辖权和控制权原则[5],形成了外层空间活动的追责机制,虽然这些规定尚需进一步完善和细化,但仍然为空间活动的责任认定和纠纷解决提供了有益参考。第四,《外空条约》关于外层空间环境保护的原则[6],体现了对空间环境可持续利用的重视,明确了各个国家有权就可能导致有害影响的太空活动进行协商,从而初步建立了解决太空争端的机制。第五,《外空公约》确立了"国际合作"作为外层空间环境保护机制运行的基础。尽管这种机制不具有强制性,但它确实为各国在空间交通管理过程中提高环境保护意识提供了国际法律的支撑。

然而,从宏观角度看,《外空条约》签署后的太空活动相对较少,外层空间环境并未像今天一般拥挤不堪,具体条款的拟定颇具历史性。空间交通管理一词没有直接出现在《外空条约》中,因此它无法为空间交通管理提供明确而详细的国际法渊源。但其作为国际空间治理中最具影响力的法律文本,依然扮演着至关重要的角色,并为空间交通管理的法治化提供了核心的制度支撑。

---

[1] 参见《关于各国探索和利用包括月球和其他天体在内外层空间活动的原则条约》第1~11条。

[2] 参见《关于各国探索和利用包括月球和其他天体在内外层空间活动的原则条约》第1~11条。

[3] 参见《关于各国探索和利用包括月球和其他天体在内外层空间活动的原则条约》第1~11条。

[4] 参见《关于各国探索和利用包括月球和其他天体在内外层空间活动的原则条约》第1~11条。

[5] 参见《关于各国探索和利用包括月球和其他天体在内外层空间活动的原则条约》第1~11条。

[6] 参见《关于各国探索和利用包括月球和其他天体在内外层空间活动的原则条约》第1~11条。

(二)1968年《关于营救宇航员、送回宇航员和归还发射到外空的实体的协定》

《关于营救宇航员、送回宇航员和归还发射到外空的实体的协定》这一条约的核心目的在于构建宇航员和外空物体的应急返还机制。该机制强调各国在面临宇航员遇险或外空物体失控等紧急情况时,应积极履行营救和返还的义务,确保宇航员的安全与外空物体的妥善处置。

该条约深刻意识到在外层空间这一特殊环境中,从事空间活动的个体并非属于其个人或所属的国家,而是作为全人类派驻外空的使节,代表全人类的利益与尊严。基于这一理念,条约明确规定每个国家都有义务对遇险的宇航员提供及时、有效的救助。[1] 这种救助义务不仅体现了国际社会对宇航员生命安全的高度重视,也彰显了人类对和平利用外层空间的共同追求与坚定信念。

基于上述理念,这一条约授权条约缔约国在其领土之外采取必要的营救行动,成为外空五大条约中唯一授权缔约国在领土外行动的法律文件。[2] 这一规定对空间交通管理机制的构建具有重要的参考意义,不仅有助于解决当前空间交通管理中存在的问题和挑战,还可能为未来国际空间交通管理公约的形成提供新思路、新模式。

(三)1972年《责任公约》

1972年,联合国大会批准通过了《外空物体所造成损害之国际责任公约》(以下简称《责任公约》)。此公约的出台,不仅是对《外空条约》第6条和第7条关于国家责任原则和赔偿责任原则的补充,也对航天器在造成损害时的赔偿责任进行了明确的界定。此外,该公约还构建了一套行之有效的空间物体损害赔偿机制,为处理未来可能发生的类似事件提供了明确的法律依据和操作指南。

《责任公约》在处理由空间物体引发的损害赔偿问题时,首先,明确了负责赔偿的主体,即空间物体的发射国。同时,公约确立了相应的归责原则及

---

[1] 参见参见《关于营救宇航员、送回宇航员和归还发射到外空的实体的协定》第1~5条。
[2] 参见参见《关于营救宇航员、送回宇航员和归还发射到外空的实体的协定》第1~5条。

赔偿义务机关,并规定了相关的救济程序,从而构建起相对完整的赔偿体系。其次,根据不同的损害状况,公约进行了分门别类的探讨。其中,当出于发射国自身原因导致损害发生时,发射国应承担全部侵权责任。明确地说,如果空间物体对地球上的人或物体、正在飞行的飞机造成伤害,那么发射的国家应当承担完全的责任;对于发射于其他国家领土内的空间物体所引起的损害,发射国应与被侵权方共同承担责任。对于外空造成的损伤,应遵循过错责任的原则。再次,规定了航天器的损害赔偿责任,进一步明确了可以提出索赔的损害种类,涵盖了生命健康和财产的损害,排除了精神方面的损害。最后,在提出索赔的过程中,受损害的主体应当遵守国际法和公正合理的原则,而不是某个国家的国内法。

  然而这一争端解决机制的实用性存在争议,如 1978 年苏联 Kosmos 954 号核动力卫星在加拿大西北地区坠毁并在约 124,000 平方千米的范围内散布了放射性碎片,涉及违反《责任公约》规定的义务。加拿大与美国联合团队找到并回收了一些卫星碎片,通过外交照会,加拿大援引《责任公约》规定的国家责任,向苏联索要超过 600 万加元的实际费用及额外赔偿。苏联最终向加拿大支付了 300 万加元,两国通过谈判解决了这一问题。由此观之,当空间物体损害事件发生后,《责任公约》或许并不能发挥其作为法律文本的作用,仍需涉事国家通过外交途径解决。1979 年美国 Skylab 的部分碎片落在澳大利亚最西端的城市珀斯附近,《责任公约》再次被"提及",但却没有发挥法律规范作用。该事件以当地政府以乱抛垃圾为由对美国航空航天局处以 400 澳元的小额罚款草草了结。[①] 上述事件表明,《责任公约》所提供的损害赔偿机制并没有真正发挥作用,或许只是为国家之间的磋商谈判提供了一个理由。

(四)1975 年《登记公约》

  1975 年,《关于登记射入外层空间物体的公约》正式签署(以下简称《登记公约》)。先前通过的《外空公约》第 8 条中提出了空间物体的管辖权归属

[①] See Ram Jakhu & Joseph N. Pelton, *Global Space Governance: An International Study*, Springer International Publishing AG, 2017, p.8.

于发射国。①《登记公约》则在第 2 条中进一步规定了发射国的登记义务。②

《登记公约》旨在明确发射国对空间物体的管辖权,进而在需要时能够追查相关责任,并确保航天员的安全返回以及空间物体或其部件的回收。为此,公约明确要求缔约国必须向联合国登记其所发射的空间物体,这一措施在发生损害时尤为关键,因为它能迅速确认相关信息,从而明确责任归属。倘若登记信息无法迅速指向造成损害的空间物体的发射国,《登记公约》便责令那些具备尖端空间监测与追踪技术的缔约国,竭尽所能提供必要的协助,以便查明涉及的空间物体。

在空间交通管理领域,《登记公约》所建立的空间物体登记机制起到了至关重要的作用,它极大地简化了确定空间物体国籍的过程。该制度不仅有助于在空间物体受损后迅速追究责任,而且还进一步加强了发射国对其发射的空间物体的权利和责任机制。尽管《登记公约》在构建空间物体登记体系上已经取得了不小的进展,但仍存在一些值得探讨和改进之处。一方面公约只是要求发射国就发射物体向联合国登记,并未要求是在发射前还是发射后,因此实践中许多发射物体并不能及时登记;另一方面公约并不要求登记国对发射物体进行持续追踪监视,这也是限于每个国家航天技术发展水平的差异,因而这一问题的解决也需要较大的时间成本。

(五)1979 年《月球协定》

1979 年通过的《关于各国在月球和其他天体上活动的协定》(以下简称《月球协定》),是《外空条约》条文的细化和重申。③《月球协定》为各国在月球及其他天体上的活动构建了明确的法律框架,阐述了在探测与利用月球时应恪守的原则与规范。作为外空法体系中的关键一环,它进一步深化了《外空条约》中的相关条款,例如,《月球协定》在秉承"全人类共同利益原则"理念的基础上,提出了"人类共同继承财产原则",使其更具指向性与实施性。遗憾的是,该协定的缔约国并不多,目前主要的空间大国均不是其缔约国,致使

---

① 参见《关于各国探索和利用包括月球和其他天体在内外层空间活动的原则条约》第 8 条。
② 参见《关于登记射入外层空间物体的公约》第 2 条。
③ 参见尹玉海、刘冰钰:《月球协定四十年:价值与挑战之再讨论》,载《北京航空航天大学学报(社会科学版)》2019 年第 6 期。

其影响力客观而言不如上述国际条约。

此外,《月球协定》深刻洞察了商业航天活动在未来外层空间活动中的重要地位,认识到了私营主体在该领域的巨大潜力,如私营实体将为空间态势感知贡献更多的数据样本,前瞻性地鼓励私营主体广泛参与空间活动。

二、空间交通管理的国际软法依据

除外层空间五大公约,一些不具备拘束力的外层空间文件中也涉及了空间态势感知、空间碎片处置等空间交通管理领域的具体规则,这些软法规则也为空间交通管理机制的构建提供了宝贵的指导原则和实践准则。正如2021年维也纳举行的 COPUOS 法律小组委员会第60届会议中所言,这些与外层空间活动有关的、不具有法律约束力的联合国文件都值得欢迎。[①] 这些不具有国际法拘束力的外空文件,在很大程度上补充并强化了现有的外层空间条约体系,提供了灵活且有效的解决方案。

(一)空间碎片治理规则

目前,空间碎片的治理工作主要依据两大权威文件,一是机构间空间碎片协调委员会(Inter-Agency Space Debris Coordination Committee,IADC)制定的《空间碎片减缓准则》,二是 COPUOS 制定的《空间碎片减缓指南》。上述文件构成了空间碎片治理的基石,为各国及国际组织提供了清晰、具体的行动准则。

1993年,美国航空航天局、日本宇宙事业开发团、欧洲航天局和俄罗斯联邦航天局联合发起成立了机构间空间碎片联邦委员会,中国国家航天局于1995年6月加入。[②] 这是一个旨在协调人为造成的以及自然产生的空间碎片的、政府间的国际论坛,其成员为各国的航天局,旨在促进成员之间的空间碎片信息交换、促进空间碎片研究的合作、评审进行中的合作以及提供空间碎片减缓的备选方案。IADC 在空间碎片领域有着较为权威的地位和较大的影响力,其制定的《IADC 空间碎片缓减准则》则为 COPUOS 出台相关文件奠定

[①] 参见《新活动呼唤新规则——2023年联合国外空委大会会议情况》,https://vienna.china-mission.gov.cn/chn/hyyfy/202306/t20230614_11096073.htm,访问时间:2023年8月20日。

[②] 参见吴莼思:《试论联合国在外层空间治理中的角色》,载《国际观察》2015年第3期。

了基础。①

2008年,COPUOS颁布了《空间碎片减缓指南》,此举象征着联合国框架下首份致力于空间碎片治理的综合性管理文件的问世。《COPUOS空间碎片减缓指南》旨在确保空间物体的在轨安全,防止其解体,同时指导各国从有效轨道上移除已完成任务的航天器和火箭载物台,以限制在正常运行过程中碎片的释放。② 该指南详尽地阐释了减缓空间碎片的具体措施,并引入了一系列技术参数,以增强其在实践中的可操作性和指导作用,为各国航天局提供了更为明确的行动指南,鼓励成员国及国际组织积极落实相关义务。同时,指南还通过列举的方式,为相关机制的构建与实施提供了具体建议。这一里程碑式的事件,无疑彰显了国际社会对减缓空间碎片问题的共同关切与行动决心,进一步推动了全球范围内关于空间碎片治理的国际共识的形成。

(二)空间物体登记规则

当前,在规范空间物体发射活动的过程中,确保《登记公约》所规定的各项义务得以有效实施,我们面临着一个亟待解决的问题,那就是需要在现有条约中清晰界定"发射国"这一概念。"发射国"的定义在现有法律框架内尚存模糊之处,这导致了在实际操作中对于责任归属的混淆和不确定性,进而影响了《登记公约》的执行效果。因此,明确"发射国"的定义,对于规范空间物体的发射活动、保障各国的权益以及维护国际航天秩序具有至关重要的意义。有必要在未来的条约修订或补充中,对此进行深入研究并达成共识,以确保空间物体发射活动的规范性和安全性。③ 鉴于此,联合国大会通过了"适用'发射国'概念"这一决议,体现了国际社会对于外层空间活动规范化和法治化的高度重视,也为空间交通管理机制的构建奠定了坚实的基础。此外,该决议也建议空间发射国考虑逐步推进相关国内立法,规范其国内的空间发射行为,更好地履行外空五大公约的公约义务。

---

① 参见尹玉海、余佳颖:《外层空间软法规制之发展及其价值判断》,载《北京航空航天大学学报(社会科学版)》2019年第1期。

② 参见冯国栋:《空间碎片减控国际法律规则研究》,载《北京航空航天大学学报(社会科学版)》2014年第1期。

③ 参见刘浩:《空间活动发展对"发射国"概念的挑战》,载《法学》2014年第4期。

法律小组委员会在其报告中详细研究了在未来修改《外空条约》或制定新的条约时,如何进一步深化"发射国"这一概念的理解。首先,报告提议更新"发射国"的概念,将国际组织也纳入其中,以适应外层空间活动日益国际化的趋势。其次,报告探讨了关于非政府实体的管辖权问题,强调空间活动中的国家责任。最后,为了澄清法律上的混淆,报告建议区分"发射国"与"促使发射国",以精准界定各种情况下的损害赔偿责任。这一决议不仅体现了各国对完善《登记公约》作用的共同意愿,也将有助于进一步健全空间交通管理制度的追责机制。在此基础上,2007年联合国大会批准通过了"关于加强国家和国际政府组织登记空间物体的做法的建议",旨在推动各国批准并加入《登记公约》,以达成登记做法的标准化与统一。此外,外层空间事务厅还提供了样板格式登记表,供各国在登记空间物体时使用。这一样板格式登记表的制定,不仅为各国提供了登记工作的参考和便利,也进一步推动了《登记公约》的实施与普及。

(三)《外层空间活动长期可持续性准则》

为了制定一套能够被国际社会广泛认可并自愿遵循的外空活动长期可持续性指导原则,COPUOS 科技小组委员会在 2010 年特别设立了"外层空间活动长期可持续性(LST)"这一新的议程项目,并为此专门成立了 LST 工作组。[1] 2016 年该工作小组颁布了第一套准则草案。[2] 在 2018 年,工作组已就准则的序言及 9 项补充内容达成共识,取得显著进展。然而,尽管有所成就,工作组在最终报告的编制过程中仍存在分歧,未能形成一致意见。为了推动准则的尽快出台,2019 年 COPUOS 第 61 届会议在排除了具有争议的准则文本后,《外层空间活动长期可持续性准则》[3]的通过标志着 LST 工作组长达 8 年的准则起草工作取得了显著进展。这一阶段性成果囊括了经过深入协商的序言及 21 条具体准则,充分展现了国际社会对外层空间活动长期可持续性的共同追求与努力,为国际社会在外空活动领域的长期可持续性提供了重要

---

[1] 参见崔宏宇:《从软法的作用与影响看〈外空活动长期可持续性(LTS)准则〉的执行问题》,载《空间碎片研究》2021 年第 1 期。

[2] See UN Doc. A/71/20, Annex.

[3] See UN Doc. ST/SPACE/79.

的指导依据。

然而,需要注意的是,《外层空间活动长期可持续性准则》本身并不具有国际法下的法律约束力,更多地扮演了指导与参考的角色,为各国在外层空间活动领域提供了行为参考,应在以《联合国宪章》与外空五大公约为基础的外层空间国际法框架内实行。[1] 虽然《外层空间活动长期可持续性准则》未经正式条约制定程序,并非对先行国际外层空间法律规则的修订,也不能给各国增设新的国际法义务,但作为外层空间软法的典型代表,其以报告附件形式由 COPUOS 大会一致通过,无疑是对国际外层空间法体系的补充与深化。通过这种自愿性的遵循与执行,各国能够加强彼此间的互信与合作,更好地服务于有序的空间交通管理。

三、小结

既有的外层空间五大公约描绘了人类开发利用空间资源的蓝图,规定了进入和使用空间的原则,明确了空间活动损害责任,提出了登记义务、归还义务以及救援义务等具体要求,可以成为后续空间交通管理规则生成的依据与范本。但由于其属于"冷战"的产物,当今的地缘政治力量更加复杂,太空行为者也更多,包括非国家行为者,也面临着诸多挑战。此外,随着空间技术的迅速发展,在近地轨道部署大型卫星星座、商业载人航天飞行到近地轨道及更远的地方以及其他创新性的空间活动逐渐成为现实。由此可见,现有的外层空间国际公约相较于日新月异的航天技术已经相对滞后。

除安全外,外层空间的可持续性也开始受到国际社会的关注,而空间交通管理是实现这一目标的重要工具。当下空间交通管理规制的法治化面临着技术门槛与经济成本的现实困境,经历着来自航天大国之间主导权博弈的政治暗涌,涉及空间信息共享与军事机密保护的军事之虞,存在诸多新兴领域的制度赤字。倘若未能实现国际层面空间交通管理的法治化,各国与地区将基于各异的立场与战略指导其空间活动,这无疑使得外层空间的长期可持

---

[1] 参见龙杰、黎晓道:《〈外空活动长期可持续性准则〉之执行与应对——基于英国的实践》,载《北京航空航天大学学报(社会科学版)》2023 年第 2 期。

续发展变得越发难以预见和期待。[1]

综上所述,尽管已有部分国际公约和国际软法为空间交通管理提供了国际法治根基,但在该领域的诸多具体问题上,国际法原则和规则仍显不足,缺乏专门的、具体的法律规范。随着外空活动的参与国家和实体日益增多,各方利益差异将逐渐凸显,这无疑增加了推动条约谈判和达成妥协和合意的难度。展望未来,要推动空间交通管理领域国际法的发展,我们仍需高度重视国际软法的作用,通过灵活多样的方式促进国际合作,共同构建和完善适应外空活动特点的法律体系。

第三节 空间交通管理的范围、原则与路径

一、空间交通管理的范围界定

尽管空间交通管理的具体定义尚未确定,但根据现有文本可分析得出空间交通管理的范围,可大致概括为,为了确保外层空间的安全与可持续发展,由国家或国际组织运用规则和技术手段,对空间物体的发射、在轨运行和再入环节进行管理,下文将介绍空间交通管理的目标、基础、对象和内容,以求合理准确地界定范围。

(一)空间交通管理的目标

外层空间是人类共享的全球领域,深刻反映了全人类的共同关切与利益所在。[2] 这一无国界的广袤天地中,任何国家的单独行动都无法完全确保外空活动的安全与可持续性,它需要的是各国间的共同管理与协作。外层空间并非任何单一国家的私有财产,而是各国共同构建人类外空命运共同体的舞台。鉴于此,空间交通管理的核心目标在于满足人类对外层空间可持续利用

---

[1] See Masson-Zwaan, Tanja & Zhao Yun, "Towards an International Regime for Space Traffic Management", Air and Space Law, Vol.48, 2023, p.75.

[2] 参见黄宇民、郭世亮、汪夏等:《空间交通管理的体系框架探讨》,载《空间碎片研究》2021年第1期。

的需求,这依托于当前国际航天系统的稳健运行。为降低在轨碰撞与干扰的风险,应积极维护外层空间交通的有序状态,以减轻空间环境恶化对空间活动的潜在威胁,确保航天器的安全稳定运行,进而推动空间资源的高效利用与可持续发展。

(二)空间交通管理的基础

1. 规则基础

空间交通管理作为外空命运共同体理念的生动实践,深刻体现了"共商、共建、共享"的原则精神。在这一理念的指引下,构建完善的空间交通管理体系势在必行。这一体系的建设离不开一套系统全面的技术标准和政策法规的支撑,他们为空间交通管理提供了坚实的法治基础和操作指南。[1] 已有研究明确指出,空间交通管理体系是一个综合性的架构,它涵盖了管理机构、管理依据、管理对象以及基础设施等多个要素。其中,管理依据尤为关键,它主要由政策、法规和标准构成。[2] 现阶段,空间交通管理的相关规定还散布在各国的国内法律中。[3] 从国内法的角度看,空间交通管理的规则基础来自法规、政策和标准。法律法规作为国家治理的根本性制度,回答"必为"和"禁为"的问题,政策从宏观层面约束、引领资源配置,为特定行业发展提供方向性指南,标准在空间交通管理中扮演着至关重要的角色,他们从技术和操作的微观层面出发,为解答"如何为"和"怎样更好"的问题提供了具体的指导和规范。[4]

具体而言,空间交通管理的规则基础由具体法规、政策及标准构成,涵盖了多个方面,涵盖空间态势感知、空间物体登记、信息透明与交流共享、空间

---

[1] 参见龚自正、宋光明、李明等:《空间活动长期可持续:从空间交通管理到空间环境治理——第683次香山科学会议评述》,载《空间碎片研究》2021年第1期。

[2] 参见任迪、黄宇民、汪夏:《空间交通管理国际竞争博弈态势》,载《空间碎片研究》2021年第1期。

[3] See Catena J, "Legal Aspects Relating to Disarmament, Space Control, Space Situational Awareness and International Space Traffic Management", International Institute of Space Law, Vol.3, 2008, p.3.

[4] 参见泉浩芳、李小龙:《太空交通管理标准体系初探》,载《空间碎片研究》2021年第3期。

碎片监测预警与防护减缓、频率轨位管理利用等。① 从国际法的角度来看,空间交通管理的规则基础来自现有的外层空间法公约以及前文所述诸多关于空间交通管理的软法规则。

2. 技术基础

为确保有效进行空间交通管理,需采取综合技术方法,具体表现在以下方面:第一,空间监视与跟踪技术,作为实现空间交通管理的核心技术基石,对于国家和商业实体而言具有不可或缺的重要性。这一技术主要依赖雷达、望远镜等精密设备,旨在探测绕地球轨道运动的空间物体以及监测空间天气的变化。这些数据的获取,为空间交通管理提供了坚实的技术支撑,确保了航天器的安全运行与空间环境的稳定。第二,空间信息数据管理技术,当下空间信息技术的管理有赖于可靠的信息网络、通用的数据协议,以及国家、国际组织等的通力合作,数据管理与空间活动安全密切关联,当然也常有涉及国家安全、军事等敏感领域的风险。第三,在轨避碰技术,作为一种核心机动技术,旨在保障航天器在预定轨道上运行时能够规避大尺寸空间碎片、其他航天器等潜在碰撞物的威胁。该技术的运用不仅能有效预防碰撞事件的发生,提升航天器运行的安全性,同时对减少因碰撞产生新空间碎片的风险也具有重要意义,从而维护空间的清洁与安全状态。第四,空间碎片主动清除技术是一种积极应对空间环境治理的有效手段。该技术运用一系列先进技术手段,旨在使近地轨道上的空间碎片进入大气层并烧毁,或改变地球同步轨道上空间碎片的高度,使其进入墓地轨道。通过这一操作,能够显著降低航天器与空间碎片发生碰撞的风险,有效改善空间交通环境,为航天器的安全、稳定运行提供坚实保障。②

总的来说,空间交通管理是一个系统性的工程,其中涉及的航天技术不胜枚举,共同构筑了空间交通管理的技术基础。

3. 权威基础

概括而言,空间交通管理的权威基础包括国际组织、国家以及行业内有

---

① 参见龚自正、宋光明、李明等:《空间活动长期可持续:从空间交通管理到空间环境治理——第683次香山科学会议评述》,载《空间碎片研究》2021年第1期。
② 参见冯书兴、姚文多、陈凌云:《太空交通管理体系框架探讨》,载《中国航天》2021年第9期。

影响力的自治组织3个维度。

首先,空间活动天然具备国际属性,而空间交通管理的目的在于维持空间活动秩序,维持外层空间的长期可持续发展,因此,空间交通管理体系需在国际层面进行构建。由此观之,国际组织是协调和维护全球秩序的最佳选择,也是空间交通管理的重要权威基础。

其次,当下空间交通管理面临国际法缺位的困境,当下各国的国内立法将发挥重要的填补作用,长远来看,这也引领着国际规则的形成,因此国家也是空间交通管理的一大权威基础。

最后,私营主体在航天活动中潜力巨大,虽然私营主体能否成为空间交通管理的权威基础有待商榷,但商业航天领域若形成行业标准,行业内有影响力的自治组织也许也能成为权威基础之一。

(三)空间交通管理的对象

空间交通管理的对象包括空间物体及空间活动的各个阶段。由于《外空公约》并未将"入轨"作为其适用条件,"空间物体"的概念仍需进一步讨论。如当下蓬勃发展的亚轨道飞行器,虽飞行高度远不及传统空间物体,但也会短暂地接近近地轨道,也有干扰空间交通秩序的可能性,因此也属于空间交通管理的对象。又如空间碎片是否属于空间物体,学术界也一直颇有争论。[①]空间交通管理应作用于空间物体的各个阶段,包括发射阶段、在轨运行阶段、返回阶段,每个阶段都需要及时的通报,如在发射前应当进行发射窗口的安全分析,对拟发射的空间物体进行安全审查,并确保频率轨道的平等高效利用,在航天器任务寿命期的在轨运行阶段,协调各航天器间的活动,并采取有效措施来预防在轨碰撞与干扰现象的发生。在航天器的返回阶段,确保航天器的安全受控再入大气层或在寿命末期采取主动/被动离轨措施同样至关重要。这些措施旨在保障在轨运行的航天器、返回中的航天器以及地面人员与财产的安全。[②]

[①] 参见廖敏文:《论空间碎片的法律定义及其与空间物体的关联性》,载《空间碎片研究》2017年第2期。

[②] 参见王冀莲、任迪:《空间交通管理促进外空活动长期可持续发展》,载《空间碎片研究》2021年第1期。

(四)空间交通管理的内容

空间态势感知、空间碎片处置以及空间交通协调（Space Traffic Coordination, STC）通常被视作空间交通管理的主要组成部分。[1] 空间态势感知是一项综合性的任务，它囊括了定位、跟踪目标以及监视环境等核心功能与服务。空间碎片处置则涵盖碎片的减缓以及碎片定位主动清除。空间交通协调则涉及在轨空间物体的机动与规避、交会预警等。当然，由于空间交通管理涉及各国空间战略与国家安全利益，其内容也会随着航天技术的深度发展而更新拓展，也有学者提到了空间环境保护、空间环境治理等内容。[2]

1. 空间态势感知

美国将空间态势感知定义为"对空间环境及太空作战所依赖的实时数据和预测信息的获取与理解"。近年来，随着空间活动的日益频繁和复杂化，对空间态势感知数据的获取和共享需求也日益迫切。

为构建全面且精准的空间态势感知体系，需同步推进技术革新与国际合作。在技术革新层面，我们亟须优化现有算法，特别要聚焦对小目标的追踪定位与实时监控能力的提升，从而强化风险预测、潜在碰撞警示以及空间目标编目等功能。而在国际合作层面，空间态势感知数据的收集与整合至关重要。通过协调并汇总来自不同国家和组织的空间态势感知数据，能够构建一个更为全面且精准的空间态势感知系统，进而提升全球空间活动的安全性与可持续性。鉴于此，空间态势感知数据的收集与分析通常被认为是构建有效的空间交通管理的前提，但这也需要国际空间活动主体深化合作。

2. 空间碎片处置

空间碎片的定义尚未在外空公约体系中精准锚定，目前与之最为接近的概念便是"空间物体"。这一现状反映了在国际层面，对于空间碎片的界定和认知仍处于不断探索和完善的阶段。值得注意的是，2007年联合国大会通过的《COPUOS 空间碎片减缓指南》提及了空间碎片的定义，将其描述为"在轨

---

[1] See Larsen P. B., "Space Traffic Management Standards," Journal of Air Law and Commerce, Vol. 83, No. 2, 2018, p. 359.

[2] 参见泉浩芳、李小龙：《太空交通管理标准体系初探》，载《空间碎片研究》2021年第3期。

道上或重返大气层时一切不再发挥功能的人造物体及其残骸和组件"①。该指南界定了空间碎片所处的物理位置,并从"无功能性"和"人造物体"的角度概括了空间碎片的关键特征。"无功能性"意味着这些物体已经失去了其原有的设计用途,不再执行任何特定的任务或功能,例如,因任务完成、故障、撞击或其他原因而失效的航天器、火箭残骸或其他类型的空间硬件。"人造物体"则强调了这些碎片的来源是人类活动,而非自然产生。这一定义排除了如流星体、小行星等自然天体,专注于由人类空间活动产生的废弃物和残留物。

这一定义为国际社会提供了一个初步的共识,然而随着空间技术的不断发展和空间活动的日益增多,空间碎片问题也在不断变化和复杂化。因此,对于空间碎片的定义和认知也需要不断更新和完善,以适应新的形势和需求。例如,倘若将治理重心放在如何减少空间碎片的产生,但外层空间中很多碎片来自历史性的空间物体缺乏任务后处置机制,外层空间中既有的空间碎片需要积极构建主动移除机制来解决,这也构成了空间交通管理的重点方向。

3. 空间交通协调

目前,一些航天国家已经制定了关于空间物体发射、运行或返回等阶段的安全规定。② 美国联邦航空局也正在积极制定太空旅游安全规定,如 2004 年美国国会通过了《商业航天发射法》(CLSA),授权 FAA 下属的商业航天运输办公室对亚轨道飞行活动进行监管。③ 这些规则主要在各国的国内法中进行确定,而空间交通秩序的维持却以各国相关国内法的协调为必需,如空间交通协调涵盖空间交通预警,需要就在轨物体交会风险预测、空间交通信号标志等具体内容达成国际合作。为了有效管理近地轨道与地球静止轨道的卫星交通,也亟须从国际法的维度出发,构建一套行之有效的规制体系。鉴

---

① A/AC.105/C1./L/260.
② See Frans G., "Space Traffic Management: A Challenge of Cosmic Proportions, Proceedings of the International Institute of Space Law," Vol.58, 2015, p.388.
③ See The United States Congress, *Commercial Space Launch Act*, https://www.congress.gov/bill/98th-congress/house-bill/3942,访问时间:2023 年 7 月 23 日。

于此,国际间亦不乏声音呼吁设立专门国际机构,以维护空间交通的协调与秩序。此外,一些国家在外空部署武器,例如,美国的"上帝之杖"天基动能武器就可以轻易地击毁空间物体。① 在外空军事化已成现实的今天,如何从国际法治之维界定和避免航天器的恶意碰撞也将成为空间交通管理的应有面向。

二、空间交通管理的基本原则

尽管空间交通管理是一个多维度的复杂概念,然而其核心宗旨在于确保空间环境的安全与秩序井然。为此,我们需要通过法治化手段,规范航天器的无序发射和随意变轨行为,并有效管理空间碎片,从而实现航天器的避碰,确保空间活动的安全与高效。在空间交通管理的国际法治化进程中,应当遵循以下核心原则。

(一)共同利益原则

共同利益原则强调空间交通管理应服务于全体人类的共同利益,不得损害其他国家的权利和利益。外层空间国际规则体系面临着关键的重塑期,国际航天大国就空间交通管理的话语权展开博弈。美国基于太空优先的理念,凭借其突出的空间态势感知能力,强调"他国对美国的空间透明",意图借由空间交通管理监控追踪全球空间活动。欧盟以"欧洲一体化"为抓手,强调区域利益。俄罗斯则提出联合建立、维护空间信息数据库,入局空间交通管理主导权的争夺。② 然而,航天能力的建设与人类文明的构建紧密相关,空间碎片问题、轨道交通协调等问题是全人类共同的命题。空间交通管理是"人类命运共同体"理念在外层空间最显著的表现,不应成为各国博弈的衍生品,而需秉承"共商、共建、共享"的理念,使其成为能够增进人类整体福祉的基础性规则。

(二)和平利用原则

该原则旨在明确空间交通管理应促进空间的和平利用,防止军事化倾

---

① 参见蔡高强、李冠程:《论航天器碰撞防控法律机制构建》,载《国际太空》2022年第12期。
② 参见任迪、黄宇民、汪夏:《空间交通管理国际竞争博弈态势》,载《空间碎片研究》2021年第1期。

向。首先,和平利用原则体现在空间交通管理的目标和宗旨上。空间交通管理的根本目的是促进空间活动的有序、安全和高效进行,而不是服务于军事扩张或对抗。因此,在空间交通管理的各项政策、法规和标准中,都应强调和平利用的重要性,并明确禁止任何形式的军事化利用。其次,和平利用原则要求各国在空间交通管理中加强合作与协调。各国应共同遵守国际法和空间交通管理规则,通过信息共享、技术交流和联合行动等方式,共同维护空间环境的安全与稳定。在解决空间交通冲突和问题时,各国应坚持和平解决的原则,通过对话和协商寻求共识和解决方案。最后,和平利用原则还应强调空间技术的和平利用与共同发展,避免走向太空军备竞赛的误区。

(三)安全保障原则

在空间交通管理中,安全保障原则应当全面贯穿于空间活动的始终。为确保航天器的安全发射、稳定运行和顺利返回,需制定详尽的规则和程序,对每一个环节的操作要求进行规范,从而有效保障空间交通的安全与有序。例如,在空间交通管理过程中需重点关注执行载人航天等重大任务的航天器。[①]国际法、各国宪法中均体现出对生命权最大限度的重视,生命权作为一项基本人权不可侵犯。因此,国际空间站、载人飞船等载人航天器在太空中享有最高优先级,这是因为他们承载着航天员的生命安全,任何可能的碰撞风险都必须得到严格的防范和避免。因此,各国航天器在与国际空间站、载人飞船等载人航天器可能发生碰撞时,都应无条件地主动采取避碰措施,确保这些载人航天器的安全。此外,当一方在执行防灾减灾、太空救援等特殊任务时,原则上另一方应主动采取避让措施。

(四)透明度原则

透明度原则强调空间交通信息的共享与协调是提升安全保障水平的关键。早在2013年,联合国大会就通过68/189号决议强调了空间活动透明度的重要性。[②] 空间交通活动涉及多个国家和组织,只有实现信息的及时共享

---

① 参见王国语、卫国宁:《低轨巨型星座的国际空间法问题分析》,载《国际法研究》2022年第2期。

② See Jinyuan Su, Zhu Lixin, "The European Union Draft Code of Conduct for Outer Space Activities: An Appraisal", Space Policy, Vol.30, No.2, 2014, pp.34–39.

和有效协调,才能确保各参与方在空间交通中的相互配合与协同。通过建立信息共享平台和协调机制,有助于实时掌握航天器的运行状态和轨道数据,及时发现潜在的安全风险并及时采取相应措施。

三、空间交通管理的路径分析

(一)空间态势感知及信息共享机制

实施空间交通管理离不开空间态势感知的有效支撑。正如2023年美国航空航天局发布的《航天器碰撞评估与避碰最佳实践手册》所强调的,可跟踪能力是开展空间活动的重要支持,也是在轨避碰的重要保障。[1] 美国、欧盟等国家或组织均高度重视空间态势感知相关能力的建设。在顶层设计层面,他们统筹考虑了空间交通管理对态势感知在时效性、覆盖性、安全性及稳定性等方面的综合需求;而在技术要求上,他们致力于提升观测数据的精确性,改进算法和模型,优化空间目标编目管理,提升对小目标的跟踪识别能力,强化避碰风险评估,设定合理的碰撞告警阈值,并提升空间天气预报的精准度,以此实现空间态势感知技术的全面突破。[2]

尽管空间态势感知和数据共享的重要性日益凸显,然而客观上许多国家不具备成熟的卫星运营技术,因而也不具备获取空间态势感知数据的技术要件,很多时候依赖他国的卫星服务。此外,目前国际社会在相关领域的法律规则建设上仍显滞后,尚未确立明确的法律框架来规范空间态势感知活动的开展,也缺乏关于数据共享的具体规定和准则。缺乏国际性的空间态势感知信息共享协调机制,针对私营实体空间态势感知数据共享的管控措施也模糊不清。为了提升空间交通管理的效率和安全性,有必要在国际层面上确立一套标准化的空间态势感知数据共享机制、协调机构,以推动各国之间的紧密合作。

---

[1] See NASA, *NASA Spacecraft Conjunction Assessment and Collision Avoidance Best Practice Handbook*, https://ntrs.nasa.gov/api/citations/20230002470/downloads/CA_Handbook_CM%20Version%202-24-23.docx.pdf,访问时间:2024年4月3日。

[2] 参见刘震鑫、张涛、郭丽红:《太空交通管理问题的认识与思考》,载《北京航空航天大学学报(社会科学版)》2020年第6期。

在空间信息共享中,私营主体也具有不可忽视的潜力。如美国战略司令部和空间数据部门就成功实现了对多个数据供应商所提供的空间态势感知信息的整合,并以此为基础,深入探索了缓解空间拥挤的交通协调与管理方面的端到端自动化解决方案,这一实践彰显了公私协作在空间信息共享领域的巨大潜力。① 在此基础上,有必要进一步制定在空间态势感知领域内私人空间活动者与国家间的合作规则,确保数据的流通与利用在合法、规范的框架内进行,从而共同维护全球空间交通的秩序与安全。

(二)空间碎片主动移除机制

关于空间碎片减控的国际法框架已初步确立,包括《外空条约》《登记公约》以及《空间碎片减缓准则》等在内的法律文书,对基础性地界定空间碎片减控的权责组织发挥了重要作用。这些文件均强调了各国在减少和控制空间碎片方面所应承担的国家责任。为实现这一目标,各国需积极采取行动,构建必要的机制,并推动本国在空间碎片减控领域的相关工作。特别值得注意的是,《外空条约》与《登记公约》在预警机制方面,确立了"所属国善意通知"及"他国协助预警"的国际责任,为各国间的合作与信息共享提供了指导。同时,《空间碎片减缓准则》与《空间碎片减缓指南》则进一步更为详尽地阐释与明确。这些规定共同为各国在空间碎片减控方面的行动提供了指导与规范。②

然而,随着空间碎片的密度迅速增加,传统的减缓措施在应对碎片总量持续增长的趋势上已显得力不从心。因此,航天大国开始将目光聚焦于空间碎片的主动移除机制,以期寻求更为有效的解决方案,更为积极地管理空间碎片,进而确保空间交通的安全与可持续发展。欧洲航天局和美国航空航天局的数据显示,维护外层空间环境的关键在于每年主动从近地轨道上移除5~10个大型空间碎片。③ 空间碎片主动移除机制则是实现这一目标的重要

---

① See Scott Pace, "A U. S. Perspective on Deterrence and Geopolitics in Space", Space Policy, Vol.66, 2023, pp.1-7.

② 参见冯国栋:《空间碎片减控国际法律规则研究》,载《北京航空航天大学学报(社会科学版)》2014年第1期。

③ See ESA, *The European Space Agency: Active debris removal*, https://www.esa.int/Safety_Security/Space_Debris/Active_debris_removal,访问时间:2023年10月21日。

技术手段。该机制通过精确操控,使近地轨道上的空间碎片进入大气层并烧毁,同时调整地球同步轨道碎片的高度,引导其进入墓地轨道。这些措施旨在有效降低航天器碰撞的风险,从而优化空间交通环境,确保外空活动的安全与可持续进行。

但客观而言,空间碎片主动移除机制的构建并非一帆风顺,外空五大公约体系相对滞后,尚无法为这一领域提供明确且精准的行为规范。这种滞后性导致了一系列问题,如空间碎片的管辖权不明确、控制权不清晰,以及主动移除责任主体的不确定性,这些问题无疑增加了机制构建的难度。此外,空间碎片主动移除技术的应用容易引发国家主体对外空军事化的顾虑。因此,各国空间碎片编目系统大多呈现出一种相互补充、共同协作的态势,需在空间碎片监测中进一步加强国际合作,实现对空间碎片的探测、跟踪、识别和确认,进而高效地主动移除空间碎片。客观而言,构建空间碎片主动移除机制仍然面临着平衡各方利益需求的困境,短期内难以达成新的国际条约,需充分发挥国际软法的效用,深化国际合作,以弥补现有规则之不足。

(三)低轨巨型星座风险防控机制

近年来,全球范围内低轨巨型星座的迅速部署,为社会经济带来了显著的效益,但同时也让外层空间面临"凯斯勒现象"的危机。[①] 2022年,美国SpaceX的星链计划两次逼近中国空间站,迫使中国空间站采取紧急避碰措施,这一事件凸显了低轨巨型星座潜在的安全风险。鉴于此,建立低轨巨型星座风险防控机制显得尤为迫切。[②]

首先,低轨巨型星座的风险防控在于星座运行时的交通协调,包括优化交会操作、预判碰撞风险以及轨道运行机动等内容。根据《外空条约》第9条的规定,缔约国应当履行提前磋商的公约义务。但这一规定仍然比较原则,难以在低轨巨型卫星的具体实践中提供详尽且有针对性的指导,亟待围绕频

[①] 凯斯勒现象是指当低轨飞行器足够多时,一次严重撞击产生的碎片将引发更多的撞击,进而造成连锁效应,最后低轨的所有飞行器被毁,数十年内人类都无法使用这一空间,也无法进行穿越低轨的其他活动。

[②] 参见《外交部揭批美国卫星两次接近中国空间站》,载百度网,2021年12月28日,https://baijiahao.baidu.com/s?id=1720394722103270335&wfr=spider&for=pc,访问时间:2023年12月1日。

谱、交会以及损害责任构建更为切实可行的磋商机制。[①]

其次,需防范和限制低轨巨型卫星的军事化利用,强化低轨卫星登记工作的落实,进而确保其透明度。2021年,联合国外层空间事务厅(United Nations Office for Outer Space Affairs,UNOOSA)在第60届会议中颁布了题为"大型星座和巨型星座"的规范文件。[②] 该文件指出,目前已有超过20个公布的卫星星座,均包含超过百颗卫星,且这些星座主要由私营实体运营。因此,提升透明度、加强登记工作对于强化空间活动的监管至关重要。此外,根据《外空条约》的规定,空间物体的管辖权和控制权归属于登记国,这进一步凸显了登记在确认和限制低轨星座军事利用方面的义务和责任的重要性。

最后,鉴于低轨卫星星座具有高度的军民融合性,需在促进商业航天发展与外层空间军控之间达成必要的平衡。一方面,可对从事商业航天活动的私营主体施加必要的披露义务,强调对低轨卫星星座的审查与监督。另一方面,也需充分发挥COPUOS、裁军谈判会议等相关机构与平台的作用,还可考虑将低轨星座的建设与运行监督纳入防止外空武器化和外空军备竞赛的议题讨论中,降低外层空间军事化风险。

(四)航天器避碰机制

正如上文所提及的"星链计划"卫星曾经两次迫近中国空间站,致使中国空间站采取预防性紧急碰撞机制,事实上,"星链计划"卫星每周引发的碰撞警告高达1600次,这一数据令人警醒。[③] 鉴于这一数字仍在持续增长,构建航天器避碰机制显得尤为关键,它已成为空间交通管理的核心任务。在探讨空间活动中的避碰优先级原则时,可以借鉴道路交通、空中交通以及海上交通规则等既有的成熟规则,以更好地确定避碰优先级。也需注意到外层空间

[①] 参见王国语、卫国宁:《低轨巨型星座的国际空间法问题分析》,载《国际法研究》2022年第2期。

[②] See United Nations Office for Outer Space Affairs, *Registration of Large Constellations and Megaconstellations*, https://www.unoosa.org/oosa/en/oosadoc/data/documents/2022/aac.105c.2l/aac.105c.2l.322_0.html,访问时间:2023年12月4日。

[③] See Space, *Space X Starlink Satellites Responsible for over Half of Close Encounters in Orbit*, https://www.space.com/spacex-starlink-satellite-collision-alerts-on-the-rise,访问时间:2023年12月10日。

作为全人类共同财产的公域的性质,所有国家都享有平等的探索和开发权利。这些原则在空间环境中的应用并非简单的移植,而是需要结合空间活动的特殊性和复杂性进行深入的探讨和分析。

从技术层面分析,航天器避碰建立在对空间活动的定位与预判之上。然而,当前《登记公约》的实施状况并不理想,许多国家尚未加入,导致许多在轨运行的空间物体并未得到登记。因此,构建航天器避碰机制需要强化《登记公约》的执行力度,完善空间物体的登记工作。

航天器避碰主要集中在两个阶段,第一个阶段是碰撞风险预测,第二个阶段是在评估的基础上,采取机动规避措施,通过调整航天器的运行轨迹来避免碰撞的发生。这两个阶段紧密相连,共同构成了航天器避碰的完整过程。[1] 当两航天器存在潜在的碰撞风险时,清晰界定双方机动规避的责任至关重要。具体而言,需明确哪一方应主动采取机动规避措施,以及哪一方在避碰过程中享有"优先通行权"。有学者提出了"太空路权"体系,具有显著的参考价值。[2] 第一,制造风险方需要主动避让,这体现了国际空间法中的"一方在开展空间活动时应妥善顾及他国的空间活动安全"的理念,借鉴了地面交通规则中的"主路优先通行"原则,要求当一方因自身操作引发碰撞风险时,理应承担相应的责任,包括主动避让的责任。第二,载人等重大任务优先原则,这彰显了"以人为本"的价值观,对于国际社会具有重大或特殊意义的太空任务,应予以特别考虑,由另一方承担主动规避的责任。第三,经济效率原则,强调双方都有避碰能力且不存在特殊情况时,可以考虑避碰成本,采取较小航天器主动避让的策略。第四,安全保障原则,主张根据航天器动力强弱作出更为安全的避让选择。第五,礼让互惠原则,提倡在避让时介入国际合作与礼让互惠的考量。

此外,航天器的碰撞不局限于其他航天器,空间碎片也会成为碰撞事故的重要肇因,因此构建空间碎片主动移除机制对于航天器避碰同样意义重大。

---

[1] 参见胡敏、范丽、任子轩:《空间交通管理研究现状与分析》,载《指挥与控制学报》2015 年第 3 期。

[2] 参见王国语、卫国宁:《低轨巨型星座的国际空间法问题分析》,载《国际法研究》2022 年第 2 期。

第四节　空间交通管理的中国方案与国际视野

外层空间是国际战略竞争制高点,外层空间安全是国家建设和社会发展的战略保障。[①] 个别国家将外层空间界定为"作战领域"并设立"太空军",此举给外空的和平与安全带来了前所未有的威胁与挑战。中国坚定主张,外层空间应成为国际合作与共同发展的新天地,而非大国博弈的新战场。为维护外空安全、确保外空的和平与可持续利用,防止外空军备竞赛成为至关重要的前提。[②] 中国应以保障国家安全为首要任务,强化顶层设计,在空间交通管理国际法治化进程中提出符合国家安全利益、发展利益的"中国方案"。

党的十九大报告明确提出"坚持和平发展道路,推动构建人类命运共同体"[③]。外层空间作为践行人类命运共同体理念的新疆域,应秉持"互信、互利、平等、协作"的原则构建空间交通管理机制,将其作为实现人类命运共同体的战略途径。

一、空间交通管理自律之道：完善国内立法

（一）我国应有立场和选择

1. 遵守且善用现有空间规则

2020 年,国际电信联盟(International Telecommunication Union, ITU)计划于 2023 年底召开下一届世界无线电通信大会(WRC-23)。此次大会涵盖通

[①] 参见《新时代的中国国防》,载中华人民共和国中央人民政府网, http://www.gov.cn/zhengce/2019-07/24/content_5414325.htm,访问时间:2023 年 10 月 23 日。

[②] 参见《联合国大会通过负责任行为准则、规则和原则减少空间威胁秘书长的报告》,https://documents-dds-ny.un.org/doc/UNDOC/GEN/N21/118/93/PDF/N2111893.pdf?OpenElement,访问时间:2023 年 10 月 23 日。

[③] 《习近平提出,坚持和平发展道路,推动构建人类命运共同体》,载中华人民共和国中央人民政府网, https://www.gov.cn/zhuanti/2017-10/18/content_5232664.htm,访问时间:2023 年 10 月 23 日。

信、导航类空间活动等相关议题,旨在促进全球无线电通信领域的交流与合作。[1] 在当前背景下,近地轨道资源与频率资源展现出了其稀缺性,他们不仅是空间业务领域的战略要地,更如同石油、矿产资源一般,是不可再生的宝贵自然资产。鉴于频率轨道资源实行"先占先得"的分配原则,后来者将难以获取一席之地。因此,出于政治、经济、军事等多重因素的考量,各国纷纷加大对卫星频率与轨位资源的抢占力度。特别是低轨巨型星座的迅猛发展,进一步加剧了本已趋于饱和的频率和轨位资源的紧张局面,使得外空资源的争夺变得越发激烈,并向遥远的深空领域延伸。按照现在的部署速度,预计100年后近地轨道内的空间目标将达到10万个,近地轨道资源将无法继续使用。[2]

因此,为了有效利用外层空间的低轨资源,我国应积极遵守并灵活运用国际电信联盟的"先登先占"原则,以及2019年世界无线电通信会议所确立的具有"里程碑"意义的规则,积极参与低轨大规模星座的部署潮流,确保在规定时间内,人造卫星的部署数量达到规则要求,以此夯实我国航天技术的发展基础。

2. 坚持外层空间的和平开发

当前低轨星座部署竞赛如火如荼,各国军备竞赛屡禁不止,在各国激烈争夺的背景下,低轨资源已然成为竞相攫取的重要领域,太空军事化的趋势已不容忽视。各国往往借助其技术和制度优势影响全球公共议程与规则。目前来看,美西方国家更倾向于以博弈的视角来审视外层空间治理,将其视作作战疆域,并组建太空军事力量。然而,这种做法无疑在人类头顶悬起了一把"达摩克利斯之剑",为全人类的和平与安全带来了潜在威胁。为了打破美西方国家对制度性权力的过度掌控,我国应当推动国际组织以更加专业的视角进行监督治理,从而避免权力的滥用阻碍善治。

3. 强调外层空间命运共同体

如前所述,空间交通管理法治化进程中充斥着国家安全利益的关切,各

---

[1] See Maclay. T, Everetts. W & Engelhardt. D, "Responsible Satellite Operations in the Era of Large Constellations", Space News, Vol. 30, No. 1, 2019, pp. 29–31.

[2] 参见龚自正、宋光明、李明等:《空间活动长期可持续:从空间交通管理到空间环境治理——第683次香山科学会议评述》,载《空间碎片研究》2021年第1期。

国在实践中往往前置自身利益而忽略人类整体福祉,这一理念也阻碍了空间交通管理共识的形成。但正如《外空条约》中所强调的"探索和利用外层空间应当为全人类谋求福祉和利益",构建国际层面的空间交通管理规则体系离不开各国的通力合作。

在规则形成的过程中,我国强调外层空间命运共同体,一方面应当继续加强航天能力的建设,加强空间合作,为不具备航天能力的国家提供空间服务。例如,在2017年,中国正式提出了构建"一带一路"空间信息走廊的倡议,[1]旨在与相关国家共同分享卫星导航、遥感以及通信等领域的核心数据。到2021年8月,金砖五国的航天机构进一步加深了合作,共同签署了关于遥感卫星星座合作的协定,详细规划了"六星五站"的合作模式,[2]以共同推动航天事业的发展。另一方面,我国应当积极利用在航天领域的领导力,主动担当国际规则制定与平衡的重任。此外,也需关注相关国内立法与国际法的互构,以国内立法为国际法治化进程提供有益借鉴,同时也要及时更新完善国内立法,保障国内法与国际规则的协调性。

(二)完善我国立法的建议

自从1980年我国正式成为COPUOS的一员,并陆续签署了《外空条约》《关于营救宇航员、送回宇航员和归还发射到外空的实体的协定》《登记公约》《责任公约》后,为了更有效地执行在国际空间活动中的职责,我国也给予了航天领域的国内立法相当的关注度。随着我国航天事业的发展和载人航天器研制任务的完成,我国先后制订了一系列空间规划、计划及法规文件。

在空间交通管理的领域内,我国制定了《空间碎片减缓与防护管理暂行办法》。[3] 这一规定明确了国防科工局作为负责空间碎片管理的主要部门,并对其在空间碎片减缓、保护以及科研项目管理方面的核心职责进行了详尽的

---

[1] 参见《共建空间信息走廊 助力"一带一路"倡议》,载中国网,http://www.china.com.cn/news/2017-03/03/content_40398398.htm,访问时间:2023年7月23日。
[2] 参见《中国式现代化进行时:和平利用太空 造福全球民众》,载腾讯网,https://new.qq.com/rain/a/20230801A07DS500,访问时间:2023年7月23日。
[3] 参见《中国高度重视空间碎片问题 设立专门行动计划》,载中新社网,2014年5月13日,https://www.sastind.gov.cn/n152/n324027/n332814/c333280/content.html,访问时间:2023年12月21日。

规定。该办法从法规层面上确定了中国空间碎片减缓与防治体系建设的总体框架，包括基本原则、组织机构、实施步骤等内容。此外，该办法明确了航天器和运载器的研发单位以及用户部门在工程验证、研发和运营阶段的管理和技术标准，并为发射许可的申请制定了相应的规定。这些内容为开展空间碎片风险管理提供了指导意见和依据。此外，该办法还包括碰撞风险的评估和应对策略，以及空间碎片重大事件的紧急处理措施，并建议建立一个空间碎片管理的联合机制。该办法从国家层面对空间碎片问题作出顶层设计，将为今后我国制定专门的空间碎片法规奠定基础。这种方法不仅代表了国防科工局在空间碎片研究领域的显著成就，同时也是全球第一个通过政府规范性文件来对空间碎片实施法律约束的体系，充分展示了我国在空间碎片管理方面的领先地位。

另外，在2002年，我国正式发布了《民用航天发射项目许可证管理暂行办法》，这标志着中国民用发射活动许可证制度的正式建立。这是我国首次针对发射活动制定专门法律法规的尝试，具有里程碑意义。按照该办法的第6条规定，申请者必须在预订发射月的9个月前，向原国防科工委递交一系列必要的文件，以便获得相应的许可证。这批文件必须涵盖如何预防污染和空间碎片的问题，以及其他与安全有关的附加材料，以确保发射活动能够安全、顺利地进行。[①]

虽然中国在空间法律制定上已经取得了某些成果，但我们必须明确，目前的空间法律制定仍然是在起步阶段，还存在很多法律上的漏洞和不足之处。

首先，我国在空间交通管理领域存在显著的规则赤字，尤其缺乏一部专门且综合的航天法，中国是目前唯一没有"航天法"的世界航天大国，我国空间治理的逻辑起点仍然以政策为主导，缺少国内立法对公约内容的转化适用，致使我国在面对复杂的空间问题时，缺乏一个全面而有力的法律框架。

其次，我国现有的国内立法对空间活动中涉及的一些基本问题缺乏系统规定，在细节方面显得较为简略，可操作性欠佳，无法充分满足实际需求，这进而导致部分领域在法律层面上存在空白。《空间碎片减缓与防护管理暂行

---

① 参见《民用航天发射项目许可证管理暂行办法》第6条第4款。

办法》等行政立法文件也只是侧重于空间碎片的处置,极少涉及航天器避碰等空间交通管理中的具体内容。

最后,我国空间活动相关法律法规位阶较低,主要是行政规章,其法律规范作用并不显著。监管主体比较分散,存在"令出多门""多龙治水"的情况,难以对国内的空间活动进行全面和系统的规范。

随着运载火箭技术的不断提升,"一箭多星"技术在我国日益成熟,鼓励民间资本积极参与外空民用基础设施建设。我国空间技术蓬勃发展离不开技术创新与制度保障,因而我国需在积极推进航天法制定时,对空间交通管理问题予以特别说明。此外,鉴于我国法规与政策制定的严谨性,当前在空间交通管理领域,亟须构建一系列技术标准,这些标准应涵盖空间态势感知、轨道数据交互、空间交通协调以及碰撞规避机动等具体实践。开展空间交通管理标准体系的构建研究,不仅可指导并规范空间交通管理活动,推动其实质性进展,更是保障我国空间资产安全与利益的关键措施。此举不仅展现了我国作为负责任航天大国的形象,也是维护我国空间发展权益,在国际规则制定中争取话语权的必要要求。同时,这一举措也能为商业航天和新兴航天活动参与者的空间活动提供规范准则,是引领和推动我国航天事业高质量发展的必由之路。

二、空间交通管理他律之道:引领国际规则

(一)参与国际规则的构建

以前外空的规则体系制定中,中国没有机会真正发挥作用,但是随着中国国际地位的提高,尤其是中国航天事业的飞速发展,中国必然从规则的遵守者逐渐成长为规则的制定者,所以我国也在全面地参与外空实务的国际谈判,参与规则的制定。一方面在国际舞台上捍卫我国的国家利益,另一方面也在国际舞台上最大限度地展示我国作为负责任守规则大国的形象。

《2016中国的航天》白皮书强调国际空间法规则研究,[①]故中国在审议空

---

① 参见《〈2016中国的航天〉白皮书发布 2030年中国跻身航天强国》,载中华人民共和国中央人民政府网,https://www.gov.cn/xinwen/2016-12/28/content_5153674.htm,访问时间:2023年12月21日。

间交通管理、空间碎片处置等法律文件时,应采取一种积极主动的姿态,积极提出具有中国特色的建议,针对当前国际外层空间法存在的漏洞和短板,围绕空间交通管理亟待解决的现实问题,提出具有前瞻性、创新性且符合更多国家和地区利益的方案,争取获得更多的支持,为空间交通管理提供法律保障。

(二)发挥国际组织的职能

在空间交通管理的法治化进程中,国际组织的作用举足轻重。

首先,联合国、国际电信联盟以及 IADC 等专业性政府间国际组织在制定相关国际规则方面已付出诸多努力。例如,国际电信联盟,作为联合国旗下专责信息通信技术业务的专门机构,致力于全球无线电频谱和卫星轨道的划分工作,订立技术标准,旨在实现网络与技术间的无缝互联,推动信息通信技术的持续进步。① 无论是《国际电信联盟组织法》《国际电信联盟公约》,还是其制定的《无线电规则》,其主要聚焦的是无线电频率和轨道资源的分配问题,旨在避免频率分配和有害干扰造成的冲突。根据《无线电规则》,低轨巨型星座的频率和轨道资源的分配主要采用"协调法",总体上采用"先到先得"的原则,但对卫星互联网的网络安全问题鲜少涉及。②

其次,欧盟等区域性国际组织也怀揣着推动国际外空行为准则谈判的愿景,以期在外空领域进一步巩固其领先地位。③

最后,发展中国家对自身在外层空间的发展权利及航天基础能力建设尤为关注,因此更倾向于通过合作协商与集体发声的方式参与国际规则的制定。同时,非政府国际合作组织如国际宇航科学院及空间研究委员会等也积极投入专题研究,并与各国政府展开密切合作,旨在扩大其研究成果的影响力,从而有效影响国际规则的制定过程。通过这些努力,发展中国家和非政府国际组织共同推动国际规则的制定,促进空间交通管理的法治化进程。这

---

① ITU, About International Telecommunication Union, www.itu.int/en/about/Pages/default.aspx,访问时间:2023 年 7 月 23 日。
② 参见熊楚杨:《外层空间法对巨型星座部署的影响及对策研究》,载《北京航空航天大学学报(社会科学版)》2020 年第 3 期。
③ 参见江辉、钟鹏华、王凤宇等:《全球治理视角下的空间交通管理》,载《空间碎片研究》2021 年第 1 期。

种多元化的参与模式不仅提升了发展中国家在国际空间治理中的话语权,也促进了国际空间规则的完善与发展。

综上所述,在构建未来空间交通管理规则时,我们应充分认识到联合国国际电信联盟的平台优势,其作为分配轨道及无线电频率资源的权威机构,每次世界无线电通信大会都会成为各国的博弈焦点。我国应当对现有规则进行合理运用并积极完善。为了确保频轨和频谱资源的分配与使用规则更为公正和前瞻,我们应更加关注发展中国家及航天新兴国家的利益诉求,逐步摒弃低轨资源分配中"先登先占"的传统原则,但也要避免引入《波哥大宣言》所推崇的主权原则,[①]进而避免外空划界问题的产生。

三、空间交通管理和谐之道:坚持全球治理

自20世纪80年代起,国际社会便踏入了全球化的大潮。历经三十余载的演进,全球化不仅显著提升了全球整体的福祉水平,同时也逐渐显露出诸多严峻的全球性挑战。[②] 随着外空活动主体的日趋多样以及探索领域的不断延伸,一系列空间环境问题逐渐显现,如空间轨道的拥堵、空间碎片的持续积累,以及日益加剧的卫星频率轨道资源供需矛盾等。鉴于当前空间环境问题的紧迫性,这些问题亟待通过全球治理的途径加以解决,以确保空间活动的安全与稳定,并促进可持续的外空发展。而全球治理不仅是治理范围的全球性,更强调治理的广泛参与性和包容性,寻求国家以及非政府行为体的通盘考虑、深度合作。

(一)共商:探寻空间战略领域合作关系

美国视推行空间交通管理为维持其在外层空间的领导地位、消除航天活动风险以及主导外层空间国际规则制定的关键战略举措。为此,美国计划于2024年全面构建国内空间交通管理系统,以进一步巩固其在外空领域的优势

---

① 《波哥大宣言》,全称《赤道国家波哥大宣言》,是指1976年12月3日赤道国家在波哥大签字,涉及静止卫星轨道(同步轨道)的法律地位问题的宣言。《波哥大宣言》的发表,使1967年《外空条约》的"不得据为己有"的原则受到挑战,否定了各国有向同步轨道发射静止卫星的自由,因而遭到许多国家尤其是一些工业发达国家的反对。参见黄惠康:《世纪之交空间法的回顾与展望(上)》,载《中国航天》2000年第9期。

② 参见秦亚青:《关于世界秩序与全球治理的几点阐释》,载《东北亚学刊》2018年第2期。

地位。① 美国尤其注重加强空间态势感知技术层面的国际合作力度,目前已经签署了一百余份空间交通态势感知合作协议,在双边场合加强与日本等国家在空间交通管理方面的合作。② 2018年9月,欧盟空间政策研究所举办了一场主题为"跨大西洋合作新视角:迈向太空交通管理新纪元"的会议。该会议诚邀了美国、欧盟各国的主要航天局、知名企业及智库共同参与。③ 国际宇航科学院在会议上提出了构建法律体系和规则体制的两大基石,并倡导通过跨学科研究、达成广泛共识、确立技术基础、深化国际合作、推进国际组织和政府间论坛的筹备工作以及提升公众认知等五条行动路径。④ 由此可见,外层空间发展的总体态势是从自发无序走向规范有序发展,在此过程中空间交通管理不可缺位。但空间交通管理涉及监管众多空间活动行为主体、协调激增的空间活动、预防日益显著的空间安全风险以及防治外层空间环境恶化,亟待通过国际合作解决。美国与欧盟等国家和地区纷纷着手构建空间交通管理规则,旨在通过技术与实践的领先,争夺话语权的定义、主动权的掌握以及主导权的稳固。这一行动旨在通过规则制定来塑造未来空间交通管理的格局,并确保各自在全球空间治理中的优势地位。

当下外层空间走向联盟化,资源竞争进一步加剧,中国航天面临着历史性的重要窗口。有学者指出,中国太空安全的核心问题在于如何妥善管理中美之间的太空关系。⑤ 然而,美国军事安全重心转向外层空间,积极通过组建"太空国际联盟"与中俄进行"冷战"式的对抗。

尽管我国在探寻空间战略合作关系中仍然面临着重重困难,但空间交通管理的特性决定了我国仍需积极谋求合作。在国际航天合作领域,自身的实

---

① 参见刘震鑫、张涛、郭丽红:《太空交通管理问题的认识与思考》,载《北京航空航天大学学报(社会科学版)》2020年第6期。
② 参见郭丽红、龙方、沈达正:《美国太空交通管理研究与实践分析》,2019年第十届全球空间碎片会议。
③ 参见刘震鑫、张涛、郭丽红:《太空交通管理问题的认识与思考》,载《北京航空航天大学学报(社会科学版)》2020年第6期。
④ See Schrogl. K. U., Jorgenson C., Robinson J. et al, "Space Traffic Management-Towards a Roadmap for Implementation", ESA, 2018, pp.93 – 147.
⑤ 参见徐纬地:《太空安全博弈与国际航天合作——空间交通管理视角下的太空安全态势与中国对策思考》,载《空间碎片研究》2021年第1期。

力是不可或缺的基础。这既涵盖了硬实力,如技术、设备和资金,又包含了软实力,如政策、文化和外交策略。对于中国而言,构建一套既能够捍卫自身合法权益,又能够推动人类太空共同福祉的规则体系,对于有效推进国际航天合作而言,具有至关重要的意义。在合作过程中,中国不仅应与航天大国携手并进,更应关注那些目前航天能力尚显薄弱的国家。例如,以东欧国家为例,虽然他们身处"一带一路"沿线地带,但航天能力仍需进一步提升。为此,中国可以积极主动地向这些国家提供航天基础服务,从而推动其在防灾减灾、通信导航以及客运物流等多个领域实现跨越式的发展。这些缺乏或暂无航天能力的国家,同样对中国航天事业的发展具有重要意义。这些国家对于航天技术的需求迫切,具备成为中国航天建设和应用领域的潜在市场和合作伙伴的潜力。在空间交通规则谈判中,他们同样能够成为中国可信赖的伙伴,共同推动建立公平、合理的国际太空秩序。因此,中国应积极拓展与各类国家的航天合作,共同书写人类太空探索与发展的新篇章。

(二)共建:实现空间设施领域互帮互助

空间交通管理问题,不仅是一场规则制定权的较量,更是一场关乎未来发展权的深刻斗争。国际航天法规的建设,其核心发言权往往源于各国在航天工程与技术领域的实力。因此,在构建空间交通管理规则时,我们必须跳出狭隘的博弈思维,从全球治理的宏观视角出发,思考如何以更加公正、公平的方式解决外层空间所面临的诸多挑战。

全球治理的本质在于,全球或大多数行为体在追求各自利益的过程中,需基于普遍认可、相互尊重的规则行事,共同维护一个和谐稳定的国际秩序。全球治理的显著特征不仅在于其覆盖范围的广泛与全球性,更体现在参与者的多元与包容性。这意味着,除各国政府外,非国家政府行为体同样在全球治理中扮演着举足轻重的角色。在这一进程中,大国,尤其是超级大国,承载着更为重大的责任与使命。同时,众多中小国家亦在全球治理中发挥着不可或缺的作用,共同推动着全球治理体系的完善与发展。尤其是那些经济条件较为落后的国家,其参与和贡献直接影响着全球治理的正当性与实际效果。然而,空间活动技术和资金门槛高、风险大,尽管当下频率轨道资源的争夺显著加剧,但世界上仍有许多国家尚未具备充分参与空间活动的能力,缺乏必要的空间基础设施以参与空间交通管理。

目前,一些新兴的航天国家,尤其是位于非洲与拉美地区的国家,在参与外层空间规则制定的磋商中,积极通过集体力量发出自己的声音,表达了对空间发展权益的深切关切。这些国家的参与和声音,不仅丰富了国际航天合作的内涵,也为构建更加公正、合理的外层空间治理体系注入了新的动力。[1] 我国拥有较为先进的航天技术,具备为发展中国家提供空间基础设施建设的能力。基于此,我们可积极助力这些国家,以满足其在航天领域的多元化需求。通过这一举措,我们旨在推动全球航天事业的共同发展,促进国际间的合作与交流。[2] 我国可以依托"一带一路"空间信息走廊和亚太空间合作组织,帮助发展中国家进行空间基础设施建设,壮大第三世界话语权。

面对空间碎片减缓及空间天气灾害等关乎可持续发展的重大挑战,我们需要以发展的视角来探索解决方案。中国可以积极倡议广大发展中国家加入亚太空间合作组织,借助该组织的力量推进空间碎片监测与预警平台项目,即亚太地基光学空间物体观测系统(APOSOS)项目,以便更紧密地跟踪成员国关注的空间目标及碎片。[3] 具体实施方面,建议由国家层面主导,积极与各国签订双边或多边合作协议,促进中国国家航天局与其他国家航天部门之间的技术交流与合作。同时,鼓励国有及民营航天企业积极参与航天项目的具体实施,共同推动航天事业的蓬勃发展。

(三)共享:促进空间服务领域信任协作

除技术方面的限制外,空间交通管理规则的落实还会受到其他因素的影响。首先,空间交通管理具有高度军事敏感度,如空间态势感知技术可用于军事情报侦察工作,空间碎片清除技术可用于对卫星进行定点打击,可能会被个别国家用来掩护军事行动,需要国际社会达成相关协议,并保证行动的

---

[1] 参见江辉、钟鹏华、王凤宇等:《全球治理视角下的空间交通管理》,载《空间碎片研究》2021年第1期。

[2] 参见姜天骄:《为用户提供更多定制化发射服务,中国航天构筑开放式商业航天新模式》,载《经济日报》2018年11月20日,第14版。

[3] 中国已于2011年在亚太空间合作组织框架下开展亚太地基光学空间物体观测系统(APOSOS)项目,该项目的主要功能是建成一个区域性乃至全球性的光学卫星观测网络来跟踪成员国感兴趣的空间目标和碎片,为航天器的发射与在轨运行提供安全保证。

透明；其次，当前国际上未就空间碎片的定义达成共识，空间碎片的主动清除活动需要经过发射国的同意；最后，空间交通管理的成本很高，资金来源问题需要解决。长久来看，空间交通管理规则的落实需要国际层面的信任协作。

关于外层空间信息数据的妥善处理。我国应有针对性地开展空间交通管理前沿技术的研究，不断提升外层空间监视和跟踪、数据处理能力，主动搭建国际交流平台，吸引更多国家和组织参与技术研发、空间信息数据共享、基础设施建设等工作。利用互联网、物联网等为代表的数据通信基础设施，以大数据技术、区块链数据、人工智能技术等为代表的高新技术基础设施为支持，建立一个数据空间信息交换系统，收集全球各个政府和商业航天控制中心及外层空间监视与跟踪站点的数据，经过处理后进行有效链接。

此外，欧洲航天局拥有多个成员国，包括中欧和西欧的多个国家。其中，法国和德国作为该组织的核心成员，展现了卓越的航天技术实力和高度的航天产业商业化水平。因此，中国可考虑与欧洲航天局及其成员国在空间碎片清除等在轨服务领域开展深入合作。同时，我们也应共同努力推进与亚太地基光学空间物体观测系统项目相类似的空间态势感知合作项目，或探讨与该项目实现联网的可能性，以进一步提升空间碰撞预警服务的效能和水平。[①]

第五节 结 语

当下，各国纷纷投身于低轨巨型卫星的发射竞赛，空间碎片的数量以"雾霾式"的速度急剧增长。基于大国间的战略博弈与技术创新的双重驱动，军事力量的焦点逐渐从空中转向外层空间。外层空间的安全与空间交通管理问题在技术、政治和规则等多个维度上相互交织、激荡，深刻影响着各国航天事业建设的方方面面。全球外层空间治理的难题日益凸显，亟待国际社会共同应对和解决。

[①] 参见段欣：《国际空间交通管理的困境与中国的应有政策》，载《北京航空航天大学学报(社会科学版)》2023年第2期。

在这一新的时代背景下，现有的国际空间法律体系亟待调整与更新，需强化空间物体登记，促进空间活动信息共享与协调，完善航天器避碰机制，以适应不断变化的新形势与空间活动多元化需求。面对新一轮国际空间法规建设的热潮，我国应紧密结合国际公域治理的先进理念与自身的战略需求，在"人类命运共同体"的核心理念指引下，秉持"共商、共建、共享"的原则，统筹国际与国内两个大局，坚决维护国家的空间安全与发展权益。

首先，我国应积极投身于空间交通管理的国际法治化进程，努力完善国内航天法体系，确保我国航天事业在法治轨道上稳步前行，实现国内法治与国际法治的良性互动。在国际空间交通管理建章立制的过程中，我们应主动参与其中，积极贡献中国方案，并发挥其引领和示范作用。同时，我们还应秉持开放包容的态度，与世界各国共同探索和完善国际空间法律秩序，为推动构建公正合理的国际空间治理体系贡献中国智慧与力量。

其次，我国可充分利用作为航天大国的国际影响力，深化空间交通管理领域的国际合作，可依托国际电信联盟等具备广泛影响力的国际组织，深入开展国际空间交通管理服务系统的建设工作。在此基础上，我国可以率先在联合监测、数据交换、避碰协调等领域先行先试，为国际空间交通管理规则生成提供有益的实践参考。

最后，我国应前瞻性地规划和发展相关航天技术，加快国家空间交通管理系统的建设步伐。打造面向全球、提供高效公共服务的空间交通管理系统国际平台，积极倡导国际社会在空间治理领域摒弃单边思维，使空间交通管理法治化真正服务于人类整体福祉，共同守护人类头顶这片蔚蓝星空，为子孙后代留下一个和平、繁荣以及可持续发展的宇宙家园。

第九章
空间碎片移除的法律问题研究

本章导读：随着空间技术的发展和深空探测范围的扩大，空间碎片呈现激增态势，严重影响外空安全、外空环境与外空可持续利用。致力于减少新碎片产生的空间碎片减缓频频受阻，空间碎片移除比以往任何时候都更受到国际社会的关注。然而，目前尚未有完善、统一的国际法规则对空间碎片移除加以规制。通览当下国际法理论研究和具体实践，有关空间碎片移除的争议主要集中在以下方面。

争议之一：空间碎片移除的客体。目前，国际社会虽在空间碎片的技术定义上看法趋同，但未就其法律定义形成共识，争论主要为空间碎片是否属于空间物体。本章认为答案是肯定的，空间碎片属于空间物体，规制空间物体的国际条约可经现代化解释适用于空间碎片移除。争议之二：碎片移除行为的性质，即空间碎片移除应属一国权利抑或一国义务。通过对《外空条约》《责任公约》《登记公约》的适用与解释发现，将空间碎片移除视为一项国家权利无益于空间碎片治理，但将其视为国家义务亦欠缺具有法律约束力的国际条约和国际习惯的支撑，故将之定性为一项正在形成的国家义务更为恰当。同时，相较于登记国，将空间物体的发射国作为碎片移除的主体更有利于促使国家积极承担移除责任，共同营造绿色、安全、清洁的太空。争议之三：不同类型空间碎片的移除条件。首先，各国有权移除本国所管辖的空间碎片；其次，对于他国所辖空间碎片，可通过论证《外空条约》第8条的管辖权与控制权存在例外情形、获得碎片管辖国的同意、援引危难或紧急状态等方式加以移除；最后，对于不明来源空间碎片，可以参照20世纪新西兰的做法，在履行照会、公告等手续且经过一定的物主认领期限后即可自行移除。

作为外空活动的产物,空间碎片带来的危害性不言而喻。其一,对在轨飞行器、太空空间站及所载人员的安全构成极大威胁;其二,为地球环境及地球上的生物及财产安全笼上一层阴影;其三,严重挤占轨道资源,阻碍人类的外空活动,已成为外空环境的主要污染源。

关于空间碎片治理的讨论始于20世纪90年代初,已通过了数项不具有法律约束力的文件及指南。遗憾的是,相关规则的实施与执行均不尽如人意,国际社会在空间碎片治理方面踟蹰不前。目前,单纯依靠空间碎片减缓已难以解决空间事业发展面临的困境,因此,必须诉诸空间碎片移除手段。本章选题意义正在于此:一方面,梳理可适用于空间碎片移除的国际条约,重构外层空间法律体系;借鉴国际法理论及原则的相关内容,明确空间碎片移除的法理依据。另一方面,缕析空间碎片移除所面临的法律挑战即移除客体、移除行为定性及移除条件,为空间碎片治理提供可行性建议。空间碎片问题关系传统安全与非传统安全,涉及自身安全与共同安全。作为空间物体发射大国,中国理应为空间碎片移除贡献中国智慧和中国方案。

第一节 空间碎片移除的客体与紧迫性

随着人类外空活动的深入和探索范围的扩大,以及小卫星和大型卫星星座的快速发展,空间碎片环境日趋复杂。不断增加的空间碎片不仅挤占空间轨道资源,而且对外空和地球环境安全造成了负面影响。与此同时,新冠疫情警示国际社会需要更加重视非传统安全,外层空间安全作为非传统安全的重要一环,空间碎片治理是不容忽视的关键问题,[①]为防止"气候变化"事件的重演和所谓"公地悲剧"的产生,空间碎片移除迫在眉睫。

---

① 参见史本叶、马晓丽:《后疫情时代的全球治理体系重构与中国角色》,载《东北亚论坛》2020年第4期。

然而,空间碎片移除存在技术、政治和法律的多重挑战。首先,就技术障碍而言,虽然空间技术正处在飞速发展阶段并有部分付诸实践,如2018年9月欧洲发射"碎片清除"(Remove Debris)系统并顺利完成世界首次真实外空环境下飞网抓捕、运动跟踪、拖曳离轨等多项碎片清除技术试验,[1]但总体而言,目前空间碎片移除技术还不够成熟,且主要掌握在欧美空间大国手中。此外,空间碎片移除成本昂贵。据欧洲航天局和Clear space的合作项目估计,使一块太空垃圾脱离低轨道大约需要1.3亿美元,[2]巨大的成本和微薄的短期效应使各国在空间碎片移除方面动力不足。其次,就政治阻碍来说,第一,作为"全人类共同财产",外空的探索、利用与保护必然蕴含国际合作,然而国际合作很难在成本高昂且具有极大不确定性的领域展开。第二,空间碎片移除的特殊性使得"搭便车"情形极为普遍且难以避免,国际社会因此犹豫不决。第三,对空间碎片移除的细化必然会影响一国外空探索活动,甚至与短期国家利益发生冲突,无论是航空强国还是航空弱国都不想受此束缚,这种相互竞争的利益关系使得国际共识的达成变得尤为艰难。[3] 第四,空间碎片移除系统与空间武器存在一定相似性,碎片移除技术兼具碎片移除与反卫星武器双重功能,[4]易产生借助碎片移除破坏他国在轨航天器的恶劣情形。最后,也是本章探讨的重点,空间碎片移除在法律层面挑战重重。

一、空间碎片的技术定义和特征

自1957年人类发射人造地球卫星开始,空间碎片问题便随之而来。20世纪60年代至80年代,美国、苏联等国航天发射次数达到每年上百次,加上没有采取必要的减缓措施,空间物体解体事件频发,空间碎片问题逐渐凸显,

---

[1] 参见宋博、李侃、唐浩文:《国外空间碎片清除最新发展》,载《国际太空》2021年第5期。
[2] NASDAQ, https://www.nasdaq.com/alticles/theres-a-junkyard-orbiting-earth.-these-companies-want-to-clean-it-up-2020-01-04, Oct. 2, 2020.
[3] See Major Marc G. Carns, "Consent not Required: Making the Case that Consent is not Required under Customary International Law for Removal of Outer Space Debris Smaller than 10cm", Air Force Law Review, Vol. 77, 2017, p. 185.
[4] See Ram S & Jakhu, *Regulatory Aspects Associated with Response to Man-Made Cosmic Hazards*, Handbook of Cosmic Hazards and Planetary Defense, 2015, p. 1072.

国际社会为之侧目。① 截至目前,人类航天活动已产生数万个可编目的空间碎片和更多无法计算、难以追踪的小碎片。与此同时,空间碎片的增速始终居高不下。以 2021 年为例,3 月 10 日美国 NOAA – 17 气象卫星在轨道上突然爆炸并生成 16 个碎片,这些碎片高速飞离卫星本体并停留在轨道之上,对航天安全造成巨大威胁。无独有偶,11 月 15 日俄罗斯使用 DA-ASAT 导弹摧毁了一颗退役军事侦察卫星。此次反卫星试验产生了 1500 多块可追踪的碎片及数十万块较小碎片,并将在轨道上停留数年甚至数十年。美国太空司令部称,此次反卫星试验"对国际空间站的宇航员和其他载人航天组织的活动以及多国卫星构成重大威胁"。

空间碎片威胁不容忽视,治理空间碎片刻不容缓。在此,首先应被明确的是空间碎片的技术内涵、法律概念,以及移除的必要性和可行性。

(一)空间碎片的技术定义

空间碎片有广义和狭义之分,广义的空间碎片包括一系列自然物质、人造空间物体,以及各种各样的流星体;② 狭义的空间碎片仅指人造空间物体。与自然碎片相比,人造碎片危害性更大,也是本章的讨论对象。

联合国大会从 20 世纪 90 年代初就开始在报告中提及空间碎片问题,③ 但始终未对空间碎片下明确定义。1994 年 COPUOS 科学技术小组委员会第 31 届会议第一次以官方文件的形式对空间碎片进行了概念上的初步界定,强调空间碎片的两大特征:人造性和非功能性。④ 1999 年,科学技术小组第 36 届会议审议通过的报告将之界定为处在地球轨道或再入大气层的无功能的人造物体,或难以期待功能复原的人造物体及其碎片,与所有权归属是否明确无关。虽然这一概念涵盖了空间碎片的多数特征,但该报告特别指出上述

---

① 参见徐菁:《治理空间碎片"任重道远"——专访空间碎片研究专家韩增尧》,载《国际太空》2014 年第 6 期。

② See Edward. A. Frankle, "International Regulation of Orbital Debris, Proceedings of the Forty-Third Colloquium on the Law of Outer Space", American Institute of Aeronautics and Astronautics, Vol.370, 2000, p.370.

③ 如 1990 年通过的第 45/72 号决议、1991 年通过的第 46/45 号决议、1993 年通过的第 48/39 号决议等。

④ 参见黄韵:《空间碎片的国际法治理》,东北师范大学出版社 2018 年版,第 1~2 页。

定义存在争议性。

随后,国际社会对空间碎片的认识渐趋统一。2003 年 IADC 颁布的《空间碎片减缓指南》和 2007 年《COPUOS 空间碎片减缓准则》①对空间碎片给出了几乎一致的定义:空间碎片是位于地球轨道或再入大气层的非功能性人造物体,包括碎片和零件。② 该概念完美继承了前述报告的核心内容:位置要素、功能要素、定性要素和构成要素。根据这四项要素,可以得出以下结论:第一,空间碎片一般位于地球轨道或再入大气层;第二,空间碎片具有非功能性;第三,空间碎片具有人造性;第四,空间碎片包括本身及其组成。③

综上所述,空间碎片指在地球轨道上不再起作用的人造物体,包括报废卫星、碰撞产生的物体、从轨道卫星或航天器脱离的碎片以及其他物体。④

(二)空间碎片的主要特征

论述空间碎片的主要特征一般围绕三方面展开:特殊位置、非功能性、人造性。所谓特殊位置,是指空间碎片主要处在高度 2000 千米以下的近地轨道区域(LEO)、20,000 千米左右的中地球轨道(MEO)以及 36,000 千米附近的地球同步轨道(GEO)。⑤ 至于非功能性和人造性,则是空间碎片的主要特征。

1. 空间碎片具有"非功能性"

所谓非功能性,是指空间物体停止执行既定使命。这一特性得以将空间碎片与处于运行中的航天器区分开来。为明晰非功能性的内涵,有如下问题需要说明。

其一,"非功能性"是指暂时失去功能还是永久失去功能。对此,仅基于

---

① 需要说明的是,上述两指导文件并不具有法律拘束力,但考虑到二者在空间碎片减缓领域所具有的权威性,相关国际组织及许多国家在制定空间碎片减缓标准时纷纷沿用该定义,无形中使得理论界及国际社会对空间碎片的定义渐趋一致。比如,国际标准化组织(International Organization for Standardization,ISO)制定的《ISO 标准 24113 "空间系统——空间碎片减缓要求"(2011 年)》,欧洲航天局制定的《欧洲空间碎片减缓行为准则(2004 年)》。

② 参见黄韵:《空间碎片的国际法治理》,东北师范大学出版社 2018 年版,第 2 页。

③ 参见廖敏文:《论空间碎片的法律定义及其与空间物体的关联性》,载《空间碎片研究》2017 年第 2 期。

④ See Scott Michael Steele, *Can International Law Provide a Basis for Actively Removing Space Debris*? United Kingdom: The Open University, 2020, p.7.

⑤ 参见王冀莲、王功波、杜辉等:《面向空间环境治理的在轨服务空间法问题研究》,载《空间碎片研究》2020 年第 2 期。

常识就能得出结论,毕竟要求登记国放弃对暂时失去功能的物体的管辖权既不合理又不现实。① 而且,随着空间技术的发展,昔日被视为"空间碎片"的失能卫星可能有机会重新投入使用,②例如 1999 年发射的猎户座 3 号。有鉴于此,此处理解为永久失去功能更为恰当。对于如何判定"永久失去功能",国际法协会(International Law Association,ILA)的定义值得借鉴:空间碎片是指外空中不活动或无用的空间物体,且据理性估计其状态在可预见期间内无法改变。③ 其中,"理性估计""可预见"等有助于灵活裁量案件。④

其二,"非功能性"是指失去既定功能(目标功能)还是所有功能。需知,空间物体均为完成相应目标功能所发射,但无法实现既定功能并不意味着空间物体已然丧失全部功能。本书认为,将"非功能性"等同于"失去全部功能"更为恰当:首先,移除者在明确空间物体的目标功能上存在困难。其次,将"失去全部功能"作为判断标准,有助于在最大限度上保障登记国利益,督促其尽力恢复碎片功能。⑤

其三,"非功能性"是否意味着"非可控性"。本书认为,"非功能性"隐含着"非可控性"之意。因此,若一空间物体难以维持合理的轨道高度或因技术层面的严重障碍而操作困难或失控失联,即便其组成部分依然处于运行状态,也应被视为失能空间物体并划入空间碎片之列。⑥

2. 空间碎片具有"人造性"

空间碎片来源广泛,包括发射和外空活动中空间物体及其运载工具的解体、碰撞和爆炸,以及空间碎片间的碰撞,也包括任务终结后未脱离轨道的残骸或形态完整的空间物体(如弃星)。空间碎片伴随人类探索、开发和利用外

---

① 参见赵青:《移除他国空间碎片的国际法障碍及解决路径》,载《研究生法学》2019 年第 4 期。
② See Major Marc G. Carns, "Consent not Required: Making the Case that Consent is not Required under Customary International Law for Removal of Outer Space Debris Smaller than 10cm", Air Force Law Review, Vol.77, 2017, p.176.
③ See "Man-made objects in outer space, other than active or otherwise useful satellites, when no change can reasonably be expected in these conditions in the foreseeable future." See report of the Sixty-Sixth Conference, 1994, p.317.
④ 参见赵青:《移除他国空间碎片的国际法障碍及解决路径》,载《研究生法学》2019 年第 4 期。
⑤ 参见赵青:《移除他国空间碎片的国际法障碍及解决路径》,载《研究生法学》2019 年第 4 期。
⑥ 参见高国柱:《空间碎片的若干法律问题研究》,载《河北法学》2006 年第 5 期。

空的活动而产生,是人类从事空间活动的"附属物"。因此,空间碎片具有鲜明的"人造性"。①

二、空间碎片的法律定义和识别

前文已简要论述了空间碎片的技术定义,但最重要的莫过于对空间碎片的法律定义进行分析。由于现行国际空间条约并没有明文规定空间碎片,考虑到空间碎片与空间物体在空间碎片治理语境下你中有我、我中有你的关系,在分析空间碎片的法律定义时,需要引入空间物体这一概念。研究二者的联系与区别有助于为空间碎片拟定一个不同于空间物体的法律定义,这对空间碎片移除而言意义非凡。②

(一)空间碎片的法律定义

此处要探讨一个争议性问题:空间碎片是否属于空间物体,空间物体的法律地位可否类推适用于空间碎片——这在国际航天科学界和国际空间法学界均存在分歧。如果空间碎片属于空间物体,那么有关空间物体的国际条约就可以适用于空间碎片,进而可以回答诸如各空间碎片移除的行为主体、监管主体、碎片致损时的赔偿主体等问题。③ 因此,有必要对空间物体进行分析,相应地,素有"外空宪章"之称的《外空条约》是最重要的参考。④

1. 空间物体的定义及其法律地位

空间物体的定义主要体现在《责任公约》第1条第4款及《登记公约》第1条第2款,其英文表述完全一致,即空间物体包括物体本身及其组成、搭载工具及其构成部分。⑤ 从严格意义上讲,该定义只规定了空间物体的物理构成,

---

① 参见高国柱:《空间碎片的若干法律问题研究》,载《河北法学》2006年第5期。
② 参见廖敏文:《论空间碎片的法律定义及其与空间物体的关联性》,载《空间碎片研究》2017年第2期。
③ See Matthew Schaefer, "Analogues Between Space Law and Law of the Sea/International Maritime Law: Can Space Law Usefully Borrow or Adapt Rules from these Other Areas of Public International Law?", International Institute of Space Law, Vol.55, 2012, p.316.
④ 参见廖敏文:《论空间碎片的法律定义及其与空间物体的关联性》,载《空间碎片研究》2017年第2期。
⑤ The term "space object" includes component parts of a space object as well as its launch vehicle and parts thereof. See article 1 of Registration Convention.

并不能称为通常意义上的"法律定义"。

空间物体的法律地位包括：第一，根据《外空条约》第 8 条，[1]空间物体的管辖权和控制权(Jurisdiction and Control)以及所有权(ownership)归属于登记国。第二，根据《外空条约》第 7 条，[2]空间物体所致损害赔偿责任由发射国承担。第三，根据《外空条约》第 9 条，[3]各国有责任防止空间物体对外空造成有害污染或对地球环境产生不利影响。[4]

2. 空间碎片的定义及其法律地位

如国际宇航科学院所言，仍在运行的空间物体与丧失功能的空间碎片在法律层面并无不同(No Lawful Differentiation Held Between the Precious Active Space-craft and Worthless Space Debris)。本书认为，可将空间碎片视为失去功能或废弃的空间物体，具体理由如下。

一方面，二者存在形成上的因果关系。比较空间物体和空间碎片，可以清晰地得出二者的联系及区别。联系在于：第一，均为人类活动的产物，具有"人造性"。第二，均处于相应的地球轨道之上。第三，与空间物体类似，较大空间碎片的轨道特征同样呈现出相对稳定的特点。随着时间的流逝，位于近地轨道区域的空间碎片将如空间物体那般高度渐低，直至进入大气层并消失殆尽。第四，如同空间物体的所有权归属于特定国家那样，空间碎片并非完全等同于无主物，当下较大的空间碎片已列入美国空间监视网(Space

---

[1] 《外空条约》第 8 条规定："凡登记把实体射入外层空间的缔约国对留置于外层空间或天体的该实体及其所载人员，应仍保持管辖及控制权。射入外层空间的实体，包括降落于或建造于天体的实体，及其组成部分的所有权，不因实体等出现于外层空间或天体，或返回地球，而受影响。"

[2] 《外空条约》第 7 条规定："凡进行发射或促成把实体射入外层空间(包括月球和其他天体)的缔约国，及为发射实体提供领土或设备的缔约国，对该实体及其组成部分在地球、天空、或外层空间(包括月球和其他天体)使另一缔约国或其自然人或法人受到损害，应负国际上的责任。"

[3] 《外空条约》第 9 条规定："各缔约国探索和利用外层空间(包括月球和其他天体)，应以合作和互助原则为准则；各缔约国在外层空间(包括月球和其他天体)所进行的一切活动，应妥善照顾其他缔约国的同等利益。各国在探索和利用外层空间时，应防止使外空受到有害的污染，以及防止地球以外的物质使地球环境发生不利的变化。如有必要，各国可对此采取适当的措施。除此之外，本条还涉及国际磋商制度。"

[4] 参见廖敏文：《论空间碎片的法律定义及其与空间物体的关联性》，载《空间碎片研究》2017 年第 2 期。

Surveillance Network,SSN)的监测目录,足以追踪其来源国。① 区别在于:其一,是否具有"功能性"。空间物体的最大特征在于具有功能性,而空间碎片则以非功能性著称。其二,空间物体需严格遵守登记制度,而空间碎片因来源的特殊性,只需要"被监测"而无须"被登记"。因此,空间碎片在一定意义上可以被视为失能或被废弃的空间物体。

另一方面,结合条约的制定目的和基本宗旨,考虑到条约解释方法,可以得出空间碎片属于空间物体的结论。《维也纳条约法公约》第31条规定,应结合上下文,并参照通常意义下的条约宗旨和制定目的对条约进行善意解释,且应当将"调整当事国关系的国际法规范列入参考范围之内"②。就上下文来看,《外空条约》《责任公约》《登记公约》中有关空间物体的条文并未特地强调其应处于正常使用状态,只涉及空间物体及其组成部分的基本物理属性。故不得将失效空间物体排除在空间物体之外,否则将有另一近似的法律体系对此类实体进行规制,③这不仅背离了条约解释的基本方法,而且与条约的制定目的相违背。④ 除此之外,对比空间物体与空间碎片,前者为国家所控,不易发生损害,即便造成损害也能够借助登记制度追本溯源。后者具有不可控性,更易发生损害且更难确定担责主体。因此,若只将空间物体列入外层空间法的调整范围,不仅背离了国际条约的制定目的,也会对条约的效力产生负面影响。⑤

(二)空间碎片的登记与识别

空间碎片移除的难点不仅在于定义,还在于识别。识别的目的在于追溯空间碎片的来源国,明确碎片移除的主体。因此,要想较为准确地识别空间碎片,需要做好事前登记而非事后溯源,这就需要借助空间碎片的登记制度。

---

① 参见高国柱:《空间碎片的若干法律问题研究》,载《河北法学》2006年第5期。
② 康静:《国际法断片化背景下的条约解释——论〈维也纳条约法公约〉第31条第3款(c)项中的"当事国"问题》,载《北大法律评论》2012年第1期。
③ 参见龙杰:《外空活动长期可持续性建设的国际法依据——以空间碎片主动移除为视角》,载《北京航空航天大学学报(社会科学版)》2018年第4期。
④ 参见李寿平、赵云:《外层空间法专论》,光明日报出版社2009年版,第61页。
⑤ See Peter J. Limperis, "Orbital Debris and the Spacefaring Nations: International Law Methods for Prevention and Reduction of Debris, and Liability Regimes for Damage Caused by Debris," Arizona Journal of International and Comparative Law, Vol.15, 1998, pp.324–326.

外空五大约并未明确规定空间碎片的登记制度,仅规定了有关空间物体的登记制度。这是由条约制定的历史背景决定的,彼时空间探索活动尚处于起步阶段,没有国家可以预料到空间碎片会在若干年后成为人类探索和利用外空的重大阻碍,外空法律体系缺乏对空间碎片的规制也不足为奇。但是,虽然没有外空公约加以明确规定,本书依然认为可以通过条约解释得出肯定的答案。与登记制度有关的条文有二:其一,根据《外空条约》第8条的规定,登记国保有对空间物体的管辖权与控制权。其二,根据《登记公约》第2条的规定,发射国在发射前需办理登记手续并使联合国秘书长知晓。考虑到空间碎片属于空间物体和"条约必须遵守"的原则,可以得出缔约国具有登记空间碎片的义务,即所谓的强制登记制度。① 对于非缔约国,联合国大会第1721B(XVI)号决议在联合国层面确立了空间物体自愿登记制度,足以为其他国家登记空间物体提供理论和实践指导。此外,2007年联合国大会关于空间物体登记的决议,建议将"运行过程中的一切变动""空间物体失能日期"等作为附加资料提交至联合国,由于COPUOS采取集体讨论并一致通过决议的原则,可见,失能空间物体(空间碎片)的登记制度在国际层面已被广泛认可。②

遗憾的是,虽然可以推知各国负有空间碎片的登记义务,但由于《登记公约》规定的模糊性,依然难以为具体实践提供有益指导。以该公约第4条规定的"情报制度"为例,第1款要求登记国应在"切实可行的范围内""尽速"向联合国秘书长提供与所登记空间物体相关的情报,第2款要求"随时"提供其他情报,第3款要求提供与外空物体动态变化有关的情报——这些术语都非常笼统,登记制度的作用因此不彰。

与此同时,即便明确了各国应履行空间碎片登记的义务,也只能规制新碎片的登记,既存旧碎片的来源依然难以确定。空间碎片可被分为可识别的空间碎片与不可识别的空间碎片两类,前者可追踪定位其来源国,从而要求碎片来源国承担起空间碎片移除及碎片致损的法律责任。但不可识别的空

---

① 参见朱忻艺:《外层空间环境保护国际法问题研究》,华东政法大学2020年硕士学位论文,第22页。

② 参见龙杰:《外空活动长期可持续性建设的国际法依据——以空间碎片主动移除为视角》,载《北京航空航天大学学报(社会科学版)》2018年第4期。

间碎片占绝大多数,各国很难进行事先预防,[①]空间碎片移除更无从谈起。

(三) 弃星的法律地位

弃星是指目标任务告终后留置于轨道而未加进一步处理的卫星。"弃星"一词并不具有法律意义,不意味着发射国在法律上"抛弃"或"放弃"对卫星的管辖权与所有权,仅指该卫星已经完成使命,不再具有利用价值。[②]

2012年4月,欧洲航天局宣布所控制的卫星Envisat与地面失联,并于次月公告国际社会该卫星使命终结。相较于一般意义的空间碎片,弃星的形态更为完整、危害更为巨大。随着各国航天事业的发展,不断有新的空间物体被射入太空,类似Envisat卫星的情况不在少数。虽然世界各国已经意识到了"弃星"的危害并在摧毁与移除方面有所尝试,但所做的努力远远不够。

在探讨弃星的法律地位时,我们首先需要回答的是,弃星是否属于空间物体。答案是肯定的,弃星属于空间物体。首先,从条文本身来看,《外空条约》第8条将空间物体定义为射入外层空间的实体,并未对空间物体之使用状态的正常与否加以限制。其次,从条约目的来看,如权威空间法学家郑斌先生所言,"将使命终结或者报废的空间物体排除在空间物体之外毫无根据,国际法不禁止任何人为寻乐而将一块石头射入太空,(此种情形下)石头亦应被视为空间物体,否则上述物体,特别是阻碍他国探索和利用外空的物体将被不同于OST的另一套体系所规制"[③],这显然违背了《外空条约》的制定初衷。最后,各国具体实践普遍认可"弃星"作为空间物体的法律地位,欧洲航天局关于空间物体的分类中便囊括了弃星在内。

在明确"弃星"属于空间物体之后,还需要进一步明确下列问题,即弃星是否属于空间碎片。本书认为,弃星兼具"非功能性"和"人造性"两大特点,理应被视为空间碎片。但因其尚未分崩离析,故也具有一般"空间碎片"所不具有的特点。

---

① 参见毕静:《空间碎片的国际法律规制探析》,中国政法大学2007年硕士学位论文,第23页。
② 参见李思晴:《弃星移除的义务性及合法性问题——从欧盟弃星Envisat谈起》,载《北京航空航天大学学报(社会科学版)》2013年第2期。
③ Bin Cheng, *Studies in Internationals Space Law*, London: Oxford University Press, 1997, p.506.

三、空间碎片的来源和分类

对空间碎片的来源进行分析，有助于改进相关空间技术，从源头上减少碎片产生，对进一步明确移除主体及责任分配也有一定意义。对空间碎片的分类进行探究，有助于更好地进行管控，从而为空间碎片移除提供理论指导，理清不同类型空间碎片的移除条件。

(一) 空间碎片的来源

归纳不同观点，可对空间碎片的来源作如下归纳。

第一，空间物体的意外解体。其中包括发射过程和进入外空后产生的空间物体剥落物、运载工具碎片、火箭燃料喷射物、被废弃的卫星，甚至包含宇航员在外空不慎遗失的工具等。

第二，空间物体的碰撞和爆炸。碰撞时有发生，爆炸事件则因空间技术的进步而逐渐减少。其中特别需要关注反卫星试验这一碎片来源，如中国于2007年1月利用动能ASAT摧毁老化卫星"风云一号"的实验，美国于2008年2月击毁本国卫星"USA 193"的实验，以及前述俄罗斯于2021年11月进行的反卫星试验等。

第三，空间碎片间的碰撞。除空间物体间、空间物体与空间碎片间的碰撞，空间碎片之间的碰撞也会导致大量碎片产生。著名的凯斯勒效应为我们描绘了空间碎片碰撞带来的严重后果：当空间碎片的数量到达一定临界点，一个碰撞便会引发瀑布般自动且难以停止的连锁碰撞反应，甚至会形成包围地球、无法穿越的"碎片云"，阻碍人类探索外空的征途。

(二) 空间碎片的分类

根据产生阶段可将空间碎片分为两类：(1) 落入地球的空间碎片；(2) 轨道空间碎片。[1] 前者可细分为两种：一是"尝试发射"阶段和发射最初阶段产生的碎片；二是受地球引力影响，由外层空间再入地球大气层阶段产生的碎

---

[1] See C. Bonnal. and W. Flury. eds., Position Paper on Space Debris Mitigation-Implementing Zero Debris Creation Zones, Paris：IAA, 2005, p.62.

片。① 至于轨道空间碎片，顾名思义，指在空间轨道上因相撞、爆炸等原因产生的碎片。

根据直径可将空间碎片分为 3 类：(1) 直径超过 10cm 的大型碎片；(2) 直径 1mm～10cm 的中型碎片；(3) 直径小于 1mm 的小型碎片。② 最危险的当属第二类，此类碎片足以造成严重破坏，但目前的技术尚无法进行跟踪或防御。10cm 以上的碎片虽然也足以导致航天器失灵甚至瘫痪，但因可被追踪的特性，完全能在相撞前采取必要避让。至于 1mm 以下的碎片，虽难以被追踪，但对航天器及航天员的威胁并不紧迫，原因在于目前已经可以通过加固卫星等技术加以预防。③

根据空间碎片可否被识别，可将其分为两类：(1) 可被识别的空间碎片；(2) 不可被识别的空间碎片。前者可要求来源国进行登记并持续跟踪，而后者的移除则更为复杂。

四、空间碎片移除的紧迫性与可行性

当前，空间碎片的危害性越发突出，空间碎片减缓的作用越发有限，据美国航空航天局和欧洲航天局的研究，保护轨道资源、改善轨道环境的唯一有效方法在于主动移除大型空间碎片。④ 空间碎片移除具有相当的必要性、紧迫性及可行性。

(一) 空间碎片具有危害性，严重威胁外空安全

截至 2021 年 5 月，美国 SSN 监测网络已追踪了 27,000 余块太空垃圾，大

---

① See Martha Mejía-Kaiser, "Space Law and Hazardous Space Debris", Oxford Research Encyclopedia of Planetary Science, Vol. 30, 2020, p. 4.

② See Peter J. Limperis, "Orbital Debris and the Spacefaring Nations: International Law Methods for Prevention and Reduction of Debris, and Liability Regimes for Damage Caused by Debris", Arizona Journal of International and Comparative Law, Vol. 15, 1998, p. 321.

③ See Megan Ansdell, "Active Space Debris Removal: Needs, Implications, and Recommendations for Today's Geopolitical Environment", Journal of Public and International Affair, Vol. 21, 2010, p. 9.

④ See ESA Commissions World's First Space Debris Removal, https://www.esa.int/Safety_Security/Clean_Space/ESA_commissions_world_s_first_space_debris_removal, 访问时间：2021 年 12 月 14 日。

约有 23,000 个堪比垒球的碎片绕地旋转,飞行速度高达 17,500 英里/小时。此外,还有 50 万块 1cm 左右的碎片及 1 亿块 1mm 左右的碎片存在于地球轨道之上,更小的微米级空间碎片更是数不胜数。① 空间碎片严重污染外空环境、挤占轨道资源,威胁空间飞行器及所载人员的安全。如同悬在头顶的"达摩克利斯之剑",落入地球的空间碎片同样会对人类造成威胁。

第一,空间碎片已成为外空环境的主要污染源。就数量而言,空间碎片远超功能性空间物体,而且空间碎片自我销毁耗时漫长,碎片环境日趋复杂。根据美国航空航天局的碎片演化模型,即便不再进行发射活动,空间碎片仍将继续增加。届时,近地轨道拥挤将会成为现实,轨道资源将会日趋紧张直至严重破坏。同时,低空环境污染也会对外空活动长期可持续发展造成威胁。

第二,空间碎片威胁空间飞行器及所载人员安全。首先,空间碎片会对航天器和国际空间站构成威胁,影响其正常运行。以 2009 年美俄卫星相撞事件为例,事故使美卫星严重受损,卫星服务被迫暂停,给卫星通信用户造成极大不便。另外,由于空间碎片运行的高速度,即使是油漆斑点也会造成航天器窗户的损坏,②进而威胁航天器运行及所载人员的生命安全。其次,空间碎片也会影响卫星功能发挥,威胁一国国家安全。以全球定位系统(GPS)为例,GPS 故障可能会中断应急服务、导致电网中断、削弱全球银行系统,破坏现代经济的稳定运行。③ 除民用功能外,卫星的军事用途亦不可小觑。作为保证国家安全的重要军事力量,若卫星因空间碎片碰撞丧失 GPS 精确制导功能,一国国家安全便无法保证。④ 最后,空间碎片必然会威胁蓬勃发展的国际空间站事业。

第三,空间碎片会破坏地球环境,妨害人类的生命及财产安全。每年约

---

① See *Space Debris and Human Spacecraft*, https://www.nasa.gov/mission_pages/station/news/orbital_debris.html,访问时间:2021 年 12 月 16 日。

② See *Space Debris and Human Spacecraft*, https://www.nasa.gov/mission_pages/station/news/orbital_debris.html,访问时间:2021 年 12 月 16 日。

③ See Logsdon & John M, "Just Say Wait to Space Power", Issue in Science and Technology, Vol.17, No.3, 2001, pp.33 –36.

④ See Dolman & Everett C, "A Debate About Weapons in Space: For U.S. Military Transformation and Weapons in Space", Sais Review of International Affairs, Vol.26, No.1, 2006, pp.163 –174.

有200个碎片物体重返地球大气层,虽然大量碎片在再入大气层时得以烧毁,但依然有部分坠入地面,造成地水面第三方的人身及财产损害。同时,若含有放射性元素的空间碎片坠入地球,亦会给地球带来放射性污染,如1978年苏联核动力卫星坠入加拿大事件。此外,空间碎片的化学污染同样不可忽视,其可以通过燃料残留物、气体以及其他有毒、爆炸性或带电材料对人类造成危害。①

总之,随着外层空间商业化趋势的发展,外层空间碎片将会呈指数增加,严重阻碍空间交通管理。为确保外层空间活动的长期可持续性,必须采取行动防止外空环境的迅速退化。

(二)空间碎片减缓具有片面性,无法适应新情况

不同于空间碎片移除(removal),作为治理空间碎片问题的主要手段——空间碎片减缓(mitigation)更侧重于减少新碎片产生而非清理既有碎片。但就目前来看,空间碎片减缓所取得的成效并不明显,碎片增长并未得到有效遏制。有研究表明,如果不采取措施移除现有空间碎片,轨道物体间的无意碰撞将持续增加,从而导致空间碎片的失控增长。② 由此可见,空间碎片减缓具有片面性,难以从根本上解决问题,稳定关键轨道碎片群的最有效办法是移除大量已有碎片。③

(三)空间碎片移除具有援引国际法规范的合法性

早在1989年联合国大会便已指出,空间碎片是所有国家都应关注的问题。但第一份规制空间碎片的国际文书即《IADC空间碎片减缓指南》,直到2002年才缔结。④ 这其中当然存在法律、政治等因素的角力,但有关空间碎片的国际法发展之迟滞可见一斑。可参考适用于空间碎片移除的国际法规范

---

① See Martha Mejía-Kaiser, "Space Law and Hazardous Space Debris", Oxford Research Encyclopedia of Planetary Science, Vol. 30, 2020, p. 8.

② See Liou & Johnson, "Risks in Space from Orbiting Debris", Planetary Science, Vol. 311, 2006, pp. 340 – 341.

③ See In-orbit Servicing/active Debris Removal, https://www.esa.int/Safety_Security/Clean_Space/in-orbit_servicing_active_debris_removal,访问时间:2021年12月14日。

④ See Lawrence Li, "Space Debris Mitigation as an International Law Obligation", International Community Law Review, Vol. 17, No. 3, 2015, p. 298.

包括外空五大公约、直接规制空间碎片的若干机构间"指南"和部分国际习惯法。除此之外,国际环境法和国家责任理论也可以参考适用于空间碎片移除。

1. 外层空间法的有关条款可以作为空间碎片移除的法律依据

外层空间法体系为外空活动设立了原则性框架,虽未明文规定空间碎片,但部分条款依然可经现代化解释适用于空间碎片移除。《外空条约》中关于外空环境保护的原则性规定,可变通适用于空间碎片移除。《责任公约》对空间物体致损的责任承担作了较为详细的阐述,部分条款可迁移适用于空间碎片移除。《登记公约》主要围绕空间物体的登记制度展开,可从理论层面为碎片移除提供相应指导。

2. 不具有法律拘束力的机构间指南可以为空间碎片移除提供理论参考

不具有国际法律约束力但直接规制空间碎片的法律文件包括:2002 年通过并于 2007 年修订的《IADC 空间碎片减缓指南》、2007 年《COPUOS 空间碎片减缓准则》、2010 年《国际电信联盟对地球静止轨道环境保护的建议书》、2013 开始的"外层空间活动中的透明度和建立信任措施"(TCBM)进程、2019 年通过的《外层空间活动长期可持续性准则》。

《IADC 空间碎片减缓指南》是首个专用于规制空间碎片的国际性文件,体现了治理空间碎片的最低限度要求,其制定主体 IADC 的成员构成呈现多样化特点,涵盖各空间国家和外空活动管理机构,有助于推进成员合作与信息交流,规制空间碎片治理活动。IADC 固有的松散性决定了所出台规则的非强制性。《IADC 空间碎片减缓指南》体现了多个国家及国际组织的共同意愿和一致做法,为国际社会所普遍接纳,从而使《IADC 空间碎片减缓指南》中的标准更易被其他国家参考吸收,并通过国内法加以应用。因此,《IADC 空间碎片减缓指南》对空间碎片移除的法治建设具有相当的启示意义。

《COPUOS 空间碎片减缓准则》继承发展了《IADC 空间碎片减缓指南》的相关规定,创立了为国际社会普遍认可的碎片减缓标准,《COPUOS 空间碎片减缓准则》代表了彼时 67 个会员国的共同意愿,体现了国际社会——特别是航天国家之间的共识,即减少碎片不仅是一项技术问题,更是一个需要在国际层面进行合作和管理的问题。① 但是,恰如所附文本所言,《COPUOS 空间碎片减缓准则》不具有国际法层面的法律约束力。不过,即便《COPUOS 空间碎片减缓准则》是自愿的,其仍可能通过国际习惯法而具有约束力,②特别是在结合《外空条约》条文进行解释的情况下。

《外层空间活动长期可持续性准则》共计 28 条,目前各国已就序言和其中 21 条准则达成一致,并于 2019 年 6 月召开的 COPUOS 第 62 届会议上正式通过已达成一致的案文。遗憾的是,准则中有关空间碎片移除的规定即准则 20 + 21 + 22 部分尚未形成共识。《外层空间活动长期可持续性准则》20 + 21 + 22 由两部分内容组成。第一部分为准则 20 与 21,包括两份备选案文。备选案文 1 为"遵行准备和开展主动移除空间物体行动的程序",备选案文 2 为"遵行在准备或开展主动移除行动时的预防性措施"。两份备选案文都规定了主动移除空间物体的规则,前者更为详细具体。第二部分为准则 22"制定涉及非登记物体的外层空间活动的程序",主要针对未按照《登记公约》进行登记的空间物体。《外层空间活动长期可持续性准则》的 20 + 21 + 22 部分是目前关于空间碎片移除最为详尽的规范,可以为空间碎片移除工作的开展提供清晰指引。③

3. 国际环境法的相关原则可以为空间碎片移除提供法理支撑

第一,可持续发展原则。该原则意为在满足当代人的生存需求之余,不致危害后代的生存与发展。据国际环境法学家菲利普·桑兹(Philippe Sands)提出的可持续发展原则四要素,可将外空可持续发展分为代际公平、代内公平、空间可持续探索及利用,以及外空环境与发展一体化。其中"代际公平"启示各国应尽可能移除空间碎片,不致影响后代人探索和利用外空的活

---

① See Lawrence Li, "Space Debris Mitigation as an International Law Obligation", International Community Law Review, Vol. 17, No. 3, 2015, p. 305.
② See Joseph Imburgia, "Space Debris and Its Threat to National Security: A Proposal for a Binding International Agreement to Clean Up the Junk", Vanderbilt Journal of Transnational Law, Vol. 44, 2011, pp. 624–625.
③ 参见《外层空间活动长期可持续性准则草案》:A/AC. 105/C. 1/L. 367, http://www.unoosa.org/res/oosadoc/data/documents/2019/aac_105c_1l/aac_105c_1l_367_0_html/V1804973.pdf. 参见尹玉海、李欣键:《LTS 视角下的空间碎片主动移除规则解析》,载李寿平主编:《中国空间法年刊 2019》,世界知识出版社 2021 年版,第 5 页。

动;"代内公平"要求国家在移除本国空间碎片时除需审慎评估移除风险外,还应避免移除行动使他国利益受损。①

第二,国际环境合作原则。该原则在《里约环境与发展宣言》第 7 条、第 9 条、第 14 条、第 18 条、第 19 条中均有所体现,要求国际社会成员相互协调,合作解决环境问题。② 空间碎片问题充分体现了外空环境问题的国际性和所致危害的全球性,理应由国际社会成员共同参与。此外,离开国际合作,空间弱国便难以在外空环境治理中发挥积极作用,③故该原则对空间碎片移除具有参考价值。

第三,污染者付费原则(Polluter Pays Principle)。该原则是指污染者应当承担起环境损害的赔偿责任,并支付恢复原状所需的费用。④ 空间碎片属于外空污染,故可将空间碎片移除看作污染者的补救措施。⑤ 此外,该原则可以与《责任公约》中的损害赔偿制度相结合以指导空间碎片治理活动。

第四,共同但有区别的责任原则。这一原则包括两重含义,一方面要求各国共同承担保护环境的义务,⑥另一方面则要求具体分析各国的实际责任,不得片面地将保护环境的责任均分到各国头上。⑦ 这一原则可以而且应当适用于外层空间并用于规制空间碎片,原因有二:其一,外空环境问题涉及全人类共同利益,保护和改善外空环境是全人类的共同任务。其二,外空环境问题的产生既有现实因素又有历史原因,主要是空间大国的外空行为造成,为保障公平,最早开始外空活动的国家理应承担较多责任。

---

① 参见尹玉海、颜永亮:《外空活动长期可持续性面临的挑战及对策》,载《北京航空航天大学学报(社会科学版)》2016 年第 2 期。
② 参见周珂、谭柏平、欧阳杉主编:《环境法》(第 5 版),中国人民大学出版社 2016 年版,第 307 页。
③ 参见郎飞虎:《外层空间环境保护法律问题研究》,四川省社会科学院 2016 年硕士学位论文,第 18 页。
④ 参见[法]亚历山大·基斯:《国际环境法》,张若思编译,法律出版社 2000 年版,第 95 页。
⑤ See Paul B & Larsen, "Solving the Space Debris Crisis", Journal of Air Law and Commerce, Vol.83, No.3, 2018, p.491.
⑥ 参见周珂、谭柏平、欧阳杉主编:《环境法》(第 5 版),中国人民大学出版社 2016 年版,第 306 页。
⑦ 参见张炳淳、王继恒主编:《国际环境资源法》,对外经济贸易大学出版社 2013 年版,第 86～87 页。

第五,风险预防原则。该原则意为出于保护环境的目的,各国应从本国实际出发采取预防手段;遇有严重或无法逆转之后果的威胁时,不得以缺乏合理确凿证据为借口,延迟采取相应措施以防止环境恶化。[1] 各国实践已经证明,先污染后治理成本巨大且收效甚微,那么在外空环境保护特别是空间碎片治理方面,国际社会应当及时采取有效的预防措施,即空间碎片移除。

4. 国家责任理论可以作为空间碎片移除的法律依据

《国家对国际不法行为的责任条款草案》第20条所规定的"国家同意",以及第24条和第25条规定的"危难或紧急状况"均可以为空间碎片移除提供理论依据。对此,将在下文中展开详细论述。

第二节 空间碎片移除的性质与主体

探讨空间碎片移除的性质具有十分重要的意义:一方面,有助于更好地约束国家行为。假设空间碎片移除属于一项国家义务,那么各国就必须履行相应义务并承担因未履行或未恰当履行义务而产生的国家责任,这有助于规范外空行为体的行为,推动清洁、安全及可持续的太空建设。即便仅将空间碎片移除视为一项国家权利,权利的行使也应当受到一定约束,亦有助于规范空间碎片移除的程序。另一方面,只有明确空间碎片移除的性质,才能更好地把握空间碎片移除的内容,从而为尽快达成国际共识奠定理论基础。而空间碎片移除的主体与其性质密切相关,在明确空间碎片移除的性质后,空间碎片移除的主体便呼之欲出,即国际法上的国家,而接下来对主体的探讨无非是对"国家"加以明确。

一、空间碎片移除的性质

关于空间碎片移除的性质,国际社会并不存在统一的说法,主流观点有

---

[1] 参见周珂、谭柏平、欧阳杉主编:《环境法》(第5版),中国人民大学出版社2016年版,第307~308页。

二:其一,空间碎片移除属于国家权利,登记国可以自由选择是否及如何移除;其二,空间碎片移除属于国家义务,并内在地包含权利属性。本书认为,将空间碎片移除视为一项国家权利无益于空间碎片治理,但将其视为国家义务亦欠缺具有法律约束力的国际条约和国际习惯的支撑。不过,虽然空间碎片移除尚不能被视为一项国家义务,但不可否认其具有成为国家义务的基础。

(一)空间碎片移除尚不能被视为国家义务

据《国家对国际不法行为的责任条款草案》第42条和第48条,国际义务分为双边义务、多边义务和对国际社会的义务——空间碎片移除显然属于第三种。要论证空间碎片移除属于国家义务,必须满足以下条件之一。

第一,具有法律拘束力的国际条约明确规定其为一国义务,或者可以通过《维也纳条约法公约》第31条将之善意解释为国家义务。遗憾的是,首先,并不存在这样的国际条约;其次,如果对相关条约特别是《外空条约》进行扩张解释,又存在忽视条约订立的时代背景、进行不恰当扩大解释之可能。第二,存在相应的国际习惯法,据此推知空间碎片移除已成为约定俗成的国家义务——这一点同样无法满足。众所周知,国际习惯的形成需要考量两方面因素,一是法律确信,二是国家实践。仅国家实践这一要素就存在欠缺:其一,不符合国家实践的时间要求。空间活动迄今仅50多年的历史,空间碎片一词则迟至20世纪80年代末出现并于90年代中后期才为各国关注,没有足够的时间形成国家实践,物质因素存在欠缺。其二,不满足国家实践的一般性要求。一方面,聚焦于空间碎片的案件少之又少;另一方面,虽然存在与空间碎片有关的案件(如苏联宇宙954号卫星事件),但细究起来,裁量此类案件时并未引入外空条约。[①]

综上所述,就目前而言,空间碎片移除尚不能被视为一项国家义务。

(二)空间碎片移除具有成为国家义务的基础

虽然空间碎片移除尚不能被视为一项国家义务,但其确有成为国家义务的基础。此外,将空间碎片移除规定为一项国家义务,有利于督促各国承担

---

① 参见高国柱:《共同但有区别责任原则与空间碎片减缓》,载《北京航空航天大学学报(社会科学版)》2014年第2期。

移除空间碎片的职责,有助于保护外空环境、维护外空安全。

1. 将空间碎片移除视为国家义务具有国际法上的依据

一方面,外层空间条约可以为该论点提供法理依据。第一,《外空条约》第1条明确了"外空为全人类所共有原则""自由探索与利用外层空间原则",规定各国有权在平等基础上自由进出外层空间且不受他国干涉。若空间碎片移除不属于国家义务,不排除出现一国通过不移除本国空间碎片来限制他国进入外层空间的情况,此时便违反了《外空条约》的义务性规定,由此反推出空间碎片移除属于一国义务。① 第二,据《外空条约》第6条"缔约国应对其在外层空间所从事的活动承担国际责任,并保证本国活动符合条约规定",可知缔约国应当对所发射空间物体产生的空间碎片负责,故宜将空间碎片移除视为一项国家义务。第三,《外空条约》第9条规定国家有义务防止对进行空间活动的其他国家造成有害干扰,空间碎片无疑是有害干扰,移除空间碎片即防止造成有害干扰,由此推之空间碎片移除属于国家义务。

另一方面,国际环境法可以为该论点提供法律依据。根据1992年《里约环境与发展宣言》第2条的规定,各国"有义务保证本国所辖活动不会对他国或其管辖范围外的地区造成损害"。而碎片的产生与致损,包括碎片相撞产生新碎片,本质上属于对跨界伤害的允许,由此构成对国际义务的违反,②进而反推出空间碎片移除属于国家义务。另外,据风险预防原则,各国应广泛采取预防行动避免或减少损害发生,具体到外空领域,各国有义务将发射的失效物体带回,以避免产生不必要后果,故这一原则也可为空间碎片移除属于一国义务提供理论支撑。

2. 将空间碎片移除视为国家义务具有国际习惯法的支撑

如前所述,尽管不存在具有法律拘束力的国际条约明确规定"空间碎片

---

① See Vito De Lucia & Viviana Iavicoli, "From Outer Space to Ocean Depths: the 'Spacecraft Cemetery' and the Protection of the Marine Environment in Areas beyond National Jurisdiction", California Western International Law Journal, Vol. 49, 2018, p. 348. Also see Daniel Porras, "The 'Common Heritage' of Outer Space: Equal Benefits for Most Mankind", California Western International Law Journal, Vol. 37, 2006, p. 153.

② See Scott Michael Steele, *Can International Law Provide a Basis for Actively Removing Space Debris*?, United Kingdom: The Open University, 2020, p. 17.

移除"属于一国义务,但不可否认其具有发展为一项新的国际习惯之可能。①传统国际习惯法的形成需要具备两大要素:一为心理因素,即法律确信(Opinio Juris);二为实践因素又称物质因素,即各国长期反复的实践(General Practice)。

就心理因素而言,要求各国普遍认可空间碎片移除的重要性,并将其视为本国职责或责任。这可以从《IADC 空间碎片减缓准则》在各国国内立法的应用中找到依据。② 国家立法被认为是国际习惯法形成的证据,③因为这表明各国都愿意执行这些没有约束力的国际标准。此外,部分国家如中国和美国,实际上认可了《IADC 空间碎片减缓准则》并认为应在国际上实施其标准。④

就实践因素而言,部分学者认为空间碎片移除不具有形成国际习惯的可能,是因为空间碎片问题从被提出至今所历经的时间过短,但实际上,国际习惯的形成对于时间并没有过分严格的要求。如郑斌教授提出的即时国际习惯法(instant international customary law)⑤所言,习惯法的产生与各国实践持续时间并无直接的因果关系,而只对实践的广泛性和一致性存在要求。其一,实践的广泛性要求空间碎片的移除国相对典型,换言之,空间碎片移除这一行为应当为多数国家所认可甚至执行。⑥ 考虑到在空间碎片减缓工作中卓有成效的专门性机构,即 IADC 的 11 个成员国几乎都制定了比较完善的有关

---

① See Lawrence Li, "Space Debris Mitigation as an International Law Obligation", International Community Law Review, Vol. 17, No. 3, 2015, p. 313.

② See Lawrence Li, "Space Debris Mitigation as an International Law Obligation", International Community Law Review, Vol. 17, No. 3, 2015, p. 318.

③ See Manley Hudson, *Article 24 of the Statute of the International Law Commission-Working Paper*, U. N. Doc. A/cn. 4/16 (Mar. 3, 1950) paras. 44 – 45 (national legislation is considered as one of the forms of evidence of customary international law).

④ See Martha Mejía-Kaiser, "Taking Garbage Outside: The Geostationary Orbit and Graveyard Orbits", Proceedings of the Colloquium on the Law of Outer Space, Vol. 49, 2006, p. 474.

⑤ See Bin Cheng, "United Nations Resolutions on Outer Space: 'Instant' International Customary Law", Indian Journal of International Law, Vol. 5, 1965, pp. 23 – 48.

⑥ See J. L. Kunz, "The Nature of Customary International Law", American Journal of International Law, Vol. 47, No. 4, 1953, pp. 662 – 669.

空间碎片移除的法律制度和技术标准,故空间碎片移除实践具有一定的广泛性。其二,实践的一致性要求国家行为反复出现且始终如一,同时要求各国对空间碎片移除问题的态度呈现一以贯之的特点。如前所述,自人类开始探索外空并意识到空间碎片的危害以来,空间碎片移除一直被认为是保护外空环境、避免有害污染、维持外空可持续发展的关键。因经济能力和技术发展水平所限,国际社会确实未就空间碎片移除形成普遍实践,但这与实践的"一致性"要求并不存在矛盾。另外,从各国加大移除碎片的资金投入和技术研究现状可知,各国认可空间碎片移除对外层空间治理的重要作用,[①]对空间碎片移除的态度始终如一。

二、空间碎片移除的主体

因空间碎片属于空间物体,故可将调整后者的条文迁移适用于前者。所谓空间碎片移除的行为主体,依外层空间条约来看就是国家。但此处的国家并非指所有国家实体,从大范围来讲,限于外层空间条约的缔约国,进一步而言,应为登记国或发射国。考虑到《登记公约》规定登记国属于发射国,并借鉴国际环境法"谁污染,谁治理"这一原则,故将空间碎片移除的行为主体界定为发射国更为恰当。在空间碎片移除的行为主体外,空间碎片移除的监管主体同样需要注意。鉴于"性质"与"主体"间的紧密联系,故将"主体"放在"性质"之后讨论。

(一) 空间碎片移除的行为主体

为厘清空间碎片移除的行为主体,可以且应当参照有关空间物体的国际条约。从外空条约的文本可以看出,登记国与发射国联系紧密且在范围上存在交叉,故有必要对二者进行区分。

作为"外空宪章"的《外空条约》在第6条[②]规定了国家对本国空间活动的

[①] 参见朱忻艺:《外层空间环境保护国际法问题研究》,华东政法大学2020年硕士学位论文,第26页。

[②] 《外空条约》第6条规定:"各缔约国对本国在外层空间所从事的活动,不论系由政府机关或非政府组织进行,承担国际责任,并应负责保证本国活动的实施符合本条约的规定。非政府团体在外层空间的活动,应由有关缔约国批准,并连续加以监督。国际组织遵照本条约之规定在外层空间进行活动的责任,应由该国际组织及参加该国际组织的本条约缔约国共同承担。"

监管责任,规定由缔约国对本国政府及非政府团体从事的外空活动承担国际责任;由国际组织及其成员国对该组织从事的外空活动承担责任。参考条约的英文文本,将此处的"缔约国"理解为"适当国家"更为恰当。所谓"适当国家",本书认为,若一国对某空间物体或空间活动具有管辖权和控制权,换言之,具有加以监督的现实可能性,就应当被理解为"适当国家"。鉴于《外空条约》第8条①将管辖权与控制权赋予了登记国,故应将登记国视为监管相关空间活动及空间物体的"适当国家"。

与登记国有关的其他国际条约还有1963年通过的《各国探索和利用外层空间活动的法律原则宣言》和1979年签订的《月球协定》。该宣言明确了外空活动应遵循的基本原则,第5条规定了各国对本国(包括政府部门和非政府部门)外空活动的监管责任问题,可以为登记国作为空间碎片移除的行为主体这一论断提供理论支撑。《月球协定》第14条第1款规定,缔约国对于本国(包括政府机构和非政府实体)在月球上的活动承担国际责任,私人实体需在国家的控制管辖和持续监督下从事月球活动。该条文无疑是对《外空条约》第6条的继承与发展,结合《月球协定》第16条对于"国家"内涵的说明可知,《月球协定》同样可以为将登记国视作空间碎片移除的行为主体提供法理依据。

然而外层空间法学界普遍认为,"登记国"并非必然等同于空间物体所属国,真正的关键在于发射国——即便实践中登记国之登记行为使空间物体自动拥有该国国籍的现象并不少见。② 因此,登记国与空间物体的地位、运行状态等无关,"登记"也并非必然与空间物体(包括空间碎片)的控制权与管辖权相挂钩。据《登记公约》第1条第3款和第2条第2款,登记国指一个依照第2条将外空物体载入其登记册的发射国,且可通过协商在发射国中选定。③ 由此,我们可以得出发射国与登记国的关系:第一,登记国必须是发射国;第二,

---

① 《外空条约》第8条规定:"凡登记把物体射入外层空间的缔约国对留置于外层空间或天体的该物体及其所载人员,应保持管辖权和控制权。射入外层空间的物体,包括建造或降落于天体的实体,及其组成部分的所有权,不因物体出现在外空、天体,或返回地球而受影响。"
② 参见李寿平、赵云:《外层空间法专论》,光明日报出版社2009年版,第65页。
③ 参见王国语:《空间碎片管辖权及主动清除的法律依据》,载《北京理工大学学报(社会科学版)》2014年第6期。

登记国只能有一个;第三,存在多个发射国时,必须共同决定登记国。①

那么,何为发射国。根据1963年《各国探索和利用外层空间活动的法律原则宣言》第8条、《外空条约》第7条②和1972年《责任公约》第1条第2款和第3款的规定,发射国包括:(1)发射外空物体的国家;(2)促使发射的国家;(3)为发射提供领土及设施的国家。其中《责任公约》将发射未遂包括在内,并在第5条规定了多个国家共同发射空间物体的情形,认为参与发射的国家均应当对损害承担责任。除上述条约外,1968年《关于营救宇航员、送回宇航员和归还发射到外空的实体的协定》第6条规定,发射当局是指承担发射责任的国家或国际组织,同时要求国家及国际组织的多数成员为该协定及《外空条约》的缔约国。由于《关于营救宇航员、送回宇航员和归还发射到外空的实体的协定》未对"发射责任"作进一步解释,难以借助该协定来确定发射国。在上述国际公约之外,1968年COPUOS法律小组委员会第4次会议报告对发射国的范围进行补充,认为包括以下7类:(1)为发射提供领土的国家;(2)为发射提供设备的国家;(3)控制外空物体的轨道或弹道的国家;(4)外空物体的所有或占有国;(5)促使发射的国家;(6)参与发射的国家;(7)外空物体的登记国。③

依据上述标准,我们可以对空间碎片移除的行为主体即发射国进行考察,从而确定移除责任归属。然而,上述条约文本仅是对"发射国"的最浅显描述,其中依然存在实际适用的困难,特别是如何理解"促使发射"这一问题。目前学术界对"促使发射"的理解不尽相同,但均认同促使发射国应包含空间物体的所有权国、控制国、国籍国和使用国。④ 另外,公约并未规定在空中或公海从事发射活动的情形,这对处理现实问题也造成了一定的障碍。

---

① 参见高国柱:《论外层空间物体的登记国》,载《哈尔滨工业大学学报(社会科学版)》2007年第1期。
② 《外空条约》第7条规定:"凡进行发射或促成把实体射入外层空间(包括月球和其他天体)的缔约国,及为发射实体提供领土或设备的缔约国,对该实体及其组成部分在地球、天空或外层空间(包括月球和其他天体)使另一缔约国或其自然人或法人受到损害,应负国际上的责任。"
③ 参见李寿平、赵云:《外层空间法专论》,光明日报出版社2009年版,第83页。
④ 参见王国语:《外空活动商业化背景下空间法中的国籍联系》,载《北京理工大学学报(社会科学版)》2011年第6期。

除此之外，当出现下列常见情形时，移除责任的分配也存在混乱。比如，当某空间物体存在多个发射国且其中之一为登记国时，其余国家可否移除空间碎片。本书对此持肯定态度，由《登记公约》第2条第2款可知，当存在多个发射国时，应由所有发射国集体讨论决定实施登记行为的国家；考虑到《外空条约》第8条的规定，此举不会影响发射国缔结有关空间物体之管辖和控制的协定。因此，就理论层面而言，在登记不作变更的情况下，登记国和其他发射国仍然可以就卫星的管辖与控制作出变更协定，①这为空间碎片移除提供了理论基础。再如，当某空间物体存在多个发射国但无登记国时，空间碎片的移除应由谁负责。本书认为，在此类情形下，各发射国均有权进行移除。据《外空条约》第6条，国家应批准并持续监督本国空间活动。这一条款规定了国家的义务，同时肯定了国家对空间活动的管辖权。那么，发射国完全可以通过主张空间碎片移除属于"本国空间活动"来达到移除空间碎片的目的。②

综上所述，本书认为，登记国属于发射国，登记国可以是发射国之间经协商一致确定的某一国家。因此，空间碎片移除的行为主体与其说是登记国，不如说是发射国。对于多国共同参与发射的情形，各参与国均有权移除空间碎片，其区别无非是移除顺序的先后与移除责任的分配。

值得一提的是，随着外空活动商业化趋势加快，外空活动的主体越发多样化，一些非政府实体参与其中并发挥了重要作用。非政府实体多从事跨国活动并为多个发射场提供服务，随之而来的问题是，这些非政府实体的国籍国及允许其从事发射活动的国家是否享有空间物体的管辖权和控制权。此外，考虑到空间活动的成本效益比，国家间合作不断加强，国际空间站应运而生，当多国共享信息、技术、资本等要素并展开深入合作时，管辖权和控制权之争必然更为复杂。对于上述问题，本书认为，就非政府实体而言，应当考虑将该私营实体的国籍国、允许其从事发射活动的批准国和空间物体发射地点

---

① 参见王国语：《空间碎片管辖权及主动清除的法律依据》，载《北京理工大学学报（社会科学版）》2014年第6期。

② 参见王国语：《空间碎片管辖权及主动清除的法律依据》，载《北京理工大学学报（社会科学版）》2014年第6期。

的所属国家列为发射国——简言之,凡符合《登记条约》第1条规定的国家均应被视为发射国。[1] 至于多国合作的情况,可以遵从以下解决方式:首先看协议规定,有协议则从协议;若不存在协议,则按照《登记公约》的条文规定将有关各国均界定为发射国。

(二)空间碎片移除的监管主体

空间碎片移除行为的性质决定了其行为主体,同时也指向了空间碎片移除的监管。当下,空间碎片移除的监管呈现出机制和机构双缺失的特点。

一方面,空间碎片移除的监管机制缺失。在空间碎片减缓领域存在两个不具有法律约束力的国际性文件,即《IADC 空间碎片减缓指南》和《COPUOS 空间碎片减缓准则》,另有《外层空间活动长期可持续性准则》对空间碎片移除进行了专门规定。但上述三份文件均未规定执行和监管机制,寄希望于通过此类文件促使各国自觉承担责任的可能性微乎其微。[2] 因此,在与空间碎片有关的案件中,国家的普遍做法是通过外交途径对当事国进行谴责,此举收效甚微,对美国等空间强国而言不痛不痒。[3]

另一方面,空间碎片移除的监管机构缺位。COPUOS 和 IADC 均无法充当监管机构。就 COPUOS 而言,其虽是讨论空间碎片国际规则的重要平台,但因需遵循协商一致的决策方式,机构工作进展极为缓慢,无益于解决迫在眉睫的空间碎片移除问题。[4] 就 IADC 而言,其虽在空间碎片减缓方面起到了重要作用,但也存在不可忽视的缺陷:第一,缺少如联合国般的正式法律地位,由数十个成员国制定普遍的法律制度必然会产生偏颇,加上成员国在地域分布上缺乏代表性,导致所制定的规范性文件难以在最大范围和最大限度上为国际社会所接受;第二,不具有强制执行权,不能强制各国执行其所通过

---

[1] 参见高国柱:《空间物体的若干法律问题研究》,载《中国民航学院学报》2006 年第 5 期。

[2] 参见 Major Marc G. Carns,"Consent not Required:Making the Case that Consent is not Required under Customary International Law for Removal of Outer Space Debris Smaller than 10cm",Air Force Law Review, Vol. 77, 2017, p. 175。

[3] 参见尹玉海、颜永亮:《浅析外空活动长期可持续性的国际合作问题》,载《北京航空航天大学学报(社会科学版)》2017 年第 2 期。

[4] See Paul B & Larsen, "Solving the Space Debris Crisis", Journal of Air Law and Commerce, Vol. 83, No. 3, 2018, pp. 502 – 503.

的条例或指南;第三,发布的法律文件不具有强制性且更新缓慢,在推进清除既有空间碎片方面动力不足。①

总而言之,如果没有全球性的监管机制来协调空间碎片治理,很难想象各国将如何克服现存法律阻碍。即使法律障碍在各国的共同努力下得以解决,因为欠缺相应的监管机构,与空间碎片移除有关的一系列问题同样无法得到妥善处理。② 法律本身没有意义,但诚实地执行法律具有意义。如果法律制定出来却未被执行或缺少秉持公平公正的机构督促执行,那么这样的法律制度与废纸无异。③

因此,国际社会应当考虑设立一个全球性的空间碎片移除监管机构,由其负责空间碎片的识别与监管工作。机构自身应当具有中立性,成员主要由空间技术领域的专家和外层空间法专家组成,专家的国籍应尽可能涵盖国际社会主要国家。同时,考虑到建立新机构的高昂成本,可以先由现有机构——包括但不限于IADC、COPUOS等承担空间碎片的监管工作,逐渐向新机构过渡。另外,机构职能主要为空间碎片的识别与移除行为的监管。就空间碎片的识别与移除而言,应遵循以下流程:首先,由请求移除国提出移除申请,并提供认定某一空间物体为空间碎片的书面说明。其次,由登记国提供所辖空间物体依然具备功能的书面证据。再次,由机构以各方提交的资料为基础进行居中决断。同时,机构负有保密义务,不得泄露空间物体所涉军事、国安、知识产权等信息。④ 最后,由该机构通知双方认定结果,并允许各方在一定期限内提出反驳意见,若双方均认可这一认定结果,则由请求移除国进行下一步的移除行为,并保证在此过程中不会损害其他国家及国际社会的合理利益;若有一方对认定结果存在异议,则进入二次认定阶段,该阶段得出的

---

① See Paul B & Larsen, "Solving the Space Debris Crisis", Journal of Air Law and Commerce, Vol. 83, No. 3, 2018, pp. 499–501.
② See Adam G. Mudge, Incentivizing "Active Debris Removal" Following the Failure of Mitigation Measures to Solve the Space Debris Problem: Current Challenges and Future Strategies, McGill University, 2019, p. 83.
③ 参见尹玉海、颜永亮:《浅析外空活动长期可持续性的国际合作问题》,载《北京航空航天大学学报(社会科学版)》2017年第2期。
④ 参见赵青:《移除他国空间碎片的国际法障碍及解决路径》,载《研究生法学》2019年第4期。

结果将是确定的,双方国家应据此执行并受空间碎片移除机构的监督。

第三节 类型化视域下空间碎片移除的条件

本国可以移除所辖空间碎片这一点毋庸置疑,但是移除本国空间碎片的法理依据及前提条件有待进一步明确。同时,我们更需探究的是移除非本国空间碎片的可能性及应满足的条件。试想一下,若 A 国管辖的空间碎片无限逼近 B 国的在轨空间物体,严重威胁 B 国空间物体的正常运行及所载人员安全,而 A 国以国际法没有规定空间碎片移除义务为由拒绝移除,在避让之外,B 国可否主动移除碎片以保全本国的空间资产及国民安全。另外,不明来源空间碎片的移除需要满足何种条件——这都是现行外层空间法没有规定的,有待进一步讨论。

一、本国管辖空间碎片的移除条件

(一)移除本国管辖空间碎片的法理依据

本书认为,现有外层空间法体系足以为移除本国空间碎片提供法理支撑。首先,《外空条约》第 8 条规定各国对其空间物体享有管辖权和控制权,且如前文所述空间碎片属于空间物体,那么,缔约国对属于空间物体的空间碎片也具有管辖权与控制权。其次,《责任公约》第 2 条从反面证明了发射国有权对其空间碎片进行管理和控制。倘若发射国对空间碎片不具有管辖权,根据权利义务对等原则发射国便无须对损害承担相应的赔偿责任,这显然有悖于外空条约体系的精神和要求。再次,《外空条约》第 9 条表明在空间环境受到有害污染的情况下,缔约国有权对产生污染的碎片进行移除。[1] 最后,《国际法院规约》第 38 条规定,国际法院在裁决提交其审理的争端时应适用国际习惯法。由 1938 年特雷尔冶炼厂仲裁案可知,国家对所造成的跨界污染

---

[1] 参见尹玉海、李欣键:《LTS 视角下的空间碎片主动移除规则解析》,载李寿平主编:《中国空间法年刊 2019》,世界知识出版社 2021 年版,第 5 页。

行为负有责任。空间碎片属于一国行为造成的外空污染,因此空间碎片的来源国理应担负起清除空间碎片的责任。①

(二)移除本国管辖空间碎片的具体条件

虽然本国有权移除所管辖的空间碎片,但应满足何种条件依然是悬而未决的问题。本书认为,除现行外空条约规定的"不损害他国利益""避免有害污染""情报通知"之外,《外层空间活动长期可持续性准则》这一虽无法律拘束力但为多数国家所认可与接受的国际性文件也可以提供相应参考。一方面,《外层空间活动长期可持续性准则》备选案文1和2的第20.1条②为本国空间碎片移除规定了一系列如识别、分析、评价和预防风险的要求。另一方面,由《外层空间活动长期可持续性准则》备选案文1的第20.2条和备选案文2的20.3条可知,在移除空间碎片时各国应当减缓或避免对他国空间物体造成损失。③ 虽然以上案文依然具有笼统模糊的缺陷,但至少为移除本国空间碎片提供了基础理论指引。

二、他国管辖空间碎片的移除条件

如上所述,本国可以自行移除所管辖的空间碎片。那么是否存在某些特殊情况,使得一国可以移除非本国空间碎片而无须承担任何国际责任?对于这类特殊情况,国际法并没有相应的规定。甚至国际条约中的部分条款还构成了移除他国管辖空间碎片的国际法障碍。

(一)移除他国管辖空间碎片的国际法障碍

据《外空条约》第8条,登记国可以对登记物体行使管辖权与控制权,该条并未对空间碎片的管辖权与控制权进行说明。同时,空间物体的管辖与控

---

① See Paul B & Larsen, "Solving the Space Debris Crisis", Journal of Air Law and Commerce, Vol. 83, No. 3, 2018, pp. 490 – 491.
② 《外层空间活动长期可持续性准则》备选案文1第20.1条:个别或集体考虑执行或着手执行或参与执行主动移除或故意摧毁在其管辖范围内控制、拥有和运作的有功能空间物体或无功能空间物体行动的国家和国际政府间组织,应审查并执行各种要求和措施,其目的是识别计划移除或摧毁的空间物体,并且识别、分析、评价和预防风险。备选案文2第20.1条:各国和国际政府间组织在开展主动移除其空间物体时,应查明、分析、评价和减缓风险。
③ 参见尹玉海、李欣键:《LTS视角下的空间碎片主动移除规则解析》,载李寿平主编:《中国空间法年刊2019》,世界知识出版社2021年版,第6页。

制权制度也在一定程度上阻碍着空间碎片移除的步伐。①

1. 管辖权及控制权的具体内容不明

《外空条约》第 8 条规定了空间物体的管辖权和控制权制度,但未对具体内容进行说明。通常认为,分析第 8 条管辖权应参考一般国际法有关管辖权的规定。②

第一,关于管辖权的内容。根据一般国际法,可将管辖权分为立法管辖权(Prescriptive Jurisdiction)和执行管辖权(Enforcement Jurisdiction)。③ 立法管辖权与本国国内法适用的地域范围有关。④ 在实践中已有部分国家将其国内法用于管理所登记空间物体,如美、俄等国。考虑到空间碎片属于空间物体,故理论上国家有权将本国国内法适用于空间碎片。虽然目前尚无国家出台有关既有空间碎片的专门立法,但不影响登记国将本国现行法律规范适用于所登记的空间碎片或对所登记的碎片制定新法。⑤ 执行管辖权明确了登记国对所登记空间物体的权利,即一国有权对登记物体执行其专用于调整空间物体的国内法规范,登记物体所处的位置不会对权利的行使造成阻碍。具体到空间碎片,意味着登记国有权依照其国内法对本国登记的碎片进行移除。需要明确的是,因外层空间为全人类共有,故国家在外空行使执行管辖权必须依据明确的授权性规则,也就是《外空条约》第 8 条。

第二,关于控制权的内涵。不同于一般国际法,控制权是外层空间法的特有概念。较之管辖权,控制权更看重技术层面。一般指登记国享有的"通过技术途径实现目的"的权利,以及在必要情况下"指引、调整、中止和终止空

---

① See Adam G. Mudge, *Incentivizing "Active Debris Removal" Following the Failure of Mitigation Measures to Solve the Space Debris Problem: Current Challenges and Future Strategies*, McGill University, 2019, p.62.

② See Bin Cheng, *Studies in Internationals Space Law*, London: Oxford University Press, 1997, p.213.

③ See Bin Cheng, *Studies in Internationals Space Law*, London: Oxford University Press, 1997, p.213.

④ See Cedric Ryngaert, *Jurisdiction in International Law (2nd edition)*, London: Oxford University Press, 2018, p.8.

⑤ 参见赵青:《移除他国空间碎片的国际法障碍及解决路径》,载《研究生法学》2019 年第 4 期。

间物体及任务目标"的权利。① 具体到空间碎片领域,主要指登记国可以在缺少法律规定的前提下,以技术发展水平为参考,决定是否移除、何时移除以及如何移除空间碎片。② 需要强调的是,即便失去了对空间物体的技术控制,登记国的管辖权和控制权依然存在。③

2. 管辖权及控制权的适用客体不明

如前所述,作为外层空间法基石的《外空条约》并未明确提及空间碎片,故其第8条所涉管辖权与控制权的客体是否包含空间碎片,在国际上并不存在普遍共识。因此,《外空条约》第8条可否当然适用于空间碎片是件具有争议的事情。

本书认为《外空条约》第8条规定的管辖权及控制权的适用客体包括空间碎片。理由如下:第一,如前所述,空间碎片属于空间物体,故空间碎片理应属于《外空条约》的调整对象;第二,根据《外空条约》第8条,当组成部分未脱离空间物体时,管辖权与控制权延及其组成部分。由此推之,当组成部分脱离空间物体后,这种对部分的管辖权与控制权也不会随之消亡。另外,参考条文有关所载人员的规定,登记国对航天员的管辖和监督不会因为航天员与登记实体的相对位置变化而发生改变。易言之,因登记产生的对人管辖和控制权具有永久性,与航天员是否脱离登记实体无关。那么,因登记产生的对物管辖和控制权也不应因组成部分的脱离而不复存在。④ 综上所述,本书认为,管辖权和控制权的适用客体包括空间碎片。

3. 管辖权及控制权的持续期间不明

《外空条约》第6条、第7条、第8条和《登记公约》第2条第2款确立了登记国对空间物体的排他性权利。⑤ 加上两公约均未规定国家放弃登记物体

---

① See Stephen, Hobe & Bernhard Schmidt-Tedd al. eds., *Cologne Commentary on Space Law*: Outer Space Treaty, Kassel: Barenreiter Verlag, 2009, p.230.
② 参见赵青:《移除他国空间碎片的国际法障碍及解决路径》,载《研究生法学》2019年第4期。
③ See Philip & De Man, *Disused Unitary Satellites and The Non-Appropriation Principle: a Functional Incompatibility*, McGill Centre for Research in Air and Space Law, p.453(2015).
④ 参见赵青:《移除他国空间碎片的国际法障碍及解决路径》,载《研究生法学》2019年第4期。
⑤ See Adam G. Mudge, *Incentivizing "Active Debris Removal" Following the Failure of Mitigation Measures to Solve the Space Debris Problem: Current Challenges and Future Strategies*, McGill University, 2019, p.64.

之所有权的相关机制,故"无论好坏,永久所有权都得到了保证"①。这就引发了在国家专属管辖权和控制权下空间物体可否转让或放弃的问题。②

关于空间物体转让,假设存在以下情形,即最初发射卫星的 A 国 A 公司将其所发射卫星的所有权转让给 B 国 B 公司。尽管两家公司可以通过合同转让卫星的所有权,但作为发射和登记国的 A 国在卫星的寿命期间仍保留登记国的所有原始义务。聚焦到空间碎片移除领域,所带来的问题就是空间碎片移除的主体不明,以及发生碎片致损时,两公司及两国的责任承担不明。

至于空间物体所有权的放弃,这虽然是对"永久所有权"的突破,但在外空商业化时代同样具有探讨价值。对此,有学者认为空间物体的所有权(控制权与管辖权)可以被放弃,后续处理可类比海洋法上被抛弃的船舶,但这也会引发一系列的问题。比如,不同于被抛弃的船舶,空间碎片能造成的危害更大,若允许放弃恐引发难以承受的灾难后果;再如,依照法律,被遗弃的空间碎片将不受原始发射国所有权的约束③并由各方自由处置,那么应如何避免产生一国随意移除他国在轨空间物体的恶劣情形?除此之外,登记国对空间碎片管辖权的放弃是否意味着对空间碎片监管义务的免除……这些问题都有待探讨。

为解决上述问题,国际社会不断更新方案。联合国大会鼓励各国提交关于转让空间物体所有权的资料以协调此类行为,④随后数年,大会明确建议,在对在轨空间物体的监督发生任何变化时,登记国应将新的登记者和变化日

---

① Major Marc G. Carns, "Consent not Required: Making the Case that Consent is Not Required under Customary International Law for Removal of Outer Space Debris Smaller than 10cm", Air Force Law Review, Vol.77, 2017, p.181.

② See Adam G. Mudge, *Incentivizing "Active Debris Removal" Following the Failure of Mitigation Measures to Solve the Space Debris Problem: Current Challenges and Future Strategies*, McGill University, 2019, p.66.

③ See Lior Jacob Strahilevitz, *The Right to Abandon*, University of Chicago Law School, 2010, p.360.

④ See Application of the Concept of the *Launching State*, GA Res 59/115, UNGAOR, 59th Sess, UN Doc A/RES/59/115 (2004) at paras 3-4.

期通知联合国,或由新登记者自行提供。① 尽管如此,在管辖权和控制权上仍然存在模糊地带。

(二)移除他国管辖空间碎片的解决路径

1. 通过论证《外空条约》第8条存在例外情形来排除一国管辖权

据前文及《外空条约》第8条,登记国享有空间物体(含空间碎片)的管辖与控制权。如要论证第三方移除行为的合法性,也许可以从论证上述条文存在例外情形入手。

首先,可以通过解释《外空条约》第9条证明存在例外情形。第9条规定了合作原则、互助原则与充分注意他国利益原则。第一,因欠缺国际条约和司法判例的明文规定,故需要借助1970年《关于各国依联合国宪章建立友好关系及合作之国际法原则之宣言》(以下简称《国际法原则宣言》)解释合作原则。该宣言认为,"合作"是指为实现共同目标,多国自愿在同一法律框架内开展协调行动。第二,"互助"由国际海洋法的普遍实践提炼而来,意为提供帮助。第三,注意义务要求各国在进行外空活动前和从事外空活动中充分考虑他国的合法利益。由此可知,这3个原则要求各国采取共同行动,而非坚持单边主义。② 因此,若空间碎片已严重威胁他国外空活动,而登记国仍无动于衷,那么上述3项原则就成了一纸空文,从而导致《外空条约》第8条与第9条在适用上存在极大矛盾,违背了《维也纳条约法公约》的善意解释原则——在解释条约时要按照条约订立之初各国共同且真实的意愿并据条约精神进行,而非仅依赖其字面含义。③ 此外,参考国际判例对"真实意愿"的注解,缔约国的真实意愿绝非缔结失实、怪诞、于理不通的条款。④ 因此,在空间碎片造成重大危险的情况下,《外空条约》第9条可以用来证明登记国的专属控制权与

---

① See Recommendations on Enhancing the Practice of States and International Intergovernmental Organizations in Registering Space Objects, GA Res 62/101, UNGAOR, 66nd Sess, UN Doc A/RES/62/101 (2007) at para 4 (a)&(b).

② 参见李思晴:《弃星移除的义务性及合法性问题——从欧盟弃星Envisat谈起》,载《北京航空航天大学学报(社会科学版)》2013年第2期。

③ See Bin Cheng, General Principles of Law as Applied by International Courts and Tribunals, Cambridge: Cambridge University Press, 1953, p.114.

④ See Bin Cheng, General Principles of Law as Applied by International Courts and Tribunals, Cambridge: Cambridge University Press, 1953, p.106.

管辖权存在例外情形,从而为第三国移除非本国碎片提供依据。

其次,可以援引清白原则或称净手原则(the Clean Hands Doctrine)加以解释。该原则意为当争端一方事实违反互惠义务时,违反一方不得主张另一方的责任,而默兹河水分道案(Case of the Diversion of Water from the Meuse)①充分彰显了这一原则。那么我们大概作如下推理:空间碎片产生意味着一国没有恰当履行《外空条约》第9条所规定的义务,故当他国移除该国空间碎片时,该国也不得向移除国主张相应的赔偿责任。② 这其实与前文通过解释《外空条约》第9条证明管辖权与控制权存在例外情形有异曲同工之妙。

再次,可以借鉴国际海洋法的相关制度进行指导。第一,据《联合国海洋法公约》第94条,对本国船舶施以有效管辖和控制属于船旗国的义务,但存在例外情形使上述义务受到限制。此外,船旗国可以和他国开展合作共同打击部分国际罪行。由此可见,一国对注册船舶的控制和管辖权存在突破情形。类比空间碎片,也许可以得出如下结论:在某些特定情形下,一国对空间碎片的管辖权与控制权也会受到限制。第二,1969年《国际干预公海油污事故公约》第1条规定,当缔约国在公海之上发生足以造成严重后果的事故时,有权采取必要手段以防止、减轻或消除有害污染——可见船旗国的管辖权并不绝对。那么,具体到外层空间,空间碎片可被视为"可能的污染",故本国对空间碎片的管辖权也应存在例外。第三,国际法上关于船舶残骸的清除制度也可为移除他国空间碎片提供一定参考。2007年《内罗毕国际船舶残骸清除公约》明确了沿岸缔约国对专属经济区内妨碍航行或造成污染的残骸享有清除权。③ 这同样表明一国对自身财产的管辖权并不绝对,存在由他国加以清除的例外情形。空间碎片与船舶残骸性质类似,故我们完全可以借鉴国际海

---

① See Case of the Diversion of Water from the Meuse (Netherlands v. Belgium), Judgment of 28 June 1937, PCIJ Series A/B, No.70.

② See Major Marc G. Carns, "Consent not Required: Making the Case That Consent is not Required Under Customary International Law for Removal of Outer Space Debris Smaller than 10cm", Air Force Law Review, Vol.77, 2017, p.192.

③ 参见王国语:《空间碎片管辖权及主动清除的法律依据》,载《北京理工大学学报(社会科学版)》2014年第6期。

洋法的相关内容,认为一国可以援引正当理由来移除他国空间碎片。

最后,可以引用《联合国宪章》规定的自卫权加以排除。《联合国宪章》第51条规定,若联合国会员国遭受武力攻击,在安理会采取必要措施以保障国际和平及安全之前,不禁止受到攻击的国家行使单独或集体自卫权。那么,当空间碎片威胁到一国国家安全时,应当允许受到威胁的国家采取自卫手段,而最主要的自卫手段莫过于主动移除空间碎片。当然,在移除非本国空间碎片时,应酌情考虑诸如必要性、相称性、区别和避免不必要的痛苦等原则。

综上,虽然《外空条约》第8条规定了登记国对登记物体的专属管辖制度,但并未将他国移除该物体的紧急情形排除在外。[①]

2. 以空间碎片管辖国的"同意"为移除条件

国际社会并未就该问题形成统一共识,各国立法也不尽相同。参考《外层空间活动长期可持续性准则》,在移除他国所辖空间碎片方面,准则的两份备选案文存在明显分歧:案文1要求移除行动须经碎片所有国的同意,案文2只要求与碎片所有国磋商。[②] 本书认为,移除他国空间碎片必须以"同意"为前提,即未经同意,不得对他国管辖的空间碎片进行移除。那么,"同意"的法理依据是什么,应当满足何种条件,都需要进一步探讨。

第一,关于"同意"的法理依据。

首先,未经同意移除他国空间碎片应被视为国际不法行为(Internationally Wrongful Act)。一方面,1970年《国际法原则宣言》明确规定各国主权平等,充分享有主权之固有权利。《外空条约》第8条规定各国对其空间物体(含空间碎片)享有管辖权和控制权,这种管辖权不因实体所处的位置而受到影响——此处的管辖权与控制权实为一国主权的体现。因此,未经同意移除他国管辖的空间碎片将构成对一国主权的侵犯,应被视为国际不法行为,移除

---

① 参见龙杰:《外空活动长期可持续性建设的国际法依据——以空间碎片主动移除为视角》,载《北京航空航天大学学报(社会科学版)》2018年第4期。

② 《外层空间活动长期可持续性准则》备选案文1第20.2条:移除行动应避免对空间物体造成不利影响,除非有关空间物体行使管辖权和控制权的主管机关以及对该空间物体持有所有权或其他既得权利的人事先对这类行动表示同意。备选案文2第20.2条:对空间物体行使管辖权和控制权的主管机关应在必要时会商对这些物体享有所有权或其他法定权利的持有人而事先商定力图主动移除空间物体的行动。

国亦应承担相应的国际责任。① 另一方面,从权威法学家学说即《奥本海国际法》中也可以找到答案。奥本海认为,作为一般规则,外国法院在执行针对某国的判决时,不得扣押该国财产,除非国家独立地明示放弃其执行豁免权。② 而空间碎片属于一国财产,除非国家明示同意,否则不能对该国所辖空间碎片进行移除。③

其次,"同意"是国家不法行为的免责事由之一。据《国家对国际不法行为的责任条款草案》第 20 条,一国基于真实意愿同意另一国采取某种特定行为时,该行为的不法性即告解除,但以之不逾越"同意"的范畴为限。因此,只有当一国"同意"他国移除本国空间碎片时,其他国家才会取得移除非本国空间碎片的权利并免除相应的责任。

第二,关于"同意"的要件。

明确移除他国空间碎片需要以"同意"为前提后,就需要对"同意"应满足的条件进行讨论。对此,国际上同样没有统一立法或普遍实践。

本书认为,"同意"应具备以下 3 个要件:一是属于国家真实的意思表示;二是由国家明确作出,不得"假定同意"或"默示同意";④三是同意应为国际社会所知悉。但如果与上文"空间碎片移除的主体"相联系,又会出现新的问题,如存在两个及以上发射国时,是否应征得所有国家的同意,还是仅需要征得登记国的同意。若存在空间物体所有权转移的情况,是应当征得转移前后涉及的所有国家的同意,还是仅需得到目前享有所有权之国家的同意,抑或以登记在册的国家为准。对上述问题,学者们的意见看法众说纷纭、莫衷一是。

---

① 参见尹玉海、李欣键:《LTS 视角下的空间碎片主动移除规则解析》,载李寿平主编:《中国空间法年刊 2019》,世界知识出版社 2021 年版,第 8 页。

② 参见[英]詹宁斯、[英]瓦茨修订:《奥本海国际法》,王铁崖等译,中国大百科全书出版社 1995 年版,第 279 页。

③ 参见尹玉海、李欣键:《LTS 视角下的空间碎片主动移除规则解析》,载李寿平主编:《中国空间法年刊 2019》,世界知识出版社 2021 年版,第 8 页。

④ See Edith Brown Weiss, "Invoking State Responsibility in the Twenty-First Century", American Journal of International Law, Vol. 96, No. 4, 2002, pp. 798–816.

第三，移除直径在 10cm 以下的空间碎片无须"同意"。

将直径 10cm 以下的空间碎片单独列出有其内在原因：首先，如前文所述，直径在 1mm～10cm 的空间碎片所具有的危害性最大且最难追踪；其次，目前虽有几类空间技术可用于跟踪碎片，但均存在无法根据公开来源进行持续且稳定的追踪的缺陷；最后，这类空间碎片的状态难以定义，一般无法定位来源国。[1]

此类碎片所存在的问题不是没有所有者，而是所有者不确定，未来技术也许可以帮助我们识别碎片来源，但这并不能帮助解决今天的窘境。因此，本书主张对于此类来源不明的空间碎片，应当允许各国在未经同意的前提下直接移除。

3. 援引"危难或紧急状态"为移除条件

据《国家对国际不法行为的责任条款草案》第 25 条，除同意外，国家还可以援引危难或紧急状态进行免责。所谓危难情况下的行为，指代表国家的行为人在极端危急的场景下，为挽救自身或受其监护之人的生命，在无其他可行措施时作出背离该国国际义务的行为。紧急状态下的行为则是指当一国面临严重危及本国的国家生存和根本利益之紧急情况时，为消除上述紧急状况所作的行为。根据国际法基本理论，这两类行为的不法性均可被排除。[2]

类推适用于外层空间法领域，在移除他国管辖的空间碎片时，必须满足以下条件方能免责：第一，他国空间碎片将对本国在轨空间物体、航天器及所载人员造成严重、迫切的威胁，且此种威胁并非移除国造成的；第二，主动移除措施是必要且不可避免的，是"对抗某项严重迫切危险的唯一办法"；第三，移除行为不致严重损害他国或国际社会的根本利益。换言之，如果可以通过规避空间碎片避免危险，则不得通过移除他国空间碎片的方式解除威胁。

经分析可知，援引危难或紧急状态的条件异常苛刻：首先，条件一中的"严重、迫切的威胁"难以界定。"迫切"意味着移除国此时无暇征得登记国或

---

[1] See Major Marc G. Carns, "Consent not Required: Making the Case that Consent is not Required Under Customary International Law for Removal of Outer Space Debris Smaller than 10cm", Air Force Law Review, Vol. 77, 2017, p. 176.

[2] 参见梁西主编：《国际法》（第 3 版），武汉大学出版社 2011 年版，第 115 页。

发射国的同意,或虽已表明诉求但始终未获回应。"严重"暗示要评估清除成本,这会引发诸多复杂问题。比如,若一国为维护本国安全及利益提出移除他国管辖的某一失控卫星,但被移除国却主张该卫星可以且正在修复,那么该卫星是否仍具备"严重威胁"的属性便不得而知。[①] 其次,条件二要求移除措施是必要的、不可避免的"唯一办法"。该条件应满足的标准最难界定,对于"唯一",持有不同立场的国家或组织必然有着相异的理解。再次,条件三要求移除行为不得以牺牲他国或国际社会的基本利益为代价。此处不仅存在利益衡量的问题,也存在如何界定"严重损害"的问题。最后,即便一国可以援引危难或紧急状态来移除他国空间碎片,很多细节也需进一步完善。比如,在移除的不同阶段,移除国是否需要承担通知通报义务,可否采取事后通知的方式;再如,移除国可否以被移除国未尽到监管和告知义务为由,向被移除国(碎片来源国)提出索赔;又如,若被移除国的利益因移除行为受到损害,移除国是否应当进行赔偿或补偿。

三、不明来源空间碎片的移除条件

(一)移除不明来源空间碎片的前提

首先需要明确的是,不明来源的空间碎片不等于未经登记的空间碎片。后者的管辖权与控制权依然属于来源国,而前者的管辖权与控制权则处在未知状态。

认为未经登记的空间碎片的管辖权仍属于来源国,有两个方面的原因。第一,根据《登记公约》第4条,登记国只需向秘书长登记与空间物体有关的情报,如发射国名称、被登记物体的适当标志、发射时间和场所及基础轨道参数,并不涉及空间碎片。第二,对所有空间碎片进行登记并不现实。出于种种客观原因,在执行在轨技术操作时,不可避免地会分解空间碎片,但这些碎片的物理状况、轨道参数等在确定和更新方面均存在困难。所以,对于未经登记的空间碎片,倘若能识别其所属国,则该国对未经登记的空间碎片亦具

[①] 参见王国语:《空间碎片管辖权及主动清除的法律依据》,载《北京理工大学学报(社会科学版)》2014年第6期。

有管辖权和控制权。

(二)不明来源空间碎片的移除条件

此类碎片的处理可参照20世纪70年代新西兰对不明空间物体的处理方式。1972年上旬,新西兰在本国境内发现数个球形空间物体。据上述空间物体的标志及追踪结果,新西兰政府先后照会美、苏,但两国均表示并非物体的所有国。1973年11月,新西兰政府通知联合国秘书长,称已尽力追溯空间物体的来源,无奈遍寻无果,只得宣布一定的物主认领期限,而直到1973年11月3个月期间已过仍无人宣示所有权,足以证明发射国默示放弃《关于营救宇航员、送回宇航员和归还发射到外空的实体的协定》第5条所规定的权利,该物体事实上已被遗弃,故将对该物体按新西兰法律予以处理。① 对此,贺其治教授认为,新西兰的做法符合《关于营救宇航员、送回宇航员和归还发射到外空的实体的协定》的规定和条约宗旨,可作为处理类似事件的先例。②

因此,对于占据轨道资源且穷尽手段仍无法识别的空间碎片,任何国家都可以进行移除。但是,鉴于一些碎片具备军事敏感性,如废弃的军事卫星,此类碎片的主动移除程序仍应遵守《外层空间活动长期可持续性准则》的规定,即审慎评估、完备监管和及时通报。③

第四节 空间碎片移除的国际法规制

一、完善国际公约,制定有关空间碎片移除的国际文件

外空五大公约订立于人类探索太空的早期阶段,具有一定的滞后性,对空间碎片的规制作用十分有限,故需要修改现行外层空间法来应对空间碎片污染。而在完善相关国际公约及规范性文件之外,还需要订立与空间碎片移

---

① 参见左晓宇:《外空商业化趋势下空间法的新发展》,中国政法大学出版社2013年版,第41页。
② 参见贺其治:《外层空间法》,法律出版社1992年版,第81~82页。
③ 参见尹玉海、李欣键:《LTS视角下的空间碎片主动移除规则解析》,载李寿平主编:《中国空间法年刊2019》,世界知识出版社2021年版,第13页。

除有关的准则来回答理论之争、回应各国关切。与空间碎片移除有关的新准则可以采取"软法"形式,一方面有助于条文在最广范围及最大限度上为各国所接受,另一方面也有助于规定的落地与执行。

(一)发挥国际硬法的优势,完善相关国际公约及规范性文件

1. 细化以外空五大公约为主体的外空法律体系,使之更适应时代需要

第一,更新《外空条约》。首先,对空间物体、空间碎片、有害污染等专业用语的概念进行详细解释,将空间碎片纳入空间物体及"有害污染"之中。其次,更新公约第6条和第7条有关"责任承担"的规定,明确一国对本国私人实体主导的空间发射活动的监管义务,厘清国家与私人实体的担责比例。最后,明确强制磋商制度,将磋商程序具体化,并为磋商失败、缔约国不遵守国家间协议等情形制定可行的解决路径。

第二,细化《登记公约》。一方面,要求各国切实履行空间物体轨道参数变化、脱轨以及解体的登记义务;另一方面,细化公约第4条和第6条所规定的预警防控机制,特别要加强对不明来源空间碎片的追踪、识别与预警。

第三,丰富《责任公约》。首先,明确空间碎片属于空间物体,将公约的规制范围扩展到空间碎片造成的损害;明文规定"过错"的概念、标准及构成要素。其次,修改有关空间物体致损责任由发射国承担的规定,改由登记国承担;若不存在登记国,则由实际控制国承担。[①] 最后,区分空间碎片致损和空间碎片移除致损两类情况,将前者的过错标准提升至绝对责任,并为后者设置较为宽松的认定标准,以此鼓励各国积极移除空间碎片。[②]

2. 扩充规制空间碎片的基本法律原则,积极引入国际环境法原则

除前文提到的可持续发展原则、国际环境合作原则、污染者付费原则、共同但有区别的责任原则与风险预防原则外,可考虑将1992年《里约环境与发

[①] See Adam G. Mudge, *Incentivizing "Active Debris Removal" Following the Failure of Mitigation Measures to Solve the Space Debris Problem: Current Challenges and Future Strategies*, McGill University, 2019, p.95.

[②] See Adam G. Mudge, *Incentivizing "Active Debris Removal" Following the Failure of Mitigation Measures to Solve the Space Debris Problem: Current Challenges and Future Strategies*, McGill University, 2019, p.96.

展宣言》第 15 条、第 18 条以及第 19 条纳入外空条约体系之中。①

首先,借鉴《里约环境与发展宣言》第 15 条的环境保护预防原则。要求各国在进行发射活动前对发射行为进行科学评估,以最大限度地减少碎片产生;在本国空间碎片有可能造成严重的或不可挽回的损害时,应立即采取措施防止环境退化。

其次,引入《里约环境与发展宣言》第 18 条的通知义务。该条文要求各国应将可能对他国环境造成突发恶劣后果的所有意外事件立即告知相关国家,国际社会应在最大限度内向受害国施以援手。具体到空间碎片治理,可考虑为各国施加相应义务,要求各国在预测到本国空间碎片可能对他国空间物体及所载人员的安全造成威胁时,应立即通知相应国家并通报国际社会。另外,若某国因空间碎片遭到损害,国际社会应当尽可能施以援手。同时,若损害与空间碎片来源国的行为存在因果联系,来源国也应当承担起相应的法律责任。

最后,参考《里约环境与发展宣言》第 19 条的通报和磋商制度。该条规定,对于与重大跨界环境污染活动有关的信息,各国应于事前及时告知相关国家。这启示我们,在空间碎片治理方面,各国都应当担负起通知通报的义务,并就空间碎片移除开展有益磋商。考虑到《外空条约》所规定磋商制度的缺陷,宜赋予此种磋商以强制性。

3. 尽快就《外层空间活动长期可持续性准则》第 20 + 21 + 22 部分达成一致,并补充至现行空间法

该准则第 20 + 21 + 22 部分与空间碎片移除密切相关,涉及准备和开展主动移除空间物体行动的程序、预防性措施等内容。虽不具有国际法律约束力,但依然可以为空间碎片移除提供现成的文本参考。因此,在后长期可持续性谈判时代,各国应尽快就上述内容达成一致,并将其补充到外层空间法律体系之中。

---

① See Gordon Chung, *Emergence of Environmental Protection Clauses in Outer Space Treaty: A Lesson from the Rio Principles*, In A Fresh View on the Outer Space Treaty, edited by The European Space Policy Institute, 2018, pp. 5 – 12.

(二)发挥国际软法的作用,制定有关空间碎片移除的新准则

在外层空间这一涉及各国利益的战略领域,引入国际软法比国际强行法最为可行。若要充分发挥软法的作用,必须尽可能符合各方利益。故总体而言,有关空间碎片移除的国际文件要避免政治化倾向,充分践行透明度与信任化措施,注重技术协调与国家合作。①

1. 明确碎片移除的性质,将其界定为一项正在形成的国家义务

基于"义务不得放弃"这一法理,将空间碎片移除视为国家义务更有利于督促各国清理空间碎片,共同营造清洁太空。同时,强调该项义务"正在形成",又给了各国缓冲和接受的时间,使得空间碎片移除国际立法不致因各国强烈反对和沉默抗拒而停滞不前。

2. 界定碎片移除的客体,明确空间碎片的法律定义和弃星的法律地位

一方面,从空间碎片的两大特点即人造性和非功能性进行把握,明确空间碎片的法律概念,将其纳入空间物体行列。另一方面,明确弃星作为空间碎片的法律地位,强调对弃星的移除责任不因其具有完整形态而有所改变。

3. 扩大碎片移除的主体,细化空间碎片的登记和管辖与控制权制度

第一,扩大空间碎片移除的主体,引入碎片治理的私人实体。外空商业化时代已然到来,考虑到经济效益和成本因素,应当鼓励私人实体参与到空间碎片治理中来。对私人实体的规制与调整可以参考各国国内法的相关规定。② 同时,可以允许私人实体享有所移除空间碎片的所有权,允许其利用碎片所载信息或知识产权,以便最大限度地提高私人实体移除空间碎片的积极性。

第二,明确"发射国"的具体内涵及多国合作情形下的移除责任分配。一方面,明确发射国的内涵,重点关注空间物体的登记国和实际控制国,将单纯提供发射场所或发射设施的国家排除在外或减轻其移除空间碎片的负担。另一方面,完善多国合作发射情形下的碎片移除的责任分摊:首先看各国间

---

① See Johnson-Freese & Joan, "Build on the Outer Space Treaty", Nature News, Vol. 550, 2017, p. 184.

② See Paul B & Larsen, "Solving the Space Debris Crisis", Journal of Air Law and Commerce, Vol. 83, No. 3, 2018, pp. 508–509.

的书面协议,根据协议内容分配责任;若不存在书面协议,则以各国为维护空间管理和外空活动长期可持续所做的贡献为依据划分担责比例。① 此外,对于国际组织和国家共同发射空间物体这一情形,由国际组织和参与国共同承担空间碎片移除的责任。

第三,细化空间碎片登记制度。在明确强制登记制度之外,还应当对现行国际条约中有关登记义务的内容加以细化。同时,鉴于空间碎片产生的随机性和急速增长态势,宜将制定全球性的空间碎片登记册提上日程。② 此外,出于维护国家安全的需要,各国往往在登记时有意忽略军事卫星或隐瞒其军事属性,加之强制登记军事卫星并不现实,故可以强制各国履行非军事卫星的登记义务,将未加登记的卫星一律归为军事卫星,倒逼各国积极主动地登记空间物体及空间碎片。③ 此处还有一种措施可供参考,即将登记视为所有权的标志,允许第三国自由移动未经登记的物体,④从而迫使各国积极履行登记义务。

第四,规范空间碎片的管辖权和控制权制度。首先,对于本国管辖的碎片,在审慎识别和风险评估后可以主动移除,但移除行为应符合"代内公平"的要求。其次,对于他国管辖的碎片,原则上不得移除,但通过征得碎片管辖国同意或者援引危难和紧急情况的方式,可以移除他国所辖空间碎片——需要明确的是,援引危难和紧急情况需要满足3个条件,具体要求可见上文。再次,对于未经登记的空间碎片,其来源国仍保有控制权与管辖权,如能辨别其来源国,则可以由来源国主动移除。又次,对于来源不明的空间碎片,可参照20世纪70年代新西兰对这类碎片的处理方式,允许受到碎片干扰的国家进行移除,同时应在移除前及移除过程中尽到审慎及通报义务。最后,在对空间碎片进行移除时,应明确非功能性空间碎片和功能性航天器之间的界限,

---

① 参见朱忻艺:《外层空间环境保护国际法问题研究》,华东政法大学2020年硕士学位论文,第51页。
② 参见龙杰:《外层空间物体登记制度的立法问题》,载《地方立法研究》2019年第3期。
③ 参见尹玉海、黄悦欣:《空间物体登记制度:如何应对"一箭多星"技术带来的挑战》,载《国际太空》2019年第12期。
④ See Paul B & Larsen, "Solving the Space Debris Crisis", Journal of Air Law and Commerce, Vol. 83, No. 3, 2018, p. 488.

避免将在轨航天器作为移除目标。

二、加强国际合作,建立专门的管理及监督机制

处理外空环境污染需要国际社会的密切配合与通力合作,在某些时候甚至需要个别国家的妥协和让步。特别是在清除空间碎片这一层面,由于欠缺国际条约的明文规定,多数时候只能依靠空间国家的道德自律和国际社会的舆论谴责,收效甚微。因此,在空间碎片治理上亟须国际合作。[1]

(一)效仿 ICAO,建立空间碎片管理的专门机构

如果没有相应的监管机制,那么所有的设想只能是镜花水月、空中楼阁。因此需要一个由各国代表参与的中立机构,在明确空间碎片治理主体和义务履行的基础上,就保障各方利益、凝聚多方力量及提高空间碎片治理的积极性等方面发挥作用,从而推动空间碎片治理工作取得突破性进展。

通过分析,本书认为可以效仿 ICAO 建立空间碎片的管理与监督机构。

ICAO 作为联合国的专门机构,具备国际法主体资格,并致力于为空中交通提供具有强制性的统一国际标准和程序。经分析可知,类 ICAO 机构具有相当的优越性:第一,可由专家技术委员会负责研究并制定有关空间碎片移除的技术标准和法律规范,避免如 COPUOS 受到政治因素的干扰。第二,不同于 IADC,类 ICAO 机构制定并通过的国际文件具有强制执行力,可以在最大限度上约束缔约国行为。第三,类 ICAO 机构在决策通过上速度惊人,不会程序拖沓导致问题延宕。[2] 因此,效仿 ICAO 建立一个专门的空间碎片管理与监督机构可行且极为必要,这一机构可以为开展法律及技术交流、空间碎片回收研究等提供平台,为空间碎片的移除和回收制定相应的准则,也可以定期发布年度报告,向国际社会通报碎片发展情况和危险区域。同时可用来管理和分配空间碎片清理专项资金,也能协调解决空间碎片移除所带来的种种争议。届时,各国将在这样一个全新的国际空间碎片监管组织的监督下,

---

[1] 参见尹玉海、颜永亮:《浅析外空活动长期可持续性的国际合作问题》,载《北京航空航天大学学报(社会科学版)》2017 年第 2 期。

[2] See Paul B & Larsen, "Solving the Space Debris Crisis", Journal of Air Law and Commerce, Vol. 83, No. 3, 2018, pp. 504–506.

制定和执行与空间碎片移除有关的标准、程序和规则。

(二)大国积极承担责任,加强国家间的技术交流与合作

首先,考虑在COPUOS科技小组委员会体制内开展全球性技术合作。目前来看,在国际层面开展与空间碎片有关的技术合作不会十分顺利,这是由国家发展不均衡的现状和国家间的利益冲突所决定的。其中最为突出的是双方之间的技术转让事宜,两方技术转让兼具争议性和敏感性双重特点。[①]但空间碎片移除又是一个全球性问题,空间国家应尽可能多地参与进来,故在COPUOS科技小组委员会框架内开展技术合作较为可行。

其次,考虑在双边、多边和区域内开展国际合作,由类似亚太空间合作组织的非政府机构或如同欧洲航天局的政府间机构牵头,召集各成员国的空间法学家、空间技术专家等共同研究,合作开发、试验和推广新技术。

最后,加强空间大国与空间弱国之间的技术合作。空间碎片的移除、外空环境的保护、外空活动的长期可持续性等不仅需要空间大国的努力,而且需要空间弱国的参与。特别是部分发展中国家,虽然具备卫星发射能力,但缺乏空间碎片治理的意识或能力,若不加强此类国家在空间碎片移除上的防范意识,提升他们在该领域的技术水平,空间碎片问题就难以真正解决。详言之,可考虑采取自由市场经济的方式进行空间技术转让,即对空间技术转让不设强制性规定,由空间弱国以市场价格获得,同时空间强国应该保证价格公平合理。在自由市场经济这一举措之外,还可以考虑通过两国合资办企业的方式实现空间技术转移。

(三)构建空间碎片的监测预警系统,加强基础设施建设

依靠一国力量很难追踪所有的空间碎片,更不用说建立覆盖全球的空间碎片监测预警系统。因此,在碎片监测和追踪方面依然需要国际合作。

一方面,明确监测预警系统的负责机构。可考虑先由COPUOS牵头,主要空间大国积极参与,共同建立关于空间物体信息共享的国际平台。在管理空间碎片的专门机构建立后,再由其承担这部分的职责,要求各国共享空间

[①] 参见尹玉海、颜永亮:《浅析外空活动长期可持续性的国际合作问题》,载《北京航空航天大学学报(社会科学版)》2017年第2期。

碎片信息。

另一方面,完善与碎片移除有关的监测、预警机制和应急机制。首先,建立空间碎片的监测机制。作为预警和应急制度的基础,监测机制主要包括两方面内容:一是动态监测空间碎片,为碎片减缓工作和碎片移除的目标选择提供依据;二是监测移除任务本身,对空间碎片移除行为进行任务效果评估,以便调整和指导接下来的移除活动。其次,建立空间碎片的预警机制。基于上述机制所创设的预警机制作用有二:一则可以为从事移除工作的空间设备保驾护航,二则可以在碎片移除过程中对可能产生的外空威胁进行预警。最后,建立足以应对突发事件的应急机制。在空间碎片移除前,可以提供应急预案;在空间碎片移除过程中,可以处理如飞行器解体、爆炸、碎片碰撞等突发事件;在空间碎片移除任务结束后,可以分析评估移除的全过程,并将其补充到应急预案手册之中。[①]

(四)成立世界性基金会,为空间碎片移除提供资金支持

可由 COPUOS 牵头,联合世界主要航天国家、空间物体发射大国及潜在空间国家,以共同应对空间碎片和空间污染为宗旨,以空间碎片治理为目标,共同设立与空间碎片移除直接相关的世界性基金会。基金会专为对空间碎片治理活动提供资金支持,以分担各国经济压力。

第一,基金会的资金来源。首先,由各参与国家按照商定的比例定期注资;其次,向各参与国征收发射税及太空通行费,将这部分资金注入基金会中。所谓发射税,顾名思义,就是根据一国在一定时期内发射空间物体的数量及造成污染的后果额外支付一定费用。所谓太空通行费,[②]是指对从事太空活动的国家收取一定费用。至于金额,就发射税而言,应当在充分考虑发射物体所进入轨道的拥挤程度、空间物体解体的可能性、该国空间技术的发展水平等因素的基础上灵活确定收费标准;就太空通行费而言,则应当制定统一的价格,按照次数进行征收。这样做的好处在于将与空间碎片移除和外

[①] 参见王钊、杨东春、康志宇:《空间碎片主动移除任务的相关法律问题》,载《北京航空航天大学学报(社会科学版)》2015 年第 2 期。

[②] See Agatha Akers, "To Infinity and Beyond: Orbital Space Debris and How to Clean It Up", University of La Verne Law Review, Vol. 33, No. 2, 2012, pp. 306 −207.

空环境保护有关的大部分费用转移到那些发射次数较多、发射活动频繁的国家和商业实体身上,尽可能保障公平的同时也有助于推动空间碎片治理市场的蓬勃发展。

第二,基金会的具体运作机制。可以在建立国际、国内基金委员会的基础上开展空间碎片主动清除竞赛,利用专项资金奖励率先完成空间碎片清除的实体,竞赛既能清除空间碎片,又能激励市场发展,一举两得。[1] 此外,定期奖励在空间碎片治理领域做出突出贡献的组织,并为致力于外空活动长期可持续性的项目提供资金支持。

三、空间碎片规制对中国的启示

中国的空间立法尚处在起步阶段,特别是在规制空间碎片方面存在法律空白。因此,在应对空间碎片这一国际问题上,一方面,中国应发挥负责任的大国的作用,积极参与制定与空间碎片移除有关的国际法律文件,不断争取中国的外空事务话语权;另一方面,中国应切实推进相关国内立法工作,不断加强空间碎片移除法律体系建设。

(一)把握空间碎片移除的基本原则,平衡自身实力与责任承担

空间碎片移除所面临的挑战是多方面的,不仅包括法律层面,还包括技术和政治等因素。若处理不当,甚至有可能会影响到我国航空航天事业发展和航天强国建设。必须认识到,目前我国空间碎片移除的研究基础还比较薄弱,空间碎片治理能力建设有待进一步加强;另外,我国的航天产业正处在蓬勃发展阶段,政策环境不宜过分严苛。因此,必须综合国情开展空间碎片移除工作,不能超越现阶段的发展水平。当然,也不能仅考虑经济效应和技术水平,拒绝承担国际义务及责任,要充分认识到空间碎片的严峻态势,从我国国家安全及利益出发,明晰空间碎片治理的紧迫性与必要性。综上所述,本书认为我国空间碎片移除应坚持"担当使命、量力而行、积极作为"的基本原则。[2]

---

[1] 参见于霞、宓莎、耿钧:《责任与经济双重契机下的空间碎片治理商业化运营初探》,载《中国航天》2021年第5期。

[2] 参见冯国栋:《空间碎片减控法律机制研究》,华东政法大学2013年硕士学位论文,第33页。

所谓"担当使命",就是要尽可能全面地考虑各国在空间碎片治理上的一致态度,切实履行国际条约规定的国家义务。同时做好国际法与国内法的衔接,主动将空间碎片治理从国际法义务转化为国内法义务。所谓"量力而行",就是要充分考虑我国空间技术、政策法规的发展现状,尊重多方主体的利益诉求,做到有所为有所不为。所谓"积极作为",就是要稳步推进空间碎片移除国际法律机制的完善和国内法律体系的构建,并严格监督法律在实践中的落实。同时,要大力发展军民协同,发挥民营企业在空间碎片移除中的优势:一方面,通过技术交流与转让,将部分军方技术转移给民营企业;另一方面,发挥民营企业融资快、模式灵活等优势,由政府和私人实体一道规范空间碎片移除行为。[1]

(二)加快空间碎片移除国内立法,完善空间碎片治理法律体系

目前,中国调整空间活动主要依据21世纪之初颁布的《空间物体登记管理办法》和《民用航天发射项目许可证管理暂行办法》。2005年颁布的《空间碎片减缓要求》和2015年发布的《空间碎片减缓与防护管理办法》在规范碎片减缓、减少碎片产生、保护空间环境等方面发挥了积极作用。[2] 为适应时代发展需要,呼应空间碎片移除这一时代课题,可考虑从以下几方面着手。

第一,提升空间立法位阶,从基本制度方面管理我国空间活动。中国空间立法法律层级相对较低,最高位阶限于规章或国家航天局的政策性文件,与我国空间大国的身份及外空在国家战略中的地位极不相称。因此,可考虑由国家立法机关制定并通过一部外层空间基本法来规范国家空间活动,区分空间物体与空间碎片,明确规定空间碎片移除所涉法律问题,以便在出现新情况时有法可依。[3]

第二,参照现行外层空间国际条约及法律文件,调整我国空间立法的相关概念,特别注意将空间碎片列入空间物体范围内。梳理我国已发射空间物

---

[1] 参见于霞、宓莎、耿钧:《责任与经济双重契机下的空间碎片治理商业化运营初探》,载《中国航天》2021年第5期。
[2] 参见江山:《各国空间碎片政策一瞥》,载《太空探索》2021年第3期。
[3] 参见肖君:《空间物体再入的国际法律规则分析》,北京理工大学2017年硕士学位论文,第26~27页。

体,恰当评估我国所辖空间碎片,以确定下一步监管与移除对象。同时,以《民用航天发射项目许可证管理暂行办法》为依托,完善空间物体(含空间碎片)登记和许可制度。要求开展空间活动必须获得国家许可并履行登记义务,由航天主管部门审核和发放许可证。另外,为鼓励私人实体参与外层空间治理,可分级发放许可证,将发射活动分为两类:一为国家航天发射项目,此类项目可以不受许可制度限制;二为商业航天发射项目,需由空间实体所有者或控制者申领许可证。①

第三,将空间碎片移除为一项正在形成的国家义务这一性质体现在立法中,明确我国对外空活动所应承担的国际义务。厘清不同类型空间碎片的移除条件,积极移除本国所管辖的空间碎片,在满足条件的前提下及时清理他国所辖空间碎片及来源不明的空间碎片,确保外空活动的长期可持续性发展。

第四,将对空间碎片的监测预警和应急处理办法体现在立法之中,为今后减少新碎片的出现和尽速处置突发事件提供理论指导,尽快构建起我国的空间碎片监测、预警和应急机制。

第五,完善空间活动管理体系,设立牵头主管部门。考虑将中国国家航天局作为主要管理部门,下设专门的空间碎片治理委员会,由该委员会定期向国家航天局递交空间碎片的监测和处理报告、空间活动报告以及外空环境变化报告。②

第五节 结 语

空间碎片的数量不断增长,人类面临的危险持续升级,考虑到既有空间碎片的存在及新空间碎片的累积,现在采取行动永远比日后进行补救更为有效。

外空五大公约虽然在某种意义上为空间碎片移除提供了理论依据,但也阻碍着空间碎片移除的步伐。《IADC 空间碎片减缓指南》与《COPUOS 空间

---

① 参见高国柱:《我国航天法立法所依托的国内法律环境分析》,载《西北工业大学学报(社会科学版)》2019 年第 4 期。

② 参见王国语:《空间碎片国际机制发展趋势分析》,载《航天器环境工程》2015 年第 2 期。

碎片减缓准则》等专门规制空间碎片的国际法律文件虽然具有一定指导意义并为多数国家所借鉴,但因不具有国际法律约束力且多为技术规范,故不足以应对当下之空间碎片问题。以 COPUOS 为代表的碎片治理机构及其背后的机制在空间碎片移除方面持续发挥作用,但就目前来看,机构所做的努力还远远不够,机制所发挥的作用也较为有限。即便如此,我们也应当辩证地看到,在缺乏更有效措施的当下,上述国际条约、国际法律文件及机构机制对减少碎片产生仍然具有正面作用,对空间碎片移除同样具有指导意义。所以,对外层空间法律体系进行更新和补充是合理且必要的,制定新的技术标准和法律规范也是必然之举。

因 COPUOS 只能制定自愿准则的特性,有必要在全球范围内建立一个监管空间碎片治理的专门机构,该机构应当能为空间物体发射和空间碎片移除制定强制性标准和程序。考虑到 ICAO 在应用和执行国际法律文件方面及管理各国航天活动方面的优越性,可以借鉴这一模式,效仿设立独立的空间碎片监管机构。为防止操之过急,可以先建立一个临时组织,然后逐步向正式组织过渡。

空间碎片治理既绕不开单个国家,又离不开国际社会。就国家层面而言,主要表现为国际条约的执行、国际义务的遵守以及国际责任的承担。同时,鉴于外层空间的非主权性,空间碎片移除又需要国际社会的参与。因此,可考虑建立并推行一个满足一定技术、经济、政治和法律要求的理想的空间碎片移除模式:第一,技术层面,建立空间碎片信息库,加强国家间的沟通交流;加快技术研发步伐,探索行之有效的空间碎片移除技术。第二,经济层面,充分衡量成本效益比,使投入的努力能最大限度地改善外空环境。第三,政治层面,空间物体的发射、部署,以及空间碎片移除应尽可能公开透明,以便使其他国家相信该系统不会用于故意移除他国现役卫星。第四,法律层面,要确保各行为体遵守现有国际法和相关标准,特别是外空五大公约。

总而言之,移除空间碎片既是对"绿色外空""安全外空""可持续外空"理念的贯彻,又是基于空间交通管理的现实需要。同时,移除空间碎片亦有助于维护一国的空间资产安全、国家安全和国际社会的总体安全,在保障外层空间活动的长期可持续性方面具有不容忽视的作用。

下 编

空天法治前沿

| 第十章 |

临近空间飞行监管研究

本章导读：临近空间作为全球一体化的重要连接点，是实现长期驻空侦察、全球精准打击的军事战略高点。受空天划界论争的影响，临近空间飞行的监管规则仍依附于国内立法，在国际层面尚未实现有效规制和协调。在临近空间法律地位不清、监管主体不明、监管客体不定、监管内容复杂、飞行活动存在争议的情况下，现有国际航空航天法律制度已无法满足调整此类新型利益关系的实践需要。构建针对性的监管制度不仅是行业有序发展的基础，也是确保地面国国防安全和临近空间资源有序开发利用的重要保障。在国内立法层面，中国可参鉴《临近空间管制公约（草案）》的相关条款，积极推进临近空间融入航空法或航天法的制度设计，或制定单行的临近空间法，以国内立法引领国际立法；在国际立法层面，应以 ICAO 为主导，通过修订《国际民用航空公约》相关附件或增设临近空间飞行的新附件标准，推进国际统一规则的构建。

临近空间作为空气空间与外层空间的结合部和过渡带，在空间探索和军事应用领域具有得天独厚的优势，故临近空间飞行器的研发成为近年来世界各国航空航天技术突破的着力点。各类临近空间飞行器频现于大国空间战略竞争的前沿阵地，并将科幻题材中所描绘的亚轨道点对点国际运输、商业载人太空旅游等蓝图一一实现。然而临近空间飞行器频繁穿越、往返于国家领空与国际空域，给现有的航空航天法律体系带来了新的挑战，也将地面国安全利益和行业发展需要置于一种微妙、敏感的境地。比如，在 2023 年 2 月中美"流浪气球"事件中,在不构成实际危险的情况下美国执意击落我国民用高空气球。这一事件再次提醒,监管制度的缺失将给临近空间飞行活动带来不可估量的负面影响。

当前国际社会中传统安全与非传统安全问题交织激荡,需进一步完善新领域的安全治理规则,以化解国际安全困境。[①] 临近空间作为全球空间安全治理视域下的焦点领域,兼具国家安全利益与科技战略价值,亟须明确临近空间飞行监管的现实性、必要性和紧迫性,着眼于解决阻碍和困扰我国航空航天事业高质量发展的重大问题,以立法形式明确各部门的权力清单和责任清单,同时参考《临近空间管制公约(草案)》的相关内容,[②] 构建符合我国国家利益的临近空间飞行监管规则,充分发挥我国作为航空航天大国的话语权,推动超国家性的临近空间协调监管体系的形成。

第一节 临近空间法律地位的确立:飞行监管的前提

在临近空间这一概念提出之前,地表之上的空间被分为空气空间与外层空间。前者是航空器飞行的场域,作为主权垂直延伸的空间,适用航空法律体系;后者作为全人类共同财产的全球公域,适用外空法律体系。随着航空航天技术的发展,临近空间成为各国竞相探索的战略要地,然其法律地位却无法在航空法抑或外空法之中锚定。

临近空间的法律地位是飞行监管的逻辑前提,必先厘清其法律属性,才能探讨具体制度的构建。临近空间的法律地位与空天划界问题密切相关,目

---

① 参见杨泽伟、张晟:《全球安全倡议的国际法内涵及其实施路径》,载《太平洋学报》2023 年第 4 期。

② 《临近空间管制公约(草案)》(Study Draft Convention on the Regulation of Near Space),是由国际空间安全促进协会(International Association for the Advancement of Space Safety, IAASS)于 2020 年 3 月 26 日起草制定的文件,旨在在国际航空法与外层空间法中确立临近空间的法律地位。参见 IAASS, *Near Space-The Quest for a New Legal Frontier*, IAASSR26032020, Institute of Air & Space Law, McGill University, https://www.mcgill.ca/iasl/files/iasl/near_space_-_the_quest_for_a_new_legal_frontier_0.pdf, 访问时间:2023 年 6 月 22 日。

前学术界的观点大致如下：第一，临近空间从属于空气空间，也有部分观点将其视作一种特殊的空气空间；[1]第二，临近空间从属于外层空间；[2]第三，临近空间分属于空气空间与外层空间，在空天划界线将其一分为二的情况下，应当分别适用航空法和外空法；[3]第四，临近空间是区别于空气空间和外层空间的独立空间。[4]

笔者认为，探讨空天划界问题和临近空间法律地位归根结底是为了解决实践中各国临近空间活动产生的主权争议和利益分配冲突，应当聚焦于临近空间飞行活动这一主要矛盾，以解决临近空间飞行面临的实际问题作为抓手，尽快生成行之有效的临近空间监管方案。首先，为防止空天划界问题进一步复杂化，应避免太多的细分层次，基于"二分法"的立场，将临近空间归入既有的空间。其次，秩序与安全是临近空间飞行监管的首要目标，相较于外空法，航空法在飞行器的监管方面更为成熟和完善，将临近空间归于空气空间，纳入航空法律制度是当下更有效率的选择。最后，临近空间位于距地20～100千米处，包含了大气层中的部分平流层、中间层和部分热层，在物理属性上更近似于空气空间，从自然科学的角度更易证成临近空间属于空气空间。

然而，临近空间的特殊性亦颇为显著。首先，鉴于临近空间距地遥远、空气稀薄的特征，一般航空器难以企及，大部分国家限于技术难题无法在此实施全面有效的控制，适用"完全""排他"的主权原则既不现实又不合理。其次，临近空间飞行具备军民两用属性，亟须在临近空间飞行需要和地面国安全权利之间达成平衡，赋予地面国基于必要安全利益的临近空间管制权利，这样既可通过设立无害通过制度、划设垂直防空识别区、对临近空间飞行器进行特殊监管等方式回应地面国的安全需求，又可以避免过高主权主张对空间活动的不当限制。最后，在空天一体化趋势下，临近空间已成为航空法与外空法的交叉点，应突破"选择"的局限，将临近空间视作特殊的空气空间，以

---

[1] 参见郑国梁：《关于临近空间的法律定位及应对措施》，载《国防》2010年第7期。
[2] 高国柱教授将临近空间的空域管理归类于"特定航天活动的管理"，并作为我国未来航天法的一项立法要素。参见高国柱：《我国〈航天法〉的调整事项与立法要素研究》，载《中国航天》2019年第10期。
[3] 参见张东江：《试论临近空间的法律地位及法律原则》，载《中国军事科学》2011年第5期。
[4] 参见支媛媛、高国柱：《临近空间飞行活动法律制度研究》，载《中国航天》2018年第3期。

此作为两种规范协同作用的"融合点"。综上所述,应当回归空天"二分法"的立场,将临近空间归入既有的空气空间,并进行特殊化监管,后文关于临近空间飞行监管的探讨亦基于此展开。

第二节 临近空间飞行的监管主体:国际组织和国家

一、监管主体二元化的现实性

当飞行轨迹突破单一司法管辖区时,[①]临近空间飞行就具备了国际属性。目前临近空间飞行器大致可分为两类:一是以美国蓝色起源公司研制的"新谢泼德"号(New Shepard)[②]为代表的垂直发射的飞行器,此类飞行器在发射阶段不存在飞越他国领空的情况;二是以英国维珍银河公司研制的"太空船"号(Space Ship)[③]为代表的水平发射的飞行器,此类飞行器发射时需穿越他国领空。虽然前者("新谢泼德"号)的发射活动可以局限于单一司法管辖区之内,基于国家主权原则,可由各国自行决定其性质和法律适用,但其返回时水平着陆,仍然会穿越他国领空引发主权争议。而后者("太空船"号)活动的整个流程都具备国际属性,需要国际规则的介入以避免各国国内立法不一致造成的法律冲突。而且一些国家(如欧洲各国)在航天发射时,其国土面积不足以使航天器在本国领土内完成发射,亦会产生通过他国上方临近空间的实际需要。因此欲避免法律冲突、保障临近空间飞行有序发展,需明确监管主体二元化的现实性。

目前,尽管在国家层面存在关于临近空间飞行活动的监管规则,[④]但是在国际抑或区际层面的监管却表现得模棱两可。[⑤] 具言之,国际航空法律体系

[①] 单一司法管辖区内的飞行,要求飞行起点和终点同处于一国,且不经他国领空。
[②] 参见蓝色起源官网, https://www.blueorigin.com/,访问时间:2023 年 4 月 16 日。
[③] 参见维珍银河官网, https://www.virgingalactic.com/,访问时间:2023 年 4 月 16 日。
[④] 如美国《商业航天发射法》、英国《航天产业法》以及意大利《航天港建设运营条例》。
[⑤] See Paul S. Dempsey, "The Emergence of National Space Law", Annals Air and Space Law, Vol.38, 2013, pp. 303–342.

和外层空间法律体系能否适用于临近空间飞行活动的监管尚不明确。出现这一尴尬境地的主要原因在于，临近空间飞行器活动于空天过渡带，然而空气空间和外层空间的划界问题始终存在，这使得航空、航天法律制度在对临近空间飞行活动的监管中尚未实现协调融合。首先，1967年《外空条约》未将"入轨"作为其适用条件，临近空间飞行器不能排除《外空条约》的适用，再从功能论的视角分析，以火箭为动力的临近空间飞行器确实更近似于航天器而非航空器。其次，临近空间飞行亦无法被排除在航空法之外，1944年《国际民用航空公约》附件7和附件8关于航空器的定义能否涵盖火箭动力飞行器尚不确定，①并且部分临近空间飞行器仍然从空气的反作用力中获得支持。综上所述，临近空间飞行适用航空法还是外空法尚无定论。有学者指出，"首先，必须确定适用何种制度——航空法、空间法，抑或在某些情况下同时适用，然后再确定适用的具体规则"②。临近空间飞行活动监管徘徊于航空法与外空法之间，更凸显出单一监管主体无法回应建立有效监管的现实需要，欲实现现有规则的协调融合，需要从国际组织和国家层面确认其监管主体的地位。

2021年7月，美国蓝色起源公司的杰夫·贝索斯（Jeff Bezos）和英国维珍银河公司的理查德·布兰森（Richard Branson）相继几天内带领乘客抵达外空边缘。③目前，国际商业太空公司是临近空间飞行活动中的一大活跃因素，私营资本话语权正逐步提升，私人合同约定的作用逐渐超越国际公法的现实影响力。需注意的是，尽管私营企业为全球空间探索注入了资本和活力，但外层空间始终是"全球公域"，故规则生成的过程中必须考虑到现有的国际空

---

① 1919年《巴黎公约》生效后，国际航空委员会（International Commission for Air Navigation）通过了一份《航空技术术语表》，将航空器（Aircraft）定义为"一种可以从空气反作用力中获得支持的机器"。1967年，ICAO沿袭并修改了这一定义，在《国际民用航空公约》附件7和附件8中纳入了航空器的定义："能够凭借空气的反作用力而不是凭借空气对地面的反作用力而在大气中获得任何支撑的器械"。

② Ram Jakhu, Tommaso Sgobba & Paul S Dempsey, *The Need for an Integrated Regulatory Regime for Aviation and Space: ICAO for Space?*, Springer, 2011, p.49.

③ See Caitlin O'Kane, *Billionaires Jeff Bezos and Richard Branson Have Now Both Gone to Space. Here's the Difference Between Their Blue Origin and Virgin Galactic Flights*, CBS News (July. 20, 2021), https://www.cbsnews.com/news/blue-origin-bezos-launch-richard-branson-space-flight-differences.

间立法,临近空间飞行的监管框架只能是严格意义上的公法。① 私人当事方参与临近空间活动仍然需要得到有关国家的授权和持续监督,国家采取行动时也必须承担起对国际社会的责任。

二、核心监管主体:以国际组织为主导

2005 年,ICAO 理事会主席阿萨德·柯台特(Assad Kotaite)表示,ICAO 是临近空间飞行监管的最佳主体。② 同年,题为"亚轨道飞行概念"的工作文件指出,如果亚轨道飞行器飞越外国空域,并最终确定此类飞行器受国际航空法的管辖,那么,"调整国际空中航行的《国际民用航空公约》及相关附件原则上对其适用"③。在 2010 年 COPUOS 法律小组委员会会议上,ICAO 提出上述 2005 年工作文件仍然有效,④其法律小组委员会将继续审议临近空间飞行的相关问题,并从飞行器的性质出发判断其是否适用《国际民用航空公约》。

根据一些学者的观点,当下临近空间飞行监管的真空可通过加强国际合作⑤以及拓展 ICAO 项下法规的适用范围来填补,⑥主要体现在修改《国际民用航空公约》附件中关于"航空器"的定义,使其涵盖以火箭为动力的临近空

---

① See Sanat Kaul, *Regulation of Emerging Modes of Aerospace Travel: To What Extent is the Current Regime Governing International Air Transport Relevant to Aerospace Transport*, Institute of Air and Space Law-McGill University(May. 24 – 25, 2013),https://view.officeapps. live. com/op/view. aspx? src = https% 3A% 2F% 2Fwww. mcgill. ca% 2Fiasl% 2Ffiles% 2Fiasl% 2Fremat2013 – kaul_sanat. pptx&wdOrigin = BROWSELINK.

② See Peter van Fenema, "Suborbital Flights and ICAO", Air and Space Law, Vol. 30, No. 6, 2005, p. 396.

③ International Civil Aviation Organization, *Concept of Suborbital Flights*, United Nations Office for Outer Space Affairs(May. 30, 2015),https://www. unoosa. org/pdf/limited/c2/AC105_C2_2010_CRP09E. pdf.

④ See Committee on the Peaceful Uses of Outer Space Legal Subcommittee, *Concept of Sub-orbital Flights: Information from the International Civil Aviation Organization (ICAO)*, United Nations Office for Outer Space Affairs(March. 19, 2010),https://www. unoosa. org/pdf/limited/c2/AC105_C2_2010_CRP09E. pdf.

⑤ See Ram Jakhu & Joseph N. Pelton, *Global Space Governance: An International Study*, Springer International Publishing AG, 2017, p. 3.

⑥ See Ram Jakhu & Joseph N. Pelton, *Global Space Governance: An International Study*, Springer International Publishing AG, 2017, p. 3.

间飞行器。根据《国际民用航空公约》第 37 条的规定,ICAO 可通过更新附件和增设新的国际制度来追踪航空业的发展动向,[1]因此修改附件不仅可满足现实需求,而且也契合了公约精神。倘若将临近空间飞行监管纳入 ICAO 的职权范围,有望实现"从航空旅游到外空及亚轨道旅游"的顺利过渡。[2] 临近空间飞行若被视为航空活动,也将受到欧盟航空运输制度和欧洲航空安全局(EASA)的监管,虽然后者出台的一系列措施仍处于搁置状态,[3]但也说明欧盟作为地区性政府间国际组织具备监管临近空间飞行活动的能力。

如果将临近空间飞行视为航天活动,COPUOS 是最直接的监管主体,虽其尚未表明立场,但在 2007 年的一份关于"和平利用外层空间委员会未来职责和活动"的工作文件中提及,其可以在分析和监管亚轨道飞行方面发挥作用。[4] 其法律小组委员会在讨论外层空间的定义、划界以及空天物体的概念时,曾多次提及临近空间飞行对现行外空法的冲击,但未达成任何共识。[5] 由此可见,倘若以 COPUOS 为监管主体,可以在分析临近空间飞行器定义等方面发挥一定作用,但短期内无望在现行外空法的基础上生成像航空法一样完善的规则。

综上所述,临近空间飞行作为一种国际属性日趋显著的活动,需要从国际或者区际层面完善协调机制,逐步实现实践活动的标准化,以避免法律法规适用的不确定性给行业发展带来的掣肘。到目前为止,ICAO 已初步表现

---

[1] 《国际民用航空公约》第 37 条规定:"……国际民用航空组织应根据需要就以下项目随时制定并修改国际标准及建议措施和程序……"

[2] See Ruwantissa Abeyratne, *Regulation of Commercial Space Transport: The Astrocizing of ICAO*, Springer, 2015, p.59.

[3] See Jean-Bruno Marciacq et al., *Accommodating Sub-orbital Flights into the EASA Regulatory System*, in Joseph N. Pelton and Ram S. Jakhu eds., Space Safety Regulations and Standards, Butterworth-Heinemann, 2010, pp. 187 –212.

[4] See Committee on the Peaceful Uses of Outer Space Legal Subcommittee, *Concept of Sub-orbital Flights: Information from the International Civil Aviation Organization (ICAO)*, United Nations Office for Outer Space Affairs(March. 19, 2010), https://www.unoosa.org/pdf/limited/c2/AC105_C2_2010_CRP09E.pdf.

[5] See Roy Balleste, "Worlds Apart: The Legal Challenges of Suborbital Flights in Outer Space", New York University Journal of International Law and Politics, Vol. 49, No. 4, 2017, pp. 1033 –1041.

出作为临近空间活动监管主体的意愿,修改《国际民用航空公约》中的"航空器"定义可以成为对此领域进行监管的合理开端。欧洲的航空运输依赖欧盟的统一监管,如果从欧盟本土发射或飞越其领空的亚轨道飞行被定性为航空运输,便可适用欧盟航空制度,进而发挥欧盟和欧洲航空安全局等组织的监管优势。可以预测,上述国际组织在现阶段规范临近空间飞行活动中颇具潜力,故临近空间飞行的监管主体应以国际组织为主导,积极发挥 ICAO 在航空领域公法事务中的作用,并与欧盟及欧洲航空安全局在此领域进行协同与配合,借助较为完备的航空法制度,在登记、安全、保险、第三者责任等方面规范临近空间飞行活动。

三、辅助监管主体:以地面国为依托

目前,临近空间飞行活动的管制主要依赖于地面国的国内立法,美国、英国、意大利等航空航天大国正致力于国内临近空间飞行管理制度的构建。国际空间安全促进协会(IAASS)于 2020 年起草了《临近空间管制公约(草案)》,根据第四部分关于临近空间私人活动的规定,缔约国具有采取适当措施,禁止本国经营者从事违背公约宗旨的临近空间私人活动的权力,[①]以及制定临近空间活动准入条例[②]、进行持续监督和授权的权力。[③] 因此,地面国作为临近空间飞行活动的监管主体具备事实和法律依据。

实践中,私营主体在商业太空旅行中扮演了重要的角色,因而部分国家

---

① 《临近空间管制公约(草案)》第 17 条(私人活动者的管理)规定:"本公约鼓励在临近空间进行私人活动。但应当要求各缔约国采取适当措施,禁止注册地、主要营业地或永久居住地在本国的经营者将经营的航空航天物体故意用于与本公约宗旨不一致的目的。"

② 《临近空间管制公约(草案)》第 18 条(运营者的准许条件)规定:"缔约国必须制定国家规则、条例和程序,以具体规定航空航天物体运营者实施临近空间活动的条件。缔约国均须采取适当措施,禁止注册地、主要营业地或永久居住地在本国的运营者将经营的航空航天物体故意用于与本公约宗旨不一致的任何目的。"

③ 《临近空间管制公约(草案)》第 19 条(临近空间发射物体的许可)规定:"地面国有义务持续监督和授权在其临近空间内的活动。如果航空航天物体的经营人是该国的永久居民或其主要营业地在该国,则该国应当确定其登记、认证、许可证发放、宇航员许可证发放、保险和操作要求。"

起草法规将责任转嫁给愿意承担太空飞行风险的私营主体,以免除政府责任。[1] 这将导致临近空间飞行安全标准不一、责任承担不明等问题,为该行业的可持续发展埋下隐患。因此,临近空间飞行的监管必须强调国家的责任,以此为该新兴行业设立值得信赖的准入门槛,并积极促成政府与私营实体之间的合作,毕竟在所有的空间国家中,空间部门的发展高度依赖于政府的规划和补贴。[2] 地面国需基于属人原则或属地原则,以国内立法配合国际协调机制,发挥好地面国的辅助监管职能。

第三节 临近空间飞行的监管客体:临近空间物体和临近空间活动

学术界对临近空间法律地位的意见莫衷一是,但各国已经将战略目光聚焦于这片"处女地"。亚轨道飞行器、平流层飞艇、高超音速飞行器以及"超高空、长航时"无人机等新型技术发明如井喷式涌现。这使得临近空间从空间探索的过境区域逐渐转变为特定飞行器的活动区域和操作区域,对现有航空法律制度和外空法律制度提出了新的要求。

临近空间法律地位的探讨多基于功能论(Functionalist Approach)与空间论(Specialist Approach)展开,功能论从飞行器的技术特征和目的出发对其法律性质作出判断,而空间论则将空天二分,以飞行器所处的位置确定法律适用。本书将基于这两种理论,对临近空间飞行的监管客体进行讨论。

---

[1] 如美国 2004 年《空间商业发射法案》提出了"知情同意"这一概念,要求私人运营商告知付费乘客发射和再入阶段的风险以及飞行器的安全情况,再由乘客在"知情同意"的情况下签署免责声明。这一规定说明付费乘客的安全并不在该法案的保障范围内,事实上加重了私营主体的责任。See The United States Congress, *Commercial Space Launch Act*, https://www.congress.gov/bill/98th-congress/house-bill/3942.

[2] See Ruth Paserman, *An Integrated Industrial Policy for the Globalisation Era: Putting Competitiveness and Sustainability at Centre Stage*, European Economic and Social Committee (Oct. 20, 2021), https://www.eesc.europa.eu/sites/default/files/resources/docs/02_parseman_ec_entreprise_industry.pdf.

一、功能论视角下的临近空间物体

《临近空间管制公约(草案)》第 2 条规定,"'航空航天物体'是指为在临近空间运行而创造的所有物体,包括亚轨道飞行器。"[1]故本书所探讨的临近空间物体指设计宗旨在距地 20~100 千米处运行的物体。部分空间物体在运行过程中会经过临近空间,但其设计宗旨并非在临近空间内运作,不属于临近空间物体,其发射或再入阶段经过临近空间时应属于临近空间活动,笔者将在下文中探讨。

功能论主张依据飞行器的技术特征和目的确定其适用的法律。目前飞行器所采用的动力装置可大致分为两类:一类利用空气的反作用力,如航空发动机、超燃冲压发动机;另一类则利用点火时空气对地面的反作用力,如火箭发动机。据此,可以进一步将临近空间物体分为航天飞机、混合动力航天飞机和航天器 3 类。

(一)航天飞机(Spaceplanes)

这类临近空间物体无须如火箭一般点火发射,其动力装置主要依靠空气的反作用力,因此更类似于一种高性能的飞机,根据飞行速度可进一步分为低动态和高动态的临近空间飞行器。

低动态临近空间飞行器一般飞行速度不超过 3 马赫,[2]如高空气球、平流层气艇、高空长航时无人机等。这类飞行器靠空气浮力平衡自身重力,利用涡轮风扇、螺旋桨等装置进行机动,作为一种新型的电子信息装备,可以定点悬停并实现长期驻空和回收使用,在侦察、通讯、导航、预警等军事应用领域优势突出。[3]

高动态临近空间飞行器能实现超声速、高超声速飞行,可用于执行兵力投送、精准打击和战略威慑等任务。[4]例如,超声速飞机,这类飞行器采用航

---

[1] 参见《临近空间管制公约(草案)》第 2 条。
[2] 参见南海阳、韩晓明等:《国外临近空间飞行器发展现状及趋势》,载《飞航导弹》2014 年第 10 期。
[3] 参见马少维:《临近空间的武器装备发展及趋势简析》,载《航天电子对抗》2019 年第 6 期。
[4] 参见南海阳、韩晓明等:《国外临近空间飞行器发展现状及趋势》,载《飞航导弹》2014 年第 10 期。

空发动机起飞,在几秒内就可以达到亚轨道,并实现地球表面点对点快速移动。美国航天飞机 X-20 项目调查显示,半弹道的亚轨道飞行一小时内就可以从欧洲到达北美洲,只需 3 个小时就可以到达澳大利亚。① 除高性能的航空发动机,中国、俄罗斯、美国等航空航天大国也致力于研究超燃冲压发动机的应用,②如 X-43A 无人驾驶飞机就是美国"一小时打遍全球"战略下超燃冲压发动机的典型应用。

上述临近空间物体的动力来自空气的反作用力,符合《国际民用航空公约》附件对航空器的定义。③ 虽然其活动轨迹短暂穿越外层空间,但这只是为了满足在地球两点之间快速移动的技术目标,而非进行外空探索,根据功能论的观点,此类飞行器具备航空器的技术特征和目的,适用以《国际民用航空公约》为核心的国际民用航空法。

(二)混合动力航天飞机(Hybrid Space-planes)

这类临近空间物体具备多级混合航空航天系统,既可以在航空领域执行任务,又可以在轨道执行任务,④将有效荷载送入空间轨道之后还能如飞机一样安全准确地返回地面基地,故通常作为重复使用天地往返运输系统(Reusable Launch Vehicle)的重要载具,是世界航天航空技术高度融合的结晶,美国"哥伦比亚"号航天飞机即是该类临近空间飞行器的典型代表。⑤

混合动力航天飞机具备火箭动力系统,不符合当前《国际民用航空公约》附件所规定的航空器的条件。而且这类飞行器主要用途是向空间站输送物料,需要在外层空间作业。所以,目前大多数国外学者倾向于认为,在动力装

---

① See Gabriella Catalano Sgrosso, "Suborbital Flight: Applicable Law", Proceedings of the International Institute of Space Law, Vol.57, No.4, 2014, pp.468-469.

② 超声速燃烧冲压式发动机,简称超燃冲压发动机,可以在攀升过程中从大气里获取氧气。放弃携带氧化剂,从飞行中获取氧气,节省重量,就意味着在消耗相同质量推进剂的条件下,超燃冲压发动机能够产生 4 倍于火箭的推力。参见刘小勇:《超燃冲压发动机技术》,载《飞航导弹》2003 年第 2 期。

③ 《国际民用航空公约》附件 7 和 8 将航空器定义为"能够凭借空气的反作用而不是凭借空气对地面的反作用而在大气中获得任何支撑的器械"。

④ See Gabriella Catalano Sgrosso, "Suborbital Flight: Applicable Law", Proceedings of the International Institute of Space Law, Vol.57, No.4, 2014, p.473.

⑤ 参见刘竹生、孙伶俐:《航天运输系统发展及展望》,载《中国科学:技术科学》2012 年第 5 期。

置分离发生前,此类飞行器应遵守国家和国际航空法,第二级在轨道上释放的瞬间应被视为发射空间物体,适用外空法。①

(三)航天器(Spacecrafts)

以美国蓝色起源公司研制的"新谢泼德"号为代表,这类临近空间物体通过地面发射装置垂直起飞,在轨道上执行任务后返回地球水平着陆,就如同火箭一样起飞、卫星一样绕地飞行、飞机一样着陆,这些表现与空间物体更为相似。而且,这类飞行器的任务主要在外层空间进行,故美国将此类飞行器定义为空间物体,适用外空法。

二、空间论视角下的临近空间活动

空间论主张根据不同的位置适用不同的法律制度,因此需要对飞行器的活动阶段分类讨论,根据其所处的空间确定监管框架。临近空间活动不仅包括平流层飞行活动和亚轨道飞行活动,也包括空间物体在发射和再入阶段经过临近空间的这部分活动。

(一)平流层飞行活动

按照气象要素垂直分布特征,可以把大气层分为5层,从内至外依次是对流层、平流层、中间层、电离层和散逸层。对流层是大气的最低层,从地表向上延伸,其高度因纬度而不同,最高在距地17~18千米处。平流层位于对流层顶部至距地55千米处。在此区域主要有平流层飞艇、高空气球、高空长航时无人机的飞行活动。

平流层飞艇是指利用距地约20千米处大气稳定、风速较小的有利条件,依靠浮力升空,采用太阳能电池与储能电池组成循环能源系统,实现长期稳定驻留及可控飞行的低动态临近空间飞行器。②

高空气球则是一种更为简易、经济的临近空间飞行器,具有较大的气囊,

---

① See Stephan Hobe, Géradine Meishan Goh and Julia Neumann, "Space Tourism Activities-Emerging Challenges to Air and Space Law", Journal of Space Law, Vol.33, 2007, p.364.

② 参见刘畅、许相玺:《临近空间飞行器——改变未来战场规则的新型武器》,载《军事文摘》2020年第17期。

充满氦气等轻质气体。① 高空气球与平流层飞艇的核心技术差别在于,平流层飞艇自身还具备螺旋桨等推进动力装置来克服空气阻力,但高空气球只依靠空气的浮力,通过人工智能辅助风向预测来保持航向,机动性较差。比如,2023 年 2 月中美"流浪气球"事件中,这只民用探空气球就因受到西风带的影响失去控制,严重偏离预定航线,引起轩然大波。高空气球通常用于气象观测等民用领域,但也具备预警、侦察等军事应用的功能,所以在一些敏感的场景可能导致猜疑与恐慌。

高空长航时无人机通常意义上是指飞行高度在 18 千米以上,持续飞行时长在 24 小时以上的无人机。最著名的是美国研发的 RQ-A4 "全球鹰" 无人机,其飞行高度可达 26 千米。

上述 3 种技术集中应用于高空平台(High-altitude Platform Stations,HAPS),其一般位于距地 20～50 千米处,是实现平流层通信的主要载体。② 这一新型平台填补了航空器与人造卫星之间的真空地带,以低动态临近空间物体代替卫星作为通信基站,不仅成本更低,而且性能也非常突出:第一,这类临近空间飞行器悬空时间长,持续工作周期以年为单位,远超现有的飞机;第二,采用非金属材料,雷达散射截面小,外形光滑,几乎没有雷达回波和红外特征信号,其可见光特征在天空背景中基本被淹没,③具备易隐身难追踪的特点;第三,距地更近,可以接收卫星接收不到的低功率传输信号,对地观测的分辨率和灵敏度更高,拥有超强的情报收集能力。

综上所述,平流层飞行活动不仅适配于气象观测等民用场景,这些突出的优势更使其具有军事化应用的潜能,在实践中容易引起误解乃至过度反应。目前国家领空的上限悬而未决,在没有落实空天二分的临近空间划界方案时,仅从空间论的视角无法确定平流层飞行活动是否可以纳入国家和国际航空法律体系。

---

① 参见黄伟、陈逖等:《临近空间飞行器研究现状分析》,载《飞航导弹》2007 年第 10 期。
② See T. Tozer, D. Grace, "High-Altitude Platforms for Wireless Communications", Electronics and Communication Engineering Journal, Vol. 13, No. 3, 2001, pp. 127–137.
③ 参见郑国梁:《关注"临近空间"的"刀光剑影"》,载《光明日报》2010 年 7 月 5 日,第 9 版。

(二)亚轨道飞行活动

目前,国际社会对亚轨道飞行(Sub-orbit)并没有统一的法律定义,一般是指在距离地面 20～100 千米(临近空间),活动最高点接近或达到卡门线(Kármán Line,位于距地 100 千米处)但并不进入轨道的飞行活动。① 相较于载人航天器,亚轨道飞行器无须达到第一宇宙速度(7.9 千米/秒),其最大飞行速度仅需达 1000 米/秒左右就可以完成亚轨道飞行。故亚轨道飞行可以大幅降低发射时的燃料成本,飞跃卡门线时还能让乘客体验到"太空旅行"的奇妙失重感,是未来空间产业的蓝海。英国维珍银河公司研制的"太空船"号和美国蓝色起源公司研制的"新谢泼德"号已成功开展多次飞行试验,并基本具备提供商业亚轨道旅行观光服务的能力。

然而也正是因为其发射速度小于第一宇宙速度,因此无法完成轨道公转(Orbital Revolution),在运动轨迹短暂越过卡门线达到最高点后就开始返回地球。所以其运行轨迹为弹道(Trajectory),而非轨道(Orbit)。尽管亚轨道飞行常常以实现"太空旅行"自居,但其运动轨迹大部分时间在距地 20～100 千米处,即临近空间的范畴,亦无法绕过空天划界问题直接适用外空法。

(三)发射及再入活动

火箭、卫星抑或如"新谢泼德"号一类的新型临近空间飞行器的发射或再入活动必然穿越大气层,很可能通过他国领空或降落在发射国以外的国家或地区,继而引发主权争议。解决这一问题主要依靠政府之间或国家与私人公司之间签署的跨境合作协议。当航天器降落在另一国的航天港,或在起飞时通过另一国领空,可援引临近空间"无害通过"权利。这一权利以双边或多边协议为基础,并没有航空航天法的公法基础。由于各国从未对这一通过活动提出抗议,也被认为是习惯规则。

然而,航天技术的迭代也会带来新的挑战,日益频繁的航天活动使各国上空交通流量大幅增长,不仅需要协调好航天器的通行需要和地面国的安全需要之间的微妙关系,也需采取必要的交通管制措施以避免发生与其他飞机

---

① 参见付毅飞、谢雨鲲:《亚轨道飞行器可实现航班化天地往返运输》,载《科技日报》2021 年 8 月 3 日,第 8 版。

相撞的恶果。

三、从中美"流浪气球"事件看临近空间的监管客体

在中美"流浪气球"事件中,美国F22战机在中国民用探空气球下降到18千米时将其击落。美方这一举动也将临近空间飞行监管问题推向国际关注的焦点视野,尤其是这些问题亟待解决:从功能论的角度来看,这只失控的气球是否属于《国际民用航空公约》定义的民用航空器?从空间论的角度来看,国家领空上限在何种高度,美国在距地18千米处击落气球是否基于其主权权利?

根据我国外交部的声明,该气球属于民用无人飞艇,中方经核查后多次告知美方,美国国防部发言人也表示该气球不会对地面人员造成军事和人身威胁。[1] 该气球从空气浮力中获得动力,符合民用航空器的定义。根据《国际民用航空公约》第三分条的规定,国家必须避免对飞行中的民用航空器使用武器。[2] 美方明知涉事气球不具备军事和人身的威胁,却执意对这一运行中的民用航空器使用武力,公然违反了公约义务。尽管美方声称这一行为是基于《国际民用航空公约》第1条赋予主权国家的完全和排他的领空主权,[3] 但这一主权主张并不具备法律和实践层面上的正当性。一方面,国家领空与外层空间的划界论争始终存在,美方在距地18千米处主张领空主权缺乏国际法依据。另一方面,正如时任外交部发言人汪文斌在记者会上指出,自2022年5月以来,美国放飞大量高空气球进行全球环行,未经中方相关部门批准,至少10次非法飞越中国领空,包括飞越新疆、西藏等地,[4] 美方这一做法体现出

---

[1] 参见《外交部就美方宣称击落中国无人飞艇发表声明》,载外交部网,https://www.mfa.gov.cn/web/ziliao_674904/1179_674909/202302/t20230205_11019861.shtml,访问时间:2023年2月5日。

[2] 《国际民用航空公约》第3条分条规定,各缔约国承认,每一国家必须避免对飞行中的民用航空器使用武器,如拦截,必须不危及航空器内人员的生命和航空器的安全。这一条款不应被解释为以任何方式修改联合国宪章规定的各国的权利和义务。

[3] 《国际民用航空公约》第1条规定:"各缔约国承认每一国家对其领土之上的空域具有完全的和排他的主权。"

[4] 参见《2023年2月15日外交部发言人汪文斌主持例行记者会》,www.mfa.gov.cn/web/fyrbt_673021/jzhsl_673025/202302/t20230215_11025417.shtml,访问时间:2023年2月15日。

其历来对国际法"合则用,不合则弃"的投机做法。

中美"流浪气球"事件进一步论证了临近空间监管制度化的必要性和紧迫性,各种临近空间活动仍具有浓厚的军事化应用气息,很容易挑动一些人的敏感神经。临近空间活动轨迹往往不局限于单一空间或单一司法管辖区,因此在空天二分具体方案落实之前,无法单一适用航空法或空间法,只能对各个阶段的活动分段适用,这无疑加剧了解决问题的难度。在确定飞行器性质时,功能论方法更加实际可行,但不同技术特征的临近空间飞行器不能当然适用某一法律规范,故需要对《国际民用航空公约》附件中航空器的定义进行针对性调整,明确地将采用航空发动机、超燃冲压发动机的临近空间飞行器囊括在内。

国际法内生于国家利益。[①] 虽然目前来看起草一项关于临近空间飞行器的特别多边协定短期内并不可期,但各国在此空间的实践可为临近空间监管制度化奠定基础。政府间可签署具体的跨境合作协议作为短期过渡方案,为临近空间飞行活动的起飞或再入阶段提供无害通过的互惠政策。而且美国此次击落行为可作为一种先例,毕竟《国际民用航空公约》作准文本英文版第三分条使用的词是"克制"(refrain)而非"禁止"。在此次事件中,我国外交部亦表态将在类似事件中保留作出进一步必要反应的权利。[②] 目前临近空间飞行监管的国际法治构建尚在制度探讨阶段。各国对其上空外国临近空间飞行器的活动在什么情况下可以采取武力手段?各国对其临近空间飞行器活动是否具有及时通知地面国的义务?这些问题在目前的国际法中处于真空状态。中美关系正处于关键窗口期,在类似事件中采取对抗的做法并非最佳方案。以此次热点事件为镜鉴,毫无疑问,完善临近空间的监管规则是冷静、克制、妥善处理类似事件必需的制度保障。

[①] 参见[美]杰克·戈德史密斯、[美]埃里克·波斯纳:《国际法的局限性》,龚宇译,法律出版社2010年版,第11页。

[②] 参见《外交部就美方宣称击落中国无人飞艇发表声明》,载外交部网,https://www.mfa.gov.cn/web/ziliao_674904/1179_674909/202302/t20230205_11019861.shtml,访问时间:2023年2月5日。

第四节　临近空间飞行的监管事项：
登记、准入、公示与运行

航空法以 1944 年《国际民用航空公约》确认的领空主权为基础,每个国家都对其领土上方的领空拥有完全和专属的主权;[①]而外空法则以外空自由这一共识为基石,在尊重外层空间为国际公域、各国自由探索的基础上,各国通过颁布国内空间立法,规范私人运营商参与空间活动,以更好地遵守国际义务。目前空天界限未定,单一适用航空法或空间法都不足以解决临近空间飞行的监管问题。在不改变现有空天法律体系的情况下,更应关注到目前临近空间飞行军事化应用的属性,赋予地面国基于必要安全利益的管制权利。2020 年《临近空间管制公约(草案)》第四部分关于临近空间私人活动的规范可成为地面国监管其上空临近空间飞行活动的法理依据和制度参考。

以美国、英国、意大利三国对临近空间飞行的监管活动为镜鉴,可发现具有如下共性:首先,三国通过国内立法授权专门政府机关作为临近空间私人飞行活动的监管部门;其次,由具体条例明确私人获得从事临近空间飞行许可证的标准;最后,三国已意识到私人临近空间飞行活动作为"新空间经济"组成部分的重大战略价值,积极推进私人临近空间飞行国内专门化监管框架的构建。下文将以美、英、意的国别做法和《临近空间管制公约(草案)》的国际统一规范为例,从登记、准入、公示、运行 4 个方面探讨临近空间飞行监管事项。

一、以独立制度规范登记事项

对航空器而言,一旦在某一国登记即具有该国国籍,受该国管辖,运营人即享有登记国法律规定的权利,履行相应的义务;对航天器而言,登记是确认一国管辖权和承担国家责任的依据。故明确临近空间飞行器登记的相关问

---

① 参见 1944 年《国际民用航空公约》第 1 条。

题是建立监管的必要前提。目前临近空间飞行器法律定性不清，直接适用航空器或航天器的登记规则存在双重管辖等潜在问题，因此需要对其进行单独的登记立法。比如，《临近空间管制公约（草案）》第19条对登记制度作了专门规定，对航空航天物体经营人是本国永久居民或其主要营业地在该国的，应当确定其登记、认证、许可证发放、宇航员许可证发放、保险和操作要求。[①] 也就是说，地面国可以对本国的临近空间飞行器进行监管，而登记则是地面国与本国临近空间飞行器建立监管纽带的形式要件。

2004年美国国会通过了《商业航天发射法》（CLSA），授权FAA下属的商业航天运输办公室（AST）对亚轨道飞行活动进行监管。[②] 商业航天运输办公室对在美国境内从事商业发射活动的实体、美国公民或受到美国法律管辖的实体在美国境外从事发射活动或者经营太空港承担登记的职责。另外，意大利政府也充分认识到"空天计划"对经济发展、国防安全等领域的重大战略价值，专门安排由总理办公室总领协调空天计划涉及的所有政府部门，并积极在各类监管法案中明确"新空天产业"的政策，颁布意大利《未来空间运输认证和运营监管政策》以强调意大利民航局的监管者角色。[③] 从上述监管内容可知，美国和意大利都通过国内立法授权专门政府机关作为临近空间私人飞行活动的核心监管部门，且以登记作为对本国临近空间飞行器进行监管的必要前提。

地面国除了设立临近空间飞行器登记专门机构，还需依托登记制度向国际社会明确作为发射国的权利义务。参考《登记公约》第2条的规定，发射国应当对其进行国内和国际平行登记，即建立国内登记册对其进行登记，同时

---

① 《临近空间管制公约（草案）》第19条（临近空间发射物体的许可）规定："地面国有义务持续监督和授权在其临近空间内的活动。如果航空航天物体的经营人是该国的永久居民或其主要营业地在该地面国，则该国应当确定其登记、认证、许可证发放、宇航员许可证发放、保险和操作要求。"

② See The United States Congress, *Commercial Space Launch Act*, https://www.congress.gov/bill/98th-congress/house-bill/3942，访问时间：2023年6月18日。

③ See Italian Civil Aviation Authority, *A Regulatory Policy for the Prospective Commercial Space Transportation Certification and Operations in Italy*, https://www.enac.gov.it/sites/default/files/allegati/2018 – Apr/A _ Regulatory _ Policy _ for _ Prospective _ Commercial _ Space _ Trasportation-ed_1_160720.pdf，访问时间：2023年6月18日。

将登记册情况通知联合国秘书长。① 临近空间飞行器登记事项中的技术细节亦可以《登记公约》第 4 条②中的规定作为参考。

综上所述,在临近空间飞行器法律属性尚不明晰的现状下,地面国应当对其登记进行单独立法,设立专门机关负责登记的相关事项,并参考国内航空法及外空法的相关规定以确保法律适用的确定性和可操作性。

二、以具体条例明确准入规则

《临近空间管制公约(草案)》第 17 条阐明公约鼓励在临近空间进行私人活动,但是各缔约国应当承担对本国临近空间私人活动采取适当措施进行管理的义务。③ 基于此,国家对本国临近空间私人活动有进行监管的权力和义务。第 18 条则表明了国家应当明确私营主体进入临近空间活动的准入条件,制定具体的规则、条例和程序。④

目前,美国虽未对临近空间飞行活动进行单行立法,但将其纳入商业空

---

① 《登记公约》第 2 条:(1)发射国在发射一个外空物体进入或越出地球轨道时,应以载入其所须保持的适当登记册的方式登记该外空物体。每一发射国应将其设置此种登记册情事通知联合国秘书长。(2)任何此种外空物体有两个以上的发射国时,各该国应共同决定由其中的那一国依照本条第 1 款登记该外空物体,同时注意到关于各国从事探索和利用外层空间包括月球和其他天体在内的活动所应遵守原则的条约第八条的规定,并且不妨碍各发射国间就外空物体及外空物体上任何人员的管辖和控制问题所缔结的或日后缔结的适当协定。(3)每一登记册的内容项目和保持登记册的条件应由有关的登记国决定。

② 《登记公约》第 4 条:(1)每一登记国应在切实可行的范围内尽速向联合国秘书长供给有关登入其登记册的每一个外空物体的下列情报:(a)发射国或多数发射国的国名;(b)外空物体的适当标志或其登记号码;(c)发射的日期和地域或地点;(d)基本的轨道参数,包括波节周期、倾斜角、远地点、近地点;(e)外空物体的一般功能。(2)每一登记国得随时向联合国秘书长供给有关其登记册内所载外空物体的其他情报。(3)每一登记国应在切实可行的最大限度内,尽快将其前曾提送情报的原在地球轨道内但现已不复在地球轨道内的外空物体通知联合国秘书长。

③ 《临近空间管制公约(草案)》第 17 条(私人活动者的管理)规定:"本公约鼓励在临近空间进行私人活动。但应当要求各缔约国采取适当措施,禁止注册地在本国、主要营业地或永久居住地在本国的经营者将经营的航空航天物体故意用于与本公约宗旨不一致的目的。"

④ 《临近空间管制公约(草案)》第 18 条(运营者的准许条件)规定:"缔约国必须制定国家规则、条例和程序,以具体规定航空航天物体运营者从事临近空间活动的条件……"

间发射活动的范畴,以 2004 年修订的《商业航天发射法》作为监管的法律依据,[1]要求私人当事方在从事临近空间活动之前获得许可证。临近空间飞行营运人为获得许可,应承担确保其飞行器的安全、严格培训太空飞行参与者[2]、全面告知付费乘客发射和再入阶段的风险以及飞行器的安全记录并获得签字认可、足额购买商业保险等义务。[3] 英国 2018 年颁布的《航天产业法》将临近空间飞行活动与传统的空间活动并称航天器活动(Space-flight Activities),从一般性要求、安全因素和环境评估 3 个方面决定是否颁发运营人许可。而意大利临近空间监管活动聚焦于建设安全、透明的航天港,成立了特别工作组专门制定航天港的遴选标准,并于 2020 年专门出台《航天港建设运营条例》,[4]这一做法以透明可期的准入规则点燃了临近空间私人投资者、飞行服务提供者的热情,获得了行业内的高度评价。

综上所述,当国家通过登记管理与本国临近空间飞行器建立监管的纽带之后,应当着力于以具体的规则、条例或程序明确临近空间飞行的准入规则,这也是地面国进行必要监管的第一步。

三、以事先通知履行公示义务

《临近空间管制公约(草案)》第 21 条规定,地面国应当制定规则,以许可外国运营者的航空航天物体在其临近空间运行;应当规定在外国临近空间部署的事先通知、批准和持续时间的有关程序。如果认为存在对地面国国家安

---

[1] See Marciacq, Jean-Bruno, *Sub-Orbital and Orbital (SOA) Flights in the EU*, Institute for Air and Space Law-McGill University, https://view.officeapps.live.com/op/view.aspx?src=https%3A%2F%2Fwww.mcgill.ca%2Fiasl%2Ffiles%2Fiasl%2Fremat2013 - marciacq _ jean-bruno.pptx&wdOrigin=BROWSELINK,访问时间:2023 年 6 月 18 日。

[2] 太空飞行参与者(Space Flight Paticipants),在美国法律上没有明确定义,实践中一般指参与太空飞行的付费乘客,区别于飞行机组人员(Flight Crew)。

[3] See *EU Space Industrial Policy Releasing the Potential for Economic Growth in the Space Sector*, EUR-Lex, https://eur-lex.europa.eu/legal-content/EN/TXT/?uri=CELEX%3A52013DC0108,访问时间:2023 年 6 月 21 日。

[4] See *Regulation on Construction and Operations of Spaceports*, Italian Civil Aviation Authority, https://www.enac.gov.it/sites/default/files/allegati/2020 - Ott/Regolamento _ costruzione_e_esercizio_degli_spazioporti_30.10.20_Inglese.pdf,访问时间:2023 年 6 月 21 日。

全或安保的威胁,则应当拒绝允许部署外国航空航天物体。①

如前所述,一国临近空间活动很难局限于单一司法管辖区内,在实践中往往产生经过他国上空的实际需要。而临近空间飞行器在长期驻空、侦察观测、精准打击等军事应用领域的突出优势必然也会引发地面国基于国防安全的担忧。欲平衡相关国的通行需要和地面国的安全利益,建立以互相尊重为基础的公示制度非常必要。当一国临近空间飞行器飞越他国上空时,应提前向地面国通知并公示包括飞行器型号、持续时间、活动目的等必要信息,尊重地面国的知情权,避免其经过行为对地面国的民航飞行和航天发射造成安全威胁。以事先通知方式及时履行必要的告知义务也是基于平等互信关系达成双边或多边合作协议的必要前提。

四、以风险管控协调运行秩序

临近空间飞行分为3个阶段:一是上升阶段,主要涉及传统航空领域的飞行活动,属于航空主管部门的监管范畴;二是运行阶段,主要集中于距地20~100千米的临近空间;三是再入阶段,即临近空间飞行器穿越大气层重回地球表面。这3个阶段的活动轨迹通过传统意义上的领空、法律地位模糊的临近空间和各国自由探索的外层空间,因此有必要对其运行进行风险管控,实现各类空天活动的协调有序。

临近空间飞行器运行过程中风险管控的重要目标之一是确保飞行器上人员和地面第三人的安全。美国以《商业航天发射法》为依据,通过颁发许可证的方式设立临近空间飞行活动的安全准则,以保护地面第三人在航天器发射和再入阶段的安全。② 但也通过"知情同意"的规则,将风险承担转嫁给运营商,也就是说,乘客的安全尚不在该法规的保障之列。③ 而意大利作为欧盟

---

① 参见《临近空间管制公约(草案)》第21条(外国运营者的航空航天物体)。

② See Marciacq, Jean-Bruno, *Sub-Orbital and Orbital Flight in the EU*, Institute for Air and Space Law-McGill University, https://www.mcgill.ca/iasl/conferences/past-conferences/mlc/mlc2013, 访问时间:2023年6月21日。

③ See *EU Space Industrial Policy Releasing the Potential for Economic Growth in the Space Sector*, EUR-Lex, https://eur-lex.europa.eu/legal-content/EN/TXT/? uri = CELEX% 3A52013DC0108, 访问时间:2023年6月21日。

空天计划的优等生,积极向构建完整高效的临近空间商业运营监管条例迈进,以降低临近空间商业飞行风险,确保第三人和飞行器上人员的安全。意大利民航局落实"以运营为中心的监管",[①]以无人机的批准经验为参考,采取特定的风险评估方式,对运行安全链的每个组成部分严格审核,确保技术的成熟度,维护整体安全,以增强民众、私营实体以及机组人员的信心。

如何实现临近空间飞行与民航运输和外空发射活动的协调发展,这是目前临近空间飞行监管最重要的目的。这不仅需要地面国对临近空间飞行器的适航标准、运行风险、准入准则、第三人责任等进行国内立法,更要推动与ICAO现有空中交通管制规则的有效衔接,共建协调统一的国际规则。

第五节 临近空间飞行监管的中国方案:完善国内立法和推动构建国际统一规则

临近空间飞行器作为空间开发利用的重要工具,是实现亚轨道点对点运输的核心技术依托,更是未来我国跻身航天强国的重要着力点。为贯彻落实国家创新驱动发展战略和军民融合发展战略,促进临近空间飞行业有序发展,结合目前行业发展的实际情况提出具有中国特色的监管方案成为现阶段的重要任务。一方面,基于中国安全利益,不仅需要保障中国临近空间飞行器的安全,也需要对中国临近空间内的所有活动建立有效的监管;另一方面,临近空间飞行器进出国家领空和外层空间的交通流量日趋上升,需确保此类飞行器不会干扰或者危及现有的民航活动或空间活动,这就需要国际、地区间就这一问题进行长期的谈判,并在技术、政治和经济利益之间取得谨慎的平衡,以期构建能够实现空中交通有序化的国际统一规则。

---

① 该监管方案以无人机的批准经验为参考,构建全球风险评估方案。该方案将运营中的每一环节,如飞行器、飞行员、运营商、环境和运营措施等,均视作新技术风险防控的关键节点。由监管部门对上述部分进行严格审核,确保技术的成熟度,维护运营安全。

一、促进以商业火箭规范为基础的国内监管框架的完善

2021年7月16日,由中国航天科技集团一院研制的亚轨道重复使用演示验证项目运载器在酒泉卫星发射中心准时点火,按照设定程序圆满完成首飞任务。① 这类临近空间飞行器能够作为升力式火箭运输系统的子级,实现可重复利用,彰显了我国空天一体化技术高度融合的突出成果。此外,私营企业也积极开展临近空间飞行试验活动,在临近空间载人飞行器的研发上取得突破性成就。② 可见,临近空间飞行业是国家大力发展的科技创新战略目标,亦是私营企业踊跃探索的蓝海市场。

2019年,我国国防科技工业局、中央军委装备发展部两部门联合发布了《关于促进商业运载火箭规范有序发展的通知》(以下简称《商业火箭规范通知》),这是规范我国商业火箭活动的主要依据。③ 从该通知中可以窥见我国对临近空间飞行管制的雏形,尤其是关于临近空间的准入和登记等事项。目前,由上述两部门进行商业火箭的科研许可和生产许可的管理,而发射活动则需要按照《民用航天发射项目许可证管理暂行办法》编制申报材料,经由省级国防科技工业管理部门向国防科技工业局申办许可证,并由中央军委装备发展部进行专项审查。

虽然对临近空间飞行进行专门化的监管对规范行业发展,赋予投资者信心等方面具有纲举目张的作用,但短期内难以形成一致、完备的法律制度。

---

① 参见《我国亚轨道重复使用运载器飞行演示验证项目首飞取得圆满成功》,载央视网,http://m.news.cctv.com/2021/07/16/ARTIZLmzIZomuDS72f6WVGms210716.shtml,访问时间:2023年6月21日。

② 2022年5月4日,紫薇科技(AZ Space),作为一家致力于实现亚轨道和轨道载人/货物运输的高科技民营企业,在新疆巴州尉犁实施了迪迩七号(DEAR-7)亚轨道飞行试验,飞行试验任务圆满完成。

③ 2019年,国家国防科技工业局、中央军委装备发展部两部门联合发布了《关于促进商业运载火箭规范有序发展的通知》。根据该通知,商业运载火箭科研生产活动主要包括一次性运载火箭(含发射高度30公里至200公里不入轨的探空火箭)、可重复使用运载火箭、再入返回运载器等系统级或分系统级技术产品的创新开发、研制生产、试验验证、发射服务等内容。本书所讨论的临近空间飞行器符合这一定义。参见《两部门关于促进商业运载火箭规范有序发展的通知》,载中华人民共和国中央人民政府网,http://www.gov.cn/xinwen/2019-06/17/content_5400951.htm,访问时间:2023年6月21日。

因此,在专门条例研究起草阶段可以对现有监管规则的内容进行适当协调,沿用《商业火箭规范通知》对科研许可、生产许可、发射许可的规定,进一步深化对私营企业从事临近空间飞行活动的业务许可的规定,仍由国防科技工业局和中央军委装备发展部专门负责。将制度设计的工作重点聚集于外国飞行器在我国临近空间内活动必须履行的公示义务和临近空间运行过程中的风险管制和秩序协调。有学者就主张亚轨道飞行活动应参照航天活动进行管理,将其纳入我国正在起草的"航天法"的调整范围之中。[①]

需要注意的是,商业火箭仍然是我国管制类产品,长期处于武器装备科研生产目录之中。但未来临近空间飞行并不局限于军事化应用,除依靠火箭垂直发射的临近空间飞行器,还存在通过航空发动机、超燃冲压发动机进行发射的临近空间飞行器,不能当然地适用《商业火箭规范通知》,而应由中国民用航空局负责适航管理,发动机部分则根据其性质分别由相关部门审查其安全性。对临近空间飞行器在空域内进行的飞行活动,则由国家空管部门统一负责协调。临近空间飞行器中的高空气球、高空无人机以及平流层飞艇则由中国民用航空局、中国气象局根据《通用航空飞行管制条例》《升放气球管理办法》等法律法规进行监管。

另外,近年来我国临近空间飞行技术发展迅速,飞行活动越来越频繁,为规范飞行秩序,维护国家安全利益,引领和推进国际规则的生成,在短期内,我国应积极发展亚轨道远程空天运输技术,为临近空间飞行法律关系的形成奠定基础。同时组织专家论证临近空间的法律地位,探讨临近空间飞行器的性质以及飞行活动的监管等事项,推进临近空间飞行融入"航空法"或"航天法"的具体制度设计,或根据其特殊的法律地位,制定单行的"临近空间法",逐步实现临近空间飞行活动监管框架的专门化和制度化,以国内立法引领他国和国际立法,促进临近空间法律框架的搭建,实现法律与科技的有机融合。从长期来看,我国应充分利用国际平台,如 ICAO 和 COPUOS,积极参与其组织的国际会议,主导起草中国版的《临近空间监管公约(草案)》,以供联合国国际法委员会参考或供 COPUOS 召开法律大会时研讨,发出中国声音,成为

---

① 参见高国柱:《我国〈航天法〉的调整事项与立法要素研究》,载《中国航天》2019 年第 10 期。

新时代在新问题、新领域上国际规则的制定者、引领者和建设者,而非参与者和跟跑者。

二、推动以国际组织为核心的国际统一规则的生成

临近空间飞行活动与现有民航活动和外层空间活动之间的协调,是该领域一个非常突出的新型利益关系。然而,目前尚存在不少国家未制定外空法,即使已制定国内法的国家,其外空法的范围和目的也不尽相同。可以说,仅靠国内立法难以保证监管框架的连贯性、协调性,这成为阻碍临近空间飞行业发展的制度肇因。故临近空间飞行的监管不仅需要国内立法的调整,也需要从国际化的视野思索应对之道。

一方面,需要延续实践中产生的国际惯例,国家在进行临近空间飞行活动时需遵守国家主权的边界,在确需穿越他国领空时应事先通报并配合地面国的合理管制措施,确保此类飞行活动无害于他国安全;另一方面,相关国际法主体之间可考虑缔结跨境合作协议来实现国际监管和协调。通过观察欧洲"新空间计划"的实施,其中欧盟的一些实践做法可为构建未来临近空间国际规则提供新思路。

2009年《里斯本条约》与《欧洲联盟运作条约》的合并版明确了欧盟的职权范围,[1]其在第一章第4条第3款中单独规定"在研究、技术开发和空间政策"领域为欧盟共享权限领域。这意味着在此法律框架内,欧盟负有制定欧洲空间政策的职责,当欧盟采取行动后,成员国不能再进行立法。具言之,在欧洲空间活动中,成员国是主要的参与者,而欧盟与欧洲航天局[2]根据普通立法程序,通过密切合作,采取欧洲空间计划的形式制定必要的监管措施,但不得对成员国法律法规进行协调。[3] 2017年欧洲理事会通过结论性文件,特别鼓励欧盟委员会和成员国根据实际情况,与欧洲航天局和各国空间机构加强

---

[1] See *Treaty of Lisbon Amending the Treaty on European Union and the Treaty Establishing the European Community*, EUR-Lex, https://eur-lex.europa.eu/legal-content/EN/TXT/?uri=celex%3A12007L%2FTXT,访问时间:2023年6月22日。

[2] 欧洲航天局,成立于1975年,由22个成员国组成,是一个欧洲政府间研究与发展组织,根据成员国整体利益,确定和实施科学、技术、空间应用开发计划。

[3] 参见《欧洲联盟运作条约》第189条第2款。

技术合作。①

自此,欧盟委员会致力于研究"2021—2027 空间计划",②于2018年提出了一项立法提案,以期汇集欧盟所有空间活动,为未来的投资提供一个连贯的框架,提高预见性和灵活性。③ 该提案拟梳理并整合迄今为止散落在单行法或决定中的规则,形成一个文本,实现欧盟空间法的精简化,④并通过两种途径为新空间计划建章立制:一是厘清包括成员国、欧盟委员会、欧盟空间机构在内的各方的关系与职责;二是为新空间计划各组成部分建立统一制度,尤其对安全认证部分进行详细规定。

综上所述,欧盟立法实际上是一种"自上而下"的立法方案,公权力在其中积极发挥包括但不限于提供财政资金的作用。这种"自上而下"的监管框架可以更加严格地监管临近空间飞行活动,制定适当统一的认证规则更好地保护乘客安全,同时统一规则可确保监管框架的可预测性并给予私人投资者信心。

中国作为ICAO的一类理事国,在构建临近空间飞行国际统一规则时亦可参鉴欧盟经验,充分发挥ICAO的影响力,"自上而下"地搭建国际统一规则。可考虑对其理事会通过的"国际标准和推荐做法"(Standards and Recommended Practices),特别是在飞行安全方面的规则进行修订,适当重塑以形成与临近空间飞行相适配的新标准,⑤主要包括导航、临近空间飞行器和机组人员的安全认证以及技术通信等。

---

① See European Parliament, *Space Strategy for Europe*, https://www.europarl.europa.eu/doceo/document/A-8-2017-0250_EN.html,访问时间:2023年6月22日。
② See European Council, *EU Space Policy*, https://www.consilium.europa.eu/en/policies/eu-space-programmes/,访问时间:2023年6月22日。
③ *Proposal for a Regulation of the European Parliament and of the Council Establishing the Space Programme of the Union and the European Union Agency for the Space Programme and Repealing Regulations (EU) No 912/2010*, EUR-Lex, https://eur-lex.europa.eu/legal-content/EN/TXT/?uri=COM%3A2018%3A447%3AFIN,访问时间:2023年6月22日。
④ See Alessandro Cardi & Francesco Gaspari, "The Multilevel Regulation of Suborbital Flights: The Italian Case", Annals of Air and Space Law, Vol. 45, 2020, pp. 360-364.
⑤ 《国际民用航空公约》第37条及其附件:修订人员许可证(附件1)、航空图表(附件4)、飞机操作(附件6)、适航性(附件8)、航空电信(附件10)、空中交通服务(附件11)、机场(附件14)和航空信息服务(附件15)。

另外,基于 ICAO 在此方面的严格审查,国际社会在航空器的各类标准方面已达成高度共识,从而实现了多年来国际空中交通的有序和安全。未来临近空间飞行活动的交通秩序离不开共同的技术标准和规则基础,在临近空间飞行器的导航、技术通信、安全认证等标准方面,中国应积极推动 ICAO 重启 2015 年"空间研究小组",[①]与 COPUOS 协商与合作,发挥国际组织的监管职责,协调各国内立法与标准的统一,推动《国际民用航空公约》附件 7 和附件 8 有关航空器的定义的修订或适时增加一个新"附件 20"[②]对临近空间飞行问题予以单独规定。

第六节 结 语

如今空间探索与临近空间飞行活动逐渐模糊了国家空域之间的边界,外层空间不再是一个目的地,而代表着一种崭新的全球环境。空间安全治理不能局限于一国之内,只有着眼于监管主体二元化和监管框架多级化,才能推动临近空间活动的可持续发展。在国际法律制度层面,目前对临近空间飞行的监管近乎真空,加之空天划界问题始终处于僵局,短期内无法形成统一的国际法规则。在此情况下,我国应当承担起对本国临近空间飞行器进行监管的责任,制定独立的登记公示规则,授权专门机关负责临近空间飞行器的登记工作,以条例、程序的形式使私营主体准入标准具体化、透明化,明确有权机关的权力清单和责任清单,以公权力的介入规范行业发展。同时也需积极促成政府部门与私营实体之间的合作伙伴关系,以私营企业的活力为行业的

---

① 2015 年,为解决亚轨道飞行的相关问题,ICAO 和 COPUOS 于蒙特利尔举办了"航空航天研讨会",并成立了一个"空间研究小组",该小组的工作内容包括召集行业内的律师、科学家和组织,分享经验观点、评估总结,以实现航空与航天的融合,小组代表来自中国、美国、英国、意大利等多个国家以及 ICAO、欧洲航空安全局(EASA)、国际空间安全促进协会(IAASS)等多个国际组织。See Tanja Masson-Zwaan, "UN's Aviation and Space Bodies Meet in Montreal to Discuss Future Activities at the Intersection of Commercial Air and Space Travel", Air and Space Law, Vol. 40, No. 6, 2015, pp. 455–456.

② 《国际民用航空公约》目前共有 19 个附件,对人员执照的颁发、空中规则、国际空中航行气象服务等方面作出了详细的规定。

蓬勃发展赋能。

　　从全球空间安全治理的视角来看,欲破解临近空间飞行活动的监管困局,长远之计在于达成专门的国际临近空间监管协定。但实现这一长久之计目前仍有诸多滞碍,故现下的突破点在于完善国内法和最大限度地协调各国立法。在临近空间立法进程中,需要空间大国和国际组织共同承担监管主体义务,积极探索"应急之策",如拓展《国际民用航空公约》对航空器的定义,探索超国家性的合作关系,在临近空间无害通过方面达成互惠协议等。

　　我国作为航空航天大国,国内法律制度的嬗变必然能在该领域带来巨大的溢出效应,为此,我国可在国际规则塑造过程中通过实践体现大国担当,以国内立法的方式引领国际规则的生成,同时要认识到以 ICAO 为代表的国际组织的影响力,推动公约相关附件内涵与时俱进,构建统一的国际规则。

第十一章
"空天物体"国际飞行法律问题研究

本章导读:航空航天技术的迅猛发展和商业航天领域对快速、低成本太空旅游,空天运输活动的需求,催生了空天载具的商业化国际运行活动。由于空天载具同时具有国际航空法项下"航空器"和外层空间法项下"空间物体"的特征,适用国际法规制空天载具国际运行存在困难。本章首先通过分析各国在COPUOS对是否需要对空气空间和外层空间进行划界的争议,说明"空天物体"作为独立法律概念产生的原因和价值。其次,通过考察各国对COPUOS关于设立"空天物体"法律概念的意见,明晰各国对"空天物体"法律定义内容和定义方式的争议,并对"空天物体"的定义方式应当遵循何种原则提出建议。再次,通过对现行国际航空法和外层空间法适用范围和适用条件的分析,分别考察"空天物体"在他国领土上空,公海和南北极上空,以及在外层空间运行时适用何种国际法规则,以及规则的适用条件,并且指出现行国际航空法和外层空间法项下的规则可以在满足条件的前提下适用于"空天物体"的国际运行。最后,指出未来制定规制"空天物体"国际运行的专门规则宜综合考量的各个要素及指导原则,并建议在考察现行国际航空法与外层空间法对"空天物体"国际商业飞行活动匹配度的基础上,为将来可能出现的规制"空天物体"国际飞行的专门规则做好准备。

第一节　问题的提出

在第二次世界大战结束之后,随着航空航天技术在战争中的迅猛发展,人类便尝试开发既能如传统的航空器一样,在空气空间航行,又能如传统的航天器一样,[①]在外层空间航行的运载工具。在"冷战"期间,美国和苏联为了军事侦察,科学研究等目的,相继开发了高空气球、高空高速侦察机等运载工具,并尝试开发能同时胜任空气空间和外层空间航行的"空天飞机"(Aerospace Plane),例如,美国的"可重复使用轨道发射系统"(Recoverable Orbital Launch System)。[②]虽然至今为止世界范围内并没有空天飞机研发项目获得成功,但是各国为空天飞机的研发储备的空天技术催生了如航天飞机、高超音速无人飞行器等运载工具,如美国航空航天局的"航天飞机项目"(Space Shuttle Programme),波音公司 X-37B 轨道试验飞行器,中国空军装备的"无侦-8"无人高空高超音速侦察机等。[③]

近年来,空天载具的运用也在逐渐从国家的军事和科学探索领域走向商业化。越来越多的私人实体开始运用空天技术提供如临近外层空间旅游项目、微小卫星发射、外层空间科学试验等商业服务项目。例如,维珍集团旗下的维珍银河公司利用运载航空器母机(Carrier Aircraft)发射载人空天子机的

[①] 参见《〈国际民用航空公约〉附件2》,ICAD2005 年第10版,第2页。航空器是指大气中靠空气的反作用力而不是靠空气对地〈水〉面的反作用力支持的任何器械。

[②] See Richard Hallion, *The Hypersonic Revolution: Eight Case Studies in the History of Hypersonic Technology*, Special Staff Office, Aeronautical Systems Division, 1987, pp. 948-951.

[③] 参见新华社记者刘济美、高玉娇:《军事专家详解第十三届中国航展空军参展装备特点》,载新华网,http://www.news.cn/politics/2021-09/30/c_1127919625.htm,访问时间:2023 年 6 月 28 日; see also NASA, *Space Shuttle Overview*, (2022), https://www.nasa.gov/mission_pages/shuttle/flyout/index.html; see also Mike Wall, *X-37B: The Air Force's Mysterious Space Plane*, space.com (Aug. 30, 2021), https://www.space.com/25275-x37b-space-plane.html,访问时间:2023 年 6 月 28 日。

方式提供"太空游览"服务。① 同属维珍集团的维珍轨道（Virgin Orbit）公司也利用相似的,运载航空器母机空中发射小型运载火箭的方式提供微小卫星发射服务。② 运用类似的空天载具开展商业活动的私人实体还包括美国同温层发射技术公司（Stratolaunch）,③ 诺斯罗普·格鲁曼创新系统（Northrop

---

① 维珍银河公司是一家专门运用空天载具和空基发射技术开展外层空间商业观光活动的私人公司。该公司总部位于美国加利福尼亚州,公司主要由英国的维珍集团控股,该集团的总裁是英国富商理查德·布兰森爵士（Sir Richard Branson）。维珍银河公司于2004年创立,运用一架特殊设计的"白色骑士2号"（White Knight II）运载航空器,挂载一架由火箭发动机驱动的"太空船2号"（Space Ship II）空天载具运载乘客,运载航空器到达同温层后将空天载具发射进入太空,空天载具在太空短暂停留后再入大气层,通过空天载具自身的空气动力特性滑翔飞行返回地面。公司于2021年7月11日成功进行了首次载人商业航天飞行,并于2022年2月向公众开放"太空游览"项目的售票服务。See Virgin Galactic, *Information About Virgin Space Flights*, （2022）, https://www.revfine.com/virgin-galactic/; see also Virgin Galactic, *Virgin Galactic Successfully Completes First Fully Crewed Spaceflight*, （2021）, https://www.virgingalactic.com/news/virgin-galactic-successfully-completes-first-fully-crewed-spaceflight; see also Allison Prang, *You Can Now Sign Up to Go to Space With Virgin Galactic; Richard Branson's space travel company is opening ticket sales to the public starting Wednesday*, （2022）, https://www.wsj.com/articles/you-can-now-sign-up-to-go-to-space-with-virgin-galactic-11644940088.

② 维珍轨道公司与维珍银河公司类似,也是一家运用空天载具和空基发射技术开展商业航天活动的私人公司,主要提供微小卫星的发射服务,公司成立于2017年,总部位于美国加利福尼亚州,公司同样由理查德·布兰森爵士的维珍集团控股,于2021年1月17日完成首次商业发射。维珍轨道公司主要利用一架经过改装的波音747-400客机携带一发小型固体运载火箭,到达巡航高度后将火箭发射,并由火箭将有效载荷送入太空。运载航空器具有发射空天载具的能力。See Tim Fernholz, *Virgin Orbit's newly-minted CEO will use psychology to launch satellites faster than anyone else*, （QUARTZ, 2017）, https://qz.com/1003876/virgin-orbits-newly-minted-ceo-will-use-psychology-to-launch-satellites-faster-than-anyone-else/, 访问时间:2023年6月28日。

③ 同温层发射公司是一家利用空天载具和空基发射技术提供空天科学测试服务的私人实体,公司成立于2011年,总部位于美国华盛顿州。同温层发射利用一架特殊设计的大型双体运载航空器携带固体火箭、空天载具等多种挂载进行空基发射并开展试验。目前该大型运载航空器仍在进行试飞工作,公司还未进行过成功的商业飞行,公司未来的主要客户可能是美国军方。See Alan Boyle, *Stratolaunch ascends to new heights with successful test of world's biggest airplane*, （2022）, https://www.geekwire.com/2022/stratolaunch-ascends-to-new-heights-with-successful-test-of-worlds-biggest-airplane/; see also John Loeffler, *Almost Everything You Need to Know About the Stratolaunch*, （2019）, https://interestingengineering.com/stratolaunch-worlds-largest-plane-flies-for-the-first-time.

Grumman Innovation Systems），①蓝色起源公司（Blue Origin）等。② 商业实体选择空天载具开展活动的主要理由有两方面：其一，空天载具多为可重复使用的运载工具，无须如传统航天发射活动一样使用一次性的运载火箭，单次发射成本较低；其二，目前得到应用的空天载具多采用空基发射的方式由运载母机携带，并在母机升空巡航时发射。母机则可通过一般的民用机场跑道起飞，无须如传统的航天发射活动一般需要发射场及发射塔架等专用基础设施，可胜任准备时间较短、窗口频率高、低成本的发射任务。③ 当前，空天载具正在成为商业航天活动开发者的优先选择。

但是，空天载具的复杂技术属性也对其法律规制提出了挑战。目前主要的空天载具实践大多集中在太空观光旅游、商业卫星发射等领域，空天载具的运行范围也都一般局限于单一国家境内，起飞、巡航和着陆阶段均不涉及在其他国家领土上空或在公海和南北极上空运行。但正如本杰明·伊安·斯考特博士（Dr. Benjamyn I. Scott）所言，空天载具所具有的高空高速的运行特点有十分广阔的国际运输应用前景。④ 随着未来空天载具技术的成熟发展，空天载具将成为快捷洲际旅行的新选择，空天载具的国际运行也将对国际法对运行的规制提出新要求。然而，适用国际法对空天载具的飞行进行规制仍面临三个方面的困难。

第一，空天载具的法律定义仍不明确。自 1992 年起，COPUOS 法律委员

---

① 诺斯罗普·格鲁曼公司是一家美国的航空航天和军工防务企业，旗下运营有"飞马座"（Pegasus）空天发射项目，提供商业和科学研究用空天发射服务。该项目运用一架经改装的洛克希德 L-1011 客机挂载空天载具开展发射活动。该项目于 1990 年成功进行第一次商业发射任务，此后共计进行了 44 次成功发射。See Northrop Grumman, *Pegasus*, （2022），https：//www.northropgrumman.com/space/pegasus-rocket/.

② 蓝色起源公司是一家利用可重复使用的亚轨道空天载具进行太空商业旅游活动的私人企业，总部位于美国华盛顿州，公司成立于 2000 年，属于亚马逊公司（Amazon）总裁杰夫·贝索斯（Jeff Bezos）旗下。蓝色起源公司于 2021 年 7 月 20 日完成首次商业载人飞行，此次飞行在太空停留约 11 分钟。截至 2022 年 9 月蓝色起源公司共进行 6 次成功的商业载人飞行。See Blue Origin, *News Archive*, （2023），https：//www.blueorigin.com/news-archive/；see also About Blue Origin, https：//www.blueorigin.com/about-blue/，访问时间：2023 年 6 月 29 日。

③ See Johnathan Amos, *Branson's Virgin Rocket Takes Satellites to Orbit*, https：//www.bbc.com/news/science-environment-55699262，访问时间：2023 年 6 月 30 日。

④ See Benjamyn I. Scott, The Regulation of Personal Injuries in International Carriage by Suborbital Vehicles under Air Law, Aviation and Space Journal, Vol. 14, 2014, pp. 277, 284.

会下属的"外层空间的定义与划界"工作组定期向《外空条约》的缔约国发放问卷,①询问各缔约国对创设"空天物体"(Aerospace Object)这一概念来规制各类空天载具的法律意见。各缔约国对问卷的回复表明,在国际法项下创设"空天物体"这一定义的必要性尚不明晰;采用何种方法定义"空间物体"仍存争议。

第二,在现行国际法规则中,国际航空法与外层空间法规范均可在适用条件满足的情况下适用于空天载具的国际飞行活动,但现行国际航空法与外层空间法对国际飞行的法律规制存在分异。一方面,以1944年《国际民用航空公约》及其附件为核心的国际航空法律规范对航空器的国际飞行进行了"不定期国际航班"和"定期国际航班"的具体划分,并适用不同的航行规则。② 另一方面,以1967年《外空条约》为核心的国际空间法律规范则以"自由探索和利用外层空间"为原则规制空间物体的飞行。③ 国际航空法与外层空间法律规范对国际飞行的规制分异导致何种法律后果仍然存疑。

第三,现行的国际航空法与外层空间法律规范应在满足何种条件时适用于空天物体,适用现行国际航空法与外层空间法律规范产生的法律后果是否合理仍存争议。是否有必要为空天物体建立一套单独的国际法律规范?若有必要,此类法律规范应当以何标准建立,以何法律原则作为指导尚存疑问。

---

① Treaty on Principles Governing the Activities of States in the Exploration and Use of Outer Space, Including the Moon and Other Celestial Bodies, (Outer Space Treaty), entered into force 10 October 1967, 610 U. N. T. S. 205; see also COPUOS, *Questionnaire on Possible Legal Issues with Regard to Aerospace Objects: Replies from member States*, (1996), A/AC. 105/635.

② Convention on International Civil Aviation, (Chicago Convention), entered into force 4 April 1947, 15 U. N. T. S. 295; see also Michael Milde, *International Air Law and ICAO*, Eleven International Publishing, 3rd edition, 2016, pp. 107–109.

③ The principles of freedom, exploration and use of outer space for the benefit and the interest of all mankind whereby outer space and the celestial bodies shall be free for exploration and use by all states on the basis of equality and in accordance with international law; see U. N. G. A., *Declaration of Legal Principles Governing the Activities of States in the Exploration and Use of Outer Space*, 13 December 1963, 18th Session Supp. No. 15 UN Doc. A/5515; see Stephan Hobe & Bernhard Schmidt-Tedd et al., *Cologne Commentary on Space Law Volume I: Outer Space Treaty*, Berliner Wissenschafts-Verlag, 2020, p. 179.

本章首先从各国对空气空间和外层空间之间的划界争议入手,分析空天物体这一法律概念存在的原因和价值;其次,以 COPUOS 向《外空条约》缔约国发放的调查问卷为出发点,结合各国国内商业航天法的立法实践,讨论空天物体应如何定义,空天物体的定义应包含何种内涵和外延;再次,分析现行国际航空和外层空间法律规范项下对国际飞行的规范分异,并明晰在满足何种条件时,现行的国际航空和外层空间法律规范能够适用于空天物体,适用现行的国际航空与外层空间法律规范会产生何种法律后果;最后,就是否需要为空天物体的国际飞行构建新的国际法律规则提出建议,并对未来空天物体商业化运用的法律规制提出展望。

2021 年 7 月,中国航天科技集团一院研制的亚轨道重复使用演示验证项目运载器已成功完成首飞。[①] 当前,我国商业航天发展步入快速发展的阶段,未来可重复利用的空天物体在我国的商业化应用具有非常广阔的发展前景。因此,厘清空天物体国际飞行应当适用何种法律规范有助于促进空间物体商业活动在现行国际法规制下安全有序发展。若将来确有必要为空天物体建立新的国际法律规则体系,也有助于我国在未来参与主导空天物体国际法律规则体系的制定。

第二节 空天物体概念源于空气空间与外层空间的划界争议

空天物体的概念源于各国对空气空间和外层空间之间是否需要划界这一问题产生的意见分异。从自然科学的角度来说,各种气体由于地球引力的作用附着于地球表面,形成地球大气层(atmosphere)。[②] 在靠近海平面的低

[①] 参见胡喆:《我国亚轨道重复使用运载器飞行演示验证项目首飞取得圆满成功》,载中华人民共和国中央人民政府网,http://www.gov.cn/xinwen/2021-07/16/content_5625572.htm,访问时间:2023 年 7 月 3 日。

[②] See Roger A. Pielke, *Atmosphere*, https://www.britannica.com/science/atmosphere,访问时间:2023 年 7 月 3 日。

空,空气受地球引力的影响大,气体的密度也较高;反之,在远离海平面的高空,空气受地球引力的影响小,气体的密度也较低。随着海拔高度的增加,空气密度逐渐减小,最终气体分子散溢进入外太空不再受地球的引力影响。因此,自然科学角度上的地球大气层是与外层空间相连,并逐渐融入外层空间的结构。从法律的角度来讲,依据1932年常设国际法院(PCIJ)在"东格陵兰案"判决中对"格陵兰"(Greenland)这一概念的解释,自然地理词汇的通常意义应当依据其自然地理概念来解释。① 因此,"空气空间"的概念应当以其通常意义来解释,即"空气存在的空间",不论"空气存在的形态,密度或质量"②。因此,外层空间和空气空间是相互连接,不可分割的,也并不存在自然的分界。

那么为什么《外空条约》的缔约各国会对是否需要划定空气空间和外层空间之间的界限发生争议?这是因为适用于空气空间和外层空间中的国际法规范对主权及其附属权力的规定存在差异。一方面,根据1944年《国际民用航空公约》第1条及其反映的习惯国际法,一国对其领土上覆之空气空间(领空)具有完整且排他的主权。③ 这种完整且排他的主权使得各国有权在本国领空内行使完整的立法、司法和行政权力,包括但不限于:(1)制定关于航空器导航,作业和开展航空运输的法律和规章;(2)禁止他国航空器进入本国领空;(3)在本国领空划设飞行禁区;(4)要求所有在本国领空

---

① See Legal Status of Eastern Greenland (Norway v. Demark), 1933, P. C. I. J., (Ser. A/B) No. 53, p. 52;参见周昊、王天翼:《临近空间空基发射活动的损害责任研究》,载朱子勤主编:《国际法专题研究:航空与空间法前沿问题探索》,清华大学出版社2021年版,第241页。

② Bin Cheng, In the Beginning: The International Geophysical Year, in Bin Cheng, Studies in International Space Law, Oxford University Press, 1997, p. 7.

③ See Chicago Convention, Articles 1 and 2; see also Charter of the United Nations and Statute of the International Court of Justice (UN Charter), entered into force 24 October 1945, 1 U. N. T. S. XVI, Article 2(1); see also James Crawford eds., Brownlie's Principle of Public International Law, 8th edition, Oxford University Press, 2012, p. 134; see also Samantha Besson, Sovereignty, Oxford Public International Law-Max Plank Encyclopaedias of International Law (April 2011), para. 87; see also Case Concerning Military and Paramilitary Activity in and against Nicaragua (Nicaragua v. United States of America), Merits, I. C. J. Reports 1986, p. 14, para. 212.

运行的航空器,不论航空器具有本国或外国国籍,①都遵守本国有关航空器导航,作业和开展航空运输的法律和规章,并有权对违反此种法律和规章的主体予以起诉。② 可见,国际航空法和习惯国际法赋予了国家对其领空的绝对支配权。

另一方面,依据《外空条约》第 1 条的规定,探索和利用外层空间应以全人类利益为目标,所有国家可在平等、不受任何歧视的基础上,根据国际法自由探索和利用外层空间。外层空间应当是"全人类的开发范围"(province of all mankind)。③《外空条约》第 2 条还规定,各国不得通过主权要求,使用或占领等方法,以及其他任何措施,把外层空间据为己有。④ 虽然《外空条约》并未指明外层空间作为"全人类的开发范围"具有何种法律地位,但《外空条约》明确了各缔约国均有权探索,开发和利用外层空间,但须满足 5 项条件:(1)对外层空间的开发和利用须在平等,不受歧视的基础上进行;(2)参

---

① 《国际民用航空公约》第 17 条:"航空器具有其登记的国家的国籍。"
② 《国际民用航空公约》第 11 条:"在遵守本公约规定的条件下,一缔约国关于从事国际航行的航空器进入或离开其领土或关于此种航空器在其领土内操作和航行的法律和规章,应不分国籍,适用于所有缔约国的航空器,此种航空器在进入或离开该国领土或在其领土内时,都应该遵守此项法律和规章。"《国际民用航空公约》第 12 条:"各缔约国承允采取措施以保证在其领土上空飞行或在其领土内运转的每一航空器及每一具有其国籍标志的航空器,不论在何地,应遵守当地关于航空器飞行和运转的现行规则和规章。各缔约国承允使这方面的本国规章,在最大可能范围内,与根据本公约随时制定的规章相一致。在公海上空,有效的规则应为根据本公约制定的规则。各缔约国承允保证对违反适用规章的一切人员起诉。"《国际民用航空公约》第 9 条:"各缔约国由于军事需要或公共安全的理由,可以一律限制或禁止其他国家的航空器在其领土内的某些地区上空飞行,但对该领土所属国从事定期国际航班飞行的航空器和其他缔约国从事同样飞行的航空器,在这一点上不得有所区别……" See Joseph Z. Gertler, "Obsolescence of Bilateral Air Transport Agreements: A Problem and a Challenge", Annuals of Air & Space Law Vol. 13, 1988, pp. 45 – 46; Pablo Mendes de Leon, "The Principle of Non-discrimination in International Air Law", China Aviation Law Review, Vol. 3, 2018, pp. 11 – 12.
③ 《外空条约》第 1 条:"探索和利用外层空间(包括月球和其他天体),应为所有国家谋福利和利益,而不论其经济或科学发展程度如何,并应为全人类的开发范围。所有国家可在平等、不受任何歧视的基础上,根据国际法自由探索和利用外层空间(包括月球和其他天体),自由进入天体的一切区域。应有对外层空间(包括月球和其他天体)进行科学考察的自由;各国要促进并鼓励这种考察的国际合作。"
④ 《外空条约》第 2 条:"各国不得通过主权要求,使用或占领等方法,以及其他任何措施,把外层空间(包括月球和其他天体)据为己有。"

与开发和利用外层空间的缔约国必须遵守国际法;[①](3)不在外层空间部署"大规模毁灭性武器"(Weapons of Mass Destruction);[②](4)各缔约国要为自己在外层空间从事的活动承担国际责任;[③](5)各缔约国不得对外层空间主张主权。由此可知,《外空条约》项下定义的外层空间是国际区域,其法律地位近似于1982年《联合国海洋法公约》(UNCLOS)第11部分规定的"区域"(International Seabed Aera)拥有的"人类共同遗产"(Heritage of All Mankind)法律地位。[④] 可见,现行外层空间法项下的外层空间是供所有国家共同探索开发的国际区域,禁止任何形式的主权存在。

国际航空法的规则建立在国家对本国领土上空空气空间拥有绝对且排他的主权原则之上,外层空间法禁止国家主权在外层空间的存在,而事实上空气空间与外层空间又是互相融入且不可分割的。是否需要通过立法拟制的形式确认一个法律意义上的空气空间与外层空间的界限便成为各国争议的焦点。自1967年以来,COPUOS下属法律委员会一直在进行有关"外层空间的定义与划界"(Definition and Delimitation of Outer Space)议题的讨论与研究,并建立了专门工作组。各国对空气空间和外层空间的划界问题主要形成了两种意见:认为有必要在空气空间和外层空间之间划定拟制界限的"空

---

① 《外空条约》第3条:"各缔约国在进行探索和利用外层空间(包括月球和其他天体)的各种活动方面,应遵守国际法和联合国宪章,以维护国际和平与安全,促进国际合作和了解。"

② 《外空条约》第4条:"各缔约国保证:不在绕地球轨道放置任何携带核武器或任何其他类型大规模毁灭性武器的实体,不在天体配置这种武器,也不以任何其他方式在外层空间布署此种武器。各缔约国必须把月球和其他天体绝对用于和平目的。禁止在天体建立军事基地、设施和工事;禁止在天体试验任何类型的武器以及进行军事演习。不禁止使用军事人员进行科学研究或把军事人员用于任何其他的和平目的。不禁止使用为和平探索月球和其他天体所必须的任何器材设备。"

③ 《外空条约》第6条:"各缔约国对其(不论是政府部门,还是非政府的团体组织)在外层空间(包括月球和其他天体)所从事的活动,要承担国际责任,并应负责保证本国活动的实施,符合本条约的规定。非政府团体在外层空间(包括月球和其他天体)的活动,应由有关的缔约国批准,并连续加以监督。保证国际组织遵照本条约之规定在外层空间(包括月球和其他天体)进行活动的责任,应由该国际组织及参加该国际组织的本条约缔约国共同承担。"

④ 参见《联合国海洋法公约》第136条;See Fabio Tronchetti, *The Exploitation of Natural Resources of the Moon and Other Celestial Bodies: A Proposal for a Legal Regime*, Martinus Nijhoff, pp.89-90。

间主义"(spatialist),以及认为没有必要划定拟制界限的"功能主义"(functionalist)。[1]

一、"空间主义"

采取"空间主义"观点的国家支持在外层空间与空气空间之间划定立法拟制的界限。通过立法拟制的方式确认空气空间与外层空间之间的界限能够明确国际航空法与外层空间法的适用范围,继而明确国际航空法和习惯国际法项下授予各国在领土上覆空气空间的主权至何种海拔高度界限为止,而各国可以自由探索开发和利用的外层空间又从何种海拔高度界限开始。支持"空间主义"的缔约国提出了多种关于在何种高度设立拟制空气空间与外层空间的方案。这些方案大多基于科学研究或航空航天行业的实践,拟制界限的高度约为海平面以上高度80公里至150公里不等。[2] 一些缔约国也将自己的立场纳入了本国的航天立法,例如,2016年丹麦《外层空间法案》和2018年澳大利亚《太空(发射与再入)法案》均规定,"外层空间"是指海平面高度100公里及以上的空间。[3]

根据COPUOS的讨论结果,在空气空间与外层空间之间设立国际统一的

---

[1] See Olavo de Oliviera Bittencourt Neto, *Defining the Limits of Outer Space for Regulatory Purposes*, Springer International Publishing, 2015, pp. 31–32.

[2] See Gbenga Oduntan, The Never Ending Dispute: Legal Theories on the Spatial Demarcation Boundary Plane between Airspace and Outer Space, Hertfordshire Law Journal, Vol. 1, 2003, pp. 64–72; See also Olavo de Oliveira Bittencourt Neto, *Defining the Limits of Outer Space for Regulatory Purposes*, Springer International Publishing, 2015, pp. 41–56.

[3] 澳大利亚《太空(发射与再入)法案》并未直接规定外层空间的起始高度,但规定"发射空间物体"(Launch a Space Object)是指将物体发射进入海平面高度100公里及以上的空间。See *Danish Outer Space Act, 2016*, Part 2 (4), https://ufm.dk/en/legislation/prevailing-laws-and-regulations/outer-space/outer-space-act.pdf; see also *Australian Space (Launches and Returns) Act, 2018*, Part 1, Division 2, https://www.legislation.gov.au/Details/C2021C00394.

拟制界限具有许多优势,①在空气空间和外层空间之间设定国际统一的拟制界限能够解决空气空间和外层空间"自然形态合一但法律规则冲突"的问题,但"空间主义"在国际法的制定层面遇到了阻碍,这主要是因为空气空间和外层空间的划界问题不仅是一个法律问题,也是政治问题。各国航空航天技术力量的差异和各国对空气空间和外层空间利益态度的差异,导致了由划界产生的国家利益矛盾。一方面,由于拟制界限的高度直接决定了缔约国能够行使完整且排他的领空主权的垂直界限,同时也决定了空间物体依照"自由探

---

① (1)有助于建立管制航空航天物体运动的单一法律制度,使空间法和航空法的实施具有法律明确性,还有澄清各国的主权和国际责任以及空气空间与外层空间之间界限方面的问题;
(2)有助于解决由科技进步、外层空间商业化、私营部门参与、新出现的法律问题和对外层空间的利用日益增多引发的问题;
(3)明确解释涉及航天运载工具定义和进一步制定航空航天系统职责和责任规则的法律原则;
(4)有助于在空间活动相关国家法律中确立一些重要定义;
(5)对于确定航空法和空间法的适用范围至关重要;空间法的适用范围得到确定将促进会员国加入联合国外层空间条约;
(6)引出在各国使用空间物体的安全性与自由探索和利用外层空间的原则之间寻求平衡的问题;
(7)确保有效落实出于和平目的的自由利用外层空间的原则;
(8)确定各国对其空气空间的主权,并使各国能够有效应用自由利用外层空间和不将外层空间据为己有的原则;
(9)有效解决参与空间活动的国家和其他实体的责任问题,鉴于当前的空间活动密集且多样化,这一问题已变得尤为引人关注;
(10)成为建立有效的外层空间活动安全制度的先决条件;
(11)使委员会和小组委员会得以专注于制定并完善适用于不限于单一空间领域的活动的法律文书,并带来必要的法律确定性,为商业经营者提供开展活动所需的保证;
(12)鉴于技术进步和用于空间旅游和商业亚轨道飞行的运载工具的开发,有助于准确界定某一物体是否是空间物体;
(13)鉴于商业空间部门的快速增长,使得可以明确划分国家和私人行为体的影响范围;
(14)使得能够清楚界定有关空气空间和外层空间活动的国际条约适用的空间范围,这将防止各国今后对外层空间或其任何部分提出主张;
(15)有助于使各国在空气空间和外层空间开展活动(包括为科学飞行任务或载人运输进行亚轨道飞行)的相关实践明确且确定,并减少其中的不一致现象;
(16)有助于遵守国家主权和责任并应对与之相关的事项;
(17)有助于确定一个适用法律的领域并始终一致地执行法律、法规和条例;
(18)使各国和其他空间行为体在处理以下事项方面都更加明确:卫星定位和出于科学或旅游目的进行的亚轨道飞行,以及与各国和其他空间行为体的责任和主权相关的事项等;
(19)在没有对外层空间划界的情况下,各国可能会在其国内法律中以及通过国家间的双边协定启动旨在对外层空间进行定义和划界的进程。这可能会导致各国根据自身的判断,不加协调地对外层空间划界。See COPUOS, *Historical Summary on the Consideration of the Question on the Definition and Delimitation of Outer Space*, A/AC.105/769/Add.1, p.2.

索和利用外层空间"原则飞越缔约国领空上界的自由,航空航天技术水平较为强势的缔约国会倾向于主张较低的分界高度,这样这些缔约国就能够利用自身较强的航空航天技术基础最大化利用其飞越他国领空上界的权利。另一方面,航空航天技术较为薄弱的缔约国会倾向于主张较高的分界高度,这样这些缔约国就能够最大化利用国际航空法以及习惯国际法赋予的领空主权保护本国领空的利益,以此弥补本国航空航天力量无法与他国竞争的不足。相似的国家利益矛盾就曾经出现在《联合国海洋法公约》缔约谈判中。

在1982年《联合国海洋法公约》缔约谈判时,缔约各国曾就领海宽度的规定发生激烈争执。根据该公约第2条的规定,缔约各国在其领海内享有主权,主权及于领海的上空及其海床和底土,但主权的行使应受公约及其他国际法的限制。[①] 又依据《联合国海洋法公约》第87条第1款,各缔约国在公海享有航行自由和其他自由权利。[②] 一些航运实力和海军力量强大的缔约国便在缔约谈判时主张狭窄的3海里领海宽度,以期将公海的面积最大化,从而最大化本国在航运和海军力量方面的优势。[③] 相反,航运实力和海军力量较弱的缔约国则主张较宽的领海宽度,从而借助国际法保护本国在领海内的各类权利。[④] 南美洲的智利和秘鲁等国甚至在谈判中主张200海里的超宽领海,以期运用公约赋予的主权保障其海岸线附近海域丰厚的渔业资源。[⑤] 可见,

---

[①] 《联合国海洋法公约》第2条:"1.沿海国的主权及于其陆地领土及其内水以外邻接的一带海域,在群岛国的情形下则及于群岛水域以外邻接的一带海域,称为领海。2.此项主权及于领海的上空及其海床和底土。3.对于领海的主权的行使受本公约和其他国际法规则的限制。"

[②] 《联合国海洋法公约》第87条:"1.公海对所有国家开放,不论其为沿海国或内陆国。公海自由是在本公约和其他国际法规则所规定的条件下行使的。公海自由对沿海国和内陆国而言,除其他外,包括:(a)航行自由;(b)飞越自由;(c)铺设海底电缆和管道的自由,但受第六部分的限制;(d)建造国际法所容许的人工岛屿和其他设施的自由,但受第六部分的限制;(e)捕鱼自由,但受第二节规定条件的限制;(f)科学研究的自由,但受第六和第十三部分的限制。2.这些自由应由所有国家行使,但须适当顾及其他国家行使公海自由的利益,并适当顾及本公约所规定的同'区域'内活动有关的权利。"

[③] See Hungdah Chiu, "China and the Question of Territorial Sea", International Trade Law Journal Vol. 29, 1975, pp. 40 – 41.

[④] See Bruce G. Drinkwater, "A Twelve Mile Territorial Sea", Malborne University Law Review, Vol. 8, 1971, p. 171.

[⑤] See Bruce G. Drinkwater, "A Twelve Mile Territorial Sea", Malborne University Law Review, Vol. 8, 1971, p. 171.

虽然海洋法具有长达百年的实践和发展历史,且联合国海洋法会议经历了长达24年的反复缔约谈判,但缔约国仍很难对领海和公海的划界问题达成一致。相较而言,人类使用航空器在空气空间航行,以及探索和利用外层空间的历史要短得多。形成空气空间和外层空间划界的反复一致实践似乎还有较远的距离,各国划界问题也很难达成合意。

二、"功能主义"

采取"功能主义"观点的国家认为划定外层空间与空气空间之间的界限不现实,也没有必要。[①] 一方面,由于从自然科学的角度上说空气空间与外层空间之间相互联结,不可分割,不宜通过拟制界限的方式进行人为分割。"功能主义"的观点认为,通过考察在空气空间和外层空间飞行的物体的功能来确认国际航空法与外层空间法适用的范围,能够解决空气空间和外层空间

---

① 根据COPUOS讨论的结果,缔约国认为不必划分空气空间与外层空间界限的原因主要包括:(1)对外层空间进行定义或划界的任何尝试都是不必要的理论工作,可能无意中会使现有活动变得复杂。此外,定义或划界的结果可能不适应持续的技术发展。(2)适用于空气空间和外层空间的不同法律制度在各自的领域运作良好,没有对外层空间进行定义和划界并未妨碍在这两个领域开展活动。(3)外层空间的划界问题已经从自然科学的角度得到界定,可能会对空间活动的管制造成不必要的限制。(4)没有对外层空间进行定义和划界并未阻碍空间探索,也未妨碍各国成为联合国外层空间条约的缔约国。(5)并未在小组委员会提出需要对外层空间进行定义和划界的法律论据。(6)这样做没有任何实际用途,通过分析航天任务的目的来确定国际空间法的适用范围会更有用。(7)没有证据表明,未对外层空间进行定义或划界阻碍或限制了航空或外层空间探索的发展,小组委员会也没有收到任何报告称有具体的实际案例可以证实未对有关空气空间或外层空间进行定义危及了航空安全。(8)外层空间定义和划界工作组在定义外层空间的同时,也将定义空气空间,即使是间接定义。这将引出该工作组是否有此任务授权的问题,也会引出诸如执行新定义所需的文书以及如何执行这些文书等实际问题。(9)国内法确立了外层空间定义和划界并不表示有必要在国际空间法中确立,也不能证明存在某种国际标准。(10)不存在任何问题表明有必要对外层空间进行定义和划界。没有对外层空间进行定义和划界并非一种疏忽,而是负责制定当前国际空间法的立法者所作的一种选择。而且,对外层空间加以定义和划界将会降低空间活动管制的灵活性,并且是一种有可能产生相反作用的做法。See COPUOS, *Historical Summary on the Consideration of the Question on the Definition and Delimitation of Outer Space*, A/AC.105/769/Add.1, p.3.

"自然形态合一但法律规则冲突"的问题。[1] 如此一来,国际航空法与外层空间法的适用范畴就不再由规制的载具或物体在何种空间决定,而是由载具或物体本身的功能和技术性质所决定。若载具或物体具有的主要功能是利用对空气的反作用力进行航空活动,则应当适用国际航空法;若载具或物体所具有的主要功能是进行外层空间探索活动,则应当适用外层空间法。由于"功能主义"的观点认为法律适用取决于被规制的载具或物体本身的性质,适用的法律并不会由于物体所处的环境而发生变化。[2] 例如,运载火箭作为设计用于外层空间探索的载具,即使其在发射阶段穿越空气空间,"功能主义"的观点依然倾向于认为仅外层空间法适用于运载火箭。

"功能主义"的观点规避了通过法律拟制进行划界导致的法律和政治争议,解决了国际航空法与外层空间法之间的适用范围问题。但是"功能主义"的观点也存在3个方面的缺陷:其一,"功能主义"的观点并未解决缔约国所拥有的领空主权在何种高度终止,而外层空间的自由探索和利用在何种高度开始的问题。由于"功能主义"确定国际航空法和外层空间法适用范围的标准在于客体的功能性质,并不能得出除"何种法律适用于此客体"之外的其他结论。其二,"功能主义"观点确定法律适用的标准过于单一。在上述有关运载火箭的例子中,即使运载火箭必然会在发射进入外层空间之前穿越空气空间,"功能主义"的观点也并未将运载火箭在空气空间运行可能产生的法律后

---

[1] "外层空间的定义和划界应以功能性做法为基础,而不是基于物体高度或所处位置等的标准,因为空间法将适用于旨在将空间物体送入地球轨道或以外的外层空间的任何活动。功能性做法完全符合《关于登记射入外层空间物体的公约》《关于各国探索和利用包括月球和其他天体在内外层空间活动的原则条约》《外空物体所造成损害之国际责任公约》,因为它们的规定不包括高度标准。高度不应成为确定一项活动是否为外层空间活动的决定性标准,而应该首先依据空间物体的功能和活动的目的来确定某一活动是否为外层空间活动。因此,适宜的办法是,根据活动的特性及其产生的法律问题而不是飞行高度来确定适用于亚轨道飞行的法律框架。"See Carl Q. Christol, *Legal Aspects of Aerospace Planes*, in Chia-Jui Cheng and Pablo Mendes de Leon eds., The Highways of Air and Outer Space Over Asia, Martinus Nijhoff Publishers, 1991, p.84; Henri Wassenbergh, "The Art of Regulating International Air and Space Transportation: An Exercise in Regulatory Approaches to Analyzing Air and Space Transportation", Annals of Air & Space Law, Vol.23, 1998, pp.201, 206; see also Varlin J. Vissepo, "Legal Aspects of Reusable Launch Vehicles", Journal of Space Law, Vol.31, 2005, pp.165, 174.

[2] See Benjamyn I. Scott, "The Regulation of Personal Injuries in International Carriage by Suborbital Vehicles under Air Law", Aviation and Space Journal, Vol.2, 2014, pp.15, 23.

果纳入考量,仅因此种法律后果并不属于运载火箭自身的功能和技术特点,这是不妥的。在实践中,各国在进行航天发射活动时都倾向于通过设立空中航行禁区,或通过发布航行通告(Notice to Airmen,NOTAM)的方式避免运载火箭的发射通道与航空器的运行发生冲突。① 可见"功能主义"观点仅以物体或载具的功能或技术性质判定法律适用的主张也与国家实践不符。将外层空间法项下的"自由探索和利用外层空间"原则适用于运载火箭等载具发射时穿越他国领空的阶段还有可能对他国的领空主权造成减损。② 其三,"功能主义"观点所运用的"功能"区分标准缺乏公认的法律定义,"航空活动"的范畴和"外层空间探索活动"的范畴不确定。一些载具和物体还可能同时具有航空活动和外层空间探索活动的功能特征,此时"功能主义"的观点就无法区分国际航空法与外层空间法在满足何种条件时适用于此种载具和物体,这可能会导致潜在的法律适用冲突。

由于"空间主义"和"功能主义"观点的冲突,缔约国无法在COPUOS的讨论中达成对空气空间与外层空间的定义和划界的合意。③ 1992年,在COPUOS下属法律委员会第31届大会上,俄罗斯代表向委员会提交了一份提名为"与'空天物体'法律规则相关的问题"的工作文件,提请会议讨论。④ 这份工作文件试图突破《外空条约》缔约各国对是否有必要对外层空间和空气空间进行划界的争议。⑤ 一方面,"空天物体"的独立法律概念能够将同时具有航空器和空间物体性质的特殊载具和物体剥离出来,有助于缓和国际航空法与外层空间法在这类特殊载具和物体上发生法律适用冲突的问题。另

---

① 航行通告(NOTAM)是指用电信方式发布的关于航行设施、服务、程序或者危险的设立、状况或者变更的资料的通知,及时了解这种资料对于与飞行运行有关的人员是必不可少的。参见《〈国际民用航空公约〉附件15》,ICAO 2018年第16版。

② See COPUOS, *Historical Summary on the Consideration of the Question on the Definition and Delimitation of Outer Space*, A/AC.105/769/Add.1, p.3.

③ See Tanja Masson-Zwaan & Mahulena Hofmann, *Introduction to Space Law*, 4th edition, Kluwer Law International, 2019, p.13.

④ See COPUOS, *Comprehensive Analysis of the Replies to the Questionnaire on Possible Legal Issues with Regard to Aerospace Objects*, A/AC.105/C.2/L.204, p.2.

⑤ See COPUOS, *Comprehensive Analysis of the Replies to the Questionnaire on Possible Legal Issues with Regard to Aerospace Objects*, A/AC.105/C.2/L.204, p.2.

一方面,"空天物体"法律概念的产生也有助于推动空天协同立法的进程,突破"空间主义"和"功能主义"的争论导致的僵局,也能为将来可能出现的专门规制"空天物体"的法律制度铺平道路。自1992年起,COPUOS向缔约国下发问卷,征求缔约国对"空天物体"相关法律问题的意见,结果表明缔约国对"空天物体"的概念和定义方式存在意见分歧。

第三节 "空天物体"的定义存在分歧

COPUOS草拟的关于"空天物体"的问卷共包含9项问题,分别是:

问题1:是否可将空天物体界定为既可在外层空间飞行又可利用自身空气动力特性在空气空间停留一段时间的物体?

问题2:适用于空天物体飞行的管理制度是否因其位于空气空间或外层空间而不同?

问题3:考虑到空天物体各种不同的功能特征、空气动力特性和所采用的空间技术及设计特点,是否有对这些物体的特别管理程序?或是否应对这类物体建立单一或统一的管理制度?

问题4:空天物体在空气空间时即被视为航空器而在外层空间时即被视为航天器,并涉及由此而产生的一切法律后果,还是在航空航天器飞行期间根据飞行目的地以航空法或空间法为准?

问题5:空天物体的管理制度是否对起飞和着陆阶段以及从外层空间轨道进入空气空间随后又返回该轨道的情况加以特别区分,实行不同程度的管理?

问题6:当一国的空天物体处于另一国的空气空间时,是否适用国内和国际航空法准则?

问题7:是否已有空天物体在起飞和(或)再入地球大气层期间过境飞行的先例?是否已有关于这种过境飞行的国际习惯法?

问题8:是否已有关于空天物体在起飞和(或)再入地球大气层期间过境飞行的任何国内和(或)国际法律准则?

问题9：对射入外层空间的物体实行登记的规则是否适用于空天物体？①

这9项问题涉及"空天物体"的定义、法律适用、判定法律适用的标准等多个方面。本章第三部分将讨论各国对"空天物体"的定义和定义方式的争议，并在第四部分讨论空间物体国际航行的法律适用问题。在 COPUOS 的问卷中，"空天物体"被定义为："既可在外层空间中飞行又可利用自身空气动力特性在空气空间中停留一段时间的物体。"②这项定义的出发点是基于"空天物体"具有的技术特性，并采用了"空间主义"的定义方法，将"空天物体"具有的空间物体属性描述为"能在外层空间中飞行"（Travelling through Outer Space），并将其具有的航空器性质描述为"可利用自身空气动力特性在空气空间中停留"（Using its Aerodynamic Properties Remain in Airspace for a Certain Period of Time）。对于问卷中的定义缔约国表达了不同的看法：

其一，一些缔约国认为以技术性质的单一标准来定义"空间物体"不妥，需要追加更多的定义标准，尤其是其功能和用途的定义。③

其二，一些缔约国认为，"空天物体"中的"物体"（object）一词用语过于宽泛。"物体"一词的含义不仅可以包含人造物体，也可以包含自然物体。"物体"一词也并未对规制对象的用途加以区分。洲际弹道导弹，高超音速导弹

---

① See COPUOS, *Questionnaire on Possible Legal Issues with Regard to Aerospace Objects: Replies from Member States*, A/AC.105/635/Add.17.

② COPUOS, *Comprehensive Analysis of the Replies to the Questionnaire on Possible Legal Issues with Regard to Aerospace Objects*, A/AC.105/C.2/L.204.

③ （1）拟议定义所依据的标准只有两条：一个物体在外层空间中飞行的能力和其在空气空间中保留一段时间的能力。随着空天物体在设计上越来越复杂，其定义必须建立在更多的标准上。（2）为了强调空天物体的主要功能，并服务于空间活动，有必要在结尾加入下面的短语以使拟议的定义完整："……[主要][专门]为空间目的。"（3）定义应提到空天物体的一般目的或他们通常执行活动的类型，以便更加精确。（4）所建议的空天物体的定义是可以接受的，但仅限于空天物体正在执行一项空间任务。（5）有些国家指出，所建议的定义确实反映了空天物体在空气空间中保留和在外层空间中飞行的技术能力。在这方面，有的国家认为，该定义并未指明空天物体的功能，定义还应包括飞行任务的目的。See COPUOS, *Analytical Summary of the Replies to the Questionnaire on Possible Legal Issues with Regard to Aerospace Objects*, A/AC.105/C.2/L.249.

等武器弹药似乎也符合该定义,但这与"空天物体"的定义初衷似乎相违背。①

其三,缔约国还对问卷中"空天物体"在空气空间停留"一段时间"(a period of time)的定义提出了质疑,数个缔约国表示这一表述过于模糊,容易引发误解。②

其四,还有一些缔约国在回复中表示,"空天物体"的定义易与现行国际法项下的"航空器"(aircraft)、"空间物体"(space object)等定义发生混淆,对"空天物体"的定义应该联系现行国际法项下已有的类似定义。③

问卷中的定义对"空天物体"具有的航空器属性强调了"在空气空间中停留一段时间"而非"在空气空间中飞行"。根据《剑桥英文词典》的释义,"停留"(remain)一词意为"保持在同一地点或状态",④而定义中使用的在外层空间"飞行"(Travel Through)的含义则为"从一地点运行到另一地点"。⑤ 一方面,从文本的自然含义看,"停留"的范畴要大于"飞行",因为"停留"的文本自然含义既包含了在一定空间内静止的状态,又包含了在一定空间内运动的状态,而"飞行"仅包含了运动的状态。例如,自身没有动力的物体靠降落伞或气球悬浮在空气中也可以被解释为"在空气空间中停留"。

---

① (1)有的国家认为,以既能在空气空间中运动又能在外层空间中移动这一双重能力为唯一基础下定义可能会使这个定义过于笼统,因而会包括许多其他物体,这些物体由于其他具体的特性可能需要一种单独的制度。不过,也有国家认为,如果意图是包括所有的空间运载系统,例如,导弹、火箭和航天飞机,及其有效载荷,那么问题1所给出的定义是正确的。该国还指出,该定义也包括弹道导弹、未来的高超音速运载系统等,而这可能不是该定义的意图。因此,在这方面还需要更详细的资料。(2)有的国家认为,尽管该定义明确排除了天然形成的物体,但是应当明确,"空天物体"是用于在外层空间作业的物体,鉴于其空气动力学特性,仅仅为了到达外层空间或返回地球而在空气空间中飞行。该国建议,用"航天飞船"或"航天器"指人造装置会更为精确,以便将这类物体同可能还包括自然物体的"空天物体"区分开来。

② (1)对于"一段时间"的定义表达太模糊,需要进一步明确;(2)有的国家认为,此定义中"在空气空间中保留一段时间"几个字可能被误解,被理解为航空航天物体能够静态地停留在空气空间中。因此建议以"在空气空间中运动"一语代替"在空气空间中保留"的字样。

③ 应该提供有关航空航天物体特性的补充资料以确保其法律定义与国际空间法相一致。此外,使用"空天物体"这一用语可能会与其他常用的用语,如"航空器"、"航天器"或"空间物体"相混淆。如果要使用"空天物体"这一用语,对其的定义应联系国际法律案文中出现的其他用语。

④ See Cambridge Dictionary, remain, https://dictionary.cambridge.org/us/dictionary/english/remain.

⑤ See Cambridge Dictionary, travel, https://dictionary.cambridge.org/us/dictionary/english/travel.

另一方面,从问卷拟定的历史背景角度看,至 20 世纪 90 年代为止,唯一成功且有丰富技术实践的"空天物体"是美国国家宇航局和苏联宇航局各自的航天飞机(可重复使用轨道器)项目。美国制造的航天飞机机队和苏联的"暴风雪"(Buran)号航天飞机均通过火箭助推发射入轨,在再入大气层后通过无动力滑翔方式返回地面降落。[①] 在返回地面降落的过程中,航天飞机完全依靠重力下降高度,并在下降时通过其机翼具有的空气动力特性产生升力,保持其下降速度在安全范围内。航天飞机在空气空间内依靠无重力滑翔下降的状态正属于问卷定义中所提及的"可利用自身空气动力特性在空气空间中停留"。由于自身没有动力,航天飞机无法经由空气空间从一地"飞行"到另一地,而仅能通过其自身的空气动力特性保证其下降不会演变成自由落体。可见问卷定义中的"停留"一词准确地刻画了航天飞机借助重力无动力滑翔下降的状态。问卷的用语很可能考虑到了当时航天飞机的技术实践。

正如一些缔约国在对问卷的回复中所言,"空天物体"的概念和现行国际法项下已有的"航空器"和"空间物体"的概念存在联系,但也存在区别。一方面,现行国际法项下的"航空器"概念来源于《国际民用航空公约》附件。根据《国际民用航空公约》第 54 条第 12 款,ICAO 下属理事会有权制定"国际标准和建议措施"(Standards and Recommended Practices,SARPs),并将标准和建议措施纳入公约附件。[②] 为使附件中包含的标准和建议措施语义不因其含有术语的词义不清而发生变化,附件定义了一些没有标准词典含义的术语,"航空器"就是附件定义的术语之一。[③] 根据《〈国际民用航空公约〉附件 2:空中规则》,国际航空法项下的"航空器"指的是"大气中靠空气的反作用力而不是靠空气对地(水)面的反作用力作支撑的任何器械"。这则定义描述了航空器的技术属性,而并未提及航空器的设计目的或功能,只要是利用"靠空气的反

---

① See Encyclopaedia Britannica, *Space Shuttle*, https://www.britannica.com/technology/space-shuttle,访问时间:2023 年 7 月 5 日。
② 《国际民用航空公约》第 54 条第 12 款:"理事会应:按照本公约第六章的规定,通过国际标准及建议措施;并为便利起见,将此种标准和措施称为本公约的附件,并将已经采取的行动通知所有缔约国。"
③ See Michael Milde, *International Air Law and ICAO*, *Eleven International Publishing*, 3rd edition, 2016, p.63.

作用力"这一物理原理运行的载具和设备就可以构成《国际民用航空公约》项下的航空器。仅根据《〈国际民用航空公约〉附件 7：航空器国籍和登记标志》所记载的可以构成"航空器"并需要进行国籍和所有权登记的载具就超过 21 种，包含自由气球、系留气球、飞船等轻于空气的航空器，也包含滑翔机、固定翼飞机、旋翼机等重于空气的航空器。甚至风筝也属于航空器的一种。[①]《国际民用航空公约》及其附件对"航空器"的定义旨在通过技术属性尽可能地将所有可能影响国际民用航空安全有序运行的载具都纳入《国际民用航空公约》及其附件的规制范畴，以推动《国际民用航空公约》目的和宗旨的实现，促进各国民航领域合作，以及促进实现《国际民用航空公约》第 37 条项下体现的国际民用航空法律规则的统一发展的目标。[②]

COPUOS 问卷中的"空天物体"定义与现行国际航空法项下的"航空器"有较为紧密的联系。根据问卷中的定义，"空天物体"需要具备"利用自身空气动力特性在空气空间中停留"的能力。虽然问卷并未指明何为"空气动力特性"（Aerodynamic Properties），但这段定义与现行国际航空法项下的"航空器"运用"对空气的反作用力运行"的表述含义是接近的。较为相近的定义是否意味着现行国际航空法律规范对"空天物体"在空气空间运行的阶段的可适用性？此外，现行国际航空法对"航空器"的定义强调其利用"对空气的反作用力运行"的能力，而非必须在载具运行的全过程中运用"对空气的反作用力"。载具脱离"对空气的反作用力"运行并不会改变其具有运用"对空气的反作用力"运行的基本性质。[③]

另一方面，现行国际法项下对于外层空间运行的载具并无统一的法律定义。以 1967 年《外空条约》为核心的外层空间法律规范使用了"空间物体"

[①] See ICAO, *Annex 7 – Aircraft Nationality and Registration Marks*, 6th edition, ICAO, Standard 2.1.

[②] 《国际民用航空公约》第 37 条第 1 款："各缔约国承允在关于航空器、人员、航路及各种辅助服务的规章、标准、程序及工作组织方面进行合作，凡采用统一办法而能便利、改进空中航行的事项，尽力求得可行的最高程度的一致。"

[③] See Benjamyn I. Scott, "The Regulation of Personal Injuries in International Carriage by Suborbital Vehicles under Air Law", *Aviation and Space Journal*, Vol. 14, 2014, pp. 277, 288 – 289.

(Space Object)这一术语,但并未明确"空间物体"的内涵和外延。[1] 各国国内法和较为普遍的学者观点认为"空间物体"应当被解释为"设计用于进入外层空间,或在外层空间中运行的人造可操控物体"[2]。现行国际空间法项下对"空间物体"的定义可参照1972年《责任公约》第1条第4款,以及1975年生效的《登记公约》第1条第2款,规定"空间物体包括空间物体之构成部分以及该物体之发射器与发射器之部分"[3]。这项定义的用语呈现循环解释的现象,并未真正解释何为"空间物体",但明确了"空间物体"的"组成部分"(Component Parts)、"发射器"及"发射器的组成部分"(Launch Vehicle and Parts)应当构成"空间物体"。根据1969年《维也纳条约法公约》第31条第3款第1项,对条约术语的解释应当考察"当事国嗣后所订关于条约之解释或其规定之适用之任何协定"[4]。虽然《责任公约》和《登记公约》是独立于《外空条约》存在的国际条约,但《责任公约》是依据《外空条约》第7条制定的有关空间物体损害责任的具体法律规范,[5]《登记公约》亦为依据《外空条约》第8条制定的有关明确空间物体管辖权、控制权和所有权的具体法律规范。[6]《责任公约》和《登记公约》分别解释并补充了《外空条约》第7条和第8条的

---

[1] See Kunihiko Tatsuzawa, "The Definition of the Space Object", Proceedings on Law of Outer Space, Vol. 34, 1991, p. 357.

[2] Stephan Hobe, *Spacecraft, Satellites, and Space Objects*, Oxford Public International Law-Max Plank Encyclopaedias of International Law, 2019, para. 1; see also Frans G. von der Dunk, "Passing the Buck to Rogers: International Liability Issues in Private Spaceflight", Nebraska Law Review Vol. 86, 2007, pp. 400, 420 –421.

[3] Convention on Registration of Objects Launched into Outer Space, entered into force 15 September 1976, 1023 U. N. T. S. 15; Convention on the International Liability for Damage Caused by Space Objects, entered into force September 1972, 961 U. N. T. S. 187.

[4] Vienna Convention on the Law of Treaties (VCLT), entered into force 27 January 1980, 1155 U. N. T. S. 331.

[5] 《外空条约》第7条:"凡进行发射或促成把实体射入外层空间(包括月球和其他天体)的缔约国,及为发射实体提供领土或设备的缔约国,对该实体及其组成部分在地球、天空、或外层空间(包括月球和其他天体)使另一缔约国或其自然人或法人受到损害,应负国际上的责任。"

[6] 《外空条约》第8条:"凡登记把实体射入外层空间的缔约国对留置于外层空间或天体的该实体及其所载人员,应仍保持管辖及控制权。射入外层空间的实体,包括降落于或建造于天体的实体,及其组成部分的所有权,不因实体等出现于外层空间或天体,或返回地球,而受影响。该实体或组成部分,若在其所登记的缔约国境外寻获,应送还该缔约国;如经请求,在送还实体前,该缔约国应先提出证明资料。"

适用。《责任公约》《登记公约》与《外空条约》因而可以构成"特别法"(Lex Specialis)和"一般法"(Legi Generali)的关系。①

根据《维也纳条约法公约》第 31 条第 1 款,对条约文本的解释应当参照条约的上下文,以及条约的目的和宗旨。② 根据《责任公约》序言,《责任公约》的目的和宗旨是制定有关空间物体产生损害责任的国际法规范,并确保受到空间物体损害的实体得到充分和公允的赔偿。③ 为了实现《责任公约》保障受到空间物体损害的实体的利益的目的,将"空间物体"的范畴扩大到其"组成部分","发射器"和"发射器的组成部分",《责任公约》将每一件涉及空间物体发射活动的硬件及设施都纳入了公约的规制范畴。若"空间物体"的发射和运行过程中发射或运载"空间物体"的"发射器"或其"组成部分"对地球表面的人员、财产或在空中航行的航空器造成损害,④"空间物体"的"发射国"(Launching State)将无法以造成损害的物体不是"空间物体"本身为由免除自身的损害赔偿责任,不论造成损害的"发射器"或其"组成部分"是否在事实上被发射进入外层空间。⑤ 例如,一枚运载火箭运载一颗人造卫星进入近地轨道,在《责任公约》项下,若将人造卫星视作狭义的"空间物体",运载人造卫星的运载火箭及其组成部分也将作为"发射器及其组成部分"依据《责任公约》第 1 条第 4 款成为公约项下的"空间物体",即使如火箭助推器,逃逸塔等设备并不会随人造卫星和运载火箭在发射过程中进入外层空间。

根据《登记公约》序言,《登记公约》的目的和宗旨是拟定由发射国登记其射入外层空间物体的强制性规定,并借助强制性登记规定辨认空间物体的控

---

① See Tanja Masson-Zwaan & Mahulena Hofmann, *Introduction to Space Law*, 4th edition, Kluwer Law International, 2019, p. 20.
② 参见《维也纳条约法公约》第 31 条第 1 款、第 2 款。
③ 《责任公约》序言:"……确认急需制定关于空间物体所造成损害的责任的有效国际规则与程序,以特别确保对此等损害之受害人依本公约规定迅速给付充分及公允之赔偿。"
④ 《责任公约》第 2 条:"发射国对其空间物体在地球表面或对飞行中的飞机造成的损害,应负绝对责任。"
⑤ See Stephan Hobe & Bernhard Schmidt-Tedd et al., *Cologne Commentary on Space Law Volume II: Rescue Agreement, Liability Convention, Registration Convention, Moon Agreement*, Berliner Wissenschafts-Verlag, 2020, pp. 359 – 360.

制权和所有权。① 通过施行"空间物体"的登记制度,缔约国将能够获知有哪些缔约国发射的"空间物体"正在运行。缔约国也能够辨认正在运行的"空间物体"的所有权和控制权的归属,并避免可能发生的潜在碰撞事故。若"空间物体"运行导致损害事故发生,受到损害的实体也能够通过登记获知产生损害的"空间物体"自哪一国发射,受哪一国所有或控制,进而明确向哪一国请求损害赔偿。通过将强制登记的法律制度延伸到"空间物体"的"发射器及其组成部分",《登记公约》最大限度地推动了各缔约国对在外层空间中的"空间物体"的态势感知(Situational Awareness),任何运载或发射"空间物体"并有可能随"空天物体"进入外层空间的"发射器"或"发射器组成部分"都属于《登记公约》的规制范畴,缔约国将能够更加有效地追溯任何进入外层空间或准备发射进入外层空间物体的归属和责任,最大限度地保障外层空间的飞行安全。可见,无论是《责任公约》还是《登记公约》,其采用的"空间物体"定义都能适应公约的目的和宗旨的实现。本书认为,有必要在明确为"空天物体"设立规则宗旨的基础上,明晰"空天物体"的定义。若要为"空天物体"的运行设立专门定义,或设立专门规制"空天物体"的国际法规范,应首先明确设立专门定义或专门规则的目的或宗旨为何,再以实现规制的宗旨为准绳,考虑定义"空天物体"应采取何种方法,参照何种标准。

第四节 "空天物体"国际飞行的法律适用

一、现行国际航空法律规范可适用于"空天物体"的国际飞行

虽然"空天物体"的定义尚存争议,目前也未有专门针对"空天物体"国际飞行的国际法规则,但本书认为现行国际航空法和外层空间法应在满足适用条件时对"空天物体"的国际飞行适用,因为"空天物体"的飞行对正常的国际

---

① 《登记公约》序言:"……也盼望为缔约各国提供另外的方法和程序,借以帮助辨认外空物体,相信一种强制性的登记射入外层空间物体的制度,将特别可以帮助辨认此等物体,并有助于管理探索和利用外层空间的国际法的施行和发展。"

航空运输和外空探索与利用活动产生影响。根据卡尔·Q. 克里斯托教授（Prof. Carl Q. Christol）的观点，决定"空天物体"法律适用的考量因素应是"空天物体"的设计目的及用途，以及"空天物体"的飞行产生的实际影响和效果。[①] 一方面，"空天物体"的设计用途一般可以适用现行国际航空法与外层空间法规制。例如，若"空天物体"的国际运行主要用途是进行从地球表面一地点至另一地点的人员或货物的快速运输，其用途本质上与国际航空运输一致，只是运用的载具不同，并且部分航程在外层空间完成。[②] 根据《国际民用航空公约》第 96 条第 2 款的规定，"'国际航班'指经过一个以上国家领土之上的空域的航班"。由"空天物体"执行的国际人员或货物运输活动依然需要经过始发国和目的地国的领空，因此依然属于"国际航班"的范畴，可见"空天物体"的设计用途对法律适用造成客观影响。另一方面，"空天物体"的国际运行无可避免地对空气空间和外层空间内其他载具的正常运行产生影响和效果。在此，依然以运用"空天物体"进行人员或货物的国际运输为例，若使用的是和维珍银河公司类似的，采用民用机场跑道起降的"空天物体"，则其国际飞行就涉及和其他民用航空器共享机场等地面航行基础设施、导航服务的问题。"空天物体"在始发国起飞和在到达国降落时也将和当地的民用航空器共享飞行空域。如果"空天物体"的飞行高度足够高，达到近地轨道（Low Earth Orbit）[③]或其他轨道高度，"空天物体"的运行也将对外层空间内空间物体的飞行产生影响。因此，相应的适用于航空器飞行安全和空间物体飞行安全的国际法规范也应当适用于"空天物体"。只有确保"空天物体"在

[①] See Carl Q. Christol, *The Aerospace Plane and the Definition and Delimitation of Outer Space*, a paper presented to Air and Space Research and Dissemination Centre of Uruguay, in Montevideo, Uruguay, on 30 October 1992, p. 22; see also Vladimir Kopal, "Some Considerations on the Legal Status of Aerospace Systems", Journal of Space Law, Vol. 22, 1994, pp. 57, 70.

[②] See Benjamyn I. Scott, "The Regulation of Personal Injuries in International Carriage by Suborbital Vehicles under Air Law", Aviation and Space Journal, Vol. 14, 2014, p. 277.

[③] "近地轨道"指的是距离地球海平面约 160 公里至 1000 公里高度的环绕地球轨道，主要用于卫星遥感测绘，也是载人航天飞行活动开展的重要轨道。国际空间站（ISS）就在近地轨道上运行，See ESA, *Low Earth Orbit*, (*ESA, 2020*), https://www.esa.int/ESA_Multimedia/Images/2020/03/Low_Earth_orbit, 访问时间：2023 年 7 月 20 日。

与航空器或空间物体共享飞行环境时遵守相同的规则,才能保障飞行安全,因此现行国际航空法和外层空间法关于载具国际飞行的法律规则应当也适用于"空天物体"的国际飞行。

但是,由于现行国际航空法和外层空间法项下关于载具国际飞行的法律规则存在分异,两种法律规则不能同时适用于"空天物体"的国际飞行。在国际航空法项下,根据《国际民用航空公约》第5条和第6条,国际航空活动主要分为"国际不定期航班"(international non-scheduled flight)和"国际定期航班"(international scheduled air services)。[1]《国际民用航空公约》第5条对"国际不定期航班"的规制包含两个层面,分别包含在第5条的第1款文本和第2款文本中。《国际民用航空公约》第5条第1款规定"一切不从事定期国际航班飞行的航空器"有权"飞入或飞经其领土而不降停,以及作非商业性降落",而无须事先获得飞经许可,但飞经国依然保留要求这些航空器降停的权利。[2] 第5条第2款则规定,缔约国有权制定并实施关于规制以盈利为目的,涉及人员货物运输的"国际不定期航班"的国内法律规章,以规制其在本国境内上下客货的权利。[3]

可见《国际民用航空公约》第5条对"国际不定期航班"是否涉及商业人员货物运输作了区分。不涉及商业人员与货物运输的"国际不定期航班"可以在不经飞经国事前许可的情况下"飞入或飞经其领土而不降停,或作非商业性降停",也即获得无须事前许可的"过境权"(transit rights),具有一定的灵活性。[4] 而涉及商业运输的"国际不定期航班"(如国际客货包机)上下客货

---

[1] See Pablo Mendes de Leon, *Introduction to Air Law*, 10th edition, Kluwer Law International, 2017, p.45.

[2]《国际民用航空公约》第5条第1款:"各缔约国同意其他缔约国的一切不从事定期国际航班飞行的航空器,在遵守本公约规定的条件下,不需要事先获准,有权飞入或飞经其领土而不降落,以及作非商业性降停,但飞经国有权令其降落。为了飞行安全,当航空器所欲飞经的地区不得进入或缺乏适当航行设施时,各缔约国保留令其遵循规定航路或获得特准后方许飞行的权利。"

[3]《国际民用航空公约》第5条第2款:"此项航空器如为取酬或收费而载运旅客、货物、邮件但非从事定期国际航班飞行,在遵守第七条规定的情况下,亦有上下旅客、货物或邮件的特权,但上下的地点所在国家有权规定其认为需要的规章、条件或限制。"

[4] See Ruwantissa Abeyratne, *Regulation of Air Transport: The Slumbering Sentinels*, Springers International, 2014, p.70.

必须遵守缔约国认为需要的规章、条件或限制。虽然《国际民用航空公约》第5条第1款给予了非商业性"国际不定期航班"几乎"自动的"过境权,但正如国际航空法专家迈克尔·米尔德教授(Michael Milde)所言,这种过境权并非完全自由且不受限制的。① 一方面,《国际民用航空公约》第5条第1款授予"国际不定期航班"的过境权附加了一项"遵守本公约规定"的条件。这一附加条件意味着"国际不定期航班"的过境权受制于《国际民用航空公约》第1条和第2条规定的领空主权原则,同时也受制于公约第9条、第11条和第12条等允许飞经国在其领空内划设空中禁区,允许缔约国在本国领空内制定并执行有关航空器运行的法律规章的规定。因此,飞经国依然可以通过在本国境内制定并实施有关"国际不定期航班"法律规章的形式,限制《国际民用航空公约》第5条第1款授予"自动的"过境权的实现。另一方面,《国际民用航空公约》第5条第2款允许缔约国对商业性的"国际不定期航班"施加限制,这催生了缔约国制定要求商业性"国际不定期航班"运营事先许可的国内法律规章,以及在双边航空运输协定项下要求商业性"国际不定期航班"飞行时须获得临时航前许可的相关规则。例如,中国法律就规定商业性的"国际非定期航班"在入境中国前需要通过外交渠道获得事先许可,或依据既有的双边航空运输协定条款执行。②

将"非定期国际航班"的国际法规则适用于"空天物体"的国际运行需要满足4项条件:首先,"空天物体"的飞行须涉及一个以上国家的领空,仅涉及单一国家领空的太空观光、商业卫星发射等活动仍应当由该缔约国的国内法予以规制。其次,"空天物体"的飞行可能对区域内其他的航空器造成影响。虽然传统的运载火箭发射等航天发射活动也会对航空运输安全造成影响,但由于运载火箭穿透大气层抵达外层空间的时间很短,通常仅需数分钟,其对

---

① Michael Milde, *International Air Law and ICAO*, 3rd edition, Eleven International Publishing, 2016, p.110.

② 《外国民用航空器飞行管理规则》第1条规定:"外国民用航空器飞入或者飞出中华人民共和国国界和在中华人民共和国境内飞行或者停留时,必须遵守本规则。"第2条规定:"外国民用航空器只有根据中华人民共和国政府同该国政府签订的航空运输协定或者其他有关文件,或者通过外交途径向中华人民共和国政府申请,在得到答复接受后,才准飞入或者飞出中华人民共和国国界和在中华人民共和国境内飞行。"

航空运输安全造成的影响十分有限。[1] 相较而言,如果"空天物体"的运行涉及长时间与民用航空器共享地面基础设施使用(如机场停机坪、跑道等),共享飞行空域和航路,则应当适用与航空器国际飞行相同的规则。再次,"空天物体"的国际飞行不依据公开的时间表,也不构成可以辨认的系列运行。如果"空天物体"的国际飞行依据公开的时间表或构成可以辨认的系列,那么其飞行活动很可能适用"定期国际航班"的规则。最后,"空天物体"的国际飞行适用"非定期国际航班"的规则并不能免除其遵守飞经国国内法的义务。若"空天物体"的国际飞行涉及旅客或货物的运输,目的地国有权依照《国际民用航空公约》第5条第2款对其飞行制定额外的法律规则。虽然《国际民用航空公约》第5条项下规定的"非定期国际航班"规则可以适用于"空天物体"的国际飞行,但由于"非定期国际航班"的飞行在实践中受到飞经国单方的限制较多,未来"空天物体"的飞行是否会广泛适用"非定期国际航班"的规则依然存疑。

相较于非定期航空运输,国际航空运输最重要的组成部分是定期国际航空运输。《国际民用航空公约》第6条规定:"除非经一缔约国特准或其他许可并遵照此项特准或许可的条件,任何定期国际航班不得在该国领土上空飞行或进入该国领土。"《国际民用航空公约》并未解释何为"定期国际航班",但ICAO理事会于1952年通过了有关"定期国际航班"的定义,认为"定期国际航班"需要满足:(1)飞越一个以上国家之领空,使用航空器开展向公众开放的营利性的乘客、邮件及货物运输;(2)在相同的两个或更多地点之间依照公布的固定时间表开展系列航空运输,或者没有时间表但开展航班频率达到可以构成固定系列的航空运输。[2] 由于参加1944年国际民航大会的各国未能就制定定期国际航空运输统一规则的议题达成一致,《国际民用航空公约》第6条禁止了各缔约国向其他缔约国境内运行定期国际航班,除非缔约国获得

---

[1] 例如,我国的"神州十二号"载人飞船任务从运载火箭在地面点火发射到船箭分离,飞船进入预定轨道,全程仅用时573秒(约9分半),可见其可能对航空运输造成的影响较为有限。参见记者黄明、张汨汨、张泉:《中国载人航天工程办公室:神舟十二号载人飞船发射圆满成功》,载中华人民共和国中央人民政府网,http://www.gov.cn/xinwen/2021-06/17/content_5618763.htm,访问时间:2023年7月20日。

[2] See ICAO Council, *Definition of Scheduled Air Service*, ICAO Doc. 7278-C/841 (1952).

了其他缔约国的"特准"(special permission)或"其他许可"并"遵照此项特准或许可的条件"执行定期国际航班。《国际民用航空公约》文本并未规定"特准或其他许可"的内容和形式,但依据缔约国的嗣后实践,1944年由国际民航大会通过的《国际航班过境协定》(以下简称《过境协定》)和《国际航空运输协定》(以下简称《运输协定》),以及缔约国之间缔结的双边航空运输协定(Bilateral Air Services Agreement)可供各缔约国参考。①

由于1944年国际民航大会未能就定期国际航空运输的规制达成一致,大会草拟了两份独立的国际条约即《过境协定》和《运输协定》供缔约国签署,以期尽可能地通过多边条约解决定期国际航空运输的规制问题。其中,《过境协定》仅在缔约国之间互相交换航班过境权,②《运输协定》则在缔约国之间交换过境权和运输权(Traffic Rights)。③《过境协定》和《运输协定》均在1945年生效,但仅有《过境协定》取得了一定的成功,至今为止拥有134个缔约国,而《运输协定》仅有11个缔约国。④ 但由于《过境协定》项下不交换商业运输权,国际定期航空运输适用的法律规则问题仍然未能得到解决,《运输协定》受到的冷遇也表明通过多边条约规制国际定期航空运输的尝试未能获得成功。

1944年国际民航大会的"最终动议"(Final Act)要求缔约国尽可能"避免与他国缔结排他性授予过境权或商业载运权利的协议",并鼓励缔约国加入

---

① See VCLT Article 31(3)(b); International Air Services Transit Agreement, entered into force 30 January 1945, ICAO Doc. 7500; International Air Services Transport Agreement, entered into force 8 February 1945; David J. Yang, "The New Dimension of The Fifth Freedom-The Conflict of Interest Between Asian and American Airlines", Air & Space Law, Vol. 20, 1995, pp. 322; see also Jan Wouters & Bruno Demeyere, *Overflight*, Oxford Public International Law-Max Plank Encyclopedias of International Law, 2018, p. 15.

② 参见《过境协定》第1条第1节。

③ 运输权指的是涉及旅客、货物和邮件商业国际运输的航权。See Benjamyn I. Scott & Andrea Trimachi, *Fundamentals of International Aviation Law and Policy*, Routledge, 2020, p. 94.

④ See ICAO, *Current Lists of Parties to Multilateral Air Law Treaties*, *ICAO Treaties Collections*, (2022).

《过境协定》和《运输协定》。① 尽管如此,大会依然草拟了一份"临时航线协议标准格式"(Standard Form of Agreement for Provisional Air Routes),用以指导缔约国缔结交换国际航班过境权和运输权的双边协定。② 1946 年,英国和美国以国际民航大会的"临时航线协议标准格式"为蓝本缔结了第二次世界大战后第一份双边航空运输协定——"百慕大 I"协定(Bermuda I Agreement)。③ 该协定奠定了现代双边航空运输协定的基本框架,规定了包括航权交换、航班频率和运力(Frequency and Capacity)、运行航空公司的指定、航班航线的指定(Route Schedule)、航空安全与航空保安(Aviation Safety and Security)等基础规则。④ "百慕大 I"协定也成为此后各国双边航空运输协定的标准模板,⑤并最终形成了由两千多份双边航空运输协定构成的国际定期航空运输规范网络。⑥

"空天物体"的国际飞行适用"定期国际航班"的国际法规则需要满足 4 项条件。首先,"空天物体"的国际飞行应涉及一个以上国家的领空,且对区域内其他航空运输活动产生影响。其次,"空天物体"国际运行的目的须为旅客或货物的国际运输。再次,"空天物体"的国际运行须以公开时间表运行或构成可以辨认的系列运行。最后,由于"定期国际航班"的规制是通过双边航空运输协定实现的,缔约国可能需要修改既有的双边航空运输协定条款以将

---

① See The Department of State, Proceedings of the International Civil Aviation Conference, United States Government Printing Office, 1948, Vol. 1, pp. 127 – 129; See Michael Milde, *International Air Law and ICAO*, 3rd edition, Eleven International Publishing, 2016, p. 116.

② See Peter Haanappel, "Bilateral Air Transport Agreements: 1913 – 1980", Maryland Journal of International Law, Vol. 5, 1980, pp. 241, 245.

③ Agreement between the United Kingdom and the United States, entered into force 11 February 1946, 3 U. N. T. S. 253; See Sean McGonigle, "Fair Competition, Subsidy, and State Aid Clauses in International Air Services Agreements", Annals of Air & Space Law, Vol. 37, 2012, pp. 199, 201.

④ See Sean McGonigle, "Fair Competition, Subsidy, and State Aid Clauses in International Air Services Agreements", Annals of Air & Space Law, Vol. 37, 2012, pp. 199, 204; See also Bin Cheng, *The Law of International Air Transport*, Stevens & Sons, 1962, p. 426.

⑤ Michael Milde, *International Air Law and ICAO*, 3rd edition, Eleven International Publishing, 2016, pp. 118, 122.

⑥ See Peter Haanappel, "Bilateral Air Transport Agreements: 1913 – 1980", Maryland Journal of International Law, Vol. 5, 1980, pp. 241, 246.

"空天物体"纳入其规制范围。在双边航空运输协定项下,缔约国互相交换航班过境以及运输旅客和货物至另一缔约国的商业运输权。但是过境权和商业运输权的实际行使是通过缔约国在双边运输协定项下指定航空公司,再由航空公司实际运营实现的。[1] 若运营"空天物体"的私人实体欲在双边航空运输协定项下运营国际定期航班,须首先成为双边航空运输协定项下的指定航空公司。为确保指定航空公司为缔约国有效控制,航空公司须满足"实质所有权和有效控制权"(Substantive Ownership and Effective Control)的条件才能成为双边航空运输协定项下的指定航空公司。[2] 虽然各国对判定航空公司"实质所有权和有效控制权"的条件不一,但主要可以归纳为:(1)要求本国国家或本国国民持有航空公司股份在50%及以上;(2)要求航空公司实际运营管理者为本国国民;(3)要求航空公司的主要营业地(Principle Place of Business)在本国境内。[3]

运营"空天物体"的私人实体是否能够满足"实质所有和有效控制"条件以成为双边航空运输协定项下的指定航空公司仍然存疑,实践中"空天物体"的运营公司构成大多较为复杂。以美国维珍轨道公司为例,该公司股份的主要持有者分别为英国维珍集团(Virgin Group Ltd.),阿联酋马巴达拉投资公司(Mubadala Investment Company PJSC)和注册于开曼群岛的 NextGen 收购公司(NextGen Acquisition Corporation)。[4] 虽然维珍轨道公司的总部位于美

---

[1] See Peter Haanappel, "Bilateral Air Transport Agreements: 1913 – 1980", Maryland Journal of International Law, Vol. 5, 1980, p. 245.

[2] See Steven Truxal, *Economic and Environmental Regulation of International Aviation: From Inter-national to Global Governance*, Routledge, 2017, p. 83.

[3] See Isabelle Lelieur, *Law and Policy of Substantial Ownership and Effective Control of Airlines: Prospects for Change*, Routledge, 2016, pp. 3 – 6.

[4] See Alison Patch, *NextGen Acquisition Corp. II Stockholders Approve Business Combination With Virgin Orbit*, The Responsive Launch And Space Solutions Company, Virgin Orbit Expected To List On The Nasdaq Stock Exchange, https://virginorbit.com/the-latest/nextgen-acquisition-corp-ii-stockholders-approve-business-combination-with-virgin-orbit-the-responsive-launch-and-space-solutions-company-virgin-orbit-expected-to-list-on-the-nasdaq-stock-exchange/.

国加利福尼亚州,但该公司的主要股东都不是美国公司。① 有鉴于美国国内法规定双边航空运输协定项下的指定航空公司需要75%以上美国国民持股,且首席执行官(CEO)须由美国国民担任,②维珍轨道公司似乎难以获得美国缔结的双边航空运输协定项下的指定航空公司资格。

除飞越其他国家的领空外,"空天物体"在飞越公海和南北极上空时,若其飞行会对区域内其他航空器运行产生影响,也应适用相应的国际法规则。根据《联合国海洋法公约》第87条第1款第2项,作为"公海自由"原则的一部分,缔约国享有公海上空的"飞越自由",但"飞越自由"的形式是附条件的。根据《联合国海洋法公约》第87条第2款,缔约国行使"公海自由"须"适当顾及"(Due Regard)其他国家行使公海自由的利益。③ 根据国际公法学家特里奥·图里弗斯教授(Prof. Tullio Treves)的观点,该公约第87条项下要求的"适当顾及"义务是指"缔约国行使任何公海自由的权利须以其他缔约国行使公海自由的便利为限"④。例如,《联合国海洋法公约》第240条第3项规定:"海洋科学研究不应对符合本公约的海洋其他正当用途有不当干扰,而这种研究在上述用途过程中应适当地受到尊重。"可见,缔约国行使《联合国海洋法公约》第87条项下的"公海自由"权利不能不正当干扰他国正常行使"公海自由"的权利。

此外,根据《国际民用航空公约》第12条,"在公海上空,有效的规则应为根据本公约制定的规则"。在《国际民用航空公约》第12条项下指定的公海上空航空器运行规则存在于《〈国际民用航空公约〉附件2:空中规则》。依据

---

① See Virgin Group, *An overview*, https://www.virgin.com/about-virgin/virgin-group/overview; see also Official website of Mubadala, https://www.mubadala.com/; See also U. S. Securities and Exchange Commission, *Registration Statement of NextGen Acquisition Corp. II*, https://www.sec.gov/Archives/edgar/data/1843388/000121390021013238/fs12021_nextgenacq2.htm.

② See Brian F. Havel & Gabriel S. Sanchez, *The Principles and Practice of International Aviation Law*, Cambridge University Press, 2014, p.129.

③ 《联合国海洋法公约》第87条第2款:"这些自由应由所有国家行使,但须适当顾及其他国家行使公海自由的利益,并适当顾及本公约所规定的同'区域'内活动有关的权利。"

④ Tullio Treves, *High Seas*, Oxford Public International Law-Max Plank Encyclopaedias of International Law, 2009, para.31.

该附件项下的标准2.1.1,"凡具有一缔约国国籍和登记标志的航空器,不论其在何地,只要与对所飞行领土具有管辖权的国家颁布的规则不相抵触,均适用本空中规则"。ICAO理事会也在1948年4月初次通过《〈国际民用航空公约〉附件2:空中规则》时决定:该附件构成了《国际民用航空公约》第12条项下关于航空器飞行和操作的规则。因此,这些规则应当毫无例外地适用于公海上空航空器的运行。[1]

《联合国海洋法公约》和《〈国际民用航空公约〉附件2:空中规则》项下关于航空器飞越公海的法律规范也可以适用于"空天物体"在公海上空的运行。《联合国海洋法公约》项下关于航空器飞越公海的规则并未对航空器的国籍、类型或目的作出限制,[2]只要"空天物体"在公海上空的运行对区域内其他航空器的运行产生影响,"空天物体"就应当依据《联合国海洋法公约》第87条第1款第2项对公海上空其他航空器的飞行负有适当顾及义务。相似地,为保证公海上空飞行的其他航空器的航行安全,"空天物体"在公海上空飞行时也应当遵照《〈国际民用航空公约〉附件2:空中规则》项下的规定。

二、现行外层空间法律规则可适用于"空天物体"的国际飞行

现行外层空间法项下指导空间物体运行最重要的原则是"自由探索和利用外层空间"原则。这项原则的历史可追溯至1957~1958年的"国际地球物理年"(International Geophysical Year),当时临时COPUOS认为各国已经在讨论中就外层空间的利用问题达成了一致。各国均认为"外层空间可以在各国平等的前提下开放给所有国家自由探索和利用。此种探索和利用应受到既有和将来的国际法律规范的规制"[3]。后来这项原则被写入联合国大会1962

---

[1] 参见《〈国际民用航空公约〉附件2》,ICAD 2005年第10版。
[2] See Jan Wouters & Bruno Demeyere, *Overflight*, Oxford Public International Law-Max Planck Encyclopaedias of International Law, 2008, para. 23.
[3] Stephan Hobe & Bernhard Schmidt-Tedd et al., *Cologne Commentary on Space Law Volume I: Outer Space Treaty*, Berliner Wissenschafts-Verlag, 2020, p. 179.

年第 18 号决议《关于各国探测及使用外空工作之法律原则宣言》。① 虽然联合国大会的决议可以辅助确认国家对某些法律原则或实践的"法律确信"(Opinio Juris),但联合国大会决议本身并没有法律拘束力。② 尽管如此,以郑斌教授为代表的一批知名学者依然认为"自由探索和利用外层空间"原则构成习惯国际法,因为各国对此项原则的法律确信已经强烈到无须反复的国家实践就可证明习惯国际法的产生。③

1967 年"自由探索和利用外层空间原则"被纳入《外空条约》第 1 条,该条第 2 款规定:"所有国家可在平等、不受任何歧视的基础上,根据国际法自由探索和利用外层空间(包括月球和其他天体),自由进入天体的一切区域。"为确保"自由探索和利用外层空间"原则的实施,《外空条约》还规定:(1)自由探索和利用外层空间须遵守可适用的国际法规则;(2)各国探索和利用外层空间时须负有适当顾及义务,并在可能对他国空间活动发生"有害干扰"(Harmful Interference)的情况下与相关当事国进行磋商。④ 由此可见"自由探索和利用外层空间"原则并非绝对自由。国家行使"自由探索和利用外层空间"的权利时仍应遵守包括"领空主权"原则在内的国际法规则,且国家在进行外层空间探索和利用活动时仍应对他国探索和利用活动负有适当顾及的义务。"自由探索和利用外层空间"权利的行使应当仅限于本国境内以及外层空间,不应以"自由探索和利用外层空间"为由侵犯他国的领空主权。

"空天物体"在进入外层空间,不再对航空器的航行造成影响之后可以适用"自由探索和利用外层空间"原则,在外层空间自由飞行。此时"空天物体"

---

① The principles of freedom, exploration and use of outer space for the benefit and the interest of all mankind whereby outer space and the celestial bodies shall be free for exploration and use by all states on the basis of equality and in accordance with international law, see U. N. G. A., *Declaration of Legal Principles Governing the Activities of States in the Exploration and Use of Outer Space*, 13 December 1963, 18th Session Supp. No. 15 UN Doc. A/5515, para. 2.

② 安理会可以作出有拘束力的决议。See United Nations Charter, entered into force 31August 1965, 1 U. N. T. S. XVI, Articles 24 and 25; See also Gleider Hernández, *International Law*, Oxford University Press, 2019, p.54.

③ See Gleider Hernández, *International Law*, Oxford University Press, 2019, p.36; See Bin Cheng, *Studies in International Space Law*, Oxford University Press, 2004, pp. 146 – 149; See also Francis Lyall & Paul B. Larsen, *Space Law: A Treaties*, Ashgate Publishing, 2009, p.59.

④ 参见《外空条约》第 3 条、第 9 条。

的法律地位与外层空间运行的人造卫星等"空间物体"一致。由于其飞行会对区域内其他的空间物体造成影响,"空天物体"的飞行仍需对其他空间物体的飞行负适当顾及义务。缔约国也应依据《外空条约》第 6 条和第 9 条对其"空天物体"的飞行负有责任,并在可能发生"有害干扰"的情况发生时与他国进行磋商。

三、"空天物体"国际飞行是否享有"过境自由"的权利

自 1957 年"斯普特尼克 – 1"(Sputnik 1)人造卫星发射升空开始,反复的国家实践已经证明,在"自由探索和利用外层空间"原则项下,国家有权在本国境内开展空间发射活动而无须他国的许可。[①] 但正如卡尔·Q. 克里斯托教授指出,当发射的空间物体轨迹穿越他国领空的情况出现时,开展空间发射活动的自由有可能会对他国的领空主权产生侵害。[②] 是否存在相应的国际法规则允许空间物体在发射和再入返回阶段过境其他国家领空? 在 COPUOS 问卷中,问题 7 也咨询了缔约国是否已有"空天物体"在起飞和再入地球大气层期间过境飞行的先例,以及缔约国是否认为已经存在关于这种过境飞行的国际习惯法。[③]

一些学者主张缔约国进行空间发射活动时,发射的空间物体可以在前往外层空间的途中,或在再入大气的途中享有有限的"过境自由"权利(Freedom of Transit),以期在发射进入外层空间过程中空间物体在数分钟的时间内短

[①] See North Sea Continental Shelf, (Germany *v.* Netherlands), Judgment, (separate opinion by Judge Manfred Lachs), I. C. J. Reports 1969, p. 3, 230; see also Stephan Hobe & Bernhard Schmidt-Tedd et al. , *Cologne Commentary on Space Law Volume I: Outer Space Treaty*, Berliner Wissenschafts-Verlag, 2020, p. 190.

[②] See Carl Q. Christol, "The Aerospace Plane: It's Legal and Political Future", Space Policy, 1993, Vol. 9, pp. 35, 39 –40.

[③] See COPUOS, *Questionnaire on Possible Legal Issues with Regard to Aerospace Objects: Replies from Member States*, A/AC. 105/635/Add. 17.

暂穿越他国领空时无须受到领空主权原则的限制。①"过境自由"的主张主要源于对《联合国海洋法公约》项下"过境自由"规则的类推。根据《联合国海洋法公约》第 125 条第 1 款,"为行使本公约所规定的各项权利,包括行使与公海自由和人类共同继承财产有关的权利的目的,内陆国应有权出入海洋。为此目的,内陆国应享有利用一切运输工具通过过境国领土的过境自由"。一些学者因此认为通过类推《联合国海洋法公约》项下关于内陆国过境他国领土行使公海自由权利的规则,理论上发射进入外层空间的空间物体可以享有经过他国领空以自由探索和利用外层空间的权利,②但需要满足 3 项要求:(1)空间物体的目的是前往外层空间或返回再入大气,并在此过程中穿越他国领空;(2)穿越他国领空的时间较短,影响较小;(3)空间物体的穿越不对空域内正在运行的其他航空器或地面人员或财产造成不良影响。

但是在实践中国家通常极力避免空间物体在发射过程中穿越他国的领空。领土面积广大的国家通常会利用自身广大的领空进行发射活动,还有一些国家将发射轨迹设定在公海上空的公共空域。所以实践中少有可查证的空间物体在发射过程中穿越他国领空的案例,③也没有国家对他国的空间物体在发射或再入过程中穿越本国领空表示过抗议。历史上曾经允许空间物

---

① See Pamela Louise Meredith, "The Legality of Launch Vehicle Passage through Foreign Airspace", Nordic Journal of International Law, Vol. 54, 1985, pp. 19, 21; See also Marietta Benkö & Plescher Engelbert, *Space Law: Reconsidering the Definition/delimitation Question and the Passage of Spacecraft through Foreign Airspace*, Eleven International Publishing, 2013, p. 3; See also Sethu Nandakumar, "Legal Impasse-Commercialisation of Space through Reusable Sub-Orbital Launchers", Proceedings on Law of Outer Space, Vol. 47, 2004, pp. 452, 455.

② See Frans G. von der Dunk and Fabio Tronchetti eds., Handbook of Space Law, Edward Elgar, 2015, pp. 74 –75.

③ 巴基斯坦对 COPUOS 问卷的回复中列举了以下空间物体在发射或再入过程中可能穿越他国领空的实例,包括:1970 年美国"阿波罗 –13"号(Apollo 13)载人月球探测飞船发生事故,在紧急返回再入大气时穿越南太平洋数个岛屿国家上空;1978 年,苏联"宇宙 –954"号(Cosmos 954)卫星在失控偏离轨道后坠入大气层,包括该卫星核反应堆动力装置在内的碎片穿越加拿大上空并坠落在加拿大领土;1979 年,美国"天空实验室"(Skylab)空间站由于无力维持轨道高度再入大气,再入过程中未能完全烧毁的残片穿越澳大利亚领空坠入太平洋;1984 年,美国"挑战者"号(Challenger)航天飞机在返回再入大气过程中在距离海平面约 68 千米的高度穿越了加拿大和美国的领空界线。See Vladlen S. Vereshchetin and Gennady M. Danilenko," Custom as a Source of International Law of Outer Space," Journal of Space Law, Vol. 13, 1985, pp. 24, 28.

体在发射过程中过境他国领空的法律规则载于1994年俄罗斯和哈萨克斯坦签订的《关于利用拜科努尔航天发射场的主要原则和条件》双边条约,①规定从拜科努尔航天发射场(位于哈萨克斯坦境内)发射的俄罗斯空间物体可以穿越哈萨克斯坦和俄罗斯领空进入外层空间。

根据缔约国对COPUOS问卷的回复,数个国家指出他们并不认为存在"空天物体"或空间物体在起飞和再入地球大气层期间过境飞行的习惯国际法,②仅有少数国家认为该项习惯国际法可能正在形成中。③ 因此,在没有充分实践支撑的前提下,空间物体发射是否享有自由过境他国领空的权利是值得质疑的。著名外层空间法权威弗兰斯·G.冯·德邓克教授(Prof. Frans G. von der Dunk)教授也指出,《联合国海洋法公约》项下就内陆国船只享有的"过境自由"权利如何行使进行了详细的规定,简单将这项法律制度"移植"到空间物体穿越他国领空上可能会在实践中产生严重的适用性问题。④

"空天物体"的国际飞行是否满足"过境自由"主张的基础条件仍然存疑。由于"空天物体"能够和航空器一样利用自身对空气的反作用力进行飞行,第一,实践中要判定"空天物体"是否在前往外层空间的途中或返回再入大气的途中有较大困难。"空天物体"因此难以满足正在发射前往外层空间,或正在返回再入大气时适用"过境自由"权利的条件。第二,"空天物体"在利用自身对空气的反作用力飞行时,可能会在他国领空内逗留较长时间,从而对他国领空内飞行的其他航空器和地面人员和财产造成潜在影响。在这种情况下若给予"空天物体"免予受到飞经国领空主权规制的权利,将很有可能对飞经

---

① Agreement between the Russian Federation and the Republic of Kazakhstan of 28 March 1994 on the Main Principles and Conditions for Utilization of the Baikonur Launch Site, concluded 28 March 1994.

② 参见德国、捷克、巴基斯坦、阿塞拜疆等国对联合国问卷的回复。See COPUOS, *Analytical Summary of the Replies to the Questionnaire on Possible Legal Issues with Regard to Aerospace Objects*, A/AC.105/C.2/L.249, p.14.

③ 参见俄罗斯对COPUOS的回复。

④ 《联合国海洋法公约》第125条第2款和第3款规定:"……2.行使过境自由的条件和方式,应由内陆国和有关过境国通过双边、分区域或区域协定予以议定。3.过境国在对其领土行使完全主权时,应有权采取一切必要措施,以确保本部分为内陆国所规定的各项权利和便利绝不侵害其合法利益。" See Frans G. von der Dunk and Fabio Tronchetti eds., Handbook of Space Law, Edward Elgar, 2015, pp.75–78.

国的领空主权造成侵害,可能违背《国际民用航空公约》维护国际民用航空安全飞行秩序的宗旨。第三,截至目前,涉及在发射或返回再入过程中短暂穿越他国领空的实例均为国家发射的空间物体,而并未涉及私人实体运营的商用空间物体,这与未来"空天物体"飞行活动主要是由私人主体运营开展的商业活动有较大差别。出于缔约背景的原因,《外空条约》项下并未对私人运营空间物体的商业运行进行具体规定,空间物体的运行批准和监管都通过国家进行。① 而在《国际民用航空公约》项下,由国家运营,涉及公权力的航空器禁止在未经允许的情况下进入他国领空,②而民用航空器则能够在满足特定条件的基础上进入他国领空运行。③ 因此,就"空天物体"穿越他国领空的规则而言,现有的关于国家运营,用于空间探索的空间物体穿越他国领空的实例并不能完全否定未来"空天物体"商业运营过程中短暂穿越他国领空的习惯国际法形成。

第五节 "空天物体"国际飞行规则的构建因素

鉴于现行国际航空法和外层空间法项下的法律规范可在满足特定条件情形下适用于"空天物体"的国际运行,本书认为可以在对"空间物体"的国际运行适用现行国际法的基础上,考察国家实践的发展趋势,以明晰未来适用于"空天物体"国际飞行的专门规则应该包含的要素。由上文第四部分的分析可见,"空天物体"飞行的不同阶段可具有航空器和空间物体的一些技术特征,飞行过程中也会对同一区域内飞行的航空器和空间物体产生影响。未来

---

① 《外空条约》第6条:"各缔约国对其(不论是政府部门,还是非政府的团体组织)在外层空间(包括月球和其他天体)所从事的活动,要承担国际责任,并应负责保证本国活动的实施,符合本条约的规定。非政府团体在外层空间(包括月球和其他天体)的活动,应由有关的缔约国批准,并连续加以监督。"

② 《国际民用航空公约》第3条第1~3款:"一、本公约仅适用于民用航空器,不适用于国家航空器。二、用于军事、海关和警察部门的航空器,应认为是国家航空器。三、一缔约国的国家航空器,未经特别协定或其他方式的许可并遵照其中的规定,不得在另一缔约国领土上空飞行或在此领土上降落。"

③ 参见《国际民用航空公约》第5条、第6条、条11条、第12条的规定。

适用于"空天物体"国际飞行的专门规则很可能部分来自国际航空法与外层空间法项下的既有规范。现行国际法规范下那些权利和义务适用于"空天物体"的国际飞行,应当依据规范"空天物体"运行的具体用途,确定规制其用途的目的和宗旨,并依托缔约国的实践进行考察。例如,主要用于国际旅客和货物运输的"空天物体"国际飞行活动,应当以安全和高效运行为指导,并以缔约国飞行实践为基础决定现行国际航空法项下可以适用于"空天物体"国际飞行的规则。又如,主要用于外层空间开发利用、科学探索的"空天物体",应当以《外空条约》项下规定的和平探索和利用外层空间原则为指导,并以缔约国飞行实践为基础决定现行外层空间法项下可以适用于"空天物体"国际飞行的规则。通过考察现行国际航空法与外层空间法项下法律规范对于"空天物体"国际商业飞行活动的匹配度,为将来可能出现的规制"空天物体"国际飞行的专门规则打好基础。

第六节 结 语

自1903年第一架重于空气的航空器飞上天空,通过百年实践,人类对天空的探索边界延展出空气空间到达外层空间;人类在天空中的活动从科学探索发现延展到商业开发利用。"空天物体"的商业化运用是空天技术发展的未来趋势,其国际飞行的安全秩序需要通过国际法规则予以保障。

首先,"空天物体"的概念起源于各国对空气空间和外层空间之间是否需要划界这一问题的意见分异。"空间主义"和"功能主义"的观点冲突使得各国对同时具有航空器和空间物体特征的"空天物体"的法律适用争论不休。"空天物体"的独立法律概念因此诞生,进而突破缔约国对是否有必要对外层空间和空气空间进行划界的争议,并将同时具有航空器和空间物体性质的特殊载具和物体剥离出来,缓和国际航空法与外层空间法在这类特殊载具和物体上发生的法律适用冲突。其次,由于"空天物体"概念的提议多有模糊之处,且缺乏相应的国家实践,各国对"空天物体"概念的定义内容和定义方式仍存争议。本书认为"空天物体"的概念提议和现行国际法项下已有的"航空器"和"空间物体"的概念存在联系和区别,应当依据规范"空天物体"运行的具体用途,确定规制其用途的目的和宗旨,从而决定定义"空天物体"的方式。再次,现行国际航空法与外层空间法律规范能够在满足条件的情况下适用于"空天物体"的国际运行。从事国际人员和货物运输的"空天物体"可以依据《国际民用航空公约》项下现有的"定期国际航班"和"不定期国际航班"法律规则,以及双边航空运输协定在其他缔约国领空运行。"空天物体"也可以在遵守《国际民用航空公约》附件和《联合国海洋法公约》项下规则的条件下飞越公海上空。虽然在满足条件的情况下"空天物体"的国际运行可以遵照外层空间法项下的"自由探索和利用外层空间"原则,但"空天物体"的运行不应损害他国的领空主权,也不应对国际民用航空运输安全造成威胁。因而"空天物体"在发射进入外层空间以及返回再入时是否应当享有"过境自由"的权利依然存疑。最后,规制"空天物体"国际飞行的专门规则的产生需要综合考量运行用途、规制目的和国家实践。通过考察现行国际航空法与外层空间法项下法律规范对于"空天物体"国际商业运行活动的匹配度,归纳适合"空天物体"国际商业运行活动在未来安全有序发展的国际法规则。

后　　记

本书是陕西高校青年创新团队(中国航空航天涉外法治研究)的研究成果之一。

中国航空航天涉外法治研究团队依托西北政法大学涉外法治研究中心(国家级涉外法治研究基地)、西北政法大学国际法研究中心(陕西省哲学社会科学重点研究基地)和西北政法大学航空法治现代化协同创新中心(陕西省2011省级协同创新中心)三大研究平台组建。团队长期追踪研究国际航空法和外层空间法领域的重大前沿议题。本书正是团队成员最新研究成果的集中呈现。全书共11章,按内容分别列入航空法治前沿、外空法治前沿、空天法治前沿三编,具体分工如下:

第一章　美国民用航空器适航责任实证研究(张宝元)

第二章　美国航空事故诉讼不方便法院原则研究(张超汉、胡亮)

第三章　冲突地区民航飞行风险预警防控机制研究(张超汉、王思炜)

第四章　民航旅客个人信息安全法律规制研究(侯柔倩)

第五章　禁飞区设立的法律问题研究(赵东苑)

第六章　民航网络恐怖主义犯罪的国际法规制研究(王冠丁)

第七章　空中交通管制责任研究(李丹阳)

第八章　空间交通管理的法治化研究(胡熳馨)

第九章　空间碎片移除的法律问题研究(杨欢)

第十章　临近空间飞行监管研究(张超汉、胡熳馨)

第十一章　"空天物体"国际飞行法律问题研究(周昊)

虽然各章可能不尽完善,但探究的问题具有较强的前瞻性,甚至在某些问题和领域的研究上具有填补国内研究空白的价值,期望本书能够抛砖引玉,引发国内外更多专家学者更深入地思考和探索。最后,感谢法律出版社的大力支持和朱海波、杨雨晴编辑的细致工作,本书才得以面世。书中的疏漏和不足在所难免,希望各位同仁不吝指正和赐教。

张超汉于西法大郑斌航空与空间法研究所

2025 年 5 月 15 日